|昆仑文化研究丛书|

昆仑文化研究院／编

专家学者论昆仑

Experts and scholars on Kunlun

米海萍／选编

社会科学文献出版社
SOCIAL SCIENCES ACADEMIC PRESS (CHINA)

目　　录

一　昆仑神话与昆仑文化

二　文献典籍与昆仑文化

三　河源昆仑与昆仑文化

四　神话人物与昆仑文化

五　昆仑地望与昆仑文化

六　中国古史与昆仑文化

一

昆仑神话与昆仑文化

大文化视野中的昆仑
文化研究与文化建设

赵宗福

昆仑文化是近年来由民俗学和民间文艺学界策划推动兴起的一种地方文化现象，在海内外产生了较大影响，尤其是在地方文化发展战略中发挥了重要作用。作为一个有广泛影响和有现实功能的学术活动个案，其中的得失是值得关注的。本文即从民俗学角度对昆仑文化与青海地方文化建设的关系进行回顾，进而对民俗学与国家文化发展做一些思考。

一　海内外对昆仑神话的研究

昆仑文化的主要源头是昆仑神话，而昆仑神话是我国古典神话中内容最丰富、保存最完整、影响最深远的神话体系，一个世纪以来众多学者从中国神话学发轫期至今，运用人类学、民族学以及民俗学的理论，结合中国传统文字学、音韵学、训诂学以及田野调查方法，还有叶舒宪等提倡"四重证据法"等，对之进行了不懈探索。蒋智由的《中国人种考》一书，从人种学视角提出"西王母，今为东西各国研究支那学者，热心考察之一问题。盖以西王母为窥测中国古史，与外域交通之一要件"的观点，并引用《山海经》等文献论证"昆仑山就是喜马拉雅山"、"西王母是黄种的氏族"等，对史家考证华夏族的起源，一直有较大影响，此书成为现代研究昆仑神话的拓荒之作，对昆仑神话体系的建立和华夏族起源研究产生了影响。夏曾佑的《中国历史教科书》开篇述神话内容，认为"中国自黄帝以上，包牺、女娲、神农诸帝，其之形貌，事业，年龄，皆在半人半神之间，皆神话也"，具备了基本的神话观。此后，刘师培、鲁迅、茅盾、钟敬文、吕思勉、吴晗、方诗铭、朱芳圃、丁山、卫聚贤、苏雪林、程发轫、凌纯声、顾颉刚、杜而未、徐高阮、袁珂、任乃强等学者从文学、历史学、民族学、宗教学和神话学等学科,对昆仑神话进行了关注研究和相关文献整理,成果颇多。鲁迅的《中国小说史略》从中国文学史源起探讨原始神话,探求初民精神和昆仑神话、西王母神话等话题,将神话定为文学之源。茅盾的《中国神话研究 ABC》具有拓荒性意义,首次提出了昆仑神话中西王母神话演化的三阶段观点,并论述了神话演化的历史文化原因。闻一多的《伏羲考》立于人类文化发展史的高度以文化人类学理论为指导,灵活结合中国传统小说考证方法,论证了女娲、伏羲神话的起源、发展和演变,并对相关文化做了广泛深刻的研究,通过这两位创世大神和龙蛇的渊源关系,探讨了昆仑神话在早期中华文明形成和发展中的关键作用。程憬的《古代神话中的天、地及昆仑》、《山海经考》、《西王母传说的演变》、《山海经中的神话人物》等论文颇有分量,提出了中国有系统神话的观点,并对中国神话尤其是昆仑神话进行"全貌素描"式专门研究,从巫药、巫术、祭祀礼和神话四方面论证了《山海经》是古代巫觋宝典的观点,形成了独特的神话理论和研究个性。之后,钟敬文的《山海经神话研究的讨论及其他》研究系列论文、吴晗的《西王母与西戎——西王母与昆仑山之一》、郑德坤的《山海经及其神话》、吕思勉的《昆仑考》和《西王母考》、凌纯声的《山海经新论》、王以中的《山海经图与外国图》、丁山的《论炎帝大岳与昆仑山》等,从神话研究层面关注了神话与边疆问题以及中华民族的认同感;饶宗颐、丁山、卫聚贤、苏雪林、程发轫、杜而未、徐高阮、凌纯声等学者对昆仑神话进行不同角度的研究,他们提出的论点可归纳为昆仑"七说",这使昆仑神话的整体研究区域更为丰富和充实。

顾颉刚是中国史学"古史辨派"的开创者,由于古史与神话之间存在难分难解的关系,"古史即神话"是该学派信奉的原则,所以他们在古史"辨伪"的学术探索和争论之下阐明其神话理论及其研究方法,率先从理论上系统完整地建构了昆仑神话理论体系。他在《从古籍中探索我国西部的民族——羌族》一文中提出:"中华民族的人文始祖炎黄首先是羌人的祖先,然后才是华夏族的祖先","不仅以炎帝为宗神的古代羌人生活在今青海祁连山南北河湟之地,而且青、甘、陕、川一带,主要是炎黄部落联盟活动,成为华夏民族的发祥地"。[①] 他在昆仑神话研究方面的代表作还有:《昆仑传说和羌戎文化》、《〈穆天子传〉及其著作时代》、《禹贡中的昆仑》、《昆仑和河源的实定》等。《庄子、楚辞中昆仑和蓬莱两个神话系统的融合》一文提出在中国古代留传下来的神话中,有两个重要的系统:一个是发源于西部的昆仑神话系统,一个是受昆仑神话影响而形成于东部沿海地区的蓬莱神话系统。古史辨派神话学家们以"层累"和"演变"的理

---

① 顾颉刚:《从古籍中探索我国西部的民族——羌族》,《社会科学战线》1980 年第 1 期。

论结合传统考据辨伪方法，他们不仅是中国现代民间文艺学史上神话研究的开拓者，而且他们对昆仑神话研究亦贡献颇多。

袁珂是中国大陆一直坚持神话研究并取得丰硕成果的老一辈学者，主要代表作有《中国古代神话》、《中国神话史》等。他尤其对《山海经》做了独到的研究。《山海经校注》在对1181年以来的16种版本及各家注释仔细比较鉴别的基础上，第一次专从神话的角度对《山海经》给予系统解释。他的学术思想可主要概括为中华多民族整体神话观，主要内容是"广义神话论"、古籍记载与民族传闻并重、少数民族神话和汉民族神话同步。

这里值得一提的是台湾和香港地区神话学界对昆仑文化的扎实研究而形成的一批重要论著，有卫聚贤的《封神榜故事探源》、芮逸夫的《中国民族及其文化论稿》、苏雪林的《昆仑之谜》和《屈赋之谜》等重要论著。1960年之后杜而未的《山海经的神话系统》、《昆仑文化与不死观念》和《中国古代宗教研究》等相继问世，其研究主要集中在创世神话研究、古帝系神话研究、虚拟动物神话研究、易经研究、古代宗教研究等方面。他借助月亮崇拜模式对昆仑神话进行了阐释，第一个提出"昆仑文化"学术命题，认为"文化越古老雄厚，越需要解释"，"昆仑文化是昆仑神话连带出来的人生哲学"。[1] 尽管他并没有从文化学理论对"昆仑文化"概念做进一步学理性阐释，而且仅仅局限于对《山海经》等文献的梳理，但提出这个命题并研究昆仑神话的主要内容及其意义，当属开创性论说。王孝廉的《中国的神话世界——各族的创世神话及信仰》（大陆作家出版社出版时只出版了下册，并题为《中国的神话世界》）多次修订出版，主要内容是对中原各部族的神话与信仰研究、对东北西南族群的创世神话的梳理，尝试对中华各民族神话做整体性、历史性的研究。所发表的《绝地天通神话——昆仑神话主题解说》一文，提出了昆仑的原始源于古代羌族的圣岳信仰的观点。此外，李亦园、李丰楙、朱传誉、杨希枚、谭达先、陈炳良等学者关涉昆仑文化的研究成果也很丰富，这些论著的发表和积累的学术观点，大大拓展了昆仑文化研究的领域和思路。

凌纯声的《昆仑丘与西王母》一文[2]，对学界的"昆仑七说"进行了梳理，认为分别是：1、丁山的《论炎帝大岳与昆仑山》一文认为昆仑神话源自须弥山。2、卫聚贤的《昆仑与陆浑》一文认为昆仑山就是今天新疆与青海的昆仑山脉。3、苏雪林的《昆仑之谜》一文认为昆仑是指两河流域之帝都。4、程发轫的《昆仑之谜读后感》认为

---

① 杜而未：《昆仑文化与不死观念·序》，学生书局，1977，第1页。

② 凌纯声：《中国边疆民族与环太平洋文化》（下册），台北：联经出版事业公司，1979，第1569～1606页。

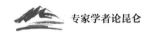

"昆仑"一词出于西域,有崇高与玄色二义。5、杜而未的《昆仑文化与不死观念》认为《山海经》中的昆仑是月山。6、徐高阮的《昆仑丘和禹神话》一文认为古籍所载昆仑丘(墟)应为古代两河流域各城通有的多层庙塔。而凌纯声则认为源于两河的昆仑,在中国则被称为坛墠,又可名曰封禅文化。

改革开放以后一些学者如刘魁立、连树声、萧兵、叶舒宪、董晓萍、何新、邓启耀、陶思炎、杨利慧等,分别对神话原型理论、精神分析理论、结构主义理论、表演理论,或对美国学者阿兰·邓迪斯、欧达伟、萨姆纳、鲍曼等人的著作进行了翻译、介绍或运用。特别是叶舒宪《河西走廊:西部神话与华夏源流》一书,运用考古学成果,并结合文献记载、田野调查和语源学资料"四重证据法",将研究视角置于河西走廊文化空间(包括今青海东部区域),探寻夏商周华夏文化源流,以此阐明古代西部氐羌民族对中华文明所做的巨大贡献。① 所有这些成果对昆仑神话与昆仑文化研究都有着理论架构和方法论的启示性意义。

此外,有关昆仑神话的文献经过学者们的精心校注、考证不断问世,如 2006 年西安地图出版社出版了《历代山海经文献集成》一书,收录晋唐明清以来注本、校订本、绘本等 18 种,堪称昆仑神话资料的集成式汇编。2008~2009 年,广西师范大学出版社先后出版了由迟文杰、陆志红主编的《西王母文化研究集成》系列丛书,通过收集、整理、刊布古代关于西王母的文献记载、考古资料、文物图片等,系统介绍了迄今国内外学术界关于西王母的研究成果。自 20 世纪 80 年代以来"三套集成"和"十套集成"的有关文本化的口头文献,也为昆仑文化的研究积淀了厚重的资料基础。

与此同时,台湾学界与大陆学界来往密切,在昆仑文化的研究与交流方面也表现出空前的热情,王秋桂、曾永义、鹿忆鹿、钟宗宪、高莉芬、刘惠萍、鲁瑞菁、郑灿山、彭衍纶、唐蕙韵、李秀华、罗美兰等一大批学者先后甚至多次到青海、甘肃、新疆等西北地区考察和研讨,发表了一批高质量论著。尤其是高莉芬致力于昆仑神话的研究和热心于昆仑文化的演讲,在台湾学界对昆仑文化的认同方面发挥了积极的作用。

国际学术界对昆仑神话也早有关注,并取得了诸多成绩。如法国学者于 1836 年发表了最早的有关中国神话的文章,并且最早翻译了《山海经》。E. Burnof 在 1875 年翻译了《山海经》的《西山经》,L. deRosny 在 1889 年发表了《山海经》部分译文。俄罗斯学者齐奥杰维斯基(S. M. Georgievskij)于 1892 年在圣彼得堡出版了《中国人的神话观与神话》一书,首次对中国古代神话作了分类,详细分析了古代中国人对于宇宙形成的观念、宇宙神话、古代帝王神奇诞生的传说等。认为古代中国人有了星空明显倾

---

① 叶舒宪:《河西走廊:西部神话与华夏源流》,云南教育出版社,2008。

斜的观念后，才会出现共工与祝融交战，共工不胜而怒触不周山，天柱折断东南倾斜的神话；还认为伏羲、神农、黄帝、帝喾、尧、舜、大禹等帝王形象是在神话概念的基础上形成于民间的神话形象，后来被孔子加以利用，塑造成"指导中国未来的生活"的理想人物。李福清（B. Riftin）在1979年出版的《从神话到章回小说：中国文学中人物肖像的演变》一书，主要根据中国古文献即古代石像中所载有关神话人物的奇异肖像，力图重建上古神话概念，以揭示神话形象中从兽形到人形共体，直至全部人形化的过程。李福清还将世界各地学者研究中国神话的成果辑录成《中国各民族神话研究外文论著目录——1839～1990（包括跨境民族神话）》一书出版①，较为系统地整理了自19世纪以来国外神话学者用俄、英、法、德等15种语言发表的中国神话研究成果，为研究昆仑神话提供了重要的基础文献。

日本学者研究昆仑神话颇有见地和成果，早在1904年，高木敏雄即出版了《比较神话学》一书，这是东方汉文化圈中涉及中国神话研究的第一部著作。白鸟库吉分别在1909年和1912年发表了《支那古神话的研究》《〈尚书〉的高等批判》，成为日本研究中国古神话奠基人。加藤常贤、贝冢茂树、池田末利、御手洗胜、白川静、森安太郎等，在研究中国神话方法上，都曾经是或一直是以中国古文献中文字考证而见长的学者，从文字的原初音义的解明去构架中国神话的秩序，相继发表有关中国神话研究的专著，积累中国本土之外最丰厚的亚洲神话学传统。御手洗胜的《古代中国昆仑思想的展开》、《昆仑传承与永劫回归》等著作，对昆仑的思想传承做了较多的考证，至今仍有相当的影响。从20世纪七八十年代伊藤清司等从人物、咒术、山岳神祭祀、民间医疗等多角度对《山海经》进行研究，近20年来，白川静等学者侧重于上古祭仪研究，认为古代铭文反映了一部分祭仪的情况，提出禹属夏系神话，共工为姜姓部族的神，属于藏系的羌人，女娲、伏羲则属于所谓屈家岭文化等观点。日本神话学家吉田敦彦的《神话考古学》、《绳文土偶的神话学》等论著，突破了传统的文本化的神话观念，将神像、陶器图像及纹饰、玉石器造型等实物与民族志资料相结合，深入解读了其中蕴含的文化信息。铁井庆纪的《中国神话的文化人类学的研究》一书，收录了《昆仑传说试论》、《道家思想乐园思想》等论文，另有小南一郎的《西王母与七夕传说》、松田稔的《山海经之比较研究》、下斗米晟的《西王母研究》、栃尾武的《精卫传说资料汇编》等论著和资料。

俄罗斯学者 S. M. Georgievskij 于1892年在俄国圣彼得堡出版《中国人的神话观与

---

① 〔俄〕李福清：《中国各民族神话研究外文论著目录——1839～1990（包括跨境民族神话）》，北京图书馆出版社，2007。

神话》一书①，认为古代中国人有了星空明显倾斜的观念后，才会出现共工与祝融交战，共工不胜而怒触不周山，天柱折断东南倾斜的神话。法国汉学家 H. Maspero 的《书经中的神话传说》（1924）和《上古中国史》（1927，1959），M. Granet 的《中国古代的祭礼和歌谣》（1919）和《古代中国的舞蹈和传说》（1926）等著述都涉及中国神话的问题，二者分别从历史学和社会学的角度切入，在汉学界产生了较大的反响。20 世纪西欧汉学家如英国汉学家 H. Giles、德国汉学家 A. Forke、法国汉学大师 P. Pelliot 对西王母形象的起源进行了专门讨论。

二　青海对昆仑神话与昆仑文化的研究

由于昆仑山主峰在青海以及历史上对青海昆仑西王母的普遍认同，青海地方学界对昆仑神话尤其关注。李文实、赵宗福、汤惠生、崔永红、米海萍、鄂崇荣、李措吉、刘永红、王伟章等一批青海本土学者对昆仑神话的研究不遗余力。李文实认为"西王母神话来源于昆仑之丘，而这昆仑之丘，其地就在今青海地区。而这块地区，则是古氏羌生息活动的主要所在"②。与此同时，汤惠生《神话中之昆仑山考述——昆仑山神话与萨满教宇宙观》一文通过对昆仑山神话和萨满教宇宙观的比较以及对"昆仑"二字的训诂学考察，认为"昆仑"乃古代匈奴语"天"之谓，古代信奉萨满教的民族和部落都可以拥有自己联系天地的宇宙山，考虑到文化传播的特性，提出"昆仑山就是宇宙山"的概念。③ 此外，卢耀光、朱世奎等学者从考古学、地方文化等角度，阐述西王母的主要活动区域在青海，及其与羌戎民族的关系。

青海地方学界还进而提出了"昆仑文化"的概念并进行研究。20 世纪 90 年代初，笔者就在《青海远古文化与中华文化的关系》等论文中提出"昆仑文化"（当时还没有接触到杜而未的著作），后来在《青海史纲》中把昆仑神话作为青海远古文化源头进行了专节描述，但这些并没有马上引起关注。之后由于在一些学术会议上的呼吁和一批学术论文的发表④，"昆仑文化"的概念逐渐被地方学界接受。进入新世纪，笔者的《昆

---

① 〔俄〕S. M. 齐奥杰维斯基：《中国人的神话观与神话》，1892 年圣彼得堡版。参见马昌仪《中国神话学发展的一个轮廓——〈中国神话学文论选萃〉序言》，《民间文学论坛》1992 年第 6 期。

② 李文实：《西王母通考》，《江河源文化研究》1995 年第 1 期。

③ 汤惠生：《神话中之昆仑山考述——昆仑山神话与萨满教宇宙观》，《中国社会科学》1996 年第 5 期。

④ 20 世纪 90 年代，笔者在《民间文学论坛》、《北京师范大学学报》、《西北民族研究》学术杂志，曾陆续发表了《中国月亮神话演化新解》、《冈仁波钦与昆仑神话》、《论"虎齿豹尾"的西王母》、《河源神话之谜破译》、《西王母的神格功能》等系列论文，并于 1997 年获得青海省人文社会科学优秀成果二等奖。

仑神话》一书运用神话学、民俗学和文化人类学的理论方法，结合古文字学、考古学、民族志等材料，第一次对昆仑神话做了系统的梳理和科学的评价，勾勒出了一个完整的昆仑神话体系和学术架构。提出昆仑神话是中国古典神话的主体，并就神话昆仑山的风貌、主要传说故事及其文化意象、西王母信仰的历史流变、昆仑神话与青海的文化关系、昆仑神话的传播等做出了诸多新颖可信的诠释，被学术文化界普遍采纳。而《论"虎齿豹尾"的西王母》、《论昆仑神话与昆仑文化》等论文，认为"河源"就是昆仑山地理所在的标志。从我国古籍中"河出昆仑"的反复记载和历代对河源昆仑的寻求，表明国人千百年来有一个共识，就是昆仑山在黄河源头，也就是今天以三江源为中心的青海高原地区。根据《山海经》、《穆天子传》和王充《论衡》中的记载以及藏族关于青海湖起源的传说，昆仑神话中的西王母国和西王母就在今以青海湖为中心的青海高原地区，这些都可以从各种神话传说遗迹、民族志与民俗志和历代文人墨客的文学作品中得到充分的印证。西王母的原型就是远古以青海湖为中心地带的原始部落酋长兼大女巫。这些观点被学界广泛认同和采用。

但是，我们研究昆仑文化的视野不应仅拘囿于某一行政区域，而是应把它放置在整个中华文化的环境中予以考量，这也许正是我们不同于很多"地方文化中心主义"绝对论者的特点之一。概而言之，我们的主要观点有：

1. 昆仑神话是中华文明的重要源头之一。从现存的古籍文献看，昆仑神话的形态最朴野最原始、故事系统最完整最丰富、资料保存最多，她是中华民族在童年时期的以神格信仰为核心的综合体创作，是中华民族最初的世界观、社会观、价值观的整体反映，因此昆仑神话在一定意义上就是中华民族早期的昆仑文化，她与中华文明的产生发展密切相关。

2. 神话昆仑山是中华民族的发祥地和祖居地。"赫赫我祖，来自昆仑"，文献上反复出现的这句话正反映了中华民族对民族起源的文化记忆和历史强调。而"河源昆仑"是中国人千万年不变的文化情结，从屈原对昆仑山的向往到汉晋以来几十次对黄河源头和昆仑山的探索追寻，就反映了这一文化心理。黄河是华夏民族的母亲河，昆仑山是母亲河的源头，是中华大地（文化意义上）的巨乳。

3. 西王母是昆仑神话中的女主神，历史上影响巨大，在不同层次不同领域以不同形式演变，如在神话、历史传说、国家祭祀、道家与道教、明清民间秘密宗教、民间信仰中各有不同，但产生着影响，至今为民间称为"王母娘娘"，台湾新兴宗教称之为"瑶池金母"。但在最初，其原型是青藏高原上的羌人部落大首领兼大女巫，故有"西王母国"、"西王母之邦"。以此推之，昆仑神话发祥地在以青海高原为中心的西部地区。

4. 昆仑山作为昆仑神话和昆仑文化的标志性地理圣山，历史上有一个发展互动的

文化过程。神话昆仑是原始先民根据现实地理想象出来的神圣大山，而现实的昆仑山又是神话昆仑的神圣延续，二者具有密不可分的关系，既不可混为一谈，也不能截然割裂。昆仑山的神话世界是在文化史上逐渐丰富起来的。

5. 昆仑神话与西南民族及其地区民族关系密切。从目前掌握的可靠资料看，西南地区至少有 20 个民族来源于青海高原，都与昆仑文化和古羌文化有着密切的关系，至今在他们的口承记忆和民俗文化中仍然保存着大量昆仑文化的元素，且与汉文献中的昆仑神话及其民族文化的历史记录可以相印证。同时与西北历史上的一些民族如月氏、西夏党项、吐蕃（藏族）等具有源流关系。有人研究，我国至少有三分之二的民族与昆仑文化有密切的关系。因此，昆仑文化是我国多民族共同传承享有的精神财富，对于促进多民族对祖国大家庭共同的文化认知具有重要意义。

6. 昆仑神话不仅影响了中华民族，而且进一步辐射到周边国家民族，深深地影响了日本、韩国、越南、马来西亚、新加坡等国家的文化，如圣山信仰、海外亦有昆仑、西王母神灵等。同时随着华人向世界的流移，昆仑文化意象走向世界。因此，昆仑文化具有世界的文化影响力，与希腊神话中的奥林匹斯山相媲美。

7. 昆仑神话作为中华文明的重要源头之一，对中国文化的发展产生了深远的影响。大如对中华天文、地文、人文的影响，具体如对宗教信仰、天文地理观念、文学艺术、社会制度、民俗习惯等的影响，昆仑文化弥散在中国文化的方方面面之中。我们"总是处在传统的掌心之中"（希尔斯语），但又往往不知所以然。今天对之进行细致的梳理，对于正确认知我们民族的历史文化很有意义。

8. 昆仑文化在当代还发挥着重要的文化功能，尤其是和谐大爱、无私奉献、勇于担当、敢于拼搏、锐意探索、不断创新的精神，不仅激励着各族人民团结进步共建小康，而且与当代主流精神相吻合。昆仑文化是增强文化软实力、辐射力、影响力的重要途径，也是实现中华文化复兴中不可或缺的传统资源。

9. 昆仑文化在当代地域文化建设中发挥着积极作用，在有些地方还有着不可替代的功能。从近年青海、新疆、甘肃等省区的文化建设成效来看，昆仑（西王母）文化几乎成了金色品牌。特别是青海省把昆仑文化定位为地域文化的标志，开展丰富的文化活动，在地域文化的大发展大繁荣、促进文化产业发展中产生了很好的影响，值得关注借鉴。

10. 昆仑神话与昆仑文化是中国传统文化中具有重要价值的文化现象，所以古来受到学术界、文化界的重视，一大批名家研究昆仑神话，诸说纷纭，成果累累，但是还没有提升到昆仑文化的层面上予以研究，也缺乏学术史的系统梳理和有效运用。在弘扬优秀传统文化、实现中华民族文化复兴的当代，应予以重点研究。

三　昆仑神话与昆仑文化研究的重点评价

近百年来的昆仑神话与昆仑文化研究，为我们积累了文献资料，提供了多角度、多层次的视角，一些学者的观点和研究方法为我们系统研究昆仑文化与中华文明的关系提供了理论指导和方法手段。其中这几个方面是值得注意的。

1. 茅盾西王母神话演化"三阶段"观点的提出。茅盾的《中国神话研究 ABC》第一次提出了西王母神话演化"三阶段"看法，认为第一个阶段是《山海经》，第二个阶段是《穆天子传》，第三个阶段是《汉武故事》，由半人半兽的怪异之神蜕变为女王，再成为雍容王母，论证了西王母形象由野到文、由简到繁的神话演进过程，认为西王母是古代西域一带以虎、豹为图腾的女酋长的形象。所谓三青鸟，说明凶禽猛兽相伴，还处于啖食充饥的原始狩猎阶段。西王母怪异可怕的形貌，正是当时人与动物不分、人神不辨观念的反映，虽然不合理，却在很大程度上保留了原始神话的本相。认为昆仑是帝之下都，居住着西王母、陆吾、开明兽、猛兽、怪鸟、奇树等众神，"大概中国神话里的昆仑的最初观念，……正好代表了北方民族的严肃的现实的气味"①；而昆仑神话传到南方民族，便在《离骚》里被塑造成了"昆仑玄圃"。作者自己宣称按照人类学的观点考察神话，又强调神话是文学的源头，重视其艺术价值，通过神话对《楚辞》的影响，论证神话在中国文学史发展中的重要地位。关涉昆仑神话的内容和深层结构，从中华文学艺术之起源中分析昆仑文化所起的影响和作用，还是大有文章可做。

2. 袁珂对神话的定义和神话"广义论"观点的提出。袁珂早年有关昆仑神话的研究有《山海经里的诸神》等文章，专著《中国古代神话》一书在 20 世纪五六十年代先后刊印了 7 次之多，该书将神话梳理与研究相结合，在古代神话文献的整理和考释上，都具有重要的意义。代表作《山海经校释》，以郭璞《山海经注》为基础，对《山海经》进行全面校勘，恢复其原始面貌，为文化人类学、宗教学等研究昆仑文化提供了可靠的文本。他的《中国神话传说辞典》、《中国神话资料萃编》，为神话研究者及普通的神话爱好者研究和学习中国古代神话提供了一把钥匙。专著《中国神话史》堪称中国第一部神话史，对中国神话从上古迄于明清的神话材料作了纵贯的系统论述，透彻分析了中国神话发展演变的轨迹，并体现和实践了广义神话观的理论，认为在中国历史的各个阶段都有新的神话产生，新神话又随着社会发展仍在不停地演变。尽管他没有明确说研究昆仑神话，但用了很大篇幅论述昆仑神话及昆仑神话传播于后世的影响，认为西

---

① 茅盾：《中国神话研究初探》，上海古籍出版社，2005，第 50 页。

王母在《大荒西经》的形象是男性，到了《海内北经》才初步女性化和王者化，秦汉之际西王母是国名（部落名），由野而文是不可抗拒的演化公例。源于古羌先民的昆仑文化对古今少数民族文化影响深远，在古代的大月氏、匈奴等古老民族中，都有西王母和昆仑山的文化记忆和文化事象；含有昆仑文化元素的创世神话、盘瓠神话、伏羲兄妹结婚神话、始祖诞生神话等至今仍保存在西南许多少数民族的口头传统中，这些在袁珂的神话史著中多有论述，具有开拓昆仑文化研究思路的启示意义。

3. 顾颉刚关于"昆仑神话系统"的理论建构。顾颉刚《庄子、楚辞中昆仑和蓬莱两个神话系统的融合》一文，① 提出昆仑的神话发源于西部高原地区，它那神奇瑰丽的故事，流传到东方以后，又跟苍莽窈冥的大海这一自然条件结合起来，在燕、吴、齐、越沿海地区形成了蓬莱神话系统。此后，这两个神话系统各自在流传中发展，到了战国中后期，在新的历史条件下又被结合起来，形成了一个新的统一的神话世界。并指出了昆仑神话的传播路径，一是由于秦国向西拓地与羌、戎的接触日益密切，从而流传了进来；一是由于这时的楚国疆域，已发展到古代盛产黄金的四川丽水地区，和羌、戎的接触也很频繁，并在云南的楚雄、四川的荥经先后设置官吏，经管黄金的开采和东运，因而昆仑的神话也随着黄金的不断运往郢都而在楚国广泛传播。他认为昆仑是一个有特殊地位的神话中心，很多古代的神话，如夸父逐日、共工触不周山及振滔洪水、禹杀相柳及布土、黄帝食玉投玉、稷与叔均作耕、魃除蚩尤、鼓与钦鹀杀葆江、烛龙烛九阴、建木与若木、恒山与有穷鬼、羿杀凿齿与窫窳、巫彭等活窫窳、西王母与三青鸟、姮娥窃药、黄帝娶嫘祖、窜三苗于三危等故事，都来源于昆仑。有了这样的神山和中心，才能形成独特的神话世界，称得上完整的神话。顾颉刚先生第一次从理论上建构了完整的昆仑神话体系。

4. 杜而未"昆仑文化"命题提出的学术史意义。"昆仑文化"一词是台湾学者杜而未率先在1960年左右提出的，其《昆仑文化与不死观念》正式出版于1977年，在该书中提出"昆仑文化是昆仑神话连带出来的人生哲学，当然，先当说明昆仑神话本身的原义，然后才可以谈属于昆仑的文化"的概念。② 他从宗教学视角论证昆仑是仙山，昆仑、仙、道都和月亮神话相关，昆仑神话中的不死观念也和月亮神话相关，且昆仑文化与不死观念是在月神宗教中发展的，举凡与月山、仙山、修仙相关者，都可归于昆仑文化，为"月亮崇拜一元论"鼓吹者。为此依据《山海经》等文献，从字义、状貌等入手解析昆仑神话意义的同时，认为《山海经》等所载均为月山神话系统，从月亮神

① 顾颉刚：《庄子、楚辞中昆仑和蓬莱两个神话系统的融合》，《中华文史论丛》1979年第2辑。
② 杜而未：《昆仑文化与不死观念·序》，学生书局，1977，第1页。

话中反映了古代民众追求理想美满生活、美满社会，并和神灵取得联系希冀康乐长寿的心理；又认为研究古代宗教离不开神话，于是从仙道文化观论述仙山、仙者与历代人们之仙意、不死观念，强调不死观念是一种人生观，和昆仑文化密不可分。尽管杜而未的有些提法在当时的台湾学界有些非议，在大陆学界的影响力也不是很大，甚至不被人们所知，但是他提出"昆仑文化"概念有首创之功。

5. 神话学与其他学科相结合的方法论。这方面的成果很多，仅以吕振羽的《史前期中国社会研究》为例①，该书在20世纪30年代初即已出版，书中将文献材料、古史传说与史前考古发现相结合，探讨史前时期历史面貌。值得注意的是，作者试图将考古学新石器时代的史前文明与中国古史传说对应起来研究，从而使带有神话色彩的古史传说，在纳入考古学意义上的历史范畴的同时，依据这样的史学观和研究方法，对古代神话传说中的洪水内容、尧舜禹的事迹以及图腾崇拜等问题，给予历史学意义上的界定。这样的研究成果，严格说来属于历史学范畴，但此种研究思路和研究方法，仍然给昆仑文化和昆仑神话的研究以启发，其学术上的意义和价值不能低估。

昆仑文化的研究离不开古文献，运用文献学和考据学的理论与方法，追溯昆仑神话文本的演变及其与中华文明源头研究、与少数民族共融互动研究等重大课题，是本课题采用的分析视角和手段之一，而综合运用多学科资料，从多种视角进行昆仑文化的研究，无疑是方法论的提高和更好的选择。叶舒宪提出的"四重证据法"，就是在方法论上的新的推动。如《鲧禹启化熊神话通释——四重证据的立体释古方法》等系列论文，着重说明了"四重证据法"的具体内容：一是传世文献，二是地下出土的文字材料，三是民俗学、民族学所提供的相关参照材料，包括口头的神话传说、活态的民俗礼仪、祭祀象征等，四是专指考古发掘或传世的远古实物及图像。结合此四种证据，可帮助神话研究者乃至古史研究者走出文字研究的老路，并借助于文化人类学的宏阔视野和跨学科的知识谱系，"获得多方参照和交叉透视的'打通'效果，使得传世古文献中误解的和无解的难题获得重新审视的新契机"。② 这一方法的提出和具体运用，既是中国神话学在21世纪初期所取得的显著成果之一，也是在昆仑文化研究的实践中得以运用的重要利器。

国际神话学权威罗伯特·西格尔（Robert A. Segal）在1996年主编出版了六卷本《神话理论》（Theories of Myth），其中文学方面的神话学研究只占六卷书中的一卷而已，

---

① 本书最初由北平人文书店在1934年出版。

② 杨利慧：《21世纪以来的中外神话学》，杨利慧"民俗学博客"，http：// www. chinesefolklore. org. cn/ blog/？ uid－463－action－viewspace－itemid－34405。

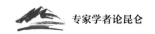

即不到神话学研究全貌的百分之二十。而占据百分之八十以上的内容都是从哲学、史学、考古学、宗教学、心理学、人类学等学科视角对神话进行研究。这为我们如何运用多学科进行神话研究提供了广阔的视野和方法。在研究昆仑文化与中华文明课题中，我们必须广泛汲取人文学科的各种前沿知识，不断拓展研究的疆界。

6. 赵宗福关于"昆仑文化"及昆仑神话基本概念、内涵价值梳理和概括的论证。其系列学术论文和专著《昆仑神话》等，运用神话学、民俗学和文化人类学的理论方法，结合古文字学、考古学、民族志等材料，相互参考，相互佐证，对"昆仑"及昆仑神话的基本概念、内涵价值做了较为系统的梳理和概括，认为昆仑神话是中华早期文明的曙光，是中国古典神话的主体部分，昆仑自古以来就是中华民族精神的象征。昆仑山既是万山之宗、河岳之根，也是中华文明的发祥地之一。因此鲜明地提出，昆仑山是孕育中华文明的最初源泉，认为黄河是中华民族的母亲河，孕育了博大精深的中华文明，而黄河的源头就在昆仑山。他还从昆仑山的内部结构、风物与外围世界等方面对神话昆仑山的基本风貌进行了系统的梳理。认为昆仑山的具体形胜是逐渐丰富起来的，它具有丰富的神物异景，是先民的理想乐园，被视为沟通天地的通道。认为华夏民族千百年来一直围绕着黄河源头来探求昆仑山，"河源"是昆仑山地理所在的标志，寻求"河源昆仑"是中国人一个不可磨灭的精神情结。提出神话昆仑是现实地理的折射表述，现实昆仑是神话昆仑的神圣延续，二者结合起来看才是完整准确的。还通过对汉藏文献、蒙藏民族民间传说的论证比较，认为西王母的神话传说原型很可能就是远古时期率部游牧于青海湖地区的羌人女首领兼大女巫。还运用大量的民族志和民俗学田野调查资料作为旁证，证明西王母"虎齿豹尾"的形象与古老的青海民族文化密切相关。这些观点得到学界认同，被不断反复引用，甚至变成了文化界的"公共语言"。

四　青海对昆仑文化的建设实践

青海地处青藏高原东北部，历来是多民族文化交汇碰撞之区，至今有46个民族生活工作于此，其中汉、藏、回、土、撒拉、蒙古族等6个民族是世居民族。正由于这种民族及其文化的多元性和边缘性，青海始终无法确定一个具有全涵盖性的标志性文化。

自20世纪90年代以来，政府和学界都在不同层面上试图寻找出一个能够完全至少基本涵盖青海特色文化的标志性文化，先后提出了诸如"青藏文化"、"青海文化"、"青藏高原安多文化"、"江河源文化"、"三江源文化"、"西羌文化"、"吐谷浑文化"、"青唐文化"、"南丝绸之路文化"、"中国昆仑江河文化"、"青海三江源文化"、"昆仑江源文化"等文化概念，但始终没有达成共识。

进入 21 世纪后，根据国家关于建设社会主义文化强国和推动文化大发展大繁荣的形势，青海省委省政府提出建设文化名省的发展目标。正是在这样的形势下，在省内外有识之士的支持下，青海民俗学界本着立足青海特色文化和学术文化建设积累，放眼国内国际文化大语境、着力于未来文化软实力竞争力的思考，毅然提出了"以昆仑文化为青海多元文化的标志性文化"的主张。

关于"昆仑文化"这一概念，虽然杜而未早在 20 世纪 60 年代就已经提出，但是杜先生仅仅局限在《山海经》中的昆仑山及其月山信仰以及文化影响中，还没有放到整个中华文化形成发展的大格局中来讨论。加之当时以及后来几十年两岸学术的交流极其有限，大陆学界并没有接受甚至不知道"昆仑文化"一说。70 年代末，顾颉刚先生研究昆仑神话，给学界带来了诸多启发，一批地方学者以其地缘关系而尤其注意昆仑神话的研究。90 年代初，笔者在一些文章中把昆仑神话延伸为"昆仑文化"①，当时还仅仅属于联想性的表述，并没有上升到理论的整体思考；同时还没有机会参考杜而未的昆仑文化说，因此基本内涵上完全不同，当时所说的昆仑文化仅仅指以昆仑神话等远古文化为源头的青海及其周边地域的区域文化。后来随着"昆仑文化"概念的逐渐推广开来，到 2000 年时，青海省文化厅等单位在格尔木举办"海峡两岸昆仑文化研讨会"，标志着"昆仑文化"被青海官方文化机构认同和正式使用。

但是把昆仑文化真正作为大文化进行科学研究，进而把昆仑文化与地方文化建设结合起来进行文化战略研究，还经过了一段沉寂。其间虽然也出现了一些以昆仑或西王母命名的书籍、文章或风物建筑，但往往陷入极端地方文化中心主义或宗教迷思之中，缺少战略思维和科学论证，不能与中华整体文化相衔接，也不能与未来文化建设相适应。当然也不可否认，这样的诸多民间个人诠释和自由呈现现象在一定程度上为昆仑文化的兴起营造了氛围。

2008 年 4 月，笔者担任青海省社会科学院院长。身份的转换促使我开始逐渐调整研究方向，开始注重研究成果为地方社会文化建设服务的功能。我们认为，昆仑文化是青海文化中的标志性文化，如果做好了，可以从国际国内文化语境上来提升青海文化的地位和影响，增强青海文化的软实力。尤其是青海省民俗学会成立之后，以学会为中心广泛联系相近及相关学科学者，围绕昆仑文化与民族民俗文化、地方文化建设锐意进取。为此，我们集中精力做了三个方面的学术工作。

一是严格依据学术原理和按照学术规范进行昆仑文化的研究。学术原理与学术规范，是真正的学术研究与非学术写作的区别。笔者曾经把二者称为"学院派"和"江

---

① 如赵宗福《青海远古文化与中华文化的关系》，《三江源文化研究》1990 年第 1 期。

湖派"，虽然其逻辑风格和价值取向不同，但也各有价值（尤其是在欠发达地区，江湖派不仅人多势众，而且在一定程度上主导着学术场域）。但是就真正的文化软实力与文化话语权而言，科学研究是极为重要的途径。因此我们在学术环境还比较差的青海高原上始终坚守着科学的学术立场。笔者在 2010 年发表的《论昆仑神话与昆仑文化》一文，认为"河源"就是昆仑山地理所在的标志。从中国古籍中"河出昆仑"的反复记载和历代对河源昆仑的寻求，表明国人千百年来有一个共识，就是昆仑山在黄河源头，也就是今天以三江源为中心的青海高原地区。而根据《山海经》、《穆天子传》和王充《论衡》中的记载以及藏族关于青海湖起源的传说，昆仑神话中的西王母国和西王母就在以青海湖为中心的青海高原地区。这些都可以从各种神话传说遗迹、民族志与民俗志和历代文人墨客的文学作品中得到充分的印证。因此进一步提出，昆仑文化是青海古今各民族文化的最佳概括，是青海的标志性文化。从文化源头看，所谓昆仑文化就是昆仑神话。从区域文化看，所谓昆仑文化就是以昆仑山为标志的青海高原各民族文化，既包括历史文化，也包括现当代文化；既包括各类精英文化，也包括各民族民间文化。昆仑文化应该是一个区域性的文化整体。昆仑文化的基本特征就是"大美青海"——神圣、神奇、神秘。昆仑文化已成为地域文化的一种符号。① 这些观点得到了青海学术界、文化界的普遍赞同。当然此间，学会的一大批学者如鄂崇荣、米海萍、文忠祥、唐仲山、霍福、刘永红、王伟章等也发表了很多与昆仑文化有关的学术论文，共同推进了昆仑文化的学术研究。

二是搭建学术平台，把昆仑文化放在国际文化的大语境中讨论，进而赢得国际国内学术界的认同，提升区域文化的影响力。在各类学术平台中，"昆仑文化国际学术论坛"是最为重要的。在中国民俗学会的支持下，2009 年开始策划筹备论坛，在筹备过程中意外地得到了国内外学界的一致支持。尤其是在 2010 年初向青海省委常委、宣传部部长吉狄马加先生汇报筹备情况时，得到马加先生的高度肯定，并给予鼎力支持。他认为昆仑文化只有在世界文化格局中才有竞争力。他还指出，论坛规模要扩大，规格要提高，而且要连续办下去，要办成青海学术文化的品牌。正是在他的支持下，"昆仑文化与西王母神话国际学术论坛"（首届）在 2010 年 8 月成功举办。之后青海省社会科学院与青海省委宣传部、中国民俗学会、青海民俗学会以及湟源县人民政府、格尔木市人民政府等部门，连续举办四届昆仑文化国际论坛，同时还策划举办了与地方文化相关的"土族文化国际学术研讨会"、"格萨尔与世界史诗国际学术论坛"、"人文视野下的昆仑生态国际研讨会"、"中国训诂学与民族民俗文化学术研讨会"等学术会议。每次

① 赵宗福：《论昆仑神话与昆仑文化》，《青海社会科学》2010 年第 4 期。

学术会议开幕式上，都有省委省政府领导出席并发表演讲。特别是作为著名诗人的吉狄马加先生先后发表了《在神话的思维中感悟未来》等精彩演讲。而先后来自中国、德国、美国、瑞士、日本、韩国、马来西亚、俄罗斯、印度和中国台湾、中国香港等近30个国家和地区的350多人次的著名学者出席论坛，共同研讨昆仑文化与地域文化、中华文化、世界文化的关系。不同国家与民族、不同学科、不同观点的学者在这里学术碰撞与沟通，取得了诸多共识。每次会议均由海内外媒体集中报道，产生了很大影响。由笔者主编、青海人民出版社出版的《昆仑文化与西王母神话论文集》（2011年）、《昆仑神话与世界创世神话国际学术论坛论文集》（2012年）和《昆仑神话的现实精神与探险之路国际学术论坛论文集》（2013年）等，集中体现了目前神话、昆仑神话及西王母神话研究领域的学术水平和最新观点，为昆仑文化、昆仑神话的深入研究提供了有价值的借鉴意义①。2013年《昆仑文化与西王母神话论文集》获北方十五省哲学社会科学优秀图书奖。

与此同时，我们在《青海社会科学》还开辟了《昆仑文化论坛》专栏，先后发表有关昆仑文化的论文50多篇。青海民俗学会通过协调，中国民俗学会在湟源县设立了"中国西王母文化研究基地"，在格尔木市设立了"中国昆仑文化研究基地"，为昆仑文化研究创建了学术研究平台。

三是重构文化仪式，凸显昆仑文化，力争赢得全社会的参与和认同。从2009年起，我们帮助湟源县连续举办"昆仑文化周"和"西王母祭拜大典"活动，特别是规范祭拜仪式，除笔者外，还邀请李炳海、鲍鹏山、徐正英、高莉芬等海内外知名学者撰写祭文，邀请海内外著名专家学者以及海峡两岸道教界负责人参加祭典，极大地丰富了仪式的内涵、提升了仪式的品位，很好地促进了昆仑文化的建设。格尔木人民政府从2012年开始启动昆仑山敬拜大典，特别是2013年8月，由青海省对外交流协会和青海民俗学会策划协办，融进昆仑文化元素，提升仪式的文化品质，神圣而隆重，一举成功。几日之内，海内外百余家媒体进行连续采访报道，影响极大。与此同时，青海民俗学会为青海湖祭海仪式及神圣文化体验旅游策划编制了详尽的建设实施方案，并将其纳入昆仑文化建设的内容，在论证会上赢得省内外专家一致好评。同时学会还为各州县策划昆仑文化建设方案，如刚察县"昆仑神祠"、格尔木市"昆仑文化研究基地"（建筑），均获得成功。

四是论证昆仑文化作为青海区域文化的标志性文化，为青海文化的定位做出努力。进入新世纪后，我们力主昆仑文化是青海及其周边地域的标志性文化。特别是2000年

---

① 赵宗福：《昆仑文化与西王母神话论文集·前言》，青海人民出版社，2011，第1页。

之后，根据文化发展形势，青海民俗学界把昆仑文化作为地方文化建设的重点进行研究，先后完成《关于昆仑文化作为青海省标志性文化的思考》、《关于以昆仑文化定位青海特色文化的补充说明》、《打造昆仑文化品牌的历史回顾与发展思考》、《昆仑文化与民族团结进步先进区建设的关系研究》等课题的研究。[①] 对学界历年提出的各种定位、提法进行了系统分析，认为以"以昆仑文化为源头的青海多民族文化"这一标志性文化来定位青海特色文化，既可兼顾与中华文化的同源性，亦可考虑到青海地域文化的多样性，既具有世界眼光，又能关照现实。具体而言，一则可以成为反映青海地域地貌特征的象征性标志，承载的大气魄与"大美青海"相辅相成；二则可体现青海在中华民族文化发展史乃至世界文明交流史上的重要地位；三则可促进青海各民族"建设中华民族共有精神家园"的动力，增强"文化自觉"和"文化自信"，进一步树立青海精神。这些观点得到了省委省政府和社会各界的普遍认可。

在此过程和影响下，"自下而上"和"自上而下"的昆仑文化热也在无形中有力地支撑和支持了我们的观点。如"昆仑文化研究会"、"昆仑文化研究院"的成立，昆仑玉被镶嵌在奥运会奖牌上，各类与昆仑西王母相关的地方文化设计，民间信仰活动和个体化写作宣传，等等。特别是 2010 年在昆仑山脚下举办的《圣殿般的雪山》昆仑山交响音乐会，由一大批海内外著名音乐家演奏，成为史上在海拔最高的地方（海拔4150米）举办的交响乐演出，也是史上唯一以昆仑山为歌颂对象的交响音乐会，被列入吉尼斯纪录。2011 年中央电视台播出《走遍中国——昆仑神话断想》节目，首次由国家一流媒体讲述昆仑神话。这些都产生了很大的影响，无疑为昆仑文化在青海文化中的学术定位增加了分量。

尤其在由时任省委书记强卫先后主持的三次小型高层论证会上，笔者代表课题组力排众议，陈述昆仑文化作为标志性文化的理由：1. 昆仑文化在青海多民族多元文化中最为古老，最具源头性；2. 昆仑文化为源头还可以统领青海多民族文化和古今各种文化；3. 昆仑文化在世界文化史上影响深远，最具国际性；4. 昆仑文化在中华文化发展史上影响巨大，最具神圣性；5. 昆仑文化在不断影响和吸收各种文化，最具包容性；6. 昆仑精神与当代青海精神一脉相承，最具传承性。因此主张以"以昆仑文化为主体的青海多元一体民族文化"来定位青海的文化，其鲜明的功能和意义表现为：1. 能够提升青海在国内国际上的文化地位，提高青海在世界文化特别是国内各区域文化竞争中的文化软实力。2. 能够增强青海人民的文化自豪，真正树立起青海文化精神。3. 能够

---

① 这些成果除个别公开发表外，大部分刊载于《青海研究报告》等内部资政平台。参与的主要成员有鄂崇荣、解占录、霍福等人。

实现青海人民的文化自觉，使全社会自觉地和政府一起来维护和发展青海的文化。4.能够增进青海各民族对中华文化和国家的认同及各民族之间的文化认同。5. 能够进一步促进文化和谐和社会和谐，推动社会文化的发展，促进青海的长治久安。这些观点得到了省委省政府主要领导和主管领导的肯定与支持。

在不懈的努力下，青海省委省政府在 2012 年全省文化发展改革大会上对青海的地域文化做出了"以昆仑文化为主体的多元一体文化"的定位，特别强调要精心打造以昆仑文化为重点的系列文化品牌。这是一次把民俗学研究成果转化提升为政府文化建设方略的有效尝试，在中国，这也是地方民俗学为地方文化服务的成功案例。

由此看出，近年来青海的昆仑文化研究，已经成为政府地方文化建设中不可或缺的组成部分，学术活动与地方文化建设融为一体。而且民俗文化学的学术成果在此间发挥了重要的思想引领作用，具有主体地位。事实证明，民俗文化学在地方文化建设中可以大有作为，而其前提是必须要有开阔创新的文化大视野和科学可信的学术成果，以高层次的学术质量和独特开放的文化战略眼光来赢得话语权。

在笔者看来，作为学术为现实发展服务的原则应当是，我们的民俗学在地方文化建设中不是点缀式的附庸或者一味地追随跟进，甚至是乞怜似的搭车，而是站在文化发展的战略高度和时代前沿，以权威的成果话语和高层次的学术活动成为文化发展的引领者和指导者，真正发挥其主体作用。在青海的昆仑文化发展建设中，我们就贯穿了这样的思想，并取得了学术影响和社会效益。

五 昆仑文化与国家民族文化建设的理论思考

在昆仑文化的发展中我们也认识到一些不足，就是因为地方文化建设的需要，难免会把一个本应该在整个中华文化层面上的昆仑文化局限于青海这样一个行政性的地域范围内来界定研究，令人颇有拘囿之感。因为在事实上，昆仑文化是整个中华文明的源头之一，也对中国文化产生了深远的影响，乃至于对周边国家和民族文化都有着不可忽视的影响，值得在更大范围内予以关注。于是笔者在青海昆仑文化研究的基础上进一步拓展开来，着眼于昆仑文化与中华文化的研究。2013 年 9 月，国家社科基金重大项目《昆仑文化与中华文明研究》获准立项，高莉芬、刘宗迪、安德明、米海萍、鄂崇荣等一批对昆仑文化素有研究的海峡两岸学者加盟研究。2014 年 3 月，在北京召开了该项目的开题论证会，根据专家委员会的评议和跟各子课题负责人的沟通，形成了诸多共识。标志着昆仑文化的研究眼光正式从地域文化范围扩大到了中华文化的大视野，也更符合昆仑文化博大精深的人文实际。

我们认为，就昆仑神话的文化地位而言，它可与古希腊神话并驾齐驱，可被称为具有创世纪意义的东方文明的源头主体文化，在世界文化史上有着重要地位。昆仑神话开创了塑造中华民族精神和人格理想的历史先河，具有系统化、体系化的特点，是人类社会理性与非理性此消彼长的显著成果。昆仑文化对中华文化的发展产生着深远影响，影响涉及天文学、政治学、军事学、建筑学、哲学、文学、道学和儒学等多学科领域。所以，昆仑文化的研究必须要突破以往在昆仑文化研究中区域性的视野局限和单一学科的理论方法，综合相关学科优势，全面探索昆仑文化与中华文明以及域外文化的关系及其在中华民族文化复兴中的功能，点面结合，宏观把握，进行全局性、系统性的研究。尤其是要在以下六个方面作重点研究。

一是昆仑神话与中华文明源头关系研究。昆仑文化是西部文化的代表，更是华夏文化的重要构成部分，作为华夏文明的源头，昆仑神话是中国乃至东方早期文明的曙光，与希腊神话并驾齐驱，在世界文化史上有着重要地位，因而中华文明的繁荣光大，与昆仑神话有着直接的关联。中华元典"河出昆仑"的反复记载，还经常有"赫赫我祖，来自昆仑"之说，足以说明昆仑是中华民族记忆中的故乡和神圣的精神家园。因此要从民俗学、神话学及文化哲学视角，探索昆仑神话的深层结构及其所呈现出的宇宙观、生命观等，研究昆仑神话是中华民族的集体记忆和精神家园，进而研究昆仑文化在整个中华文明形成中的重要作用及文化意义。

二是昆仑文化与中国天文、地文和人文的关系研究。昆仑是中国传统宇宙观的核心，而宇宙观的产生与古代天文学和地理学息息相关。在昆仑神话中，昆仑是宇宙中心，为众神所居之地，也是天地相通的地方，与天上的北斗或北极遥相呼应，如此，天文学是神话宇宙观赖以成立的经验基础。因此要重点研究：1. 综合运用上古天文学史、天文考古学、神话学等，解释昆仑神话与原始天文学之间的渊源关系，以期对昆仑神话的起源和原初内涵做出透彻而全面的解析，进一步阐明昆仑文化在中国古代宇宙乃至中国传统文化中的核心地位和神圣意义。昆仑的位置，在古代地理学中是一个经久不衰的话题，"河出昆仑"意识与历代探寻河源等人文活动分不开；2. 在对历史上关于昆仑的地理学研究的学术史梳理的基础上，就神话昆仑和地理昆仑的关系进行解析，借以对昆仑之所在这一千古聚讼的学术史问题做出中肯的阐释；3. 研究以昆仑神话为核心的昆仑文化如何深刻而持久地渗透在中国人文传统如文学艺术、宗教信仰、风俗制度等方方面面，揭示昆仑文化在中华人文传统不断发展、演变和充实的过程中所起的重要作用。

三是昆仑文化与少数民族文化的互动研究。不同历史时期的文物遗迹、文献记载、口头传说及文学艺术等多种历史文化事象表明，昆仑文化作为我们民族的文化源头和精神原型，伴随着民族迁徙和文化传播，对少数民族影响极大。如在大月氏、匈奴等古代民族中就有昆仑神话、西王母的流传，匈奴人还将祁连山称为"祁连"。当代中国许多少数民族尤其是西南诸多少数民族如彝族、普米族、纳西族等的历史文化记忆与昆仑文化息息相关。因此要运用民族学、民俗学和文化学的理论与方法，分析追寻少数民族对昆仑文化的历史记忆与集体记忆特点，分析研究在中华多元一体格局中昆仑文化对于少数民族的深刻影响。

四是昆仑文化与域外文明的传播互动研究。自古以来中国与域外的文化交流非常频繁，随着丝绸之路的畅通、民族迁徙路径的拓展，昆仑文化尤其是昆仑神话的影响亦扩布于域外的西亚、东亚、南亚及欧洲。如在韩国有以昆仑山、西王母为意象的文学作品，在日本有"不死"之仙山信仰，在越南有套用昆仑神话母题情节的传说故事，在印度佛教徒将阿耨达山与昆仑山捏合于一体而崇拜，在马来西亚华人中仍旧有西王母崇拜等。因此要从文化传播学、民俗学视角，将昆仑文化在域外的流播置于中外文化交流语境，分析昆仑文化流播域外的途径，研究昆仑文化在域外扩布所产生的影响和深远的世界文化意义。

五是昆仑神话精神与中华民族精神沿袭传承研究。昆仑神话是以创世纪和人类起源发展为特征的文化体系，既凝结着中华文化"和谐、和睦"及"天人合一"的思想，影响民族精神的形成和民族性格，同时又蕴含着敬重生命的忧患意识、自觉担当的厚生爱民意识、追求真理的奋斗精神和抗争精神等文化品格，是中华文化复兴的源泉之一，也是时代精神传承与发展的重要精神基因库。因此要从文化学、社会学视角，对昆仑神话所蕴含的精神价值进行深入系统的挖掘论述，并对昆仑神话精神核心内容、价值传承与中华民族精神弘扬关系进行深入的阐述。

六是当代昆仑文化的重构与传播研究。当下昆仑文化以其强大的吸引力，凝聚了全球华人对中华民族的极大认同，而成为黏接中华各民族最牢固的精神纽带之一。当代对于昆仑文化的重新构建，即是对昆仑文化内涵的再次认知和发扬光大。通过对昆仑文化的拣选、提取、重塑等实现文化资源的共同享用，实现文化重构和对传统的再造，从而凝塑中华民族共同的历史文化记忆，增强海内外中华儿女的向心力和凝聚力。因此要从文化学、民族学的视角，采用比较法、田野调查法等，对各民族历史记忆和当代发展中对昆仑文化的认同和共享进行动态考察，从全球化多元文化共生的环境中分析昆仑文化的历史与现实价值，探讨昆仑文化在中华文化复兴中的重要作用，进而阐述利用传统文化精髓以提升中华民族文化凝聚力等深层次问题。

研究这些问题的终极目标是建立以民俗文化学为主要学术背景的"昆仑文化学科"体系，同时积极为复兴中华文化、建设文化强国做理论支撑和战略指导。仅以后者而言，昆仑文化对中华文化建设至少有两个层面的意义。

一是为中华民族文化建设提供具有悠久人文历史传统和最广泛民族民俗文化基础的资源依据和发展模式，"在历史的掌心之中"复兴具有传统精神内核的中华文化。我们认为：中华民族的复兴首先是文化和文明的复兴，中国梦实现的根基是中华文化的复兴，中国的复兴是有根的复兴，有文明之根，历史之根、文化之根。实现文化的自觉、自信、自强则需要我们对中华文化的再认识与再继承、再弘扬。神话是民族文化的源头，昆仑神话是我国古典神话中内容最丰富、保存最完整、影响最深远的神话体系。昆仑山被称为"亚洲脊梁"，它不仅仅是一种自然高度，更是东方精神文化的坐标，世界文化的制高点。世界上有数百个国家、地区和民族，都曾对世界人类文化做出过巨大贡献，但是随着历史演进，许多古代文明早已湮没于历史的尘埃之中，只有中国和中国文化依旧屹立于世界之林，一脉相承，历久弥新。而昆仑文化在某种程度上作为中华民族的文脉之根、灵魂之乡和精神家园，成为中华民族在创世文化方面傲视群雄、自立于世界民族之林的重要文化基础。昆仑神话与中华文明的形成、发展和繁荣密切相关。昆仑文化在长期的历史发展过程中不断吸纳、融汇了众多民族和地域的文化，发展演变成了中华民族的一种根脉象征、文化符号和精神坐标。

昆仑文化辐射地域宽广，融汇不同时空的多元文化，内涵极其丰富，在历史长河中与不同地域、民族文化不断交流、渗透、竞争和融合。昆仑文化资源丰富，除了广为流传的昆仑神话之外，还有许多神奇的故事，或根植昆仑，或枝发昆仑，或源出昆仑，或皈依昆仑。"赫赫我祖，来自昆仑"，人们仰望昆仑，神往昆仑，诠释昆仑，至今昆仑文化仍以其强大的磁力，吸引着许多海内外华夏子孙不舍万里，远渡重洋前来寻根觅祖，顶礼膜拜，以瞻仰昆仑神山为荣。

在中国目前的民族构成中，至少有包括汉族在内的三分之一以上的民族，与曾经生息在青海地区的古羌族群有着直接的渊源关系，他们的原始神话传说和文化传承脱离不了昆仑文化这一母题。藏族、羌族、彝族、景颇族、普米族、土族历史传说、神话故事中都有与昆仑文化相关的神话元素。昆仑文化还对亚洲多民族民间信仰产生了深远的影响，如西王母不仅是中国人心目中最受尊敬的东方女神，而且受到日本、东南亚以及中亚等许多地区人民的崇拜，成为一个世界性的文化现象。从20世纪80年代末起，来昆仑山朝觐、观光寻祖的旅游者络绎不绝，尤其是新加坡、韩国、日本和我国台湾、香港等地的道教信徒不远千山万水，不顾旅途艰辛，走进他们日夜向往的昆仑山，走进西王母瑶池顶礼膜拜、寻根拜祖、祈求安康，以了却终身夙愿。2000年8月以来，青海、甘肃等地多次举行海峡两岸昆仑文化考察活动和学术研讨会。在台湾地区，以慈惠堂、胜安宫为代表，岛内主祀西王母的庙宇已达数千家，信众已达百万余人。青海省格尔木市、甘肃省泾川县从1992年至今，已接待台湾信众数十万人次。如2008年9月18日，台湾桃园县 20 名台胞，来到湟中县扎麻隆凤凰山旅游景区，为当地捐赠了一鼎重达 1800 公斤、价值 50 余万元人民币的香炉，表达台湾同胞对昆仑文化的探求与崇尚。2013 年 8 月 24 日（农历七月十八日），甘肃泾川举行公祭"华夏母亲·西王母"大典，台湾中国国民党荣誉主席吴伯雄发来贺信，并题词"西王母乃华夏之尊母"。

因此，昆仑文化成为当下和今后凝聚全球华人中华民族大认同的象征，成为连接东部与西部各少数民族地区最牢固的精神纽带。因此，昆仑文化在中华文化复兴中肩负着重要的历史使命，将在建设中华民族共有文化家园与精神家园中发挥不可替代的重要作用。

二是在更高层次上为地方文化服务，提升文化发展品质。昆仑文化作为一种文化符号，融汇了不同时空的多元文化，在当今时代不断影响和吸收各种文化，最具包容性和传承性，出现处处为昆仑的现象。由于昆仑文化深远的影响力和包容性，具有不可估量的无形价值，因此作为一种可利用的文化资源，受到不同地域的抢注。如当下青海、新疆、甘肃等省区一些地方政府和学界动用各种社会资源，求助于昆仑文化，依据历史文献、民间传说、文物遗迹，进行文化定位，修建祭拜之所，召开国际会议，提升文化软实力。如 2008 年，昆仑玉经各方努力成为第 29 届北京奥运会奖牌用玉。2009 年 8 月，"青海·湟源首届中华昆仑文化周暨西王母祭拜大典"在湟源县宗家沟西王母石室前举行。2010 年，青海在昆仑山脚下举办主题为《圣殿般的雪山》的昆仑山交响音乐会。2010 年至今，中国民俗学会、青海省社科院、青海民俗学会等单位已联合举办多届昆仑文化国际会议，得到国内乃至国际文化界的广泛认可。2011 年 11 月，青海省文化改革发展大会胜利召开，青海省委省政府提出了"以昆仑文化为主体的多元一体文化格局"的青海文化定位。2013 年，青海格尔木在昆仑山玉珠峰下进行了"昆仑山敬拜大典"，引起广泛关注。甘肃泾川县也认为泾川是西王母文化的故乡，并把农历七月十八西王母降生日确立为"华夏母亲节"，并将泾川王母宫建设成国家 4A 级旅游景区。新疆天山天池也被视为西王母瑶池，山腰处还建有西王母祖庙，并举办"西王母文化论坛"，新疆维吾尔自治区还把西王母神话与传说列入非物质文化遗产名录。

各地通过对昆仑文化拣选、提取、重塑，实现了文化重构和传统的再造。与此同时，一些企业则以"昆仑"为注册商标，提高企业品牌，扩大影响，昆仑文化通过多种载体得到了表达。当前昆仑文化的学术研究也已从最初的神话学研究，扩展到符号学、文化学、人类学、社会学、文化产业等更广阔的研究领域。通过对各地继承、重构昆仑文化相关的庆典、仪式、文化产业园、文化遗迹等进行田野调查、归纳分类，深入考察这些活动对当地多元文化互动、文化理解带来的影响，分析其是否在当地提升和凝塑了民众对中华民族共同的历史记忆。

　　由此进而可以得到一点启示：任何一种学术的兴衰命运，都与国家民族的发展息息相关。尤其是能否参与到国家民族和政府的文化发展大势中，能否发挥出应有的学术功能，能否体现出不可替代的现实意义，直接关乎一种学术文化甚至是一个学科的存在与发展。民俗学虽然是研究民众的草根文化，我们坚持的自然也是"民间立场"，似乎与政府关注的文化发展（也就是"精英文化"）相对立，但实际上正因为民俗学特有的关注面和研究成果，对习惯于精英文化的政府来说，恰恰是意境大开，风景独好；而对政府文化战略和文化发展来说，民俗文化堪称"柳暗花明又一村"，有着独一无二的资政价值，由此也正可以大有作为。

　　本文即将定稿的时候，读到了董晓萍教授的《民俗学建设凸显国家文化模式》一文，其中说："在我国加强文化强国的战略中，民俗学在研究拓展上建立国家文化模式，既是学术目标，也是社会责任。"① 这里提出的是一个关于民俗学建设更大的现实意义。也可以说，民俗学有了这样的学术目标，与政府形成了良性互动的文化关系，才能在理论与实践中繁荣发展民俗学自身的学术事业，在更高层面上彰显出应有的国家文化建设价值。

原载《青海社会科学》2014 年第 6 期

---

① 董晓萍：《民俗学建设凸显国家文化模式》，《中国社会科学报》2014 年 5 月 23 日，第 B01 版。

论昆仑神话与昆仑文化

赵宗福

昆仑神话作为中国远古文化的神圣话语，给中华民族带来了难以估量的深远影响，也给中华儿女带来了无穷无尽的遐想。昆仑神话是中国古典神话中故事最丰富、影响最大的神话系统，也可以说是中国古代神话的精华部分。而昆仑神话与青海高原的历史文化有着密不可分的关系。

一 "昆仑"及其昆仑神话

"昆仑"在我国早期文献中写作"崐崘"或"崑崙"，从字面就可以看出，它与山分不开。从古籍记载和一般人的印象来看，昆仑山是一座神圣的大山。这座山不仅是古老神话中的大山，而且是中华民族的象征，人们常用"巍巍昆仑"四字来形容中华民族伟岸不屈的人文性格和博大精深的文化内涵。同时它还是我们民族的发祥地，所以过去人们动不动就说"赫赫我祖，来自昆仑"，可见它在国人心中无可替代的神圣位置。

在今天看来，"昆仑"在原始意义上首先是一种圆形的混沌迷茫状态。一些古书里直接写作或者等同于"混沦"、"浑沦"、"混沌"、"浑敦"等。所以神话里的昆仑山便呈现出一派雄伟浑圆、混混沌沌的气象。"南望昆仑，其光熊熊，其气魂魂"①，是《山海经》对这座神山的整体概括。虽然上面有众多的神人、神树、神兽等神物，但除了能射十日的后羿，一般人类上不去。神话中昆仑山不仅是圆形的，连山上的大铜柱，也足足有三千里的周长，而且"周圆如削"。有关昆仑山的一切都是圆的，西王母送给中原帝王的玉璧都往往是玉环，也是圆形的。

神话昆仑山的男主角黄帝，被历史化以后尊奉得具有无比神圣的地位，但在最初的

---

① 袁珂：《山海经校注》，上海古籍出版社，1980，第45页。

神话中，他同样呈现出与昆仑一样混沌的形貌和特质。黄帝在文献中又被称作帝江、帝鸿，浑身混沌没有面目，颜色赤如丹火，长着六足四翼（又说长着四个面孔），一副"浑敦"（即混沌）的模样。以至于有人认为黄帝的原型就是青海、甘肃地区民间浮渡黄河的羊皮袋①，因为是吹胀了气的完整皮囊，所以"混沌无面目"。有意思的是，黄帝有一个不成器的儿子（不才子），掩义隐贼，好行凶德，丑类恶扬，玩枭不友，天下之人称他为"浑敦"。当然这个"浑敦"跟今天的"混蛋"意思差不多，表示极端的不开通、不文明，仍然透露出混沌的含义。

跟昆仑山相对的是不周山。神话中的共工一怒之下头撞天柱，把另一座山撞得走了形，不圆了，所以才叫作不周山。对人类来讲，如此周圆而广大的昆仑山真是太混沌了，人是去不了的，也没有办法看得清说得明，只好高山仰止，伏地膜拜了。所以历代皇帝大多都有意无意地不仅向往昆仑，而且还寻找昆仑。实在没办法，把登上明堂祭祀天神的盘旋阁道，起名叫昆仑道。那些出家修行、白日做梦的道家神仙们，对昆仑山的神往更不在话下，编造出了许多神奇美妙的传说故事来。昆仑是圆的，登上昆仑山实际上又是在圆梦。总之，他们无非是在"圆"字上做文章，这也正说明"昆仑"的本意是圆，并由崇拜而增加了神圣的意味。

由于昆仑周圆而浑大，混混沌沌不可分解，逐渐又引申出完整的意思，并演化出了一些新词，譬如"囫囵"。"囫囵"一词不但在书面上仍然使用着，形容学知识不加内化地一股脑儿地往里装叫"囫囵吞枣"，而且在民间口头上也大量地存在着，青海河湟地区方言中把完整的、没有损伤的东西形容为"囫囵囵儿的"。不仅用作形容词，而且演化出别的名词，如我们日常食品中就有叫"馄饨"的，把不明事理、冥顽不化的人骂做"浑蛋"、"混帐"。

昆仑混沌不开明，所以相应地就有了黑色的意思。这方面最能说明问题的是，从唐代开始，一些黑奴被贩卖到中国的一些贵族家庭充当家奴，因为他们生得面目黝黑，加之体魄强健，身材伟岸，被称为"昆仑奴"，意思就是黑奴。对个体的昆仑奴，还加上"黑"、"墨"等字样来称谓，如"黑昆仑"、"墨昆仑"等。正因为昆仑有黑意，所以昆仑山也可以叫作黑山。黄河源头雄伟高大的巴颜喀拉山，唐代刘元鼎曾实地考察过，他说此山叫紫山，即"古所谓昆仑者也"。②

昆仑在某种意义上还有"天"的含义，所以昆仑山实际上也可以叫做天山。"河出昆仑"实际就是说黄河发源于天山，因而李白那"黄河之水天上来"的诗句并不是没

---

① 庞朴：《黄帝与混沌》，《读者文摘》1992 年第 9 期。
② 《新唐书》卷 216《吐蕃传下》。

有一点依据的艺术想象。处于青海、甘肃省交界的祁连山，早在秦汉时期就是匈奴人的天山，"祁连"在匈奴语中的意思即为天。也正因为如此，历来许多学者均认为祁连山就是神话中的昆仑山。

另外，一些学者还认为昆仑山实际上就是人类生殖崇拜的原型①。昆仑山十分雄伟高大，整体结构下狭上阔，有点像倒放的盆子。山上面中间有些凹陷，还有神水。瑶池大概就在这里，琼浆玉液从这里流出，另外，黄河等河流也从昆仑山流出。正因为如此，昆仑山被看作是生命之源。有的学者进一步认为，"昆仑"二字就是葫芦的同义，是女性的象征。还有人认为，昆仑山本身就是一座月山，女性之山②，所以西王母住在上面。

黄河是中华民族的母亲河，孕育了博大精深的中华文明。而这条孕育中华文明的大河的源头就在昆仑山，这也正说明昆仑山才是孕育中华文明的最初源泉。我们很多人平时喜欢说"大地母亲"，这句话背后的意象便是：大地是母亲的身躯，而突起的大山就是大地的乳房，那么作为众山之王的昆仑山自然是大地最典型的巨乳，难怪从昆仑山流出了黄河等滋润孕育民族文化的河流。

总而言之，无论是现实的昆仑还是神话的昆仑，昆仑山都是万山之宗，河岳之根，同时也是中华文明的发祥地之一。远古昆仑意象对中华文化有过巨大的影响，所以昆仑自古以来就是我们民族精神的象征，昆仑神话是中国古典神话的主体部分，这足以证明昆仑神话在中国古典神话中的重要位置和文化价值。

这重要的位置和文化价值还体现在：如果说神话是一个民族文化的源头，是文明古国的象征，那么作为中国古典神话主体的昆仑神话，至少也是中华民族文化的源头之一，也无疑是中国早期文明的曙光。中华文明的形成发展、中国文化的繁荣光大，无不与昆仑神话有直接的关联。

二　神话昆仑山的基本风貌

尽管由于文献记录的不足与历史化倾向的破坏，昆仑神话遭受到了支离的命运。但是，我们从许许多多零散的典籍中还是可以理出基本的线索。就拿昆仑山的基本形胜状态来说，从十几部古籍里的点滴记载，就可以勾勒出它的大概。

昆仑山作为天帝的"下都"，地理位置很特殊。昆仑又号称昆陵（也写作"昆

---

① 吕微：《神话何为》，社会科学文献出版社，2001，第150～151页。
② 杜而未：《昆仑文化与不死观念》，学生书局，1977，第165页。

峻")、昆仑虚、昆仑丘，地处西海的戌地和北海的亥地方位，离东海岸有十三万里，离咸阳四十六万里。山的东南是积石圃，西北是北户之室，东北与大火之井相邻，西南可达承渊之谷。昆仑周围的这四座大山也都是些迷茫混沌、不知详情的神山，它们实际上是昆仑山的支辅，与昆仑山共同组成了一个雄浑广大的神境世界。像北户之室的周边就长达三万里，有一条身子长九万里的巨蛇绕山三匝，伸长头就可以饮到沧海的海水。显然，北户之室及其巨蛇充当着昆仑山外围门户和守卫者的角色。

不仅如此，昆仑山周边也有与外面的世俗世界隔绝的弱水和炎火山环绕着。那弱水紧绕昆仑山，水宽七百余里，表面上波澜不起，但水质极弱，别说是载舟，就是扔进一片鸿毛，也能沉到水底，可见俗人是没办法渡过去的。弱水外边就是大火熊熊的炎火山，每年四月开始生火，直到十二月才熄火，火灭后即非常寒冷，火起时熊熊不能接近，扔进一点东西，顷刻间便灰飞烟灭，常人根本就无法靠近。

昆仑山非常辽阔高大，大概正因为太广阔高大，各类文献上关于它的面积和高度的说法五花八门。昆仑山的面积，《山海经》说方圆八百里，《博物志》则说有一万里之大；至于昆仑山的高度，一说离平地有万仞（大约七八千丈）之高，一说高三万六千里，一说高一万一千里，一说高两千五百里，《淮南子》则更具体地说高达一万一千里一百一十四步二尺六寸。总之，作为想象之词，大可不必太较真，但是在古人看来昆仑山十分的雄伟高大，是无可怀疑的。

山上有天帝在下方的都城，那是一座庄严华美的宫殿，这就是穆天子所谓的"黄帝之宫"吧？专门有长相狞厉古怪的天神"陆吾"守卫。帝宫周围有八十余座城环绕着。帝宫外边是玉石栏杆围绕着的九口玉井和九扇巨门，周围长满了形形色色的仙树神花，比如珠树、玉树、璇树、碧树、瑶树、不死树、沙棠树、琅玕树、玗琪树，等等。山上还有高大的天柱铜柱和建木，那是众神升降于天地之间的天梯。其实铜柱也罢，建木也罢，都和昆仑山是一体的，昆仑山本身就是古人心目中最大的天梯，凡升天的都从昆仑山攀援而上。这真是一个神妙奇异的世界。

从平面上说，昆仑山有三处叫作"昆仑三角"的神圣地方，那就是正东的昆仑宫和正北的阆风巅、正西的悬圃堂，都是些琼花仙树竞相开放、金台楼阁鳞次栉比的神境。另一角还有天墉城，方圆千里，城上有金台五座，玉楼十二所。附近的北户山、承渊山上也有墉城，同样金台玉楼，处处是碧玉之堂、琼花之室、紫翠丹房、流光映霞，据说这里便是西王母所居住的圣地。

昆仑山以高大著称，日月行经昆仑，都会被山光所遮拦，一派光明避隐的样子。因此高是昆仑山的显著特征之一。据《昆仑记》记载，昆仑山共分为三层，也就是三个神境层次。下面是樊桐，中间是悬圃阆风，上面是增城，便是天庭，是天帝黄帝所居住的地方。山上还有醴泉、瑶池等仙地，是人们十分向往的。每层神境都有不同的奇妙风物，凡人登之也能长生不死。

从山底下往上望，昆仑山隐约就像城阙一样。逐次向上观览，每层神灵不一，各有特色。举例来说，第三层仙境有一种谷穗长得很大，长四丈、大五围（五个人才围得住），一颗穗就可以装满一辆大车；有一种叫奈东的瓜果，用玉井的水洗过之后食用，常人也能身骨轻柔，腾云驾雾般飞行。第五层有一种神龟，身长一尺九寸，长着四个翅膀，当活到一万年的时候便飞到树上居住，还能说人话。第六层有一种巨大的五色玉树，它茂盛的枝叶可以遮盖五百里，夜晚时枝条下垂到水里，还闪烁着烛火一样的光彩。到第九层时山形逐渐狭小起来，有十二座瑶台，每座瑶台有一千步的面积，台基用五色玉石砌成。瑶台下边周围是几百顷一块的芝田蕙圃，由群仙们种植着仙草神蔬。显然，这样的昆仑山风貌跟佛教徒笔下的须弥山很有些相似，也许就是从佛经里借用来的。当然这样的地方，常人是不可能上去的，只有靠那些在人神之间传达信息的巫师们和善于想象的文人们，给世人描绘着昆仑山的"真实情况"了。

昆仑是中华民族的母亲河黄河的发源地。在神话中，黄河发源于昆仑山的东北角，经过积石山浩浩荡荡东去，最终流入渤海。

从以上的描述可以看到，神话昆仑山有这样几个特点：

1. 昆仑山是先民们最为向往的理想乐园，但常人无法登临；
2. 昆仑山是天帝即黄帝在地上的行宫，也是众神居住游乐的神地；
3. 昆仑山是通往天上的天梯，是诸神升降于天地间的交通要道；
4. 昆仑山是中华民族的母亲河黄河的源头，它是大地母亲的巨乳；
5. 昆仑山高大雄伟，上面有着十分丰富的神物异景；
6. 昆仑山的具体形胜是逐渐丰富起来的。

三　昆仑女主神西王母

昆仑山是东方的奥林匹斯山，是众神的乐园，因此山上有不少的神仙。在这些神灵中，对后世影响最大的要数孺妇皆知的王母娘娘的原型西王母。自古到今，流传着许多有关她的神奇传说故事。

说起这个西王母，一般人们只知道她的后世形象王母娘娘：她是玉皇大帝的老婆，永远是三十多岁的样子，雍荣华贵，仪态翩翩，由众多的仙女伺候陪伴着，吃蟠桃，喝玉酒，协助玉皇大帝治理着天上人间，所以芸芸众生可以向她祈求实现各种各样的愿望。

　　但是古典神话中最初的西王母可不是这样有风度，而是一个令人惊骇的凶煞恶神。西王母正式粉墨登场是在《山海经》中。概括起来说，神话中的西王母形象就是"虎齿豹尾、蓬发戴胜、善啸穴居"十二个字①。实际生活中当然没有这样的人，根据文化人类学和民俗学的理解，这样的形象不过是原始社会的一些特殊人物在特定语境中的表演形式而已。按照这一思路，我们认为神话西王母的原型是古代西部某个原始部落的女酋长兼大巫师，这样的形象实际描绘的是她作为部落女酋长和大巫师在某些神圣活动中的装扮。

　　西王母所谓的"虎齿"，只不过是突出了獠牙巨口的形象，实际上就是老虎的头脸，跟守卫昆仑山的开明兽一样。这不是没有根据的想象，《山海经》本来有图，后来逐渐遗失，只剩下文字。但是在晋朝的时候，这些图还流传在世上，陶渊明、郭璞都曾见到过，所以陶渊明有"流观山海图"的诗句，郭璞还专门写了一组《山海经图赞》，其中写西王母是"蓬头虎颜"。显然这是根据山海图而作的写实，其他的一些文献上也有西王母"虎首豹尾"的记载，说明"虎齿"的确是"虎首"、"虎颜"的局部夸张。

　　一个人长着老虎的头，这就够恐怖的了，但这还不够，她还拖着一条野兽尾巴，即所谓的"豹尾"。虎头豹尾的西王母，披头散发，高声叫嚣，这是多么使人骇怖的凶恶模样！但是实际上所谓"豹尾"并不是我们认为的豹子的尾巴，而是一种传说中叫作"狡"的怪兽的尾巴。

　　先民们为什么想象出这样一个怪神呢？这是因为在他们的心目中，西王母本来就是一个掌握着上天灾害以及五刑残杀之气的凶神。在遥远的原始社会时期，人类的生活生产能力极其低下，面对来自大自然的各种各样的灾害，既没有力量抗衡，也没有科学解释的能力，只好想象这些灾害是由一个人类无法控制的凶神在操纵着，灾害的出现还可能是因为人类自己的种种不当言行，惹得神灵们生气而给予的惩罚。除了五花八门的自然灾害，人为的种种酷刑也是很恐怖的，所以西王母不但主掌大自然的种种灾害，还主管各种残酷的刑罚。所谓的"五刑"，就是古代的"墨、劓、宫、刖、大辟"等使身体残缺或死亡的酷刑，墨是把面部刻染成黑色，劓是割去鼻子，宫是除去生殖器，刖是砍腿，大辟是处死。总之，什么最残酷最恐怖，西王母就掌管什么。

　　上面说过，西王母形象的特征之一是头上还戴着一件装饰品，这就是所谓的"戴胜"。过去人们常常以为这是西王母作为女性的象征，其实这恰恰是她掌管天上灾害和五刑残杀之气的标志。"胜"是古代一种女性首饰，但西王母头上的胜的形状应该是一

---

① 《山海经》之《西山经》："西王母其状如人，豹尾虎齿而善啸，蓬发戴胜，是司天之厉及五残。"《大荒西经》："有人戴胜，虎齿豹尾，穴处，名曰西王母。"

只颜色赤红、形状像野鸡的鸟。这种鸟叫胜遇，居住于西王母的玉山上，它的出现是发洪水的预兆，而洪水过后又会有瘟疫流行。西王母戴上胜遇形状的玉胜，象征着她拥有惩罚诸神和人类的权力，也象征着天地社会秩序的正常运行。相反，如果西王母头上的胜被取消了或者折断了，那就说明天地之间处于混乱无序状态，古书上说，夏朝暴君桀统治社会的时候，没有法度可言，所以西王母折断了头上的玉胜。

西王母"穴居"，就是说她住在山洞里，但是山洞的自然质地千差万别，最好的就是坚实的石洞，所以人们又进而想象西王母居住在石头洞里。到后来人们干脆把"穴"美化为"石室"，因此汉代以后的文献上常常有"西王母石室"的记载。

总之，《山海经》里的西王母是一位只会号叫而不说话的凶神，她是病疫灾害之神、酷刑诛杀之神、死亡之神。死亡与生命相互依存，西王母既然有权力使人类死亡，也就有权力让人类不死亡，所以她又是生命之神、生殖之神。她掌握着人类乃至神仙们渴望的灵丹妙药——不死之药，所以后羿才远途跋涉到昆仑山向她求药，结果药被嫦娥偷吃，飞到月宫里去了。这就是著名的"嫦娥奔月"神话。

到了《穆天子传》中，西王母开口说话了。周穆王来到西王母之邦，以宾客的礼节去会见西王母，送上了白色的玉圭和黑色的玉璧，还有一些彩色的丝帛，西王母恭敬地接受了这些礼物。穆王又在瑶池摆下盛宴款待西王母，友好和睦的气氛颇为浓厚。这时的西王母一改往日凶相，竟然文采飞扬地为穆王献上一首诗："白云在天，丘陵自出。道里悠远，山川间之。将子无死，尚能复来？"①

宴会结束后，穆王又驱车登上崦嵫山的山顶，树立起一块石碑，刻上"西王母之山"五个字，并在碑的旁边亲自种下一棵槐树，作为会见西王母的美好纪念。

汉魏之后，西王母又摇身一变，变成了漂亮美丽的女仙领袖，还与中原王朝的最高统治者汉武帝会面，《汉武帝内传》、《汉武故事》等伪书详尽而生动地演绎了种种诡奇的传说。再后来，西王母成为道教中的最高女仙，而在民间逐渐变成了王母娘娘。

值得注意的是，到汉代，还出现了一位与西王母对应的男神东王公。《神异经》上说，昆仑山大铜柱的下面有一座"回屋"，方圆一百丈大小，是仙人九府所在的地方，居住着玉男玉女。回屋上面有一只巨大无比的鸟，叫希有。顾名思义，这是一只天地间稀有的巨鸟②。它的嘴巴是红色的，眼睛是黄色的，不吃不喝，一直面向南方。向东展开巨大的左翅，下面是东王公；向西展开巨大的右翼，下面是西王母。它的背上有一块没毛的地方，足足有一万九千里那么大，那是西王母和东王公每年相会的地方。也就是

① 王贻樑集释《穆天子传汇校集释》，华东师范大学出版社，1994，第161页。
② 《太平御览》卷九百二十七之羽族部十四"异鸟"。

说，每年的某一天，西王母和东王公会同时登上希有大鸟的翅膀，走到鸟背中间相会，由于相会时的踩踏，以至于连鸟毛都被蹭落得干干净净。

在古人看来，这种相会实际就是阴阳会通，说穿了就是男女两性间的性爱事件。而这样的观念也是从汉代的阴阳学说生发出来的，为古老的没有爱情的西王母神话又增添了一份人性化的色彩。

四　昆仑西王母神话与青海的关系

昆仑西王母神话作为中华古典神话的重要内容，在中国文化史上具有重要的地位，所以学术界历来重视对其起源的探讨。而根据多方面的佐证，昆仑西王母神话与青海高原有着密不可分的关系。

1. 河源圣山

昆仑神话是围绕着昆仑山演绎出的传说故事，因此昆仑山无疑是昆仑神话的核心地带。"河出昆仑"、"河出昆仑墟"、"昆仑之丘，河水出焉"，这些不厌其烦的记载明确告诉我们：黄河发源于昆仑山，要寻找昆仑山，必须要沿河上溯，方能找到昆仑山。"河源"就是昆仑山地理所在的标志。

正是出于这样的地理思考，华夏民族千百年来就一直围绕着黄河源头来探求昆仑山。寻求"河源昆仑"，可以说简直就是中国人一个不可磨灭的精神情结。

先秦时人们就在寻找着昆仑，但由于诸侯割据，交通视野有限，只好被认知在朦胧的西部旷野中。譬如楚国屈原在被放逐后，痛苦悲烈，作赋以抒无处可诉的情怀，处处以昆仑山为寄托精神的家园："朝发轫于苍梧兮，夕余至乎玄圃；欲少留此灵琐兮，日忽忽其将暮。"（《离骚》）"吾与重华游兮瑶之圃，登昆仑兮食玉英，与天地兮同寿，与日月兮齐光。"（《涉江》）屈子在对现实极度悲观之际从苍梧来到昆仑山，登上玄圃、瑶池等仙境，食玉英，浴仙气，在精神上与日月同光、同天地齐寿，得到了极大的满足。当然，屈原笔下的昆仑山应该说是在很广义的西部土地上，是一种神话想象，还不可能具体到青海高原。但是这种想象在后世被传承并被逐渐落实，与青海有了神奇的关联。直到20世纪的90年代，台湾等地的一些道教徒还专门来到青海西部的昆仑玉虚峰修行，据说那里是昆仑山的正脉所在，在这里修行就能迅速提升道法功能。

汉王朝不仅继秦始皇之后统一天下，而且拓疆扩土，王朝使臣远达西域，为进一步认知昆仑奠定了现实的基础。汉武帝就曾根据张骞通西域回来所做的汇报，钦定于阗南山为昆仑山，这似乎是中国历史上第一次官方对昆仑地理位置的规定。但钦定归钦定，学界的讨论远未停止。之后两千多年来的学术界仍然进行了大量的讨论，结论众说纷纭。如果把这些讨论昆仑山的学术史进行系统的整理,简直可以写出一本厚厚的著作来。真是昆仑悬案,千古聚讼!

到唐朝时期,人们普遍认为昆仑就在今天青海西南地区。唐太宗时,李靖、侯君集等将领追击吐谷浑,"次星宿川,达柏海,望积石山,观览河源"①。唐穆宗时,刘元鼎出使吐蕃,途经河源地区,回长安后写下《使吐蕃经见记略》,其中确认河源有昆仑山。之后,元明清三代考察记录河源昆仑的文字更是屡见不鲜。固然,自然地理的昆仑山绝不等同于神话的昆仑山,但也不是说二者之间毫无关系。神话昆仑山与现实昆仑山的关系应该是:神话昆仑是现实地理的折射表述,现实昆仑是神话昆仑的神圣延续,二者结合起来看才是完整准确的。

从古籍中"河出昆仑"的反复记载和历代对河源昆仑的寻求,表明国人千万年来有一个共识,就是昆仑山在黄河源头地域,也就是今天的以三江源为中心的青海高原地区。

2. 西王母国

《山海经》记载有"西王母玉山"②,《穆天子传》记载有"西王母之邦"③,汉人文献记载有"西王母之国"、"西王母石室"④,等等。那么这些以西王母命名的山、邦、国在何处呢?中外绝大多数学者都认为,就在以青海湖为中心的青海高原。尤其值得注意的是,汉代时青海湖之西有西王母石室。尤其是西汉末年,王莽派员利诱环青海湖而游牧的羌人首领良愿让出环湖地区,然后在此地设置西海郡,以象征"四海一统"。对这件事,王充在《论衡》中高兴地写道:"汉遂得西王母石室,因为西海郡,……西王母国在绝极之外,而汉属之,德孰大,壤孰广!"事实胜于雄辩,无需费辞,这就足以说明当事人认为西王母之邦、之国就在青海。

此外,关于青海湖起源的藏族传说也可佐证这样的事实。青海湖在藏语中读如"错温布",白鸟库吉曾经认为这个名称与"西王母"系一音之转,因为"王"字在古汉语中读"温"音。藏学家吴均则认为"王母"实际就是藏语(与羌语有渊源关系)"昂毛"(又写作"拉毛"、"旺姆",意为仙女或神女)的音转。而西南纳西族、普米族等羌人支系民族称神女亦音近"王母"。这些足以窥知"王母"很可能是古羌人词语。而"西"是后来逐渐不明真义,根据方位补加上去的。许多历史学者、民族学者都不约而同地认为,西王母是远古时代游牧于青海湖边的一位羌人女酋长。其实,藏文

① 《新唐书》卷221《吐谷浑传》。
② 《山海经》卷2《西山经》:"又西三百五十里,曰玉山,是西王母之所居也。"
③ 《穆天子传》卷2:"乃遂西征,癸亥,至于西王母之邦。"
④ 王充:《论衡·恢国》。

文献中更有与西王母极近似的传说，清代佑宁寺名僧松巴·益西班觉在其文集中记述道：青海湖在古代叫"赤秀洁莫"，意思是万户消失的女神王。青海湖本来是一片美丽富饶的草原，有十万户帐房人家，后来海心山下的泉水涌出，淹没了草原和帐房，幸亏有神运来海心山压住泉眼，才使整个草原免于沉没。这个传说至今在蒙藏群众中流传。"赤秀洁莫"的含义正与西王母的名称相对应，说明西王母的神话传说原型很可能就是远古时期率部游牧于青海湖地区的羌人女首领兼大女巫①。

苏雪林曾经说过："西王母与昆仑山原有不可分拆之关系，言西王母即言昆仑也。"②《禹贡》说昆仑在西戎之地，而西王母也正好在羌戎之地。由此看来，西王母不论作为神话人物也好，国家名称也好，部族名称也好，酋长名称也好，其方位一直在以青海为中心的西部。

3. 神话传说遗迹

昆仑西王母神话作为古老的神话传说，在古代青海留下了一系列的遗迹，如著名的西王母石室、西王母樗蒲山、昆仑神祠、积石山，等等。

关于西王母石室，《汉书·地理志》云："金城郡临羌西北至塞外，有西王母石室、仙海、盐池，北则湟水所出。"临羌即今青海湟中县多巴镇一带，西北行过日月山（塞），即为西王母石室、青海湖（仙海）、茶卡盐池，湟水发源于青海湖北边。根据考古发现，所谓西王母石室就在天峻县关角乡，当地有一处巨大的自然岩洞，门前有古建筑遗址，并发现为数众多的汉代瓦当等建筑用料，在汉魏晋南北朝时此处修建有规模颇大的西王母寺。十六国时，北凉主沮渠蒙逊在征战之余，"遂循海而西至盐池，祀西王母寺"。③当时在当地各民族中还流传着一些关于西王母活动的传说。段国《沙州记》就提到，沙州（青海贵南县）东北青海湖一带有大山，"羌胡父老传云：是西王母樗蒲山。"以上资料证明，远古的西王母的确居牧在青海湖边草原，并留下了石室等遗迹。

昆仑山在青海，所以古代的青海东部还有"昆仑神祠"，孔安国注《史记》引王肃语："地理志：金城临羌县有昆仑祠。"更有大禹"导河积石"的大小积石山，古代文献中屡见不鲜。这些至少从汉代开始一直到明清时期文献上不厌其烦地记载的有关在青海地区的昆仑山和西王母的神话传说遗迹，也证明了昆仑神话在青海的悠久传承历史。至于这些年被发现的昆仑山玉虚峰、西王母瑶池、昆仑神泉、西王母石室等，可以看作是这种神话传说的精神延续和现代诠释。

---

① 关于这方面的引述论证，详见拙文《论虎齿豹尾的西王母》，《北京师范大学学报》1993 年访问学者专号。
② 苏雪林：《昆仑一词何时始见于中国记载》，《大陆杂志》1954 年第 11 期。
③ 《晋书》卷 129《沮渠蒙逊载记》，中华书局标点本。

4. 民族志与民俗志

西王母在神话中以"虎齿"、"虎颜"的形象出现，其实这是古羌人虎图腾崇拜的反映。而印证古代羌人及其支系民族的信仰崇拜，虎崇拜十分兴盛。

《后汉书·西羌传》中记载，秦厉公时，西羌的第一位著名酋长无弋爰剑从秦国西逃，秦兵追赶甚急时躲入一山洞，秦兵放火烧洞，只见洞口出现一虎形怪物，遮住火焰，秦兵惧退。无弋爰剑才得以逃到三河（黄河上游、湟水、大通河流域），诸羌以为他有虎护佑、焚而不死是神人，遂推为首领。自此以后，其子孙"世世为豪"。① 这个早期传说被史家写进志传，说明它在西羌酋长的起源上很重要，而且在当时流传很广，更说明羌人对老虎是十分崇拜的。

《太平御览》引《庄子》佚文："羌人死，燔而扬其灰。"又《荀子·大略》中说羌人作战被俘后，不忧死而"忧其不焚"。这一奇特的丧葬信仰习俗原来正与虎图腾崇拜有关。唐代樊绰《蛮书》说，羌人有"披大虫皮"、"死后三日焚"的习俗，目的就是为了转生为虎。李京《云南方志略·诸夷风俗》记载，罗罗（彝族）"酋长死，以虎皮裹尸而焚，其骨葬于山中。……年老（死）往往化为虎云"。彝族巫师的话更加有力地证明了虎为人祖、人死化虎的图腾观念："虎族是虎变的，如果不火葬，死者的灵魂就不能再转变为虎。"② 彝族源出氏羌，其强烈的虎图腾崇拜意识与羌人的丧葬信仰习俗一脉相承。由此窥彼，羌人的虎图腾崇拜昭然。

从青海少数民族的民间信仰仪式看，古羌人虎崇拜的影子还仍然残留着。在青海省同仁县一个叫年都乎的土族村子里，每年农历十一月要举行一种叫作"跳於菟"的虎舞驱傩仪式。届时，七名男子赤身露体，脸和身上以锅底灰画为虎头形和斑纹，手举荆枝（也许就是不死之药的象征吧）进村，两"虎"在村口敲锣鼓，五"虎"在村中走户串巷，列队而舞。最后驱至村外河边洗尽锅灰，以示将邪鬼等尽付之东流，巫师焚纸诵经，祛邪求福。"於菟"一词早在《左传·宣公四年》中就出现过：楚人……谓虎於菟。也就是说"於菟"是虎的别称。其实仔细追究，"於菟"可能源于古老的羌语，而土族跳於菟舞仪式完全是远古羌人虎图腾崇拜在本土的遗存③。

这些从侧面证明了西王母虎齿豹尾的形象与古老的青海民族文化密切相关，从而也旁证了昆仑神话起源于青海高原。

5. 历代文人的渲染

从先秦开始，文人文学就开始涉及昆仑神话的内容，尤其是从唐宋以来，很多文

① 《后汉书》卷87《西羌传》，中华书局标点本。
② 刘尧汉：《羌戎、夏、彝同源小议》，《彝族社会历史调查研究文集》，民族出版社，1980，第212页。
③ 详见拙文《丝路羌人虎图腾舞小论》，《丝绸之路》1993年第2期。

人墨客就不自觉地用诗词的方式反映昆仑西王母在青海的种种想象①。自然文学不等于写实，更不等于科学研究，但却说明了历代文化精英们认同昆仑西王母神话传说与青海地区的渊源关系。

综上所述，昆仑西王母神话与青海有着非同一般的联系，二者之间的渊源关系说明，古老的羌文化是昆仑神话的生成温床，而青海地区是昆仑神话的发祥地。

五　关于昆仑文化

昆仑山是青海高原乃至整个东方最神圣的大山，昆仑文化被称为是青海的标志性文化品牌一点也不为过。那么如何来看待昆仑文化，要从两个方面来认知。

从文化源头看，所谓昆仑文化就是昆仑神话。

从区域文化看，所谓昆仑文化就是以昆仑山为标志的青海高原各民族文化，既包括历史文化，也包括现当代文化；既包括各类精英文化，也包括各民族民间文化。昆仑文化应该是一个区域性的文化整体。

昆仑文化的基本特征就是"大美青海"，神圣、神奇、神秘，令人神往！

所谓神圣，就是昆仑神话是中华文明的源头，而且源远流长，影响了整个中华文明发展史，具有神圣的文化地位。昆仑山在中华民族的文化史上具有"万山之祖"的显赫地位，国人称昆仑山为中华"龙祖之脉"。古籍文献上经常说："赫赫我祖，来自昆仑。"其神圣性不容轻视。青海还是出产圣人的地方，如西藏佛教的后弘期，正是由青海而发生兴起的；藏传佛教格鲁派的创始人宗喀巴大师被世人称为"第二佛陀"，是具有世界性影响的佛教领袖，其弟子们的影响也是举世瞩目。著名的历辈章嘉呼图克图大都产生于青海东部地区。

所谓神奇则表现在青海山川的壮丽雄奇，各民族文化的瑰丽多彩。比如昆仑山全长2500公里，平均海拔5500～6000米，宽130～200公里，总面积50多万平方公里，最高峰在青海境内，海拔6860米，也是青海省的最高点。昆仑山浩浩荡荡，横贯东西数千里；茫茫苍苍，挺拔高峻，雄奇壮美。真如《山海经》所描写："其光熊熊，其气魂魂。"令人震撼。

所谓神秘，就是青海地处西部，广袤的土地，雄浑的山川，神秘的宗教文化，瑰丽的民俗文化，有着无穷的神秘感。

青海多民族文化不但历史悠久，博大精深，而且"多元和美"、"和而不同"。

---

① 关于这方面的材料，可参考拙著《历代咏青诗选》中的相关诗篇，青海人民出版社，1986。

她不仅是中华文化的有机组成部分，而且在中国多民族地区具有典型性和代表性，是多民族文化的代表。如此神圣、神奇、神秘而博大精深的多元文化，难以用一个普通的概念来涵盖，纵观历史与现实，唯有昆仑文化能够代表整个青海文化。

总之，昆仑山堪称是青海的标志性形象，以昆仑神话为核心的昆仑文化是青海古今各民族文化的最佳概括。

原载《青海社会科学》2010 年第 4 期

昆仑文化与藏族文化关系研究

林继富

昆仑文化是最富原始特色、最能代表中国根基的文化。大量的古史典籍、野史笔记等资料显示，文化昆仑与以冈底斯神山信仰为代表的藏族原始文化有着密切的关系。

一 原始信仰的相似性

作为中华民族文化源头之一的昆仑文化，其古老的文化与以冈底斯神山为代表的藏族民间信仰之间具有众多的相似性，这种文化的相似性主要表现为母题的一致性。

（一）西王母与猕猴

以神话人物西王母为主神构成的昆仑神灵信仰系列，其文化特色集中体现在西王母身上。那么西王母究竟是个什么样的人物呢？《山海经·大荒西经》西海渚中，"有人戴胜、虎齿，有豹尾，穴处，名曰西王母"。郭璞注引《河图玉版》曰："西王母居玉山"。引《穆天子传》曰："乃纪名迹于山之后，曰西王母之山。"而后又曰："西王母虽以昆仑之宫，亦自有离宫别窟游息之处，不专住一山也"，"故纪事者各举所见而言之"。古本《竹书纪年》载：穆王"十七年，西征昆仑丘，见西王母。西王母止之，曰：'有鸟人。'西王母来见，宾于昭宫"。从引述典籍来看，西王母是个神气十足、半人半神的帝王。西北民族传说西王母为女祖先兼大母神。到了汉代，长生、神仙思想恶性发展，西王母被描绘成"上有仙人不知老，渴饮玉泉饥食枣"，相应地，西王母在汉画里几乎全作羽化登仙，完全变成了一个虚无飘缈的女仙了。

有关西王母的原型，西方和我国学者众说纷纭。笔者以为西王母为猕猴图腾说颇有道理①。

---

① 萧兵：《楚辞与神话》，江苏古籍出版社，1987，第425~454页。

《山海经·西山经》载："玉山，是西王母所居也。西王母其状如人，豹尾虎齿而善啸，蓬发戴胜。是司天之厉及五残。""有人"或"其状如人"，却又有豹子那样的长尾巴，自然界中除猕猴还有什么动物具有这样的特征呢？山居穴处，是一种猕猴的栖息习性，虎齿是对猕猴尖锐齿牙的夸张。类人猿里，成年黑猩猩的犬齿十分坚强有力，大猩猩更加凶猛，连四个月的幼猩猩都会咬人。[①]"善啸"是对猕猴鸣啼的夸张和美化，"两岸猿声啼不住"，"猿啼三声泪沾裳"。西王母是乐神，爱唱歌，但她首先善于模拟，拟化猕猴的尖叫。"蓬发戴胜"是对猕猴额部丛毛的夸张。《逸周书》《尔雅》等典籍说狒狒如人，被发、迅走、食人。戴胜是在"椎结"式的朝天髻上饰以某种玉石装饰品，它最初的目的是模拟猩狒额部的丝毛。[②] 这些描述展示给我们的西王母就是活生生的猕猴样子。这是因为她作为酋长、族长和巫师，有资格、有责任装扮成猕猴图腾的样子，让族人来膜拜、献祭，并以此获得图腾神性来举行各种巫术，这种图腾巫术在原始部落时代的功用相当巨大。

作为我国西部民族的藏族，其地界紧邻昆仑山。藏族的远古图腾为猕猴（或猿猴）已是大家公认的事实。在藏族文化中既有猕猴繁衍人类，又有各种模拟猕猴模样的巫术舞蹈和巫术行为；猕猴信仰在藏族社会中的表现绝不亚于西王母在昆仑文化中的地位。

（二）文化山与神山

昆仑山是一座文化之山，其中大量神灵仙术充盈其中，各种古老习俗异彩纷呈，因此，文化神山的昆仑与藏族神山信仰具有同构的特点。

《水经注·河水》云："昆仑墟在西北，去嵩高五万里，地之中也。"

《山海经·海内西经》郭璞注曰："昆仑之墟……盖天地之中也。见《禹本纪》。"

我国古代的黄帝或华夏祖先之所以崇拜"昆仑"，恐怕是与昆仑的高耸苍莽有关。高山是最接近天空的，最易想象为天帝和群神在下界的行宫，也是天神下降、魂魄登天的必经之路。

《山海经·西山经》云："昆仑之丘，是实惟帝之下都，神陆吾司之。"

《淮南子·地形训》曰："昆仑之丘，或上倍之，是谓凉风之山，登之而不死；或上倍之，是谓悬圃，登之乃灵，能使风雨；或上倍之，乃维上天，登之乃神，是谓太帝之

---

① 〔英〕赫胥黎：《人类在自然界中的位置》，林素译，科学出版社，1971，第45页。
② 萧兵：《楚辞与神话》，江苏古籍出版社，1987，第453页。

居。"高诱注:"太帝,天帝。"是缘昆仑以登天。① 也就是说以昆仑为登天之梯,应该算得上中国天梯神话的鼻祖。以神山为天梯的信仰和神话,在藏族社会中也是普遍存在着。

《玛尼集》中说:"其时,藏地无君民之分,释迦族中有释迦钦波、释迦梨杂奇、释迦曰扎巴三人,后者与一名叫加布森之幼王率一部军队逃往雪域方向。来主藏地后,自瑞布神山之巅,经天梯降玉赞塘廓希。众人见之,齐声道:此处有一自天而降之赞普,乞其为,我等之主可也。"

本教文献也记载牦牛是从天空降到冈底斯山山顶的。藏族古籍和民间神话传说的冈底斯山本身是一座神山,是一座架通天界的梯子,名叫"白雪神山"。

昆仑山与藏族神山虽然地处不同的社会环境之中,但是它们的相似性却是存在的:其一,昆仑山与藏族神山都为天帝神灵聚居之所、地上部落首领(昆仑山是黄帝,藏族神山为赞普)的栖身之地。其二,昆仑山与藏族神山皆为神灵通天下地的梯子。其三,昆仑山与藏族神山均为该地宗教、民俗的集散地。昆仑山与藏族神山的文化、社会功用、宗教情节十分相似,那么,二者文化的构造环境又如何呢?

《尔雅·释丘》曰:"三成为昆仑丘。"郭璞注:"昆仑山三重,故以名云。"邢疏引《昆仑山记》云:"昆仑山一名昆丘,三重。"《淮南子·地形训》说:"县圃、凉风、樊桐,在昆仑阊阖之中。"《水经·河水》言:"昆仑之山三级,下曰樊桐,一名板桐;二曰玄圃,一名阆风;上曰层城,一名天庭,是为太帝之居。"说明了昆仑文化的三级构造。对藏族原始宇宙观念影响甚大的印度"须弥山"也是三级构造。

《起世经·阎浮洲品》云:"诸比丘,须弥山王,上有分峰。……诸比丘,须弥山下,别有三级,诸神居处。"

佛教哲学的宇宙包括无数世界,每千个世界又分为三界:地狱,人间,天堂。这一哲学思想,是从印度"须弥山"层次性结构引发出来的。

藏传佛教哲学思想中的宇宙构造也是由三界或三级构造而成,这除了受印度佛教哲学思想影响外,很大程度上缘自于西藏自然环境。在藏民族生活区域,山被明显地分为三层:山顶皑皑白雪,它意味着神圣、圣洁,是他们崇尚的神灵;中层是在雪线左右,光秃秃,褐黄色;下层是青青草地和莽莽森林。三层自然环境结构与藏族民众生活密切,西藏早期民众将它神化,并与宗教哲理结合起来,形成了他们对宇宙构造天界、人间、龙界的三层构想理念。

由此可见,昆仑文化与藏族原始文化生成的三界自然环境催化出两种原始文化的三层宇宙建构的哲学观念。

---

① 袁珂:《中国神话传说词典》,上海辞书出版社,1985,第68页。

（三）神秘数字与"九"文化

在昆仑文化巫术数字中，展示昆仑文化的宇宙模式、象征宇宙层次的"九"最为显耀。

《楚辞·天问》云："昆仑悬圃，其尻安在？增城九重，其高几里？"《淮南子·地形训》也说昆仑墟有"层（增）城九重"。与昆仑有关的九门、九井、九衢、九州、九山等较为普遍，从而使"九"在昆仑文化中组成了一个神秘的"圣数"或"巫术数字"、"模式数字"。晋代王嘉的《拾遗记》把昆仑的构成特征描写得具体而神秘，书中写道："昆仑山有昆陵之地，其高出日月之上。山有九层，每层相去万里。有云色，从下望之，如城阙之象。四面有风，群仙常驾龙乘鹤，游戏其间。四面风者，言东南西北一时俱起也。又有祛尘之风，若衣服尘污者，风至吹之，衣则净如浣濯。甘露蒙蒙似雾，著草木则滴沥如珠。亦有朱露，望之色如丹，著木石赭然，如朱雪洒焉。"

"九"也是藏族原始文化中的一个原型数字，其神圣性、神秘性与昆仑文化中的"九"具有极大的相似性。藏族本教经典和传说中"九"往往同宇宙本体天界构造有关，本教认为，地从里到外有九层（九重地），天也有九重（九重天）。本教经典还把本教教义分为九乘经论，据说九选雍仲山就代表着九乘经论。藏族射日神话中天上有九个太阳，神山传说中认为每座神山有九处神水、九个神石等说法，无不体现了"九"的文化功能。笔者认为原型数字"九"是在中华民族巫术数字"九"的文化影响下形成的，与昆仑文化中的神秘数字"九"有一定的关联。

（四）生命之水与神水

作为我国著名的文化神山——昆仑，自然少不了神水。昆仑神水被誉为万物之源、生命之水。

《太平御览》卷38引《博物志》："昆仑从广南一千里，神物集也。出五色云气，五色流水，其白水东南流入中国，名为河也。"

《淮南子·地形训》说昆仑有"四水"，"凡四水者，帝之神皋，以和百药，以润万物。"

《水经注·河水》引《西域记》云："阿耨达太山，其上有大渊水，宫殿楼观甚大焉。山，即昆仑山。""阿耨达山西南有水，名遥奴；山西南少东有水，名萨罕；少东有水，名恒伽。此三水同出一山，俱入恒水。"以"昆仑"为印度"阿耨达"的西藏冈底斯山的学者，多说这几座神山有"四水"、"四色"。据《大唐西域记·序》中说，这四水都发源于阿那婆答多池（即阿耨达池）：池东面银牛口流出殑伽河（即恒河），池

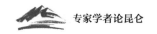

南面金象口流出信度河（即印度河），池西面瑠璃马口流出缚刍河（阿姆河），池北面颇胝师子口流出徙多河（塔里木河）。或曰潜流地下，出积石山，即徙多河之流，为中国之河源云。这就是作为昆仑原型的"冈底斯山"，其义为"众山水之根"，或说"雪上之雪"，即"雪山"。

我国昆仑文化的研究者曾认为昆仑山就是西藏的冈底斯山，是否符合科学的结论，暂且不论，但是它说明了昆仑山与冈底斯山具有许多相似之处。今天冈底斯山山麓有玛法木错，其湖水被传得神奇灵验。雅鲁藏布江、印度河、恒河流于四周。虽然佛典里将印度阿耨达山、西藏冈底斯山和汉族的昆仑山混合为一，不太准确，但三者作为神山，尤其是大河神水之源，确实具有很强的可比性。

《清圣祖实录》、《卫藏通志》说四水所出之阿耨达山即冈底斯山。

冈底斯山范围内有香山曾被称为阎浮提世界中心与最高点，流出四水。《俱舍论》曰："大雪山北，有香醉山，雪北香南，有大池水，出四大河。"《南山戒疏》云："四河本源，香山所出。俗云昆仑香，经客香山。"此"香山"应在冈底斯山范围内。

《冈底斯山海志》记载，佛尊杰尊达孜瓦曾经诗一般地描绘其主峰冈仁布钦及其所出的四神水的美景。藏族学者赤列曲扎译述云："冈仁布钦挺立巍然，山峰四周，有如八瓣莲花，背后满山长着珍贵的草药，叫做香山，前面有明净的圣湖——玛法木错。冈仁布钦之顶立有像天上无量宫的宫殿。无上密宗本尊肆鲁迦之宫——胜乐轮宫，为人类洒下潺潺甘泉——那便是马、狮、象、孔雀四大河流。"[1]

上面我们通过佛典及史料，进一步证明了在藏汉民众的心中，昆仑山与冈底斯山实乃万河之源。作为生命之水，它们和藏族其他神山的神水一样可以"和百药，以润万物"，能够消灾祛禳，使人聪明圣洁，能赐福迎财等，可谓神灵妙药，医治百病。

至此，我们已经从四个方面考论了昆仑文化与以冈底斯神山为核心的藏族文化的同型相似现象，阐述了它们之间的可比性，但是它们的文化是不能划等号的，它们在民族文化乃至中华文化的建构中发挥的作用各不相同、各有特点。

二　不谋而合与互动共融

离我们太遥远的藏族原始信仰与昆仑文化具有许多相似的民俗母题，这种相似的文化母题形成过程相当漫长，如何揭示其文化相似的内在规律和缘起动因，对于我们科学地评价昆仑文化和藏族文化在中华文化中的地位有着非同寻常的意义。至于对造成藏族

---

① 赤列曲扎：《西藏风土志》，西藏人民出版社，1982，第124页。

原始信仰与昆仑文化相似性原因的解释，用简单的文化交流或共同文化心理下的不谋而合来概括显然过于简单化。对于两个原始民族来说，相似的文化环境生成不谋而合的民间信仰是必然的，但是，藏族形成的特殊性，不得不让我们寻觅造成相似性的另一方面的原因，那就是藏族文化与昆仑文化互动共融，也就是说藏族原始信仰与昆仑文化的相似是不谋而合与互动共融彼此作用的结果。

昆仑的文化地域与青藏高原接壤，构成两种文化的自然生态环境十分相似，也使两种原始文化具有极其鲜明的相似性和趋同性。《山海经·海内西经》曰："海内西南部取以北者……流河出钟山（北面）西行，又南行昆仑之虚；西南入海（有）黑水之山。"这即是昆仑之虚，其西南两面紧邻青藏高原。《尔雅·释地》曰"三成为昆仑丘"，"三成"即三层。就中国的地貌结构而言，由西到东成为三层台地：最高一层为昆仑，青藏高原之丘，海拔在 4000 米以上；第二层海拔为 1000～2000 米，如黄土高原、东北平原、四川盆地等；最后一层海拔 1000 米以下。当今所称昆仑山系，无疑是远古昆仑文化的组成部分，它西起帕米尔高原东部，横贯新疆、西藏之间；东延伸入青海，东西长 2500 公里；西段为塔里木盆地，藏北高原为其毗连。东段入青海内，分为三支：北支为祁漫塔格山；中支为阿尔格山，东延为布尔汗布达山及阿尼玛卿山；南支为可可西里山，东延为巴颜喀拉山，海拔 6000 米左右，多雪峰、冰川。从地理的角度来看，昆仑山系绝大部分处于青藏高原范围内，它的南、西、东为青藏高原的著名神山，这些神山又是孕育藏族远古文化的重要温床，所以，昆仑文化与藏族远古信仰有诸多相似之处也就不足为怪了。

清代齐召南所撰《水道提纲》载："元代都实穷河源所称三朵甘思东北有大雪山名亦耳麻不莫剌，其山最高；译为腾乞里塔，即昆仑也。藏语称青海为安朵，西康为喀木，或续如甘，此言朵甘斯盖合青海、西康之地而名之。元代设朵甘宣慰司，治所应在今甘孜藏族自治州之邓柯，世俗传言格萨尔王就诞生于此。"《山海经·大荒西经》称："西海之南，流沙之滨，赤水之后，黑水之前，有大山，名曰昆仑之丘。"考《尔雅·释丘》有云："丘一成为敦丘，再成为陶丘，再成锐上为融丘，三成为昆仑丘。"这段记载表明昆仑山有敦丘、陶丘、融丘等三重。今天的巴颜喀拉山南麓，如石渠、德格等地可明显分为三重：第一重海拔 3700～4300 米，为河谷底部、河滩及沼泽之地，其间布满苔草，形成草墩，故谓之"敦丘"；第二重海拔 4200～4800 米，为河谷两岸蜿蜒分布的高原低丘，丘体浑固，有如反扣的陶钵，故曰"陶丘"；第三重海拔 4800 米以上，常年积雪，冰川密布，冰冻风化作用十分强烈，植被矮化，多呈紫色，有"紫山"之称，在雪线附近冬冻夏融，故谓之"融丘"。

由此观之，两种文化生态背景的相似性导致昆仑文化与藏族原始文化的相似性，是文化生成的规律所在。更为重要的是，有相当部分的昆仑文化地域与藏族文化地域相互重叠，《清圣祖实录》卷290曾记录康熙皇帝的一段话："梵书言四水出于阿耨达山，下有阿耨达池。以今考之，意即冈底斯是也。唐古忒称冈底斯者，犹言众山水之根，与释典之言相合。冈底斯之前，有二湖接连，土人相传为西王母瑶池，意即阿耨达也。"康熙的观点虽然带有很强的政治色彩，但是在历史上，冈底斯山与昆仑山的地域有部分相同却是事实。因此，昆仑文化与冈底斯出现文化和信仰的雷同也就不难理解了。

如果说昆仑文化与藏族原始信仰的相似性仅仅是不谋而合造成的话，显然不符合藏族文化构成的事实。当我们把探寻的眼光回溯到藏族族源构成时，发现藏族文化的构成与昆仑文化有着水乳交融的密切关系。据学者研究，藏族早期先民有相当一部分来自古代氐羌民族，藏族文化与古氐羌文化血脉相连，作为由古氐羌人创造的华夏文化源脉之一的昆仑文化与氐羌文化具有久远的传承链环，二者之间产生相似的文化现象也就是很自然的事了。

生活在昆仑山周围的我国西北民族古氐羌人创造了辉煌的昆仑文化。以今天地域来讲，古氐羌人生活区域为"冈底斯山以东，昆仑山脉以南，大积石山斜连柴达木低湿地西南及木雅贡嘎大雪山山脉以西；念青唐古拉山连接当拉岭，伯舒拉岭东北的草原地带，都是原始石器时代的氐羌人住地"[①]。随着古氐羌人征服自然能力的增强，人口数量的增强，他们开始分散于周边地区，分化出诸多新的部族并且与周边民族相互融合，藏族的部分先民就是在氐羌民族南迁与西徙的过程中落户青藏高原与当地藏族原始民族相互整合、共同发展。由于以昆仑山为中心的古氐羌人生活的生态环境、文化氛围与青藏高原十分相似，加上藏族先民的血管里流淌着古氐羌人的血液，所以，古氐羌文化很容易被青藏高原的藏族民众吸纳、借鉴和改造。

综上所述，对于悠远的昆仑文化与藏族远古文化而言，它们之间的相同性和相似性，不仅仅是交融互动的结果，我们更应该把握它们之间在共同心态和生态背景下生成的具有共性和个性的文化逻辑，这也是构成昆仑文化与以冈底斯神山为代表的藏族原始文化的独立性和特殊性的重要原因。

原载《青海社会科学》2010年第5期

---

① 任乃强：《羌族源流探索》，重庆出版社，1984，第19页。

昆仑文化与楚辞

张崇琛

楚辞创作曾经接受过多方面的影响，如中原文化的影响、楚国地方文化的影响，以及楚辞代表作家屈原本身的才华及其影响，对此，学者们均有过充分的论述。而楚人作为"帝高阳之苗裔"，其楚辞创作有没有受到高阳氏发祥地昆仑文化的影响呢？我以为回答应该是肯定的。先师姜亮夫先生早在20多年前就曾明确指出，"西北为颛顼传说之中心点"，而作为楚人之先的颛顼，正是"发祥自昆仑若水之间"。[①] 先生还在《楚辞今绎讲录》中进一步论述道：

> 西方则是追念祖先、寄托感情的地方，因为楚国的发祥地在西方……高阳氏来自西方，即今之新疆、青海、甘肃一带，也就是从昆仑山来的。我们说汉族发源于西方的昆仑，这说法是对的，也只有昆仑山才当得起高阳氏的发祥之地。[②]

本文便是在此基础上，首先从考证昆仑之地望入手，进而论述昆仑文化之实际存在及其对楚文化和楚辞创作的影响。

一 昆仑之地望

关于昆仑，《史记·大宛列传》云："汉使穷河源，河源出于阗，其山多玉石，采来，天子按古图书，名河所出曰昆仑云。"在古人的心目中，河源与昆仑是联系在一起的，也就是说，哪里是黄河的源头，哪里便是昆仑山。这里，汉使误将塔里木河上游的

---

① 姜亮夫：《说高阳》，《社会科学战线》1979 年第 3 期。
② 姜亮夫：《楚辞今绎讲录》（修订本），"屈原事迹"一讲，北京出版社，1983。

于阗河当作了黄河的上游，故遂以于阗南山为河源；而汉武帝相信了汉使的说法，径名于阗南山曰昆仑山。此即所谓"河源昆仑"，也就是今天地图上所标出的昆仑山。

其实，先秦人心目中的昆仑，尤其是神话传说中的昆仑，是没有这么遥远的。《山海经·大荒西经》云：

> 西海之南，流沙之滨，赤水之后，黑水之前，有大山名曰昆仑之丘。……其下有弱水之渊环之。

《离骚》在述诗人第二次的神游时也写道：

> 遭吾道夫昆仑兮，路修远以周流。……忽吾行此流沙兮，遵赤水而容与。……路不周以左转兮，指西海以为期。

汉代的《淮南子·地形训》也说：

> 河水出昆仑东北陬。赤水出其东南陬……弱水出自穷石，至于合黎，余波入于流沙。

这里先要弄清几个与昆仑有关的地名。"流沙"当指今甘肃西北、内蒙古额济纳旗一带的沙漠，这大概无异辞。"赤水"是源于昆仑山之东南麓并流入南海（印度洋）的一条河流，以今当之，可能为怒江或澜沧江的上游。至于"西海"，应即今青海湖。《后汉书·西羌传》云汉武帝时，"羌乃去湟中，依西海、盐池左右"，王莽时羌人纳地，又在今青海地区设西海郡，事见《汉书·王莽传》及《后汉书·西羌传》。而《汉书·地理志》云："金城郡临羌，西北至塞外，有西王母石室、仙海、盐池。北则湟水所出，东至允吾入河。西有须根池，有若水、昆仑山祠。"王先谦《补注》引董祐诚曰："《河水注》作西海，即仙海，今曰青海。"汉代西、先、鲜、仙音近，故汉人所谓西海、仙海及先水海、鲜水海，皆谓今之青海。① 而且，我们从屈原神游的路线也可以看出，诗人在"行流沙"、"遵赤水"之后"左转"，"指西海以为期"，其所谓"西海"，也便是青海湖了。"弱水"即今由张掖流入居延海的黑河（其下游蒙古人称额济纳河）。《尚书·禹贡》："导弱水至于合黎，余波入于流沙。"《史记·司马相如列传》《正义》引《括

---

① 参钱大昕《十驾斋养新录》卷十一"青海"条。

地志》亦云："弱水在甘州张掖县南山下也。"皆可为证。至于"黑水"，则可能是发源于祁连山而向西流去的某条河流（如疏勒河）。

现在，我们约略可以勾勒出"神话昆仑"的大体位置了：它在"西海"（青海湖）之南，"流沙"（今额济纳旗一带沙漠）之滨，"赤水"（怒江或澜沧江上游）之后（北），"黑水"之前，而其下又有"弱水"（今黑河或称额济纳河）环之。显然，其大致的位置应在今西宁市以西、河西走廊以南、巴颜喀拉山以北的青海高原上。其中，"西海"应在"昆仑之虚"中间，《山海经》说昆仑在"西海之南"，可算一点程度上的误差。

又，今之祁连山，也有人以为即是先秦文献中的昆仑，最早提出此说的是前凉酒泉太守马岌。《晋书》卷八六《张轨传》所附《张骏传》云[1]：

> 酒泉太守马岌上言：酒泉南山，即昆仑之体也。周穆王见西王母乐而忘归，即谓此山。此山有石室玉堂，珠玑镂饰，焕若神宫。

唐李泰《括地志》亦以"酒泉南山"为昆仑山。《史记·秦本纪》及《史记·司马相如列传》《正义》所引《括地志》，便皆谓"昆仑山在肃州酒泉县南八十里"。后之言"昆仑"者，也多引马、李之说。如《后汉书·明帝纪》："永平十七年冬十一月，遣奉车都尉窦固、驸马都尉耿秉、骑都尉刘张出敦煌昆仑塞，击破白山虏于蒲类海上。"唐李贤注即采马岌说云："昆仑，山名，因以为塞，在今肃州酒泉县西南。山有昆仑之体，故名之。周穆王见西王母于此山，有石室、王母台。"马、李所谓昆仑，即今甘肃肃南裕固族自治县西北甘青界上的祁连山主峰，标高5564米。可见，在汉武帝定名于阗南山为昆仑山后，还是有人在称祁连山为"昆仑"。迨至清代毕沅《山海经新校正》及郝懿行《山海经笺疏》，更对此进行了详细的论证。直到近世，持"昆仑祁连说"者亦不乏其人。其中较有代表性的是朱芳圃，朱先生在《西王母考》一文中说[2]：

> 天山，匈奴呼为昆仑山，亦即昆仑的异名。天者，至高无上之名；昆仑即穹隆的转音。《尔雅·释天》："穹隆，苍天也。"郭璞注："天形穹隆，其色苍苍，因名云。"故以其高言之，谓之天山；以其形言之，谓之昆仑。是西王母所居之昆仑，即今祁连山，信而有征。

---

① 最早见（北魏）崔鸿《十六国春秋·前凉录》，但原书已散失，今所传为辑佚本。
② 朱芳圃：《西王母考》，《开封师范学院学报》1957年第2期。

谓"昆仑"为祁连山,虽较汉武帝所定更为近真,但也存在着一定的局限。因为古人所谓的"昆仑",并非只是一座孤零零的山,而是一大片地区,即所谓"昆仑之虚(墟)"。试看《山海经·海内西经》所记:

> 海内昆仑之虚,在西北,帝之下都。昆仑之虚,方八百里,高万仞。……面(上)有九井,以玉为槛。面有九门,门有开明兽守之。

八百里见方的"昆仑之虚",当然不只是一座祁连山,而应与包括祁连山和青海湖在内的青海高原相仿佛。而且,在古人的心目中,昆仑不但地域广大,还是有着多级构造的。《离骚》洪兴祖《补注》引《昆仑说》曰:①

> 昆仑之山三级:下曰樊桐,一名板松;二曰玄圃(县圃),一名阆风;上曰层城,一名天庭。

《淮南子·地形训》也说:

> 昆仑之丘,或上倍之,是谓凉风之山(即间风山),登之而不死;或上倍之,是谓悬圃,登之乃灵,能使风雨;或上倍之,乃维上天,登之乃神,是谓太帝之居。

《楚辞·天问》亦云:

> 昆仑悬圃,其尻安在?增城九重,其高几里?

"增城"即"层城",亦即"天庭"之所在。以上诸说虽少异,然都承认昆仑是有着多级构造的,而屈原的神游昆仑,实际也是按照这种模式进行的。

二 昆仑之文化

所谓"昆仑文化",实际是史前期人类在昆仑地区活动的历史积淀,它是中华文化

---

① 《水经注·河水》郦注引《昆仑说》与此同。

的早期源头之一。而其载体，除文献记载和考古发现的资料外，也还应包括流传于昆仑地区的大量的神话传说。

先看文献记载。《山海经·海内经》云：

> 流沙之东，黑水之西，有朝云之国、司彘之国。黄帝妻雷祖，生昌意，昌意降处若水，生韩流……取卓子曰阿女，生帝颛顼。

《竹书》：

> 昌意降居若水，产帝乾荒。（《山海经·海内经》郭璞注引）

《大戴礼记·帝系》：

> 黄帝居轩辕之丘，娶于西陵氏之子，谓之嫘祖氏，产青阳及昌意。青阳降居泜水，昌意降居若水。昌意娶于蜀山氏，蜀山氏之子谓之昌濮氏，产颛顼。

《史记·五帝本纪》：

> 黄帝居轩辕之丘，而娶于西陵之女，是为嫘祖。嫘祖为黄帝正妃，生二子，其后皆有天下。其一曰玄嚣，是为青阳，青阳降居江水；其二曰昌意，降居若水。昌意娶蜀山氏女，曰昌仆，生高阳。

以上所引文献，皆谓"昌意降居若水"，昌意即生颛顼高阳氏者（《山经》《竹书》谓颛顼为昌意之孙，说稍异）。而昌意所居住的"若水"又在何处呢？《水经·若水》云："若水出蜀郡旄牛徼外，东南至故关，为若水也。"郦注：

> 若木之生，非一所也。黑水之间，厥木所植，水出其下，故水受其称焉。若水沿流，间关蜀土，黄帝长子昌意，德劣不足绍承大位，降居斯水，为诸侯焉。娶蜀山氏女，生颛顼于若水之野。……若水东南流，鲜水注之，一名州江，大度水出徼外，至旄牛道，南流入于若水。

又，《史记·司马相如列传》云司马相如通西南夷，"西至沫、若水"，《索隐》引张揖

曰："若水出旄牛徼外,至僰道入江。"按此,古之所谓若水,即今雅砻江也。若木生于昆仑,黑水源于昆仑。而若水既得名于若木,又出于"黑水之间",其属昆仑地区当无所疑。再看今之雅砻江,其发源地正在青海高原上。是诸书所载之"昌意降居若水",实可视为人类(至少是楚人的祖先)早期曾在昆仑地区即今之青海高原活动过的文献依据了。

至于颛顼在昆仑地区的活动,《山海经》中也有多处记载。如《大荒西经》:

> 大荒之中,有山名日月山……颛顼生老童,老童生重及黎。

再如《大荒北经》:

> 东北海之外,大荒之中,河水之间,附禺之山,帝颛顼与九嫔葬焉。……丘西有沉渊,颛顼所浴。
>
> 西北海外,流沙之东,有国曰中镉,颛顼之子,食黍。
>
> 西北海外,黑水之北。有人有翼,名曰苗民。颛顼生驩头,驩头生苗民。

《山海经》所记颛顼事迹虽难以坐实,然其中所涉及的地名如"日月山"、"附禺之山"、"流沙"、"黑水"等,却皆在昆仑之域,因而我们至少可以说,颛顼传说之中心点是在昆仑一带。

而且,在文献记载中,远古昆仑地区的生态环境也是极宜于人类生存的。《穆天子传》描写道:

> 季夏丁卯,天子北升于舂山之上,以望四野。……曰:舂山之泽,清水出泉,温和无风,飞鸟百兽之所饮食,先王所谓县圃。

县圃在昆仑的第二级,其景致已足令人神往。再看《山海经·大荒西经》所记:

> 西有王母之山、壑山、海山。有沃民之国,沃民是处。沃之野,凤鸟之卵是食,甘露是饮。凡其所欲,其味尽存。爰有甘华、甘柤、白柳、视肉、三骓、璇瑰、瑶碧、白术、琅玕、白丹、青丹,多银铁。鸾鸟自歌,凤鸟自舞,爰有百兽,相群是处,是谓沃之野。

《山海经·海外西经》对"诸沃之野"也有类似的描写：

> 此诸沃之野，鸾鸟自歌，凤鸟自舞；凤凰卵，民食之；甘露，民饮之；所欲自从也。百兽相与群居。

西王母之山，亦即昆仑山。"沃之野"，即谓富饶的原野。沃民居住在这里，与百兽群鸟和睦相处，鸾鸟自歌，凤凰自舞，各种花果、树木、矿产，无不应有尽有。人们食的是凤鸟之卵，饮的是甘露之液，凡是心中所向往的，莫不如愿遂意。这真是人类理想的乐园。

诚然，《山海经》与《穆天子传》的描写有其美化的成分，实际情况未必如此。但也并非毫无所据，它与后人对祁连山的印象实有着某些相似之处。请看《史记·匈奴列传》《索隐》引《西河旧事》的一段文字：

> （祁连）山在张掖、酒泉二界上，东西二百余里，南北百里，有松柏五木，美水草，冬温夏凉，宜畜牧。匈奴失此二山，乃歌云："亡我祁连山，使我六畜不蕃息；失我燕支山，使我嫁妇无颜色。"

《太平御览》卷50引段龟龙《凉州记》所述祁连山的景物则更为具体：

> 祁连山，张掖、酒泉二界之上。东西二百里，南北百余里。山中冬温夏凉，宜牧牛，乳酪浓好。夏写（泻）酪，不用器物，刈草著其上，不散。酥特好，酪一斛得升余酥。又有仙人树，行人山中，饥渴者辄食之饱。

这不正是《山海经》所描写的"沃之野"的景象吗？

至于今日青海高原的生态状况，虽远不如古代，但也不像人们所想象的那样荒凉而可怕。从日月山下到祁连山麓，几乎到处都能见到温泉，即使是长江源头附近的青藏公路沿线，由北至南也分布有十四个温泉带，而每处泉眼都不下数十个。这不禁会令人联想起《穆天子传》所描写的"清水出泉，温和无风"的景象。至于青海湖周围的草原，尤其是海北草原，更是自古以来的重要牧场。笔者1998年曾专程绕青海湖一周进行考察，时当夏秋季节，只见草原上水潭闪烁，牧草丰盛，鲜花遍地，牛羊成群，再辉映着蓝天、丽日、白云，着实令人心旷神怡。我深信这是远古的人们曾经居住过的地方。

再看青海高原的考古发现。早在1956年7、8月间，中国科学院地质研究所赵宗溥

51

先生等在青藏高原进行地质普查时，便在柴达木盆地的沱沱河沿、霍霍西里等地采集到十几种打制石器①。虽然学术界对这些石器的文化性质与年代归属问题尚有细石器文化与旧石器文化之不同看法，但毕竟可以说明，青藏高原地区在古代并非荒无人烟之地，而是远古人类曾经繁衍、生息过的地方。1983 年，中国科学院青海盐湖所的科研人员也在柴达木盆地发现了距今三万年左右的旧石器时代遗址，《新华文摘》1985 年第 3 期报道说：

> 我国科技人员在西北地区柴达木盆地距今三万年左右的地层中发现了旧石器和南极石。这组包括刮削器、雕刻器、钻具和砍砸器等石制工具，制于距今三万年左右的晚更新世时期。当时的柴达木盆地植被繁茂，小柴旦湖是淡水湖，人类生活在一种适宜于成群食草类动物生活的草原环境。黄慰文还指出，这些以刮削器为主的石器组合，具有华北旧石器文化两大系统中"周口店第一地点（北京人遗址）——寺峪系"的特色，反映了当时西北与华北的古人类在文化、技术上有密切的联系。

除了旧石器遗址外，1980 年 7 月，青海省文物考古队在海南藏族自治州的贵南县拉乙亥还发现了一处中石器时代遗址。该遗址位于青海湖以南的共和盆地中部，海拔 2580 米。遗址共出土各类石器、骨器 1400 余件，其文化发展水平高于旧石器晚期文化，而进入中石器时代。其出土的木炭标本经 ^{14}C 测定，距今为 6745 年②。

至于更晚的新石器时代遗址，在青海高原更是多有发现③。马家窑文化的四种类型即石岭下类型、马家窑类型、半山类型与马厂类型，在青海境内都有发现。如 1958 年在民和县马营镇发现的阳洼坡遗址，便是一处典型的石岭下类型文化遗存④。遗址内除发现当时居民的房屋及储藏东西的窖穴外，还出土各种生产与生活用具 3000 多件，其中作为狩猎工具的石制与陶制弹丸⑤，不由得会令人想起那首"断竹，续竹；飞土，逐肉"的原始歌谣来。⑥再如在大通县上孙家寨发现的一处马家窑类型遗址，其中所出土的一件内壁绘有三组舞蹈人花纹（每组五人）的彩陶盆，更体现了青海远古文化中独

①　邱中郎：《青藏高原旧石器的发现》，《古脊椎动物学报》1958 年第 2～3 合期。
②　盖培、王国道：《黄河上游拉乙亥中石器时代遗址发掘报告》，《人类学学报》1983 年第 1 期。
③　赵生琛：《青海古文化》，青海人民出版社，1986。
④　李恒年：《民和县阳洼坡发现了仰韶文化遗址》，《文物》1959 年第 2 期。
⑤　青海省文物考古队：《青海民和阳洼坡遗址试掘简报》，《文物》1984 年第 1 期。
⑥　赵晔：《吴越春秋·勾践阴谋外传》。

具异彩的艺术魅力①。马家窑文化又称甘肃仰韶文化，主要分布于黄河上游及其支流湟水、洮水流域，其马家窑类型距今约 5000 年，一般认为它是受中原仰韶文化的影响而发展起来的。它虽与源于昆仑之虚的昆仑文化不能混为一谈，但至少可以说明，无论在旧石器、中石器还是新石器时代，辽阔的青海高原上都是有人类居住过的。

有人类就会有文化，远古人类在昆仑地区所创造的文化，其主要载体便是神话。一般认为，神话产生于野蛮时期的低级阶段②，即一万年前的新石器时代，在社会发展形态上属于母系氏族社会的全盛期。但由于当时并无文字，所以这些神话只能流传于口头，此后屡经传播，才被记载于某些史籍。所以，神话产生的时代与记录神话的时代并不是一个概念。具体到昆仑神话来说，它虽多载于《山海经》《庄子》《楚辞》《淮南子》诸书，然其产生的时代却要更早，即来源于远古的昆仑一带。顾颉刚先生亦认为"昆仑神话发源于西部高原地区"，并具体论述道：

> 在《山海经》中，昆仑是一个有特殊地位的神话中心，很多古代的神话，如夸父逐日、共工触不周山及振滔洪水、禹杀相柳及布土、黄帝食玉投玉、稷与叔均作耕、魃除蚩尤、鼓与钦䴗杀葆江、烛龙烛九阴、建木与若木、恒山与有穷鬼、羿杀凿齿与窫窳、巫彭等活窫窳、西王母与三青鸟、姮娥盗药、黄帝娶嫘祖、窜三苗于三危等故事，都来源于昆仑。③

如此多彩的昆仑神话，其文化内涵当然是十分丰厚的，而随着这些神话的世代流传，其对后世的文化及其文学的影响，也应是深远的。

三　楚辞所受昆仑文化之影响

楚人既发祥于昆仑，而昆仑文化又被证明确实是一种曾经存在过的文化，则作为战国时代楚地文明成果的楚辞，其在创作中曾经接受过昆仑文化的影响，也就是很可以理解的了。具体说，主要表现为以下几点：

一曰昆仑文化之情结。楚辞中多次提到昆仑，尤其是楚辞的代表作家屈原，每言及昆仑，总是充满着向往之情。其中最典型的要算《离骚》的"两上昆仑"了：

---

① 青海省文物考古队：《青海大通县上孙家寨出土的舞蹈纹彩陶盆》，《文物》1978 年第 3 期。
② 马克思：《摩尔根〈古代社会〉一书摘要》，人民出版社，1965，第 55 页。
③ 顾颉刚：《〈庄子〉和〈楚辞〉中昆仑和蓬莱两大神话系统的融合》，《中华文史论丛》1979 年第 2 期。

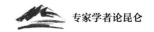
朝发轫于苍梧兮，夕余至乎县圃。欲少留此灵琐兮，日忽忽其将暮。吾令羲和弭节兮，望崦嵫而勿迫。路漫漫其修远兮，吾将上下而求索。饮余马于咸池兮，总余辔乎扶桑。折若木以拂日兮，聊逍遥以相羊。前望舒使先驱兮，后飞廉使奔属。鸾皇为余先戒兮，雷师告余以未具。……吾令帝阍开关兮，依阊阖而望予。……朝吾将济于白水兮，登阆风而绁马。……溘吾游此春宫兮，折琼枝以继佩。

从诗中所提到的一系列地名如县圃、崦嵫、阊阖、白水[①]、阆风等来看，这次神游的地点显然是在昆仑山一带。这是诗人的"一上昆仑"，其目的是要到"帝之下都"的昆仑去向天帝诉说自己在人间的一切不平。"二上昆仑"是在灵氛占卜、巫咸降神，诗人决意出走之后，即自"邅吾道夫昆仑兮"至"指西海以为期"一段。"二上昆仑"意在缅怀楚人的发祥之地，"追念祖先，寄托感情"。合而言之，"两上昆仑"虽都是"神游"，但却集中表现了屈原的昆仑情结。此外如《河伯》之"登昆仑兮四望，心飞扬兮浩荡"，《涉江》之"登昆仑兮食玉英，与天地兮同寿，与日月兮齐光"，也皆对昆仑寄托了美好的愿望，并流露出诗人内心深处的欣慰之情。

楚辞中还多载与昆仑有关的神话，这是诗人昆仑文化情结的又一表现。如《离骚》之太阳神话、西皇神话及春宫、咸池、若木神话，《招魂》之流沙、雷渊神话，都与昆仑有关。而涉及昆仑神话最多的又莫过于《天问》。篇中之"康回冯怒，地何故以东南倾"言共工怒触不周山事，不周山之原型即今之祁连山。"黑水玄趾，三危安在"一句言黄帝迁三苗于三危事，三危山在今敦煌地区，距祁连山亦不远。"穆王巧梅，夫何为周流？环理天下，夫何索求"言周穆王西行事，而穆王西行即曾到过昆仑山。至于"昆仑县圃，其尻安在？增城九重，其高几里？四方之门，其谁从焉？西北辟启，何气通焉"，则更是问昆仑山的地理位置及其具体结构了。

楚辞中之所以保存有大量的昆仑神话，一方面固然是由于战国时期秦、楚的往西拓地，同羌、戎的接触日渐频繁，而且据徐中舒先生说，楚国的疆域已发展到古代盛产黄金的四川丽水地区，因而昆仑神话也便随着黄金的不断运往郢都而在楚国广泛传播。[②]而另一方面，高阳氏的子孙们在迁移之后，并没有忘怀祖先的发祥地昆仑，他们将这一地区的有关神话世世代代地传承下去，从而形成一种所谓的"昆仑情结"，这也应是一

---

① 白水即黄河，不周山即祁连山。参见拙著《楚辞文化探微》"屈原神游西北的地理问题"一节，新华出版社，1993。

② 徐中舒：《试论岷山庄王与滇王庄蹻的关系》，《思想战线》1977 年第 4 期。

个重要的原因。

二曰神人杂糅之习俗。楚人信鬼神，如《九歌》中所祭便有东皇太一、云神、日神、司命神及湘水、山林诸神。而在祭神的场面中，既有神的出现（巫觋所扮），又有人的活动，即所谓"阴阳人鬼之间，又或不能无亵漫淫荒之杂"。这种习尚甚至连宫廷内也不例外。如桓谭《新论》记楚灵王"斋戒洁鲜，以祀上帝、礼群神，躬执羽绂，起舞坛前。吴人来攻，其国人告急，而灵王鼓舞自若"。① 而值得指出的是，在楚人的心目中，有些神话故事中的神与历史传说中的人往往是纠缠在一起的，如舜与二妃的事迹便与湘水配偶神湘君、湘夫人的故事融为一体。应该说，这种神话故事与历史传说同时存在甚至分不清何者为神话、何者为历史的现象，也是与昆仑文化的影响分不开的。因为在远古的昆仑文化时代，人格与神格就是很难区分的。例如昆仑作为"帝下之都"，这"帝"便既指神话中的天帝，又指人间五帝之一的黄帝，《穆天子传》"吉日辛酉，天子升于昆仑之丘，以观黄帝之宫"可证。再如后稷，《山海经·大荒西经》说："有西周之国，姬姓，食谷。有人方耕，名曰叔均。帝俊生后稷，稷降以百谷。"可见他既是周民族的始祖，又是昆仑神话中的人物。其他如居住在昆仑山的西王母、禹、羿、帝江等，也都兼有人与神两种品格。这种人神杂糅的观念经过不断的传播，遂留存到了楚民俗中。

再进一步说，楚民俗中能够沟通人神两界之意的"巫"，也早在昆仑文化的时代即已经出现了。《山海经·海外西经》记：

巫咸国在女丑北，右手操青蛇，左手操赤蛇。在登葆山，群巫所从上下也。

《海内西经》记：

开明东有巫彭、巫抵、巫阳、巫履、巫凡、巫相，夹窫窳之尸，皆操不死之药以距之。

《大荒西经》记：

有灵山，巫咸、巫即、巫盼、巫彭、巫姑、巫真、巫礼、巫抵、巫谢、巫罗十巫，从此升降，百药爰在。

---

① （宋）李昉等编《太平御览》卷526、735引。

昆仑地区这众多的巫已经组成了一个"巫咸国"，而群巫上下升降，其主要任务便是要下宣神旨，上达民情，以沟通人神两界之意也。其中，诸巫中的巫阳即曾奉上帝之命为怀王（或曰屈原）招魂者，而巫彭、巫咸更是屈原所引为榜样者，楚辞中屈原多次申明要"依彭咸之遗则"，要"从彭咸之所居"，究其本义，不过是想追念昆仑先祖，以与群巫为伍，实现其宣神旨、达民情之夙愿罢了。

三曰时空跨越之思维。楚人思维之跨越性，最明显的表现莫过于《离骚》的天地神游、上下求女了。以时间言，自高阳、高辛、虞舜、少康、宓妃、简狄、二姚，以至当代的"党人"，可谓上下三千年；以空间言，自南楚以至昆仑西极，又可谓纵横上万里。他如《九歌》诸神之古往今来，《远游》、《招魂》之上下四方，也都是跨度极大的。这较之庄子的"逍遥游"，实有过之而无不及。而这种超越时空的跨越性思维，从文化传统上来说，又与昆仑文化时期人们的思维方式是一脉相承的。请看《山海经·大荒南经》所记：

> 东南海之外，甘水之间，有羲和之国，有女子名曰羲和，方日浴于甘渊。羲和者，帝俊之妻，生十日。

居于昆仑的帝俊（上帝之一），其妻羲和生十日，而太阳又天天东升西落，无穷无尽，这是思维上的时间跨越。这种跨越到了《离骚》之中，便是羲和又由太阳的母亲变为太阳的御者了。再看《大荒西经》所记：

> 西南海之外，赤水之南，流沙之西，有人珥两青蛇，乘两龙，名曰夏后开。开上三嫔于天，得《九辩》与《九歌》以下。此天穆之野，高二千仞，开焉得始歌《九招》。

夏后开将三位美女送给天帝，从而获赐美妙的《九辩》与《九歌》，这种人、天间的交易，也可谓是一种思维上的空间超越。《离骚》述诗人神游升腾，在昆仑上空"奏《九歌》而舞《韶》"，《天问》言"启棘宾商（有人训为'启巫宾帝'），《九辩》、《九歌》"，可以说都是受此种思维方式的启发的。

跨越性思维是原始思维的特点之一，它较之后来的"三段论"式推理而言，往往缺少一个中间环节。这种思维方式除存在于神话之中外，在早期的文献中也有遗存。如《周易》卦爻辞中的"象辞"与"占辞"之间便具有这样的特点。到了《诗经》中，又发展成为"兴"的表现方法。① 此自北土言之。而在"帝高阳之苗裔"的楚人那里，由于受传统的昆仑文化的影响更大，故仍保留着较原始的状态。

四曰尊坤崇女之意识。从社会发展阶段而言，昆仑文化应处在母系氏族社会时期，故其对女性的尊崇是很自然的。如西王母便是昆仑地区的一位女性尊神。《山海经》记其形象是：

> 玉山，是西王母所居也。西王母其状如人，豹尾虎齿而善啸，蓬发戴胜，是司天之厉及五残。——《西山经》
>
> 西王母梯几而戴胜杖，其南有三青鸟，为西王母取食。在昆仑虚北。
>
> ——《海内北经》
>
> 昆仑之丘，……有人戴胜，虎齿，有豹尾，穴处，名曰西王母。
>
> ——《大荒西经》

虽然其时的西王母还是一个穴居野处、形状威猛、专掌灾厉及刑罚的怪神，但其女性的神格还是对后世产生了深远的影响。撇开其在《穆天子传》及此后的《汉武故事》、《汉武帝内传》中向"帝女"和"丽人"方面的演变不说，单在《九歌》中，某些女性祇身上就仍有她的影子。如"被薜荔兮带女萝"、"乘赤豹兮从文狸"的山鬼，便是一个典型的例子。

昆仑文化的尊坤意识除影响到《九歌》中对女性神的创造及礼赞外，也还体现在屈原常常以女性自比和以"求女"喻求贤。对于《离骚》中诗人的自比女性，论者或谓是以夫妻关系喻君臣关系，或谓弄臣人格，或谓变态心理。其实，若自文化背景而言，亦当与昆仑文化中尊坤意识的影响是分不开的。因为所谓臣妾也罢，弄臣也罢，变态也罢，都是视女性为下贱的男尊女卑意识的产物，而屈原却并不以自比女性为耻，相反的，他还在女性身上寄托着自己美好的愿望。他的自比女性，甚至以美女喻贤才、以求女喻求贤，即是出于这样的心理。这也是很可以理解的。因为随着社会竞争的日益激烈，人际关系的不断复杂，人类的许多美质在男性身上已经保存的不多了。而女性却由于介入竞争的机会较少，人际交往的有限，许多美好的东西在她们身上仍能得以保存。所以直到两千多年后的贾宝玉还对此深有感慨，说什么"男人是土做的，女儿是水做

---

① 参见拙文《〈诗经·小雅〉与〈周易〉卦爻辞之比较》，《经学研究论丛》第五辑，台北：学生书局，1998。

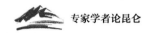

的"。更何况战国时代的南楚社会，其本身就保存着较多的氏族社会遗风，① 而昆仑文化的尊坤意识在屈原身上还产生着影响，那是一点也不奇怪的。

综上所述，先秦所谓昆仑，其地理位置大致在今青海高原一带。由于这一地区远古时期的自然生态尚比较适合人类的生息、繁衍，所以楚人的祖先曾在这里创造过中华文化源头之一的昆仑文化。这不但有着文献的记载，也为近年来的考古发现所证明。而作为昆仑文化主要载体的昆仑神话，由于世代流传，已对楚文化及楚辞的创作产生了重要影响。即在今天，我们要对楚辞进行更为广泛深入的研究，昆仑文化也仍不失为一种新的视角。

原载《中国楚辞学》2003 年第 2 辑

----

① 参见姜亮夫《楚辞学论文集》中《三楚所传古史与齐鲁三晋异同辨》及《楚文化与文明点滴钩沉》二篇，上海古籍出版社，1984。

绝地天通

——以苏雪林教授对昆仑神话主题解说为起点的一些相关考察

王孝廉

一　序言

1945 年苏雪林先生发表的《昆仑之谜》，实是昆仑神话研究的先河巨著，苏先生把昆仑分为实际地理上的昆仑和神话上的昆仑，提出昆仑是许多民族共有的"世界大山"、"天地之脐"，是连接天界和幽冥地狱的天柱，也是神人之间的仙乡乐园。苏先生的结论是昆仑的"正身"固在西亚的巴比伦，其他希腊之奥林匹斯山、印度之阿耨达山及中国的昆仑，皆是昆仑神话的"影子"而已。苏先生的昆仑研究，在东西文化交流史、民族人类学和比较神话学上都具有慧眼卓见的开路价值。本论文即是以苏先生对昆仑神话主题解说为起点，提出另一个和昆仑神话（仙乡乐园神话）有关的"绝地天通"（失乐园神话）的神话类型，希望由中国彝族的"天地津梁断"和瑶族的断地天通及颛顼的"绝地天通"的神话来检讨古代中国各民族之间的光与影，进而再由中国的昆仑神话和《旧约》的巴别塔、希腊和印度的失乐园及乐园回归的神话做尝试性的比较，由此探讨古代异民族异文化之间神话上的流动与变化、置换与妥协、传播与再生等神话学上的基本问题。

二　昆仑与绝地天通

现在中国地理上的昆仑是从新疆塔里木盆地向南延伸到西藏的山脉。在以前，地理上昆仑的位置经常因时代而不固定，在汉代以前，人们认为地理上的昆仑是黄河之源，其上有醴泉华池，这就是黄河的水源。《史记·大宛列传》说汉武帝命探黄河之源，结果到了于阗，那里产很好的玉，使者采玉而归，于是武帝按古代地图书而命此山名为昆

仑。晋代的昆仑是一万一千里平方而且是神物所集，并且有五色之云和五色之水的地方（张华《博物志》），唐代的昆仑是："昆仑山南月欲斜，胡人向月吹胡笳"（岑参《胡笳歌》）的地方，岑参诗中所指的昆仑或许是唐代边塞的前线楼兰天山一带。

昆仑的名字最早出现于记载的是《楚辞·天问》的"昆仑县圃"，县圃是说悬在空中的花园，指的当然是神话里的古代昆仑。《山海经》、《淮南子》、《穆天子传》等书所见的昆仑，也都是古代神话与地理互相结合而成的记录。

古代神话中的昆仑是古代中国人心目中的仙乡，是在泰器之山西南四百里的地方。昆仑是天上诸神在地上的"下都"，是连接天上和人间的天柱，有天门通向天上，把守昆仑山的是一个虎身九尾，人面虎爪的神陆吾，守天门的是九首人面、类似老虎的开明兽。昆仑山聚集了许多神奇的飞禽走兽和神物，比如有形状如羊，头上生四只角的食人兽名叫土蝼，有飞来飞去专为天神做各种事情的神鸟名鹑，有其叶如棠、黄花赤果、味甘如李子、名叫沙棠的不死药。

在昆仑之北的玉山，住着掌管不死药的西王母。古代神话里的西王母原是其状如人、豹尾虎齿而善啸的披发怪物，名叫戴胜，是司天厉及五残的神（就是掌管天灾、瘟疫、刑罚、杀戮的神），并不是如汉代以后中国人所想像的那个望之三十许，容颜绝世的王母娘娘。在西王母所住的玉山之西二百二十里的地方，有三危之山，上面有三青鸟名叫大鵹、少鵹、青鸟，这三青鸟是西王母戴胜的使者，每天为西王母觅取食物。神话中西王母所住的仙乡昆仑正是个"虎豹为群，鸟鹤与处"（《穆天子传》）的神秘且恐怖的地方。

昆仑之丘上面更高的地方叫凉风之山，凡人到达此山，就能不死，凉风之山上有帝之县圃，人到此地，就能得到神通而能呼风唤雨，县圃之上，就是天上了，凡人到达此处，就能化而为神。

出现在东方海上仙山的仙人有宋毋忌、王伯桥、羡门高等，这些东方仙人之所以能够长生不死，是由于他们能够"餐天气、饮沆瀣、漱正阳、含朝露"以及"形解销化"。另外促使仙人能够获得超越时空生命的当然是"不死之药"，可是出现在西方昆仑仙乡的却不是仙而是神，昆仑是众神所集之地，我们在《山海经》中西北大荒所见的诸神差不多都是和昆仑有关的，包括以头触不周之山而使天倾的共工，逐日而渴死于道的夸父，治水的大禹，因盗息壤为人类治水而被杀于羽渊的鲧，掌不死之药的西王母，始播五谷的后稷，射十日的后羿，以及众神之王黄帝，这些神不必像东方的仙人一样必须经过修炼的过程才能长生不死，他们只要"食玉膏、饮神泉"就可以了，而玉膏、神泉，都是产于昆仑，源于昆仑，对于昆仑诸神来说正是取之不尽、用之不竭的。《山海经》出于昆仑的赤水（《西山经》），也正是《淮南子》所见的饮之不死的丹水，这种不死之水就是"帝之神泉"。而昆仑之阳的峚山，就是玉的源泉，《山海经·西山经》：

> 峚山……其中多白玉。是有玉膏，其原沸沸汤汤，黄帝是食是飨。是生玄玉，玉膏所出，以灌丹木。丹木五岁，五色乃清，五味乃馨。黄帝乃取峚山之玉荣，而投之钟山之阳。瑾瑜之玉为良，坚粟精密，浊泽而有色，五色发作，以和柔刚，天地鬼神，是食是飨，君子服之，以御不祥。

由此可以知道，玉不但是黄帝所食所飨的食物，也是所有天地鬼神的食物，因为如此，所以君子佩玉。而在昆仑山之北的玉山，就是不死之药的所在。"玉出于昆山"（《韩诗外传》卷六）以及对玉的信仰传承，应该是由于我国西北产玉的事实而起。

产生昆仑仙乡神话的原因有二：一是源于古代中国人把昆仑看作是黄河之源的信仰，二是因为昆仑是天柱的信仰，也就是说古代人把昆仑看作是天下的中心，是连接天上和大地的地方。

> 昆仑墟在西北，河水出其东北隅。
>
> ——《山海经·海内西经》
>
> 河自昆仑墟，色白。所渠并千百一川，色黄。
>
> ——《尔雅》
>
> 昆仑之丘，是实惟帝之下都……河水出焉。
>
> ——《山海经·西山经》
>
> 昆仑……疏圃之池，浸之黄水，黄水三周，复其原，是谓丹水，饮之不死，河水出昆仑东北陬，贯渤海入禹所导积石山……
>
> ——《淮南子·地形训》，《水经注》卷一

如同居住在渤海湾一带的东方燕齐之地的人们把黄河之水入海所聚的归墟当作仙乡一样，居住在西北高原的人们，自古就有祭祀黄河之神的宗教信仰和仪礼。由这种信仰传承出发而把黄河之源的昆仑看作是神秘的仙乡，如同埃及人所信仰的尼罗河，日本人所信仰的利根川以及印度的恒河，也都是把与他们实际生活关系最大的河流之源，当作神秘的仙乡。产生昆仑仙乡的也应该是古代居住在汾渭伊洛之黄河流域的夏周之民的河源信仰。李白诗云"黄河之水天上来"，而古代的中国人也真的相信黄河之水是来自天上的作为天柱的昆仑。

昆仑也是古代人所认为的世界的中心，苏雪林教授《天问研究》一书中认为：昆仑是上居天中且下居地中的一座绝大神话性的高山，此绝大高山在西亚即所谓"世界大山"。这座世界大山是天地之正中，印度的须弥山也称是天地之中，是大地之脐，是从北极下地上达北辰的天柱。汉代的《河图括地象》载：

> 凡天地九区，中国之九州为赤县神州，其山昆仑居天下之中，八十一域布绕之……地之中央昆仑，地下有八柱，昆仑东南名曰神州。

《水经注》说昆仑墟在西北，一名天庭，是"天帝所居"，又是"地之中也"，其高万一千里，而《淮南子》所见的昆仑高度则是在万一千里百一十步三尺六寸。东方朔《神异经》说"昆仑有铜柱焉，其高入天，所谓天柱也……"，《山海经》说昆仑之丘是"帝之下都"，《淮南子》说昆仑是"太帝之居"，这里所说的帝、天帝、太帝，都是指黄帝，他是昆仑至高的天神。

> 中央之极，自昆仑东绝两恒山，日月之所道，江汉之所出，众民之野，五谷之所宜，龙门、河济相贯，以息壤堙洪水之州，东至于碣石，黄帝、后土之所司者，万二千里。
>
> ——《淮南子·时则训》

可见黄帝所司的昆仑是中央之极，这中央不只指中国的中央，还指天地的中央，中央之极也就是连接天地的天柱。

昆仑的语原，L. de Saussure 教授认为是指"天之穹隆的球状"。《康熙字典》说："凡物之圜浑者曰昆仑"。《晋书·天文志》说，"天形穹隆，如鸡子，其际如幕，四海之表周接，元气上浮"，这"穹隆"二字即是昆仑的语原。根据御手洗胜师的考察，昆仑的原义是指"天体"，昆仑二字的字音如果用一个音来表示的话，就是"圜"字。《楚辞·天问》："昆仑悬圃，其尻安在？增城九重，其高几里？"可知昆仑城的构造是为九重。同样的，《天问》篇又有"圜则九重，执营度之？"王逸解释说："天之圜，九重也"，可见圜即天体，九重的天（天为九重的事也见于《淮南子·天文训》、《汉书·礼乐志》等），也即是九重的昆仑。

宇宙的中心，也即是天体的中心和大地之脐，是作为天上和大地相连接的天柱，昆仑之上是黄河之源，是群神所聚，也就是古代人观念中的西方仙乡。古代的神话又说作为天柱的昆仑后来却被水神共工撞倒了，于是使得本来为圆形的天柱，成了山形缺裂不能周匝的不周之山。

> 昔者共工与颛顼争为帝，怒而触不周之山，天柱折，地维绝。天倾西北，故日月星辰移焉；地不满东南，故水潦尘埃归焉。（《淮南子·天文训》）

这也就是《楚辞·天问》所见的"康回冯怒，墬何以东南倾"，由于共工的破坏，而使得地不满东南，于是东南上的黄河之水，也就流向东南而归于归墟了，然后由此再导致女娲炼五色石以补苍天，断鳌足以立四极，杀黑龙以济冀州，积芦灰以止淫水的神话，这都是古代中国的失乐园重建的神话传说。

在西方的仙境被破坏之前，地上的人们是可以上天与天神相往来的，那时候"民神杂糅，不可方物"（人神自相来往，不能区分的意思《国语·楚语》），可是后来由于地上的苗民背叛了和神所定的盟誓，上帝见到地上的苗民没有馨香的德行只有残暴的刑戮，于是有了"断天地通"的事。

> 民兴胥渐，泯泯棼棼，罔中于信，以覆诅盟。虐威庶戮，方告无辜于上。上帝监民，罔有馨香德，刑发闻惟腥。黄帝哀矜庶戮之不辜，报虐以威，遏绝苗民，无世在下。乃命重、黎，绝地天通，罔有降格。
>
> ——《尚书·吕刑》

这里的上帝就是建立北辰的颛顼，颛顼因为哀怜人民的无辜受罪，于是用神的威权来报复苗民的暴虐，禁绝苗民，使他们只能住在下方，于是命重和黎断绝了天地之间的通路，从此地上的人类再也不能上天，而天上的神再也不能到地上来了。绝地天通以后，人类真正的失去了天上的仙乡，人神之间的交通，必须通过另外一种特殊的媒介，就是神巫。于是在昆仑山下，出现了许多的巫士：

> 开明东有巫彭、巫抵、巫阳、巫履、巫凡、巫相、夹窫窳之尸，皆操不死之药以距之。
>
> ——《山海经·海内西经》
>
> 巫咸国在女丑北，右手操青蛇，左手操赤蛇，在登葆山，群巫所从上下也。
>
> ——《山海经·大荒西经》

开明就是海内昆仑之虚守天门的开明兽，这昆仑的天门也就是"百神方所在"，窫窳是龙头人面的食人兽，他被黄帝之臣贰负与贰负之臣危同谋杀死，于是昆仑山下的群巫，拿着不死之药使他复活过来。察看着琅玕树的三头人，就是离朱，离朱是黄帝的臣子，是千里眼，所以黄帝派他在此地看守这棵宝树。这段神话不但说明了巫在古代是人神的媒介，而且也是掌管不死之药的医师，古代的医师多由巫师兼任，即有所谓的巫医。《山海经·大荒西经》也在女丑之北有巫咸国的登葆山，是"群巫所从上下"的地方，指的也就是群巫由昆仑上天和下地的事，这里有丰沮玉门，是日月所入之山，这里的灵山，名叫成都载天，也就是昆仑天柱，群巫由此升降，到达仙境，或深入地府大海之幽冥世界，此处也是"百药所在"的地方。

《山海经》说海内的昆仑之虚是个"非仁羿莫能上冈之岩"的地方，一般的凡人虽然登上昆仑以后就可以不死，可以得到神通或者化而为神，可是绝地天通以后，却不再有任何凡人可以到达昆仑，除了神人合一的后羿。

这种绝地天通之后（宇宙秩序的破坏），人类无法再直接回归乐园，而必须通过神的代言人神媒（巫）才能回归，与希伯莱人创世神话所见，失去乐园的人类，必须通过原罪的救赎，通过神的代言人耶稣才能得到回归是同一类型的神话。原始基督教中的耶稣，应该也残存着古代神巫的神话性格，古代各民族间的神巫和人巫仪礼，是通过巫者肉体的解体而还原到骸骨的状态，以获得新的生命，当巫师进入恍惚状态的时候，也就是一旦现实生命的脱离，借此脱离而进入另外一个新的境界（灵感、神的境界），这种巫术也是后来产生有如印度教和西藏密教等神秘宗教的基型，原始的基督教是通过神巫的解体（耶稣之死）而得到再生，后来的基督教则是将负有原罪的灵魂（离开神的、叛神的），借着洗礼和圣餐仪式（借主的恩宠），而得到变化，由此变化而得到再生。

三　苗瑶彝族的绝地天通神话与民族葛藤

另外我们认为瑶族神话与楚文化有密切关系的资料，是瑶族有"断地天通"的神话，这类神话也见于其他西南少数民族之间，瑶族的"开天辟地传说"[1]，古时天地之间有大树，人类可以经由大树直接上天，因为掌管水的帝女与地上凡人产生了爱情，忽略了自己掌水的职责而造成了地上洪水泛滥，帝女与凡间男子逃入月中，后来天神恢复了天地秩序，并送凡间男子谷种与芝麻种，命帝女与男子下地，男子所撒的谷种化为男子，帝女撒的谷种化为女人，芝麻种则化为各种动物。天神从此不准凡人上天，断绝了天地间的通路。

---

[1] "开天辟地传说"可参见《瑶族民间故事选》，上海文艺出版社，1980，第 25 页。

许多民族的神话都说古时人神可以互相往来，人民不知老死，不知劳苦，有吃不尽的食物，神可以自由降临大地与人混同，人类可以上天，后来由于仪礼的过失，天地断绝，神退隐于天，人生活于地，人必须为自己的食物而劳动，希伯莱人的《旧约·创世纪》的伊甸神话，瑶族断地天通的神话，都是此种类型。

"断地天通"的神话，见于汉籍文献的是楚人的祖神重与黎，奉帝颛顼断地天通的记载，《国语·楚语》：

> 颛顼受之，乃命南正重司天以属神，命火正黎司地以属民。

自此以后，神与民分别属于天上和人间，不再交通，而我们必须注意的是重黎断地天通的原因是与苗蛮之民有关的，因为苗民背叛了与神的盟誓，在地上杀戮无辜，天神为了"遏绝苗民"，所以报虐以威，断地天通而使苗民"无世在下"，使他们永远在地上而不能再上天界，这就是《尚书·吕刑》所载的"断地天通"神话。

在彝族神话中，最具特色的除了"桐树红雪"生大地动植物和人类的神话之外，应该是"天地津梁断"的神话，彝族相信，古时天人交感，人可以自由上天，天神也可以自由下地，人类可以和天上的神族自由结婚，后来却因为人类起了争端，于是天神断绝了天地的通路，自此之后，人神阻隔，人类只能在地上和族内的人类通婚："当上古时期，天上不贤者，就是作阿且；地上不贤者，乃武堵阿荣。二人打冤家，拢地上四方，六祖迁武地。从此以后啊，天地津梁断，没处娶妻了。六祖的后裔，像枯堵楚河，遍处分支流；像楚波鹿角，有枝又有权，从此以后呢，六祖各家支，用马论开亲，在歌场见面，说的有道理。天地威荣高，日月离远了，天地津梁断，婚姻远隔绝，这样传下来，根本细薄啦。"[1]

彝族的"天地津梁断"神话，与汉民族颛顼命重黎"断地天通"的神话是一样的，断地天通的神话说由于南方苗民的作乱，所以颛顼断绝天地间的通路，从此人不能上昆仑，神不能下人间，人神之间不能自由往来，必须通过中间的媒介神巫。

彝族"天地津梁断"的神话与汉族颛顼"断地天通"，所反映的应该是同一古代民族的史实，汉族古称西南方民族为蛮为苗，"断地天通"所反映的，应该是古代彝族部族相争的史实。同时在"断地天通"汉族神话的背后，也反映着汉族与其他少数民族之间的葛藤。

在流族的先秦典籍中，有许多关于三苗的记载，汉族所推崇的古代圣王尧舜及禹，

---

① 萧崇素：《彝族的神话传说和史诗》，民间文学论业，1981，第162页。

似乎都有过流放三苗或征伐三苗的功绩，如舜即位以后，流共工于幽州、放驩兜于崇山、窜三苗于三危、殛鲧于羽山，这样的神话，反映出了中原的统治者对于周边异族的态度，在华夏诸中原民族的中华本位主义之下，四周的异民族都被视为邪恶之神，华夏诸族的势力扩大以后，对于和自己居住在同一方的异族，常是攻城略地，逼迫迁徙，因为这样的民族争斗，而有了许多中原圣王讨伐四周异族神的神话。

尧舜窜三苗于三危，三危历来被认为是国名，在江淮之间，或被认为是地名，在西裔，马少侨先生在他的《窜三苗于三危新释》中认为窜三苗于三危，即是窜群苗于群山，主张三危不是固定的国名或地名，而是指群山，窜在《说文》是"塞也"，即堵塞，是说把三苗之众堵困在崇山峻岭之间，也就是强迫迁徙的意思。

尧命舜征三苗，舜也同样命禹征三苗，其原因都是"有苗弗率"、"昏迷不恭、侮慢自贤、反道败德……"、"苗民逆命"，都指出了华夏诸族讨伐三苗的原因，主要是三苗不服从华夏中原诸族的指挥，这是华夏诸族对三苗部落的战争，战争的结果是有的苗蛮被屠杀，有的逃向深山，有的向南迁徙，有的归附中原。归附或被俘虏的苗蛮，有的被收为奴隶，有的被用作祭祀的牺牲，《皋陶谟》和《益稷》均反映出华夏部族战胜苗蛮之后，统治者命皋陶制定严厉的刑法以统治苗蛮诸族。

《楚辞·天问》："昭后成游，南土爰底。厥利惟何，逢彼白雉。"白川静先生认为昭王逢白雉而亡的事，指的是周昭王亲征苗蛮于汉水之地，结果战死白雉，很可能指的是头饰白色羽毛的苗蛮南人武士[1]，由此可以推测出，到了周昭王时代，南人苗蛮诸族，因为早期长期与华夏诸族争战，已经被迫逐渐向南方迁徙，到了汉水流域，周王朝依然派兵讨伐，在武汉附近的安州孝感，出土了一批周代的武将中氏的铜器，上面所载的就是周王朝南征苗蛮的铭文。

在周之前，苗蛮诸族是居住在中原一带的，我们从前引舜禹等古代帝王流放及讨伐三苗的各种史料，也可以知道三苗原是与华夏同处一地的，在甲骨文中，见有"屮且辛于八南"、"屮九南于且辛"、"寮于王亥南，卯十牛三南"、"寮酉百牛百羊百豕，南五十"等例子，燎是火祭，是焚牺牲以其白烟上达天上祖神的祭仪，由这些例子可以知道殷人以"南"（苗蛮诸族）人作为祭礼的牺牲，有的多达一次使用五十个苗蛮之人，如同甲骨文中所见的殷人以羌人为牺牲。由此也可知原住在中原地区的苗蛮诸族，与殷人之间并不是和平共存，而是激烈的种族对立的关系。

从苗蛮族群与华夏诸族之间的纠纷，我们了解到苗蛮诸族时代愈靠前，他们所在的

---

① 白川静：《中国神话》，王孝廉译，台北：长安出版社，1982。

地方愈接近中原，时代愈靠后，愈向南方迁徙，也可以说他们原是居住在中原一带的苗蛮部族，因为华夏族群势力扩张，而被迫向南移动，也因楚人的侵入，迫使他们更向南迁徙，逐渐流转而形成了今天分布在西南方的苗、瑶、畲诸族。

美国人类学者 D. G. Brinton 在其所著 *Races and Peoples*（1890）一书中说：

> 血统纯粹之汉民族自以为五千年前来自昆仑，沿黄河长江之源而入中国西北之陕西省，于此处遇一野蛮民族，即猓猡及苗子，而征服之或放逐之，然后沿河流而进，遂至海滨之沃壤。……

古代的中原，原是汉民族与其他民族杂居共处之地，后来由于华夏汉族势力扩大，不断与其他民族争战，强盛的汉族迫使其他部族向西方迁徙而成为周边的北狄、西戎、东夷、南蛮等异族，汉族的势力控制了中原以后，形成了以汉族为主的自我文化圈，也就是中华本位的民族思想，而对周边的异族，采取排拒和歧视的态度，因此在汉文的典籍中，以尧舜为正统，而对异族诸神皆以恶神视之。

楚人的祖先重黎奉天神命令，为了遏绝苗蛮之人而断地天通的神话，其背后自然反映着楚人进入苗蛮之域，与原住的苗蛮诸族之间的民族斗争，所谓断地天通，应该是隐含着楚人驱逐和隔离苗蛮诸族的政策，断地天通的神话中所出现的是楚人与苗蛮之间的历史事实，我们比较楚人与瑶族断地天通的神话，能够在目前得到的一个结论是，楚人势力到达洞庭彭蠡之后，与当地苗蛮接触，吸收了苗瑶诸族原有的断地天通的内容，基于楚人与苗蛮之间民族葛藤的事实，而把苗瑶诸族的断地天通神话，改为以自己民族为中心的重黎神话，因此我们认为苗瑶诸族断地天通的创世神话，是汉籍文献所见断地天通神话的先河，这与《楚辞·天问》是以苗族古歌为先河是同样的情形。

四 天国之路——羌族圣岳与神话昆仑

希腊神话说天帝宙斯所居的奥林匹斯（Olympus）神山也有悬空的话，荷马伊里亚德（Iliade）史诗，天帝宙斯自夸力量之大，胜于一众天神，对群神说：

> 男神女仙，你们使天空垂下一条黄金链，你们一起来拉，也拉不过单独的我。我，崇高的周比特，把大地和海洋连你们一概举起，然后将那条黄金链围绕在奥林匹斯山顶，于是一切都悬空了。

这个神话类似《淮南子》中所述的"昆仑县圃，维绝乃通天"。天帝宙斯用金链将世界悬挂在奥林匹斯山顶以前，天地是相连的，宙斯以一条金链分割了奥林匹斯的神界与大地海洋的人间界，也断绝了天地、人神之间的通路。

《旧约·创世纪》第十一章：

> 那时天下人的口音言语都是一样，他们往东边迁徙的时候，在示拿地遇见一片平原，就住在那里。他们彼此商量说，来罢，我们要作砖。把砖烧透了，他们就拿砖当石头，又拿石漆当灰泥。他们说，来罢，我们要建造一座城，和一座塔，塔顶通天，为要传扬我们的名，免得我们分散在全地上。耶和华降临要看看世人所建造的城和塔。耶和华说，看哪，他们成为一样的人民，都是一样的言语，如今既做起这事来，以后他们所要做的事，就没有不成就的了。我们下去，在那里变乱他们的口音，使他们的言语彼此不通。于是耶和华使他们从那里分散在全地上，他们就停工不造那城了。因为耶和华在那里变乱天下人的言语，使众人分散在全地上，所以那城名叫巴别。

"塔顶通天"，自然也是说凡间的人类可以由此通天的高塔到达耶和华的神界，耶和华以变乱人类的语言毁了通天的塔，也即是断绝了人神之间的通路。塔名和城名"巴别"，是变乱的意思。被逐出伊甸园的亚当、夏娃的子孙，造塔通天，"为要传扬我们的名，免得我们分散在全地上"。耶和华拒绝和害怕他们回归乐园，于是绝地天通。

中国云南丽江摩梭族所使用的象形文字所写的东巴经文有字指圣山，是神灵所居，该字为三层阶级构成，渐上渐狭，更上则为一圭形，其状是：

李霖灿先生解此字说："台基三级，示此山为修筑而成，经典中有《修神山记》，云古时天地动摇，故修此神山以定之也，颇与石头补天故事有仿佛处。"苏雪林先生说："神山三级，与我国昆仑之丘三成，及印度须弥山之上中下三级，宛若合符，知其偶然矣，且么些文此字于台阶上之圭形，下狭上宽，与印度所言须弥山之状更相肖似。"我们认为摩梭人的这个神圣文字指的就是通天之塔，下面的三层即神山三级，其上之圭形下狭上宽，最高处的宽处即神仙所居的天国（乐园），中间的直线即是天梯，也就是通天之路。

《旧约·创世纪》所见的乐园仙乡是伊甸（Garden of Eden），或称为"地上天堂"（Earthly Paradise），《旧约·以西结书》二十八章说：

> 你到了伊甸，上帝的园林
> 你被各种珍宝围绕
> 园林位于神圣之主的山
> 你在灼灼如火的宝石中来往

伊甸类似中国的昆仑山和印度的须弥之山、东巴经文中的圣山，所表示的正是"园林位于神圣之主的山"的通往"帝之县圃"的表象。摩梭女子的长裙上面必有一道红色的横线围绕，此横线表示她们回归祖林的路线，也是一个象形的神圣符号。

摩梭人是古代羌族的一支，古代羌族是中国西北高原的牧羊民族，逐水草而居，流动性极大，遍布中国。其中一部分的羌族由西北陕甘南下，进入青藏高原，与当地原住民融合而形成了藏族。继续南下的羌族进入云贵、四川，形成了今日的纳西、彝、景颇、土家、独龙各族。我们由摩梭人的神山文字和彝族的断地天通的神话，往上回溯，似乎可以了解中国的昆仑神话是源于古代羌族的神山信仰。即便是东方以泰山为昆仑的仙乡信仰，也是与古代羌族有关，在山东建国的齐太公姜尚，就是羌人。羌人姜氏族在山东建国，国名为"齐"，是"与天齐"之义，即是说自己的所居地是"天地之中"，其本义原是羌人以昆仑圣山为天柱、天地之中心的"天脐"。他们把自己原有的圣山信仰随着民族的流动而带到各地，于是而有姜齐以泰山为东方昆仑的神话和信仰。

羌人是岳神的子孙，其始祖神是岳神伯益。岳是羌人的圣地，或在山西的霍山，或在河南的嵩山，他们在河南西部的伊水、洛水，直到汝水、淮水上游一带，直到遥远的西方的山陵地带，长期过着逐水草而居的牧羊生活。这一地区的北边是夏系的仰韶文化，南边是江汉流域的苗族所居，拥有襄阳的屈家岭文化，东接殷人的龙山文化。羌族的游牧地区已被殷人所夺，被迫西迁。周代殷而起，羌人助周而收复了羌人的故土，于是在河南嵩山之南建立了许、申、吕（甫）等姜姓国家，和这三个国家同为姜姓四国之一的齐，是为了守护周族之一的鲁国而被封于山东。

羌人向西迁移的经过，《汉书·赵充国传》和《后汉书·西羌传》都有详细的记载，西迁的羌族，与北方的狄系诸族也是互不相容的，后来又与崛起于此地的秦相抗争，羌族之中最大的一支义渠之戎被秦所败，他们只好迁移到更远的黄河上游之地的洮湟流域。

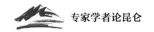

洮域的西方是塔里木盆地，有远通中亚细亚的通路，这应该是居住在塔里木盆地南北的各民族所开拓的通往西方的道路。洮域残留着仰韶文化的壶盖，其上多有人面头形的图饰，辫发垂于脑后，是羌人的形状。洮城之西有神殿之道，神殿都具有高台的形式，我们可以知道这种形式的神殿是牧羊人羌族所带来的，也即是羌人后裔摩梭人象形文 Ziggurratu 字中的圣山神殿。羌人的圣山神殿，或许即是神话昆仑的原型。

原载《黄山高等专科学校学报》1999 年第 5 期

昆仑神话意义的发明

杜而未

我们在著了《山海经神话系统》一书后，即想再将昆仑问题发挥一下，因为拙著中关于昆仑只有数百字。为弄明白"昆仑"一词究竟是什么意思，似当先研究昆仑在神话中是什么意思（我们暂且不谈实际的昆仑山）。能得到"昆仑"一词的意思，才能解释昆仑神话的叙述。

"昆仑"决不是中国专有的名词。人类是一元的，这一民族的文化现象不能解释时，往往可以利用他一民族的资料予以解释。现在我们把神话昆仑及昆仑神话的意义发明一下，目的是为解决古籍中的难题，发扬中国的文化，并介绍古人理想中的人生观。神话学是新兴的人文科学，它似乎有些新力量，可以帮助我们达到研究的目的。

昆仑神话说明古人除看重物质生活外，也很看重精神生活、宗教生活。古代文化的发展借重宗教的力量实在不小，我们可以说昆仑神话是建筑在宗教的基础上。

一　昆仑之丘及其种种

《山海经》有昆仑之丘，昆仑就是神话中的月山，月山和月神有分不开的关系。昆仑在神话中是一个理想的美妙境界。我们的主张当然应当得到证明。

《山海经·西次三经》：

> 西南四百里，曰昆仑之丘，是实惟帝之下都，神陆吾司之。其神状虎身而九尾，人面而虎爪；是神也，司天之九部及帝之囿时，有兽焉，其状如羊而四角，名曰土蝼，是食人。有鸟焉，其状如蜂，大如鸳鸯，名曰钦原，蠚鸟兽则死，蠚木则枯。有鸟焉，其名曰鹑鸟，是司帝之百服（郭注：或作藏。案服当作藏）。有木焉，其状如棠，黄华赤实，其味如李而无核，名曰沙棠，可以御水，食之使人不

溺。有草焉，名曰薲草，其状如葵，其味如葱，食之已劳。河水出焉，而南流，注于无达。赤水出焉，而东南流，注于泛天之水。洋水出焉，而西南流，注于丑涂之水。黑水出焉，而西流注于大杅，是多怪鸟兽。

昆仑之丘即昆仑山。不但昆仑为月山，《山海经》的一切山都是神话中的月山（参阅拙著《山海经神话系统》，页9～33，118～132）。譬如，该经中有"光山"、"涿光之山"和"谯月之山"，又有"员丘"①及"不死之丘"②。山是光、员的。《西次三经》"槐江之山"条说："南望昆仑，其光熊熊。"但光明的神话山必为月山么？无疑是如此。郭璞《图赞》："昆仑月精，水之灵府，惟帝下都，西老之宇，嵘然中峙，号曰天柱。"③昆仑是"月精"，《论衡·顺鼓》："众阴之精，月也。"上帝有浓厚的月神意味，西老（西王母）也是神话中的月神（见拙著《中国古代宗教系统》，页83～97，161～162）。《海内西经》郭注以昆仑"去嵩高五万里"，《穆天子传》郭注引《淮南子》又以"昆仑去地一万一千里"。诚然是"嵘然中峙"。我们要知道，昆仑不是地上的山④。

昆仑是月山，为"天帝都邑之在下者也"（郭注）可见天帝尚有更高的都邑，比月山更高，也可见上帝之为月神（住在月山）是演变为月神的。上帝居住在月山，但《穆天子传》（据郭注引）又以"黄帝之宫"是在"昆仑之丘"，这一点，可以证明笔者所主张的黄帝即上帝的演变是不错的（见上述拙著，页84～88，124）。郝懿行不明白神话学，从他下边的话可以看出，他说："或据《穆天子传》昆仑丘有黄帝之宫，以经所说即黄帝之下都，非也。《五臧山经》五篇内凡单言帝即皆天皇五帝之神，并无人帝之例。"郝氏不明白黄帝是谁当然可以原谅，因学者都不明白。但《西次三经》"峚山条"所说的"黄帝"，即是在月山神话中活动，毫无疑义（同上拙著，页47）（我们谈神话的昆仑不能免掉谈宗教和神话是自然的）。

昆仑是"帝之下都"。这个都邑，有"神陆吾司之，其神状虎身而九尾，人面而虎爪。是神也司天之九部及帝之囿时"。郭注："即肩吾也。庄周曰：肩吾得之，

---

① 《博物志》卷八："员丘山有不死树，食之乃寿；有赤泉，饮之不老。"

② 《十洲记》有"生洲，在东海丑寅之间……天气安和，芝草常生，地无寒暑，安养万物，亦多山川。"

③ 《神异经·中荒经》："昆仑之山有铜柱焉，其高入天，所谓天柱也。围三千里，周圆如削。"

④ 罗罗族以 hlobo 为月山，印度 Kol 族有大神曰 Marang Buru 字义为"大山"。古代爪蛙以 Meru 为"天上之山"（Alfred Mass, Altjavanische Tierkreisbecher, Leit. f. Ethn-Berlin, 1933, p. 107），南洋的 Palau 岛土人相信天上有山名叫 Ngeraod（Aug. Krämer, Palau 4, Teilband, Hamburg, 1929, P. 154）。巨人死后所变成的 Ngaregolong 半岛（同上 p. 2）名称，似也取"月"为名，Ngare 似与 Ngeraod 原为一句话，即是苏门答腊的 gulo（月）。Ngare-golong。

以处大山也。"月山是"世界大山",不少民族有世界大山神话,但学者对于这种神话尚没有予以解说(《易经·谦卦》"地中有山",即此大山)。《庄子·大宗师》释文引司马彪云:"山神不死,至孔子时。"(见郝疏)山神不死,但也说有"不死之丘"。月亮不死,死而复生。山神虎身虎爪,并有九尾,"司天之九部","虎"与"九"数字都属于月亮神话(拙著《山海经神话系统》,页49~51,73~74)。"帝之囿时"郝读"时"为時,月神(帝神)的囿时也指月面,《山海经》充满了神话中 Tautology 的演绎法,昆仑更是一个悬囿①。

昆仑之丘有沙棠木,吃了沙棠木吃了沙棠果可以"使人不溺"。不溺的神话和月亮相关,《淮南子·毕万术》:"取蜘蛛二七枚,贮瓮中,合肪百日,以涂足,得行水上。"大洋洲有以蜘蛛为月虫者。蜘蛛二十七枚当亦与月亮相关,二十七为月亮出现的天数。吃"薲草"可以"己劳",月草也不宜和寻常的草一样。"其状如蜂"的"钦原"鸟,"蠚鸟兽则死,蠚木则枯",钦原和"食人"的"土蝼"兽都是月鸟、月兽,都和贪食无厌的"饕餮"(《左传·文公十八年》)有同样的意味。饕餮即 Taotie(苗族语:月亮)。

如果昆仑的描写只谈月山必很单调,但尚有月神、月兽、月鸟、月木、月草来点缀,成了一篇美妙的神话文章。从这一篇的描写,我们可以知道昆仑的确为月山。当然所有的描述,不必指同一月形。

《山海经》和《易经》有不少基本关系,因二者皆以发扬月神宗教或月亮神话为目的,只是发扬的方式不同而已。《山海经》充满了月山、月水,《易经》也有月山、月水的叙述,当然谈月水(如言大川)较多,谈月山很少。由昆仑所出的水有如下述:"河水出焉而南流,东注于无达。"(阿耨达山的水)这只是神话利用了无达的名称。《尔雅》以"河出昆仑虚,色白。"李贤注《后汉书》引《河图》云:"昆山出五色流水,其白水东南流入中国,名为河。"(郝疏引)河水色黄,为什么说是白水?此外为什么又有"赤水"?赤水"注于泛天之水"。《大荒南经》:"有泛天之山,赤水穷焉。"《海内北经》:"昆仑墟南,所有泛林,方三百里。"又《海内南经》:"泛林方三百里。"《海外北经》:"泛林方三百里。"泛为山、水、林名,泛林方三百里(三数为月数字)。《海外南经》以"赤水上有三株树"(月树,世界大树),《庄子·天地》以"黄帝游乎赤水之北,登乎昆仑之丘。"赤水、泛天之水、三株树、黄帝、昆仑,无一不是月亮神话。

---

① Litauer(Letten)人称月亮为苹果、舟、圆环树(Siecke, Z. f. E. p. 167)。在(极)西方生出了 Hesperiden 的苹果,Herakles 将苹果取来了。苹果指月亮。Aphrodite,Hera(日耳曼的)Iduna 及 Hekate 诸女神以苹果为徽号,因为她们原来都是月神。苹果指圆月。Letten 人的民歌中以为天是苹果园,那个金苹果从苹果树落下了。神将用金银再创造一个别的苹果(p. 168)。

"洋水出焉，西南流，注于丑涂之水。"洋"或作清"（郭注）。案"清"即"青"字，《大荒南经》郭注"歹涂山"条："青水出昆仑。"青与白、赤、黑共为四色。丑涂山"在南极"（郭注）。不知道神话山在何处，只好说它在人们不知道的地方。"黑水出焉，而西流注于大杅。"《穆天子传》："乃封长肱于黑水之西河，是惟昆仑鸿鹭之上。"（郭注引）郝氏以为《穆天子传》今本无昆仑二字，以郭注盖衍。黑水（或黑水之西河）就等于昆仑鸿鹭的水。鸿鹭即昆仑（音同）。所谓昆仑衍文，约是古人对"鸿鹭"作注释，衍入正文者。黑水与白、赤、青水俱为月水。

我们已证明过了，五帝（五月神）是上帝（月神）的演变；五帝本为四帝，黄帝是独自从上帝演出，后来与四帝连合，始有五帝（拙著《中国古代宗教系统·论五帝》，页98～101）。五帝为青、赤、黄、白、黑五色，四帝为青、赤、白、黑四色。这些色分别是从四季的月色兴起的（其中原因，可参阅上述拙著页100）。四个月神（四帝）有四色别，青帝属东方，赤帝属南方，白帝属西方，黑帝属北方。同样，《山海经·南山经》的月山及其一切，偏重赤色；《西山经》及其一切，偏重白色；《北山经》及《东山经》的一切偏重黑、绿（青）色。

那么"昆仑之丘"的四条水也即得到解释。《南次三经》的丹穴之山，"丹水出焉"。《北山经》单狐之山的"渤水"，以及镎于毋逢之山的"浴水"，都是黑水（郭注）。《东山经》的碧山"多碧水玉"，孟子之山"有水出焉，名曰碧阳"，旎山有"苍体之水出焉"。《西山经》似未明言白水，但白色的东西在此经特别显著，连神也是白的，"长留之山，其神白帝少昊居之"。又《海外西经》有"白民之国"。《西山经》的鸟山，"辱水出焉"。辱水是否暗示蓐收（白帝）？《大荒南经》"有白水山，白水出焉"。《尔雅》以"河出昆仑虚，色白"。

为什么说从昆仑出来白、赤、青、黑诸水？这是描述月水，与《易经》的"大川"有同样的根据。《山海经》有"白於之山"、"丹穴之山"、"青丘之山"及"渤（黑）山"，也有白、赤、青、黑之水，这是月山和月水。河水（白水）南流，东注流于无达，是秋天的上弦前后月形；赤水东西流，是夏天的上弦前后月形；洋水（青水）向西南流，是春天的下弦前后月形；黑水西流，是冬天的下弦前后月形。秋白、夏赤、春青、冬黑。

《海内西经》的昆仑之墟以"赤水出东南隅，以行其东北，西南流注南海"。"河水出东北隅，以行其北，西南又入渤海。又出海外，即西而北入禹所导积石山。洋水黑水出西北隅，以东东行，又东北，南入海。弱水、青水出西南隅，以东又北，又西南"。这些紊乱的说法，只可证明年代已在后了。

以上所述，是为证明昆仑山和昆仑山所有的一切，都是月亮神话。

二　特论"昆仑"的字义

《山海经》的昆仑是月山，毫无疑义。现在为更清楚起见，再证明昆仑的字义原指月亮。昆仑一词是远远超出中国地面的。今先把诸民族关于月亮的名称列出，然后作一比较。

表1　台湾及中国西南

部族	阿美族	排湾	卑南	西藏人	猡猡	备注
月亮名称	Bolad，bulad，Volad，vulab，Phudal	gelas，gilas	Bulan	Zla，Da(ua)	Hlo，Hlobo，Hrobo	猡猡称月亮为 hlo，或 hlobo（月山），月亮和月份同称为 hlo，hleu，poulo，poulo 一语与卑南、阿美语极似

* 笔者曾调查阿美、卑南和排湾族。并参阅了 D'ollone，Langues des peuples non chinois de la Chine，Paris 1912，p. 25，33，131。

表2　印尼*

地名	婆罗洲	爪蛙	苏门答腊	塞利拜斯	塞拉木	弗洛莱斯	第摩尔	布鲁
月亮名	Bulan	Bulan	Gulo，Bulan	Bulan，Koloa	Bulgne，Wulau，Hulan	Wura	Bulan，Funan，Fulan	Hurano

* Alfred Mass，Sternkunde und Sterndeuterei im malaiischen Archipel，（Tijd. voor Indische T. L. en Volk，64，1924，pp. 437–440）（Idem）Die Sterne im Glauben der Indonesier（Z. f. E. 1934，pp. 264–303 passim.）.

表3　印尼及大洋洲等地*

地名	莱第	毛亚	其萨尔	劳第	亚劳尔	马来	Palau	Polynesia	Madagascar
月亮名	Wulla，Wulle	Wolla，Wolle	Uru，Wulan	Uru，Wulan	Uru	Bulan，Wura，Funan，Fonan，Porang	Kuling，Gorakiru	Wulan，Kalau	Volana，Bolana

* Gorakiru 指圆月。（A. Kramer，Palau，4. Teilband，Hamburg 1929，页63 注十一）Encyclopaedia of Religion and Ethics，edit. by J. Hastings XII New York 1951 p. 12．Malzac，Dictionnaire Français-malgache，Paris 1926。

备注：Kalau 为萨毛亚的月神。马来语 Bulan-Bulan 指月一轮，又以 Lintah bulan 指蜗牛。Porang 神（月神）住在月中，字义为月亮。Madagascar 土人称新月为 Tsinam-bolana，称月光为 Dia Volana。

表4　各地[*]

地名\族名	Melanesia	Melano-Polyeesian	Hoka（美洲人）	印度	波斯	巴莱斯定	巴比伦	Lemitic
月亮名	Waarowaro, Kalawu, Puuan	hura, ola	hulla, hala	Varuna（渐长之月）	Ghurrah（圆月）	Jeru(salem), hilal(新月), Jeri(cho), uru	Ur, uru	hallala

* Walter G. Ivens, A Dictionary of the Language of Sa'a（Mala）and Ulawa. South-East Solomon Islands, Oxford 1929.

P. A. Kleintischen, Mythen und Erzählungen eines Melanesierstammes aus Paparatava, Neupommern, Südsee, p. 61 – Hastings XII p. 84.

Arthur N. Wollaston, A complete English-Persian Dictionary, London 1889.

Lewis Spence, Myths and legends of Babylonia and Assyria, London 1920 p. 75, 145, 249 – 250, 324 – 325.

Homilia S. Gregorii Papae ad Luc. cap. 18："Jericho quippe luna interpretatur."

Hutton Webster, Rest Days; a sociological study.（University Studys, Lincoln Nebraska, vol. XI nos. 1 – 2 January-April 1911, p. 129 sq.）："The Harramians who long retained their ancient customs, held a new moon festival as late as the eleventh or twelfth century of our era. On the twenty-seventh of the lunar month offerings were made to the moon and the occasion was otherwise festively celebrated. Such rites must have descended from Semitic antiquity since the ritual expressions hallala, ahalla（Heb. hilal）are etymologically explained by hilal, "new moon" or "crescent"．

表5　澳洲[*]

地名	东南澳洲	西南澳洲	Cook 区域	Halifax-Bay 一带	东澳洲
月亮名	Balu, Bahloo, Gilli, Gilan, Mura-mura	Pira, Vilara	Bullanu	Balan, Bulano, Kira	Gillen, Gillan, Gulandar, Gulawa, Kakura

表6　澳洲[*]

语言\地名	北澳洲	北中澳洲	Kuri	Kamilaroi
月亮名	Karon, Pala, Kullegea, Korana, (l)ali, Badungara, Gabadon	Kagera, Kugera, Bullanu	Gillan, Giwan	Gille, Gilli, Balu, Gillei

表7　澳洲[*]

语言	Narrinyeri	Bundyil	
月亮名	Kakura, markeri	Kagera, Kuno kuno	

* W. Schmidt, Die Gliederung der Australischen Sprachen, Wien 1919, p. 119, 142 – 143, 157 passim. K. L. Parker, The Euahlayi Tribe, London 1905, p. 50, 53, 98.

以上各地的月亮名称，当皆有渊源关系，但经过长久时代的演变，不免在发音上有些变更，但变更总似不太多，我们可以分三类来看，一、Bolad, bulad, bulan, bolano, balu, bahloo, balan, bulano, bullanu, pala, pira 可为一类。二、wolad, wulad, wulan, wura, wolla, wolle, Vilara, waarowaro, ola, uru, ur, (Jeru) (Jeri) 又可为一类。三、Karon, hulan, hurano, kalau, koloa, kuling, ghurrah, Kura, hulla, hilal, hallala, hlo, gilas, gelas, gilli, gilan, gillen, gille, gillei kunokuno, kira, korana 等，为声音相似"昆仑"的一种（h = k = g）昆仑的确也就是这一类字的译音，古代中国定有称月亮为"昆仑"的地名。试看 Karon, kalau, ghurrah, kuling, kura, hulan, gilan, gillen 诸字，多么与昆仑声同！麒麟是月兽，我们已经证明了，麒麟也就是 Kuling, gilas, gilli, gillen 一类字的译音。

Kagura（表 5、表 7），kugera, kugera（表 6、7），markeri（表 7）的 Ka, ku, mar 都是 particle，kura, gera, keri 是字根。此外，尚有重叠字如 Mura-mura, Kuno-kuno（关于重叠字尚有其他字可谈，见下文）。澳洲并有 Kulin 族。

Hulan, hurano（表 2），hura, hulla, hallala（表 4）也是昆仑，昆可读为混，《周礼·大司乐》释音云："昆仑本又作混沦，各依字读。"王筠《蛾术编》卷上："《梁惠王》下，混夷皆音昆，《大雅·绵》亦作混，《皇矣串夷》郑注亦云：释文并音昆，今本直作昆。"（37 页）又王筠《禹贡正字》："并依《史》、《汉》改昆仑者，浑沦也。"（19 页）。浑（混）和昆声相乱，不但在中国如此。

现在我们觉得，中国文化有不少原始成分，这成分并且相当复杂。譬如，上述三类意为"月亮"的字，在古代中国都尚有些痕迹。《山海经》有"苟林之山"（《中次五经》）、"支离之山、堇理之山"（《中次十一经》）、"求如之山"（《北山经》）。苟林、支离、堇理、求如都似仿照"昆仑"之音为名者。《山经》作者似乎不断留神使用"昆仑"声音，如《南次三经》祷过之山给鸟起名叫"瞿如"[1]，《北山经》谯明之山给鱼起名叫"何罗"。这些名称听来生疏，定当有现成的名词在背后。《穆天子传》与《山海经》内容有密切关系，我们已证明了。该书卷二："至于瓜纑之山，三周若诚。"瓜纑当即"加陵"，《尔雅·释地》："陵莫大于加陵"。郭注及邢疏对于"加陵"都说未闻。瓜纑山的所在，郭注也说未闻。按瓜纑、加陵都是昆仑（月山）的音转，《管子·地数》："蚩尤受葛卢山之金，而作戟剑铠矛"。葛卢即瓜纑（蚩尤即共工，"共工天神也，人面蛇身"，见《淮南子·地形训》注）《淮南子·修务训》的"蒙笼"山，高诱

---

[1] Olifat 从天降而像一只 kuling-Brachvogel，Olifat 创造了月亮。月亮可以为人在房内制火（Augustin Kramer, Truk, p. 372, 358）。

以为即"葛綦"山，葛綦明即葛卢，蒙笼实即朦胧〔形容月，实即 mura（murr）〕。《汉书·郊祀志》："有天渊玉女，巨鹿神人。"巨鹿神人即月神。我们也证明过了，所谓"勾龙"也是"昆仑"的意思①，不过依月神言之而已（拙著《宗教系统》，页 123 ~ 127）。

以上是关于 Karon, gillen 等字音的遗迹。

关于 Uru, wulan 的遗迹有下述资料为证。《山海经·东次四经》有"吴林之山"，《北次三经》有"维龙之山"，"谒戾之山"，当都依 Uru, ali, wulan 等字音名了月山。《穆天子传》卷六的"五鹿"，郭注："今元城县东郊有五鹿墟"。无论"五鹿墟"的命名是否原于《穆天子传》（大约如此），但"五鹿"为墟当即昆仑之墟，因该书是一部月亮神话。至于《中次三经》的"武罗"神，看守度朔山的"郁垒"（《五帝本纪》正义引《山海经》），都是以 Uru 为月神的译音。《金楼子》卷五："管仲曰：臣闻山神有俞儿②，状长一尺而人形，见此，霸王之君兴，则山神见也，走马前导之也。"（案管子作登山之神有俞儿者）俞儿即 Ur, uru, 亦即"无路"，《神异经·西北荒经》："西北海外有人长二千里，两脚中间相去千里，腹围一千六百里，但日饮天酒五斗，不食五谷鱼肉，唯饮天酒。忽有饿时，向天仍饮。好游山海间，不犯百姓，不干万物，与天地同生，名曰无路之人。一名仁，一名信，一名神。"无路、俞儿、武罗同是月神③。"信"字在神话中是指月亮说的，《老子》二十一章以道（月）"中有信"，《鹖冠子·泰鸿》明明的说："月信死信生。""无路"在"西北"荒经，"天道（月）多在西北"（《左传·襄公十八年》）。"无路"、"武罗"、"俞儿"都是山神（月山神），这是应当注意的。

《山海经·海外东经》吴注引《金楼子》："虞吏，虎也。"为何称虎为虞吏？虞吏即 Uru, ali, 又等于"俞儿"字音。虎为月兽（拙著《山海……》，页 74）。《越绝书》卷六："带步光之剑，杖物卢之矛。"月也有时像矛。

以上是关于 uru, wulan 等字的遗迹。下边关于 bulan, balu, mura 等字音说几句。

在上文我们看到，高诱以"蒙笼"山就是"葛綦"山，以 m = k（g），但 m 也等于 b（p），是显然的。

---

① 段成式《诺皋记》："甲子神名弓隆，欲人水内呼之。"

② 《庄子·骈拇》："属其性于五味，虽通如俞儿，非吾所谓臧也。"

③ 非洲的 Pimbwe 族对于自己的由来说："从前有一棵大树，树上有一只豹子。树间有一孔穴。豹子说：'Uru, uru' 随即出来一只牛，一只羊，一只鸡，一只狗，一只羚羊"，又说，"'Uru, uru' 随即出来人了。"当时有了一个红色男子及三个妇女。（Robert Unterwelz: Ethnographische Notizen über die Pimbwe, Z. f. E. 1924 - 1925 p. 241）。

《山海经·五臧山经》的"山",有时在海外、海内经即称为"国",如《南山经》青丘之山,在《海外东经》称为青丘之国,《西次三经》有轩辕之丘,《海外西经》有轩辕国。《海内南经》有伯虑国,当与《西次四经》白於之山相呼应。(y=1)伯虑、白於=balu。此外,《东山经》有凫丽之山、《西山经》有符禺之山、《海内东经》有鮒鱼之山,都是balu,bulan的字音(f=b,y=1)。总之,一部《山海经》整个是月亮神话,还能不用些关于指月亮的字音么?

《穆天子传》卷六:"天子南祭白鹿于漯口。"白鹿当为月神(balu),因为周朝不祭白色的鹿。《汉书·郊祀志》:"览观县圃、浮游、蓬莱。"蓬莱是神山,又和县圃连言,定指bulan月山(可见下文)。

唐段成式《剑侠传》昆仑奴条:

> 唐大历中,有崔生者,(去拜访一品,因一品病了。回别时,一品)命红绡(妓)送出院,时生回顾,妓立,三指,又反掌者三,然后指胸前小镜,子云记取,余更无言。(崔生没有明白红绡的意思)时家中有昆仑奴磨勒,(为崔生解释隐语说:)立三指者,一品宅中有十院……此乃第三院耳,反掌三者数十五指,以应十五日之数;胸前小镜子,十五夜月圆如镜,令郎君来耳。

磨勒是昆仑奴,胸前有镜子,象征月亮。磨勒一名不似为寻常名称,是否外族人?磨勒的知识和月亮紧紧相关,他的名称也像和bulan,balu同音。(m=b)按非洲有月神名叫Moloch(Carshago)。磨勒也颇似"朦胧"音。

三 "仆累蒲卢"解释

属于"昆仑"一类的字音,中国资料多与原始语言相合,特别与大洋洲一带相合,这似乎不是偶然的,不少学者以中国古代文化与大洋洲有关系。今从"仆累蒲卢"一词说几句。

《中次三经》:青要之山多"仆累蒲卢,魁武罗司之"。我们已说过了,武罗就是(uru,wulan)月神。"仆累蒲卢"也像是翻译的名词。郭注:"仆累,蜗牛也。《尔雅》曰:蒲卢者螟蛉也。"《中庸》:"夫政也者,蒲卢也。"郑注:"蒲卢蜾蠃,谓土蜂也。"《诗·小宛》:"螟蛉有子,蜾蠃负之。"《毛传》:"螟蛉,桑虫也;蜾蠃、蒲卢也。"郭注《释虫》以蜾蠃蒲卢即细腰蜂。有以蒲卢为细腰蜂者,有以之为土蜂者,二者差不多。但蒲卢(蜾蠃)尚有别的意思,《夏小正传》曰:"蜃者,蒲卢也。"金氏曰:

"蜃，大蛤也。"黄氏曰："古人凡圆而长者皆谓之蒲卢，亦谓之果赢，故谓大蛤为蒲卢。"（《夏小正正义》）

《释草》："果赢之实栝楼。"则果赢又为树木。《释鱼》的魁陆也即蜾蠃，郭注引《本草》云："魁状如海蛤，圆而厚。"邢疏："《本草·虫鱼部》：魁蛤一名魁陆。"圆形者也谓之蒲卢，因蒲卢即果赢。仆累蒲卢有不少意思，但蛤和蜗牛的意思比较为主要的。郭注《西次三经》槐江之山的赢母说："即蜾蠃也。"郝疏以"蜾蠃即仆累，字异音同"。《本草纲目》以"蜗赢"连言。蜗牛①与蜃蛤在月神话有不少角色，因它们也实在与月相关。我们在上文看见了，马来语以 Lintah bulan 指蜗牛。《鹖冠子·天则》篇："月毁于天，珠蛤赢蚌虚于深渊。"《吕氏春秋·精通》："月望则蚌蛤实，群阴盈；月晦则蚌蛤虚，群阴亏。"《淮南子·地形训》："蛤蟹珠龟，与月盛衰。"《天文训》："是以月虚而鱼脑减，月死而赢脧。"《说山训》："月盛衰于上，则赢蚔应于下，同气相动。"因蜃蛤和月亮有关系，所以古代即用蜃肉祭月神，谓之"宜社"（拙著《宗教系统》，页 128）。

古代有蜃、赢、蜂等字，为什么用"仆累蒲卢"（《山海经》）、"蒲卢果赢"（郑注《中庸》）、"蒲卢蜾蠃"（《家语》）的怪名字？所以这必是翻译了现成名词的声音，不然，"仆累"哪有蜗牛的意思？"蒲卢"又哪有蜃蛤的意思？

只有月亮神话才知道蒲卢蜾蠃为螟蛉、为蜂、为蜃、为鱼又为木，《夏小正·十月》："雉入于淮为蜃。"《傅》曰："蜃者蒲卢也。"蒲卢为月亮神话，不然，为什么雉可以变为蜃呢？月形如雉又如蜃。

又蒲卢果赢的意义甚为广泛，"古人凡圆而长者皆谓之蒲卢，亦谓之果赢"。可见没有一定的意思，蒲卢果赢不是寻常名称。

果赢即蒲卢（见上文），蒲卢与仆累的关系，见于郝疏（"青要之山"条）："蒲卢声转为仆累，即蜾蠃也。"郭注《西次三经》槐江之山云："赢母即蜾蠃是矣。又声转为蚹赢，即蒲赢也。"《吴语》云："其民必移就蒲赢于东海之滨是矣。是仆累蒲卢同类之物。并生于水泽下湿之地。"仆累蒲卢似原与蒲卢果赢原为一词，最重要的理由，是二者都指与月亮相关的东西。

《诗·小宛》释音云："蜾音果，蠃、力果反。"《释文》："蠃，力果反。"《西次四经》邦山"赢鱼"，郭注"音螺"。说到这里，我们以为"蒲卢蜾蠃"即等于台湾阿美族的 Billugalau 和澳洲人的 Byallaburra 等字，因为这两句话都是月亮的意思，因此也都是月神的名称。

---

① Areop 用蜗牛创造了月亮（P. Hambruch, Nauru, Ⅰ Halbband, Hamburg 1914, p. 381）。

如果我们将阿美族的神名与澳洲几个部族的神名做一比较，不但可以明白 Billugalau，也可以解释澳洲神话中所有的几个重要的角色。

澳洲的 Euahlayi 部族，以 Byamee 神有二妻，一名 Birrahgnooloo，为人类的女祖，一名 Cunnumbeillee。Byamee 尚有一儿（或兄弟）叫作 Baillahburrah，Wiradjuri 部族称 Cunnumbeillee 为 Gunnanbeely；Kamilaroi 部族称 Baillahburrah 为 Byallaburra。

但 Birrahgnooloo 不和 Byamee 性交生子。Baillahburrah 不是由妇女生的，在人类出现之前并在 Byamee 来澳洲前已经有了他。这样看来，Byamee 的妻儿资格，并不次于 Byamee，有时还想超过 Byamee 去。

Birrahgnooloo，Baillahburrah，Byallaburra，Cunnumbeillee，Gun-nanbeely 与阿美的 Billugalau 当原为一神。这些名称，明明是由 balu，bulan，pira，hurano，wulan 重叠起来的，譬如，Baillahburrah 和 Byallaburra 是 balu（pira），bulan 之重叠；Birrahgnooloo 和 Billugalau 为 pira（balu）及 hurano（wulan）之重叠。

Cunuumbeillee 及 Gunnanbeely 明为 Birrahgnooloo 及 Billugalau 之颠倒式，正写过来即为 Beillee-cunnum，Beely-gunnan。字音颠倒在原始语言中有时是许可的。

为证明我们的意见不错，凤信里的阿美人提供了一段洪水故事："当时四十天大雨，海水猛涨，洪流汪洋，人类几全被淹死。Billugalau，Mallokilo 乘着他们早已制备的小船，随波逐浪，飘浮在一最高山上。"在这里我们看出来 Mallokilo 与 Billugalau（Beillee-cunnum，Beely-gunnan）为同一字源。

Billugalau 和 Mallokilo 所乘的小船指的是船形之月，天在神话中有时称作"天的汪洋"（Himmelozean）。被淹死的群众是指消失于明月中的星辰。这当然是借洪水传说来发挥月亮神话。

总之，从 Birrahgnooloo-Baillahburrah 之可颠倒为 Cunnumbeillee-Gunnanbeely，即可知道 Billugalau 是由两个月名词凑成的；从阿美人的 Billugalau-Mallokilo 的救生船神话，即可知道澳洲的 Birrahgnooloo-Cunnumbeillee 原是月神，所以和代表太阳神话的 Byamee 尚有不兼容的情形。

南洋 Celebes 岛的 Soppeng 语言称 palagunee 为月亮。（这是 Priestersprache[①]）和 Billugalau，Birrahgnooloo，Baillahburrah，Byallaburra，Gunnanbeely（= Beely-gunnan）等原为一句话。

原始时代的月神往往即以月亮为名称，上述 Billugalau 及 Byallaburra 等可作证明。

仆累蒲卢和蒲卢果蠃的原意是月亮名词的译音，不然，为什么能兼有蜗蠃、蜃蛤、

① Alfred Mass, Sternkunde…p. 440.

螈蛉、鱼、木以及普通"长圆"的意义？但若看到蜗赢、蜃蛤和月亮相关的情形颇为古人所注意，则仆累蒲卢等名词当然原指月亮。这样的发现，大家都看出来是不容易的。

上述 Soppeng 语言的 palagunee（月）不是月神，蒲卢果赢和仆累蒲卢（月）也不是月神。但武罗、五路（wuru）、白鹿（bulan）等是月神。把月亮和月神混合是演变的结果。

四　《大荒西经》的昆仑描述

我们在上文谈论了《山海经·西次三经》的昆仑，为证明昆仑之丘即是月山（月亮），今再将《大荒西经》对于昆仑的幻想录出，幻想当然不是事实，但我们知道古人的幻想为研究古代文化也很重要。《大荒西经》说：

> 西海之南，流沙之滨，赤水之后，黑水之前，有大山名曰昆仑之丘，有神人面虎身，有文有尾，皆白处之。（郭注：言其尾以白为点骏）其下有弱水之渊环之。（郭：其水不胜鹅毛）其外有炎火之山，投物辄然。（郭：今去扶南东万里，有耆薄国，东复五千里许，有火山国，其山虽霖雨，火常然。火中有白鼠时出，今之火浣布是也。即此山之类）有人戴胜，虎齿，有豹尾，穴处，名曰西王母。此山万物尽有。（郭：河图王版亦曰：西王母居昆仑之山。《西山经》曰：西王母居玉山。）

昆仑为"世界大山"，The World-Mountain，即月山。月山上有月"神"，神有人面虎身是依月形描写。昆仑与赤水、黑水相关，与《西次三经》的昆仑相同。《西次四经》有月山名曰"鸟鼠同穴"，与郭注的"白鼠"有些相同，月形有时如鼠。西王母是月神（拙著《宗教系统》，页161有证明），所以居昆仑山上。《大荒西经》又说："西有王母之山、壑山、海山，有沃之国（郭：言其土饶沃也），沃民是处，沃之野，凤鸟之卵是食，甘露是饮，凡其所欲，其味尽存[①]。爰有甘华、甘柤、白柳、视肉、三骓、璇瑰、瑶碧、白木（郭：树色正白）、琅玕、白丹、青丹（郭：又有黑丹也）。多银铁。鸾鸟自歌，凤鸟自舞。爰有百兽，相群是处，是谓沃之野。有三青鸟，赤首黑目，一名曰大

[①] 《吕氏春秋·本味》："水之美者，三危之露，昆仑之井。"又："果之美者，沙棠之实。"高诱注："沙棠木名也，昆仑山有之。""菜之美者，昆仑之蘋，寿木之华。"高注："寿木、昆仑山上木也；华，实也，食其实者不死，故曰寿木。"毕沅："郭璞以蘋即《山经》之蕡草，其状如葵，其味如葱，食之可以已劳。"《述异记》："昆仑山有玉桃，光明洞彻而坚莹。"

鶩，一名少鶩，一名曰青鸟（郭：皆西王母所使也）。"

西王母所居的月山，有这样美丽的饶沃之野，所有的矿物、植物、动物以及所饮所食，都表示是神仙境界，这的确就是神话乐园（这乐园是昆仑县圃）。世界人类的各民族（无论是原始的还是文明的）对于地狱的描述比较丰富，但对于天堂的描述资料很少。只有中国古籍有很多的资料，都借月亮神话作了发挥，虽然古人已不明白这样的神话（关于这种乐园的描述，可再见本文下文）。

从"白"丹、"青"丹（又有黑丹）以及"青"鸟、"赤"首、"黑"目的描述，见得西王母的所居实与昆仑相关，昆仑有四色水，这里又有白、青、赤、黑四色。

我们主张《山海经》的一切山都是月山，现在有一个很好的证明，"鸾鸟自歌、凤鸟自舞"，即"丹穴之山"（《南次三经》）的凤皇"自歌自舞"。所以"丹穴之山"是月山。

如果西王母之所居不是月山，怎么说有"白木"？事实上哪里有"白木"？这里决不是描写老木，因神话描写的是极好的盛景。"视肉"是什么意思，另文解释。

《海外西经》虽没有明说昆仑，但也说："此诸夭（按当作沃）之野，鸾鸟自歌，凤鸟自舞。凤皇卵，民食之；甘露，民饮之，所欲自从也。"

上引郭注《大荒西经》引《西山经》以西王母居玉山。玉山是月山（月形如玉），《西次三经》玉山，"是西王母所居也……是司天之厉及五残"。西王母（月）统司"厉及五残"（皆当为星辰，兹不赘），玉山与钟山有关，《淮南子·俶真训》："譬若钟山之玉，炊以炉炭，三日三夜而色泽不变。"高诱以"钟山，昆仑也"玉在炉炭三日三夜指月在晦朔的时间。

五　《海内西经》的昆仑描述

《海内西经》对于昆仑的描写较《大荒西经》更长，描写的内容也比较丰富。昆仑在那里？有多大多高？里边都有什么？什么人可以进这乐园？试看《海内西经》的描述：

> 海内昆仑之墟在西北，（郭：言海内者，明海外复有昆仑山）帝之下都。昆仑之墟，方八百里，高万仞。（郭：皆谓其墟基广轮之高庳耳。自此以上，二千五百余里，上有醴泉、华池，去嵩高五万里，盖天地之中也。见《禹本纪》）上有木禾，长五寻，大五围。（郭：木禾、谷类也，生黑水之阿，可食。见《穆天子传》）而有九井，以玉为槛；面有九门，门有开明兽守之。百神之所在，在八隅之岩，赤

水之际，非仁羿（郭：羿，一或作圣）莫能上冈之岩。（郭：言非仁人及有才艺如羿者，不能得登此冈岭巉岩也。羿尝请药西王母，亦言其得道也)①

昆仑山没有在地面上，因它"去嵩高五万里，盖天地之中也"，木禾生于黑水之阿，是月形木禾。五、九两数为月的数字（拙著《山海……·论五、九数字》）。开明兽当然是月兽。如果不是仁人君子即不能到昆仑的冈岩。可见在古人心目中，不是每人都能到乐园去。羿与西王母相关，也是月亮神话中的人物。郭注言海内海外皆有昆仑山。神话的昆仑山不止一两座，可见下文。

《海内西经》的昆仑山流出"赤水"、"河水"、"黑水"及"青水"，我们在上文已说过了。同经的下文继续描写昆仑说：

> 昆仑南渊深三百仞，开明兽身大类虎而九首，皆人面，东向（月面东向为上弦或上弦以前月形），立昆仑上。（郭：天兽也。铭曰：开明为兽，禀资干精，瞪视昆仑，威振百灵)
>
> 开明西有凤皇、鸾鸟……开明北有视肉、珠树、文玉树、玗琪树、不死树。凤皇鸾鸟皆戴蝛。又有离朱、木禾、柏树、甘水、圣木（郭：食之令人智圣也）、曼兑，一曰挺木牙交。（按挺木言月为木形，牙交指月形）开明东有巫彭、巫抵、巫阳、巫履、巫凡、巫相，夹窫窳之尸，皆操不死之药以距之。（郭：为距却死气，求更生）窫窳者，蛇身人面，贰负臣所杀也。服常树，其上有三头人，伺琅玕树。（郭：《尔雅》曰：西北之美者，有昆仑之琅玕焉。庄周曰：有人三头，递卧递起，以伺琅玕）开明南有树、鸟、六首蛟、蝮、蛇、蜼、豹、鸟秩树……

开明西、开明北，是指月的明面在西、北，为上弦或上弦以前月形。开明东、开明南，是指下弦或下弦以后月形。下弦的月形在东边，明面指巫彭等，窫窳被杀，指下弦时的暗面。巫者夹住他的死尸为使他更生。"夹"字指下弦月形将暗面夹住。巫阳是天帝之女（《汇苑》）。暗面不久为光明新月，是为更生。

---

① 《汉书·王莽传》："《紫阁图》曰：太一、黄帝皆倦上天，张乐昆仑虔山之上，后世圣主得瑞者，当张乐秦终南山之上。"《尸子》卷下："昆吾之剑，可以切玉。玉者色不知雪，泽不如雨，润不如膏，光不如烛。取玉甚难，越三江五湖至昆仑之山，千人往百人反，百人往十人至。中国覆十万之师，解三千之围。吉玉大龟，玉渊之中，骊龙蟠焉，颔下有珠也。"《庄子·列御寇》："千金之珠，必在九重之渊，而骊龙颔下。"又《尸子》卷下："赤县州者，实为昆仑之墟，其东则滺水岛山，左右蓬莱，玉红之草生焉。食其一实而醉卧，三百岁而后悟。"

"有人三头，递卧递起"（庄周），是形容月形的变迁。《庄子·寓言》："向也俯，而今也仰……向也坐而今也起。"这是描写月形（见拙著《宗教系统》，页59）。《大荒西经》："三面之人不死。"即三头之人。

上边引文中的神话树很多，除非是神话树，哪里有珠树、玉树、圣树和不死树呢？任臣注："案《鸿烈解》，玉树、璇树、不死树在昆仑西。"但《海内西经》以文玉树和不死树在"开明北"，在北或在西，都指上弦或上弦以前月形。《图赞》："不死之树，寿蔽天地。"是世界大树。《神异经》："瀛洲之山，有琪树瑶草。"《列子》以"蓬莱之山，珠玕之树丛生"（任臣注引）。蓬莱 bulan 山也是昆仑，可见下文。《淮南子》以玉树在赤水之上。《抱朴子》以昆仑有珠玉树、沙棠、琅玕、碧瑰之树，玉李、玉瓜、玉桃，每风起珠玉之树，枝条花萼互相扣击，自成五音。王嘉《拾遗记》以昆仑上有五色玉树，荫翳五百里，夜至水上，其光如烛（并见任臣注引）。玉树在夜间有光明！

六　《十洲记》的昆仑描述

《十洲记》幻想的昆仑，与《山海经》的基本意义相同，为理想的胜境，但偏重神人仙都的描述。这是汉朝东方朔根据古传的制绘，昆仑山好像一张地图展开在人眼前，当然也有不少的说明。今把东方朔的话录出：

> 昆仑号曰昆峻，在西海之戌地，北海之亥地，（昆仑在西北）去岸十三万里，（在海中）又有弱水周回绕市。山东南接积石圃，西北按北户之室，东北临大活之井，西南至承渊之谷，此四角大山实昆仑之支辅也。积石圃南头是王母居。周穆王云：咸阳去此四十六万里，山高平地三万六千里，上有三角，方广万里，形似偃盆，下狭上广，故名曰昆仑山。三角，其一角正北干辰之辉，名曰阆风巅，其一角正西名曰玄圃堂，其一角正东名曰昆仑宫，其一角有积金，为天墉城，面方千里，城上安金台五所，玉楼十二所。其北户山、承渊山又有墉城、金台、玉楼，相鲜如流精之阙，光碧玉之堂，琼华之室，紫翠丹房，锦云烛日，朱霞九光。西王母之所治也①。真官仙灵之所宗，上通璇玑元气，流布五常玉衡，理九天而调阴阳，品物群生，希奇特出，皆在于此。天人济济，不可具记。此乃天地之根纽，万度之

---

① 《博物志》卷三："汉武帝好仙道，祭祀名山大泽，以求神仙之道。时西王母遣使，乘白鹿告帝当来。乃供帐九华殿以待之。七月七日夜漏七刻，王母乘紫云车，而至于殿西南，面东向，头上戴七种青气，郁郁如云。"这种月亮神话气味，多么浓厚！

纲柄矣。

东南、西北、东北、西南，有四角大山，为昆仑的支辅，其实也就是昆仑的本身。积石圃、北户室、大活井、承渊谷都是山名（月山），北户室是北户山，承渊谷即承渊山的山和谷。当然月亮的明面部分可以变为暗面，所以积石圃也可以变为玄圃。

又说昆仑山有三角，形似偃盆，下狭上广，这岂不是△形的月亮吗？至于"安金台五所"及"玉楼十二所"，金、玉和王和五与十二之数，自然都是月亮神话。昆仑的建筑物光明辉煌，"朱霞九光"。

昆仑有些神圣意味，似为天上人间的一个标准，所以说"流布五常玉衡，理九天而调阴阳……此乃天地之根纽，万度之纲柄"。西王母治理昆仑。但也说上帝在昆仑（可见下文）。东方朔又继续说：

> 是以太上名山鼎于五方，镇地理也；号天柱于珉城，象纲辅也。诸百川极深，水灵居之，其阴难到，故治无常处，非如丘陵而可得论尔，乃天地设位，物象之宜，上圣观方，缘形而著尔。乃处玄风于西极，坐王母于坤乡；昆吾镇于流泽，扶桑植于碧津。离合火生，而光兽生于炎野；坎总众阴，是以仙都宅于海岛。艮位名山，蓬山镇于寅丑；巽体元女，养巨木于长洲，高风鼓于群龙之位，畅灵符于瑕丘，至妙玄深，幽神难尽，真人隐宅，灵陵所在，六合之内，岂唯数处而已哉？此盖举其标末尔。臣朔所见不博，未能宣通王母及上元夫人圣旨。昔曾闻之于得道者，说此十洲大丘、灵阜，皆是真仙隩墟，神官所治。其余山川万端，并无睹者矣。

昆仑为月精，号为"天柱"（《山海经图赞》），"珉城"和"瑕丘"都有玉山的意味。月面有山有水，所以有"百川"，有水川即有"水灵"。昆仑山称为"灵陵"，"帝尧、帝喾、帝舜葬于岳山"（《大荒南经》），"附禺之山，帝颛顼与九嫔葬焉"（《大荒北经》）。至于扶桑、巨木、光兽、群龙，也都为月亮神话，东方朔提及离、坎、艮、巽、坤（坤乡）诸卦名，又说"天地设位，物象之宜，上圣观方，缘形而著"。颇有《易经》意味，《易》卦与月形相关，见拙著《易经原义的发明》一书（台北市华明书局出版）。《十洲记》昆仑条又说：

> 其北海外又有钟山，（钟山亦即昆仑山，我们已经说过了）在北海之子地，（皆未出月体范围）隔弱水之北一万九千里，高一万三千里，上方七千里，周旋三

万里。自生玉芝及神草四十余种，上有金台玉阙，亦元气之所舍，天帝居治处也。钟山之南有平邪山，北有蛟龙山，西有劲草山，东有束木山，四山并钟山之枝干也。四山高钟山三万里，官城五所。如一登四面山，下望乃见钟山尔。四面山乃天帝君之城域也。（按东西南北四面山仍未出月体）仙真之人出入道经自一路，从平邪山东南入穴中，乃到钟山北阿门外也。天帝君总九天之维，贵无比焉。山源周回，具有四城之高，但当心有观于昆仑也。昔禹治洪水既毕，乃乘蹻车，度弱水，而到此山，祠上帝于北阿，归大功于九天。

上帝就是天帝君，"贵无比焉"表示他是至上神。东方朔把钟山描述放在昆仑条内，如果不明白月亮神话，仿佛钟山是另一座山，其实不然。

东方朔的记述中有传统，他说："臣先师谷希子者，太上真官也，昔授臣昆仑、钟山、蓬莱山及神洲真形图。"他又记蓬莱山云："蓬丘，蓬莱山是也，对东海之东北岸，周回五千里，外别有圆海绕山，圆海水正黑，而谓之冥海也。"《山海经》以月山为员丘。今以月水是圆的，所以说"圆海"。除非月亮神话，没有圆海之说。

从东方朔的《十洲记》内容看来，没有不是说月亮神话的（兹不赘）。在东海者有祖洲、瀛洲、生洲、方丈洲、扶桑、蓬莱山，在南海者有炎洲，在北海者有沧海岛和元洲、玄洲，在西海者有流洲、聚窟洲和凤麟洲，昆崚在西海及北海。只从炎洲在南海及玄洲在北海，已知道《十洲记》内容都是神话，因南方在神话中是红的，北方是黑的。关于方丈、蓬莱和瀛洲可见下文。《博物志》以昆仑有五色云气，五色流水[①]。

七　《列子》中的昆仑描述

《列子·汤问》有"壶领"山，"壶领"即是 hulan, kuling 无疑。又有方丈、瀛洲、蓬莱诸山，也都等于昆仑山，蓬莱等于 bulah。《水经注》（河水）："至于东海方丈，亦有昆仑之称。"张穆《昆仑异同考》引邱善良说："东海方丈亦有昆仑之称。"《汤问》说：

> 禹之治水土也，迷而失涂，谬至一国，滨北海之北，不知距齐州几千万里，其

[①] 《博物志》卷一：《河图·括地象》曰：地南北三亿三万五千五百里，地祇之位，起形高大者有昆仑山，广万里，高万一千里，神物之所生，圣人仙人之所集也。出五色云色，五色流水，其泉南流入中国，名曰河也。"

国名曰终北，不知际畔之所齐限，无风雨霜露，不生鸟兽虫鱼草木之类，四方悉平，周以乔陟。当国之中有山，山名壶领，状若甄甄，（注：谓瓦瓶也）顶有口，状若员环，名曰滋穴，有水涌出，名曰神瀵，（注：山顶之泉曰瀵）臭过兰椒，味过醪醴。一源分为四埒，注于山下，（注：山上水流曰埒）经营一国，亡不悉遍。土气和，亡札厉，（注：札厉疫死也）人性婉而从物，不竞不争，柔心而弱骨，……土气温适，不织不衣，百年而死，不夭不病，其民孳阜。亡数有喜乐，亡衰老哀苦，……饥倦则饮神瀵①，力志和平，过则醉，经旬乃醒。沐浴神瀵，肤色脂泽，香气经旬乃歇。周穆王北游过其国，三年忘归；既反周室，慕其国，惝然自失，不进酒肉，不召嫔御者数月乃复。

说禹到了远至几千里的终北国，不是神话吗？壶领即 hulan，huling，为月山，那么终北也即是月国。说壶领在国的当中，是受了昆仑在"天地之中"的神话的欺骗。"一源分为四埒"仍是受昆仑四水的影响。源流"经营一国，亡不悉遍"，壶领山既在国的当中，出来的四条水当然即容易遍流一国，这是神话的逻辑。

壶领山所在的理想国是一个生活乐园。《山海经》和《十洲记》中的乐园，大体说来，只说布置的好，只说乐园是快乐仙境，今《列子》的乐园注意描写人们的切身问题：在那里可以饮神瀵，很容易免除饥倦，"沐浴神瀵，肤色脂泽，香气"芬芳，"不夭不病，其民孳阜"，没有"衰老哀苦"，自己感觉"力志和平"，又觉得他人"性婉而从物，不竞不争"，"土气"也温和适人。我们要特别注意，"神瀵"是神话月水，又和月神的意思互相连结，饮神瀵就是"饮福"。此外，《汤问》又描写东海昆仑的本身说：

渤海之东，不知几亿万里，有大壑焉，（《山海经》：东海之外有大壑）实惟无底之谷，其下无底，名曰归墟。（《庄子》云尾闾，即 wulu，wulan）八纮九野之水，天汉之流，莫不注之，而无增无减焉。（注：世传天河与海通）其中有五山焉，一曰岱舆，二曰员峤，三曰方壶（注：一曰方丈）②，四曰瀛洲③，五曰蓬莱。

---

① Hambruch，Nauru，Hamburg，1915，p. 283 说："当时有一虫子，名叫 Halang（月亮！）这虫的粪成了初期的土地。"但我们暂不必以粪来释瀵。

② 《十洲记》："方丈洲在东海中心，西南东北岸正等方丈，方面各五千里，上专是群龙所聚，有金玉琉璃之宫，三天司命所治之处。"

③ 《十洲记》："瀛洲在东海中地，方四千里，大抵是对会稽，去西岸七十万里，上生神芝仙草，又有玉石。高且千丈，出泉如酒，味甘，名之为玉醴泉，饮之数升辄醉，令人长生。洲上多仙家，风俗似吴人，山川如中国也。"

（注：《史记》曰：方丈、瀛洲、蓬莱，此三神山在渤海中。盖常有至者，诸仙人及不死之药皆在焉。未至望之如云，欲到即行而去，终莫能至）其山高下周旋三万里，其顶平处九千里，山之中间相去七万里，以为邻居焉。其上台观皆金玉，其上禽兽皆纯缟，珠玕之树皆丛生，华实皆有滋味，食之皆不老不死。所居之人皆仙圣之种，一日一夕飞相往来者不可数焉。而五山之根，无所连著，常随潮波上下往还，不得暂峙焉。仙圣毒之，诉之于帝，帝恐流于西极，失群圣之居，乃命禺强使巨鳌十五，举首而戴之，（注引《离骚》曰："巨鳌戴山，其何以安？"）迭为三番，六万岁一交焉。五山始峙。而暨龙伯之国有大人①，举足不盈数步，而暨五山之所，一钓而连六鳌，合负而趣归其国，灼其骨以数。于是岱舆、员峤二山，流于北极，沈于大海。

今将《汤问》内容的月山意义说明一下。方壶（方丈）为昆仑，蓬莱也是昆仑，由此类推，岱舆、员峤、瀛洲也当是昆仑，因五山是一串东西。方丈亦有昆仑之称，我们已说过了。蓬莱简称莱山，《史记·封禅书》以"祠之（月主）莱山，皆在齐北郊勃海"，《汉书·郊祀志》"莱山祠月"。《史记》以三神山能行能去，使人终莫能至（《封禅书》）。《列子》以五山"常随潮波上下往还，不得暂峙焉"。这样的山舍月山即无法解释（中国古代有月山神话，见拙著《山海经神话系统》第二编《论月山》），月山能来能去，好像随潮波上下，不得暂峙。此外，《汤问》中的数字也有意义，"其山高下周旋三万里，其顶平处九千里"，在神话中三万可等于三，九千可等于九，三九二十七，为月亮（出现）数字；"五山之中间相去七万里"，七万可等于七；五山中间有四距离，四七二十八，又是月亮数字（见上文）。又"使巨鳌十五，举首而戴之（五山），迭为三番，六万岁一交焉"。今先将"十五"和"三番"解释一下。巨鳌（神话视月亮为鳌类，见上述拙著，页71~72）及五山，皆指月形，这是神话上 Toutology 的演绎法。这里是说阴历初一到十五的月形（神话在此不再顾及初一有月与否）。神话把初一到十五的月形看作十五个鳌，把同样月形划为五部分，这是五座月山。三五一十五，每三鳌负山三天，每三鳌负戴一山，这就是"迭为三番"。所以先有三鳌负戴初一到初三的月山，继有三鳌负戴初四到初六的月山。又有三鳌负戴初七到初九的月山。初十到十二以及十三到十五又各有三鳌负戴月山。每三鳌戴月三天，换句话说，自新月到圆月分的五

---

① 《河图·玉板》云："龙伯国人长三十丈，生万八千岁而死。"龙是月亮神话，龙就是月亮（见拙著《山海经神话系统》，页69~70），孙氏《瑞应图》："黄龙者，四龙之长，四方正色，神灵之精也。能巨细，能幽明，能短能长，乍存乍亡。王者不漉池而渔，则应和气而游于池沼。"

部月形的各部分，都各有三鳖负戴，三五一十五鳖。但为什么说六万岁即轮替换班（六万岁一交焉）？六万岁指的六天。但十五天用五除为三天！所以似乎应当说"三万岁一交焉"才对。神话作者似乎不欲使人明白月亮神话，因他说的"六万岁"（六天）是又把月面的五部分，看作一个月的五分之一（五六三十天）。所以说出了"六"数。古人对月亮神话爱保守秘密，《十洲记》昆仑条："术家幽其事，道法秘其师，术泄则事多疑，师显则妙理散。"

大鳖负山，"五山始峙"，月山果能峙立不动吗？神话作者尚有妙笔，他说龙伯国大人到"五山之所，一钓而连六鳖，合负而趣归其国"。他将六鳖负去，"于是岱舆、员峤二山"失掉凭依，"流于北极，沈于大海"，三鳖负戴五山中的一山，六鳖负戴二山。今说钓去六鳖，所以二山沉海。

今将岱舆、员峤沉海的意义说明一下。我们已说过了，月体在这里分五部分来看，那么，岱舆是第一部分，员峤是第二部分，方壶、瀛洲、蓬莱是第三、第四、第五部分，岱舆、员峤的沉灭，是指月圆后（十六日至二十一日）的阳面消失了。所以说将六鳖钓走，二山沉灭（上述神话视月历为三十日）。从此，《史记·封禅书》只再提说蓬莱、方丈、瀛洲三神山，是不明白月亮神话的证据。

八　昆仑神话与修仙意义

最后，我们用《史记·封禅书》作一研究，把昆仑神话与修仙的关系做一说明。我们在去年（1960）已主张封禅是祭月神（见拙著《中国古代宗教系统》，页129～130）。

封禅祭山神（月神）和长生不死的希望，决然是月神宗教的表现和月亮神话造成的观念，毫无疑义。当然《封禅书》中也说祭太阳和星辰，但上帝、黄帝、五帝、太一、地神等都是月神或月神的演变，所以，封禅的基本意义是祭月神，虽然当时的人已似乎不明白了。因此，该书说到"祭月"和拜"月主"时，并没有强调其中的意义。司马迁当然不明白月神宗教。

但是，我们在这里，并不是要对于月神宗教和月亮神话做广泛研究，因为我们不应当离开本文的题意。

《列子》的神话所说的月山，在《封禅书》中成了当时人寻求的对象。蓬莱是月山，但又成了仙神。昆仑也变成"明堂"的名称（明堂象征月亮，见上述拙著《论明堂》章）。即便是本文第二节所说原始语言中对于月亮的名称，在《封禅书》都有痕迹，虽然在这里都为月神的称谓了，譬如，"蜚廉"岂不就是 Bulan，funan（大洋洲神话并有以月神为 Pallian 者，p，b＝f）?《淮南子·俶真训》："骑飞廉而从敦圄。"高注："蜚廉，兽名，长毛有翼。"兽有翼，是神话。《汉书·司马相如传》注以飞廉为龙雀，鸟身鹿头（确为月亮神话）。"武夷"神（《封禅书》）明明为 wulle，wolle，wulan，uru，"夷"字发音为 y＝l（就如《山海经》的相"繇"即相"柳"）。当然蓬莱即 bulan。

今可从《封禅书》的方丈（昆仑）、瀛洲、蓬莱说起，该书说：

> 自齐威、宣之时，驺子之徒，论著终始五德之运，及秦帝，而齐人奏之，故始皇采用之。而宋毋忌（乐彦引《老子戒经》云：月中仙人宋无忌）、充尚、羡门高（羡门即 Shaman）最后皆燕人，为方仙道，形解销化，依于鬼神之事。驺衍以阴阳主运显于诸侯，而燕、齐海上之方士，传其术不能通，然则怪迂阿谀苟合之徒自此兴，不可胜数也。
>
> 自威、宣、燕昭使人入海求蓬莱、方丈、瀛洲。此三神山者，其傅（当即传字之误）在渤海中，去人不远，患且至，则船风引而去。盖尝有至者，诸仙人及不死之药皆在焉。其物禽兽尽白（日赤月白），而黄金银为宫阙。未至，望之如云，及到，三神山反居水下。临之，风辄引去，终莫能至云。世主莫不甘心焉（心中甘美）。及秦始皇并天下，至海上，则方士言之，不可胜数。始皇自以为至海上而恐不及矣，使人乃齐童男女，入海求之。船交海中，皆以风为解，曰：未能至，望见之焉。

当时的羡门及方士等，都想努力找得神仙，希望得到不死之药，结果，神山不可得到。实在说来，并不是"三神山反居水下"，因神山只是神话中的山，只是月山。可惜羡门、方士也不明白这一点。"皇帝敬拜太一，东至海上，考入海及方士求神者，莫验。"又："东巡海上，考神仙之属，未有验者。""而方士之候祠神人，入海求蓬莱，终无有验。而公孙卿之候神者，犹以大人之迹为解（解说），无有效。天子益怠厌方士之怪迂语矣。然羁縻不绝，冀遇其真。自此之后，方士言神祠者弥众，然其效可睹矣（考证：冈白驹曰：言其效之有无可睹已）（以上皆《封禅书》）。

羡门方士找不到神山，不能满足天子的愿望，但后者仍然不失所望，"冀遇其真"，因为仙药可以"却老"，使人"不死"，因"神仙人蓬莱士"有不死之药（《封禅书》）。"安期生（是）仙者。""少君"自云"尝游海上，见（过）安期生。安期生食巨枣大如瓜。"又有人"大言曰：臣常往来海中，见安期、羡门之属"（《封禅书》）。安期生当指按期而生的意思，是指的月亮，月山诗集卷一咏月说："光景终无改，圆亏却有期。"少君等是否看见了仙人是一个问题。但"安期生"一名似乎有些意义。

为得到不死实在也不简单，按"少君"说的，"祠灶则致物，致物而丹沙可化为黄金，黄金成以为饮食器则益寿，益寿而海中蓬莱仙者乃可见，见之以封禅则不死，黄帝是也"。但似乎看见蓬莱仙者不必是封禅不死的条件，封禅书以"皆至泰山祭后土，封禅祠，其夜若有光"。"封禅者，合不死之名也。"《汉书·郊祀志》："封禅者，不死之名也。……禅凡山，合符然后不死。"无论如何，不死的希望是从月亮神话来的，蓬莱仙药和封禅祭神离不开月神宗教和神话的意义。当时所祭的不只是泰山，尚祭其他山岳，即便在"池中（也）有蓬莱、方丈、瀛洲、壶梁，象海中神山"（《封禅书》）。《博物志》卷一引述《封禅书》"三神山"后，又说："南海短狄未及，西南夷以穷断，今渡海至交趾者不绝也。"这又是去南海寻求神山。

总之，《封禅书》多古传，在无意中也指示不少月神的名称，如"蜚廉"、"武夷"、"阴阳使者"、"阴主"、"阳主"、"月主"，阴阳是指月亮说的，我们在他处已有不少的证明。《封禅书》又称"明堂"为"昆仑"，在里边"拜祠上帝（月神）"。

方丈是昆仑，蓬莱也是昆仑，当时的帝王寻求昆仑很焦急，拿封禅拜神也是要紧的大事，都表示月神宗教和月亮神话所有影响的重要。

九 结论

本文所谈的一切，都是月亮神话，我们拿出了有系统的积极解释。

在原始神话中，天象神话占一大部分；在天象神话中，月亮神话占一大部分，人类的大部分文化似乎都如此。

月亮神话的兴起是在原始时代，人类在较后的时代几乎都将神话和月亮（或月神）的关系忘掉了（证明神话之古）。所以昆仑神话和神话昆仑直到现在对中外学者仍是一个谜。大家都觉得有昆仑神话，但对于神话毫无解说；神话的昆仑山果在何处？古人也不知道，遂有许多幻想的发生。但我们从古代中国人对于原始文化的一部分保守性，还可以看出关于昆仑神话的一切尚有不少与月亮相关处。中国古籍大可帮助我们做原始文化遗迹的探究，当然方法是重要的。

《西次三经》、《海内西经》、《大荒西经》都以昆仑在西方，但神话昆仑不只在西方，因为月亮不只在西天。

实际说来，整个一部《山海经》以及《十洲记》和《神异经》等书的内容，完全是月山的描述或月亮神话的发挥。

昆仑神话特别发达。古人（如东方朔）似乎对于这类神话的原意有些保守秘密的意思。现在我们发现了这种秘密，此些微成功当然也不容易。

至于实际的昆仑究竟何在，容另文专述。现在我们只谈了神话昆仑。

月亮神话只是神话，但其中含有古人信仰的宗教背景，以及古代民众心理的表现。从昆仑山神话，可以看出古人有三种心理：一、追求理想中美满的生活。二、追求理想中美满的社会。三、和至上神取得连络。古人在追求极乐之国（天堂），以为这极乐之国就是帝乡，就是昆仑。美妙的昆仑神话，的确反映着古人的心理及古代的文化，我们要留心神话的描写。无论如何，月亮神话离不开月神宗教，就像月神的观念离不开至上神一样（参阅拙著《山海经神话系统》，页 133～136）。

《史记·封禅书》似乎把互相搅乱的宗教和神话分析了一下，干脆说，封禅是宗教，寻仙岛是神话，前者是祭神，后者是为寻仙人，但蓬莱仙人又和月神相关。当然封禅书并没有意思作上述分析。

乐园和仙岛的数目不少，但都是演变出来的，所以东西两方向都有昆仑，东、西、南、北各方向都有仙洲、仙岛（《十洲记》）。神的演变也不都是直线的，因演变的时地不同，所借的文化背景也不同。譬如，上帝、西王母和武夷即不属一条路线。上帝和五帝则是一条路线。

中国古籍中所有许多不可明白的地方，其中实有不少部分当用月亮神话去解释。事实上，笔者已做出了不少这样的解释。为研究中间古代文化的形成，不能不研究这一方面的宗教和神话。

多神主义在后，一神主义在前，这一点，从月神宗教也可以看出来，只有一个月亮，只有一位月神，住在月山上（当然是神话说法），但这月神的前身是至上神。

我们当然不可以受拜物主义学说的欺骗。神的观念并不起源于拜物，神和月亮神话纠缠后不能不受到影响，而且所受的影响有时相当浓厚，但神话的演变总没有把理智完全失掉，神是住在"昆仑"，他的名称也可以叫作"昆仑"（包括等于"昆仑"的名称），但不是昆仑的本身。譬如，按本文所采用的资料（未采用月的资料亦然），上帝是最清楚最重要的神，这位神的活动，依古籍记载，不但在月亮神话以内，也多在月亮神话以外；我们已在他处证明过了，上帝原来不是月神。他一方面，"昆仑"可为山名，但也可以为洲名、地名或部族之名，本文所谈者大部视昆仑为山；说到这里，墨子的书可以供给我们一个很好的证据，《天志》下说："祭祀上帝、山川、鬼神。"上帝与山川分言，证明上帝本身不是山川，连山川的"神"也不是。月山只是"帝之下都"。

神话不是宗教，但其中有不少宗教成分，所以研究古代宗教离不开研究神话；神话不是历史，但其中有不少关于古代文化史资料的反映，这种反映是非常宝贵的，因为从神话研究中可以得到从其他研究得不到的结果。

原载《现代学人》1961 年第 1 期

昆仑之谜

苏雪林

引　论

　　中国古代历史与地理，本皆朦胧混杂，如隐一团迷雾之中。昆仑者亦此迷雾中事物之一也。而昆仑问题，比之其他，尤不易董理。盖以其真中有幻，幻中有真，甲乙互缠，中外交混，如空谷之传声，如明镜之互射，使人眩乱迷惑，莫知适从。故学者对此每有难于措手之感。而"海外别有昆仑"（晋郭璞语），"东海方丈，亦有昆仑之称"（后魏郦道元语），"昆仑无定所"（元金履祥语），"古来言昆仑者，纷如聚讼"（近代顾实先生语），种种叹息，腾于论坛。又有所谓大昆仑，小昆仑焉；东昆仑，西昆仑焉；广义之昆仑，狭义之昆仑焉。近代外国学者之讨论南洋民族及非洲黑人者，因中国古书有"古龙"及"昆仑奴"之说，遂亦堕入昆仑迷障，昆仑岂惟中国之大谜，亦世界之大谜哉！

　　考定昆仑在于阗者为汉武帝，然此事才一开始，便招致司马迁之怀疑。自汉至清，昆仑之所在屡易。今日情形又略改变，国人不言昆仑则已，言之则无不认为即坐落新疆、西藏交界处之昆仑山脉。顾又安知此昆仑山脉者乃近代外国地理学家附会中国旧说，自西藏高原各山中割取一段而强名之者耳，且山脉固非主山也。若问主山何在，则不知所答者，恐十人而九。笔者前以研究屈原《天问》，写有《天问里的旧约创世纪》一文，曾言昆仑在阿拉伯半岛西北大丛山中，昆仑所出白水等四水，即旧约创世纪伊甸园所流出之四水，亦即巴比伦、亚述等国建国处替格里斯、幼发拉底斯诸河也。然此说过于新奇突兀，难以使人确信，故将历来有关昆仑之档案，一概调来，作一详细之研究，其研究所得之内容，大约如下列各款：

　　（一）昆仑一词何时始见中国载记？

　　（二）汉武帝考定昆仑公案。

（三）中国境内外之昆仑。

（四）何者为神话昆仑？何者为实际昆仑？

（五）昆仑与四河。

（六）昆仑与中国。

兹将逐款加以推究，或可以阐明吾说，而释读者之疑。

一　昆仑一词何时始见于中国载记

问昆仑一词果于何时开始见于我国古籍，则颇不易考定，盖我国最初文献，已无可征，而地底文化资料，则尚未完全发现。今日出土之甲骨铜器文字，其中似尚无昆仑字样。至于普通古书，则《尚书·禹贡》有：

织皮昆仑、析支、渠搜、西戎即叙。

若《禹贡》果为大禹治平洪水以后，令其臣曰伯益者所作，则昆仑一词，夏初即见于中国文籍矣。但据历来学者考证，《禹贡》地理有秦汉以后之名。近代学者曾断定此文乃战国时产品。况本文昆仑一词，据郑玄注"衣皮之民，居此昆仑、析支、渠搜三山之野者，皆西戎也"（《尚书正义》疏引）。又谓"别有昆仑之山，非河所出者也"（同书）。孔颖达则谓渠与搜为二国，郑误一之。四国皆衣皮毛，故以织皮冠之。昆仑也，析支也，渠也，搜也，四国皆是戎狄，故末以西戎总之云云（同书）。蒋廷锡云"西戎国盖附近昆仑山者，郑康成云：'衣皮之民，居此昆仑、析支、渠搜三山之野者'是：昆仑、析支、渠搜皆本山名，而用以为国号者也"（《皇清经解》，蒋相国《尚书地理今释》）。笔者按：清圣祖尝令人穷河源，初定巴颜喀喇山为昆仑，继定冈底斯。圣祖于其御批《通鉴纲目》云"昆仑国名，昆仑山旁小国也；今西北别有昆仑都国，去中国甚远。"蒋氏《尚书地理今释》多采当时由实地调查得来之记录，故其注《禹贡》昆仑，亦曾采用巴颜喀喇山之说，其曰戎国盖附近昆仑山者云云，殆采取圣祖意见也。

近人卫聚贤先生谓织皮昆仑之昆仑即《左传》陆浑之戎（见《说文月刊》第一卷第九期，吕思勉《西王母考附录》），丁山先生亦谓汉之乌孙、昆莫、即陆浑之音转，而陆浑即昆仑之音转，其说恐本之卫氏，而考证则更加精详（见《说文月刊》第四卷合订本，《论炎帝大岳与昆仑山》），若此，则禹贡之昆仑，非地名，与本文主题无涉，此一份昆仑案卷惟有搁置一旁，本文以后虽偶涉及，亦不作主要论题。

其次，则《尔雅》颇多昆仑字样：

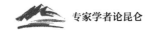

《释地》："西北之美者，有昆仑虚之璆琳琅玕焉。"

《释丘》："丘一成为敦丘，再成为陶丘，再成锐上者为融丘，三成为昆仑丘。"

《释水》："河出昆仑虚，色白。所渠并千七百一川，色黄。百里一小曲，千里一曲一直。河曲。"

《禹贡》传为禹臣伯益作，故在中国学术界威权性最高。《尔雅》亦相传为周公姬旦所作，故亦归入正统学派，而列为十三经之一，历来为学者所重视。然其书取之楚辞、《庄子》、《列子》、《穆天子传》、《管子》、《吕氏春秋》、《山海经》、《尸子》、《国语》之文者，不可悉数。盖战国时儒者所作。秦汉以来又有增益之材料。其昆仑各条，刺取《山海经》尤显然可见，故《尔雅》所言昆仑，只能与《山海经》所言者等量齐观而已。

其次，则有出于汲冢之三书，一为《逸周书》，二为《竹书纪年》，三为《穆天子传》。亦提及昆仑。《逸周书·王会解》："正西昆仑、狗国、鬼亲、枳己、阇耳贯胸、雕题、离卿、漆齿。"此书虽相传为周时诰誓号令，为孔子所论百篇之余。故刘知几即讥其"时有浅末恒说，滓秽相参，殆似后之好事者所增益"（《史通》）。李焘亦谓其"书多驳辞，宜孔子所不取，抑战国处士私相缀续，托周为名，孔子亦未见"（《汲冢周书序》）。陈振孙谓其"文体与古书不类，似战国后人依仿为之者"（《书录解题》）。其他怀疑之论，不可胜录。总之，此书所言文物制度，多同晚出之周官，又杂以道家名法阴阳兵权谋之战国流行思想。即以《王会》一篇而论，周武王设朝之时，九夷十蛮，都来会聚，虽唐代"万国衣冠拜冕旒"无此盛况。此犹勉强可通也。乃至奇禽异兽，鬼怪妖魔（如人面能言，状如黄狗之都郭生生，人身跂踵，食人之州靡费费，非鬼怪而何？），亦复济济一堂，则大远于情理。印度人描写帝王盛会，龙天八部，动辄数十万人，《王会》当受其影响而作。又《世俘》篇"武王遂征四方，凡敦国九十有九国，馘魔亿有十万七千七百七有九，俘人三亿万有二百三十"。魔罗梵语，周代未翻，早有人指出，又战国伪书之一证矣。故即此一篇，便可断定其为战国时人所伪造。姚鼐《辨逸周书》谓其书过于怪诞，当"出之六艺，入之杂家"，宜哉。况其所云昆仑与贯胸、雕题、狗国、鬼亲相提并论，则亦如《禹贡》之国名或民族名耳。更不足与于昆仑问题之内矣。

《竹书纪年》："十七年，王西征昆仑，见西王母。"

《纪年》有古本今本两种。古本今已散佚，但古书引援其文，言昆仑王母者尚不止一条。如郭璞注《穆天子传》引《纪年》云"穆王十七年，西征昆仑丘，见西王母。其年来见，宾于昭宫。"《史记·周本纪》裴骃集解引郭注文同。《艺文类聚》卷九十一引《纪年》曰："穆王十三年，西征，至于青鸟之所憩。"卷七又引《纪年》曰："穆王十七年西征昆仑丘，见西王母。"《四库提要》于《纪年》之提要亦云："其穆天子见西王母，西王母止之曰：'有鸟谞人。'今本无之，则非郭璞所见本也。"云云。西王母与昆仑原有析不开之关系，言西王母即言昆仑也。然则《竹书纪年》之昆仑记载又增一条矣。

按《竹书纪年》古本凡十三篇，晋太康二年，盗发汲县魏安釐王冢，得竹书数十车，皆蝌蚪书，《纪年》为其中一种。所纪事起自夏代，终于魏之安釐王二十年，盖为魏国之史书。其纪三代事则与经传颇异，如云夏年多殷，益干启位，启杀之，太甲杀伊尹，文王杀季历等。正统学派颇认为荒诞，以野史视之。其书大约失于唐末五代之乱。明人抄合群书所援古本之文，又加以增益，且有沈约注解，是为今本。清人大辨其伪，如《四库提要》，如崔述《考古续说》、《竹书纪年辨伪》，论断精确，今本已无存立余地。朱右曾自郦道元《水经注》、司马贞《史记索隐》等所援《竹书纪年》文字，辑《汲冢纪年存真》二卷，王国维因其书，更成《古本竹书纪年辑校》一卷，所辑共四百二十八条，是为古本。

今本固不可信，古本则前人皆已认为战国时人所作。虽所根据者或有一部分真实史料，而关于昆仑及西王母，则无法证实其为周穆王时真实之记载，而为战国时盛传之神话。

《穆天子传》专记穆王西征见西王母事，当然不能无昆仑字样。今皆录出如次：

卷之一："河宗又号之曰'穆满，示女春山之宝，诏女昆仑□舍四，平泉七十。乃至于昆仑之丘，以观春山之宝，赐女晦。'"

卷之二："吉日辛酉，天子升于昆仑之丘，以观黄帝之宫，而封丰隆之葬……以禋□昆仑之丘。"

同卷："遂宿于昆仑之阿，赤水之阳。"

同卷："天子□昆仑，以守黄帝之宫，南司赤水，而北守春山之宝。"

同卷："以三十□人于昆仑丘。"

卷之四："自河首襄山川西南，至于春山，珠泽、昆仑之丘七百里。"

《穆天子传》不但言昆仑，言西王母，即与昆仑有关之河水、赤水、黑水、洋水、悬圃、群玉之山，亦无不有之。此书自古以来，皆以为伪，《四库》且以之入小说类。然至近代乃大引学者注意，中外皆有人研究。顾实先生著《穆天子传西征讲疏》数十万言，证明穆天子见西王母皆为事实，穆天子游辙所至，且至欧洲。顾氏本地理学名家，其书萃半生精力为之，用力至劬，一切《穆传》研究中，当首屈一指。笔者于《穆传》尚未研求，见其文古字奇，穆王行程，亦历历可指，亦颇疑其系古代人一种西行实录，至升昆仑见西王母云云，则疑为战国人根据外国传入地理书如《山海经》之属所增饰者。穆王之西征动机，或亦为往见西王母。其游踪之远，则恐未必如顾实先生之所考。且得见西王母与否，则更未可知。盖笔者认西王母乃西亚最受崇拜之女神易士塔儿（Ishtar）也，既为神矣，是乌得见？顾易士塔儿亦曾与巴比伦古代著名女王西美腊美斯（Semiramis）相混合，神虚无而人实在，则又宜若可见焉。但此女王之时代为纪元前二千年左右，穆王之在位则为纪元前一〇〇一年至九四七年。时代相差千年之久，两人会晤，实无可能，则穆王见西王母，又羌无根据矣。或曰西亚女王以西美腊美斯名者固不止一人，庸讵知穆王所见者非一与穆王同时代之西美腊美斯耶？或里海一带国家之女王，钦慕西美腊美斯之为人，以其名自名，周穆王误以为西王母耶？且西亚人好以神灵名字与己私名混合为一名，其例数见不鲜。或者中亚一带国家有女王以金星神易士塔儿为己名。中国人固习知易士塔儿为西王母，则误以穆王所会晤者为真西王母矣。曰是亦非不可能之事，但皆须细考而后能定，今则宁从阙疑。

又次则为《山海经》。此书亦相传为禹臣伯益所作。然司马迁在汉初，即言："《禹本纪》、《山海经》所有怪物，余不敢言。"可见汉时人即不信为禹、益所作。书中有"长沙"、"零陵"、"桂阳"、"诸暨"秦汉以后郡邑之名，颜之推曾以为疑。朱熹谓此书与《淮南子》乃附会屈原《天问》而作（见《楚辞辨证》）。胡应麟则谓其文体特类《穆天子传》，断为战国好奇之士，取《穆王传》，又杂录《庄》、《列》、《离骚》、《周书》、《晋乘》以成（见《四部正讹》）。朱、胡固善读书，特亦一孔之见。惟《四库提要》议论为持平。其言曰："观书中载夏后启、周文王及秦汉长沙象郡诸暨下隽诸地名，断不作于三代以上，殆周秦间人所述，而后来好事者又附益之欤？观楚辞《天问》多与相符，使古无是言。屈原何由杜撰？朱子《楚辞辨证》，谓其反因《天问》而作，似乎不然。"又云："书中序述山水，多参以神怪，故《道藏》收入太元部竞字号中。究其本旨，实非黄老之言。然道里山川，率难考证，案以耳目所及，百不一真。诸家并以为地理书之冠，亦为未允，核实定名，实小说之最古者尔。"笔者则断定此书为阿拉伯半岛之地理书，古两河人所作，而由战国时域外学者携之来中国者。中、东、南、西、北五山经所记为半岛西北阿美尼亚高原及其四境之诸山，海内外诸经则为黑海、里海、地中海、阿拉伯海、印度海内外之记载也。然已杂有不少神话。大荒诸经，则完全为神话地理。其中中国地理名词亦甚多，且形势间有与中国地理合者，则疑其曾与中国固有地理书混合，或当时译者以外国地名难译，遇中国地理之可附会者则附会之，真伪不分，中外糅杂，又加以秦汉人之附益，宜其难以探索。中国道教本出两河流域印度混合之神话。则《道藏》收《山海经》，诚为适宜之举。神话本与小说同源。《四库》谓为古小说而归之小说类，亦未为唐突，特此书并非完全神话耳。此书之《西山经》、《海内东经》、《西经》、《南经》、《北经》、《海外西、北经》，均有昆仑之记载，比前述诸书皆加详，实为昆仑问题之总汇。因本文将大加援引，故此处从略。

又有《禹本纪》与《山海经》相表里。《汉书·艺文志》有大禹三十七篇，疑即此书。王逸注《离骚》、郭璞注《山海经》，皆引其书，惜今已失传。

除此诸书以外，战国子书，亦颇有言及昆仑者。《庄子·大宗师》"堪坏得之，以袭昆仑"。司马注云："堪坏神名，人面兽形，《淮南》作钦负。"《天地》篇"黄帝游乎赤水之北，登乎昆仑之丘而南望，还归遗其玄珠"。《吕氏春秋·本味》："菜之美者，昆仑之蘋。"《列子·周穆王》言穆王西征，宿昆仑之阿，观黄帝之宫，宾于西王母，觞于瑶池之上云云，与《穆天子传》所言，情节相类。《列子》本非伪书，但亦不全真。此一段疑其剽窃《穆天子传》——不然，则《穆天子传》登昆仑，见王母诸情节，乃衍《列子》此文也。

文学言昆仑者，首推屈原作品。

《天问》："昆仑悬圃，其尻安在？增城九重，其高几里？四方之门，其谁从焉？西北辟启，何气通焉？"

《离骚》："邅吾道夫昆仑兮，路修远以周流。"

《九歌·河伯》："登昆仑兮四望，心飞扬兮浩荡。"

《九章·涉江》："吾与重华游兮瑶之圃，登昆仑兮食玉英，与天地兮同寿，与日月兮齐光。"

最后为纬书《淮南子》等。纬书虽汉人所辑，但其材料大部分为战国燕齐方士之所传。其中《河图括地象》、《河图始开图》等，叙昆仑情况与《山海经》互有出入。《淮南子》为刘安门客所编著，而此类门客固亦燕齐方士之苗裔。《淮南子·地形训》之描写昆仑，文采瑰丽，记叙精详，比之《山海经》，已多渲染增饰之处。然其大体则离昆仑原来型式尚不甚远，非后来经过中国人夸大及受印度苏迷卢影响之《十洲记》、《西王母外传》、《拾遗记》等书比也。

昆仑名词，传入中国，固不知何时，而昆仑神话独盛于战国，则上述诸书可以为证。故吾人谓昆仑见于中国文字之记载，始于战国，谅不为大失（按泰山亦即昆仑，特不以昆仑名耳，见《自跋》之二）。

二 汉武帝考定昆仑公案

汉武帝为我国历史上有名勤远略之帝王，亦迷信神仙最甚之帝王也。彼以欲断匈奴

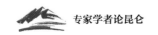

右臂之故，遣张骞使月氏。为匈奴所遮，而至大宛，遂得知河源形况。《史记·大宛列传》云：

> 于阗之西，则水皆西流注西海。其东，水东流注盐泽。盐泽潜行地下，其南则河源出焉。多玉石，河注中国……而汉使穷河源。河源出于阗，其山多玉石采来（按《史记》集解：瓒曰："汉使采取将来持至汉。"张文虎校《史记》札记则云："采来二字，连上为句。采当为采色之采。来乃琜之借字。《说文》：'琜，琼玉也。'玉篇：'琜。玉属也。'采来谓采色之琜。"其义比瓒说为长，今取之）。天子按古图书，名河所出山曰昆仑。

武帝固为好神仙之君主，习闻昆仑为一大仙山。又习闻河出昆仑，闻骞言则大喜，以为由河源以索昆仑，则昆仑可得，仙人可睹，不死药可致矣。其后遣张骞使乌孙，必曾嘱其对此仙山，再切实探索。顾骞为诚悫之人，不善为谎语，觅昆仑不见，惟有据实回奏。司马迁："今张骞之使大夏也，穷河源，恶睹所谓昆仑者乎？"可证也。武帝于心不甘，则另派他人往。所谓"汉使"必为其他使臣，而且不止一批。（《大宛列传》言："汉率一岁中，使者多者十余，少者五六辈，远者八九岁，近者数岁而返。"）此类使臣之派遣虽为政治关系，顾亦必负有寻觅仙山之使命，渠等亦未觅得昆仑，惟报告于阗之山多玉，武帝谅以屡求此山不得，无以解嘲于廷臣，遂根据古图书所言昆仑条件，而指于阗之某山为昆仑。

然昆仑之最大条件为仙山，于阗之山，果如是乎？故司马迁于其《大宛列传》中，以冷笑的口吻言曰：

> 《禹本纪》言"河出昆仑。昆仑其高二千五百余里，日月所相避隐为光明也。其上有醴泉、瑶池"。今自张骞使大夏之后也，穷河源，恶睹《本纪》所谓昆仑者乎？故言九州山川，《尚书》近之矣。至《禹本纪》、《山海经》，所有怪物，余不敢言之也。

后代学者于史公此种抗议，置诸不论，盖中国人于武帝所定昆仑，确在何地，实无所知，当然不能为左右袒也。然近代地理学者如顾实先生，则认定昆仑系今日后藏新疆交界处之昆仑山脉。穆王西征时，曾登此山，谓："司马迁腐刑之余，阳气消沮，信口开河，言不由衷，将上古累代相传之信史，付之一笔抹煞。"又谓："秦始皇之焚书为野蛮。司马迁造疑古之谣为野陋，厥罪维均"云云（《穆传讲疏》三页）。而张星烺先生亦谓："迁以腐刑之余，对于汉武帝之措施，无处不表示其愤慨，因愤慨而讥刺，因讥刺而颠倒黑白……百家竞言黄帝登昆仑，稽《穆天子传》纪程，昆仑当在于阗，毫无疑窦。故汉武帝案古图书，名河所出山曰昆仑。武帝当时必与朝中博古之臣，共相考证，而后有此定案。惟未与司马迁议及耳。迁于《大宛传》后讥之……然则世间竟无昆仑欤？三代之书，悉为虚构伪作欤？武帝朝中群臣，悉为指鹿为马之徒欤？迁之颠倒是非，固有由矣"云云（《中西交通史料汇编》，第一册六页）。迁以良史之才，于汉代诸帝之行实，一皆秉之直笔，竟被目为"谤书"，今又以反对武帝钦定昆仑一案，蒙"造谣"与"颠倒是非"之罪，甚矣良史之难为也！迁为汉初人，彼时伪史与神话根基初立，尚未为学术界所完全接受，一般学者犹有辨别是非之能力；而迁又为一富于学术良心之史家，不能因附和帝王意见，而改变其学术之立场。故当时流行之政治势力，亦非其个人力量所能挽回，惟有在自己著作中，保留一小小抗议，以便后代之评判耳。谓其反对昆仑，乃由挟怀武帝私憾而起，则小乎其视迁矣。

然则武帝方面完全错误耶？曰：错误则诚错误，然于情于理，则皆大有可原。今使司马迁与武帝讼于法庭，则法官亦必难判其孰非孰是。盖司马迁所争者《禹本纪》所言之仙山也。今武帝所定于阗某山之昆仑，果高二千五百里欤？其上果有醴泉瑶池欤？果有《山海经》所言珠玉之树，凤鸾之鸟，九头之开明兽，虎身人面，虎文鸟翼之英招神及陆吾神欤？其下果有弱水之渊，炎火之山欤？其附近果有玉山为西王母所居者欤？曰张骞自言未睹，其他汉使亦未闻有所捏报，而武帝遽以西域一座凄寒萧索，一无所有之荒岭，硬指为楼阁万里，五云缥缈之仙山，其为司马迁所窃笑宜矣。然武帝所据者古图书也。古图书所言昆仑固有三大条件合于于阗山之情况。一曰"在西北"、二曰"多玉石"、三曰"河源之所出"。

今请言第一条件。《禹贡》之"织皮昆仑"，"西戎即叙"，《逸周书》之"正西昆仑"，今日知为国名或种族名，与昆仑之山无涉，然武帝时代，恐尚不能辨别，见西戎与正西字样，则据以为定昆仑之方位之一条件。《山海经·海内西经》第十一"海内昆仑之墟在西北"；《大荒西经》第十六"西海之南，流沙之滨，赤水之后，黑水之前，有大山曰昆仑之丘"。于阗亦有沙漠，且其西固有西海（即里海），则昆仑之在西北又得一证矣。且《穆天子传》穆王往见西王母，系向西进发。屈原《离骚》，邅道昆仑，亦言向西。其他如《禹本纪》及《淮南子》各纬书所根据由战国传下之昆仑传说，谅必一律言昆仑在西北。今张骞所通西域之于阗在中国之西，谓昆仑在彼中，又焉得而过？

今请论第二条件：《西山经》第三"又西北（不周山西北）四百二十里曰峚山……丹水出焉。注流于稷泽。其中多白玉，是有玉膏。其源沸沸汤汤，黄帝是食是飨。是生玄玉，玉膏所出，以灌丹木。……黄帝乃取峚山之玉荣，而投之钟山之阳，瑾瑜之玉为良。坚粟精密，浊泽而有光，五色发作，以和柔刚。天地鬼神，是食是飨，君子服之，以御不祥。""又西（钟山以西）三百二十里，曰槐江之水出焉，而北流注于泑水。……多藏琅玕黄金玉……实惟帝之平圃，神英招司之，……其中多玉。"自此而西南为昆仑丘，又西为乐游之山，多白玉。又西为嬴母之山，其上多玉，其下多青石。又西为玉山，西王母之所居也。又西则符阳之山，槐山、天山、泑山、翼望之山，无不多金多玉。然《山海经》所有之山，产玉者固居多数，而如昆仑一带，玉量尤丰。《尔雅》曾言璆琳琅玕为昆仑之美产。《穆天子传》则言钓于珠泽，得玉荣枝斯之英。攻玉于群玉之山，载玉万只而去。今于阗叶尔羌境内，所产玉量之富，甲于天下。于阗诸河皆以玉名，米尔岱山之五色玉有重至万斤者。此可考《新疆纪略》、《西域水道记》诸书而知之者。则与古图书所言昆仑之第二条件又无不吻合。

今更请言河源，此为考定昆仑之最要条件。最先报告河源出于阗者为张骞，已见前引《史记·大宛列传》。《汉书·西域传》则有更详之叙述，其言曰：

> 西域以孝武时始通，本三十六国，其后稍分至五十余，皆在匈奴之西，乌孙之南，南北有大山，中央有河，东西六千余里，南北千余里。东则接汉，扼以玉门阳关，西则限以葱岭。其南山，东出金城，与汉南山属焉。其河有两源，一出葱岭，一出于阗。于阗在南山下。其河北流，与葱岭河合，东注蒲昌海。蒲昌海，一名盐泽者也。去玉门阳关三百余里，广袤三四百里，其水亭居，冬夏不增减，皆以为潜行地下，南出积石，为中国河云。

传所言南北两山，北山即今天山山脉，南山则今昆仑山脉也。中央之东西六千余里，南北千余里之地，则今新疆塔里木盆地也。流于盆地中央之大河则塔里木河也。河有两源（实有四源），出葱岭者所谓葱岭河（今曰喀什噶尔河），出于阗者所谓于阗河（今曰和阗河）也。蒲昌海或盐泽者今所谓罗布淖尔或罗布泊者也。塔里木河注入罗布泊后，即隐不见，潜行地底一千数百余里，至青海之积石而复出，为中国河源，东流数千里而入渤海，则古图书又皆言之矣。《尔雅·释地》"河出昆仑虚，色白。"《山海经·西山经》第二："昆仑之丘……河水出焉。"《海内西经》第十一"海内昆仑之虚在西北……河水出其东北……西南又入渤海……入禹所导积石山"。则河出昆仑似无疑义。顾黄河出青海，乃系事实。今曰河出昆仑，则非借重"潜流"之学说不可。"潜"之一字，亦出古书。《西山经》第二"又西北三百七十里，曰不周之山，北望诸毗之山，临彼岳崇之山，东望泑泽，河水所潜也，其源浑浑泡泡"。《北山经》第三"又北三百二十里，曰敦薨之山……敦薨之水出焉，而西流于泑泽。出于昆仑之东北隅实惟河源"。今张骞所调查而得之罗布泊，名曰盐泽，不名泑泽，当时汉廷君臣，睹一泽字，又安能不受其暗示。如此，则第三条件，又俨然若合符节焉。

张星烺先生谓武帝之定昆仑，必与朝中博古之臣，共相考证，而后始有此定案，其言不为无见。故司马迁根据《禹本纪》之仙山，驳斥于阗某山之不成其为昆仑，固振振有词，汉武帝援引古图书，辩护于阗某山之实为昆仑，亦凿凿有据。公有公理，婆亦有婆理，试问聆取此案之法官，将何法以断其曲直，我意惟有挥两造出外，令其自行和解而已耳。

顾法官果有现代地理知识者，则武帝一败涂地无疑。今且将司马迁方面论据暂时搁起，但言汉武帝方面之论据。其第一条件"在西北"，在今日地理学上言之，颇难成立。吾人若按地图经线，则西域全境，无论与战国时代之燕齐，抑与秦汉时代之长安，皆在同一经度以内，即三十五度至四十五度，吾人仅能言昆仑在中国正西，不能谓为西北。惟古代对于地理之测量，决不如现代之精密，武帝之谬误实可原谅（昆仑在西北之真正理由，余将于后文解释）。

次言河源，则诚二千数百年之大谜。帝王之遣使调查，固已至再至三，学者之研讨搜索，亦复殚精竭虑。然黄河源出昆仑，盐泽潜行，积石再出之谬说，盘据于国人脑海，蒂固根深，确乎其不可拔，今日科学学理，已将潜流重源之迷信，加以扫除，而于黄河源出昆仑，则尚有不惜百般曲解，以圆其说者，亦中国地理学上一至奇之现象也。今且不惜费词，将二千年来关于河源之争论史，概括叙述于下：

自张骞报告河源出于阗，武帝据之以定昆仑，自汉至隋，未有异论。且汉以后史家，所得关于西域之地理知识，有时胜于汉人，黄河在于阗以上之上源，尚有比《史记》、《汉书》更为精详之叙述。如郦道元之注《水经》，利用当时传入中国之印度人西域地理书，记叙于阗河源，几达一卷之多。且笑张骞调查之粗略焉。

隋唐人常有事于西域，对河源不免重新注意。隋大业中，平吐谷浑，于赤水郡置河源郡，见《隋书·地理志》。又于河源郡下云："积石山河源所出。"《旧唐书》卷六十七《李靖传》"未几吐谷浑寇边……以靖为西海道行军大总管……遂逾积石山"。同书卷一百四十九《吐谷浑传》："靖等进至赤海……遂历于河源。"同书卷六十二《李大亮传》："……及讨吐谷浑……与大总管李靖等出北路，涉青海，历河源。"《新唐书·吐谷浑传》："靖望积石山，望观河源。"同书《李大亮传》"涉青海，观河源"。唐吐谷浑在今青海境。黄河出自积石，始为中国河，张骞、班固，久有此说。特发自昆仑者为"真源"，出自积石者为"重源"，斯又中国史地家所一致主张者也。隋人置河源之郡，及李靖与李大亮所观青海积石山之河源，在彼等心目中认为黄河真源欤？抑或认为重源欤？史无明文，故吾人亦难确指。及长庆元年（821年）刘元鼎使吐蕃还，而隋唐人对河源之真意，吾人始得明晓。《旧唐书》卷一百九十六《吐蕃传下》："是时元鼎往来黄河上流，在洪济桥西南二千余里，其水极为浅狭，春可揭涉，秋夏则以船渡。其南三百余里，有三山，山形如鳌，河源在其间，水甚清冷……又其源西去吐蕃之列馆约四驿，每驿约二百余里，东北去莫贺延碛尾，阔五十里，向南渐狭小。自沙洲之西，乃南入吐浑国，至此转微，故号碛尾，计其地理，当剑南之西。"《新唐书》卷二百十六《吐蕃传下》："元鼎逾湟水至龙泉谷……湟水出蒙谷抵龙泉与河合。河之上流繇洪济梁西南行二千里，水益狭，春可涉，秋夏乃胜舟。西三百里，三山中高而四下，曰紫山，直大羊同国，古所谓昆仑者也，虏曰闷摩黎山，东距长安五千里，河源其间，流澄缓下，稍合众流，色赤。……"唐之吐蕃，在吐谷浑西，即在今青海西藏境。所谓闷摩黎山，即今阿尼马卿山，在今青海东南。中国自汉谓昆仑在于阗，即今后藏新疆交界处，今乃被唐人移至青海，不可谓非地理学上一大革命。特黄河自源星宿海，阿尼马卿山所注出者乃另数源，刘元鼎所得之河源，实未真确，宜乎为元清二代人所讥。《新唐书》卷五十八《艺文志》乙部史录地理类，著贾耽《吐蕃黄河录》四卷。耽乃唐代有名地理学家，著述甚富，今以吐蕃冠黄河上，殆已承认河源出于青海，惜其书今已不可得见矣。

至元而又有一番实地调查之举。元世祖至元十七年（1280年）命学士蒲察都实为招讨使，佩金虎符，往求河源，是岁至河州。自杀马关以后，地势渐高，行四阅月而达河源。是冬还报，并图其城传地位以闻。其后翰林学士潘昂霄从都实之弟阔阔出得其说，撰为《河源志》。《元史》采其说入《地理志》为《河源附录》。其说之梗概曰：

> 按河源在土蕃朵甘斯西鄙，有泉百余泓，沮洳散涣，弗可逼视，方可七八十里。履高山下瞰，灿若列星。以故名火敦脑儿，译言星宿海。群流奔凑，近五七里，汇为二巨泽，名阿剌诺尔。自西而来，连属吞噬，行一日，迤逦东骛成川，号赤宾河。又二三日，水西南，名也里出，与赤宾河合。又三四日，水南来，名忽兰，又水东南，名也果木。合流入赤宾，其流浸大，始名黄河。然水犹清，人可涉。又一二日，歧为八九股，名也孙斡论，译言九渡，通广五七里，可渡马。又四五日，水浑浊，土人抱革囊骑过之。自是两山峡束，广可一里二里，或半里，其深巨测。朵甘斯东北，有大雪山，名亦耳麻不莫剌，其山最高，译言腾乞里塔，即昆仑也。自八九股水至昆仑，行二十日。

元临川朱思本又从八里吉思，得帝师撒思加所藏梵字图书，而以华文译之，其言与潘昂霄所记，互有详略。书既出西藏喇嘛，想亦实地调查之结果也。

至清代而黄河源又被人实地调查，且不止一次。清圣祖曾遣使穷河源，仍得之于星宿海，御制文以纪其事，乾隆四十七年，以有事于河工，特命侍卫弥弥达，祭告青海河神，因西溯河源，绘图具奏，言星宿海西南三百余里，有河名阿勒坦郭勒，其水色黄。蒙古语，阿勒坦为黄金，郭勒为河。此河之西，有巨石高数丈，名曰阿勒坦噶达素齐老。蒙古语，"噶达素"为北极星，"齐老"为石。此巨石壁作赤黄色，壁上有池曰天池，池中流泉喷涌，酾为百道，皆作金色，流入阿勒坦郭勒，实为黄河之上源，其位置更在星宿海上。凡此诸说，皆见于高宗命儒臣所撰之《钦定河源纪略》中。高宗所得黄河之源不过比星宿海更推进三百里。且星宿海四周数百里，河流亦多，阿勒坦郭勒河之通星宿海，想系水大时现象，平时则未见其通，故谓其河为黄河上源，想亦不过使臣迎合帝王好胜心理，故为之说耳。乃清高宗竟矜为不世之发现，既御制诗歌以纪其事，又作《河源纪略》颁其说于天下，一时言河源者无不采此新说，儒臣之颂扬圣功者，极一时之盛焉。

唐元清三代实地调查之结果，黄河源出青海，与于阗境之昆仑毫无关系，今已成定论。夫"伏流"、"重源"之说，在地理学上并非不能成立，惟"伏流"必由较高地带渗入较低地带，反之，则无渗入可能。今新疆为一大盆地——即塔里木盆地——海拔不过千公尺左右，而星宿海在西藏高原，高达四五千公尺，谓新疆罗布泊之伏流，可以潜行地下一千余里，至星宿海而重源再出，以为中国黄河之源，则现代地理学，决不能容纳此说。

今黄河"伏流"之说，稍有现代地理常识者已不敢再道。然有人谓昆仑有狭义，有广义。凡西部高原之山皆可为昆仑，则黄河出青海，亦可谓出于昆仑。又有人谓甘肃西之疏勒河，距新疆罗布泊不远，如塔里木河水大，则未尝不可以流入疏勒河，由是亦可流入黄河，故主黄河发源昆仑，固不必借助于"伏流"说也云云。疏勒河所流系塔里木盆地，然至祁连山麓，则地势又渐高，无论水之大小，皆无可以流入星宿海之理。即能流入，亦必先假定水大之条件而后可，绕此大弯，以圆河与昆仑之关系，则亦"潜流说"之变相耳。名之为"河源之迷信"，殆无不可。

于是笔者对于此种迷信，不禁大感兴趣，而认为值得一番研讨。自汉至唐千数百年，对此无异词者，犹可诿之未曾实地查勘也。唐元清三代，则皆有探索河源之事矣。唐人将昆仑由新疆移至青海，仍维持河与昆仑之关系，特不信潜流重源耳。元人置昆仑于黄河源东，相距且二十余日程，不信河发源昆仑者，惟有元人而已。清人一再履勘，知黄河源实在青海，然而河发昆仑，罗布泊潜流，齐老峰重出之说，决不肯放弃，主张更较前代为热烈，考清人一代朝野之地理书可知也。嘉道间地理权威魏源，已吸收甚多之西洋学识矣，而断断为此说张目焉。同时代人徐松谪居新疆十余年，躬自查究西域水

道，所得至为翔实矣，而亦殷殷为此说辩护焉。一种迷信，着于国人性灵，胶固如是，必有其特殊之原因，吾人试一探究，当有甚奇之发现。

今且返笔，更叙《史记》、《汉书》之文。《史记·大宛列传》"盐泽潜行地下，其南则河源出焉"。《汉书·西域传》"河水潜行地下，南出积石为中国河"。此二"潜"字，来源颇怪，值得吾人注意。前文固曾言武帝之考定昆仑，于潜流一节，必曾受《山海经》"东望渤泽，河水之所潜也"、"而西流于渤泽，实惟河源"二节文字之影响。顾此特武帝与群臣之所考耳，骞、固则实得之于西域。盖张骞为一探险家，为一军人，一生岁月消磨西域，当无暇于读中国书。班固亦为一极严正之历史家，于屈原《离骚》中之昆仑玄圃，尚以为非经义所载，置诸不论，宁肯注意于离奇荒诞，神话百出之山海经？彼二人，一先一后，异口同声，谓黄河潜行地下者，余谓盖得其说于西域人耳。骞奉使西域，前后数次，居大夏尤久，于于阗情形，当然熟悉。班固之弟班超，居西域三十一年，于西域之地理必有极详之记录，固奉命迎北单于，亲至私渠海，故其《西域传》，言西域情形最详，至今尚不失为极有价值之西域地理史。彼对于河源之说，实由其弟班超实地调查得来，并非抄袭《史记》张骞之说，吾人读其《西域传》，便可知之。夫黄河潜行地底二千余里，而后重源再出，又潜行地底千余里出积石为中国河源，此为何等奇异之地理现象，若非西域人本有此说，张骞岂敢以此奏之于武帝，班固又岂敢入此语于其著作中乎？

或者将曰：安知此非张骞迎合武帝好仙之心理，虚造此说耶？则吾人应知张骞携此异说而回朝，亦不过偶为谈助而已，此外则并无其他企图，武帝闻此说而引起其寻觅昆仑之野心，则实非骞之所料也。骞果有心迎合武帝，则明知武帝决不能纡尊降贵，亲至西域调查，何妨竟捏造一昆仑以报；又何必坚言"未睹"，大煞武帝之风景乎？吾人读《史记》于此而犹不知，则亦可谓太不善读书者矣。

吾谓西域人相信河源潜行地下，直接可由骞固二人实地调查之结果相同证之，间接可由印度人之谈西域地理者证之。郦道元《水经注》卷一引释氏《西域记》："河自蒲昌，潜行地下，南出积石"，又引《凉州异物志》："葱岭之水，分流东西，西入大海，东为河源"，又言"葱岭在敦煌西八千里，河源潜发其岭，分为二水：一出岐沙谷，东流经无雷、依耐、蒲犁、疏勒、皮山、莎车各国为河源；一西径循休、难兜、罽宾、月氏各国，至安息而注雷翥海。"按释氏《西域记》今虽不存，而观古书所援引之文，与唐代玄奘所译《大唐西域记》颇同，知为六朝时传入中国之印度人西域地理。《凉州异物志》或系中国人所撰，而据《水经注》所援文观之，则中亦多翻译之印度地名，知其亦必根据印度地理知识而写成者。释氏《西域记》言"河自蒲昌海，潜行地下，南出积石"云云，必非剿窃中国《史记》、《汉书》，而实为印度人所得于西域历古相传之说。《凉州异物志》谓："葱岭之水，分流东西，西入大海，东为河源"，则与《史记·大宛列传》"于阗之西，则水皆流注西海，其东，水东流注盐泽"，又若合符节。

葱岭为亚洲最高分水岭。以岭水之东西分流，而西域人竟疑岭东西水可以互通。《水经注》卷一："《汉书·西域传》又云：'犁靬条支临西海，长老传闻条支有弱水西王母，亦未尝见。自条支乘水西行可百余日，近日所入地'，或者河水（黄河，笔者注）所通西海矣。"中国古所谓西海，有时指地中海，有时指里海。《水经注》此节所言乃里海也。夫黄河乃能逾八千尺之高峰而通于里海，其不合事理，实倍于潜流。故郦道元又无从获此绝奇之观念者，盖亦闻之印度人，而印度人又闻之于西域人而已。

或者又将曰：中国人之翻译事业欠严肃，今安知释氏《西域记》等语，非中国人所增饰乎？又安知郦道元之河通西海，非彼一人之臆测乎？则吾人又将引一证，以证其非然焉。按中世纪意大利天主教教士马黎诺里（Marignolli）游历印度，得地堂之传说，谓地堂在锡兰东，名科伦白姆（Coeumbun）流出四河，其第二河曰肥逊河，入中国境则为黄河。又言河流至喀发对岸，没于沙中，后乃再出，过塔纳，而潴为巴库海。张星烺先生谓："巴库海即里海之别名，马氏何以误将黄河与里海相连，则诚百思不得其解矣。中国自昔即有黄河发源于葱岭，流经喀什噶尔，成塔里木河，入罗布淖尔，再地下潜行，复出于青海，而成黄河之说。新疆之人亦有喀喇沙尔附近诸水，来自西海者（即里海）。马黎诺里经过诸地时，得此异闻，故有此误会也。"（《中西交通史料汇编》，第二册一六五页）。马黎诺里固非能读中国书者，此说又得之印度，然则吾人能谓黄河通西海之说，郦道元竟无所受而云然哉？

然则西域人偏好为此不近事理之潜流说，又为曷故？曰：吾人之所谓奇事，盖在是矣，余前固言《山海经》乃古两河流域人之地理书，而"潜流"之语乃出此书，故知"潜流"学说实为两河人所倡，由里海而东，辗转而至于西域。以其源流古远，故其势力积久弥雄，西域、印度、中国之人受此学说之支配而摆脱无由，俨同一种迷信，岂无故耶？——关于此说，后文当更论。

综上所述，武帝第二条件又不能成立。惟第三条件于阗多玉，勉强可以凭借而已。故曰审判此案之法官，若有现代地理知识者，武帝之失败无疑。

三　中国境内外之昆仑

史言汉武帝定昆仑，而昆仑究为于阗何山，则史无明文，历来亦无确指。近代始有学者加以考求，而其结论则亦未必正确。此非吾国人研究学问不求甚解之态度为之害也。盖清以前西域未归版图，道路又绝远艰阻，勘察为难也。唐元清三代皆有事于西域，而昆仑之所在，乃大成问题，其故可知矣。且昆仑本不在中土，无其地而强指一山以名之，则人之意见必不能尽同，于是昆仑乃成为任人呼唤，信手成采之枭卢，此神秘之仙山，竟随地涌现焉。又有印度传来之神话，海外国族之同音，映射缠纠于其间，更使吾国之谈昆仑者，有耳乱八音，目迷五色之概，昆仑问题之成为中国地理上之大谜，盖由于此，今吾人若企图解决此谜，则必须将历来昆仑所蒙之面纱，层层剥去，而后昆仑之真相可得。故吾人不得不再翻昆仑档案，计算中国境内外，究有若干昆仑。

（A）中国境内之昆仑

清以前，中国本部之昆仑，则有安徽潜山县东北六十里之一山，福建惠安县东北三十里之一山，广西邕宁东北一百二十里之一山。而广西昆仑山上之昆仑关为宋狄青元夜破侬智高处，亦抗战以来，常见于报章之要塞也。顾此皆为昆仑之模制品，一望可知，素亦无人措意，故余对此亦不愿再言，今则言昆仑之在中国西部者。不问考定时代之后先，不议人之贵贱，但以地段由东向西之顺序为断。

（一）在青海西宁。《汉书·地理志》："金城郡临羌，西北塞外，有西王母石室，西有弱水，昆仑山祠。"临羌者汉置临羌县，赵充国曾于此屯田。今为青海省会。城濒湟水南岸，青海额鲁特蒙古及阿里克等四十姓土司，与汉人互市于此。为西边一大都会。临羌之地，原为羌人所居，后慕汉威德，愿献地内属。王充《论衡·恢国》："孝平元始四年（4年）金城塞外羌献其鱼盐之地，愿内属，汉遂得西王母石室，因以为西海郡。"郑玄注《禹贡》之织皮昆仑，谓为西方之戎人，马融则谓昆仑在临羌西，盖为种族之名。汉志仅言西王母、弱水、昆仑祠，而未尝言其地有何山足称为昆仑。然境内既有弱水，则亦必有一小山名为昆仑者在，西王母石室当即建此山上，故汉志名之曰"山祠"。

（二）在敦煌。《汉书·地理志》："敦煌郡广至，有昆仑障。"塞外险要之处，可筑防御工事者，皆以障名。《史记》"筑亭障以逐戎人"，《汉书》"又出五原塞数百里，远者千里，置城障，列亭"可证。必山岳丘陵乃足称为险要，故敦煌之昆仑障，料亦必筑于山陵之上。此山即名为昆仑者是也。

（三）在酒泉。崔鸿《十六国春秋·前凉录》："酒泉太守马岌上言，酒泉南山，即昆仑之体也。周穆王见西王母，乐而忘归，即在此山。山有石室王母堂，珠玑镂饰，焕若神宫。"（《史记集解》及《太平御览》引）

（四）即阿尼马卿山。《禹贡》"道河积石"，盖本之《山海经·海内西经》："河水出东北隅……入禹所导积石山"。中国遂以黄河重源再出处，指一山名之为积石。积石有大小，小积石在今甘肃临夏县西北，即唐述山，当黄河曲处，其地有积石关；大积石则在今青海东南境，番名阿木奈玛勒占木逊山，又曰阿弥耶玛勒津木逊山，又曰阿木尼麻禅母逊阿山。蒙古语则曰木素鄂拉。今地理书则作阿尼马卿山。刘元鼎使吐番谓得河源于莫贺延碛尾，曰闷摩黎山，即此山也，闷摩黎盖与阿木奈、阿弥耶、阿木尼为对音，特吞其尾音耳，黄河发源星宿海，流入札陵、鄂陵两湖，又数百里，至阿尼马卿山西部，容纳一河；又蜿蜒曲折行数百里，抵山之腹部，纳一河流；沿山东南行，至棱宗贡巴，陡折而北，于是行于西倾及阿尼马谷中，凡入六七河，其出于阿尼马北者三焉。刘元鼎探河源仅至于此，遂以为黄河发源于此山，而名之为昆仑。然此亦非刘元鼎之误，恐其受蕃人之欺骗而已。盖阿尼马卿高达海拔六千公尺左右，实为吐蕃境内之圣山。徐松言西蕃语谓"阿弥耶"为众山之祖（《西域水道记》卷二）。则西番人盖视之为群山之祖，恰值此山又有数河注入黄河，乃对中国人自炫为昆仑。元鼎不察，信以为真，遂有此误。

元代都什所觅得河源以东之大雪山，亦即阿尼马卿也。《元史·地理志·河源附录》，谓大雪山在朵甘斯之东北。按元置朵甘斯宣慰司以统蕃羌。青海之东南至西康之境，皆其地。今阿尼马卿山在青海东南，西康西北，则地望恰合。都什之报告录，谓"山腹至顶皆雪，冬夏不消"，朱思本所译之帝师梵文记录，谓"此山高峻非常，山麓绵亘五百余里。黄河随山足东流，过萨斯嘉库济克持地，"均与阿尼马卿情况相合。然元人似不知其所得之亦耳麻不莫剌山。即刘元鼎所得之闷摩黎山。清人亦似不知元人所得之亦耳麻不莫剌，即其常所称道之阿木奈玛勒占木逊。如魏源、徐松皆以为两山是也。（徐松在其《西域水道记》卷三中言："大积石在克俦渡口，距阿弥耶玛勒津木逊山一千六百里"，在其《汉书·西域传》补注中，则又谓"河……经阿木奈玛勒占未逊山南麓，即大积石山"，一人之言而自相矛盾至此，不亦可怪欤？）

（五）即巴颜喀喇山。清圣祖尝遣使穷河源，以其时西藏未归版图，仅至青海星宿海而止，遂以巴颜喀喇山为昆仑，记之于《大清一统志》。其言之大略曰：今黄河发源之处，虽有三山，而其最西而大，为真源所在者，巴颜喀喇山也。东北去西宁边外一千四百五十五里，延袤约千余里，山不极峻，而地势甚高，自查灵、鄂灵二海子之西，以渐而高，登至三百里，始抵其下。山脉自金沙江发源之犁石山，蜿蜒东来，结为此山。自此分支向北，层冈叠嶂，直抵嘉峪关，东趋大雪山，至西宁边，东北达凉州以南大小诸山。并黄河南岸，至西倾山，抵河洮阶诸州，至四川松潘口诸山。河源其间，而其枝干盘绕黄河西岸，势相连属，蒙古概名之为"枯尔坤。""枯尔坤"华言"昆仑"也。蒋廷锡《尚书地理今释》，援其说以释《禹贡》之昆仑云："昆仑在今西番界。有三山：一名阿克坡齐禽，一名巴尔布哈，一名巴颜喀拉。总名枯尔坤，在积石西，河源所出。"

（六）即天山。洪亮吉曰："昆仑即天山也。其首在西域……自贺诺木尔至叶尔羌，以及青海之枯尔坤，绵延东北千五百里，至嘉峪关以迄西宁，皆昆仑也。华言或名敦薨之山，或名葱岭，或名于阗南山，或名紫山，或名天山，或名大雪山，或名酒泉南山，又有大昆仑、小昆仑、昆仑丘、昆仑墟诸异名。译言则曰阿耨达山，又云闷摩黎山，又名腾乞里塔，又名麻瑝剌山，又名枯尔坤，其实皆一名也。"（孙璧文《新义录》卷八引）又《皇清通志》及松筠《西陲总统事略》皆云：黄河近源在星宿海西三百余里，远源则为回部极西之葱岭，在喀什噶尔，叶尔羌四千余里。蒙古谓天山冰岭皆名曰昆都仑，急呼则曰昆仑（魏源《海国图志》卷七十四引）。

（七）即于阗南山。《汉书·西域传》："西域……南北有大山……其南山东出金城，与汉南山属焉"，又曰"于阗在南山下"。《史记·大宛列传》及《汉书·张骞传》皆言骞"并南山欲从羌中归，为匈奴所得"。此为南山二字见于中国记载之始。南山果为何山乎？《史记正义》曰："南山，即连终南山，从京南东至华山，过河东，北绵延至海，即中条山也。从京南连接，至葱岭万余里，故云并南山也。"《通鉴》注："南山在于阗之南，东出金城，与汉南山接。"金城郡，昭帝始元六年置（今甘肃兰州府西界），见《汉书·地理志》。汉南山即终南山，在长安西南五十里。所谓终南者言西域南山至此而终也。以上所言者为南山山脉，属广义。

至狭义的南山，则为于阗南山，在和阗额里齐城南五百八十里。历代异其名称，《汉书·西域传》称之为南山，《魏书·西域传》称之为冻凌山，《水经注》称之为仇摩置（置者驿义），《大唐西域记》称之为瞿室鵅伽山。清徐松谓谚称为密克玛克曲底雪山（《汉书·西域传》上，《西域水道记》卷二）。今称蟒依尼山，蟒依尼者回语雪也，即雪山也。山有东西二谷，西曰桑谷，东曰树雅。近代地理学家丁谦先生著《汉书西域传考证》，谓此即汉武帝所定之昆仑山，顾实先生赞之云，古今言昆仑者纷如聚讼，丁谦之考证，则"洵乎同符古今，大要不谬矣"（《穆天子传·西征讲疏》六七页）。然顾先生仅许丁氏之言为"大要不谬"，似言其尚未达于完全正确之境也。顾氏本人则认托古兹达坂附近为昆仑山，隐指阿勒腾塔岭为昆仑，以释氏《西域记》言阿耨达山为中国之昆仑，阿耨达与阿勒腾塔音相近也（同书六九页）。

（八）即喀喇科龙山。英人夏德（E. Hirth）尝言和阗南部有喀喇科龙（Karakorum）山，其音俨与昆仑相近。似乎昆仑山之外，尚有他山亦名昆仑，于上古时代见知于中国也［见氏所著之《中国古史》（The Ancient History of China），张星烺《中西交通史料汇编》引］。按喀喇科龙山为喜马拉雅山脉中之高山，绵亘中国、阿富汗及印度之间，一名木斯他喀拉科龙岭，四时皆通行旅。其山口为新疆南部与印度北部交通之要道。

（九）即冈底斯山。《大清一统志》："西藏有冈底斯山在阿里之达克喇城东北三百十里。其山高五百五十余丈，周一百四十余里。四面峰峦陡绝，高出乎众山者百余丈。

积雪如悬崖，皓然洁白。顶上百泉流注，至山麓即伏流地中。前后环绕诸山，皆巉岩峭峻，奇峰拱列，即阿耨达山也。"康熙中，西藏有大喇嘛来京，侈言昆仑实在西藏境，即冈底斯。其山所出诸水，有狮泉、马泉、象泉，诸名目，与佛经阿耨达银牛口、金象口、玻璃狮子口、琉璃马口名目相合。清廷特命理藩院主事胜住偕喇嘛往，绘西藏青海地图回奏，认为与昆仑相合，故清圣祖特定此山为昆仑。然圣祖固曾定巴颜喀喇山为昆仑，今则何以处该山乎？于是前话只有不提。而学者则认冈底斯为大昆仑，巴颜喀喇山为小昆仑，蒋廷锡《尚书地理今释》即此论之代表者焉。

（十）即葱岭。清魏源主此说最坚。但六朝人已先有言者，如郦道元《水经注》卷一，借助于印度人之地理书，考订昆仑之所在，已隐约指其即为葱岭，特未明言而已。元常德《西使记》（一名刘郁《西使记》）中有过亦堵，盖契丹故居，过亦运河，土人云此黄河源。又过塔喇寺，过赛蓝城。过忽牵河。人云河源出南大山，地多产玉，疑为昆仑山等语。按记所云契丹，为西契丹，在今伊犁境。亦运河即葱岭东喀什噶尔河源。塔喇寺即今塔剌斯河。赛蓝城即《明史》之赛兰，为元时往返西域必由之路。忽牵河即霍阐河之音转，今敖罕境内之纳林河也。纳林河出葱岭，则南大山即葱岭也。魏源据此，谓元人似知葱岭即昆仑矣云云。

魏源又在其《释昆仑》上下，列举十余证，证明葱岭即昆仑，非冈底斯，词甚雄辩。大旨谓儒言昆仑，释言阿耨达，皆居大地之中，今冈底斯偏近南海，绝非域中。二则昆仑为黄河所源，今冈山距青海重出之河源五千余里，距于阗初出河源亦三千余里。又冈山广袤不及二百里，高才五百丈，是其高大不及葱岭十分之一，安得为宇内最高之山。又据《西域记》，葱岭居两雪山间，川中有大龙池，东西三百余里，南北五十余里，回语谓之哈喇淖尔，此即释典之阿耨达池。番语黑曰哈喇，池曰淖尔。以水色青黑得名。黑龙池之称阿耨达，与称哈喇淖尔，华梵翻切皆同。知阿耨达池则知河源，知河源则知昆仑据大地之中，当万国孔道，且汇巨浸于万仞峰巅，分注四大海，宇内断无其匹云云（《海国图志》卷七十四）。又书纪昀《阅微草堂笔记》后曰："昆仑之为葱岭无疑，其地多产玉，又上有龙池，故玉山瑶池之说，尚非无因。"（同书卷三十一）

（十一）即兴都库什山之大雪山。《元史·太祖纪》："十六年……太祖历大雪山"、"十七年春，诏封昆仑山元极王，大盐池惠济王"。《元史·郭宝玉传》："帝驻大雪山前，时谷中雪深二丈。诏封其昆仑山为元极王，大盐池为惠济王。"西藏高原，山之在雪线以上甚多，山之以雪山及大雪山名者亦不一。元太祖所驻之大雪山果为何山，不可不考。按元太祖成吉思汗用兵讨伐回回，亲驻西域凡数载，常屯兵雪山以度夏。长春真人《西游记》云："使者曰：自七月十二日辞朝，帝将兵追算端汗，至印度。"又云"是年闰十二月将终，有侦骑回报言：上驻跸大雪山之东南，今则雪积山门百余里，深

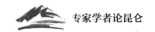

不可行。"真人于次年四月间达太祖行在于大雪山，时为太祖十六年辛巳。次年从车驾于雪山避暑。其地则八鲁湾也。八鲁湾（Feruan）属兴都库什山系（Hindukush），山极高峻，雪终年不消，故有大雪山之名。太祖封此山为元极王，认为昆仑。五十七年后，世祖又命都实探索河源，以阿尼马卿为昆仑。不知当时元廷何以处置太祖所封之大雪山？然中国人固有大小昆仑之说，但须别以大小，则问题便可解决矣。元人之处置此二昆仑或即用此办法。

（B）海外之昆仑

今援前例，不论名见中国载籍之先后，但以自近及远之地段，而为叙述之序。

（一）普罗康多儿岛。此岛西名 Pulo Condore，在南洋七星洲。张星烺先生云：据近代西人调查，此岛实为七星洲群岛之最大者，长十二英里。又稍次则为两岛，长各二三英里。其余五六岛，则小不堪言。普罗康多儿港口颇良，有淡水，树木丰茂，居民约八百口，皆交趾支那种，隶法国西贡长官治下（《中西交通史料汇编》第三册五三页）。

此岛唐人名之为军突弄山（见《新唐书·地理志》附录贾耽通海夷道），又名军徒弄山，又名军屯山。其最初讹为昆仑者，元人也。元周达观《真腊风土纪·总叙》云："自温州开洋，行丁未针，历闽广海外诸洲港口，过七洲洋，经交趾洋到占城。又自占城顺风可半月到真浦，乃其境也。又自真浦行坤申针，过昆仑洋，入港。"所谓七洲洋即 Paracels 也。昆仑洋即 Pulo-Condore 也（根据冯承钧《中国南洋交通史》八三页）。明初费信著《星槎胜览》，有云："其山节然临大海中，与占城及东天竺鼎峙相立。山高而方，山盘广远，海人名之昆仑洋，凡往西洋贩舶，必待顺风七昼夜乃可过。俗云：'上怕七洲，下怕昆仑，针迷舵失，人船莫存'……"明黄衷《海语》有云："昆仑山在大佛灵南，凡七屿七港，是谓七门；其旁洲屿，皆翼然环列。适诸国者，此其标也。"又论岛之物产，有"海上无人之境，产物皆硕大。予客朱岩，令人采何首乌、天南星二药，皆三倍于常品，气味自别，固知有枣如瓜，非诞语也"。但黄衷有时呼此昆仑山为昆屯山，《明史》卷三百二十四外国五："宾童龙国与占城接壤，气候风土大类占城。有昆仑山，节然大海中，与占城东西竺鼎峙相望，其山方广而高。曰其海即昆仑洋，往西洋者，必待顺风七昼夜，始得过。故舟人为之谚曰'上怕七洲，下怕昆仑，针迷舵失，人船莫存。'此山无异产，人皆穴居巢处，食果实鱼虾，无室庐井灶。"清初陈炘《海国见闻录》："昆仑又呼昆屯，非黄河所出之昆仑也。七洲洋之南，大小二山，屹立澎湃，呼为大昆仑、小昆仑，尤甚异。土育佳果，无人迹，神龙盘踞……红毛……就海立浦头，以昆仑介各洋四通之所，嗜涎不休……"徐继畬《瀛寰志略》："七洲洋之南，有大小二山，屹立澎湃，称为昆仑，南洋必由之路。山产佳果，幽寂无人迹，神龙所宅。"

越南亦有一昆仑山。《越南地舆图说》："北圻太原省有昆仑山，其源自上国而来，经高平而至太原，横峰壁立，峻岭摩空，人迹所不到。"论者谓是乃广西昆仑山一脉所延，盖越南高平地接中国广西。

（二）东南亚昆仑国及昆仑奴。以昆仑为国族名者，有《禹贡》、《周书》所言西戎数部落，及清圣祖所言之昆仑都国。至海外昆仑见知于中国者则始于唐代，而昆仑奴，尤脍炙今日中外学者之口。

唐义净《南海寄归传》："从西数之：有婆鲁师洲，末罗游洲，即今尸利佛逝国是。莫诃信洲，诃陵洲，咀咀洲，盆盆洲，掘伦洲，佛逝补罗洲，阿善洲，末迦漫洲，又有小洲，不能具录。斯乃咸遵佛法，多是小乘，唯末罗洲，少有大乘耳……良为掘伦，初至交广，遂使总唤昆仑焉。唯此昆仑，头卷体黑，自馀诸国与神州不殊，赤脚敢曼（卷鬘？），总是其式。"此文所言之掘伦洲，据法国沙畹教授（Prof. Chavannes）考证，谓即《唐书》之林邑与真腊，今暹罗及麻拉甲半岛也。又义净《大唐西域求法高僧传》："至佛逝国，解骨仑语，颇学梵书。"张星烺先生云："佛逝国为今苏门答腊岛渤林邦港（Polemlang）。真腊林邑今皆属马来种，然唐时似为内革罗种。《旧唐书·林邑国传》：'自林邑以南，皆卷发黑身，号为昆仑。'《真腊国传》：'真腊在林邑西北，本扶南之属国，昆仑之类。'可证。参以义净之言，'唯此昆仑，头卷身黑，自馀诸国与神州不殊。'更可知矣。"

又有谓昆仑系国王姓氏音为古龙者之讹。《新唐书》卷二百二十二下："盘盘国在南海曲，北距环王，限少海，与狼牙莽接；其君曰勃郎索滥，曰昆仑帝也，曰昆仑勃和，曰昆仑勃谛甘，亦曰古龙。古龙者，昆仑声近耳。"又曰："扶南在日南之南七十里，地卑洼，与环王同俗。有城郭宫殿。王姓古龙，居重观栅城。楉叶覆屋。王出乘象。其人黑身卷发，裸行。"古龙之易讹为掘伦，为昆仑，固矣。然凡姓古龙之南洋群岛王族，皆为黑种又为何故，是则值得吾人之探讨者。费琅谓昆仑即吉蔑语之 Kumn，暹罗之 Krun 占婆之 Klun；复据阿剌伯作家之说，谓古有 Komr 民族，与中国人为兄弟，居其地之西方，后因不和，迁徙于海岛。其国王号曰 Kamrun。遂作结论云：昆仑（Komr）民族，约当纪元前一千年初，由亚洲高原，遵伊拉瓦底江（Irawadi）、潞江（Salewwn）、湄南江（Menan）、澜沧江（Mekong）等流域，徙居恒河以东各地。并谓非洲东岸之昆仑，亦即由此民族之移植云（冯译《昆仑南海古代航行考》）。丁山先生素主陆浑乌孙即昆仑之音转，遂谓南洋、非洲之古龙与昆仑亦为乌孙之演衍（《炎帝方岳与昆仑》），是则为费琅所欺矣。盖义净所言掘伦与唐书所言古龙乃内革罗种人，而亚洲高原之 Korm 及乌孙，则绝非黑种（西北地气高寒，非黑种所能生存与繁殖）。故费琅、丁山所言之 Korm 与乌孙，未尝无移殖南洋之可能，而与掘伦古龙之为掘伦古龙，则实为二事。或者将谓人类肤色可随天气改变，西北高原之民族迁居南洋，受热带阳光之薰灼，则亦变为黝黑矣。人类肤色固可随气候土壤而改变，然必积数十万年，或数百万年而后可，非千年间事也。故费琅、丁山之说，余所不取。或谓唐人所谓昆仑奴乃南洋马来种，是又不然。马来种人近似棕色，并不甚黑，发亦不卷。唐人之昆仑奴当是真正之内革罗种（其称皮肤黝黑者为昆仑，则用于嘲谑而已，不可不辨）。

然唐人称所买黑奴为昆仑，此语何来？余请先考之印度。慧琳《一切经音义》："昆仑语，上音昆，下音论，时俗便亦作骨论。南海洲岛中夷人也。甚黑，裸行，能驯服猛兽犀象等，种类数般，有僧祇、突弥、骨堂、轼蔑，皆鄙贱人也。国无礼义，抄劫为活。爱啖食人，如罗刹恶鬼之类也。言语不正，异于诸蕃。善入水，竟日不死。"慧琳所举僧祇、突弥、骨堂、轼蔑，当为真正之内革罗种。盖印度古为黑人之国，自雅利安民族由喜马拉雅山迁来，与土著苦战多年而征服之，驱之至东南海边及南洋各岛，掘伦洲尤为黑族聚居之地。是以义净谓"唯此昆仑，头卷身黑，自馀诸国，与神州不殊"。然印度黑人文化固高于南洋各岛土著，故遗留印度者，被视为鄙贱之族，而至各岛者，则往往能为之君长，《唐书》盘盘扶南之王族，多姓古龙，或即由此。今南洋不更闻有何占政治势力之黑人，盖唐以后黑种愈益式微，同化于马来种中矣。近代地理学者，亦谓马来半岛及南洋各岛内格里托斯（Negritos）种人，其形貌与非洲黑人无异，然人数甚少，被马来人驱匿深山，不可多见，此殆即印度骨伦之遗胄欤？慧琳谓南洋黑人能驯服猛兽犀象，善入水，竟日不死，皆与唐人所言之昆仑奴条件相合。

然则印度人谓黑人为"骨伦"，又属何故？则余又疑其与《旧约》之"古实"（Cush）有关。希伯来人称非洲黑人为"古实"。《旧约·耶利米书》十三章二十三节云："古实人岂能改变皮肤呢？豹岂能改变斑点呢？"《以赛亚书》四十五章十四节："耶和华如此说埃及劳碌得来的，和古实的货物，必归于你。"《以西结书》二十九章第十节："所以主耶和华如此说……我必使埃及从色弗尼塔直到古实境界，全然荒废凄凉，人的脚，兽的蹄，都不经过，四十年之久，并无人居住。"《旧约》"古实"一词，有时写作"俄梯亚皮亚"（Ethiopia），义犹黑人之国。在《圣经》常用以指埃及国境之东部，余意希伯来称黑奴为"古实"，而波斯人则或转其音为"古仑"，波斯商人自非洲携黑奴售之各地，携此名以俱来。或亦至于印度南洋，辗转而至中国。印度人得之，则名其本国被征服之黑人为"骨伦"。中国人得之，则译以昆仑二字。昆仑奴之语源，或由此而来。

（三）非洲之昆仑层期国。或谓昆仑奴之策源地曰昆仑国或层期国者，其地则在非洲。

《新唐书·西域传》："疏勒……贞观九年，遣使者献名马。又四年，与朱俱波，甘棠贡方物……甘棠在海南，昆仑人也。"《册府元龟》卷九七："景龙三年三月，昆仑国遣使贡方物。"《慧超往五天竺传》"波斯国"条，言波斯人常往狮子国（即锡兰）取宝物，又往昆仑国取金。所言昆仑国皆为非洲黑人之地。非洲所产黄金固有名世界也。周去非《岭外代答》卷三"昆仑层基国"条："海岛多野人，身如黑漆，卷发。诱以食物而擒之，卖为蕃奴。"赵汝适《诸蕃志》卷上"海上杂国"条："昆仑层期国，在西南海上，连接大海岛。常有大鹏，飞蔽日移晷。有骆驼，大鹏遇则吞之。或拾鹏翅，截其管可作水桶。土产大象牙，犀角。西有海岛，多野人。身如黑漆、虬发，诱以食而擒之。转卖与大食国为奴，获价甚厚。"张星烺先生曰："僧祇及层期国，皆科斯麻士《基督教诸国风土记》中之青儿（Jing）。今代汉文地理书及地图，有译作桑西巴者，又有作桑给巴尔者，皆 Zanzhibar 之译音也。《马可孛罗游记》卷三第三十四章，作 Zanghibar，其义犹言黑人国（The Region of the Blacks）。阿拉伯人称东非洲大陆自克力满栖河（Kilimanehi R）迤南，以至赤道南十一度余之德耳加多角（Cape Delgado）皆为桑给巴尔。阿伯尔肥达（Abulfeda）谓青儿（Zinji）王驻蒙巴萨（Monbasa）。近代欧洲人则将桑给巴尔之名仅施之于一小岛……层期为青儿，或桑西，或桑给之译音，毫无疑义。桑给巴尔之原义为'黑人国'，故层期国前所冠昆仑二字必黑之义，似为阿拉伯文或为波斯文黑字之译音也。"（《中西交通史料汇编》第三册五五页至五七页）唐人富贵家所需黑奴颇多，未必皆来自非洲，或为印度与南洋土著，乃真黑种。再者印度、锡兰岛东之科伦白姆（见前）音近昆仑，印人谓为地堂之所在，则更足称为昆仑矣。唐人遂以南洋、印度间所买"骨论"、"掘伦"之黑人，名之曰"昆仑奴"。如此，则"古实"、"昆仑层期国"，皆可不论。盖谓奴来自非洲，究竟太远。

综上之考证，中国西部山之可以名为昆仑者，共十余处，而无一可确认为《山海经》、《淮南子》所言之昆仑焉。顾实先生地理知识亦极洽博矣。在其《穆传讲疏》中，用种种科学方法，将昆仑之四至八到，全数划清，只能测出一座昆仑之丘而已。其主山则似隐指阿勒腾塔岭，然又未敢明言。此虽顾先生之取巧乎？此神秘之仙山，其实亦难于坐实也！近代学者谓昆仑为混沌，为囫囵，然哉！然哉！至海外昆仑不过音近而讹而已。然中国人未尝不误认其与西北昆仑有联带关系，不然，翻译地理之名，并非儿戏之事，何将古龙、掘伦、骨仑一概译以昆仑二字耶？如普罗康多儿岛之原音，与昆仑固风马牛不相及，乃亦必讹之为昆仑二字，而后始快于心。幸蕞尔小岛，一览可尽，无能附会以幻想，不然，几何不谓仙人不死药即可求之是中哉？又马黎诺里所闻印度、锡兰岛东之科伦白姆谓为地堂之所在，其音宛与昆仑相近。汉时，交趾乃我国土，三国时受孙吴保护。孙权数遣使往海外求所谓夷州亶州者。曾命将军卫温、诸葛直将甲士万人浮海觅之。以所在绝远，卒不可至，但得夷州人数千还。卫温与诸葛直等，皆以违诏无功，

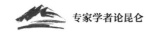

下狱诛死。其后又遣宣化从事朱应、中郎将康泰通海外诸国。事见《三国志·吴志》卷二、《梁书》卷五十四《海南诸国传》。孙权之远规夷州及朱崖，乃出于扩充土地、增益人口之政治企图，然权晚年亦颇好神仙丹药之事，楼船浮海，其副作用当亦为求仙耳。秦皇、汉武屡次为大规模之求仙运动，不意三国时尚有如此之一尾声焉。吾不知孙权所求者果为此音近昆仑之科伦白姆耶？抑或其他之仙山耶？观于郦道元"东海方丈，亦有昆仑之称"，则三国、六朝之际，南洋、印度间必有一昆仑，入于中国人之耳鼓可知也。此等仙山，本属想象，何从寻觅？秦皇、汉武为此已不知酿几许悲剧，卫温、诸葛直亦以此诛死，不亦冤哉！又如前文所述，近代外国学者研究昆仑奴问题者，亦往往从中国西部之昆仑着想，有谓昆仑奴为西域昆仑山之居民者，有谓南洋、非洲之黑人皆中国西北高原之 Korm 民族移殖者。昆仑二字，谜尽中国帝王，今又开始蛊惑外国学者，其威力亦诚惊人矣。余谓昆仑为世界大谜，岂过言乎？

四　何者为神话昆仑？何者为实际昆仑？

（A）神话的昆仑

（一）昆仑神话之来源。原人初能运用思考能力时，幻想至为丰富。彼仰视天空，见其广大无垠，高不可攀，以为必有一种超越吾人之种类，居于其间，名曰神明，或曰精灵。其能力至为伟大，且又青春永驻，长生不死。顾其形体及其感情意志，则亦同乎吾人。人类之宗教心理，固要求神之与人相通，故有人神同形说，天人交感说，转劫说之发生；原人思想简单，则又想象天神必常居地面，以便与凡人接触，是以建立庙宇及神坛，以为神明税驾之所。然神固不能长溷凡尘，则又想象崇高之山岭，为神地面之栖止处。我国有僊仙二字，仙字，从山从人，像人在山上。见《说文》。韵会："仙，轻举也：从人在山上。"《玉篇》："仙，轻举貌，人在山上也。"至僊字，从人𢟪声，《诗·小雅·宾之初筵》："屡舞僊僊。"《庄子·在宥》："僊僊乎归矣。"成玄英曰轻举貌，实与神仙之仙无涉。后人以其同音以代仙字。《说文》轻举之义，当由僊字来。实则仙字之义，非轻举所能括，以人在山上为主。仙字之产生或在战国时代，域外文化大入之时。后世道家有三十六洞天之说，以海内之名山，为神仙之洞府，尚系人在山上观念之衍化。希腊称神为"奥林匹斯人"或"居于奥林匹斯者"（Olympian）。印度古神话，诸神亦居山上。喜马拉雅山则为神人常居之地。凡思登天者，须登此山。特山为万神之王因陀罗所主，每以疾雷暴风雨阻止登山之人，故能登者罕。其后衍为须弥山神话，此山乃为得道者超凡入圣之阶云。

关于昆仑仙山之想象，不知始于何时，今日文献之约略可征者，惟有文化最早之两河流域，故吾人亦惟有姑定两河流域为昆仑之发源地。考西亚远古传说，即谓有一仙山曰 Khursag Kurkura，其义犹云"大地唯一之山"（Mountain of All Lands）或曰"世界之山"（Mountain of the World），为诸神聚居之处，亦即诸神之诞生地（The Birth Place of the Gods）。关于此山详细之描绘，今日西亚出土之砖文，尚无可征，良堪惋惜——吾人愿望之满足，或将待之他日地底文化资料之发现而已。但西亚若干庙宇与七星坛之建筑，皆为此山之缩型。而中国之昆仑，希腊之奥林匹斯，印度之苏迷卢，天方之天园，亦为此山之翻版。吾人根据此类材料，以揣测"世界大山"之景况，亦未尝不可十得八九，此则吾人尚可引为颇堪自慰之事者也。

笔者固不解西亚语文，以意测之，Khursag 之一字或指"世界"或指"大地"，而 Kurkura 之一字则或为"大山"或为"高山"。中国之昆仑，古书皆作昆仑。说文谓昆为古浑切，仑卢昆切。以今日粤音读之，与 Kuhura 相差不远，殆音译其后一字也〔且此仙山实为阿拉拉特（Ararat），波斯人呼阿拉拉特山为 Kuhinuh，则音与昆仑更近〕。夫西亚与中国古代之语音，一则几经转译，一则屡有变迁，而尚能保存此项对音，使昆仑之真源不昧，终能互证于数千年后之今日，此则非可喜可庆之事耶？

（二）昆仑神话之分布。西亚仙山神话分布之广，几遍全世界。埃及相传亦有大山，为群神诞生及聚居之所，惜今亦莫考厥详。至菲里士坦人之喀密（Carmel），希腊人之奥林匹斯（Olympus），北欧人之阿司卡德（Asgard），印度人之苏迷卢（Sumenu），殆无不由西亚"世界大山"之演化。

（1）希腊之奥林匹斯。希腊人所想象此仙山之景况，考之荷马史诗《伊里亚特》及《奥德赛》，再考之希腊诸神话，则亦殊为奇丽。大概谓：此山最高处为天帝宙斯（Zeus）所居。宙斯召集群神会议亦在其处。有云母石之宫殿，宏峻无比。殿中梁柱，巨壮异常，瑰采琦光，互相映发；所有宝座，皆黄金白银所成。宙斯高踞中央之座，称为天地万物之主宰，亦称为诸神之父，万神之王。其他诸神，则各按其品级之高下，列坐于两旁。宫廷四壁，铺满凡手不能描绘之图画，谲诡奇幻，万态千形。其色泽或浅绛，或殷红，或金黄，或深紫，矞皇绚丽，炫人心目，有似夕照西沉时之一天霞彩。

山巅气候，四季皆温暖如春。既无风雨之侵暴，亦无雪霰之飘零，既不见雾气之冥濛，亦不睹纤云之舒卷，惟湛湛青天，覆于山之四周上下，昼夜皆光明洞澈，宛似琉璃世界。满山好鸟嘤鸣，悠扬悦耳，朝夕不断；奇葩异卉，吐艳争妍，终岁无已。

自山巅至山腰为"云区"（The Region of Clouds），为仙境与凡尘之分界。荷马史诗谓此云区为"天门"（The Gates of Heaven），有女神曰霍莱士（Horaes）者守之。女神者或谓为宙斯之女儿，或谓为宙斯之近侍，为数不止一人。宙斯常至此云区，麾云聚散以为乐。奥林匹斯本为大丛山，故其他诸神，散居他峰，或居山谷，与宙斯不共一处。

希腊人想象天空之上，乃是神域，此山之高，既直通于天，则可为登天之阶梯。故Olympus者义犹天人两界之渡口云尔。

（2）印度之苏迷卢。即常见于佛经之须弥山也。有苏迷楼、修迷楼、须弥留、弥留之异译，但以苏迷卢（"卢"一作"嚧"）为比较正确。苏迷卢译言"妙高"。《秘藏记本》曰："苏者妙也，迷卢者高也，故曰妙高山。"此外则有"妙光"、"安明"、"善积"、"善高"诸异译。佛氏言此器世界之最下为风轮，其上为水轮，其上为金轮，即地轮。地轮上有九山八海，九山者即持双、持轴、担木、善见、马耳、象耳、持边、铁围及须弥。而须弥居八山之中，故称为"须弥山王"，为此器世界之中心。

须弥山之高度，据《世记经阎浮提洲品》，则为"入海水中八万四千由旬，出海水中高八万四千由旬。"据《华严经》，则云"凡约一四天下，即以一日月所照临处，以苏迷卢山为中，高三百三十六万里"。

据《楼炭经》及《大智度论》则山巅为诸鬘天，楼迦足天，三筝篌天，四大天王之所在。山腹为四大天王居处，山以上则三十三天也。此山仙圣济济，不可计数，而大妙天亦居于此山中。

其城池宫殿，则如《正法念处经》所描写："复次见须弥山王，首有三十三天。住在山顶，所受行乐，不可具说。城名善见，纵广十千由旬，七宝庄严，因陀青宝，金刚，车渠，赤莲花宝，柔软大宝，以为庄严。有善法堂，广五百由旬，毗琉璃珠，以为栏楯。真金为壁，一切门户，亦复如是。""四天王所居宫殿，七重宝城。栏楯七重，罗网七重，行树七重，诸宝铃乃至无数。"

此山本身为四宝所成。如《智度论》所写，"东面黄金，西面白银，南面琉璃，北面玻璃，四边绕山半，有游乾谷山谷……四天王各居一山"。如《长阿含经》及《正法念处经》所写：山南向阎浮提之一面，为毗琉璃宝光所映射，使阎浮提人仰望虚空，皆作青色。东向瞿陀尼之一面为黄金，令瞿陀尼人仰望虚空，皆作赤色。西向弗婆提之一面为白银，令弗婆提人仰望虚空，皆作白色。北向郁单越之一面为玻璃，令郁单越人仰望虚空，皆作清净白光明色。

此山之守护者则如《顺正理论》所写："三十三天迷卢山顶。其顶四面各二十千，若据四周，数成八万……山顶四角各有一峰……有夜叉神名金刚手，于中居住守护。"

此山之树林鸟兽，则如《正法念处经》所写："于此山上，有如意树，随天所念，皆从树生。一切禽兽，身皆金色。多有众花，曼陀罗花，拘赊耶花，于山四陲，有四大林：一名欢喜林，二名杂殿林，三名鲜明林，四名波利耶多林。欢喜园中，有大树王名多波利耶多。于此树下，夏四月时，受五欲乐。戏游自娱。四天王天于欢喜园，游戏受乐，故名欢喜园。"又如《世记经阎浮提洲品》所写："其山直上，无有阿曲，生种种树，树出众香，香遍山林。"

（3）中国之昆仑。古言昆仑之书以《山海经》、《淮南子》为详。《山海经·海内西经》第十一：

> 海内昆仑之虚，在西北，帝之下都。昆仑之虚，方八百里，高万仞。上有木禾，长五寻，大五围。面（此字上疑夺一方向字）有九井，以玉为槛。面（此字上疑夺一方向字）有九门，门有开明兽守之，百神之所在。
>
> 昆仑南渊，深三百仞。开明兽身大类虎而九首，皆人面，东向立昆仑上。开明西有凤皇、鸾鸟，皆戴蛇践蛇，膺有赤蛇。
>
> 开明北有视肉、珠树、文玉树、玗琪树、不死树。凤皇、鸾鸟皆戴蝦。又有离朱、木禾、柏树、甘水、圣木曼兑，一曰挺木牙交。
>
> 服常树（三字下有脱文）其上有三头人，伺琅玕树。
>
> 开明南，有树鸟，六首；蛟、蝮、蛇、蜼、豹、鸟秩树，于表池树木，诵鸟、鶽、视肉。

《西山经》第二：

> 又西三百二十里，曰槐江之山……实惟帝之平圃，神英招司之。其状马身而人面，虎文而鸟翼。徇于四海，其音如榴。南望昆仑，其光熊熊，其气魂魂。
>
> 西南四百里，曰昆仑之丘，是实惟帝之下都。神陆吾司之。其神状虎身而九尾，人面而虎爪。是神也，司天之九部及帝之圃时……

《大荒西经》第十六：

> 西海之南，流沙之滨，赤水之后，黑水之前，有大山曰昆仑之丘。有神人面虎身，有文、有尾、皆白，处之。其下有弱水之渊环之。其外有炎火之山，投物辄燃。有人戴胜，虎齿，有豹尾，穴处，名曰西王母。此山万物尽有。

此外如《海外南经》第六、《海外北经》第八、《海内北经》第十二、《海内东经》第十三，皆提及昆仑，暂不引。《淮南子·地形训》：

> 禹乃以息土填洪水，以为名山。掘昆仑虚以下地，中有增城九重，其高万一千

里百一十四步二尺六寸。上有木禾，其修五寻。珠树、玉树、璇树、不死树在其西，沙棠、琅玕在其东，绛树在其南，碧树、瑶树在其北。

旁有四百四十门，门间四里，里间九纯，纯丈五尺。旁有九井玉横，维其西北之隅。北门开以纳不周之风。倾宫、旋室、县圃、凉风、樊桐在昆仑阊阖之中，是其疏圃。疏圃之池，浸以黄水，黄水三周复其原，是谓丹水，饮之不死。

昆仑之丘，或上倍之，是谓凉风之山，登之不死。或上倍之，是谓悬圃，登之乃灵，能使风雨。或上倍之，乃维上天，登之乃神，是谓太帝之居。

又次，则汉人所辑纬书言昆仑者亦多。如《河图括地象》："地南北三亿三万五千五百里。地祇之位，起形高大者有昆仑山，广万里，高万一千里，神物之所生，圣人仙人之所集也。出五色云气，五色流水，其白水东南流入中国，名曰河也。其山中应于天，最居中。八十城市绕之。中国东南隅，居其一分，是好城也。"《河图始开图》："昆仑山北地转下三千六百里，有八玄幽都，方二十万里。地有三千二百轴，犬牙相举。昆仑之墟，有五城十二楼，河水出焉，四维多玉。"《河龙鱼图》："昆仑之墟，五城十二楼，河水出四维。"其他如雒书等亦有涉及昆仑文字，从略。

综合上述奥林匹斯、苏迷卢、昆仑诸山形况而比较之，则相同之点实不一而足。试论列于次：

昆仑之最上为悬圃，人能登此，则成为灵体，能使风雨。由悬圃再上，则登于天，成为神人。

奥林匹斯之巅即为天界，苏迷卢以上为三十三天。同点一。

昆仑为"帝之下都"，为禹之"下地"，可见帝之正都在天上。希腊万物主宰宙斯本居天上，特以奥林匹斯为其地上离宫，以便时到大地，与人类相接触。苏迷卢亦为大妙天之居处。同点二。

昆仑除天帝外，尚有西王母居附近之玉山，又有许多神灵，散居昆仑附近各山曰昆仑之墟者。奥林匹斯诸神散居此山之丛峰或山谷。苏迷卢四大天王居山腹，尚有诸天，居山之四近，同点三。

宫殿城郭，众宝庄严，瑰奇美丽，不可名状。三山之景况，大概仲伯之间。同点四。

昆仑四近之山多玉石，苏迷卢为琉璃、玻璃、黄金、白银四宝合成。又有所谓金刚、车渠、因陀青宝、赤莲花宝。奥林匹斯未言多玉多宝，然宫殿为云母石所筑，梁柱皆闪宝石之光，宝座皆为金银。同点五。

奥林匹斯有四季不断之仙葩。昆仑有珠树、璇树、绛树、碧树，又有不死树及木禾等。苏迷卢有四大林，又有如意树，能随天人之愿而供给其需要。又有大树王名波利耶多，使天人于树下享受各种娱乐。同点六。

昆仑有开明兽守九门，苏迷卢有金刚守护山顶四角，奥林匹斯有霍莱士守天门。同点七。

昆仑之神陆吾，司天之九部及帝之囿时。郭璞解"囿时"义曰："界天帝苑囿之时节也。"奥林匹斯女神霍莱士监守"天门"。然此神之职司亦管理四时之顺序，及花开果熟之时节，与陆吾之职责相似。同点八。

特此为目前之例耳，若再研求，同点当不止此。故三山之神话同出一源，万无疑义。

然则中国之昆仑由奥林匹斯来乎？抑或由苏迷卢来乎？有人谓希腊距中国远，难生干涉，故昆仑之来，不由奥林匹斯，可以断言。谓中国昆仑即印度苏迷卢，则昔贤久有此论，特谓之为大昆仑而已。近丁山先生乃坚主中国昆仑由于苏迷卢之衍变（《谈炎帝大岳与昆仑山》），似乎除此以外，别无来源者，则窃期期不以为可。笔者之意，认为中国昆仑之一词及其神话皆直接来自两河流域。其证有二：奥林匹斯，古希腊语为天人渡口，可见系译义。苏迷卢，古梵语为妙高，为善积，可见亦系译义。惟中国昆仑之音，与西亚 Kurkura 相近，则惟中国译音，非直接来自两河安能若此？此第一证也。

《山海经》对昆仑之描写，文字尚颇朴质，言昆仑之高度，不过万仞，广不过八百里。昆仑墟内诸山之相距，亦不过百里或千余里。汉初司马迁所见《禹本纪》，言其高二千五百里。《淮南子·地形训》，言其高一万一千余里。而印度苏迷卢高乃至于八万四千由旬（佛经言由旬有三类，大者一由旬八十里，次者六十里，下者四十里），寖假又高至三百三十六万由旬。苏迷卢与阎浮提各洲相距之遥远，往往至数十万万里，俨同今日天文数字。虽印度人原有喜大喜多之天性，顾一时之间，亦未必能夸张如此之甚。故苏迷卢在印度，历史之古，恐略过于中国昆仑，然如《世记经》、《楼炭经》、《长阿含经》之所言，反比中国昆仑为晚起。盖故事流传愈久，则增饰愈多。放大之倍数亦愈巨，自然之理。此第二证也（《禹本纪》、《淮南子》所记昆仑，恐已受印度若干影响，故知战国末及汉初，印度人对苏迷卢山之想象，尚不过尔尔）。

昆仑既系人类想象之仙山，故若问昆仑究在何处？吾人正可诵白传《长恨歌》一句以答之曰：

山在虚无缥缈间！

（B）实际的昆仑

上述各处仙山固属虚无，而仙山所凭借者则固存在，此即本节所叙之主题。

古时人既设想仙山系在地面，则非认知其处不可，欲认知其处，而实际又无其境，则惟有指定一山，姑名之以仙山而已。传之既久，信者愈多，此山乃真成为"欲界仙都"、"地上天堂"矣。基于民族之自尊心，此山必在本国境内，不得已乃可在他境。为增加境地之神秘性起见，则山必极高极大，人迹难至。若有传统之灵迹，则条件之构成，尤为容易焉。

西亚之"世界大山"初属想象，后乃变成实际。其实际之山，果在何处，本难考知也。顾希腊、印度、中国之仙山，既皆由西亚所衍出，则希腊、印度、中国所有仙山之景况，亦即西亚"世界大山"之景况矣。且希伯来人之伊甸园，有四道圣河之说，中国昆仑亦有四河及河源，印度阿耨达山亦有四大水之说。而伊甸之四河，其二即两河流域之替格里斯、幼发拉底斯。有此显明之线索，则西亚实际的世界大山在于何处，不难探索而得矣。按阿拉伯半岛西北为阿美尼亚高原，其间崇山峻岭，蜿蜒磅礴，北连地中海北岸之士鲁山脉（Taurus Chain），东接伊兰高原及高加索山脉。相传为人类之摇篮，人类生于此，而后散布四方。其间有一大山曰阿拉特（Ararat），为半岛最高之山，其位置恰在两河流域之西北。中国载记一律言昆仑在西北，自汉至清，帝王觅昆仑者，亦必苦索之于西北，其真正原因盖在此矣。（希腊之奥林匹斯正当雅典西北，印度阿耨达山正当印度全境之西北，巧合如此，诚为可怪。是必希腊、印度人皆受阿拉拉特之暗示，以为仙山必于西北求之，故产生此相同之结果欤？）

此山处阿拉伯斯平原（Plaino of the Arapes），有两圆柱形之高峰，大者高海拔 5500 公尺，小者海拔 4200 公尺。两峰相距约七里。其中间为一平谷，相传挪亚避洪水时方舟所搁处。山之斜坡有村曰阿尔歌（Argur），相传为挪亚之葡萄园地，今则湮没于地震。更下为拿雪特谢温（Nachit Ajevan），在阿拉伯斯（Arapes）平原，为以色列族列祖列宗之葬地，皆有名于《旧约圣经》。

西亚洪水故事主角纳比西士顿（Ut–napishtim）之方舟搁于尼特西山（Mount Nitsir）顶上。另一洪水故事之主角曰西苏鲁士（Sisuthrus），其舟则搁于阿美尼亚之一峰曰古色伦（Corcyre-an）者。《旧约·创世纪》挪亚之方舟则搁于阿拉拉特（中译《圣经》作亚拉腊）。是三山恐即为同一之山。此即西亚实际的"世界大山"，亦即《山海经》、《淮南子》所介绍之昆仑也。

《尔雅·释丘》："丘一成为敦丘，再成为陶丘，再成锐上融丘，三成为昆仑丘。"敦丘或指阿拉伯斯平原，陶丘非挪亚葡萄园，则以色列族人葬地。融丘则当指最大之峰，融字有火义，殆因其曾为火山（见后）。三成相合，为昆仑丘。"丘"与"墟"大有分别。所谓昆仑墟者则殆指阿美尼亚高原（Amenia Plsteau）而言。《山海经》言昆仑之墟八百里。今阿美尼亚东西长约六百里，合华里约一千二百华里，古里大于今，宜略有出入。张华《博物志·志水》："汉使张骞渡西海，至大秦。西海之滨，有小昆仑，高万丈，方八百里。"中国古书之所谓西海，可指里海，亦可指地中海。阿美尼亚靠近地中海，又张华八百里云云，亦与古书相合，则小昆仑所滨之西海，实指地中海而言。张华熟闻《汉书》大秦与西海之关系，遂有至大秦之说，张骞何尝至大秦乎？小昆仑之名亦似始于此时，盖晋时殆已以伪《十洲记》之昆仑及印度苏迷卢为大昆仑矣。张华之记述小昆仑原属无心，而吾人竟由此而得悉地中海之滨，果有山名为昆仑，见知于古代之中国，非至有趣味之事哉？《河图括地象》言昆仑有柱，其高入天，即所谓天柱，今阿拉特两峰皆为圆柱形，则天柱之说殆由此而来。阿拉特昔曾为喷火山。阿尔歌村之湮没于地震，未始不由火山爆裂之故。顾实先生谓《穆传》之温山即为阿拉特，周穆王曾登之云（《穆天子传西征讲疏》一六九页）。《大荒西经》第十六"……有大山曰昆仑之丘……其下有弱水之渊环之。其外有炎火之山，投物辄然"，当指此矣。伊兰高原及黑海、里海、地中海四面之山，盛产金玉宝石及银铁。顾实先生谓《山海经》沃民之国，有璇瑰、瑶碧、琅玕、白丹、青丹、多银铁、产凤卵。《隋书·西域传》亦列举波斯产珍珠、颇璃、珊瑚、玛瑙、水精、火齐、金银、铜铁等物。并产大鸟卵，即今驼鸟卵（同书一三五页）。则《山海经》言昆仑多玉石之属，又相合矣。西王母所居为玉山，殆其山所产玉石之属更丰。考里海之南，有大山曰查各罗斯（Zagros），其山盛产五色玉石（Lapis-Lazulu，即琉璃），其山所在地，恰如顾先生所考西王母邦，则《山海经》所言玉山，殆即查各罗斯山也。

《创世纪》之伊甸（Eden）当亦即阿拉特。伊甸与昆仑，其音固有依稀之似矣。所谓亚当、夏娃所居之乐园，当亦在是山之中。乐园称为"伊甸园"（Garden of Eden），或称"地上天堂"（法文为 Paradise Terrestre，英文为 Earthly Paradise，然英文常省称之为 Paradise，中国天主教通译为地堂）。以前地堂在于何地，西洋学者，亦复聚讼纷纷，莫衷一是。阿甫郎谢（Avranches）主教曰胡爱忒（Huet）者著有专篇，研究地堂之所在。略谓古来学者有谓地堂在北极者，有谓在鞑靼境今里海附近者，有谓在极南火地者，有谓在东方恒河畔者，有谓在锡兰岛者，有谓在中国者，有谓在日出处无人居住之东方者，有谓在美洲者，在非洲者，在东方赤道下者，在月球中之山顶者。多数则谓在亚洲，然亦无确定地点。有谓在阿美尼亚者或美索博达米亚者，或在亚述者，在波斯者，或在巴比伦者，或在阿拉伯者，或在叙利亚者，或在柏雷斯丁者，甚或有谓在欧洲之某一小地点者（见亨利玉尔《古代中国闻见录》，张星烺《中西交通史料汇编》，第二册一六六页引）。然费立坡神父（Father Filzoppo）之考证，则谓伊甸园系在阿拉特

山之腹地（同书），与余之推断，可谓不谋而合。但费神父若知挪亚方舟系搁于中国人最所艳称之昆仑山顶上，斯则更足称为佳话矣！

希腊之实际的奥林匹斯，为一大丛山，介于马其顿尼亚（Macedonia）及柴刹莱（Thessally）之间。奥林匹斯山东临爱琴海。山自平地拔起，直通天空，巉削斩绝，希腊从无人能攀登至于山顶。山麓树林绵密，弥望青苍。山腰以上，则终年埋于云雾之中。天气晴朗之时，阳光穿射，仰望积雪之山巅，皑皑一片，奇光照眼，有如无数琼宫玉阙，参差其间。希腊人幻想其为神人栖迟之地，固无怪其然矣。

印度实际之苏迷卢，则阿耨达也。余固言印度人接受两河文化或早于中国，恐已久知阿拉拉特之名，盖阿拉拉特乃今日欧洲人所呼之名，以前阿美尼亚人则呼之为Massis，波斯人则呼之曰Kuh-inuh，或曰诺亚山Nach's Mountain。突厥人则呼之为Aghridagh，义犹"高陡之山"（Steep Mountain）。阿耨达之与Aghridagh音之切合，乃无与伦比（但印度今日称阿耨达为Anavatcpta，与古音不合矣。家六叔继卿先生云：阿耨达疑为巴利文Anutatta之译音，则与古音尚相谐焉），而印度之苏迷卢义犹云"妙高"，则一译其音，一译其义耳。《起世经》："佛告比丘，雪山……黑山北有香山，其山常有歌舞唱妓乐之声。山有二崛，一名为尽……二名善尽，七宝所成，柔软香洁，犹如天衣，则又俨然阿拉拉特两峰之况。《俱舍论》十一曰："大雪山北，有香醉山，雪北香南，有大池水，出四大河。"《南山戒疏》一上曰："四河本源，香山所出。俗云昆仑者，经言香山。"《西域记》一曰："赡部洲之中池者阿耨婆答多池也，唐言无热恼。在香山之南，大雪山之北，周八百里。"香山梵文为Gandha Madana，称为阎浮提世界最高中心，一切条件与阿拉拉特山无不合。岂印度剽袭中国昆仑传说耶？余谓盖受之西亚耳。

三国六朝时人，已知阿耨达即昆仑，顾昆仑之所在，中国人自己尚捉摸不定，何能知阿耨达之确址？印度僧人来中国，亦曾助中国人解决此问题，如《水经注》卷一所言佛图调，以《山海经》所言昆仑所在，合之阿耨达山是也。又有来华印僧据《山海经》及《康泰扶南传》："恒水之源，乃在西北，出昆仑山中，有五大源。诸水分流，皆由此五大源。"知阿耨达即是昆仑山，为《西域图》以语印僧法汰，法汰以常见为怪，谓"汉来诸名人，不应河在敦煌南数千里，而不知昆仑之所在也"。惟郦道元脑中横亘一《山海经》、《淮南子》所言之神话昆仑，及汉武帝所钦定之于阗昆仑，遂云："余考释氏之言，未为佳证"、"阿耨达六水，葱岭、于阗二水之限，与经史诸书，全相乖异"。轻轻一笔抹煞，遂使阿耨达与昆仑关系垂合而复乖，殊为可惜。然此事亦不能怪道元，盖印度阿耨达亦非真正之昆仑，且中国昆仑传说，乃直接得之西亚，非得之印度，本属二山，何能强传为一乎？

阿耨达果在何处耶？曰即清圣祖所定为昆仑之冈底斯山是矣。《清一统志》言此山高仅五百余丈，故魏源卑之，谓不及葱岭十分之一，安足以当昆仑？然西藏高原，除挨佛拉斯峰之外，以冈底斯山为最高，达海拔六千公尺以上。西藏喇嘛对清圣祖侈陈冈底斯之形势，谓天下三条四列之山，皆祖于此，故番语"冈底斯"，译言"众山水之根"，魏源又谓西蕃语谓雪为冈，梵语谓山为底斯，冈底斯三字乃合番梵语而成，义犹"雪山"耳，何"众山水根"之有？其狮泉、马泉、象泉之合于佛经阿耨达者，一律为喇嘛所伪造。其言皆太过，下文再辩。

五　昆仑与四河

昆仑构成之条件，珍木异兽、琼楼玉宇、仙灵神怪等尚非重要，重要者厥维发源昆仑而各自流入大海之四条大河。此为探讨昆仑所在地之关键，而亦笔者此文研究之中心也。希腊奥林匹斯山实际无河，置河于冥界以外，中国人之昆仑，印度人之阿耨达，希伯来人之伊甸，皆有四河之说，巧合若斯，即欲强证其非同出一源，亦不可得。兹分别论述如次：

（A）中国昆仑之四河

《山海经·西山经》第二：

> 西南四百里，曰昆仑之丘……河水出焉，而南流注于无达。赤水出焉，而东南流注于泛天之水。洋水出焉，而西南流注于丑涂之水。黑水出焉，而西流注于大杅，是多怪鸟兽。

《山海经·海内西经》第十一：

> 海内昆仑之虚在西北……赤水出东南隅，以行其东北。河水出东北隅，以行其北，西南又入渤海，又出海外，即西而北，入禹所导积石山。洋水、黑水出西北隅，以东，东行，又东北，南入海，羽民南。弱水、青水出西南隅，以东，又北，又西南，过毕方鸟东。

《淮南子·地形训》：

> 河水出昆仑东北陬，贯渤海，入禹所导积石山。赤水出其东南陬，西南注南海

丹泽之东。赤水之东，弱水出自穷石，至于合黎，余波入于流沙，绝流沙，南至南海。洋水出其西北陬，入于南海羽民之南。凡此四水者，帝之神泉，以和百药，以润万物。

黄河为四大河中最重要之一水，但黄河并不发源昆仑，前文已有详论，然则黄河与昆仑之关系已完全宣告断绝。今日四河会议场中，灵源公（唐人所加黄河封号）决无参加之权利，吾人惟有请其退席而已。

首论洋水。《禹贡》、《尔雅》皆不载此水之名，仅见于《山海经》、《淮南子》。惟《穆天子传》有两条记载："己卯，天子北征，赵□舍。庚辰，济于洋水。"又："辛巳入于曹奴，曹奴人戏觞天子于洋水之上。"

《水经注》无洋水而有漾水。《水经》卷二十："漾水出陇西氐道县嶓冢山。东至武都沮县为汉水。"郦道元注曰："阚骃云：'汉或为漾。漾水出昆仑西北隅，至氐道重源显发，而为汉水。'"盖《山海经》、《淮南子》皆言洋水出昆仑西北，南入海羽民南，又与黄河相提并论，可见必是一条大水，故阚骃附洋于漾，意似谓其音近而讹者，又附漾于汉，意似谓其形近而误者。汉水至湖北汉阳注长江而入海，下游则姑认其是，然嶓冢山距昆仑极远，既曰漾水导源嶓冢，则其上流与昆仑无关。于是又有"重源"之说，以勉强绾合之。郦道元亦知其说之多窒碍，惟有为之辩解曰："然川流隐伏，卒难详照，地理潜闷，变通无方，不可全言阚氏之非也。虽津流派别，枝渠势悬，原始要终，潜流或一。"顾实先生则谓洋水即今新疆疏勒府之喀什噶尔河，其上流为乌兰乌苏河，为玛尔堪苏河，……其下为塔里木河，东入罗布泊（《穆天子传西征讲疏》一〇一页）。然《山海经》、《淮南子》之洋水皆须入海，若洋水入罗布泊重源再出，而东注于海，则洋水与黄河何别？然洋水与黄河，实是两水，顾先生亦知其然，殆以罗布泊在佛经名牢兰海，即以此当《山海经》、《淮南子》之羽民南之大海欤？按羽民为海外三十六国之一，区区长广不过三四百里之罗布泊，四周果有羽民等国家否？且黄河如此之长，洋水又如此之短，亦搭配不上也。

次论弱水。《禹贡》"弱水既西"，又"导弱水至于合黎，余波入于流沙"。《汉书·地理志》："删丹县，桑钦以为导弱水自此，西至酒泉合黎。"《水经注》："弱水出张掖删丹县，西北至酒泉会水县，入合黎山腹。"唐贾耽亦以张掖郡之张掖河当《禹贡》之弱水，见程大昌《禹贡论》。按今宁夏居延泽，有两水合流至甘肃东北境，名曰弱水，通过合黎山脉，又分两股，一股入酒泉为白河，一股经张掖而入峡口。发源既非昆仑，又未入海，当然非《山海经》、《淮南子》所言之弱水。此外中国境内外水之以弱名者，不下八九处之多。顾实先生谓昆仑弱水即今西藏雅鲁藏布江，其上源即今后藏札什伦布至阿里一带之陆海，下流为雅鲁藏布江（《穆天子传西征讲疏》六五页）。按雅江入印度而注入孟加拉海湾而入大海，实为中国西南部一条大河，但顾先生认昆仑在新疆境，而雅鲁藏布江则发源于西藏拉萨之北，顾其尾则不能顾其头，亦未免遗憾。

更论赤水。此水之名不见于正经书传如《禹贡》、《尔雅》者，故古人亦不重视，《水经注》有"赤水在西北罢谷川东，谓之赤石川，东流入于河"之说，盖指今陕西宜川县北上之一水耳。惟《穆天子传》有关于赤水文字二则："天子已饮而行，遂宿于昆仑之阿，赤水之阳"，"天子□昆仑，以守黄帝之宫，南司赤水而北守春山之瑶"。《庄子·天地》："黄帝游乎赤水之北，登乎昆仑之丘。"顾实先生引董祐诚之言曰："金沙江上源三，曰那木齐图乌兰木伦河，曰托克托乃乌兰木伦河，曰喀齐乌兰木伦河，蒙古语谓赤色曰乌兰，盖即赤水"（《穆天子传西征讲疏》六〇页）。又曰："流沙即今蒙古大戈壁，西连新疆东境，赤水即金沙江"（同书六六页）。金沙江发源地诚近昆仑山脉，然顾先生并未连其下游长江以言，则未入海。

《禹贡》："黑水西河惟雍州"、"华阳黑水惟梁州"、"导黑水，至于三危，入于南海"。因黑水见于《禹贡》，古来地理家、经学家关于此水之辩论，积稿亦复盈尺。清廷曾遣使臣，远适西域，穷探原委，写图以志，乃谓《禹贡》三个黑水字样，实为不同之三水。一为雍州黑水，出陕西、甘肃塞外，南流至河州，入积石河，今俗名大通河是也。一为梁州黑水，发源于西番诺莫浑五巴什山，即今云南之金沙江。一为大禹导川之黑水，其源亦发于西番诺莫浑五巴什山，即云南之澜沧江，南流至阿瓦国而入南海。以上皆蒋廷锡《尚书地理今释》所引。蒋氏又辨之曰："按此三黑水，皆非四大水之黑水也，……真正黑水之源，去澜沧之西三百余里，番名哈拉乌苏色禽，经蒙番怒夷猓猓界，由缅甸入南海，即佛书所谓黑水出阿耨达山东是也。禹迹之所不至。盖中国在阿耨达之东，……所入大水唯黄河一支。黑水出阿耨达之东，实在中国之西南，未尝流入内地，故从古无人知其原委也。"

顾实先生谓"黑水即新疆叶尔羌河"（《穆传讲疏》六六页）。叶尔羌河源出葱岭，与顾先生所认为昆仑山脉或托古兹达坂无关，且河身太短，不称四大水之实。顾先生又谓新疆喀什噶尔河为洋水，西康境之怒江上游喀喇乌苏河为青水，均见《穆传讲疏》六三页至六六页。

黄河以外，洋、弱、赤、黑各水与今日昆仑山脉亦均不能发生关系。古今学者，于此四水，牵之、挽之、揉之、搓之，望其与昆仑山脉，打成一片，而顾此失彼，总不自然。赤水之名，仅见野史，既难捉摸，只有付之不论。黑水、弱水名见经书，安敢不为探讨，而迷离恍惚，依然闷葫芦一个。故宋代毛晃废然叹曰："史志及诸家言黑水弱水互有异同，率多抵牾，姑撮其梗概，辨其误而阙其疑，以俟博达君子而折中焉。"（《禹

贡指南》卷二）魏源则直指弱水为荒诞（《释昆仑》上），近人蒙文通先生亦归黑水于神话（《古史甄微》），是岂无故而然哉！夫竭二千数百年学者之聪明才力，不能解决此区区四水之问题，言之可笑而亦可哀矣。使《山海》、《淮南》所言昆仑果在中国，四水果为中国之地理，又乌得有此现象耶？

中国古人于昆仑四大水印象颇深而除借重潜流，勉强牵合之黄河外，其他三水之所在，则苦于无法证实。乃为"四渎"之说，以为慰情聊胜之计。《尔雅·释水》："江淮河济为四渎，四渎者，发源注海者也。"应劭《风俗通》："江、淮、河、济为四渎，渎，通也，所以通中国垢浊。"淮水发源河南桐柏山，济水发源河南王屋山，其长度比江河不及十分之一，济水尤细微，与江河并称四渎，实为不称。唐太宗即曾以为疑，问许敬宗曰："济甚细而在四渎，何哉？"对曰："渎之为言，独也。不因余水，独能赴海者也。济水潜流而屡绝，状虽细微，其实尊也。"（见《唐会要》）是言亦甚矫强，今淮夺于运，济夺于河，中国四渎仅存其二而已。

（B）印度阿耨达山之四河

《长阿含经》：

> 雪山顶上，有阿耨达池。纵广五十由旬。其水清冷澄澈，无秽，七宝砌垒。其池底金沙充满，华如车轮，根如车毂。华根出汁，色白如乳，味甘如蜜。池东有恒伽河，从牛口出。从五百河，入东南海。池南有新头河，从狮子口出，从五百河，入西南海。池西有缚叉河，从马口出，从五百河，入西北海。池北斯佗河，从象口出，从五百河，入东北海。

释氏《西域记》（《水经注》卷一引）：

> 阿耨达大山，其上有大渊水，宫殿楼观甚大焉，即昆仑山……其山出六大水。山西有大水，名辛头河……

《华严经音义》：

> 香山顶上，有阿耨达池，四面各流出一河：东面私陀河，出金刚狮子口。南面恒伽河，出银象口。西面信度河，出金牛口。北面缚刍河，出琉璃马口。

玄奘《大唐西域记》卷一：

赡部洲之中地者，阿那婆答多池也（原注：唐言无热恼，旧曰阿耨达池，讹）。在香山之南，大雪山之北，周八百余里，金、银、琉、璃、颇胝、饰其峰焉。金沙弥漫，清波皎镜。大地菩萨，以愿力故，化为龙王，于中潜宅。出清冷水，给赡部洲。是以池东面银牛口，流出殑伽河（原注：旧曰恒河，又曰恒伽，讹也），绕池一匝，入东南海。池南面金象口，流出信度河（原注：旧曰辛头河，讹），绕池一匝，入西南海。池西面琉璃马口，流出缚刍河（原注：旧曰缚叉河，讹），绕池一匝，入西北海。池北面，颇胝狮子口，流出徙多河（原注：旧曰私陀河，讹），绕池一匝，入东北海。或曰潜流地下，出积石山，即徙多河之流，为中国河源。

诸释典所言四大水，有似出于想象。幸而其中有殑伽河，即恒河（Ganges R.）也。有辛头河，即印度河（Indus R.）也。但须觅得此二河之策源地，便知阿耨达山何在。而二河实出西藏阿里之冈底斯山，故知冈底斯即阿耨达也。按喀喇昆仑山脉至西藏阿里境，与喜马拉雅山脉相合，成冈底斯山脉。其最高峰为僧格喀巴布山，次高峰为冈底斯山。冈底斯山者，非所谓"众山水之根"，亦非所谓"雪山"，乃由恒河原音 Ganges 而得名。冈底斯山脉与喜马拉雅山脉，旋又分离，并行而东，其中为雅鲁藏布江谷。冈底斯之东南有二大池，一曰拉葛池，一曰玛那萨罗沃池——《大清一统志》称之为马品木达赖池，今西人称之为麦那萨落瓦湖（Manasarornar Lake）。其名与《大唐西域记》之阿那婆答多池相近，知即中国人所译之阿耨达池矣。印度雅利安人本居喜马拉雅山，故以此山为圣山，此湖为圣湖。神话与佛经，道及此湖者，实不一而足。

徐松《西域水道记》卷一，谓此山分为四干，东出者曰克喀巴布山，西藏语为"马口"。其水曰崖鲁藏博楚，义犹"马泉河"，即雅鲁藏布江也。南出者曰部沁喀巴布山，藏语曰"象口"。其水曰狼楚，义犹"象泉河"。西出者曰玛布佳喀巴布山，藏语"孔雀口"，其水曰麻楚。北出者曰僧格喀巴布山，藏语"狮子口"，其水曰拉楚，义犹云"狮泉河"。

狼楚、麻楚、拉楚三河相会，始名冈噶江，即恒河也。会雅鲁藏布江，东南注孟加拉湾而入大海。拉楚河又西北流，会狼河那古河为印度河，西北入印度境，折而西南流入阿拉伯海。徐说盖根据《大清一统志》而又参以西域见闻而成之者。

笔者按：冈底斯诸泉与佛经所记同，特名目略异（魏源谓皆喇嘛所伪造，未免诬喇嘛太甚。天下惟作伪之事最为容易，喇嘛果有心作伪，何不依据佛经以立四水之名？又何必留孔雀之异？故笔者宁谓此四水之名实自来所有）。又四方之方向不同耳（然《大唐西域记》与《长阿含经》、《华严经音义》，即相互抵牾）。察西藏地图，诸水所

129

出，并不如徐松所云之整齐，若如佛经所云之东西南北四面各出一水，各绕池一匝，各从五百河，分注东西南北四大海，则更无其事。印度人强实际之冈底斯，为其理想之苏迷卢（其黄金、白银、琉璃、玻璃之四口，即影射苏迷卢之四宝合成之四面），故描绘得异常热闹。吾人若信以为真，按图以索骥，则非上印度人之大当不可。

然则康泰《扶南传》谓恒河有五大源，奈何？余于西藏地理不熟，殊不敢强为解释，疑康泰五大源之说，实指印度河彭甲伯（Panjab）一带之五河，误以下流为上源耳。《梁书》五十五："国临大江，名新陶，源出昆仑，五江总名曰恒水。"新陶即辛头，亦即印度河。印度河上游分二支在中国人口中，称东西恒河也。或曰殁伽即恒河，辛头即印度河，二大水，今闻名矣。其缚刍徙多二河，果即狼楚、拉楚诸河乎？曰：此又不然。狼楚、拉楚乃河源耳，而缚刍、徙多则与恒河、印度河并列为四大水，且其末流均注海者也。《大唐西域记》谓"徙多潜流地下，为中国河源"，则当系指塔里木河而言。《西域记》又云："大龙池……东面一大水东流，东北至疏勒国西界，而徙多合而东。"此大水者指塔里木河之上源喀什噶尔河，汉疏勒国，唐时为法沙国、清为喀什噶尔，其地正当此河流也。又云："西北（指大龙池之西北）一大流，与缚刍河合而西，至达摩谛国。"达摩谛国为今葱岭西之什克南部地。魏源谓缚刍即《水经注》之妫水，即《元史》之睹布河，亦作阿梅河，亦即南怀仁《坤舆图》入咸海之阿书河。今则曰阿母河。阿母与阿书，乃缚刍之音转云云（见《释昆仑》下）。近代中外地理学者，亦多作此说。

惟塔里木之下游黄河，虽云入海，而其上源喀什噶尔河源出葱岭。阿母河源更在葱岭以西，与冈底斯皆全无干涉。阿母河末流入咸海，不过一大湖而已，非大海也。强此二河与冈底斯发生关系，则非借重"潜流"、"重源"之学说不可。笔者固言此种学说，不但中国人信仰，印度学者亦非常信仰。彼对黄河既屡作此论矣，今更请征之《水经注》。《水经注》卷二，言妫水与蚖罗跋谛水同注雷翥海。又引释氏《西域记》：蚖罗跋谛出阿耨达山之北，西经各国，至安息注雷翥海。据魏源考证，妫水即阿母河，蚖罗跋谛水即乌浒河，雷翥海则为里海。阿耨达（即冈底斯）在帕米尔高原以东，里海则在帕米尔高原以西。今出阿耨达之妫水与蚖罗跋谛水能注于里海，则非利用潜流学说，如何可通？魏源拥护此说，但尚以里海为非大海，而谓其竟注于地中海，言阿母河潴于咸海，潜行地底而注里海，再由里海以西，潜行地底，重源再出，而为大乃河，长二千四百里，分三道入墨的湖而达地中海（见《释昆仑》下）。

总之，印度仅恒河与印度二河，真发源冈底斯。徙多缚刍，发源及入海，均须借重"潜流"。

（C）阿拉拉特之四河

今言及本题矣。举世仙山，既皆出西亚阿拉拉特，则阿山固举世仙山之祖也。惟此仙山传衍及他国，皆变为神话之境，且传合之以本国河流（如印度阿耨达），探索殊为不易，幸《旧约》伊甸，同产小亚细亚，四河皆有主名，而其中有两大河尤为地理上真实名字，举以为证，问题便易解决。至伊甸故事在阿山前？抑在其后？《圣经》学者或可言，浅学如余，安敢置喙？按《旧约·创世纪》第二章：

> 耶和华上帝在东方的伊甸，立了一个园子，把所造的人，安置在那里……有河从伊甸流出来，滋润那园子，从那里分为四道：第一道河名叫比逊（Piaon），就是环绕哈腓拉（Havilah）全地的。在那里有金子，并且那地金子是好的。在那里又有珍珠和红玛瑙。第二道河名叫基训（Cihon），就是环绕古实（Ethiopia，法文译本作 Cousch）全地的。第三道河名叫希底结（Hiddeke，法文译本作 Tigre），流在亚述（Assyria）的东边。第四道河，就是伯拉河（法文译本作 L. Euphrate）。

以《山海经》、《淮南子》所言四大水，合之中国昆仑山脉及印度阿耨达，凿柄龃龉，百无是处。合之阿拉伯半岛，则如断符裂契之相投，泯然无复痕迹。谓余不信，请征之希伯来人伊甸之四河。中国昆仑、印度阿耨达、希腊奥林匹斯皆在国境西北，而伊甸独东，是伊甸在阿拉拉特丛山之第一铁证。盖从建国于半岛西部之希伯来人言之，阿拉拉特固在其东也。上帝造亚当、夏娃于伊甸，而阿美尼亚高原，相传为人类之摇篮，挪亚方舟又搁于阿拉拉特山顶。凡此种种，皆可证明阿拉拉特与伊甸之关系。

今且论伊甸四河之一即第三道河曰希底结者。所谓希底结（Hiddeke）本非希伯来人语。但《创世纪》明言此河在亚述东边，故《圣经》学者知此河即构成两河流域最重要之一条大河替格里斯（Tigris）也。此河长一千一百四十六里，为亚洲大河之一，发源于阿拉伯半岛阿美尼亚大丛山，亦可谓出阿拉拉特之东北群山，引而东南流，经过尼尼微等大城，一路沟渠无数，灌溉处皆为沃壤，东南入波斯湾而达阿拉伯海。

伊甸第四道伯拉河即幼发拉底斯河也。幼发拉底斯河，发源于阿美尼亚丛山，其源近阿柴（Arze），近代则曰奥柴龙（Erzeroum），在阿拉拉特之西北。初为甚细之泉源，流而向东，遇喀巴图亚山（Coppadocia）阻其道，折而南流。会自阿拉拉特山南部流来之大河曰阿刺尼亚斯（Arsanias）者，又纳玛纳特河（Mannert）遂成洪川。一路所入运河亦无数，最后与替格里斯相合而入波斯湾，以达阿拉伯海。河长一千七百八十里，比替格里斯尤长。

希腊人名此河曰佛拉特（Phrat），义犹云土地肥沃，产殖丰硕也。希伯来人则名曰伯拉（Perath）（即《创世纪》第四道伯拉河），波斯人则称之为幼佛拉透（Ufratu），

或西里阿克（Syriac），或奥发拉特（Ephrat），或幼拉特（Eurat）。

我国古人，谓黄河之源为二，其源指罗布泊所注之塔里木河也。然塔里木河之源实四（郦道元《水经注》谓为三源，已纠正其误），故深滋后世疑议，然若知彼等所闻者实为西亚幼河，则涣然释矣。幼河确有二大源，一曰卡剌特（Karat），一曰慕剌特（Muret）。黄河并不出昆仑，而幼河则确出阿拉拉特之东北陬。《尔雅·释水》谓河并一千七百渠。黄河在战国时，虽有沟渠，恐不如此之多，而幼河则运河纵横如织。《山海经》曰："河水……西南又入渤海，又出海外，即西而北，入禹所导积石山。"《淮南子·地形训》："河水出昆仑东北隅，贯渤海，入禹所导积石山。"可见此河出海以后，始入积石，两书之言，非常明白。但中国黄河则先入积石，后乃入渤海，与两书之言正相反。《山海经》亦有两积石。《西山经》第二："又西（轩辕丘西也，距西王母玉山七百八十里）三百里曰积石之山，其下有石门，河水冒以西流。是山也，万物无不有焉。"《海外北经》第八："博国在聂耳东，其为人大，右手操青蛇，左手操黄蛇，邓林在其东，二树木，一曰博文。禹所导积石之山在其东，河水所入。"二积石一在国中，河水冒以西流，一在海外，为禹所导，河之所入。则二积石截然不同，于此可见。中国大小积石之辩，始于魏王泰，然中国地理上，确有两积石。《山海经》今多佚文，但初入中国时，疑有两积石之明文，故中国人受其暗示而仿置焉。《西经》所言轩辕丘西之积石，当是西亚之小积石山，距阿美尼亚丛山不远。《北经》所言河水所入之积石，当是西亚之大积石山。河水贯渤海，即阿拉伯（Arab）海也。"渤"与rab盖为甚切之对音矣。出此海外，即西而北，始入禹所导积石山，则此积石山当在印度洋中。惜聂耳、博文、邓林之所在，皆恍惚难明，不然，固不难考得其处耳。

替格里斯与幼发拉底斯今日同流入波斯湾，再流入阿拉伯海，但古时两河各有其入海之道。

第一道河比逊，《创世纪》谓其环绕哈腓拉全境。《圣经》学者不知哈腓拉为何地，故亦不知比逊究为何水？有以哈腓拉系在波斯湾以东者，有以系靠近里海西岸之地者。笔者则以比逊河当是流入黑海之大水，在《山海经》、《淮南子》书中名之曰洋水，又曰黑水，又曰敦薨之水。注入黑海有两大河，一名吉瑞尔伊拉马克（Kigil Iramak），一曰萨卡耶（Sakarya），而吉瑞尔河较长，其发源亦较近阿拉拉特，以此河为黑水，比萨河为合理。笔者尚有一证焉。前文曾言，中世纪时意大利天主教教士马黎诺里游于印度，闻地堂之说。所谓地堂即伊甸园，印度人谓伊甸园在锡兰岛之东名曰科伦白姆（其发音宛与昆仑相近，已见本书"海外之昆仑"条），其间流出之水，其名与《创世纪》一一吻合。至其言第二河（《创世纪》为第一河）曰肥逊（Phison），流经印度，环绕爱威拉克（Eviloch）全境，抵契丹（中国之谓）境，河乃名喀兰摩兰

（Caranoran），义犹黑河也。马氏肥逊原文 Phison，与《创世纪》比逊原文 Pison 仅一字母之差，印人名之为黑河，岂非《山经》、《淮南》之黑水（洋水）哉？然马氏又谓此河流至喀发（Caffa）对岸，没于沙中，后乃再出，过塔纳（Thann）而潴于巴库海（Sea of Bacu）云云。巴库海乃里海也，设黑河流抵契丹（中国）为黄河，又流至喀发、塔纳，而潴于里海，则黄河居然又由东向西回流矣，有是理乎？

或将曰此则是矣，《创世纪》所言黄金、珍珠、玛瑙之事又如何？曰前文因曾举《山经》沃民之国有璇瑰、瑶碧、琅玕、白丹、青丹，多金银，产凤卵。《隋书·西域传》亦列举波斯以产真珠、颇黎、珊瑚、玛瑙、水精、金银、铜铁并大鸟卵，盖里海、黑海、地中海一带古时皆然。或古时黑海一带所产更丰，故《创世纪》加以特举。

《创世纪》第二道基训河，究为地理上何水？则今日最渊博之《圣经》学者，亦莫能解答矣。马黎诺里游记，有一段关于此河之语。其言曰："吉昂河（Gyon）环绕依梯俄皮亚洲（Ethiopia，即非洲），洲中居民皆为黑种……埃及国之尼罗河相传与此水相通，中隔阿拔斯梯（Abastry，即今日阿比西尼亚）一带之地云云（同上书）。按苏彝士运河未凿通以前，非洲与阿拉伯半岛，原自相连，然未闻半岛西部有何大河流入非洲，环绕非洲东岸之全部，并牵至阿比西尼亚，果如此，则此河非长万里不可。且马氏地堂四水全同《创世纪》，又谓幼、替二河，构成两河流域，曰"米索博达米亚"，并列举尼尼微、巴比伦各大城市，谓皆二河之所经，则其地固为阿拉伯半岛矣。乃又谓地堂在印度锡兰岛东之科伦白姆，距锡兰不过四十里，水流之声，锡兰岛居民闻之了了。竟不知此四水如何流法？除非地堂真在月球中耳。印度接受基督教甚早，将伊甸园强移至锡兰岛东，马氏又不仔细考察，遂有此种荒谬可笑之记载。张星烺先生已痛驳之。故其所言基训河流至非洲，似亦不必重视。

但《旧约》"古实"本指非洲黑人国，前文已举例以明，错误亦不始自马氏。但"古实"有两解，一指非洲东岸，一指阿拉伯半岛南部沿红海边之一带。《旧约·民数记》（Numbers）第十二章第一节："摩西娶了古实女子为妻，米利暗和亚伦，因他所娶者古实女子为妻，就毁谤他。"古实又转音为古他。《列王纪》（Kings）第十七章二十四节："亚述王从巴比伦、古他、亚瓦、哈马和西法瓦，迁徙人来，安置在撒玛利亚的城邑，代替以色列人。"《圣经》学者谓：此之古实与古他，所指实半岛西南红海边一国，名曰古珊（Cushan），非非洲也。如此，则《创世纪》之基训河仍在半岛境内，于事理较合。

笔者主张《创世纪》第二道河基训乃阿拉斯河（Araxes）也，亦发源于阿美尼亚高原之北部丛山，其源有二，其一在阿拉拉特之西，绕过其前，其一在阿拉拉特山之北，东流曲折而北，迎北来之库拉（Kura）回而南趋，卒入里海。

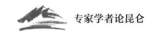

或者又将问，然则《创世纪》古实问题奈何？曰此则不知，特谓为红海边古珊，亦未必。或古时里海一带多黑人耶？《圣经》古实一语亦未必指非洲，前文已言。

《创世纪》四河顺序系自北起，历东南至西而止，即北——吉瑞尔河，东——阿拉斯河，南——替格里斯河，西——幼发拉底斯河。

前引《山海经·西山经》第二，四河排列顺序与《创世纪》正相反，乃反时钟方向，乃系从西算起，即西——河水，南——赤水，东——洋水（当是青水之误），北——黑水。

《淮南子·地形训》四河顺序同，即西——河水，南——赤水，东——弱水，北——洋水。

余以前曾作一假设，谓《山经》弱水常与青水相连，洋水常与黑水相连，知弱与青为一水，洋与黑亦系一水。弱、洋乃河本名，青、黑则河别号，乃注文之误为本文者也。《淮南子·地形训》帝之四神泉，叙述明白，而赤水之东曰弱水，斯足证矣。设以弱、洋为二水，则昆仑有六水矣。安得曰"帝之四神泉"？

至环绕昆仑之弱水则指大瀛海。昆仑代表大地，弱水犹死水，言瀛海难济。弱水三千亦同，与此异。至前引《山海经·海内西经》第十一，四河顺序则自南算起，至东而止，即南——赤水，西——河水，北——黑水，东——青水。

四水排列之顺序，无论顺起算，逆起算，或从中间起算，青赤白黑之四色，必与东南西北之四方相符，若谓其非同出一源，其谁能信？

以上《山海经》、《淮南子》所言皆为西亚地理上之水道，至于中国实际地理，夏商前苏末之一支迁来中国，以山东半岛为根据地，虽将泰山当作世界大山，黄河当作幼河，而黄河自大陆西部流来，其源极远，决不能附会其策源于泰山，唯有姑置。印度恒河最大而长，久视为圣河，无奈恒河源出西藏冈底斯至印度东面入海，地理形势如此，无论如何不能强改，故《华严经义》、《长阿含经》及《大唐西域记》皆直言其为东，其他三河所流之方向皆与我国《山海经》、《淮南子》异。印度亦有五色河说，想其颜色已不能代表方向矣。

至希腊地下之四河，回教天国之四河，均未言及如何流法，只有不论。

现请将四水颜色，再为一论。以颜色代表五行，亦西亚人首创，七星坛之色余已有介绍。颜色又象征春夏秋冬四时，东南西北方向。今请再言四水之颜色。余于两河流域地理不熟，未知其河流颜色究竟如何，我国黄河作黄色，长江水色亦殊混浊，凡长大河流经历之地多，多夹泥沙杂质，固难求其莹澈也。闻替格里斯、幼发拉底斯两大河系作咖啡色，度其他河流亦然。乃《山经》竟有青水、赤水、黑水之名。印度阿耨达山乃西亚阿拉拉特山即世界大山之翻版，宋陈善《扪虱新语》谓："昆仑即须弥，亦即阿耨达，彼中又名之为雪山。有四天下，东弗子伐，西瞿耶波，南阎浮提，北郁单越，雪山在中天竺国，正当南阎浮提之中。山最高，顶有池，名阿耨达池。池中有水，号八功德水，分派而有青黄赤白之异色，今黄河盖其一派也。"陈氏喜览佛书，其言必有所本。"黄"之一色，疑其涉黄河而误，佛经或为黑色。

昆仑传至我国，四水亦随之而来。凡昆仑所在处，赤水、黑水纷扰不已，已见前文。今言半岛水道，请按《创世纪》四河排列之顺序更言之。

（1）黑水。黑水为北方之水，以其地为幽都所在，而幽都之色本为黑。《海内经》第十八："北海之内，有山曰幽都之山，黑水出焉。其上有玄鸟、玄蛇、玄豹、玄虎、玄狐、蓬尾。"又曰："大玄之山，有玄丘之民，有大幽之国，有赤胫之民。"《河图始开图》曰："昆仑山北地转下三千六百里有八玄幽都，方二十万里。"按北海，即黑海也。其位置在半岛北。有数大河注入，其中以吉瑞尔河为长。当以吉河为代表。

（2）青水。为东方之水。阿拉斯河注入半岛东部之里海。

（3）赤水为南方之水。《创世纪》言明其在亚述之东，即替格里斯也。替河与幼发拉底斯两河古时各有其入海之道，前文已言。《山海经·西山经》言赤水注于泛天之水，《海内西经》则言注于南海厌火东。《淮南子·地形训》则言赤水南注南海丹泽东。余曾在某外文书上见替河所注之海有红赤色字样，则替河必为赤水矣。

（4）白水。白水即幼发拉底斯河也。《创世纪》称之为伯拉河，已见前。《淮南子·地形训》："疏圃之池是谓丹水，饮之不死。"王念孙云："丹水本作白水，此后人妄改之也……《楚辞·离骚》'朝吾济于白水兮'，王注曰：'《淮南》言白水出昆仑之原，饮之不死。'"《文选·思玄赋》"斟白水以为浆"，李善即引王注。《太平御览·地部》二十四，亦云："《淮南子》曰'白水出昆仑之原，饮之不死'，则旧本皆作白水明矣。"洪兴祖引《河图》曰："昆山出五色水，其白水入中国，名为河也。"洪氏注《九歌·河伯》曰："授神契曰'河者水之伯，上应天河。'《山海经》云：'昆仑山有青河、白河、赤河、黑河，环其墟。其白水出其东北陬，屈而东南流，为中国河。'"今本《山海经》无"白水"、"白河"字样，宋时则尚有之，可见《山海经》散佚之多。古人指河为誓，曰："有如白水！"黄河色本黄，今曰白水，则其指神话的河可见。西亚幼河色如咖啡，亦曰白水，盖白者西方之色也，实际河色，在所不拘。

余按埃及巴比伦神话"生命草"以外，均有"生命水"，饮之永生。印度人之"不死甘露"，殆混合生命草及生命水而成者。《新约·启示录》（Revelation）第二十二章云："天使又指示我在城内街道当中一道生命水的河，明亮如水晶，从上帝和羔羊的宝座流出来。在河这边和那边有生命树，结十二样果子，每月结果子，树上的叶子，乃为医治万民。"疑此语与西亚河之传说有关。希伯来人文化固受两河流域之影响者也。既

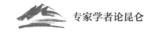

曰"明亮如水晶",则此水色白无疑。

余前固曾疑"潜流"、"重源"之说皆创自古西亚人。前人竟谓中国黄河源于黑海,斯真奇事也(《山经》既为西亚地理书,则所言"河"者乃彼中圣河也,但古人竟误为中国黄河)。《山海经·西山经》第二:"又西北三百七十里,曰不周之山,北望诸毗之山,临彼岳宗之山,东望泑泽,河水之所潜也,其源浑浑泡泡。"《北山经》第三:"又北三百二十里,曰敦薨之山。其上多棕楠,其下多茈草,敦薨之水出焉,而西流于泑泽,出于昆仑之东北隅,实惟河源。"《史记》、《汉书》皆言于阗大河入盐泽,并言其西域之名为蒲昌海,但未曾言盐泽即《山海经》之泑泽。混二者而一之者,殆始自郭璞。璞注《西山经》第二此条文字有云:"河南出昆仑,潜行地下,至葱岭出于阗国,复分流歧出,合而东流,注泑泽,已复潜行南出于积石山而为中国河也。泑泽,即蒲泽,一名蒲昌海,广三四百里,其水停居,冬夏不增减,去玉门关三百余里,即河之重源,所谓潜行也。"

郭注除加"泑泽即蒲泽,一名蒲昌海"二句外,其余皆袭自《汉书·西域传》。故知此注并无任何新资料,足资其根据,然则泑泽即蒲昌海,乃郭璞之臆说耳。彼轻轻一笔,竟扭泑泽与盐泽而一之。郦道元注《水经》,又采其说云"河水又东注于泑泽,即经所谓蒲昌海也"。从此泑泽成为罗布泊之别名,至今言地理者,尚无不宗其说焉。

笔者谓泑泽即黑海也。中国古有黝字,孟子有北宫黝之名。《尔雅·释器》:"黑谓之黝。"《释宫》:"地谓之黝",注:"黑饰地也",疏:"以白饰墙谓之垩,以黑饰地谓之黝,《周礼·守祧职》云:其祧,则祧守黝垩之是也"(阮刻《十三经注疏》)。《周礼·夏官·牧人》"阴祀用黝牲",注:"读若幽,黑也。阴祀祭地,北郊乃社稷也。"《说文》于黝字,亦云"微青黑色"。泑字则最初见于《山海经》,郭璞注《西山经》第二,泑山之泑云:"泑音黝黑之黝"。余于是知我国古人本译黑海为"黝海"。特《山海经》虽为两河流域正式地理书,而译笔则异常拙劣,恐有牟利之商人、浅学之方士,参与译事。"泑"者乃译书人所写"黝"之别字耳,不然,则当时之简笔字。《说文》于此字但言"泽在昆仑之下",至《唐韵》、《集韵》始注其音为"于纠切,音黝,水黑色也",皆后起之音义。故知泑字不见他古书,乃《山海经》译人所特创者。

古人谓黄河源于黑海,自幼发拉底斯河变为西亚圣河后,殆亦谓其发源黑海。所以然者,殆以生命水故。余按西亚神话女神易士塔儿情人旦缪子(Tammuz)遭不幸而死。易士塔儿上穷碧落下黄泉,求所谓"生命水"(Water of Life)者,以返其夫之魂。闻此水在幽都(Nether),为女神亚兰豆(Allatu)所主。乃下冥界以乞之,而为亚兰豆所囚,受尽挫辱,几至不免。太阳神侠马修闻之,率诸天神问罪幽都,威胁亚兰豆将易士塔儿释放。亚不得已,乃出女神于地狱,还其冠冕珠饰衣裳,登之黄金宝座而沃以生命水，且任其贲水去，救旦缪子而活云。埃及女神埃西奔走大地，而觅其夫奥赛里斯之尸，亦曾探访地狱与此殆为同源。

意大利教士马黎诺里旅印度而得锡兰岛东地堂之说，前文已屡言之矣。地堂，其黑河流至契丹，即中国。《大唐西域记》亦言香山大仙池，分东南西北流出四大河，其北方流出之徙多河，潜流地下出积石山，为中国河源。徙多河即黑河也。河源即我国黄河之源也（洪兴祖引《河图》及所见《山海经》佚文白水入中国为河，恐中国人所改。彼等能知黄河代表之色为白，已难得矣）。吉河流入黑海后，再东潜万里而为中国黄河，凡我中国人闻此说后，对于西亚之吉河安能不产生其极深之情感耶！

古两河之人不但信河水能潜行地底，且信其能潜行海中，如河出渤海而后入禹所导积石山，赤水则入南海而穷于泛天之山，黑水则穷于不姜之山（《大荒南经》第十五），青水则穷于丽涂之山（同上）。度此类大山皆在大洋之中，距离各河出海口处不知其几千里，而河流海中，居然能保持原来状况，一波不乱，而各归其应归之山。此种地理观念，宁非奇异之极？

吾意山脉与地脉观念，亦肇自两河。惜今《山海经》尚无可考尔。

回教之天园亦伊甸之衍化也。《古兰经》形容天园，辄有"诸河流在其下"之语。全经屡见不一。则与"潜流"之说不能无关。又回教天园河流之数似亦为四。《古兰经》卷二十六第四十七章："天园的情形……内有常久不浊的'水河'，滋味不变的'乳河'，在饮者感觉味美的'酒河'和清澈的'蜜河'，他们在那里享受各项果实，并蒙其养主的饶恕。"

希腊奥林匹斯山无河可以附会，遂将四水安置于冥界：一曰司蒂克斯（Styx），此河为诸神所敬惮，凡起誓必用之，指河为誓之后，无论如何，不能翻悔。中国古人亦有指河为誓之事，印度则指恒河，似为同一渊源。二曰 Acheron，为"悲苦之河"（River of Woe），支流甚多。三曰 Phlegethon，为"火河"。四曰 Gocytus，为"哭河"（River of Wailing）。

然则诸地之实际昆仑果皆仅有四支大水欤？我中国仿制之昆仑在西域者即有于阗南山、巴颜喀喇、冈底斯，所有之水大小皆不止四数；印度有六大水（见前引释氏《西域记》），即昆仑正身所在之西亚大河亦不止四，强名之为四者，不过以代表东南西北之方向耳。盖地理乃天然的，各种文化观念乃人为的。人为与天然岂能完全合拍？只有勉强扭捏以言之而已矣。四水发源未必皆出阿拉拉特，但彼中固有潜流学说为之解决，不必深究，而四大水果皆入海则不误。余坚主《山海经》乃西亚古地理书，不其可信哉？

六　昆仑与中国

我国自称"中国"，盖闭关时代，本部与四裔相对待之名词。顾此语亦受两河文化影响。今日西亚楔形文字发现于地底者，尚不见自称其国为"中国"之语。然观乎昆仑号为地中央，及冀州、齐州之号为中国，吾知"中国"一词亦来自西亚矣。今请观《淮南子·地形训》：

> 昆仑之丘，或上倍之，是谓凉风之山，登之不死。或上倍之，是谓悬圃，登之乃灵，能使风雨。或上倍之，乃维上天，登之乃神，是谓太帝之居。扶木在阳州，日之所曊。建木在都广，众帝所自上下，日中无景，呼而无响，盖天地之中也。

《河图括地象》：

> 地中央曰昆仑……
> 昆仑之墟下洞，含有赤县之州，是为中则。
> 昆仑山为柱、气上通天。昆仑者地之中也。
> 昆仑居地之中，其势四下，名山大川，皆有气相承接。
> 昆仑地之中也，其外有五色弱水，横绕三千里，深十三寻。

次则请究"冀州"、"齐州"。中国所谓九州者，自《禹贡》（宋王应麟《玉海》，古帝如伏羲等亦有分州之说，当然不足取）。禹所分者为冀、兖、青、徐、扬、荆、豫、梁、雍九州。《尔雅·释地》则为冀、豫、雝、荆、扬、兖、徐、幽、营等九州。《周礼·夏官·司马》所分为扬、荆、豫、青、兖、雍、幽、冀、并等九州。此三书皆中国之经书，代表正统文化者也，而其所记九州之名，便已不能一致。然此尚可推诿为夏商周三代制度有异。故州各亦不同。至《淮南子·地形训》及纬书之九州，名目与经书亦有参差。《地形训》：

> 何谓九州：东南神州曰农土，正南次州曰沃土，西南戎州曰滔土，正西弇州曰并土，正中冀州曰中土，西北台州曰肥土，正北泲州曰成土，东北薄州曰隐土，正东阳州曰申土。

《河图括地象》：

> 东南神州曰晨土，正南邛州曰深土，西南戎州曰滔土，正西弇州曰并土，正中冀州曰白土，西北柱州曰肥土，北方玄州曰成土，东北咸州曰隐土，正东阳州曰信土。

今但论冀州。《周礼·职方氏》"河内曰冀州"，孔安国曰："舜分冀州之城为幽州、并州。"孔颖达曰："据《职方氏》，幽、并山川皆冀州之城，故安国知之。"冀州为今河北、山西及河南黄河以北之地。《尔雅·释地》"两河之间为冀州"。而中国古时冀州实在东河之西，西河之东，南河之北，三河以内，与《尔雅》不符。毛晃解之曰："案《禹贡》导河积石，自积石而下南河谓之西河，至于华阴，折而东，经底柱山，又东经孟津，东过洛水以北，皆东流，谓之南河。至于大怀山，折而北流，过降水，至于大陆，又北，播为九河，同为逆河，入于海，谓之东河。《尔雅》言两河者，举其二，则三可知也"（《禹贡指南》卷一）。

又有为望文生义之解者。《晋书·地理志》："《春秋玄命苞》云：'昂毕散为冀州。乱则冀安，弱则冀强，荒则冀丰。'"《释名》："冀州地有险易，帝王所都，乱则冀治，弱则冀强也。"杜牧《罪言》："禹贡九土，一曰冀州，程其水土，与河南等重十一二。以其恃强不循理，冀其必破弱。虽已破弱，冀其复强大，因以为名。"此种缭绕曲折之解释，乃吾国文人惯技，实不足道。

吾人须知《淮南子》与《括地象》所言者乃邹衍之大九州也，观其与东南神州对举便可了然。彼之冀州与《尔雅》、《禹贡》小九州之冀州本非一地，何能强合？《淮南子》、《括地象》皆有"正中为冀州"之语，不容忽视。高诱注《淮南子》此语云："冀州，大也，四方之主。"宋均注《括地象》此语云："冀州，昆仑之山也"（疑原语为"昆仑山之所在也"）。郭璞注《尔雅》"两河之间为冀州"，曰："自东河至于西河。"诸人或为汉人，或为魏晋六朝人，彼时纬书及道术之类，尚未尽灭，其语必有所本。郭璞所谓自东河至西河中间为冀，谓其非指东之替格里斯，西之幼发拉底斯中间之美索博达米亚（Mesopotamia）而言，岂尚有他哉！

屈原《九歌·云中君》："览冀州兮有余，横四海兮焉穷！"楚怀王大祭诸神以祈胜秦，屈原为作祭歌。楚国之地，战国时，当《禹贡》扬荆诸州，不及冀州。今屈原舍眼下风光之荆扬，而使神远览河北之地，亦殊可怪。前人虽有种种曲解，余皆不取。余以为云中君亦是西亚传来之神，为屈原根据外来神话而创作。"冀州"一语乃屈原无意留于歌中者，观其与四海对举成文，知歌中冀州，实指中国，乃西亚人所自命之中国。

《淮南子·览冥训》："于是女娲炼五色石以补苍天，断鳌足以立四极，杀黑龙以济

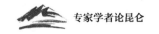

冀州。"高诱注"冀九州中，今谓四海之内"，不失为佳注。盖古人言洪水之祸，遍及中国，女娲所济者，不应独为区区河北之地，则此冀州者又实指全中国而言，特非吾曹之中国耳。

道家书除冀州指中国外，齐州所指亦然。《列子》书中，此例尤夥：

《黄帝》第二："黄帝……游于华胥氏之国，在弇州之西，台州之北，不知斯（张湛注：离也）齐（张湛注：中也）国几千万里也。盖非舟车足力之所及，神游而已。"

《周穆王》第三："四海之齐，谓中央之国。"

《汤问》第五："汤又问曰：四海之外，奚有？革曰：犹齐州也。"（张湛注：齐，中也。）

《杨朱》第七："卫端木叔者，子贡之世也，藉其先赀，家累万金，不治世故，放意所好……至其情所欲好，耳所欲听，目所欲视，口所欲尝，虽殊方偏国，非齐土所产育者，无不致之。犹藩墙之物也。"

以四海与齐对举，可见齐为中国。接端木叔为卫国人，不言卫土而言齐土，又以齐土与殊方偏国对举，可见乃指中国而言。

《尔雅·释言》："殷，齐，中也。"《释地》"九夷、七戎、六蛮，谓之四海。距齐州以南戴日为丹穴，北戴斗极为空桐，东至日所出为太平，西至日所入为大蒙。太平之人仁，丹穴之人智，大蒙之人信，空桐之人武，四极。"以齐州为地理中心，而推论四海四极，则此齐州者，果为何地耶？《尔雅疏》"齐州"二字，则曰"齐，中也。中州为齐州，中州犹言中国也。"唐李贺《梦天》诗"遥望齐州九点烟，一泓海水杯中泻"，此齐州则为邹衍之大九州矣。此乃唐人之误，大九州不能总名齐州也。若谓为中国之小九州，则中国九州本系连接之大陆地，安得为九点烟形？

观《淮南子·地形训》言东南神州曰农土，《括地象》则谓为晨土，形近而讹而已。邹衍谓中国曰赤县神州，则此农土者，必中国矣（全部），乃又以冀州为中国，其安可哉？

余谓"冀"、"齐"音近，当系一音之转，且为西亚人指其建国地点而言者。所指当即是两河流域之美索博达米亚。

夫亚洲文化固以两河流域为最古，当全世界尚在草昧未开之际，而苏末文化已高，巴比伦、亚述诸国继起，其天文、历法、诗歌、美术，已灿烂光华，尤盛极一时。且名王辈出，武功亦极辉煌，属地之广，史家谓其几遍全亚，其王每自称为"万王之王"

（The King of Kings），则其侈然自负其国中阿拉拉特山处大地之中，且自负其建国地两河流域为九州正中之一州，亦人情之常耳，曷足为怪？

　　回教源于阿拉伯半岛，其承继之文化亦与两河有关，故亦称回教策源地之天方为大地之正中。刘智《天方典礼择要·原教》谓真宰"造人祖于天方，降圣贤于中极"，自为解曰："中极，天方之地也。天方处六合之极中，故命曰中极，乃圣贤丛会之地，人民首出之乡。"又自为考证云："《天方舆地经》曰：地为圆体，如球，乃水土相合而成，其土之现于水面而为地者盖球面四分之一也。地之平面自东至西，分为三大土，东曰东土，在西曰西土，东西之间，则中土也。又自东至西作一直线，距南北两极等，为地经中线，自北极至南极，作一横线，距东西海岸等，为地纬中线，两线相交为十字形，天方当其十字交处。西谚曰：大地如磨盘，天方盘之脐也。其形四面皆下，因其地为天地之枢纽，故万方引向焉。"

　　希伯来民族亦谓耶路撒冷为世界中心。但丁《神曲》言之极详。大概主张地为圆形，居天体正中。自东至西画一横线，剖地球为南北二部分：北部为陆地世界，南部为海洋世界。自魔鬼领袖露齐弗尔反叛上帝，被驱出天庭，摔于地上。魔头穿南半球而入，而达于北半球。但为地心吸力所牵，至地之中心不再进，上半身在北半球，下半身在南半球，其脐恰当南北分界线之正中。耶路撒冷在魔鬼所居之地狱顶上，《神曲》屡言此事，不一而足。虽耶路撒冷在魔鬼顶上，不在其脐。然以魔脐为南北分界则亦疑其沿袭古代以地球之中心称为脐之观念。但丁《神曲》对于地球之界说，与传统神学已略有出入，庸讵知传统神学不言耶路撒冷恰位于魔脐哉？希腊人则谓阿波罗预言圣坛所在地迭尔腓（Delphi）为世界中心。神殿中有大圆石称为 Omphalos，译为"脐"，意即大地之脐（Navel of the Earth）也。印度古时称 Benares 为圣城，谓其处大地正中，为"世界之脐"。南太平洋复活岛，弹丸黑子地耳，乃古来自称为"世界之脐"。秘鲁古印加帝国之象形文字，亦自号其国为大地脐焉。

　　中国古代对于冀州之"冀"字有若干望文生义之解释，而于齐州之"齐"字，则解释较确。伏生《尚书大传》，言旋机玉衡，以齐七政曰："齐，中也。"马融注《尚书》亦有此语。张湛《列子注》，邢昺《尔雅疏》，于齐州之齐，一则曰："中也。"一则曰："犹中国也。"固不失为佳注，然犹以未能道出所以为恨。清郝懿行《尔雅义疏·释言》第二，于"殷、齐、中也"引《玉篇》云："中者，半也。《丧服小记》注'中，犹间也。'"隐有齐（脐）居人体之半，及中间之义，而亦惜其未彻。惟《史记·封禅书》"始皇祠天主于天齐"曰："齐之所以为齐，以天齐也。"苏林曰："当天中央齐。"《索隐》曰："顾氏案：解道彪《齐记》云，'临菑城南有天齐，五泉并出，有异于常，言如天之腹脐也。'"而后乃将齐字真义完全达出矣。盖古时文字简单，腹脐之脐，作齐。《左传》"后君噬齐"，犹言"噬脐"也。泰山古名天中，言其居天下之中，是则泰山在古时盖亦居于昆仑地位。中国、希腊、印度、希伯来、阿拉伯、古南美洲，均以其宗教策源地，大神圣坛，政治中心之京都为世界中心，且不约而同均有"脐"之一语。天下无心暗合之事，固亦不鲜，而此种情形，则实堪奇诧。

此世界中心之观念由阿拉伯半岛而传于全世界。除希腊之外又有中国、印度焉。今请先言印度。印度称其苏迷卢为器世界之中心，而印度摩揭陀（Magadha）以文化较高，国威较盛之故，亦自称为中国。东汉时牟融已知此说。其《理惑论》有云："佛……所生天竺者，天地之中，处其中和也……北辰之星在天之中，在人之北。以此观之，汉土未必为天中也。"（《弘明集》）

吴孙权时遣使康泰等使扶南，见其王范旃，具问天竺风俗，返国作《扶南传》，今佚。赖《水经注》等常引其文，故今日尚得知其梗概。《水经注》卷一引《扶南传》：

> 昔范旃时，有嘾杨国人家翔梨，尝从其本国人到天竺，辗转流贾，至扶南。为旃说天竺土俗，道法流通，金宝委积，山川饶沃，恣其所欲。左右天国，世尊重之。旃问云：今去几时可到？几年可回？梨言，天竺去此可三万余里，往还可三年，逾行及四年方返，以为天地之中也。

《梁书》卷五十四：

> 汉和帝时，天竺数遣使贡献。后西域反叛，遂绝。至桓帝延熹二年、四年，频从日南徼外来献。魏晋世绝不复通。唯吴时，扶南王范旃遣使人苏物使其国……其后吴遣中郎康泰使扶南……具问天竺土俗。云：佛道所兴国也。人民敦庞，土地饶沃，其王号茂论。所都城郭，水泉分流，绕于渠堑，下流大江。其宫殿皆雕文镂刻。街曲市里，屋舍楼观，钟鼓音乐，服奢饰华，水陆通流。百贾交会。奇玩珍玮，恣心所欲。左右嘉维、舍卫、叶波等十六大国，去天竺或二三千里，共尊奉之，以为在天地之中也。

《南史》卷七十八，关于天竺一节，所语略同，想均从康泰《扶南传》采摘而来。所言之国，皆摩揭陀也。

《水经注》卷一又引竺（印度也）法维之言曰："迦维卫国，佛所生天竺国也。三千日月，万二千天地之中央也。"是则又以释迦牟尼所生之国度为天地中央矣。

总之，当时印度各国，皆自名为中国，而摩揭陀则尤为"中国中之中国"焉。盖摩揭陀地势本在印度中央。阿输迦王（Asoka）于纪元前二三世纪顷大张国威于全印，其首都华氏城（即《大唐西域记》之波吒厘子城 Pataliputre）成为政治文化中心。阿输迦又为佛教大护法，声名洋溢，远及万国，中国人不言印度则已，言则无不首及此国者。晋法显《佛国记》可觇一斑：

> 　　中天竺所谓中国。俗人衣服饮食，亦与中国同。佛法甚盛。过河，有国名毗茶，佛法兴盛，兼大小乘学。见秦道人往，乃大怜愍。作是言：如何边地人，能知出家为道，远求佛法？悉供给所需，待之如法。
>
> 　　法显初到祇洹精舍，念昔世尊，住此二十五年。自伤生在边夷，其诸同志，游历诸国，而或有还者，或有无常者。今日乃见佛定处，怆然心悲。众僧出问显道言：汝从何所来？答云：汉地来。众僧叹曰：善哉！边地之人，乃能求法到此！
>
> 　　南下一由延，到摩揭提国（即摩揭陀），巴连弗邑（即波吒厘子城）。巴连弗邑，是阿育王所治……凡诸中国，唯此国城邑为大，民人富庶，竞行仁义……法显住此三年，学梵书梵语……既到中国，见沙门法则，众僧威仪，触事可观。乃追叹秦土边地，众僧戒律残缺，誓言自今已去，得至佛所，愿不生边地，故遂停不归。法显本心欲令戒律流通汉地，于是独还，顺恒水东下……法显发长安六年，到中国（此中国指印度摩揭提）停六年，还三年。

晋时中国佛教本甚幼稚，法显游佛教母邦，得接其学人，读其经典，事事皆胜于中华，因而怅然自失，而生出一种"自卑心理"，情亦可原。惟印度僧人，不问中国全盘文化如何，惟以佛教为标准，居然以中国自居，动辄以我国为"边地"，为"边夷"，见有求法往其国者，叹息以为难得。印僧之夜郎自大，亦可哂已！

六朝时喧腾于学术坛坫，有所谓夷夏之论者。中国学者鄙佛教为夷狄之教，佛教徒则谓印度实乃真正之中国，而中华反为边疆。前者如顾道士所作《夷夏论》，后者则为驳论，皆见《弘明集》。如宋释僧愍作《戎华论》以抑顾云：

> 　　君言夷夏者，东有骊济之丑，西有羌戎之流，北有乱头披发，南有剪发文身。姬孔施礼于中，故有夷夏之别。戎华者东尽于虚境，西则穷于幽都，北则吊于溟表，南则极乎牢阆。如来扇化中土，故有戎华之异也。君责以中夏之性，效西戎之法者，子出自井坂之渊，未见江湖之望矣。如经曰："佛据天地之中，而清导十方"，故知天竺之土，是中国也。

又宋释慧通驳顾云：

> 天竺天地之中，佛教所自出者也。斯乃大法之整肃，五教之齐严。

诸如此类言论，六朝时实不胜其多。直至唐时犹有此说。《大唐西域记》卷一：

> 索诃世界（原注，旧曰娑婆世界，又曰娑诃世界）三千大千国土，为一佛之化摄也。今一日月所照临四天下者，据三千大千世界之中，诸佛世尊皆于此垂化。现在现灭，导圣导凡。

我国之自称"中国"不知起于何时，我国古时对外自称为夏，为华。《论语》："狄夷之有君，不如诸夏之无也。"《荀子》："越人安越，楚人安楚，君子安夏。"《左传·襄公十四年》传："戎子驹子曰，我诸戎饮食衣服不与华同。"《定公十年》传："孔子曰，裔不谋夏，夷不乱华。"《昭公十三年》传："子西曰，吴、周之胄裔也，而弃在海滨，不与姬通，今而始大，比于诸华。"中国历史上有四大帝国，夏、秦、汉、唐是也。后虽亡灭，而其名深印于外国人脑海，历久不忘，每以呼易代后之中国人，中国人亦即用以自名。如今美国尚有"唐人街"，华侨回国曰"回唐山"，而我民族至今自命汉族。汉时诸外国称中国为秦，或谓 China 一字，亦由秦字之转。则春秋战国时，我族尚自称为夏，为诸夏，宜矣。至于华者，或谓乃夏字之音转。然《左传·襄公二十六年》传："声子曰：楚失华夏，则析公之为也"，华夏连用，则音转之说殆有不可通者。证以《左传·定公十年》传孔子"裔不谋夏，夷不乱华"二语，裔为边地，夏则指中原，夷为蛮族，华则文明开化之族矣。

商人对外自称为"我"，如《卜辞》"贞勿合我吏步"，"戛（侵）我图（鄙）田"，"土方戛我田十人"皆其例。周人自称为"王国"，《大雅·文王》："思皇多士，生此王国。王国克生，维周之桢。"或称"有周"，《大雅·烝民》："天监有周，昭假于下。"或即自称为"周"。《周颂·维清》："迄用有成，维周之桢。"《左传·隐公六年》传："我周之东迁。"对外自称亦常为"我"，《大雅·召旻》："我居圉卒荒"，《大雅·皇矣》："无矢我陵，我陵我阿；无饮我泉，我泉我池，度其鲜原。"但对外又自称为"中国"，如：

> 《大雅·民劳》："民亦劳止，汔可小康。惠此中国，以绥四方。""民亦劳止，汔可小休。惠此中国，以为民逑。""惠此中国，俾民忧泄。""惠此中国，国无

有残。"

《大雅·荡》："文王曰咨，咨女殷商，女炰烋于中国，敛怨以为德。""内奰于中国，覃及鬼方。"

《大雅·柔桑》："哀恫中国，且赘卒荒。靡有旅力，以念穹苍。"

或谓中国，乃国中之意，非谓中原全部。且《民劳》有"惠此京师，以绥四国"，语与"惠此中国，以绥四方"语气相同，更可知中国二字不过指帝都而言。但商、周称本国以外之国家皆曰"方"，今以"四方"、"鬼方"与"中国"对举，其以本族根据地为中国，意识甚为显明。《左传·昭公九年》传："王使詹桓伯辞于晋曰……先王居梼杌于四裔，以御魑魅，故允姓之奸，居于瓜州。伯父惠公归自秦，而诱以来，使逼我诸姬，入我郊甸，则戎焉取之。戎有中国，谁之咎也！"《诗经》与《左传》尚无作伪证据，而其中居然有"中国"一词，是可见中国一词，传入我国甚早。

至战国之世，"中国"一词，其用始更普遍。细析其作用，凡有三种。第一种指中原，即夏商周三代政治活动之中心地，黄河流域是也。例如：

《孟子·滕文公上》："当尧之时，天下犹未平……兽蹄鸟迹之道交于中国。"

《滕文公上》："然后中国可得而食也"。《滕文公下》："当尧之时，水逆行，泛滥于中国。"

第二种指齐鲁等文化先进国家，秦楚不得与焉。如《孟子·滕文公上》："陈良、楚产也，悦周公仲尼之道，北学于中国，北方之学者，莫之或先也。"《离娄下》："得志行乎中国，若合符节。"

第三种指与外国相对待之中国本部而言，如：

《孟子·梁惠王上》："欲辟土地，朝秦楚，莅中国而抚四夷也。"

《史记·孟荀列传》："邹衍以为儒者所谓中国者，于天下乃八十一分居其一分耳。中国名曰赤县神州……中国外如赤县神州者九。"除居八十一分之中国，指齐国外，赤县神州之中国，则指中国全部国土。《礼记·中庸》："是以声名洋溢乎中国，施及蛮貊。"所指亦为中国全部国土。

日本古时，亦有天孙族降居苇原中国，而为之主之说。日本以山阳为中国。其观念殆皆得自我中华，惟为时当甚早耳。

较此范围更广者，则有"四海"、"天下"二词。《诗经》中多"四方"、"四国"之语，亦有"四海"字样，如《商颂·玄鸟》："邦畿千里，维民所止，肇域彼四海，四海来假，来假祁祁！"亦有"天下"一词，如《大雅·皇矣》："以笃于周祜，以对于天下。"凡在天之所覆之土地，皆可名天下，故诗曰："普天之下，莫非王土。"此种观

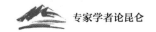

念，可以自然产生，不须外来启示。至于"四海"则非有来源不可。盖中国乃大陆民族，活动于黄河流域，尧舜夏商时代，或曾与海外有所交通，然所知者不过中国东部之太平洋，南部之印度洋，名之曰"东海"、"南海"，至于北海、西海，则中国民族足迹，从未曾涉及，何以竟有"四海"一词，见之中国载记乎？印度民族亦好言四海，如四大海水纳之毛孔，摄取四大海水等，与中国皆有所受而然。所受者何，则古两河流域也。《山海经》山经分为五，而海则四，为东西南北四部分，非其明证欤？

战国以前，中国载记之有四海诸词，乃由西亚辗转传来，运用颇觉生涩。至战国时，外来学术大量输入，而"天下"、"四海"亦遂成为中国人之口头禅。以《孟子》为例，则如《公孙丑下》："夫天不欲平治天下也，如欲平治天下，当今之世，舍我其谁也？"《滕文公上》："然则治天下，独可耕且为欤？……天下之通义也。……天下犹未平……为天下得人者谓之仁。是故以天下与人易，为天下得人难。"《滕文公下》："杨朱、墨翟之言盈天下，天下之言，不归于杨，则归于墨……昔者禹抑洪水而天下平。"《梁惠王上》："故推恩，足以保四海，不推恩，无以保妻子。"《离娄上》："故沛然德教溢乎四海"，"天子不仁，不保四海。"

其他子书，证例从略。

我国历代人自称，皆以国号，如汉也，如唐也，明也，清也皆是。即与外国相对待，虽常用中国二字，但仍以国号为多。如"汉与匈奴"、"唐与突厥"，史书之文大率类是。及辛亥革命，建立共和，更国号曰"中华民国"，且日与世界万国相接触，自我意识非常觉醒，而后"中国"之观念乃开始明朗化焉。西人每谓地球本属圆形，无处不可为大地中心，即无国不可为中国，何中华独自号以此？彼又安知"中国"一词，渊源之古，及其所涵之深邪？今两河流域文化久沦地底，种族亦凋零渐灭。印度凌夷非一日，更无中国之称。独我中华文化种族，依然无恙，绳绳继继，四千余年，犹能保存此古色古香，光荣无比之国号，吾人又安能不引为自傲，而永永宝爱拥护之哉？

余　论

夫昆仑为世界大谜，数千年于兹。余此区区考证，安敢自命已得昆仑底蕴，亦不过发其端绪，期与海内外学者共相商榷而已。余尝谓中国先秦历史地理，均是一篇糊涂账。古史方面，已有某某先生等工作多年，路线异常正确，成绩亦极其彪炳，余今日敢为此学术界之探险者，盖诸先生实导夫我之先路也。惟窃以为伏羲、女娲、虞舜、夏禹及夫黄帝、共工诸人根源，似不能完全索之故纸堆，若觅之于两河流域、埃及、波斯、印度、希腊古史与神话，必有惊人之发现，而我国古史整理之成功，亦可提早若干年代。一得之愚，未知整理古史者以为如何？地理方面，则《尚书·禹贡》必系战国儒家删削外国传入之禹本纪傅合以中国地理而成。渤海、积石、黑水、弱水等地名，必皆彼时始有；且恐尚有无数山水名目皆缘《山海经》而生。若有地理学者，于古籍中考证中国地名发生之先后，则或可证实余之此言。若更就《山海经》而考证古两河流域地理，则亦必有重大之收获以贡献于世界焉。故以夏禹为中心，而中国古史问题可以解决。以昆仑为中心，而中国古代地理及中外交通史问题可以重新估定。以屈原《九歌》、《天问》为中心，而中国天文、地理、历法、神话，及战国整个学术史问题亦可迎刃而解。三者合并之结论，首要者为证明"世界文化同出一源"，次要者证明为"中国古史混有外来神话及历史之成分"，及"战国学术思潮乃外来文化刺激所产生"，由是则先秦史地与文化史皆将全部改观，其关系岂不诚重且大哉！

余兹于昆仑问题，议论暂止于此，愿就今日中国普通地理图书所谓"昆仑山脉"者，更一饶舌焉。今日初中学生略习地理者，叩以昆仑，亦能就地图检取新疆、西藏间昆仑山脉以对，且谓全国诸山均发源昆仑，昆仑实为中国山祖云云。再考普通地理辞典及坊刊地图，则作此论调者比比皆然。有谓昆仑分中东西三支，其山脉之所延绵，不但括尽全国诸山，且渡海而为舟山群岛，为台湾，为日本。有谓昆仑分阴山、北岭、南岭、句漏四大山脉，亦将全国名山，尽隶属于昆仑系统。是盖由于历古相传"昆仑为地中央"、"昆仑为山首"之神话而来，实为一种地理之迷信，不可不辩。

中国人往时虽不知昆仑究为何山，但坚信其在西北。虽无"山脉"之专词，而有山脉之观念。"三条四列"之说谓出《禹贡》（《禹贡》实无此明文，乃后人附会《禹贡》而起），其说殆甚早。唐开元间僧一行倡"山河两戒"之说（王应麟《玉海》卷二十），山脉之观念乃更明了。唐益《松筠龙经》之歌曰："昆仑山是天地骨，中镇天心为巨物；如人骨脊与项梁，生出四支龙突兀。四支分出四世界，南北东西为四脉，西北崆峒数万程，东入三韩陷冥杳；惟有南龙入中国，分宗孕祖来奇特。"（《正觉楼丛书》）至明王士珍遂衍为"昆仑三龙"之说，谓昆仑据地之中，四旁丛山各入大荒，入中国者东南支也。其支又于塞外分为三支，名为北龙、中龙、南龙。亦以全国名山归之昆仑一系（见顾炎武《天下郡国利病书》）。魏源固主葱岭即为昆仑，遂倡"葱岭三干"之说（见《小方壶地理丛书》，魏源《葱岭三干考》）。唐人之说，多杂以天星分野之说及堪舆家言。明人惟言山脉而已，清人条理更为明晰。惟分别山脉，皆以分水线为重要根据，今日中国中小学校采为教科书之地图，大略皆沿袭此说。

所谓"昆仑山脉"四字实乃外国地质学者代我所撰，此人即十九世纪初德国地质学家洪博德（Avon Humboladt）也。彼分亚洲山脉为四大山系，一曰阿尔泰山系，二曰天山系，三曰昆仑山系，四曰喜马拉雅山系。盖十七八九世纪西洋地理家言中国地理者，多根据中国地理书，震于昆仑之大名，不敢不为其留一位置。且按武帝定于阗某山为昆仑，彼中人士亦复耳熟能详，故惟有自新疆南部丛山，割取一段，强名之为"昆仑山脉"，顾自此而后，西洋谈中国山脉者，亦不敢竟遗昆仑。中国现代地图，本皆以欧俄日本所制者为蓝本，自是而昆仑山脉之在后藏新疆，俨然成为定案矣。夫山脉之名，无非随人而定，设全国诸山果皆导源昆仑山脉，吾人亦何妨竟认昆仑为中国山祖。然今昆仑山脉实分自葱岭，葱岭高度又远过昆仑，吾人不祖葱岭而祖昆仑，果有何等理由乎？且根据地质学定理：山脉之成因有所谓"剧烈褶曲"者焉，有所谓"拗褶"者焉，有所谓"断层"者焉，有所谓"火山喷发"者焉，有所谓"侵蚀作用"者焉，而分水线则殊不关重要。山之质素与构成之年代相同者乃可为一脉，否则不能强一之也（以上皆引自《中国山脉考》，《科学》第九卷第九期）。中国山脉，究有几系，今日尚未完全考定，要之非皆导源昆仑，则可断言。且"山脉"（Orography）之语，今日地理学家已置诸不论之列，而中国言地理者，至今犹以"山脉"二字津津挂诸齿颊，且信全国诸山出于昆仑山脉之说，不太缺乏现代地质常识欤？昆仑神话，今已无人肯信，而昆仑山脉之迷信又起而代之，诚不知昆仑之魔力何以竟如斯之巨也！余深愿我国地理学家，以后制图立论，于此谬说，必须力加纠正。而彼盈千累万之坊刊地图，各校采为教科书者，教部亦宜取缔。盖昆仑为中国山祖与黄河之发源昆仑，同为不合科学之事实，河源之迷信，今日已无人肯言矣，昆仑山脉之迷信，岂可独容其存在耶？

夫昆仑神话之发生，实不知其已有若干千年之历史，其传入中国，亦有二千余年。凡传说与信仰之久者，其支配人心之力必厚而且雄，所谓"民族心"者盖亦由此而成者也。昆仑之在彼西亚，在希腊，在印度，皆已成为神话宗教之渊源，文学艺术之宝库，其在我国亦颠倒鼓舞二千年之人心，化为民族性灵之一部分，今忽闻此可爱之大山乃非中国实际地理所有，于心又宁能恝然？我知吾说一出，攻余为立异骇俗，丧心病狂者必大有人在。或者则认为昆仑山存在，乃我地理之荣光，若去此山，则舆图或将减色，则当知昆仑"正身"固在西亚，希腊之奥林匹斯，印度之阿耨达山，及中国西南所有纷纷藉藉之昆仑，皆昆仑之"影子"耳。瞻望西亚，彼久湮沙漠之尼尼微、巴比伦古城，固我文化之策源地也，而彼屹立阿美尼亚高原之阿拉拉特，固挪亚方舟之所搁，我先民周穆王骏足之所经也！吾民族若果能奋发为雄，扩张我之国威及于全亚，则彼真正之昆仑何尝不可收入版图以内，区区一昆仑影子之有无，何关中国之荣辱哉！

原载《苏雪林文集》第四卷，
安徽文艺出版社，1996，第99~192页

会见西王母：《穆天子传》中的
西王母与瑶池宴

高莉芬

一　昆仑与瑶池：西王母的空间符号

"昆仑"在中国古代地理学与神话学研究中，引起的真实地理或是想象地理的争辩，近年来又随着西王母研究的日益兴盛而受到关注。与西王母有关的昆仑、弱水、赤水这些地理空间，不但在先秦文献中具有重要的意义，又屡见于后代史传、文集中，一直为学者关注考察的重点。但在《穆天子传》、《列子》等文献中西王母与周穆王会面行觞之地——"瑶池"却较少为学界所探究。"西王母"除了与"昆仑"有密切的关系外，另一个重要的地理空间即是"瑶池"，而"瑶池金母"更成为道教诸神世界中重要的女神。在道教信仰中，"金母"即"西王母"，西王母与"瑶池"之关系十分重要。"瑶池"，实是除了"昆仑"以外西王母的另一重要空间符号表征。

在《山海经》的记载中，西王母所居处的空间地形地貌，多为山岳，分别有玉山、蛇巫之山、龟山、王母之山、昆仑之丘等名，分别见于《西山经》、《海内北经》和《大荒西经》中：

> 玉山，是西王母所居也。西王母其状如人，豹尾虎齿而善啸，蓬发戴胜，是司天之厉及五残。(《西山经》)[1]
>
> 海内西北陬以东者。蛇巫之山，上有人操柸而东向立。一曰龟山。西王母梯几而戴胜杖，其南有三青鸟，为西王母取食。在昆仑虚北。(《海内北经》)[2]

---

[1]　袁珂校注《山海经校注》，台北：里仁书局，2004，第50页。

[2]　袁珂校注《山海经校注》，台北：里仁书局，2004，第305~306页。

西有王母之山、壑山、海山。有沃之国，沃民是处。沃之野，凤鸟之卵是食，甘露是饮。凡其所欲，其味尽存。爰有甘华、甘祖、白柳、视肉、三骓、璇瑰、瑶碧、白木、琅玕、白丹、青丹，多银铁。鸾鸟自歌，凤鸟自舞，爰有百兽，相群是处，是谓沃之野。有三青鸟，赤首黑目，一名曰大鵹，一名少鵹，一名曰青鸟。（《大荒西经》）①

西海之南，流沙之滨，赤水之后，黑水之前，有大山，名曰昆仑之丘。有神——人面虎身，有文有尾，皆白——处之。其下有弱水之渊环之，其外有炎火之山，投物辄然。有人，戴胜，虎齿，有豹尾，穴处，名曰西王母。此山万物尽有。（《大荒西经》）②

《山海经》中之西王母不但居于山，又有山岳直接以"王母之山"而命名，其中又有"沃之国"、"沃民"，而"沃之野"更是一处充满了金玉宝藏、植物鸟兽的乐园。因此有学者研究指出西王母具有"山神"的性格，其原相为昆仑山神③。在先秦战国时代的文献中，王母虽常与"山岳"连结，但其所居之山，并未限定在昆仑山，西王母也只是《山海经》中西方众多神灵之一。大约在汉代以后，西王母才专处于昆仑山。

除了昆仑与西王母有重要的连结外④，另一个与西王母关系密切的地理空间，即是"瑶池"，但"瑶池"并未见于《山海经》的记载中。而"瑶池"据司马迁《史记·大宛列传》引《禹本纪》所言："瑶池"乃在"日月所相避隐为光明"的"昆仑之上"：

太史公曰：《禹本纪》言："河出昆仑，昆仑其高二千五百余里，日月所相避隐为光明也，其上有醴泉、瑶池。"⑤

在《禹本纪》中以"瑶池"位于"昆仑"高山之上，并未载有"瑶池"与"西王母"的相关叙事，"瑶池"与"西王母"之重要联结，见于《穆天子传》、《列子》，分别载有"西王母觞周天子于瑶池之上"的叙事。《穆天子传》云：

① 袁珂校注《山海经校注》，台北：里仁书局，2004，第397~399页。
② 袁珂校注《山海经校注》，台北：里仁书局，2004，第407页。
③ 刘锡诚：《神话昆仑与西王母原相》，《西北民族研究》2002年第4期（总35期），第176~185页。
④ 凌纯声：《昆仑丘与西王母》，《中央研究院民族学研究所集刊》第22期（1966年秋季），第215~255页。
⑤ 〔日〕泷川龟太郎等：《史记会注考证》卷123，第1315页。

吉日甲子，天子宾于西王母，乃执白圭玄璧以见西王母。好献锦组百纯，口组三百纯，西王母再拜受之。口乙丑，天子觞西王母于瑶池之上，西王母为天子谣，曰："白云在天，山陵自出，道里悠远，山川间之，将子无死，尚能复来？"天子答之曰："予归东土，和治诸夏，万民平均，吾愿见汝，比及三年，将复而野。"西王母又为天子吟曰："徂彼西土，爰居其野，虎豹为群，於鹊与处。嘉命不迁，我惟帝女。彼何世民，又将去子，吹笙鼓簧，中心翔翔，世民之子，唯天之望。"天子遂驱升于弇山，乃纪名迹于弇山之石，而树之槐。眉曰："西王母之山。"①

《列子·周穆王》则云：

别日升于昆仑之丘，以观黄帝之宫；而封之以诒后世。遂宾于西王母，觞于瑶池之上。西王母为王谣，王和之，其辞哀焉。②

在《穆天子传》、《列子》中，"瑶池"此一地理空间，明确标志了"西王母"与人间君王周穆王相会的地点。最重要的是，在《穆天子传》中，"瑶池"上的"西王母"，截然不同于《山海经》中处于"玉山"或"昆仑之丘"上"蓬发、戴胜、虎齿、豹尾、穴处"、"司天之厉及五残"、半人半兽的形象③，而是与周穆王宴饮对歌的"帝女"④。"昆仑"西王母与"瑶池"西王母显然是两种截然不同的形象系统。

在《穆天子传》中，"瑶池"此一地理空间，参与了东西方部族首长相会的重大事件，是东方人间帝王与西方"帝女"西王母的宴会圣所；而周穆王与"帝女"西王母在瑶池宴饮的谣歌中又隐含着宇宙生死的讯息。于是"瑶池"不再仅是高山上的湖水，一个西部地理名词，它承载着丰富多重的象征意涵，日益受到重视，与西王母之间的连结也日益重要。到六朝以后，随着西王母的道教神祇化发展，以及道教的传播，在《山海经·大荒西经》中"昆仑丘"上的"西王母"，也转化为道教信仰中最高女神——"瑶池金母"。"瑶池"成为标志着西王母形象的重要空间符号。从"昆仑西王母"

① （晋）郭璞注，洪颐煊校《穆天子传》卷3，收入王云五主编《万有文库荟要》第735册，台北：商务印书馆，1965，第15~16页。
② （晋）张湛注《周穆王》、《列子注》，台北：世界书局，1962，第33页。
③ 西王母的形象，在司马相如《大人赋》中，是"低徊阴山翔以纡曲兮，吾乃今日睹西王母皓然白首，戴胜而穴处兮，亦幸有三足鸟为之使，必长生若此而不死兮，虽济万世不足喜"。见（清）严可均校辑《全汉文》卷21，收入《全上古三代秦汉三国六朝文》，中华书局，1995，第244页。
④ 本文采用（晋）郭璞注，（清）洪颐煊校本。顾实曾指出："近世穆传校本，以洪氏此校为第一。"收入顾实编《穆天子传西征讲疏》，商务印书馆，1933，第24页。

到"瑶池西王母",不仅是地理空间的不同,也是西王母形象发展演变的重要转折。

但"瑶池"究竟是什么样的地理空间?是何种地貌地景?是"山"?是"池"?还是"湖"?是在新疆天山博格达峰山的天池?还是青海青藏高原上的孟达天池?而"瑶池"与"昆仑"间又有密切的关系,《史记·大宛列传》云:

> 太史公曰:《禹本纪》言:"河出昆仑,昆仑其高二千五百余里,日月所相避隐为光明也,其上有醴泉、瑶池。"①

瑶池是在日月所相避隐为光明的"昆仑山"之上?还是在昆仑山之周?还是"瑶池"根本就是"昆仑"的古地名?这个西王母与周穆王的宴饮之地,究竟是真实地理?还是浪漫的想象神话地理?历来中外的地理学者、历史学者、旅行家在进行西域探寻昆仑的路线中,"瑶池"也成为探察的重点。学者们或是稽考文献,或是实地勘查,更有甚者,编绘地图,标明方位②。但对于瑶池的探求,正如寻访昆仑一般,仍是莫衷一是,众说纷纭。

二 真实或想象:《穆天子传》与瑶池地理之考察

穆天子于"瑶池"会见西王母之叙事文本,在现存文献中最初见于《穆天子传》。与《穆天子传》同时出土的汲冢《竹书纪年》中亦载有穆王西征见西王母一事:

> 十七年,西征昆仑邱,见西王母。西王母止之曰:有鸟人。西王母来见,宾于昭宫。
>
> 十七年西征昆仑邱,见西王母。其年西王母来朝,宾于昭宫。③

今存《穆天子传》六卷,又名《周王游行记》、《周穆王传》,此书为晋武帝太康二年(284年),一说晋咸宁五年(279年),在汲郡(今河南卫辉市)魏襄王墓中出土的先

---

① 〔日〕泷川龟太郎等:《史记会注考证》卷123,第1315页。

② 卫挺生:《穆天子传今考》,台北:中华学术院,1976。卫挺生于书中考证穆天子西征时间,并搜罗方志,编修地图,共计有七十六幅,以论证《穆天子传》为真实地理。

③ 《竹书纪年》采大事纪的形式,记载简略,文本中未言周穆王西征见西王母的地点。而《穆天子传》中则明确指出相会之地为瑶池。参王国维撰《古本竹书纪年辑校》,台北:艺文印书馆,1974,第14页。

秦竹简古籍，世称《汲冢书》。《晋书·束皙传》云：

> 初，太康二年，汲郡人不准盗发魏襄王墓，或言安釐王冢，得竹书数十车。……《穆天子传》五篇，言周穆王游行四海，见帝台、西王母。《图诗》一篇，画赞之属也。又杂书十九篇：《周食田法》，《周书》，《论楚事》，《周穆王美人盛姬死事》。大凡七十五篇，七篇简书折坏，不识名题。①

《汲冢书》于晋代出土后，由和峤、束皙等人奉诏撰次编校，写成定本。晋人郭璞亦曾为《穆天子传》作注。此书自出土以后，其史料文献性质，颇有争议，《隋书·经籍志》云：

> 《穆天子传》，体制与今起居正同，盖周时内史所记王命之副也。②

但在历代著录中《穆天子传》由起居注而传记，而杂史，到清修《四库全书》时以其列入"小说"类中。清代以来，对于《穆天子传》的文献性质又有了广泛的讨论。

学者从地理、历史、民族、交通等视角重新检视《穆天子传》，论证周穆王西征史迹的真实性，并指出其中保存的西周史料，反映了先秦中西交通及沿途部族分布的史迹。在此前提下，学者甚至编排历谱，绘制周穆王西征与东归的地图。而"西王母之邦"与"瑶池"自然被落实为真实地理，学者们纷纷展开了周王西征之路的考察，以及西王母与瑶池今地考的研究，但瑶池仍是若隐若现在西部高山峻岭中③。历来对于"瑶池"真实地理的考察众说纷纭，相关说法可表列如下。

从图表中可见，对于瑶池之探寻，必涉及对"西王母"名称及地理位置之考察。历来对于上古时期"西王母"之研究，有以下说法：一、以卜辞中所见之"西母"即战国以来文献中的"西王母"。殷墟卜辞：

> 壬申卜，贞：出于东母、西母、若。

① （唐）房玄龄等撰《晋书》卷51，台北：鼎文书局，1976，第1432~1433页。
② （唐）魏征等撰《隋书》卷33，台北：鼎文书局，1975，第966页。
③ 李崇新：《〈穆天子传〉西行路线研究》，《西北史地》1995年第2期；戴良佐：《〈穆天子传〉中的瑶池今地考》，《西北民族研究》2004年第1期。

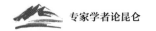

《穆天子传》中西王母与瑶池的地理位置考察

	现今位置	西王母地理	瑶池地理	提出者
1	波斯说	西王母为极西古国，盖西膜之转音为西母，缓读之则中有助音，古人以中土字音移写之则为塞米种或书塞尔迷亚也。唇喙发音。今波斯附近，在西周时为阿西利亚国所宅，此之西王母殆古亚西利亚与（后之安息国即阿西之转音）瑶池、仑山、温山、源山均在其地	瑶池、仑山、温山、源山均在其地	刘师培①
2	亚西里亚说（Assyria）	西王母为西方大国，其国上古时名加勒底，炎黄时名巴比伦，至于商周时名亚西里亚。……中国与西王母邦交通最久。穆王之往见，并非创举，放葱岭以西诸国史，公历较元二千三百年来足以当西王母邦称号者。最先惟加勒底，一名加尔特亚，与黄帝同时。继之者为亚西里亚，与尧舜同时。此三国者，皆与舜盛于底格力士、幼发拉的两河之间，为古代西亚各国之领袖，中国人种，即由其地迁徙而来	瑶池当在其都内	丁谦②
3	乌拉岭东	其去事实不远者惟沈曾植《穆天子传后书》云："卷四末里亚之数，与《汉书·西域传》《魏书·西域传》大略相符。所谓自宗周至西北大卯原万四千里，以今里法减折算之，大卯原盖今里海、咸海之间大沙漠，东迤北至乌拉岭东古里斯高原也。"		岑仲勉③
4	新疆说	西王母之邦……在大夏之都也（按：即建国于巴克地利雅的伊兰民族的Bactria，中国称之"大夏"）	关于"瑶池"，考缚绳喝近郊有泽坡而无大池。然瑶池之宴，原不云在大池上。半歇一欧三欧之池皆池也，皆可能为穆王临缚西母处也。缚冶河中游，既多陂池，大夏之都城内，及其近郊又多河流，随在可造成一风景水池也。……故瑶池亦可能为昔有而今无之人造池	卫挺生④
5	西宛说	今西母殆亦为西宛之缓音，显于汉之大宛，想与西宛为同一民族，二比西宛更边乎远方者乎？……而所谓"王母"不过为普通名词。……非女主权者之义		小川琢治⑤

续表

	现今位置	西王母地理	瑶池地理	提出者
6	新疆哈密说	其实本书作者自己说，从宗周（洛阳）到阳纡（河套）三千四百里，从阳纡到西北的终点才七千里，算起来至多只到新疆哈密！		顾颉刚⑥
7	天山天池说		笔者认为，对《穆天子传》所记遥远的周代的瑶池，由今人考证已十分困难。从唐朝瑶池都督府的设置来推断比较实际。唐朝的瑶池正是今天的阜康境内的天山天池，因为唐代瑶池都督府设在距今天的直线距离距离湖不足20公里的庭州莫贺城（遗址在今吉木萨尔县三台镇乡双河村）	戴良佐⑦
8	布伦托海说		瑶池都督府，处庭州莫贺城之北，疑即布伦托海，故有瑶池之目）（注：莫贺城当在庭州莫贺城之北）	陶葆廉⑧
9	巴尔喀什湖近处说		唐代设置的第一个瑶池都督府应当在碎叶一千泉一带……第二次瑶池都督府的设立地点为碎叶	苏北海⑨
10	赛里木湖说	"西王母之邦"应当在准噶尔盆地或邻近地区	笔者认为，比较符合《穆传》所描写的"瑶池"周围自然景象的是赛里木湖。这里"蓝天白云"的天气较为多见。它虽然也是位于天山的山间盆地中，但湖面宽阔，周围的山相对高度显得很低，好像是丘陵。另外，塞里木湖位于交通要道上，从准噶尔盆地到伊犁河谷、塞里木湖是必经之地。同时，湖泊周围有美丽的草地	王守春⑩
11	古代印度说	西王母古国的地理位置，在唐代前后的中国史料上已经非常明确，当时指印度半岛诸国为"昆仑"，"昆仑"是古代印度	"玉山"、"瑶池"是昆仑地区的古地名，尚有待进一步考证	库尔班·外力⑪
12	昆仑山说		1.《山海经·西山经》记载："又西三百五十里，曰玉山，曰玉山是西王母所居也。"《穆天子传》："乙丑，天子觞西王母于瑶池之上。"王逸《离骚》里注"望瑶台之偃蹇兮"，为"石次玉曰瑶"。故作者认为：瑶池、瑶台和群玉之山实际指一个地方。 2.司马迁《史记·大宛传》瑶池指出瑶池在昆仑之上。 3.岑仲勉《〈穆天子传〉西征地理概测》，认为玉山就是今天的密尔岱山	刘维钧⑫

续表

序号	现今位置	西王母地理	瑶池地理	提出者
12	昆仑山说		4. 博格达山从古至今不产玉而昆仑山以产玉驰名。5. 三条玉河都发源于今昆仑山上,每当山洪就把玉石冲进河里,故古人看来山上是有一个玉(瑶)池	刘维钧[12]
13	塔什库尔干说	西王母之邦即汉之乌秅,唐之揭盘陀,玻土来麻斯之喀西王国地也		黄文弼[13]
14	甘肃泾川说		回中山(又名宫山),山上有王母宫,瑶池在焉,相传为周穆王游莘处	高良佐[14]
15	酒泉(肃州)说	北魏崔鸿《十六国春秋》:"酒泉南山即昆仑之丘,周穆王见西王母即谓此山。"《肃州志》卷五:"州城西南二百五十里,有雪山,名曰昆仑山,周穆王朝西王母之处。"		钱伯泉[15] / 钱伯泉[16]

① 刘师培:《穆天子传补释》卷3,《刘申叔先生遗书》,台北:京华出版社,1970,第8a-b页。
② (清)丁谦:《凡例》,《穆天子传地理考证》,收入《蓬莱轩地理学丛书》第三册,台北:正中书局,1962,第1303、1344~1345、1349页。
③ 岑仲勉:(《穆天子传》西征地理概测))收入《中外史地考证:外一种》(台北:中华书局,2004),第29页。
④ 卫挺生:《穆天子传今考》第三册内篇(台北:中华学术院,1970年),第254~272页。
⑤ [日]小川琢治:《穆天子传及其著作时代》,收入江侠庵编译《先秦经籍考》,台北:河洛图书出版社,1975,第199~206页。
⑥ 顾颉刚:《穆天子传及其著作时代》,《文史哲》1951年第1卷第1期。
⑦ 戴良佐:《〈穆天子传〉中的瑶池今地考》,《西北民族研究》2004年第1期。
⑧ (清)陶保廉:《辛卯侍行记》卷6,(台北:中华丛书委员会,1957),第111页。
⑨ 苏北海:《西域历史地理》,新疆大学出版社,1988,第216~218页。
⑩ 王守春:《〈穆天子传〉与古代新疆历史地理的研究》,《西域研究》1998年第2期。
⑪ 库尔班·外力:《西王母新考》,《新疆社会科学》1982年第3期。
⑫ 刘维钧:《西域史话·瑶池春秋》(上),新疆青少年出版社,1992,第104~109页。
⑬ 黄文弼:《古西王母考》,《西北史地论丛》,上海人民出版社,1981,第108~113页。
⑭ 高良佐:《西北随轺记》,南京:建国月刊社,1936,第138页。
⑮ 钱伯泉:《先秦时期的丝绸之路——〈穆天子传研究〉》,《新疆社会科学》1982年第3期。
⑯ 钱伯泉:《先秦时期的丝绸之路——〈穆天子传研究〉》,《新疆社会科学》1982年第3期。

陈梦家即认为，此西母即西王母[1]。张光直等人亦倾向此说[2]。卜辞中的"西母"是否即是战国以来的"西王母"？此尚待文献资料进一步论证。二、以"西王母"为神祇之名，从《山海经》考察，西王母为半人半兽与山神、图腾神特质之神祇。三、以西王母为国名、部族名、西方邦国之名，凌纯声曾对历来研究进行分析探讨[3]。四、以西王母为地名。《尔雅·释地》："东至于泰远，西至于邠国，南至于濮铅，北至于祝栗谓之四极。觚竹、北户、西王母、日下谓之四荒。"[4] 王孝廉即指出："战国时代的西王母国应该在战国时代人们的地理知识范围之内，汉代西王母也是如此。"[5] 亦采西王母国为出现在中原周边的西方部落或部族名。

图表中学者大都以"西王母"为古邦国名称，"西王母之邦"之所在地则有波斯说、巴比伦说、印度说、新疆说、甘肃说等地，而"瑶池"即为邦国境内一高山湖泊：或是天山天池，或是塞里木湖，或是昆仑山上玉池。因此历来学者对瑶池地理的考察，大多以中国西北或新疆或甘肃、青海一带为其所在地。这些研究大都是以《穆天子传》为信史的前提下，对"瑶池"真实地理的考察结果。

明清以来，颇多学者认为《穆天子传》为穆王或西周的史官所记，纯粹为西周前期作品，如胡应麟《四部正伪》：

> 《穆天子传》六卷，其文典则淳古，宛然三代范型，盖周穆史官所记。虽与《竹书纪年》、《逸周书》并出汲冢，第二书所载，皆讫周末，盖不无战国语参之，独此书东迁前，故奇字特多，缺文特甚，近或以为伪书，殊可笑也。[6]

胡应麟以《穆天子传》为西周史官所作之信史，并力斥伪书之说。丁谦、岑仲勉、卫挺生、常征[7]、杨宽[8]等皆采此说。但近年来亦颇多学者对书中人名、国族名，及至今于礼制、贡品、数字、方位进行考辨，在与传世文献古籍史册的比较分析中，见其中

① 陈梦家：《古文字中之商周祭祀》，《燕京学报》1936年第19期。
② 张光直：《中国青铜器时代》，台北：联经出版公司，1983，第265页。
③ 凌纯声研究指出"西王母"一词历来有神名、国名、王名、族名等四种说法，见《昆仑丘与西王母》，《民族学研究所集刊》1966年第23期。
④ （晋）郭璞注，（宋）邢昺疏《尔雅注疏》，台北：艺文印书馆，1982，第113页。
⑤ 王孝廉：《西王母与周穆王》，《中国神话世界》（下编），台北：洪叶文化出版公司，2005，第288页。
⑥ （明）胡应麟：《四部正伪》（下），收入《少室山房笔丛》（上册），卷32（丁部），台北：世界书局，1963，第411页。
⑦ 常征：《〈穆天子传〉是伪书吗——〈穆天子传新注〉序》，《河北大学学报》1980年第2期。
⑧ 杨宽：《西周史》，台北：商务印书馆，1999，第572页。

虚妄不实之处。如黎光明即言："穆天子传中所记载的传说，并非周穆王实际所有的事情。"① 吕思勉研究指出此书："妄造穆王游行之事，支离破裂，全不可通。"② 常金仓在《〈穆天子传〉的时代和文献性质》中分别从礼制、地名、人物举出十八条例记《穆传》的文物制度不全于西周与战国文化特征吻合。③ 杨善群亦细考书中叙述指出：

> 由《穆传》原本为西周史官所记，而至战国时又经三晋之人加工伪造这一成书过程，可知《穆传》中是真伪杂参，重要的史料和浮夸的虚构共存。④

因此对于《穆天子传》一书，不应如卫挺生以信史态度一切落实："今乃反复详细考此书中之无一事不实，无一物不实，无一地不实，而且合于经典所在之事实。"⑤ 但亦不宜如茅盾以《穆天子传》一书为"伪作"⑥。学者对于《穆天子传》一书的文献性质有不同说法，但大都以此书完成于战国时期，即公元前五至六世纪，则较无异议。

周穆王周行天下之事，具载史籍，其本事发生时间应于西周时期。在战国时期，周穆王令造父为御，驾八骏马西行的故事，应已广为流传，在《竹书纪年》中亦载有："西征至昆仑邱，见西王母。"⑦ 一事。但《穆天子传》中记周穆王游行天下会见西王母之事，应是在战国时期编纂者编纂文献史料和口传资料而成。故事的口传者据杨宽考证为"河宗氏游牧部族的人"，而这也是《穆天子传》的历史叙事中涉及神话传说的原因⑧。杨宽的研究已指出《穆天子传》在历史实录中又渗入神话传说口头叙事的特色。俄国汉学家李福清（B. Riftin）则从文学角度探讨《穆天子传》指出：

> 这部作品记述的单调和千篇一律使得作品呈现出某种修辞的程式化。⑨

---

① 黎光明：《〈穆天子传〉的研究（续）》，《国立中山大学语言历史学研究所周刊》第 2 集第 24 期（1928年 4 月），第 727～728 页。
② 吕思勉：《夏殷西周事迹》，《先秦史》，上海古籍出版社，2005，第 135 页。
③ 常金仓：《〈穆天子传〉的时代和文献性质》，《社会科学战线》2006 年第 6 期。
④ 杨善群：《〈穆天子传〉的真伪及其史料价值》，《中华文史论文学报》1996 年第 54 辑。
⑤ 卫挺生：《〈穆天子传〉今考》第一册，台北：中华学术院，1970，第 113 页。
⑥ 茅盾："《穆天子传》纪周穆王西征，相传是晋咸宁中从汲冢（战国魏王之墓，在汲县）里挖出来的（周时并得《竹书纪年》），自然也是伪作，但也许是战国时文人的手笔。"见氏著《中国神话研究初探（插图本）》，上海古籍出版社，2005，第 33 页。
⑦ 王国维撰《古本竹书纪年辑校》，台北：艺文印书馆，1974，第 14 页。
⑧ 杨宽：《西周史》，台北：商务印书馆，1999，第 586 页。
⑨ 李福清：《从文学的角度看〈穆天子传〉》，收入马昌仪编《中国神话故事论集》，台北：学生书局，1991，第 7 页。

李福清进一步征引苏联谢维奇之说，指出《穆天子传》中保留部分民间传说的痕迹。因此，李福清推论："摆在我们面前的这部作品反映了从编年史家纪实性的文字转向根据文学创作规律的艺术散文的过渡阶段。"[1] 正如李福清所论，今考《穆天子传》文本，的确呈现出句式语法的程式化书写特色，举例如下：

> 甲子，天子北征，舍于珠泽。以钓于水，曰珠泽之薮，方三十里。爰有蘿苇、茪蒲、茅萯、蒹葽。乃献白玉，□只□角之一□三，可以□浴……，因献食马三百，牛羊三千。[2]

> 戊戌，天子西征。辛丑，至于剞闾氏。天子乃命剞闾氏供食六师之人于铁山之下。壬寅，天子祭于铁山，祀于郊门，乃彻祭器于剞闾之人，温归乃膜拜而受。天子已祭而行，乃遂西征。丙午，至于鄢韩氏，爰有乐野温和，穄麦之所草。犬马牛羊之所昌，珤玉之所□。丁未，天子大朝于平衍之中，乃命六师之属休。己酉，天子大飨正公诸侯王吏、七萃之士于平衍之中。鄢韩之人无凫，乃献良马百匹，服牛三百。良犬七千，牝牛二百，野马三百，牛羊二千，穄麦三百车。天子乃赐之黄金银婴四七，贝带五十，朱三百裹，变□雕官，无凫上下乃膜拜而受。[3]

今本《穆天子传》之结构句式可大致归纳如下：

> 时间—天子征—舍于某地—祭祀或当地活动（当地物产）—献礼—天子赐礼

从文本书写形式考察，除了李福清教授所言的程式化修辞外，文本中以"征"与"游"为主的叙事中，作者不厌其烦地逐一罗列标示西征之地的山川地理、部族物产，又具有承自《禹贡》《职方氏》以来的地理博物的书写传统。因此《穆天子传》实是一部在真实史料基础上增添传说想象色彩，又承袭了地理博物书写传统之著作。其内容同时具有真实与虚构的成分。

《穆天子传》所载若非全属信史，是则《穆天子传》中的"瑶池"，亦不宜做现实地理的落实。而瑶池上周穆王与西王母的对歌宴饮，亦无法简单视之为周穆王与西方部落长的国际外交宴会的历史事实。而且在今本六卷《穆天子传》卷三"天子宾于西王

---

[1] 李福清：《从文学的角度看〈穆天子传〉》，收入马昌仪编《中国神话故事论集》，台北：学生书局，1991，第11页。
[2] （晋）郭璞注，洪颐煊校《穆天子传》卷2，第7~8页。
[3] （晋）郭璞注，洪颐煊校《穆天子传》卷2，第12~13页。

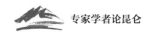

母"的叙事中，有献礼、有拜受、有行觞、有谣歌、有祝愿，在全书叙写穆王的他方征游中，情节相对丰富，明显不同于周穆王会见其他部落邦国领袖之情节叙事，在《穆天子传》中应有其重要的叙事功能与象征意义。

三 游行天下：帝王巡游与宇宙秩序

综观《穆天子传》，其自始至终以周穆王巡游为叙事主题，以周穆王为中心人物，以异域巡游为中心事件。虽然采用按日记事的起注形式，应非帝王之实录，而是在周穆王西征巡游的史实上所增添编创而来。据史家考证，此书出土时原本无题，今本题名为整理者荀勖所加。晋时另有题作《周王游行》或《周王游行记》之本。从题名可见，游行无疑是《穆天子传》最重要的主题。

周穆王巡游天下之事，史传古籍多有记载：

> 穆王巧梅，夫何为周流？环理天下，夫何索求？（屈原《天问》)①
> 昔穆王欲肆其心，周行天下，将皆必有车辙马迹焉，祭公谋父作《祈招》之诗，以止王心，王是以获没于祇宫。（《左传》昭公十二年)②
> 衡父生造父。造父以善御幸于周缪王。得骥温骊，骅耳之驷，西巡狩，乐而忘归。徐偃王作乱。造父为缪王御，长驱归周。一日千里，以救乱。（《史记·秦本纪》)③
> 造父幸于周缪王，造父取骥之乘匹，与桃林、盗骊、骅骝、绿耳，献之缪王。缪王使造父御，西巡狩，见西王母，乐之忘归。而徐偃王反，缪王日驰千里马，攻徐偃王，大破之。（《史记·赵世家》)④

从史籍中所见，周穆王西征巡游应是确有其事。但在以上三则文本，其叙事重点与《穆天子传》颇有不同。屈原《天问》中指出，穆王"巧梅"，闻一多释"巧梅"为"巧牧"，即善驾，言穆王善驾，但为何要"周流天下"？又"夫何索求"？已道出对周穆王"善驾"、"周流天下"的疑惑；在《左传》昭公十二年中亦指出穆王"周行天

---

① （宋）洪兴祖撰《楚辞补注》，台北：长安出版社，1991，第110页。
② （周）左丘明传，（晋）杜预注，（唐）孔颖达疏《春秋左传正义》，台北：艺文印书馆，2002，第795页。
③ 〔日〕泷川龟太郎考证《史记会注考证》卷5，第90页。
④ 〔日〕泷川龟太郎考证《史记会注考证》卷43，第685～686页。

下"，乃在"肆其心"的动机下而完成，故其后有祭公、谋父作诗"以止王心"之谏；而且《史记·赵世家》中更指出穆王"西巡狩，见西王母"其结果为"乐之忘归"，其后有"徐偃王反"之乱。从周穆王之"肆其心"、"见西王母"到"乐而忘归"，不论是屈原在《天问》中的质疑、叩问，还是《左传》强调穆王之"肆其心"，祭公、谋父作诗"以止王心"的描述，《史记·赵世家》强调"乐而忘归"的结果，其叙事重点都在强调的是周穆王之"周行天下"、"索求"、"肆心"以及"乐之忘归"的肆心巡游。而《太平御览》卷八十五引《归藏》曰"昔穆王天子筮出于西征，不吉"①，似乎也透露出对穆天子西征的负面评价。这种对穆天子西征的负面评价，甚至成为后代诗人借古讽今、托言兴感的题材。陈子昂《感遇诗》之二十六云：

> 荒哉穆天子，好与白云期。宫女多怨旷，层城闭娥眉。
> 日耽瑶池乐，岂伤桃李时。青苔空萎绝，白发生罗帷。②

陈沆评此诗乃诗人借耽溺巡游四方之乐的穆天子以讽唐高宗李治之作。③ 陈子昂以"好与白云期"、"日耽瑶池乐"咏穆天子，应是采《穆天子传》中周穆王拜会西王母于瑶池的情节。但诗人却着眼于"宫女多怨旷，层城闭娥眉"之悲，开篇即道"荒哉穆天子"，以穆天子西征拜会西王母之事为荒忽之举，明显又采史传观点，乃以穆天子西征为肆心巡游之乐的负面评价。

但细考在《穆天子传》中的周穆王形象，却与史传文献中所"肆心"、"忘归"的形象颇有不同。在第一卷本写周穆王与七萃之士对话：

> 天子曰："於乎！予一人不盈于德，而辨于乐，后世亦追数吾过乎？"七萃之士，□天子曰："后世所望，无失天常，农工既得，男女衣食，百姓珤富，官人执事，故天有时，民□氏响□，何谋于乐？何意之忘？与民共利，世以为常也。"天子嘉之，赐以左佩玉华，乃再拜顿首。④

在此段文字中，周穆王先有"不盈于德，而辨于乐"的自省，进而引发七萃之士"何

---

① （宋）李昉等编《太平御览》卷85，（台北：商务印书馆，1975），第530页。
② （清）彭定求编《全唐詩》第2册，中华书局，1996，第893页。
③ 陈沆笺曰："此追叹高宗宠武昭仪，废皇后、淑妃之事也。故用穆王、王母瑶池之事。"见（清）陈沆《诗比兴笺》卷3，台北：鼎文书局，1979，第102页。
④ （晋）郭璞注，洪颐煊校《穆天子传》卷1，第6页。

得于乐？何意之忘"的反思，在"后世所望，无失天常"、"与民共利，世以为常"的颂扬中，消解了穆天子"后世亦追数吾过"的隐忧。在此段文本中，周行天下巡游西征之"乐"，无疑是论辩自省的重点。

值得注意的是，《穆天子传》的叙事与史传记载颇有不同，作者书写周穆王的自省与自警，颂扬周穆王的治绩功德，转化了《左传》《史记》中"肆其心"、"乐而忘归"的周穆王形象，淡化周行巡游之乐，强化了君王治国的功绩。因此在《穆天子传》中所书写凸显的行游乃是圣王巡游，而非纵欲恣意之乐游。

《穆天子传》中周穆王的圣王巡游，是伴随着浩浩荡荡的六师、随行队伍、神驹八骏马，以及大量的金玉宝物而行，每征一地，或祭祀，或接受部族首领献礼，或赐赠金玉宝物。周穆王之游，并非如屈原的独游、神游，而是浩荡盛大的皇家巡游。[①] 这种皇家的巡游，除了征伐取宝，显示国威与权力外，从象征层面来考察巡游，实有其重整宇宙秩序的象征意义。美国人类学家克里福德·吉尔兹（Clifford Geetz，1926－2006）从古印度爪哇的政治文献，十四世纪的叙事诗《纳伽拉卡达伽玛》探讨皇家巡游的意义指出：

> 印度尼西亚治世经邦之本的一个根本原则即王朝统治应该是宇宙和谐秩序的翻版，王土则应是朝廷统治和谐秩序的翻版。那么，作为介乎其中的国王，他是上帝和人之间的一个中介，是一个在双方面调节者的形象。作为核心和顶点的是国王，环绕着他的足下的是宫殿；环绕宫殿的，是"可以依赖的、顺从的"首都；环绕着首都的，则是"无助的、鞠躬的、屈从的、卑微的"国土；环绕着国土的，是"时刻准备着去显示遵从"的外面的世界，这一切都是依据罗盘所指的秩序有致地安排的，这种依其自身为中心的构筑形象不仅描绘了其社会的结构，而且昭示了其政治上的曼陀罗，亦即整体的宇宙观。[②]

皇家的巡游，昭示了政治的宇宙图示与权力的空间，而史诗作者则颂美了这种帝王的巡游。《穆天子传》中的周穆王也是对"外面世界"——远国异人、他者异邦的巡游，在浩浩荡荡的皇家巡访中，或赐宝，或取宝，或祭祀，或宴饮，重新描绘了其政治版图上的舆图。这种宇宙巡游，亦见于宗教仪式以及萨满信仰中，巡游可能是真实的，也可能

---

① 参见叶舒宪《西游的文化范式及其转换》，《陕西师范大学学报》2008 年第 4 期。

② 〔美〕克利福德·吉尔兹：《阐释人类学论文集》，王海龙、张家瑄译，中央编译出版社，2000，第 170 页。

是想象的，巡游者可能是巫师，也可能是君王。巫师成功的宇宙巡游可以获得神力成为宇宙的主宰，支配宇宙间的神祇；而帝王成功的巡游则可以获得世俗的权力和宗教神力双重能量，凭着神所赋予的权力统治天下①。

若从巡游的宗教仪式考察《穆天子传》中的周穆王，确实具有巫师长以及人间帝王的双重角色性格，其巫师长的性格在《竹书纪年》中表现较为鲜明②：

> 三十七年伐越，大起九师，东至于九江，叱鼋鼍以为梁。（《竹书纪年》）
>
> 穆王南征，君子为鹤，小人为飞鸮。（《竹书纪年》）

在《列子·周穆王》中更记载"化人"与周穆王"神游"的叙事：

> 周穆王时，西极之国有化人来。入水火，贯金石；反山川，移城邑；乘虚不坠，触实不碍，千变万化，不可穷极。既已变物之形，又且易人之虑，穆王敬之若神，事之若君……穆王乃为之改筑土木之功，赭垩之色，无遗巧焉。五府为虚，而台始成。其高千仞，临终南之上，号曰中天之台……居亡几何，谒王同游。王执化人之祛，腾而上者中天乃止，暨及化人之宫。化人之宫，构以金银，络以珠玉，出云雨之上，而不知下之据，望之若屯云焉。耳目所观听，鼻口所纳尝，皆非人间之有。王实以为清都、紫微、钧天、广乐，帝之所居……王自以居数十年不思其国也。化人复谒王同游，所及之处，仰不见日月，俯不见河海。光影所照，王目眩不能得视；音响所来，王耳乱不能得听；百骸六藏，悸而不凝，意迷精丧，请化人求还。化人移之，王若磒虚焉。既寤，所坐犹向者之处，侍御犹向者之人。视其前，则酒未清，肴未晞。王问所从来？左右曰："王默存耳。"由此穆王自失者三月而复。更问化人，化人曰："吾与王神游也，形奚动哉？"③

王孝廉即据此推论周穆王具神巫性格，而祭公谋父可能即是巫师，因而论证：

> 《穆天子传》中的穆王见西王母之旅，只是巫幻的天国之路，而不是历史记实

---

① 〔美〕大卫·霍克斯：《神女之探寻》，收入莫砺锋主编《神女之探寻》，上海古籍出版社，1994，第37页。

② 王国维撰《古本竹书纪年辑校》，台北：艺文印书馆，1974，第14页。

③ （晋）张湛撰《列子注》卷3，台北：世界书局，1962，第31～32页。

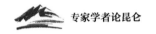

的旅行游记。①

《穆天子传》中的周穆王是否为巫师长，异域巡游是否只是一场精神巫幻之旅？尚待进一步论证；但王孝廉之说却也点出周穆王巡游的巫术意义。不论是政治上的巡狩，还是宗教上的神游，《穆天子传》的作者在对巡游的程式化书写中，也颂美了周穆王的西征巡狩之游，重绘了另一个与史传有别的圣王形象与政治舆图。

四 宴饮对歌：会见西王母与宇宙之秘

在《穆天子传》程式化书写帝王巡游中，卷三"天子觞西王母于瑶池之上"为最具浪漫色彩的情节叙事，不同于书写周穆王与其他邦国会见之叙事：

> 吉日甲子，天子宾于西王母，乃执白圭玄璧以见西王母。好献锦组百纯，□组三百纯，西王母再拜受之。□乙丑，天子觞西王母于瑶池之上，西王母为天子谣，曰："白云在天，山陵自出，道里悠远，山川间之，将子无死，尚能复来。"天子答之曰："予归东土，和治诸夏。万民平均，吾愿见汝，比及三年，将复而野。"西王母又为天子吟曰："徂彼西土，爰居其野，虎豹为群，於鹊与处。嘉命不迁，我惟帝女。彼何世民，又将去子，吹笙鼓簧，中心翔翔。世民之子，唯天之望。"天子遂驱升于弇山，乃纪名迹于弇山之石，而树之槐。眉曰："西王母之山。"②

在这段文本中，天子作宾，执白圭玄璧见西王母，"献"锦组百纯，天子觞西王母于瑶池之上，西王母天子对歌，写周穆王作宾、执玉、献锦、进酒、对歌，颇类战国中晚期燕礼的社交礼仪活动。

《周礼·春官》记载，古代有五礼，吉礼、凶礼、军礼、宾礼与嘉礼，其中嘉礼内容广泛，包含有饮食、婚冠、宾射、燕饮、脤膰、贺庆等。其中"燕飨礼"为嘉礼中十分重要的内容。《周礼·春官·大宗伯》云③：

> 以飨燕之礼，亲四方之宾客。（注云：宾客，谓朝聘者。）

---

① 王孝廉：《西王母与周穆王》，《中国神话世界》（下编），台北：洪叶文化出版公司，2005，第288页。
② （晋）郭璞注，洪颐煊校《穆天子传》卷3，第15~16页。
③ （汉）郑玄注、（唐）贾公彦疏《周礼正义》，台北：艺文印书馆，2002，第277-2~278-1页。

在主宾燕飨之礼中借以达到友好邦国，和谐君臣，施恩犒赏，分别君臣等目的。考之《穆天子传》中周穆王会西王母之礼，虽具有燕飨之礼的仪式过程，却透露出微妙的讯息。在周穆王与西王母的瑶池宴饮中，周穆王与西王母的主宾关系，是周穆王为宾，西王母为主，周穆王以"宾"之身份，向西王母"献"礼，而西王母拜受。这种主宾关系明显不同于《穆天子传》中周穆王与其他外域部族首领间的关系：

> 壬申，天子西征。甲戌，至于赤乌之人丌。献酒千斛于天子，食马九百，羊牛三千。穄麦百载，天子使邓父受之。……天子乃赐赤乌之人□丌，墨乘四，黄金四十镒，贝带五十，朱三百裹，丌乃膜拜而受。[①]
>
> 孟秋丁酉，天子北征，□之人潜时觞天子于羽陵之上，乃献良马、牛羊。[②]
>
> 天子乃遂东南翔行，驰驱千里。至于巨搜氏，巨搜人之□奴，乃献白鹄之血，以饮天子。[③]

在这些铺写周穆王的巡游中，周穆王大多是以宗周天子之尊，以上对下，"赐"赠外邦礼物，外邦则是"膜拜而受"。或是周穆王接受异域外邦的"献"礼或良马、牛羊或白鹄之血等贡品，外邦则拜受周穆王的"赐"赠，在一"献"一"赐"之间，界定了宗国与邦国间主宾高下的礼节与秩序。在《穆天子传》中其例甚多，因此瑶池宴饮之礼中，凸显出西王母的崇高身份与地位明显不同于其他域外部族首领，也凸显出周穆王拜会西王母不同的意义与功能。

在《穆天子传》中周穆王与西王母的瑶池宴饮另一重要的情节即是西王母与周穆王之间之酬答对歌：

> 西王母为天子谣曰：
>
> 白云在天，山陵自出。
>
> 道里悠远，山川闲之。
>
> 将子无死，尚能复来。
>
> 天子答之曰：
>
> 予归东土，和治诸夏。

---

① （晋）郭璞注，洪颐煊校《穆天子传》卷2，第9~10页。
② （晋）郭璞注，洪颐煊校《穆天子传》卷2，第12页。
③ （晋）郭璞注，洪颐煊校《穆天子传》卷4，第21页。

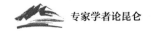

万民平均，吾愿见汝，

比及三年，将复而野。

西王母又为天子吟，曰：

徂彼西土，爰居其野，

虎豹为群，於鹊与处。

嘉命不迁，我惟帝女。

彼何世民，又将去子，

吹笙鼓簧，中心翔翔。

世民之子，唯天之望。①

西王母与周穆王宴饮行觞的对歌共有三首，西王母二首，周穆王一首。歌词采四言形式，第一首西王母的《白云谣》，四言六句，涵引天地宇宙，并祝寿周王"将子无死，尚能复来"。而第二首为穆王之答歌，亦以四言六句相和，周穆王答："比及三年，将复而野。"其中也隐含着实现西王母祝词的心愿。"无死"才可"复来"、"复而野"。西王母以"不死"祝寿周穆王，其中透露着瑶池上的西王母与生死之秘间的连结。

瑶池上的西王母是人？是神？是人王？是女神？是部落女酋长？还是部落女巫师？不论其身份如何，从周穆王超乎寻常的虔敬态度、献礼行觞到西王母之祝词对答，都显示出西王母不凡的身份与力量②。这种不凡的力量，亦可见于先秦哲学论述中。《庄子·大宗师》中也透露出同样的讯息：

夫道有情有信，无为无形；可传而不可受，可得而不可见；自本自根，未有天地，自古以固存；神鬼神帝，生天生地；在太极之先而不为高，在六极之下而不为深，先天地生而不为久，长于上古而不为老。豨韦氏得之，以挈天地；伏戏氏得之，以袭气母；维斗得之，终古不忒；日月得之，终古不息；勘坏得之，以袭昆仑；冯夷得之，以游大川；肩吾得之，以处大山；黄帝得之，以登云天；颛顼得之，以处玄宫；禺强得之，立乎北极；西王母得之，坐乎少广，莫知其始，莫知其终；彭祖得之，上及有虞，下及五伯；傅说得之，以相武丁，奄有天下，乘东维、骑箕尾，而比于列星。③

---

① （晋）郭璞注，洪颐煊校《穆天子传》卷3，第15～16页。

② 龚维英：《〈穆天子传〉是古神话与仙话的界碑》，《求索》1992年第3期。

③ （清）王先谦撰《庄子集解》卷2，台北：世界书局，1962，第40～41页。

《庄子·大宗师》强调在宇宙间能得大道者，始能成为伟大宗师。而"西王母得之，坐乎少广，莫知其始，莫知其终"，以"莫知其始，莫知其终"为得道的证验。而"终""始"为何？《荀子·礼论》：

> 礼者，谨于治生死者也。生，人之始也；死，人之终也，终始俱善，人道毕矣。[1]

《易·系辞上》中亦云：

> 原始反终，故知死生之说者。[2]

故莫知其始其终，即是不知其生其死，而西王母就是得道而无生无死之人。这种无生无死之人自然不同于有生有死的世俗凡人。因此在西王母的第二次吟谣中又自言其身份：

> 嘉命不迁，我惟帝女。

在周穆王的隆重献礼行觞中，已见西王母的不凡身份。西王母在第一次的谣歌中道出了宇宙生死的讯息，又在第二次的谣歌中自称"我惟帝女"之身份，此一"帝女"之"帝"，郭璞注云"天帝"，西王母即是"天帝之女"，小南一郎亦以"天帝之女"的训注较为适妥[3]。从文本叙事中判断，其说不虚[4]。《穆天子传》卷三应采"嘉命不迁，我惟帝女"的版本，以及郭璞注释、小南一郎之说为佳。西王母不论是神或是人，瑶池上的西王母即使是人王，也应具有掌握宇宙生死之秘帝女神格的特质。《穆天子传》中的西王母实具有西方部落领袖与帝女神格特质的双重身份。唐人李商隐春游泾川回山瑶池时做《瑶池》一诗云：

> 瑶池阿母绮窗开，黄竹歌声动地哀。

---

① 李涤生：《礼论·荀子集释》，台北：学生书局，1988，第432页。
② （魏）王弼注、（唐）孔颖达正义《周易正义》卷7，台北：艺文印书馆，1982，第147–1b页。
③ 〔日〕小南一郎：《西王母与七夕文化传承》，孙昌武译，载《中国的神话传说与古小说》，中华书局，2006，第31页注1。
④ 见《影印文渊阁四库全书》第1042册，台湾印书馆，1983，第254页。

八骏日行三万里，穆王何事不重来。①

其诗写周穆王驾八骏马西征见西王母之事，诗歌意旨虽讽不死求仙之虚妄，但"穆王何事不重来"一句，也是以"来"与"不来"之语，道尽西王母与"死"、"不死"间的永恒宇宙之秘。《淮南子·览冥训》："羿请不死之药于西王母，姮娥窃以奔月。"② 神话叙事中的后羿上昆仑会见西王母乃求不死之药；但在《穆天子传》中并未记载西王母掌不死药的叙事。《穆天子传》中的周穆王上瑶池会见西王母之目的为何，则可从西王母歌谣中一窥端倪。值得注意的是，周穆王拜会西王母，全然不同于拜会其他邦国所得到的良马、牛羊等馈赠，周穆王没有得到不死药，也没有得到具有不死药特质的美玉，而是得到西王母的两次谣歌、两次祝词。

在第一首祝词中，已隐含宇宙生死之秘的讯息。第二次祝词中，西王母以受"嘉命"帝女之姿，祝愿作为东土君王的周穆王；"世民之子，唯天之望"则是对周穆王作为东土帝王政治王权的永恒祝福与颂赞。第一次祝词中西王母赠以宇宙生死之道，第二次祝词中，西王母赞以永恒的王权。在瑶池宴饮的两次祝词中，周穆王在西土帝女的歌谣中获致不死的祝福与永恒王权的认证。经由献礼、拜受、共饮、对歌等仪式活动，东土人间帝王得以与西土帝女交流，进而有了关系的联系与建立。郭璞《山海经图赞》云：

> 天帝之女，蓬发虎颜。
> 穆王执贽，赋诗交欢。
> 韵外之事，难以具言。③

郭璞引《穆天子传》中的"瑶池宴"赞写"西王母"，郭璞的图赞应是采用了《穆天子传》中西王母宴穆王的情节与形象，在郭璞的笔下西王母除了"蓬发"、"虎颜"未脱《山海经》中人兽合体的形象外，西王母已是与执贽穆王相会、赋诗交欢的西方君长、"天帝之女"。周穆王参与了西王母在瑶池所举办的宴会，圣化了俗世的生命，也为自己的王权获得西方"帝女"君长的支持和认证。这应该就是《穆天子传》的作者在程式化的征游描写中，刻意凸显周穆王与西王母瑶池会的主要目的之一；其意旨与铺

---

① （清）彭定求编《全唐诗》卷539，第16册，第6182页。
② 刘文典撰《淮南洪烈集解》卷6，中华书局，1989，第217页。
③ 聂恩彦校注《郭弘农集校注》，山西人民出版社，1991，第122页。

写巡游的叙事一般，目的仍在颂美周穆王。而这种对周穆王之颂美，却是透过与西王母的会面宴饮时更为完整更具效力。

五 代结语：瑶池宴的仪式功能：
二元对立的消弭与相合

不论古今中外，飨宴是一种集体仪典，它沟通了原本相隔或对立的两方，在飨宴中得以彼此交流、互动与分享。分享自己存处的生活世界，也分享生命知识。从人类学的角度考察，李维斯陀（Claud Levi-Strauss，1908－2008）在《神话学：餐桌礼仪的起源》中指出，宴会中的食谱、食器、餐桌礼仪都有其正面的功能：

> 它们负有一种使日子可以盘算的惰性，以此调节我们与世界的交流，强加给世界一种明智的、平和的与驯顺的节律。①

宴会调节了人与世界的交流，参与者在飨宴中赠礼或受赠礼物，分享知识、交流生命，也界定了彼此的社会关系与身份权力。在《穆天子传》中的"瑶池宴"，也同样具备了这种功能。

周穆王与西王母在瑶池宴会的共饮对歌中消弭了东土/西土、诸夏/野处、万民/虎豹、天子/帝女的二元对立，其关系可图表如下：

	周穆王		西王母
文本符号	天子	←瑶池宴→	帝女
	东土		西土
	诸夏		野处
	万民		虎豹
象征结构	阳性	←宴饮仪式→	阴性
	中心		四方
	内		外
	宾客		主人
	人文		自然

周穆王是东土华夏万民的天子，西王母是野处虎豹的帝女，人文与自然，阳性与阴性，中央与四方，亲近与疏远，宾客与主人，自我与他者，原本相异又对立的世界，就

---

① 〔法〕李维斯陀：《神话学：餐桌礼仪的起源》，周昌忠译，台北：时报文化公司，1998，第501页。

在宴饮中开启交流，重新定位。而宴会中的献礼、酬酢、对歌、会饮程序，具有仪式（ritual）的功能，主宾在仪式的交流中得以跨越二元对立的鸿沟，强化秩序、整合关系。周穆王受惠于宴饮中的谣歌交流，强化了其王权的合法性与永恒性。空间根据仪式活动而被重新编码，而仪式活动则象征了社会的关系与秩序。"瑶池"不仅是周穆王会见西王母的历史地理，更跃升成为具有多元象征的空间。宴会的仪式性具有"沟通"和"转换"的功能，瑶池宴正具备了"两个极端之间的中介"的功能①，沟通了二元对立，也消弭了二元对立。瑶池宴，成为充满了仪式性、象征性的飨宴。

《穆天子传》中周穆王的圣王巡游具有政治巡狩以及宗教巡游的双重目的，周穆王在巡游中重整了宇宙的秩序，在会见西王母的瑶池宴饮中获致不死的谣歌祝福："将子无死，尚能复来"与东土王权的认证；"世民之子，唯天之望"。《穆天子传》的作者，在反复的"天子征"、"天子觞"的程式书写中，凸现的是一个巡游宇宙、控引四方、拜访西王母之邦、会见帝女君长的宇宙圣主，而不是一个肆心纵欲，乐而忘归的人间帝王；这种与史书中截然不同的形象，穆天子与会见西王母的瑶池宴，无疑是最关键也最好的证据。

"瑶池"，作为真实地理与想象地理的融合，不再仅是昆仑山上的一泓清澈池水，一个地理"空间"（space）；它是事件发生的"地方"（place），承载着丰富的文化意涵。而"瑶池宴"以其"宴"的形式，本具有仪式的功能。瑶池宴的仪式性，随着西王母作为道教神祇化的发展，在后代的宗教叙事、文学书写、游仙想象中，更成为会见西王母、沟通人神两界、圣化此界生命的神圣飨宴。此一衍化，《穆天子传》中的西王母与瑶池宴，实具有关键的意义。

原载《民间文学年刊》第二期增刊
（2008 年民俗暨民间文学国际学术研讨会专号）

---

① 〔法〕李维斯陀：《神话学：餐桌礼仪的起源》，周昌忠译，台北：时报文化公司，1998，第 501 页。

二

文献典籍与昆仑文化

《山海经》中的昆仑区

顾颉刚

本章头绪较繁，特作提纲，以醒眉目：

（甲）昆仑区东部

    1. 崇吾之山（夸父逐日故事）

    2. 长沙之山

    3. 不周之山（共工触不周山及振滔洪水故事、禹杀相柳及布土故事）

    4. 峚山（黄帝食玉投玉故事、稷与叔均作耕故事、魃除蚩尤故事）

    5. 钟山（鼓与钦䲹杀葆江故事、烛龙烛九阴故事、流沙外诸国）

    6. 泰器之山

    7. 槐江之山（建木、若木故事、恒山与有穷鬼、瑶水）

（乙）昆仑区本部

    1. 《西次三经》之昆仑之丘（四水）

    2. 《海内西经》之昆仑之虚（羿杀凿齿、窫窳等故事、六水与东渊、巫彭等活窫窳故事）

    3. 《大荒西经》之昆仑之丘（弱水之渊、炎火之山）

    4. 《淮南·地形》之昆仑虚（洪水渊薮、增城、疏圃、昆仑三级、太帝之居、四水）

（丙）昆仑区西部

    1. 乐游之山

    2. 流沙及赢母之山

    3. 玉山（西王母与三青鸟故事、姮娥窃药故事）

    4. 轩辕之丘（黄帝娶嫘祖故事、轩辕国）

    5. 积石之山（禹积石故事、夸父弃杖为邓林故事）

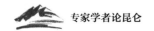

6. 长留之山

7. 章莪之山

8. 阴山

9. 符惕之山

10. 三危之山（窜三苗于三危故事）

11. 騩山（老童、祝融、重黎的故事）

12. 天山（汤谷帝江、帝鸿与浑沌故事）

13. 㳡山

14. 翼望之山

中国的古书在西汉时作过一回大整理。自从汉武帝提倡儒术以后，儒家和阴阳家的思想成了正统派。他们要统一思想，所以就改窜古书，即使不改窜本文，也用他们的思想注释，以使后来的读者受他们的启示而走到正统的路上。因此，我们今天要用客观的方法整理中国古代历史和古代思想时非常困难，处处是荆棘和葛藤，想一一清除不知要历多少年代。然而，有一部很重要的古书却幸免于改窜，或改窜得很少，使我们得以认识古代正统派以外的真面目，这就是《山海经》，这是我们所能看到的地理书中最早的一部。所谓地理，只是说它记载的是在当时人的观念中看作地理的现象而已，或真或不真都未可知。不过我得郑重地声明一句，就是不真的事实也必定是真的想象和传说。只要是真的想象和传说，就可以反映当时的民族文化和社会意识，在研究上有极大的价值。但是，还须指出，这部书虽是没有（或少有）经过正统派的改窜和曲解，要读通它还是够困难的。

我以为，读这部书时应注意如下三点：

第一，这是一部巫术性的地理书。在神权时代，智识界的权威者是巫，他们能和天神交通，能决定人类社会的行动，能医治人们的疾病，能讲述古今中外的故事。他们上天下地无所不通，口含天宪无所不言，所以会有离开真实很远的假想。但因他们在那时究竟是智识最丰富的人物，所以他们对于历史、地理、生物、矿物确也有些真实的认识。在他们的头脑里，真中有幻，幻中有真，所以由他们写出的《山海经》也是扑朔迷离，真幻莫辨，要做分析真幻的工作几乎是不可能。我们现在读它，必须随顺着它的巫术性，而不要处处用事实的眼光去看，才可显出它的真价值来。

第二，这部书本来是图画和文字并载的，而图画更早于文字。在《海经》里最可看出这种情形。例如：

长臂国，……捕鱼水中，两手各操一鱼。①

捕鱼所得或多或少，决不会次次"两手各操一鱼"，这显得图上如此，文字就依照图画写了。又如：

窫窳，龙首，居弱水中，在狌狌知人名之西。②

这一定是图上画了个猩猩，旁写"狌狌知人名"五字，在它右面有一个龙首的窫窳，所以作经的人又记了这条。又如：

犬戎国，状如犬。有一女子方跪进杯食。③

这当然是图中有些犬形的人据了上坐，下面跪着一个进食的女子，标题为"犬戎国"，因为他们正在吃饭，所以写了一个"方"字。我想，《山海图》的本子正像过去流行的《推背图》一样，或多或少，或先或后，随了画手和装手而有不同，作经的人又喜欢加入些主观想象的成分，以致弄得愈来愈混乱。如果旧图还在，我们自可集合起来对勘整理；今则图已无存，只好从文字中摸索，这就使我们不能不多倚赖郭璞《注》，因为郭氏著书时是参考《山海图》的，他可以给我们一点引导。

　　第三，这部书的作者虽然不是一人，但其内容却是连贯的。当时必是《山经》有一总图，而作经者割为南、西、北、东、中五部，又各以分量的多少划分为数篇，总计得二十六篇；每篇有始有终，合起来成一整体。《海经》也有一个总图，而另一个作经者就其远近，割为《海外》、《海内》两部，再各分为南、西、北、东四篇；可是作者没有用心，多钞图画，毫无贯串，成了一部低手的著作。那时还有一人也为《海图》作经，割为《大荒》、《海内》两部，《海内》没有再分，《大荒》则再分为东、南、西、北四篇；这位作者比上面一个高出一筹，叙述较详。所以，《海经》实在是两部同一对象的书的合编；其中再有"一曰"的附录，则是刘秀（即刘歆）的校记，证明他在编集的时候曾见很多本子，而他收入的则是异同特甚的两本。山与海既是两图，又是两经，《海经》又分为《海外》和《海内》两部，猛一看来，好像当时就远近次第画作

---

① 《海内南经》。
② 《海内南经》。
③ 《海内北经》。

三圈:《山经》讲的是本国地理,《海内经》是本洲地理,《海外经》是世界地理。细细比较,方知并无这等严格的区别。不但《海外》和《海内》没有清楚的界线,即《山经》与《海经》也像犬牙一般的交错。即如我们现今讨论昆仑问题,这座大山在《山经》里有,在《海内经》里有,在《海外》和《大荒》经里也有。许多人不了解《山海经》有整体性,受了它分篇的名词的蒙蔽,以为在图和经里,这几个昆仑山不在一处,便说"海内昆仑"怎样,"海外昆仑"怎样,这是大误。再进一步说,不但远近的分界要打通,连东南西北的方向也要打通,因为作经的人所据的图本不同,各种图本的画手不同,经中的方向是很容易错误的。因此,我们现在读它,应当时时注意它的整体性,把各篇打通了研究。

明白了这三点之后,我们对于《山海经》在保存神话传说和认识实际地理两方面的功绩可以接受,它的混乱错误之处也可以谅解。用清代学者的术语来说,这就是"以《山海经》还《山海经》",而不是要在它里边找取科学性的地理知识,也不是想用我们今天的科学知识来对它作评判。

昆仑,在中国许多古书里,《山海经》是最先的记载。它在《山海经》中是一个有特殊地位的神话中心,也是一个民族的宗教的中心,在宗教史上有它的永恒的价值。昆仑的地点是偏西的,所以在《山经》里列在《西次三经》,在《海经》里列在《海内西经》和《大荒西经》。它的方位既在西,我们就不难猜测它是哪一族的神话和宗教之所萃了。

《海经》所记的昆仑杂乱得很,《山经》则叙述甚有次序,可以看出它和附近诸山川的关系。我们现在从这书中整理昆仑材料,就以《西次三经》为主,——因为这一经是以昆仑为中心的,可以称为"昆仑区";——并略加解释,而把本书别篇及他书的材料补充在各条之下,使得读者容易看出它的整体性来。因为材料较多,我们划分三部分来讲:

(甲)昆仑区东部

《西次三经》之首曰崇吾之山,在河之南,北望冢遂,南望𦍑之泽,西望帝之搏兽之丘,东望蟰渊。……有兽焉,其状如禺而文臂,豹虎(?)而善投,名曰举父……

这一《经》是从东往西的,可是不知道它的东头在何处。这条所引的地名,除河以外都不可知。既说"在河之南",想来当在皋兰以上,因为如在河套之南即当列入《北山经》了。《山海经》里的帝都是上帝，丘名"帝之搏兽"，即为上帝狩猎之山。"举父"，郭璞《注》："或作'夸父'。"夸父一名，经中常见。《大荒北经》说：

> 夸父不量力，欲追日景，逮之于禺谷，将饮河而不足也；将走大泽，未至，死于此。

禺谷，郭《注》："禺渊，日所入也。今作'虞'。"是夸父逐日已快到日落之处，又道渴饮河，可能与崇吾山近。

> 西北三百里曰长沙之山。泚水出焉，北流注于泑水。无草木，多青雄黄。

按此山见《穆天子传》。穆王自重䧿氏东行，经过这里；自此以后，到文山取采石，恐即所谓"青雄黄"。毕《注》以为青是一物，雄黄又是一物，[①] 或然。

> 又西北三百七十里曰不周之山。北望诸毗之山，临彼岳崇之山。东望泑泽，河水所潜也，其原浑浑泡泡。爰有嘉果，其实如桃，其叶如枣，黄华而赤柎，食之不劳。

《大荒西经》也说：

> 西北海之外，大荒之隅，有山而不合，名曰不周负子。有两黄兽守之。

为什么这座山合不拢呢？这有一个大故事在里头。相传古代有一回大洪水，把大地都淹了。洪水的起因，就为共工在这不周山上闯了一次空前绝后的大祸。《淮南·原道》说：

> 昔共工之力触不周之山，使地东南倾，与高辛争为帝，遂潜于渊，宗族残灭，继嗣绝祀。

《淮南·天文》又说：

---

① 见《中次四经》。

天受日月星辰；地受水潦尘埃。昔者共工与颛顼争为帝，怒而触不周之山，天柱折，地维绝。天倾西北，故日月星辰移焉。地不满东南，故水潦尘埃归焉。

天和地本来是很平正的，不幸共工为了和颛顼（或高辛）争做上帝，他生气了，碰了一下不周山，哪知他力气太大，顿使天地失掉了平衡，于是天崩了西北角，地塌了东南角，洪水就大发了。《淮南·本经》又说：

舜之时，共工振滔洪水以薄空桑。龙门未开，吕梁未发，江淮通流，四海溟涬；民皆上丘陵，赴树木。舜乃使禹……平通沟陆，流注东海。鸿水漏，九州干，万民皆宁其性。

共工这个罪魁祸首，他闯的祸真不小，所以禹受命平水，第一件事就是打掉这共工。《大荒西经》云："有禹攻共工国山。"这一座山以"禹攻共工国"为名，显见他们必有一场恶战，可惜《山海经》的作者没有记下这次战争。不过共工虽失记，而他的臣子被禹所杀的却有两段记载。《海外北经》道：

共工之臣曰相柳氏，九首，以食于九山。相柳之所抵，厥为泽溪。禹杀相柳，其血腥，不可以树五谷种。禹厥之，三仞三沮，乃以为众帝之台，在昆仑之北，柔利之东。相柳者，九首，人面，蛇身而青；不敢北射，畏共工之台，台在其东。台四方，隅有一蛇，虎色，首冲南方。

《大荒北经》同样记这件事而稍异其文：

共工臣名曰相繇，九首，蛇身，自环，食于九土。其所歍所尼即为原泽，不辛乃苦，百兽莫能处。禹湮洪水，杀相繇，其血腥臭，不可生谷。其地多水，不可居也。禹湮之，三仞三沮，乃以为池。群帝因是以为台，在昆仑之北。……有共工之台，射者不敢北乡。

共工的力气大得可使天崩地塌，他的臣子虽然不及他，但也能在地下一碰马上成一个泽溪。可是这泽溪里的水，因为他是蛇身，所以是腥臭的，五谷也不能种，百兽也不能居。无可奈何，只得堆起土来，替许多上帝筑台，如《海内北经》说：

帝尧台、帝喾台、帝丹朱台、帝舜台，各二台，台四方。在昆仑东北。

上述几位，在《山海经》里都是上帝，但在中国的古史里则都成了人王。这个问题复杂，暂且按下，到后面再讨论。这些台在柔利东，柔利是《海外北经》里的一个国。凡相柳所碰触的地方都成了泽谿，其地在昆仑之北，如果昆仑在青海境，那些泽谿似乎即是柴达木沮洳地了。

禹打倒共工之后，第二件大事就是平治洪水，他的平治方法是在水上铺起土来。《海内经》说：

> 洪水滔天。鲧窃帝之息壤以湮洪水，不待帝命。帝令祝融杀鲧于羽郊。鲧复生禹。帝乃命禹卒布土以定九州。

什么叫"息壤"呢？郭《注》说："息壤者，言土自长息无限，故可以塞洪水也。"息是生长的意思。息壤是一点土苗，丢在洪水里，它就能自生自长，无限的扩大，所以会把洪水区域完全填平了。这就是所谓"布土"。《诗·商颂·长发》说："洪水芒芒，禹敷下土方；……帝立子生商。""敷"，就是布。这是说在洪水茫茫的时候，禹从天上降下来，布好了土地，上帝就命自己的儿子到地上建了商国。禹的布土，不但用息壤而已，还有"息石"。《开筮》（即《归藏启筮》）说："滔滔洪水，无所止极，伯鲧乃以息石息壤以填洪水。"[1] 想来息壤是生长泥土，息石是生长石块的，这是平地与山陵的区别。在滔天的洪水里，将自生自长的息石息壤投下，把灾区填高，这个方式本没有错，只是鲧太性急，等不到上帝发命令，就自己去偷窃行使，虽是救灾心切，毕竟手续不合，所以上帝杀了他，叫他的儿子禹再去布土，洪水就完全平息了。

《淮南·地形》记昆仑上，"北门开以内不周之风"，可见不周山在昆仑的北面，在不周山上可以望见河水所潜的渤泽，从张骞的话看来很像是盐泽（新疆的罗布泊）。不过我很疑心，这是不是汉人因为张骞的话而加进去的呢？如果不是，那么，这渤泽会不会是星宿海呢？这里所出的桃类的果子特别好，《汉武故事》里所说的"王母种桃，三千岁一著子"的故事，是不是缘此而生的呢？这都是可以研究的问题。

> 又西北四百二十里曰峚山，……丹水出焉，西流注于稷泽。其中多白玉，是有玉膏，其源沸沸汤汤，黄帝是食是飨。是生玄玉，玉膏所出以灌丹木，丹木五岁，

---

① 《海内经》郭《注》引。

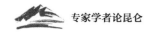

> 五色乃清，五味乃馨。黄帝乃取崟山之玉荣而投之钟山之阳。瑾瑜之玉为良，坚
> 〔粟〕（栗）精密，浊泽而有光，五色发作以和柔刚，天地鬼神是食是飨，君子服
> 之以御不祥。

这一段是绝好的韵文，把玉的品性和它的效用都描写了出来。我们从这里可以知道，玉是可以种的（黄帝投之钟山），可以开花的（玉荣），它的德性可和柔刚，颜色能发五彩，在源头时热气蒸腾，涌出来就成为膏而可食，挂在身上也可御不祥，浇到树上又成了最好的肥料（灌丹木），正像人参汤一般，成为万应的灵药。玉是昆仑区的特产，所以在崟山一条里说得这般详尽。崟，音密，所以《穆天子传》郭璞《注》和《文选·南都赋》李善《注》均引作"密山"。《尔雅·释地》："西北之美者有昆仑虚之璆琳琅玕焉。"郝懿行的《义疏》道：

> 姚元之曰："和阗之西南曰密尔岱者，其山绵亘不知其终。其山产玉，凿之不竭，是曰玉山。山恒雪，回民挟大钉巨绳以上，凿得玉，系以巨绳缒下。其玉色青。今密尔岱即古昆仑虚矣。"余按此玉青色，即璆琳也。

按密尔岱山在今新疆莎车县南，离汉武帝所定的昆仑不远，这和崟山非常巧合，但是不是呢？

稷泽，郭《注》道："后稷神所凭，因名云。"按《海内西经》说：

> 后稷之葬，山水环之，在氐国西。

又，《海内经》也说：

> 西南黑水之间有都广之野，后稷葬焉。……爰有膏菽、膏稻、膏黍、膏稷，百谷自生；……灵寿实华，草木所聚。

这可见后稷葬地偏在西陲，为当时人所注重；而且美谷自生，草木自聚，成为昆仑区中的圣地。这因后稷本是种植谷类的神，有了他才可使人民有正常的饭食，自当特为敬重。《大荒西经》说：

> 有西周之国，姬姓，食谷。有人方耕，名曰叔均。帝俊生后稷，稷降以百谷。

稷之弟曰台玺，生叔均；叔均是代其父及稷播百谷，始作耕。

又《海内经》云：

> 后稷是播百谷。稷之孙曰叔均，是始作牛耕。

叔均是后稷的好帮手，他又有始作牛耕的大功，无论他的辈分怎样，他总是后稷的一族。可是为了稷葬在昆仑区，弄得西周国也移到了西荒中。

提到叔均，《山海经》里还有一个他的重要的故事。《大荒北经》说：

> 有人衣青衣，名曰"黄帝女魃"。蚩尤作兵伐黄帝，黄帝乃令应龙攻之冀州之野。应龙畜水，蚩尤请风伯、雨师，纵大风雨。黄帝乃下天女曰魃，雨止，遂杀蚩尤。魃不得复上，所居不雨。叔均言之帝，后置之赤水之北。叔均乃为田祖。魃时亡之，所欲逐之者令曰："神北行！"先除水道，决通沟渎。

又同经：

> 有钟山者，有女子衣青衣，名曰"赤水女子〔献〕（魃）"。

这是说蚩尤作乱，黄帝和他斗法。先派应龙去打，可是蚩尤有风伯、雨师相助，把应龙所蓄的水一齐散为大雨，应龙失了他的武器，抵抗不住。黄帝又派天女魃去，她是旱神，雨停了，蚩尤被杀了。可是黄帝虽然胜利，而魃不能再上天，地下就经常大旱。这位始作牛耕的叔均着急得很，请于黄帝，把她远远安置在赤水之北，中原才有收成，叔均做了田祖。赤水之北是哪里呢？我猜想，不是河西，便是新疆，那边的雨量是很少的，一年不过一百公厘左右，所以该是这位旱神的住处了。旱了必求雨，下雨的事仍是应龙管的。《大荒东经》道：

> 大荒东北隅中，有山名曰凶犁土丘。应龙处南极，杀蚩尤与夸父，不得复上，故下数旱。旱而为应龙之状，乃得大雨。

又《大荒北经》道：

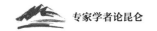

> 应龙已杀蚩尤，又杀夸父，乃去南方处之，故南方多雨。

奇怪得很，杀了蚩尤之后，旱神不得上天，雨神也不得上天，弄得西北常旱，南方常雨，气候这样的不平均！这次战事虽在冀州之野，但发动则在昆仑区，后来魃所常住的地（赤水和钟山）也在昆仑区，所以仍是昆仑区中的故事。又《大荒南经》道：

> 有宋山者，……有木生山上，名曰枫木。枫木，蚩尤所弃其桎梏。

郭《注》："蚩尤为黄帝所得，械而杀之；已摘弃其械，化而为树也。"在这一条上，我们可以知道，蚩尤没有死在战场，他是为黄帝所生得而处死的。

> 自峚山至于钟山，四百六十里，其间尽泽也。是多奇鸟、怪兽、奇鱼，皆异物焉。

这句话很可注意，在这昆仑区的东部尽是湖泊（泽），这引诱我们联想到青海省的东部的特征，有青海、盐池及都兰、柴达木、哈拉、托索诸湖，情况恰好相合。这是不是呢？从峚山到钟山，这里写"四百六十里"，下文写"四百二十里"，必有一误。

> 又西北四百二十里曰钟山。其子曰鼓，其状如人面而龙身，是与钦䲹杀葆江于昆仑之阳，帝乃戮之钟山之东曰瑶崖。钦䲹化为大鹗，其状如雕而黑文、白首、赤喙而虎爪，其音如晨鹄，见则有大兵。鼓亦化为鵕鸟，其状如鸱，赤足而直喙，黄文而白首，其音如鹄，见即其邑大旱。

钟山的神鼓和另一神钦䲹不知为了什么冤仇，在昆仑附近杀了葆江（或作"祖江"），上帝罚这两神，把他们杀了，他们的灵魂变作两头大鸟，谁看见了它们，就要犯兵灾和旱灾。这个故事可惜书上不曾有详细的记载，别的书里也没有提到，竟使昆仑神话无法恢复，怪可惜的。《庄子·大宗师》说："堪坏得之以袭昆仑。"经清人考证，即是钦䲹，可见钦䲹在昆仑区的地位的重要。①
钟山这个名字，《海外北经》也说及：

---

① 顾颉刚：《〈庄子〉和〈楚辞〉中昆仑和蓬莱的两个神话系统的融合》，《中华文史论丛》1979年第2辑。

钟山之神名曰烛阴，视为昼，瞑为夜，吹为冬，呼为夏；不饮，不食，不息，息为风。身长千里。……其为物：人面，蛇身，赤色，居钟山下。

《大荒北经》中也有类似的一条，云：

西北海之外，赤水之北，有章尾山。有神人面，蛇身而赤，直目正乘，其瞑乃晦，其视乃明；不食，不寝，不息，风雨是谒，是烛九阴，是为烛龙。

这两事极相像，"钟"和"章"又是双声，当然是一座山；烛阴和烛龙也当然是一个神。这个神开眼即天亮，闭眼即天阴，一透气即起风，简直就是造物主。

《海内西经》又说：

流沙出钟山，西行，又南行昆仑之虚，西南入海黑水之山。

这虽没有述说故事，而地点相合，又使我们知道流沙的起点在这里。钟山所在，毕、郝两家注都据《淮南子·地形》所说：

烛龙在雁门北，蔽于委羽之山，不见日。其神人面龙身而无足。

推定为五原北面的阴山，亦名大青山。可是阴山之东有什么产玉的峚山呢？"头齐脚不齐"，这部《山海经》真没法摆布！《海内东经》道：

国在流沙中者，埻端玺㬇，在昆仑虚东南。一曰"海内之郡不为郡县，在流沙中"。

这"埻端玺㬇"四字，向来注家都解作两国名。日本小川琢治作《山海经考》，以为"玺"乃"皇"字传讹，这四字原来当作"埻（端）皇（㬇）"，"埻皇"为地名，即敦煌，"端、㬇"为注音。刘秀所校一本作"不为郡县"，则《海内四经》当为汉武帝置河西四郡以前所记。[①] 其说甚是。《海内东经》又说：

---

① 见《支那历史地理研究》。

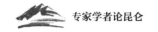

国在流沙外者，大厦、竖沙、居繇、月支之国。

西胡白玉山在大夏东，苍梧在白玉山西南，皆在流沙西，昆仑虚东南。昆仑山在西胡西，皆在西北。

王国维作《西胡考》，以为《海内经》这一篇中多汉郡县名，是汉人所附益，这个昆仑山即今喀喇昆仑，正是西汉人称葱岭以东之国为西胡的方式。他又说，睹货逻即大夏的对音，大夏本居中国的正北，后乃移至妫水流域。希腊地理学家斯德拉仆（Starbo）所著书，记公元前百五十年时，睹货逻等四蛮族侵入希腊人所建的拔底延王国，这样看来，大夏的西移仅比大月氏早二十年。所以这里所说"昆仑山在西胡西"，"西胡白玉山在大夏东"，以及"敦煌在昆仑虚东南"，一定是汉通西域以后所增加，我们可以不管。现在继续把《西次三经》读下去。

又西百八十里曰泰器之山。观水出焉，西流注于流沙。是多文鳐鱼，状如鲤鱼，鱼身而鸟翼，……常行西海，游于东海，……见则天下大穰。

《吕氏春秋·本味》云：

鱼之美者，……藿水之鱼，名曰鳐，其状若鲤而有翼，常从西海夜飞，游于东海。

这位作者该是从这里钞过去的。

又西三百二十里曰槐江之山，丘时之水出焉，而北流注于泑水。其中多蠃母。其上多青雄黄，多藏琅玕、黄金、玉。其阳多丹粟。其阴多采黄金、银。实惟帝之平圃，神英招司之，其状马身而人面，虎文而鸟翼，徇于四海，其音如榴。南望昆仑，其光熊熊，其气魂魂。西望大泽，后稷所潜也，其中多玉。其阴多榣木之有若。北望诸毗，槐鬼离仑居之，鹰鹯之所宅也。东望恒山四成，有穷鬼居之，各在一搏。爰有淫水，其清洛洛。有天神焉，其状如牛而八足，二首，马尾，其音如勃皇，见则其邑有兵。

这也是一篇韵文。槐江山是上帝（黄帝）的园囿，唤作平圃（平圃，陶潜所见本作"玄圃"，故其诗云："迢递槐江岭，是谓玄圃丘。"）。山上山下，山阴山阳，产物极多。

因为它是上帝的地方，所以派一个专神管理。在山上，东面可望恒山，南面可望昆仑，西面望稷泽，北面望诸毗。这诸毗还是不周山上望见的，一路绵延不断，可见其大。昆仑是上帝的下都，所以熊熊的神光照耀达四百里外。

稷泽之中有若木。郭《注》云："大木之奇灵者为若，见《尸子》。"按《海内经》云：

> 南海之内黑水、青水之间，有木，名曰若木。

《淮南·地形》也说：

> 建木在都广，众帝所自上下。……若木在建木西，末有十日，其华照下地。

可见建木、若木都是最高大的树木，所以许多上帝升天降地时要从建木上下，而每个运行到西极的太阳都要挂在若木的上面。《海内经》既说"都广之野，后稷葬焉"，那么，稷泽的大树应当是建木而不是若木，恐两处中必有一处错误。

恒山，不是现在河北曲阳县的恒山。按《淮南·时则》：

> 中央之极，自昆仑东绝两恒山，……龙门河、济相贯以息壤湮洪水之州，……黄帝、后土之所司者万二千里。

可见昆仑之东有两个恒山，远的在太行，近的在槐江。《吕氏春秋·本味》云：

> 果之美者，沙棠之实。常山之北，投渊之上，有百果焉，群帝所食。

《本味》所举的食物多出《山海经》，"沙棠之实"见昆仑丘条。这常山的百果为"群帝所食"，正与《大荒南经》所谓"云雨之山，有木名曰栾，……黄本、赤枝、青叶，群帝焉取药"相同，亦当出《山海经》，今本缺去了。"常山"字当作"恒山"，后人因避汉文帝讳而改为"常"，地点即在这里。诸毗山为槐鬼离仑所居，恒山为有穷鬼所居，可见在神的阶级之下还有鬼的阶级。我们记得《左传》襄公四年说到"有穷后羿"，知道羿为有穷之君，那么这些有穷鬼必是羿的部下了。

"淫水"，毕《注》云：

当为"瑶水"。……《史记》云:"《禹本纪》言昆仑有醴泉、瑶池。"《穆天子传》云:"西王母觞天子于瑶池。"《吕氏春秋·本味篇》云:"伊尹曰:'水之美者,昆仑之井,沮江之丘,名曰摇水。'"皆此也。

又从陶潜《读山海经诗》"落落清瑶流"看来,知道本条文字"淫"当作"瑶",而"洛"当作"落"。

以上昆仑区的东部,计有崇吾、长沙、不周、峚、钟、泰器、槐江七山,途长二千零一十里。方向是先朝西北,后向正西。

(乙)昆仑区本部

《西次三经》里叙了上面七个山之后,讲到昆仑丘的本身。这是我们这篇文字的中心,该得细细地推敲。

> 西南四百里曰昆仑之丘。是实惟帝之下都,神陆吾司之,其神状虎身而九尾,人面而虎爪。是神也,司天之九部及帝之圃时。有兽焉,其状如羊而四角,名曰土蝼,是食人。有鸟焉,其状如蜂,大如鸳鸯,名曰钦原,蠚鸟兽则死,蠚木则枯。有鸟焉,其名曰鹑鸟,是司帝之百服。有木焉,其状如棠,黄华赤实,其味如李而无核,名曰沙棠,可以御水,食之使人不溺。有草焉,名曰蘋草,其状如葵,其味如葱,食之已劳。河水出焉,而南流东注于无达。赤水出焉,而东南流注于汜天之水。洋水出焉,而西南流注于丑涂之水。黑水出焉,而西流于大杅。是多怪鸟兽。

这是上帝设在地上的都城,所以名为"帝之下都"。可惜作者疏忽,仅仅提到了一个神、五种奇怪的草木鸟兽和四条大水,而没有叙及下都的排场,似乎不够味儿。《尔雅·释丘》云:

> 丘一成为"敦丘";再成为"陶丘";再成锐上为"融丘";三成为"昆仑丘"。

郭璞《注》:"成,犹重也。《周礼》曰:'为坛三成。'"现在说的"层",也就是"成"的音转。西北高原的居民往往因其层数分为头道原、二道原、三道原,也即是昆仑三成之意。《海经》里又说"昆仑之虚","虚"为"丘"的繁文,正如"吴"字也可写作

"虞"。天有九野，见《吕氏春秋·有始览》，所以说陆吾"司天之九部"。"时"，郝《疏》疑当读为"時"。《史记·封禅书》："自古以雍州积高，神明之隩，故立時郊上帝。"可见時是上帝的神宫。上帝的都城虽好，但也有食人的土蝼，螫死动植物的大蜂。《楚辞·招魂》云：

> 魂兮归来，君无上天些！虎豹九关，啄害下人些。……豺狼从（纵），目，往来侁侁些。悬人以嫉，投之深渊些。

这是说，上帝所在，不可随便让人闯进，所以守卫的凶猛动物特多。《吕氏春秋·本味》又说："菜之美者，昆仑之苹。""蕡"即"苹"。河水东注的"无达"即《左传》僖公四年的"无棣"（"达""棣"双声），是齐的北境。赤水注于氾天之水，《大荒南经》云：

> 南海之中有氾天之山，赤水穷焉。赤水之东有苍梧之野，舜与叔均之所葬也。

氾天之山虽不可知，而苍梧之野则可知，在今湖南宁远县，然则氾天之水当在今广西境，赤水很有为今长江的可能。洋水即《禹贡》的漾，漾为汉水的上游，出今陕西宁羌县北的蟠冢山，和昆仑是联不起来的。《大荒南经》云：

> 大荒之中，有山名歹涂之山，青水穷焉。

"歹涂"当即"丑涂"，那么"青水"似即"洋水"。至于黑水，则是一个谜。

为了《山经》的昆仑不够热闹，所以《海经》起来补足这缺陷。《海内西经》说：

> 海内昆仑之虚在西北，帝之下都。昆仑之虚方八百里，高万仞。上有木禾，长五寻，大五围。面有九井，以玉为槛。面有九门，门有开明兽守之。百神之所在，在八隅之岩，赤水之际；非仁羿莫能上冈之岩。

在这段里，把昆仑的面积和高度都确定了。仞，有的说四尺，有的说七尺，有的说八尺。即以八尺计，万仞是八千丈。一百八十丈为一里，计得四十四里半。《西山经》说太华之山五千仞，昆仑比它高出了一倍。寻是八尺。木禾五寻，即是四丈。这都城每面有九口井，井水最美（见《吕氏春秋》）；因为产玉多，所以井阑也是玉制的。城的每

一面是九座门，每一门有人面九头的开明兽守着。百神都在里边，所以别人不能去，只有仁羿才容许上冈。"仁羿"，孙诒让《札迻》卷三云：

> "仁"，当作"卩"，其读当为"夷"。《说文·人部》：仁，古文作卩，从尸。邱光庭《兼明书》引《尚书》古文，"嵎夷""岛夷"字皆作"卩"，今文皆作"夷"，是"仁""夷"两字古文正同，故传写易误。

照这说法，是本为"夷羿"而后来转变作"仁羿"的。但此说未必然，详下文。

提到羿，我们在昆仑区中必得讲讲他的故事。按《海外南经》说：

> 歧舌国，……昆仑虚在其东，虚四方。……羿与凿齿战于寿华之野，羿射杀之，在昆仑虚东。羿持弓矢，凿齿持盾。

可见这事是发生在昆仑区的。《吕氏春秋·本味》云："菜之美者，……寿木之华。"高《注》："寿木，昆仑山上木也。华，实也。食其实者不死，故曰寿木。"恐"寿华之野"一名即由此而来。《海内经》说稷葬"灵寿实华"，亦即此义。《大荒南经》也把这个故事简略地提及：

> 有人曰凿齿，羿杀之。

这是怎么一回事呢？《淮南·本经》中说的详细：

> 逮至尧之时，十日并出，焦禾稼，杀草木，而民无所食。猰貐、凿齿、九婴、大风、封豨、修蛇皆为民害。尧乃使羿诛凿齿于畴华之野，杀九婴于凶水之上，缴大风于青丘之泽，上射十日而下杀猰貐，断修蛇于洞庭，禽封豨于桑林。万民皆喜，置尧以为天子。于是天下广狭、险易、远近始有道里。

可见古代是一个最可怕的时代，那时不知有多少鸷禽猛兽毒害人民。高《注》道：

> 猰貐，兽名也，状若龙首。或曰：似狸，善走而食人，在西方也。凿齿，兽名，齿长三尺，其状如凿，下彻颔下，而持戈盾。九婴，水火之怪，为人害。大风，风伯也，能坏人屋舍。封豨，大豕，楚人谓豕为豨也。修蛇，大蛇，吞象三年

而出其骨。

高诱此文当是据了《山海图》作解，使我们知道凿齿是齿长三尺的怪物。猰貐，即《山海经》的窫窳。《海内经》云：

> 窫窳龙首，是食人。

又《海内南经》云：

> 巴蛇食象，三岁而出其骨。

这都是高《注》所本。他说大风为风伯，恐未必然。古"风""凤"同字，大风当为大凤，正如大鹏之类，飞得低时就会撞坏人家的屋舍。羿把它们都射杀了。因为他有这样的大功，所以《淮南·氾论》说：

> 羿除天下之害而死为宗布。

这"宗布"之神的专职当是替人民除害。我想："仁羿"一名恐即由此而来，"仁"原是形容词，正如称禹为"神禹"。后来则因相同的字体而改为"夷羿"，就读作"夷"了。

《海内西经》又说：

> 赤水出东南隅以行其东北，西南注南海，厌火东。河水出东北隅以行其北，西南又入渤海，又出海外，即西而北，入禹所导积石。洋水、黑水出西北隅以东，东行，又东北，南入海，羽民南。弱水、青水出西南隅以东，又北，又西南，过毕方鸟东。昆仑东渊深三百仞。

这是讲昆仑四隅的水道。《山经》里只说河、赤、洋、黑四水，这里除增加弱、青二水外，又多出一个东渊。按《海内北经》云：

> 从极之渊深三百仞，维冰夷恒都焉。……一曰"中极之渊"。

189

这个渊和东渊一样深，又是河伯冰夷所都，东渊在东，也正是河水流出的方向，所以我们可以断说东渊的正名应为从极之渊。又这里所叙诸川的流向也和《山经》不同。《山经》里，河水南流东注，赤水东南流，洋水西南流，黑水西流。到了这经，却是河水北行又西南流，赤水东北流又西南流，洋水和黑水都是东行又东北流而南：方向恰恰相反。是不是作者把这幅图画颠倒看了呢？这是一个该注意的问题。又《海外西经》这条，说赤水"注南海，厌火东"，洋水、黑水"南入海，羽民南"，弱水、青水"过毕方鸟东"，那是因为《海外南经》里有羽民国、厌火国、毕方鸟，为了表示这五条水都流向南海，所以这样说。

《海内西经》续道：

> 开明兽身大类虎而九首，皆人面，东向立昆仑上。开明西有凤皇、鸾鸟，皆戴蛇，践蛇，膺有赤蛇。开明北有视肉、珠树、文玉树、玗琪树、不死树；凤皇、鸾鸟皆戴蝚；又有离朱、木禾、柏树、甘水、圣木、曼兑。……开明东有巫彭、巫抵、巫阳、巫履、巫凡、巫相，夹窫窳之尸，皆操不死之药以距之。——窫窳者，蛇身，人面，贰负臣所杀也；服常树，其上有三头人，司琅玕树。开明南有树鸟、六首蛟、蝮蛇、蜼豹、鸟秩树、于表池树木、诵鸟、鶽、视肉。

这昆仑城门外的东西这么多呀！珠、文玉、玗琪、琅玕都是树上生出来的。有不死树，只要吃到这果子就可以不死。视肉，郭《注》："聚肉形如牛肝，有两目也；食之无尽，寻复更生如故。"离朱，郭《注》误与下文的"木"字连读，然云"今图作赤鸟"，可知是鸟名。木禾，是高大的禾，见《淮南·地形》。蜼豹，郭《注》："猕猴类。"鶽，郭《注》："鵰也。"甘水，郭《注》："即醴泉也。"按《史记·大宛列传》：

> 《禹本纪》言河出昆仑，……其上有醴泉、瑶池。

《禹本纪》是和《山海经》性质相同的读物，今已亡佚。它所说的瑶池已见《山海经》的槐江山，醴泉又见于此，可见这两书的密合。

至于巫的集团，此处提了六人，《大荒西经》又提十人：

> 大荒之中，有山名曰丰沮玉门，日月所入。有灵山，巫咸、巫即、巫盼、巫彭、巫姑、巫真、巫礼、巫抵、巫谢、巫罗十巫，从此升降。

拿来比较，巫彭、巫抵两经俱有，巫礼疑即巫履，不同名的有十三人。这里面最重要的是咸、彭、阳三巫。《淮南·地形》云：

轩辕丘在西方。巫咸在其北方，立登保之山。

《海外西经》云：

巫咸国，……右手操青蛇，左手操赤蛇，在登葆山，群巫所从上下也。

可见巫咸是巫中的领袖，所以能自成为一国。《吕氏春秋·勿躬》云：

巫彭作医。巫咸作筮。

医和筮是巫的基本工作而为这两人所创作，这便是他们获得最高的社会地位的缘故。秦惠文王《诅楚文》云：

有秦嗣王敢用吉玉瑄璧……告于丕显大神巫咸，以匽楚王熊相之多罪。昔我君穆公及楚成王实戮力同心，……袗以齐盟，……亲即丕显大神巫咸而质焉。今楚王熊相庸回无道，……不畏皇天上帝及丕显大神巫咸之光烈威神，而兼倍十八世之诅盟，率诸侯之兵以临加我……

为了楚王伐秦，秦王在大神面前祷告，而所举的大神只有两个，一个是皇天上帝，一个是巫咸，这更可见那时巫咸地位的崇高。又《楚辞·招魂》云：

帝告巫阳曰："有人在下，我欲辅之。魂魄离散，汝筮予之！"巫阳……乃下招。

这又可见巫阳本领的伟大，可以"生死人而肉白骨"。这些材料使我们知道，凡是病人要医，死人要招魂，作事要卜筮，国家要保护，全是巫的职司。昆仑上既有不死树，可以制造不死药，所以他们施行复活的手术是不难的了，像窫窳正是一例。窫窳在《淮南》里是羿所杀的恶兽，但在这里则是给贰负臣所杀。《海内西经》又有一条：

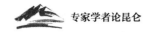

贰负之臣曰危，危与贰负杀窫窳。帝乃梏之疏属之山，桎其右足，反缚两手与
发，系之山上木，在开题西北。

这和钦䲹等杀葆江的故事一般，全是报私仇，所以同样受到上帝的责罚。上帝的国里也
常常起内乱呢！

《海内西经》的昆仑部分已疏释完毕，我们再看《大荒西经》的昆仑：

西海之南，流沙之滨，赤水之后，黑水之前，有大山名曰昆仑之丘，有神人
面，虎身，有文，有尾皆白，处之。其下有弱水之渊环之。其外有炎火之山，投物
辄然。有人戴胜，虎齿，有豹尾，穴处，名曰西王母。此山万物尽有。

这文中所说的人面虎身的神，即是《山经》里的陆吾。弱水在《海内西经》里本是昆
仑西南的大川，到这里变为环绕昆仑的渊了。这个渊同《海内西经》里的"昆仑东渊"
有没有关系呢？炎火之山，以前未见。槐江山上"南望昆仑，其光熊熊，其气魂魂"，
是不是因此而说昆仑外有炎火山呢？昆仑之西，长留山上的神魂氏是主反景的，渤山的
神红光是司日入的，夕阳的颜色火一般红，又是不是因此而说昆仑外有炎火山呢？在
《山经》里，西王母在昆仑丘西一千一百余里，到了这经，似乎西王母就住在昆仑丘
了。对于这个问题，郭璞《注》道："王母亦自有离宫别馆，不专住一山也。"陶潜诗
云："灵化无穷已，馆宇非一山。"即因郭说。

《山海经》中的昆仑材料尽在于此，然而还嫌不够，因为我们读《楚辞》，增城呢，
阆风呢，白水呢，这些昆仑上的地名全未看见，可见还有应当补足之处。恰好《淮南
子》里有一篇《地形》，也是依据了《山海图》而写的，正好弥补这个缺漏。淮南王刘
安即位于汉文帝十六年（公元前一六四年），死于武帝元狩元年（公元前一二二年），
在位四十三年。他的时代上距战国不远，汉代的学术正统尚未造成，所以他的书里会保
存许多正统学术以外的材料。《地形》里说：

凡鸿水渊薮，自三［百］仞以上，二亿三万三千五百五十［里］，有九［渊］。
禹乃以息土填洪水以为名山，掘昆仑虚以下［地］（池）。

这段文字本极难解。王念孙《读书杂志》依据《广雅》，删去"百"、"里"、"渊"三
字，然后可通。那时的传说，当洪水泛滥的时候，大地上积水的渊薮，浅的不算，自三
仞以上的共有二亿三万余处之多。禹用息土去填塞，结果，不但平了洪水，而且日益加

192

高，崛起了很多名山。末了一个"地"字，高《注》"'地'一作'池'"，分明即是相柳的故事。

《地形》接着说：

> 中有增城九重，其高万一千里，百一十四步二尺六寸。上有木禾，其修五寻。珠树、玉树、琁树、不死树在其西。沙棠、琅玕在其东。绛树在其南。碧树、瑶树在其北。旁有四百四十门，门间四里。[里间]（门）九纯，纯丈五尺。旁有九井。玉横（受不死药），维其西北之隅。北门开以内不周之风。

这一段所讲的昆仑城阙，和《海内西经》大致相似，但亦很有不同之点。第一，那书说"高万仞"，这里说"高万一千里"，相差至二百四十七倍。第二，那书说"面有九门"，四面为三十六门，这里说"有四百四十门"，又放大了十二倍。似乎《淮南》后出，更为夸大。但这夸大的责任也不该由《淮南》独负。例如《禹本纪》上说"昆仑，其高二千五百余里"，比《海内西经》已扩展到五十六倍。"百一十四步二尺六寸"，俞樾《诸子平议》以为是城的厚度。"里间九纯"一语，俞樾也指出其误，云：

> "门间四里"，言每门相距之数也。"里间九纯"，义不可通。疑本作"门九纯"，言门之广也。"门"误为"间"，后人遂妄加"里"字耳。

据《淮南》，一纯为一丈五尺，每门广九纯即十三丈五尺。门与门间相距四里，共有四百四十门，即是这个城的周围有一千七百六十里，面积为十九万三千六百方里，真是古今中外绝无仅有的大城。"玉横"下，刘文典《集解》云：

> 《御览》七五六引作"旁有九井，玉横受不死药"，又引《注》曰："横，或作彭，器名也。"今高《注》亦云："彭，受不死药器也。"疑"玉横"下旧有"受不死药"四字，而今本脱之。

昆仑中的不死意味真浓重，恐怕在他们的意想中，黄帝和众帝众神所以能长生久视，还是全靠这不死药哩！

《地形》又说：

　　　　倾宫、旋室、县圃、凉风、樊桐在昆仑阊阖之中，是其疏圃。疏圃之池，浸之
黄水。黄水三周复其原，是为〔丹〕（白）水，饮之不死。……昆仑之丘，或上倍
之，是为凉风之山，登之而不死。或上信之，是谓悬圃，登之乃灵，能使风雨。或
上倍之，乃维上天，登之乃神，是谓太帝之居。

这些都是昆仑城中的大建筑。《淮南·原道》云：

　　　　昔者冯夷、大丙之御也，乘〔云〕（雷）车，入云蜕，……蹋腾昆仑，排阊
阖，沦天门。

高《注》："阊阖，始升天之门也。"进了天门就见疏圃，疏圃里有一个池塘浸着黄水，
黄水转了三次，变了颜色，喝着就可不死。"丹水"，王念孙《读书杂志》九之四说：

　　　　"丹水"，本作"白水"，此后人妄改也。……《离骚》："朝吾将济于白水
兮。"王《注》曰："《淮南》言白水出昆仑之原，饮之不死。"《御览·地部》二
十四亦云，"《淮南子》曰：白水出昆仑之原，饮之不死。"则旧本皆作"白水"明
矣。

白水，即黄河。①昆仑中树有不死，药有不死，水亦有不死，不死的方法真太多了！县
圃和凉风，前虽平列，后面便分了高低。《水经注》卷一引《昆仑说》云：

　　　　昆仑之山三级：下曰樊桐，一名板桐；二曰玄圃，一名阆风；上曰层城，一名
天庭，是为太帝之居。

"玄圃"即"悬圃"，"阆风"即"凉风"，"层城"即"增城"。《地形》的凉风在悬圃
上，这里却归在一级。"或上倍之"，高《注》云："假令高万里，倍之二万里。"孙诒
让以为不然，他说：

　　　　"倍"之为言乘也，登也。"或"者，又也。"或上倍之"，谓又登其上也。
《庄子·逍遥游》云："故九万里则风斯在下矣，而后乃今培风"。此"倍"与

---

　　①　顾颉刚：《邹衍及其后继者的世界观》，《中国古代史论丛》1981 年第 1 辑。

《庄子》之"培"义正同。①

昆仑凡三层，走上第一层的可以不死，走上第二层的便有呼风唤雨的神通，等到走上第三层时马上就成神了，这多么痛快！昆仑的山分为三级，往来昆仑的人也分为三级，又是多么有秩序！只要一个人不怕艰苦，不给守卫的猛兽吃掉，尽力向上层攀跻，他就能直接由人变神，和太帝住在一块。太帝是谁，我以为就是黄帝。《史记·封禅书》记汉武帝令公卿们议郊祀乐，他们答道：

> 泰帝使素女鼓五十弦瑟，悲。帝禁不止，故破其瑟为二十五弦。

这件事在《世本》上则为：

> 疱羲氏作五十弦；黄帝使素女鼓瑟，悲不自胜，乃损为二十五弦。②

王嘉《拾遗记》也说：

> 黄帝使素女鼓疱羲之瑟，满席悲不能已；后破为七尺二寸，二十五弦。

因为黄帝在许多上帝中处于领袖的地位，所以称为泰帝。"泰"与"太"是一字。《庄子》和《穆天子传》都说昆仑上有"黄帝之宫"，所以增城的最高处为"太帝之居"。
　《地形》又说：

> 河水出昆仑东北隅，贯渤海，入禹所导积石山。赤水出其东南隅，西南注南海丹泽之东。〔赤水之东〕弱水出〔自穷石，至于合黎，余波入于流沙〕（其西南隅），绝流沙南至南海。洋水出其西北隅，入于南海羽民之南。凡四水者，帝之神泉，以和百药，以润万物。

《山经》说的昆仑四水是河、赤、洋、黑；这里也是四水，但去了黑水而加进弱水。可是弱水数句有误文。《读书杂志》九之四录王引之说云：

---

① 《札迻》卷七。
② 《〈尔雅·释乐〉疏》引。

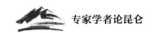

> 昆仑四隅为四水所出，说本《海内西经》。上文言"东北陬"、"东南陬"，下文又言"西北陬"，无独缺"西南陬"之理。此处原文当作"弱水出其西南陬，绝流沙南至南海"。其"弱水出穷石，入于流沙"当在下文"江出岷山"诸条间。……盖弱水本出穷石，而《海内西经》言出昆仑西南陬，故两存其说。（此文言"河出昆仑东北陬"，下文又言"河出积石"，亦是两存其说。）后人病其不合，则从而合并之，于是取下文之"弱水出穷石，入于流沙"……移置于此处，而删去"弱水出其西南陬"七字，又妄加"赤水之东"四字，"至于合黎，余波"六字，而《淮南》原文遂错乱不可复识矣。

自从有了这个考订而后，知《地形》的作者原把这四条川严格地分配在昆仑四隅，与《海内西经》大致相同。这四条川的水都是可以和药的，昆仑的全部事物笼罩在"不死"观念的下面。

《地形》是昆仑记载中最有组织的一篇。它先说昆仑与洪水的关系，继说四条大川四周的景物，次说增城里面的宫廷和苑囿，又次说四条大川的方向及其作用。这样的条理远在《山海经》之上，淮南王的一班宾客毕竟有高才！

《山海经》和《淮南子》里有关昆仑的记载叙述完了，我们试来综合一下：

在中国的西面，有一座极高极大的神山，叫做昆仑，这是上帝的地面上的都城，远远望去有耀眼的光焰。走到跟前，有四条至六条大川濛洄盘绕，浩瀚奔腾，向四方流去。山上有好多位上帝和神，其中最尊贵的是黄帝，他住在昆仑的最高层。这个城叫做增城，城里有倾宫、旋室等最精美的建筑，城墙上开着很多门，城外又浚了很多井。每一个城门都有人面九头的开明兽守着，还有猛骛的鸟兽虫豸，因此能上去的人是不多的，指得出来的只有羿和群巫。山上万物尽有，尤其多的是玉，处处的树上结着，许多器物都是用玉制的。又有好多奇怪的动植物：动物像三个头的琅玕树神，六个头的蛟，九个头的开明；植物像四丈高的木禾，吃了不溺死的沙棠，以及结珠玉、结绛碧、结不死果的树木。不死，是昆仑上最大的要求，他们采集神奇的草木，用了疏圃的池水和四大川的神泉，制成不死的药剂。凡是有不当死而死的人，就令群巫用药把他救活。这真是一个雄伟的、美丽的、生活上最能满足的所在，哪能不使人心向往之！

（丙）昆仑区西部

由昆仑往西，《西次三经》续说：

又西三百七十里曰乐游之山。桃水出焉，西流注于稷泽，是多白玉……

西水行四百里曰流沙。二百里，至于蠃母之山。神长乘司之，是天之九德也，其神状如人而豹尾。其上多玉，其下多青石而无水。

这里说到流沙，《海内西经》有一段材料可以比勘：

流沙出钟山，西行又南行昆仑之虚，西南入海黑水之山。

可见自钟山起，经过昆仑，西至蠃母山，都是沙漠区域。西北的沙漠太多了，该是哪里呢？自此到了西王母所在：

又西三百五十里曰玉山，是西王母所居也。西王母其状如人，豹尾虎齿而善啸，蓬发，戴胜，是司天之厉及五残。……

取此文和《大荒西经》所说西王母的形状和生活一比较，这里多了"司天之厉及五残"，那边多了"穴居"。郭《注》："主知灾厉及五刑残杀之气。"可见这是一个凶神。郝《疏》说：

厉及五残皆星名也。……《月令》云："季春之月……命国傩"，郑《注》云："此月之中，日行历昴，昴有大陵积尸之气，气佚则厉鬼随而出行。"是大陵主厉鬼，昴为西方宿，故西王母司之也。五残者，《史记·天官书》云："五残星出正东，东方之野，其星状类辰星，去地可六七丈。"《正义》云："五残一名五锋，……见则五谷毁败之征，大臣诛亡之象。"西王母主刑杀，故又司此也。

趋吉避凶是巫的专积，西王母的深入人心无疑是出于巫的宣传。《海内北经》又说：

西王母梯几而戴胜，杖。其南有三青鸟，为西王母取食，在昆仑虚北。

郭《注》："梯，谓冯也。"西王母凭了几，拄了杖，该是年老了。三青鸟，照《海内北经》说，是为西王母取食的，但到了《山经》里，则西王母所在的玉山和三青鸟所在的三危山相去一千七百八十里，要它们给使供食真不便哩！陶潜《读山海经诗》云：

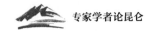

> 翩翩三青鸟，毛色奇可怜，朝为王母使，暮归三危山。

似已见到了这一点。又《大荒西经》道：

> 西有王母之山。有沃之国，沃民是处沃之野。……有三青鸟，赤首黑目，一名
> 曰大鹜，一名曰少鹜，一名曰青鸟。

这是把三头鸟的个别名称都写出了，而三鸟所处则在沃国之野。这是又一种说法。

关于西王母的故事还有一个。《淮南·览冥》云：

> 譬若羿请不死之药于西王母，姮娥窃以奔月，怅然有丧，无以续之。何则？不
> 知不死之药所由生也。

高《注》："姮娥，羿妻。羿请不死之药于西王母，未及服之；姮娥盗食之，奔入月中
为月精也。"想不到这位特许上昆仑的仁羿想请些不死之药，乃不向黄帝而向西王母；
待到他的太太偷服之后，他就再也得不到这种药了！于是我们可以知道，在传说中，这
不死之药不单昆仑有，西王母处也有。

从玉山再向西去，又到了黄帝所在。《西次三经》说：

> 又西四百八十里曰轩辕之丘。洵水出焉，南流注于黑水。其中多丹粟，多青雄
> 黄。

这轩辕丘是黄帝居家所在。《大戴礼记·帝系》道：

> 黄帝居轩辕之丘，娶于西陵氏之子，谓之嫘祖氏。

由是他传子生孙了。《帝系》道：

> 黄帝产昌意。昌意产高阳，是为帝颛顼。

可是《海内经》中多出一代，它道：

黄帝娶雷祖，生昌意。昌意降处若水，生韩流。韩流擢首，谨耳，人面，豕喙，麟身，渠股，豚止；取淖子曰阿女，生帝颛顼。

"雷祖"即"嫘祖"，"淖"即"蜀"，俱同音通假。若水今名鸦龙江，在蜀，故《帝系》又道："昌意娶于蜀山氏。"又《淮南·天文》道："轩辕者，帝妃之舍也。"这虽讲的轩辕星，然而说是"帝妃之舍"，意义也正与轩辕丘合。因为黄帝家居轩辕丘，所以后人就称他为轩辕。《大戴·五帝德》道：

黄帝，少典氏之子也，曰轩辕。

昆仑东首的峚山是黄帝取玉荣的地方，昆仑上是黄帝的宫，这西边的轩辕丘又是他的帝妃之舍，黄帝和昆仑区的关系多么密切呀！为有这种情形，所以我敢说，黄帝是这一区的主神。

关于轩辕丘，《海外西经》又有两条：

轩辕之国在此穷山之际，其不寿者八百岁；……人面蛇身，尾交首上。
穷山在其北，不敢西射，畏轩辕之丘。在轩辕国北。其丘方，四蛇相绕。

所谓穷山，即是槐江山上望见的有穷鬼所居的恒山。又《大荒西经》也有类似的两条：

有轩辕之台。射罘不敢西向射，畏轩辕之台。
有轩辕之国，江山之南栖为吉，不寿者乃八百岁。

轩辕国的人所以这般的长寿，想来是为取到不死药的方便吧？

又西三百里曰积石之山。其下有石门，河水冒以西流。是山也，万物无不有焉。

积石山，看这字面就知道是用石块堆起来的。谁堆的？是禹。所以《海外北经》有一条：

禹所积石之山在其东，河水所入。

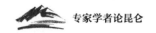

《大荒北经》也有一条：

> 大荒之中，有山名曰先槛大逢之山，河、济所入，海北注焉。其西有山，名曰
> 禹所积石。

这两条都称山名为"禹所积石"，可见这是禹治水时的大工程之一。河水发源昆仑而流
经积石，在《山海经》里该是无疑的事。

郭《注》（毕沅以为后人所附）云：

> 《水经》引《山海经》云："积石山在邓林山东，河水所入也。"①

这句话来得突兀，现在《山海经》既无此文，即《水经》亦无此文，可见注文的错误。
但邢子才说："误书思之，亦是一适。"我凭了这一句话竟想通了一件事。《海外北经》
云：

> 夸父与日逐，走入日，渴欲得饮，饮于河、渭；河、渭不足，北饮大泽。未
> 至，道渴而死；弃其杖，化为邓林。

这邓林一名很怪。《淮南·兵略》："昔者楚人……垣之以邓林。"高诱《注》："邓林，
沔水上险。"因为今河南西南部原有邓国，后灭于楚，所以邓林应当是楚地。毕《注》：
"邓林，即桃林也，'邓''桃'音相近。"这说也很合理，桃林在函谷关一带，离河、
渭均近。《中次六经》说：

> 夸父之山，……其北有林焉，名曰桃林，是广员三百里，其中多马。湖水出
> 焉，而北流注于河。

这更说明了夸父与桃林的关系。据《水经注》，其地在今河南灵宝县，原可无疑。但既
得了这条郭《注》，想起《海内北经》里有一条，说：

---

① 《西次三经》。

　　　　昆仑虚南所有氾林，方三百里。①

《海外北经》里也有一条，说：

　　　　范林方三百里，在三桑东，洲环其下。

恐怕"氾林"在先，"桃林"和"邓林"在后，是昆仑故事东向发展的结果。积石在昆仑西，氾林在昆仑南，他渴得把黄河水喝干，当然走到昆仑的河源了；还不够，想北饮大泽。大泽在哪里？《海内西经》云：

　　　　大泽方百里，群鸟所生及所解，在雁门北。

这里虽放在雁门北，可是《穆天子传》把"群鸟解羽"的大旷原放在最西北，比西王母还远。夸父没有跑到大泽就死了，所以把氾林安置在昆仑的西面实在最对。有了这一发见，才知道夸父的故事也是出于昆仑区的。

　　　　又西二百里曰长留之山。其神白帝，少昊居之。其兽皆文尾，其鸟皆文首，是
　　　　多文玉石。实惟员神磈氏之宫。是神也，主司反景。

这是快到西方尽头处了，所以有神司反景。郭《注》："日西入则景反东照，主司察之。"所以称他为员神，正为太阳是圆的。至于"白帝"、"少昊"及下文的"蓐收"，恐是汉人根据了那时五行说的正统排列法插进去的；如为固有，想总要描写几句，不该如此的寂寞。

　　　　又西二百八十里曰章莪之山。无草木，多瑶碧。……
　　　　又西三百里曰阴山。浊浴之水出焉，而南流注于蕃泽。其中多文贝。……
　　　　又西二百里曰符惕之山。其上多棕楠。下多金玉。神江疑居之。是山也，多怪
　　　　雨，风云之所出也。
　　　　又西二百二十里曰三危之山。三青鸟居之。是山也，广员百里。

────────────

① 《海内南经》同，惟无"昆仑虚南所有"六字。

三危山至此才见，已远在昆仑的西边，而郑玄注《尚书》乃说：

> 《河图》及《地说》云："三危山在鸟鼠西，南与〔岐〕（眠）山相连。"①

这一移移到了甘肃渭源县，又觉得太近了。为什么这样？我猜想：当时所谓西方边境，有中国的西边，有塞外的西边。中国的西边应以秦长城为界限。秦城起自临洮（今岷县），经鸟鼠山，所以鸟鼠也可以看作极边。试看《西次四经》：

> ……鸟鼠同穴之山……渭水出焉，而东流注于河。……西南三百六十里曰崦嵫
> 之山……

崦嵫在传说中是太阳没落的地方，然而只离鸟鼠三百六十里，岂非把鸟鼠看得太远，推到了极西头！这当然是用内地人的眼光去看的。画图作经的人，他们的地理知识本极有限，中国西边和塞外西边杂在一起，分辨不清，所以原来在鸟鼠西的三危山会忽地远移到昆仑西了。

三危山上有一个大故事，而不曾见于《山海经》的，是窜放三苗在那里。《尚书·尧典》说：

> 流共工于幽州，放驩兜于崇山，窜三苗于三危，殛鲧于羽山：四罪而天下咸
> 服。

《禹贡》的《雍州章》也说：

> 三危既宅，三苗丕叙。

足见三苗本不住在三危，因为犯了罪，强迫迁过去的。他们犯罪的原因，《尚书·吕刑》里说的详细：

> 若古有训：蚩尤惟始作乱，延及于平民，罔不寇贼，鸱义奸宄，夺攘矫虔。苗
> 民弗用灵，制以刑，惟作五虐之刑曰法，杀戮无辜，爰始淫为劓、刵、椓、

---

① 《〈史记·夏本纪〉集解》引。

黥。……虐威庶戮方告无辜于上，上帝监民罔有馨香德，刑发闻惟腥。皇帝哀矜庶戮之不辜，报虐以威，遏绝苗民，无世在下。

这一段故事是讲自从蚩尤创造兵器作乱之后，苗民也感染了他的乱杀乱斫的作风，造出刑法，称为"五虐之刑"，最重的是死刑（杀戮），其次是割鼻子（劓）、割耳朵（刵）、割生殖器（椓）、刺字（黥）四种肉刑。人民受害而死的都到上帝那边去告状，上帝（皇帝）看苗民这般血腥气，又哀怜死的人无罪，于是就消灭苗民的生命，使他们不能再统治这世界。所谓"遏绝苗民"，恐即指苗民里的执政者而言；其余的帮凶分子便如《舜典》、《禹贡》所说，充发到三危山去了。《山海经》里说三苗的有《海外南经》一条：

> 三苗国在赤水东，其为人相随。（一曰三毛国。）

说苗民的有《大荒北经》一条：

> 西北海外，黑水之北，有人有翼，名曰苗民。颛顼生驩头；驩头生苗民。苗民，釐姓，食肉。

这一在"海外南"，一在"大荒北"，隔得太远了，不知道是不是在南的为其故居，在北的乃其新迁的地方？不过这所谓南北并不太一定，《海外南经》是由西而东的，三苗国的东面却是昆仑虚，可见三苗在昆仑西，正与三危一样。《大荒经》说苗民是颛顼的孙子，驩头的儿子。这驩头恐即《尧典》里放于崇山的驩兜。《山海经》中说到讙头的很有几条。《海外南经》说：

> 讙头国……其为人人面，有翼，鸟喙，方捕鱼。……或曰"讙朱国"。

"朱"与"头"同属舌头音，故可通假。讙头有翼，故其子苗民亦有翼。郭《注》云：

> 讙兜，尧臣，有罪，自投南海而死。帝怜之，使其子居南海而祠之。画亦似仙人也。

这话不知他根据的什么书。所谓"画"，即指《山海图》。又《大荒南经》道：

> 大荒之中，有人名曰驩头。鲧妻士敬，士敬子曰炎融，生驩头。驩头人面，鸟
> 喙，有翼，食海中鱼，杖翼而行，惟宜芑、苣、穋、杨是食。有驩头之国。

他虽有翅膀而不能飞，只帮助他爬行。芑、苣、穋都是黍类。他吃的是鱼和黍，不像苗民专吃肉。同是《大荒经》，《北经》说驩头为颛顼子，《南经》说驩头为炎融子，令人摸不清他们的世系。如果他们真是颛顼的子孙，那么，黄帝是颛顼之祖，我们据了《北经》说，则他遏绝苗民是自杀其四世孙了；如据《南经》说，驩头为鲧孙，而鲧据《帝系》为颛顼子，是黄帝自杀其六世孙了。（《吕刑》的"皇帝"，即黄帝。杨宽《中国上古史导论》云："'黄'、'皇'古本通用，如《晋语》'苗棼黄'，《左传》作'苗贲皇'；《王会》'吉黄之乘'，《说文》作'吉皇之乘'，是其证。"）这可见《舜典》的"四罪"和《吕刑》的"遏绝"即是从昆仑区的神话转过去的，惟其在那边已有这很活跃的神话人物，所以一眨眼就成了中国的古史人物。其实在那边，这种故事也不过同钦䲹杀葆江一样；只因中国的古史学家或取或舍，遂判别了热闹与寂寞而已。

> 又西一百九十里曰騩山。其上多玉而无石。神耆童居之，其音常如钟磬。

郭《注》：

> 耆童，老童，颛顼之子。

按《说文》老部："耆，老也，从老省，旨声。"这字老义而旨声，故去掉声符即是老字。郭璞以为即老童，按《大荒西经》云：

> 有榣山，其上有人，号曰太子长琴。颛顼生老童；老童生祝融；祝融生太子长
> 琴，是处榣山，始作乐风。

老童的孙太子长琴是"始作乐风"的，这里騩山的神耆童也是"其音常如钟磬"，可见这一家是音乐世家。晋嵇康《琴赋》用了这个故事入文，说：

> 情舒放而远览，接轩辕之遗音。慕老童于騩隅，钦泰容之高吟。[1]

---

[1] 《文选》卷十八。

他就直称騩山之神为老童了。提到老童和祝融还有更重大的事。《大荒西经》道：

> 大荒之中，有山名曰日月山，天枢也。……颛顼生老童；老童生重及黎。帝令重献上天，令黎邛下地。下地是生噎，处于西极，以行日月星辰之行次。

颛顼为黄帝孙，则照这里所说，重和黎为黄帝四世孙，噎为五世孙。自从共工与颛顼争为帝，碰折了天柱，日月星辰都移到西北，经重、黎上天下地，把宇宙重新整理了一下；黎子噎又住在西极，使日月星辰运行的度数次舍上了轨道；这岂非天上人间最伟大的工作。但《海内经》里有一段，与此颇有异同，文云：

> 炎帝之妻——赤水之子听訞——生炎居。炎居生节并。节并生戏器。戏器生祝融。祝融降处于江水，生共工。共工生术器，术器首方颠，是复土壤，以处江水。共工生后土。后土生噎鸣。噎鸣生岁十有二。

这位噎鸣无疑即是噎，不但名噎相同，而且日月星辰的运行为的是成岁，这里也说他生了十二个岁。岁星（即木星）十二年一周天，《尔雅·释天》记出它所在十二次的名字：

> 太岁在寅曰摄提格，在卯曰单阏，在辰曰执徐，在巳曰大荒落，在午曰敦牂，在未曰协洽，在申曰涒滩，在酉曰作噩，在戌曰阉茂，在亥曰大渊献，在子曰困敦，在丑曰赤奋若。

《淮南·天文》及《史记·天官书》说的也都同。可见噎鸣生十二岁，与羲和生十日、常仪生十二月一样，都是定出一个自然界的秩序来。不过在《大荒西经》里，祝融和噎均归入黄帝一系，而到了《海内经》，祝融竟变成炎帝的四世孙、噎鸣也成了炎帝的七世孙。这家谱的改变，恐怕含有不同种族的抢夺祖先的要求吧？又《大荒西经》云：

> 有互人之国，人面，鱼身。炎帝之孙名曰灵恝。灵恝生互人，是能上下于天。[①]

---

① "互"即"氐"，说见顾颉刚：《从左籍中探索我国的西部民族——羌族》，《社会科学成线》1980年第1期。

这事和重上天黎下地有些相像，又同为炎帝子孙，不知道是不是一件事。

祝融和重、黎，经典的材料很多，早成为经学里的一个重大问题。这文中不便细说，只粗略地介绍一下，先谈他们的世系。《大戴·帝系》云：

> 颛顼娶于滕隍氏，滕隍氏奔之子，谓之女禄氏，产老童。老童娶于竭水氏，竭水氏之子，谓之高绸氏，产重、黎及吴回。吴回氏产陆终。陆终氏娶于鬼方氏，鬼方氏之妹谓之女隤氏，产六子，孕而不粥，三年启其左胁，六人出焉。

这六子即是彭、邹、邾、楚等国的祖先。《史记·楚世家》说：

> 楚之先祖出自帝颛顼高阳。……高阳生称。称生卷章。卷章生重黎。重黎为帝喾高辛居火正，甚有功，能光融天下，帝喾命曰"祝融"。共工氏作乱，帝喾使重黎诛之而不尽，帝乃以庚寅日诛重黎，而以其弟吴回为重黎后，复居火正为祝融。吴回生陆终。陆终有子六人，坼剖而产焉。

拿这段文字比较《帝系》及《山海经》，就可以看出不同的几点：①卷章这人，据《集解》引谯周说，即是老童的形讹，这说很对。《帝系》说颛顼生老童，和《大荒西经》一样，而《楚世家》则颛顼、老童之间别有称的一代，不知其何自来。②《大荒西经》和《海内经》都以祝融为人名，《楚世家》则以"祝融"为火正一官的徽号。③《大荒西经》以重、黎为两人，《帝系》中是一是二不可知，《楚世家》则定为一人。又《帝系》和《楚世家》都说重黎之弟为吴回，吴回这人亦见于《大荒西经》，云：

> 有人名曰吴回，奇左〔是无右臂〕。①

再谈他们的事业。《尚书·吕刑》道：

> 皇帝哀矜庶戮之不辜，报虐以威，遏绝苗民，无世在下。乃命重、黎飞绝地天通，罔有降格。

关于这个故事，《国语·楚语》下解释云：

---

① 毕校，此四字为"奇左"的解释，非本文。

　　九黎乱德，民神杂糅，不可方物；夫人作享，家为巫史。……烝享无度，民神同位。……颛顼受之，乃命南正重司天以属神，命火正黎司地以属民，使复旧常，无相侵渎，是谓"绝地天通"。

本来神有神职，民有人事，各应守其本分；后来下界人民受了过度求福心理的支配，家家设祭请神，刻刻作非分的要求，弄得神和人狎成一体，不可分别，所以上帝作一次断然的处置，命重、黎遏绝地和天的交通，回复原来的法度。南正、火正两名，王先谦《汉书补注》引郭嵩焘说，讲得最好：

　　太阳者南方，……南正者主明之义也。……天用莫如日；人用莫如火。司天属神者主日；司地属民者主火。南正向明以测日；火正顺时以改火。①

重、黎惯于上天下地，所以能绝地天通；《楚语》所说已是把神话变做历史以后的解释，但这解释还是比较早的。《郑语》也说：

　　夫黎为高辛氏火正，以淳耀敦大，天明地德，光照四海，故命之曰"祝融"，其功大矣！……惟荆实有昭德，若周衰其必兴矣！

楚祖祝融，祝融有绝地天通和昭显天地光明的大功，所以子孙发达。作这个预言的人还在秦未强盛的当儿，那时楚国最强，所以他断说楚必代周，想不到结果竟落了空。我们在这一节里，可以知道，楚国的祖先都是《山海经》里的西部人物，他们都具有其神话的背景。

　　又西三百五十里曰天山。多金玉，有青雄黄。英水出焉，而西南流注于汤谷。有神鸟，其状如黄囊，赤如丹火，六足四翼，浑敦无面目，是识歌舞，实惟帝江也。

天山之名见于《汉书·武帝纪》，云：

　　（天汉二年）贰师将军三万骑出酒泉，与右贤王战于天山。

---

　　①　《司马迁传》。

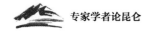

颜师古注:

> 即祁连山也。匈奴谓天为祁连。

可见祁连山是译音,天山是译义,都是一地。汤谷本是传说中太阳出来的地方,古籍中常见。如《海外东经》云:

> 黑齿国,……下有汤谷。汤谷上有扶桑,十日所浴。

《大荒东经》也说:

> 大荒之中,……有谷曰温源谷。汤谷上有扶木,一日方至,一日方出,皆载于乌。

《楚辞·天问》说:

> 出自汤谷,次于蒙汜,自明及晦,所行几里?

又《大招》说:

> 魂乎无东,汤谷寂寥只!

《淮南·天文》也道:

> 日出于汤谷,浴于咸池,拂于扶桑,是谓"晨明"。①

因为太阳是最热的,所以它所出的谷,取"沸沸汤汤"之义称为汤谷。它落入的谷,《尧典》称为"昧谷"(一本作"柳谷",柳从卯声,卯与昧同纽通假),《淮南·天文》称为"蒙谷",这是因光线的昏暗而名的。其实落下的太阳本身还是滚烫,所以仍不妨

---

① 见《〈史记·五帝本纪〉索引》。今本作"旸谷",乃唐以后人依《尚书·尧典》文改,实则《尧典》文本亦作"汤谷"。

称为汤谷。这里说"英水……西南流注于汤谷",即是表明这条河已接近日落处了。这也亏得这里一见,使我们知道日出及日入之处都可以叫作汤谷的。

天山上有一个重要的故事,即是帝江。他称为帝,当然是上帝之一。他的样子是六足四翼的鸟,可见昆仑区中的上帝不必具备人形的。毕《注》云:

> 江,读如鸿。

这就看出《左传》文公十八年一段话的由来:

> 昔帝鸿氏有不才子,掩义隐贼,好行凶德,丑类恶物,顽嚚不友,是与比周,天下之民谓之浑敦。

这个"浑敦无面目"而"识歌舞"的帝江,分明即是"天下之民谓之浑敦"的帝鸿氏之不才子。这是很清楚的从神话变成的历史。贾逵、杜预都说:"帝鸿,黄帝。"实在,这位帝江既住在黄帝的区域里,尽有可能是黄帝的一族。又《庄子·应帝王》云:

> 南海之帝为儵,北海之帝为忽,中央之帝为浑沌。儵与忽时相遇于浑沌之地,浑沌待之甚善。儵与忽谋报浑沌之德,曰:"人皆有七窍以视听食息,此独无有,尝试凿之!"日凿一窍。七日而浑沌死。

"浑沌",即"浑敦"。黄帝在五行学说上,因为土德黄,土居中央,所以为中央之帝。[①]浑沌与黄帝一族,所以庄子也说他是"中央之帝"。《山经》只说他"无面目"而已,庄子则进一步说他没有"七窍"。可是"凫颈虽短,续之则忧",他就牺牲在儵与忽的凿子下面了!

> 又西二百九十里曰泑山。神蓐收居之。其上多婴短之玉,其阳多瑾瑜之玉,其阴多青雄黄。是山也,西望日之所入,其气员,神红光之所司也。
> 西水行百里,至于翼望之山,无草木,多金玉……

以上昆仑区的西部,计有乐游、嬴母、玉、轩辕、积石、长留、章莪、阴、符惕、三

---

① 见《礼记·月令》及《史记·封禅书》等。

危、魏、天、渤、翼望十四山，途长四千二百三十里，比昆仑东部伸展了一倍多。方向一直是正西。故事较东部为少。

> 凡《西次三经》之首，崇吾之山至于翼望之山，凡二十三山，六千七百四十四里。其神状皆羊身人面。其祠之礼，用一吉玉瘗，糈用稷米。

"首"即篇。作者说这一篇里有"二十三山"，实际只有二十二山，大概他把乐游、赢母间的流沙也误算进去了。他说"六千七百四十四里"，实际只有六千六百四十里，如果不是他算错，也许多出的一百零四里是穿过昆仑山座的行程。《海内西经》说："昆仑之虚方八百里。"即是说它一面长二百里。《山经》作者也许想得没有这么大，所以多算进百余里也就够了。"其神状皆羊身人面"，或者即是牧羊的氐、羌的象征。篇中的神不作这样，乃是举出几个特殊的。古时祭山或曰"旅"，或曰"望"，或曰"封"，每一国都有固定的祀典。"吉玉"，郭《注》："玉加采色者也。"那时祭祀用璧，或沉于水，或埋于地。"糈"，毕《注》："当为'稰'。《说文》云：'稰，祭具也。'"这也可见《山海经》本是一部巫师的书，所以它对于祭祀这般注重。

《山海经》中的昆仑区业已叙述完毕，其中的故事确实恢奇可喜，宫阙园囿更是极其伟大，但昆仑究竟在什么地方，那可不容易断说。《西次三经》中所见地名已有五十，加上他文所连及的便要近百，我们从这些地名里可以得出什么结果呢？女魃居于赤水的北面，使得那边雨量稀少，所以说昆仑在西北是不错的。但它究竟坐落在西北哪里，甘肃呢，青海呢，新疆呢？说甘肃也像，因为东北有伊克昭盟的沙漠，正北有阿拉善旗的沙漠，这正是《山海经》里的流沙。而且河水所经，也好作河伯冰夷的都城。张掖有弱水，玉门有黑水，岂不使祁连稳做了昆仑。说青海也象，因为黄河、长江现在都证明发源在那边，而长江可能就是赤水。柴达木的一大片沮洳地区正可作"自崇山至于钟山，其间尽泽"的解释。至于积石一山，从来又都说在甘、青交界间的。说新疆也象，没有地方比新疆出玉再多的了，而昆仑区中二十二山，写明出玉的已有崇山等十二山，尚有未写明的，例如钟山，《穆传》和《淮南》都说它是有名的出玉之地，甚至稷泽里也出，昆仑的树上也生。沙漠又不少，白龙堆咧，塔里木大戈壁咧，都可以指作流沙。所以拿现在的地理记载来看这昆仑区，甘肃、青海、新疆三省都有些象，但都不能完全象。这真是古人传给我们的难题，教我们怎样去解答？在这无可答复中我们勉强作的答复，便是：昆仑区的地理和人物都是从西北传进来的，这些人物是西北民族的想象力所构成，其地理则确实含有西北的实际背景。神话传说永远在变化和发展中，从远西北传到近西北时起了很多变化，从近西北传到内地时，近西北的材料又加了进去了。《山海经》的作者只是把传到面前的神话传说作一次写定而已，至于材料的来源及其变化的次序他是不问的。

原载《中国社会科学》1982 年第 1 期

《禹贡》中的昆仑

顾颉刚

  《禹贡》，是中国科学性的地理记载的第一部书，它把《山海经》净化了。这两部书相传都是禹做的，然而实际上却出现于两个时代。《山海经》文字的写定可以较迟，但它的传说和图画必是很早的。《左传·宣公三年》：

> 昔夏之方有德也，远方图物，……百物而为之备，使民知神奸。故民入川泽山林，不逢不若（依郭璞《尔雅注》引应作"禁御不若"），螭魅罔两，莫能逢之，用能协于上下以承天休。

这种对于自然界的伤害的恐怖就是《山海经》出现的背景。这时间固不必在夏，但总是够早的；其创作或传播者则为巫。至于《禹贡》，其时代必在战国越灭吴（那以淮水为北界的扬州即是越州，"扬"和"越"是双声，越占有淮水流域在灭吴后。）和秦灭蜀（梁州入了中国的版图。）之后，其创作者为地理学家。那时全中国已都开发，对于自然界的恐怖业已消除，而且水利工程十分发达，或引水溉田，或灌水作战，或沟通数川以利交通，他们有了正确的科学知识，想具体地把各处的山川、土壤、田赋、物产、交通都写出来。不过那时是"托古改制"的时代，什么事情总喜欢推在古人身上，要使古人作今人的指导，所以他们想起传说中的治水祖宗禹，名义上替他做成《禹贡》这篇书，实际上则是发表各专家们的学问。书里说禹怎样分画土地，又怎样治理山川，又怎样规定人民的贡赋。除去禹的故事部分仍不免留些神话色彩（如"禹敷土"、"禹锡玄圭"）外，其余可以说十分之九是实际收集来的地理知识。还留着十分之一，因为道路远，交通不便，不得亲去，只得沿袭旧说，而旧说是实在靠不住的，所以他不自觉地留下了一些错误在这可宝贵的经典上了。

  《禹贡》作者分天下为九州，西北方因为秦都于雍，称为雍州。这作者好像是雍州人。(这一点和《山经》的作者相同。)所以那边的山川名和种族名记得比别的州多，这章的最后一句是：

> 织皮：昆仑、析支、渠搜，西戎即叙。

关于这一句，西汉以上的解释我们找不到了。我们所能见的最早的解释是东汉马融作的《尚书注》，他道：

> 昆仑在临羌西。析支在河关西。(《经典释文》卷三引。)

这是根据《汉书》及某一书(这书即为后来范晔作的《后汉书·西羌传》所采用)的，可是于渠搜无解释。郑玄的《尚书注》则说：

> 衣皮之民居此昆仑、析支、渠搜三山之野者，皆西戎也。昆仑，谓别有昆仑之
> 山，非河所出者也。(《尚书正义》卷六及《〈史记·夏本纪〉索隐》引。)

他以为这是三个山名。但他为什么说"别有昆仑之山，非河所出者"？因为到他的时代，昆仑早已移到塞外很远的地方，不能包括在雍州里了。(详后)昆仑既不能在雍州而《禹贡》雍州明有昆仑，所以他说：雍州里的昆仑是西戎所居，此外还有一个昆仑则是河水所出。到三国，王肃作《注》，除沿袭马融《注》外，还说了一句：

> 西戎，西域也。(《尚书正义》卷六引)

我们知道，汉以玉门、阳关以西为"西域"，他这样说，是有意把雍州的西界推到葱岭去。换一句话说，因为昆仑山已移到西域，所以西戎也跟着移去，雍州也跟着放宽了。王肃自身，或同时的人，或稍后的人，(这是一个尚未彻底解决的问题)替西汉的孔安国作了一部《古文尚书孔氏传》，说：

> 织皮毛布。有此四国在荒服之外，流沙之内，羌、髳之属皆就次叙，美禹之功
> 及戎狄也。

郑玄释为"三山"，他却注为"四国"，为什么？唐孔颖达《尚书正义》为他解释道：

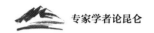

言织皮毛布有此四国：昆仑也，析支也，渠也，搜也，四国皆是戎狄也。……或亦以“渠搜”为一，通“西戎”为四也。

织皮，是用皮毛织成的布，现在西藏的氆氇即是。这几个国家都以织皮为衣，见得和中原的文化不同。伪孔释的四国，《正义》解为有两个可能：一是把“渠搜”分为两国，一是把西戎加进去。究竟哪一说对？由我们看来，这都不可通。“西戎”是戎的通称，如何可为一国所独有，这是很明白的事。“渠搜”，见《大戴礼记·五帝德》，云：

帝舜……南抚交趾、大教，〔西〕鲜支、渠廋、氐、羌，北山戎、发、息慎，东长〔夷〕、鸟夷、羽民。

这是说舜德及于四方夷人，故以“抚”字总括下文。“鲜支、渠廋”，《史记·五帝纪》引作“析支、渠廋”，“廋”、“搜”同音通假。《逸周书·王会》作“渠叟”，《穆天子传》作“巨蒐”，也并是同音通假。“渠搜”二字，古籍中凡有所见，总是连文，没有单称过“渠”或“搜”的，实在见不出该分为两国。所以伪孔《传》四国的说法是讲不通的。

再问马融为什么只释昆仑析支所在而不释渠搜？这有一个缘故在。汉的朔方郡里有一个渠搜县，朔方郡为今内蒙古河套地，渠搜县为今杭锦旗地，居于正北，如果依据《汉·志》而说“渠搜在朔方”，分明与下文“西戎即叙”相妨，所以他不提。其实朔方为汉武所立郡，他是最提倡经学的，对于新立的郡县最高兴用古典名词，例如“朔方”即出于《诗经·小雅·出车》的“城彼朔方”。可是玁狁所侵的是方，《诗》中说“侵镐及方”，可见方与镐极近。镐是镐京，方在镐京的北面，所以称为朔方。这朔方之地原离周都不远。必不在今河套；给武帝这样一用，就使后人陷于迷惘中了。“渠搜”一名也不过他从《尚书》里钞去而已，那地并没有实际的渠搜国存在。渠搜何在？苦无实证。拿《穆天子传》看，穆王东还，先到巨蒐，又走三十七天方到河套里的鄘国，这见得巨蒐远在河套的西南。好像在祁连山之南。如果这样，那么这国还是近于析支、昆仑。

昆仑、析支、渠搜是三个西戎的国家，因为在雍州塞外，所以《禹贡》作者记在《雍州章》里，他丝毫没有把昆仑涂上神秘的色彩。

在《禹贡》里还有几个地名是和本篇有关系的。第一是“积石”，《书》上说：

浮于积石，至于龙门西河，会于渭汭。（《雍州章》）

> 导河积石，至于龙门，南至于华阴，……入于海。（《导水章》）

上一句说的是入贡的路线。从最西头的积石起，经过河套，到今陕西韩城县的龙门（这相传是禹所凿开的），再会合在渭水的北面。因为在传说里，尧都平阳，舜都蒲板，都在山西的西南角上，所以雍州的贡品只要顺着黄河走就可运到帝都。下一句是说禹的治水，从源竟委，所以治黄河得由积石起，于是依次施工，到龙门，到华阴……直到入了海而止。河出昆仑，自《山海经》以来本是确定的了，何以在这一篇里，禹不导河于昆仑而但从积石导起？从《西山经》看，河是由昆仑到积石的，《经》云："积石之山，其下有石门，河水冒以西流。"见得积石是河水所经的山。《汉书·地理志》：

> 金城郡河关县：积石山在西南羌中。河水行塞外，东北入塞内。

河水是东北经积石山而入河关县境内的。和《西山经》所说的"西流"方向恰恰相反，这当然是《山经》的误文。《禹贡》作者何以不说"导河昆仑"，竟放弃了这源头？想来必是他嫌昆仑富于神秘性，所以但把这名列在西戎，其它就跳开不谈了。

第二是弱水，《书》上说：

> 弱水既西。（《雍州章》）
> 导弱水，至于合黎，余波入于流沙。（《导水章》）

按《汉书·地理志》：

> 张掖郡删丹县：桑钦以为道弱水自此，西至酒泉合黎。

又：

> 居延县：居延泽在东北，古文以为流沙。

可见这是河西的一条水，起删丹至酒泉而入居延的。居延海在沙漠中，所以也有流沙之名。郑玄依据了这说，也注道：

> 众水皆东，此独西流，故记其西下也。（《尚书正义》卷六及《〈史记·夏本

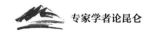

纪〉集解》引）

　　《地理志》：弱水出张掖。凡言"导"者，发源于上，未成流。……合黎，山名。《地说》云："合黎山在酒泉会水县东北。"《地理志》：流沙在居延西北，名居延泽。《地记》曰："弱水西流入合黎山腹，余波入于流沙，通于南海。"（《尚书正义》卷六及《〈史记·夏本纪〉集解》、《索隐》引）

这也是《山海经》里昆仑下的一条水，而《禹贡》作者据了现实性的水道来作解释，经桑钦考定为现今的额济纳河。可是这条河除临泽、高台间一小段西流外，大部分是北流的，是不是它的被定为弱水是出于桑钦一人的意见呢？
　　第三是黑水，《书》上说：

　　华阳黑水惟梁州。（《梁州章》）
　　黑水西河惟雍州。（《雍州章》）
　　导黑水，至于三危，入于南海。（《导水章》）

这几句话真难死了人！黑水可以做雍、梁二州的西界，又是入于南海的，一定是一条西方极大的川流，纵贯西北和西南的，但这究竟是现在的哪一川呢？三危，《河图》以为在鸟鼠西，杜林以为在敦煌，（均见后）这两说虽差得颇远，总可因三危而定黑水为发源甘肃西部直南到暹罗湾入海的。但是这样一条大川，固然地图上找不到，也更为实际的地形所不许可。可是以前没有作过地形的实测，许多学者想不到这一点，于是他们的解释就纷歧了。第一派是敷衍经文，如伪孔《传》说：

　　黑水自北而南，经三危，过梁州，入南海。

这样解释太敷衍了，见得毫无办法，所以孔颖达《正义》就替它矫正道：

　　《传》之此言，顺《经》文耳。案郦元《水经》："黑水出张掖鸡山，南流至敦煌，过三危山，南流入于南海。"然张掖、敦煌并在河北，所以黑水得越河入南海者，河自积石以西皆多伏流，故黑水得越而南也。

《水经注》颇有散逸，此文为今本所无。拿了此文比较伪孔《传》，不过多出了"张掖鸡山"数字。孔《疏》钞进了还觉得不妥，因为黄河自西而东，黑水自北而南，必然相会，为什么《禹贡》里竟没有"会于河"的记载？他又解释道：因为积石以西河多伏流，所以黑水南流可以不牵涉黄河。关于这一点，赵一清驳得好：

> 夫昆仑为地轴，其山根连延起顿。包河南，接秦、陇，直达长安，为南山。黑水自燉煌而南，纵可越大河之伏流，其不能越河以南之南山也明矣！（《水经注释》卷四十）

这个地形上的困难问题原不是在笔头上转几下所能解决的，所以伪孔、郦、孔三人的说话等于没有说。第二派是存而不论。郑玄说：

> 《地理志》益州滇池有黑水祠，而不记此山水所在，今中国无也。（《〈史记·夏本纪〉集解》、《索隐》引）

杜佑也说：

> 按郦道元注《水经》，锐意寻讨，亦不能知黑水所经之处。顾野王撰《舆地志》，以为至僰道入江，其言与《禹贡》不同，未为实录。至于孔、郑通儒莫知其所，或是年代久远，遂至埋没无以详焉。（《通典》卷一七五《古梁州》条）

这虽不是究竟办法，然而问题既经这般的无可奈何，也只得推出知识圈以外，置之不理，让古人自己去负责。第三派是比较科学性的，他们要把事实和经典对勘，既尊重经典，又不抹杀事实。这工作的结果是把一条水分成几条水，说它们在《禹贡》里是同名而异实的。胡渭《禹贡锥指》说：

> 黑水、三危并见雍州。梁之黑水别是一川，非界雍之西者。黑水自三危以北，杜氏（杜佑）谓今已堙涸；自三危以南，则水行徼外，不可得详，亦莫知其从何处入南海也。

照这样说，雍州的黑水和《导水》的黑水是一条水，这水的前一半已湮涸，后一半也不可考；梁州的黑水另是一条水，依胡渭说即金沙江，古名泸水。又蒋廷锡的《尚书地理今释》则分黑水为三条：

（1）雍州黑水——出陕西、甘肃塞外（按是时甘光未从陕西分出，青海也包括在里面，故如是说），南流至河州入积石河，今俗名大通河是也。

（2）梁州黑水——即今云南之金沙江。其源发于西番诺莫浑五巴什山分支之东，曰阿克达母必拉；南流至塔域关，入云南丽江府境，亦曰丽水。……又东径叙州府南入岷（岷江）。

（3）《导川》黑水——即今云南澜沧江，其源发于西番诺莫浑五巴什山分支之西，曰阿克必拉，南流至俩那山入云南界。……南流至阿瓦国入南海。（按澜沧江流至印度支那半岛为湄公河，入海。）

大通河做雍州的分界水，金沙江做梁州的分界水，澜沧江做入南海的川，这样一讲似乎也过得去。可是《导水章》里分明说"至于三危"而"入于南海"，三危必在雍州境里，试问澜沧江如何可和三危发生关系？所以他苦心分析的结果也终于不可通。

讨论到这样，我们是不是把这个问题放弃了呢？我说：不然，这个问题还是可以解决的，而解决的关键则在彻查《禹贡》和《水经注》所说的出典。

《禹贡》作者无疑是一个极有成就的地理学家，他处处剔去了神话而遵循着事实；但一个人必不能免于时代和环境的蒙蔽，他的时代正是《山海经》占有地理权威的宝座的时代，他鼓起勇气，树立了反抗的旗帜，首先把昆仑山流出六条大水的说法打破，他不信有所谓赤水和青水，他把漾水归到嶓冢，河水归到积石。这实在是了不起的革命，可是"智者千虑，必有一失"，他竟信了黑水！我们看，《海内西经》说：

> 黑水出（昆仑）西北隅以东，东行，又东北，南入海，羽民南。

《海内经》说：

> 南海之内，黑水、青水之间，……若水出焉。

这是不是他写黑水"入于南海"的由来？《大荒北经》说：

> 西北海外，黑水之北，有人有翼，名曰苗民。

苗民即三苗，在传说里是迁于三危的，而在黑水之北，这是不是他写"至于三危"的由来？既已北至三危，南至南海，这条黑水当然是纵贯中国西境的大川了，所以他要取它作为雍、梁二州的界水。虽说他看到的《山海经》未必即是今本，但《山海图》及类似今本的记载他必然看到，他脱不了这影响。这原不是他偏重了书本和传说以致受了欺骗，而在这条冥漠中的黑水离开那时的"中国"太远了，他到不了，别的地理学者也到不了，他得不到这方面的实际知识。

至于郦道元所说，则出于《南次三经》，经文云：

> 又东五百里曰鸡山，其上多金，其下多丹雘，黑水出焉，而南流注于海。

他把这条经文和《禹贡》的文字合并起来，再加上"张掖"、"敦煌"等字样，就成了"黑水出张掖鸡山，南流至教煌，过三危山，南流入于南海"这一条。可是鸡山在张掖何处，《南山经》在《山海图》里占何部位，他全未考虑。照我看来，张掖并没有鸡山，只因自杜林以来把三危放到敦煌，而《禹贡》言"至于三危"，可见黑水不发源于敦煌，而张掖在敦煌之东，弱水既可西流，黑水何独不能，因此他就断说发源于张掖了。至于《南山经》的部位是在南方，经文叙述自西而东，所以第一个招摇之山就是"临于西海之上"。《南次三经》里的水如泿水、丹水、汜水、佐水都南流入海，这在图里一定离南海很近。这里的黑水该是偏处西南的，说不定和益州滇池的黑水祠倒有些渊源，却无从见出和昆仑有关，所以鸡山也决不该放到北方的张掖。后人作《张掖记》，看到《水经》此条，以为黑水可和张掖发生关系，当然是第一等的材料了，就大书道：

> 黑水出县界鸡山，亦名玄圃。昔娀氏女简狄浴于玄丘之水，即黑水也。（《太平卿览》卷六十五引）

于是张掖就真有了鸡山和黑水！

第四是三危，《禹贡》说：

> 三危既宅，三苗丕叙。（《雍州章》）
> 导黑水，至于三危，入于南海。（《导水章》）

三危究在何处，有两个说法。第一个说法是在敦煌。《汉书·地理志》说：

> 敦煌郡敦煌县：杜林以为古瓜州，地生美瓜。

《尚书正义》阐述之曰：

> 《左传》称"舜去四凶，投之四裔"，《舜典》云："窜三苗于三危。"是三危
> 为西裔之山也。其山必是西裔，未知山之所在。《地理志》，杜林以为敦煌郡即古
> 瓜州也。昭九年《左传》云："先王居梼杌于四裔，故允姓之奸居于瓜州。"杜预
> 云："允姓之祖与三苗俱放于三危。瓜州，今敦煌也。"（卷六）

杜林是东汉初年的古文经学家，他读了《左传》，记得姜戎与允姓之戎居于瓜州，而经
师们均未详瓜州之地，适因避乱到敦煌，见地生美瓜，所以他就大胆地说，这里是古瓜
州。此说为班固所采用，录入《汉书》，后人又就奉为金科玉律。杜预作《春秋左氏经
传集解》，既采进了，而又加上一句"允姓之祖与三苗俱放于三危"，见得敦煌即是三
危山所在，于是敦煌又真有了三危。以后陈陈相因，大家都信从不疑。可是郑玄的注却
说：

> 《河图》及《地记》书云："三危之山在鸟鼠之西，南当岷山。"（《尚书正义》
> 卷六引）

《续汉书·郡国志》说：

> 陇西郡首阳县：有鸟鼠同穴山，渭水所出。

刘昭《注》道：

> 《地道记》曰："有三危，三苗所处。"

那么，《河图》、《地记》和《晋书地道记》以及郑玄和刘昭都相信三危山是在首阳的，
就是现今甘肃渭源县。这和杜林、杜预之说差的太远了！

这两处一在祁连山之北，一在西倾山之东，那个对呢？郦道元也弄不清，所以
《水经注》附录的《禹贡山水泽地所在》说：

> 〔经〕三危，山，在敦煌县南。〔注〕《山海经》曰："三危之山，三青鸟居
> 之。是山也，广员百里。"在鸟鼠山西，即《尚书》所谓"窜三苗于三危"也。

既言在敦煌南，又说在鸟鼠西，昏乱到这样，叫人怎么办？

以上这四个地方——积石、弱水、黑水、三危——都和考昆仑有关系，所以叙出一个大概。凡事牵涉到经学，问题就多，材料又繁，上面所写只是极粗略的一瞥而已。

总合这些材料和考证看来，《禹贡》作者提到"昆仑"只当它一个西戎国名看，它的地位和析支、渠搜相等，没有什么独特的高超；他提到河源，又只说一个积石，跳过了这神秘区域不谈。这在古人里是少有的勇气！至于弱水、黑水、三危也都是《山海经》里的地名，只因神话色彩比较淡薄，一般人的称说又盛，他就从宽采用了。采用的结果，除了弱水可能有现实性外，黑水便不免出了显著的漏洞，三危也使后来人无法实定。我们对于这些，应当原谅他在那个时代、那个环境和那个条件之下作成的小小错误！

原载《历史地理》1981 年创刊号

《穆天子传》及其著作时代

顾颉刚

在我国历史上，第一次古文籍的大发现，是晋太康二年（西历二八一）在汲县魏王冢发得的数十车竹简。经那时一班学者整理的结果，选取了比较完整的，写定为七十五篇。可惜这些东西受了历代战乱的摧残，逐渐亡佚了。到现在，完全留存的只有一部《穆天子传》，想来是它讲的故事太有趣味，当文学的资料看，因而没有散失。再有一部《竹书纪年》，亏得晋唐间多被人引据，所以虽然亡掉，近人还可以辑录起来，让我们看一个大概。

周穆王的喜欢旅行，是战国人所常提起的。例如《左传·昭十二年》：

> 昔穆王欲肆其心，周行天下，将皆必有车辙马迹。祭公谋父作《祈招》之诗以止王心，王是以获没于祗宫。

这位君主何等勇气，要使天下的道路都印上他的车辙和马迹！他的好奇心使他不满足于王畿的游观而要扩张到很远的地方。

又《楚辞·天问》也说：

> 穆王巧梅，夫何为周流？环理天下，夫何索求？

《方言》："梅，贪也。"这里说他为了贪求宝物，所以要周游寻索，这是他的占有欲发达的表现，和《左传》说的意义有些不同。

司马迁作《周本纪》，在穆王这一代只有根据《国语》，记上他将征犬戎，祭公谋父进谏不听，结果"得四白狼、四白鹿以归，自是荒服者不至"，再没有提到他远游的故事。可是他在《秦本纪》里却说：

造父以善御幸于周缪王，得骥、温（盗）骊、骅骝、騄耳之驷，西巡狩，乐而忘归。徐偃王作乱，造父为缪王御，长驱归周，一日千里，以救乱。

又《赵世家》里也说：

赵氏之先，与秦共祖。……造父取骥之乘匹与桃林盗骊、骅骝、騄耳，献之缪王。缪王使造父御，西巡狩，见西王母，乐之，忘归。而徐偃王反；缪王日驰千里马，攻徐偃王，大破之。

这两段话大致相同，只是《赵世家》里多出了"见西王母"一语，更可见其行踪之远。他乘了许多骏马，一日驰千里，作西方的大巡狩，是何等的痛快。《穆天子传》这部书不著录于《汉书·艺文志》，司马迁未必能见，而这两篇里竟有上列的纪载，猜想起来，或是他从秦史里找到，或当时有如此的传说（例如现在民间传说的"正德皇帝下江南"）而他听到的。他所以不写在《周本纪》里，是表示他不信其为确然的事实；他所以还写在《秦本纪》和《赵世家》里，则是表示他犹信其为或然的事实。

《穆天子传》这部书埋在坟墓里近六百年，竹简易烂，所以晋人写录下来时已颇有残缺；他们把古文写为今文，再经传钞传刻，当然又有些错字。我现在只把书中最重要的和最明白的地方钞出来让读者认识一个大概。

书里说穆王作一次西北方的大旅行，他的旅行目标似乎有两个：一是看昆仑山的宝玉，一是访问西王母这位女王。他的出发点是洛阳，书上所谓"宗周"；但晋朝人的本子已经脱去了首页，只从现今山西省的东部说起。书上说：

戊寅，天子北征，乃绝漳水。庚辰，……至于铔山之下。癸未，雨雪，天子猎于铔山之西阿，于是得绝铔山之队，北循虖沱之阳。

漳水和虖沱都是发源山西而流向河北的。铔山，《北堂书钞》引作"陉山"。案《尔雅·释山》："山绝，陉。"这是说：凡山形连绵，中忽断绝的，叫做陉。这陉便是天然的道路。太行山自南至北有八个陉：第五个名井陉，在今河北获鹿县；第六个名飞狐陉，在今察哈尔蔚县；蔚县西南又有平型关。"型"亦即"铔"的异体。这里所谓铔山，在虖沱之南，自即井陉。"队"即"隧"，为谷中险隘的道路。此后：

天子北征犬戎，犬戎胡觞天子于當（雷）水之阳。……甲子，天子西征，乃

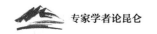

绝隃之关隥……

《国语》说，"穆王将征犬戎"，征是征伐；这里说的"北征犬戎"，乃是征行的意义，否则犬戎决不会立即杯酒联欢的。"犬戎胡"，各本均作"犬戎□胡"，似"胡"上有阙文；但看穆王回程时，"至于雷首，犬戎胡觞天子于雷首之阿"，可知胡为犬戎君名，并无脱字。隃，《尔雅·释地》："北陵，西隃雁门是也。"知即今雁门关。下面就到了河套：

> 辛丑，天子西征至于䣙人。河宗之子孙䣙柏（伯）絮且逆天子，……先豹皮十，良马二六。……甲辰，天子猎于渗泽，于是得白狐、玄狢焉以祭于河宗。……戊寅，天子西征，鹜行至于阳纡之山，河伯无夷之所都居，是惟河宗氏。河宗伯夭逆天子燕然之山。……吉日戊午，天子大服冕袆、帗带、搢笏、夹佩、奉璧，南面立于寒下。……天子授河宗璧。河宗伯夭受璧西向，沈璧于河，再拜稽首。祝沈牛马豕羊。河宗曰："命于皇天子！"河伯号之："帝曰：'穆满，女当永致用旹（𦙢）事！'"南向再拜。河宗又号之："帝曰：'穆满，示女春山之瑶（宝），……乃至于昆仑之丘以观春山之瑶！赐语晦！'"天子受命，南向再拜。

以上记穆王到河宗国祭河宗的事。《海内北经》说："从极之渊深三百仞，维冰夷恒都焉。"《庄子·大宗师》说："冯夷得之以游大川。"《淮南·齐俗》说："冯夷得道以潜大川。"冰读 Pjiəng，冯读 bjiəng，故可通用；这里作"无夷"，无读 mjiu，发音部位亦在双唇，和冰与冯是阴阳对转。䣙是河宗氏分封之国，穆王先到䣙，次到河宗本国。河宗的先祖是冯夷，今君是伯夭。河伯都于阳纡之山，《山海经·海内北经》说："阳纡之山，河出其中。"就"绝隃关隥"以至河宗的道路看来，似乎即是现在的大青山。穆王到了那里，拣了一个吉日，行祭河宗的礼。因为河宗的都城在黄河北面，所以他"南向再拜"。在把璧和牲畜沉入河水之后，上帝（皇天子、帝）降临了，河伯大声传下天语，直呼穆王的名，教他从今不要忘记祭享的事，教他到昆仑春山去看宝贝，又说上帝的赐语不可泄漏。这事大可见出河宗国的神权。下文说：

> 己未，天子大朝于黄之山，乃披《图》视《典》，用观天子之瑶器。曰："天子之瑶，玉果、璿珠、烛银、黄金之膏。天子之瑶万金。……天子之马走千里，胜人猛兽，天子之狗走百里，执虎豹。……乌鸢、鹳鸡飞八百里。……狻猊、野马走五百里。……"伯夭皆致《河典》，乃乘渠黄之乘为天子先，以极西土。

在到昆仑之前须作个预备，就是先把《河图》和《河典》请穆王看一遍；《河图》是图，《河典》是说明书。在这两部书里，可以看到有像果子一般的美玉，有光辉如烛的银子，还有明珠、金膏等好东西，还有许多特别而且有用的禽兽。浏览既讫，伯夭就乘了骏马渠黄作穆王的向导了。下文说：

> 乙丑，天子西济于河□，爰有温谷、乐都，河宗氏之所游居。丙寅，天子属官效器，……用伸□八骏之乘以饮于枝洔之中，积石之南河。天子之骏：赤骥、盗骊、白义、踰轮、山子、渠黄、华骝、騄耳；狗：重工、彻止、雚猳、□黄、南□、来白。天子之御：造父、三百、耿翛、芍及。

"西济于河"之下脱一字，丁谦疑为"原"字，然而那里还不是河源，恐怕是脱了一句别的话。他们从河宗国走了两天即到积石，足见积石即在河套，又在昆仑之东，和《山海经·西山经》说在昆仑西的不同。穆王在那里会集了官司（属官），简阅所得的器物（效器），名马有八，名狗有六，御车的好手有四，这次的长征和畋猎是一定顺利的了。此下看后面所记里数，当经西夏、珠余氏、河首、襄山等地，可惜这记载在出土时业已散失。于是：

> 戊午，……遂宿于昆仑之阿，赤水之阳。……吉日辛酉，天子升于昆仑之丘以观黄帝之宫，而封丰隆之葬以诏后世。癸亥，天子具蠲齐牲全以禋于昆仑之丘。甲子，天子北征，舍于珠泽。……季夏丁卯，天子北升于春山之上以望四野，曰："春山，是唯天下之高山也。"……春山之泽，清水出泉，温和无风，百兽之所饮食，先王所谓县圃。天子于是得玉荣枝斯之英。曰："春山，百兽之所聚，飞鸟之所栖也。"爰有□兽，食虎豹如麛。……爰有赤豹、白虎、熊黑、豺狼、野马、野牛、山羊、野豕。爰有白鸟、青雕，执犬羊、食豕鹿。天子五日观于春山之上，乃为铭迹于县圃之上以诏后世。

这一段说的是昆仑和春山之游，离开到积石南河时已五十多天了。他们从东边来，先到赤水之北，再上昆仑丘。《西山经》说赤水出昆仑而东南流，与此正合。其后北行，走了四天，到春山，即县圃所在。从《淮南子》看来，县圃是昆仑的第二层，而此书则在春山而不在昆仑，这是特异的一点。《西山经》说，"黄帝乃取崇山之玉荣而投之钟山之阳"，此书说穆王在春山上得着玉荣，"钟"和"春"音亦相近，似乎春山即是钟山；但《西山经》的钟山在昆仑东九百里，和此书说的北行又不同。穆王到昆仑见了

黄帝的宫和丰隆的墓，到春山又见了许多奇禽异兽，并没有象《山海经》上说的众帝众神，这个区域实在算不得神秘。《离骚》："吾令丰隆乘云兮求宓妃之所在。"读了《穆传》，方知丰隆本是昆仑上的人物。于是他又西去：

> 壬申，天子西征。甲戌，至于赤乌，[赤乌]之人丌献酒千斛于天子。……天子……曰："赤乌氏先出自周宗。太王亶父之始作西土，封其元子吴太伯于东吴，诏以金刃之刑，贿用周室之璧；封其璧臣长季绰于春山之刑之虿（疑当作原），妻以元女，诏以玉石之刑，以为周室主。"天子乃赐赤乌之人……墨乘四，黄金四十镒，贝带五十，朱三百裹。丌乃膜拜而受，曰："□山，是唯天下之良山也，宝玉之所在，嘉谷生之，草木硕美。"天子于是取嘉禾以归，树于中国。……己卯，天子北征。……庚辰，济于洋水。……壬午，天子北征东还。甲申，至于黑水，西膜所谓"鸿鹭"。……辛卯，天子北征东还，乃循黑水。癸巳，至于群玉之山，容成氏之所守。……天子于是取玉三乘，玉器服物，于是载玉万只。……孟秋丁酉，天子北征，□之人潜时觞天子于羽陵之上，乃献良马牛羊。天子以其邦之攻玉石也，不受其牢。……戊戌，天子西征。辛丑，至于剞闾氏，天子乃命剞闾氏供食六师之人于铁山之下。壬寅，天子登于铁山……已祭而行，乃遂西征。丙午至于鄋韩氏，爰有乐野温和，穄麦之所草，犬马牛羊之所昌，宝玉之所□。丁未，天子大朝于平衍之中。……庚戌，天子西征，至于玄池。天子三日休于玄池之上，乃奏广乐，三日而终，是曰乐池……

这是离开春山以后到达西王母邦以前的一段行程，这条路程线全向西北走，中间经过的国家是赤乌氏、容成氏、剞闾氏、鄋韩氏，经过的大水是洋水、黑水。《西山经》上的四条大川，到这时全经过了。赤乌氏之先季绰是周太王所封，他是太王的璧臣长，又是太王的女婿；穆王在那里取得了嘉禾种。容成氏境内有群玉之山，穆王在那里得了一万块玉石，装满三辆车。这证实了《天问》所谓"巧挴"和"索求"，穆王的占有欲果然是这般高的！剞闾氏境内有铁山。鄋韩氏境内有大平原，动植矿物一概多，又有大套的音乐，可见这是一个殷富康乐的国家。西膜，当是种族之名。华和戎语言不同，中国叫作黑水，西膜叫作鸿鹭，本书作者把音译和义译的名词都写出了。这一段路程，《穆传》作者说是三千里，昆仑山和西王母只得分家了！

> 癸亥，至于西王母之邦。吉日甲子，天子宾于西王母，乃执白圭玄璧以见西王母，好献锦组百纯。……乙丑，天子觞西王母于瑶池之上。西王母为天子谣曰：

“白云在天，山陵自出。道里悠远，山川间之。将子无死，尚能复来！”天子答之曰：“予归东土，和治诸夏，万民平均，吾顾见汝。比及三年，将复而野！”……天子遂驱，升于弇山，乃纪丌（其）迹于弇山之石而树之槐，眉曰“西王母之山”。

这西王母太华化了，竟能和穆王唱和，所作的四言诗大有《诗经》的气息，比了《西山经》里说的“西王母其状如人，豹尾虎齿而善啸”，差的太远了！弇山，郭璞《注》：“弇兹山，日入所也。”是西土的尽头处了。又《西山经》里说西王母住的是玉山，这里说是弇山，又不曾说其土产玉，这又是不同之处。再从这里看，“瑶池”在西王母境内，而《禹本纪》（《史记·大宛传赞》引）说在昆仑山上，也算是不同的一点。

丁未，天子饮于温山。己酉，天子饮于溽水之上。……爰有陵衍平陆，硕鸟解羽。六师之人毕至于旷原，天子三月舍于旷原。……六师之人翔畋于旷原，得获无疆，鸟兽绝群。六师之人大畋九日。……收皮效物，债车受载。天子于是载羽百车。

这是在极西处的一回大狩猎。在三个月的休息和九天的大包围之下，打尽了那边的鸟兽，以致借了车辆来装载，又作一次巧悔索求。自此以后，穆王志满意足地回国了，《史记》所说的徐偃王作乱，赶回来讨伐，在这部书里毫无踪影了。

己亥，天子东归。……癸未，至于……智氏之所处。乙酉，天子南征东还。己丑，至于献水，乃遂东征。……己亥，至于瓜纑之山，三周若城，阏氏胡氏之所保。天子乃遂东征，南绝沙衍。辛丑，天子渴于沙衍，求饮未至。七萃之士高奔戎刺其左骖之颈，取其清血以饮天子。……天子乃遂南征。甲辰，至于积山，……寿余之人命怀献酒于天子。……庚辰，至于滔水，浊繇氏之所食。……癸未，至于苏谷，骨飦氏之所衣被。……丙戌，至于长淡，重䍃氏之西疆。……庚寅，至于重䍃氏黑水之阿。……丁酉，天子升于采石之山，于是取采石焉，天子使重䍃氏之民铸以成器于黑水之上。……乙丑，天子东征，……至于长沙之山。……柏夭曰：“重䍃氏之先，三苗氏之□处。”……丙寅，天子东征南还。己巳，至于文山，于是取采石。癸酉，天子命驾八骏之乘，……东南翔行，驰驱千里，……至于巨蒐。癸丑，天子东征。柏夭送天子至于鄘人。……戊午，天子东征，顾命柏夭归于其邦。……孟冬壬戌，至于雷首，犬戎胡觞天子于雷水之阿。……癸亥，天子南征，升于

毲之隥。丙寅，天子至于钘山之队。……癸酉，……南征翔行，径绝翟道，升于太行，南济于河，驰驱千里，遂入于宗周……

这是归路的记载。他经过的国家是智氏、阙氏、胡氏、寿余、浊繇氏、骨飦氏、重鼍氏、巨蒐，另走了一条路线。但重鼍氏那边也有黑水，见得和赤乌氏是一同流域而南北分居的。在沙衍里水竭了，穆王只得饮马血解渴，这的确是沙漠旅行极可能遭遇的事实。从柏夭的话里，知道重鼍氏的地方原先是三苗住的。这国中的长沙之山亦见《西山经》，在不周山东。这些国里，玉是没有的，却有两处有采石。《西山经》："騩山，……多采石、黄金。"郭注："采石，石有采色者，今雌黄、空青、绿碧之属。"这是天然的颜料，而穆王令重鼍氏之民铸以成器，那就是烧料的琉璃了。自巨蒐以下，回到老路，经过郋和犬戎。回到钘山，"径绝翟道"，只一天功夫，就从太行赶到了洛阳（宗周），这可以看出八骏的无比速率。

于是穆王把来去两程的里数算一下：

　　庚辰天子大朝于宗周之庙，乃里西土之数，曰：自宗周瀍水以西，至于河宗之邦，阳纡之山，三千有四百里。自阳纡西至于西夏氏，二千有五百里。自西夏至于珠余氏及河首，千有五百里，自河首襄山以西，南至于春山、珠泽、昆仑之丘，七百里。自春山以西至于赤乌氏春山，三百里。东北还至于群玉之山，截春山以北，自群玉之山以西至于西王母之邦，三千里。自西王母之邦北至于旷原之野，飞鸟之所解其羽，千有九百里。自宗周至于西北大旷原，万四千里。乃还，东南复至阳纡，七千里。遂归于周，三千里。各行兼数，三万有五千里。

他去的时候走一万四千里，回来时只走一万里，大概去路多回旋，归路则径直的缘故。昆仑的东北有"河首"，这名见于《后汉书·西羌传》，而也合于《淮南子》的"河水出东北隅"。那时从河套西南行四千里，未到昆仑，已至河首，足见河源所在本无问题，到张骞以后放向远处一猜，才猜出问题来的。

这部古书固然多断烂，传钞亦多误讹，然而它记日子，记方向，记里数，扣得很紧，似乎竟可认为一种科学性的著作。它究竟是什么时候出现的？什么地方著作的？著作这书的背景为何？书里所写的是否都是事实？这是我们所要研究的。现在且写出我的意见。

我以为穆王西巡的故事是秦、赵二国人所传播。秦、赵同祖，这一族究竟从哪里来的？试看他们自说。《史记·秦本纪》道：

秦之先，帝颛顼之苗裔孙曰女修。女修织，玄鸟陨卵，女修吞之，生子大业。大业取少典之子曰女华。女华生大费，与禹平水土，……帝舜……乃妻之姚姓之玉女，大费拜受；佐舜调驯鸟兽，鸟兽多驯服；是为柏翳，舜赐姓嬴氏。

大费生子二人：一曰大廉，实鸟俗氏；二曰若木，实费氏。其玄孙曰费昌，子孙或在中国，或在夷狄。费昌当夏桀之时，去夏归商，为汤御，以败桀于鸣条。

大廉玄孙曰孟戏、中衍，鸟身人言；帝太戊闻而卜之使御，吉，遂使御而妻之。自太戊以下，中衍之后遂世有功，以佐殷国，故嬴姓多显，遂为诸侯。其玄孙曰中潏，在西戎，保西垂；生蜚廉。蜚廉生恶来。恶来有力，蜚廉善走，父子俱以材力事殷纣。周武王之伐纣，并杀恶来。……蜚廉复有子曰季胜。季胜生孟增。孟增幸于周成王，是为宅皋狼。皋狼生衡父。衡父生造父。造父以善御幸于周缪王，……缪王以赵城封造父，造父族由此为赵氏。自蜚廉生季胜，已下五世至造父，别居赵，赵衰其后也。

恶来……有子曰女防。女防生旁皋。旁皋生太几。太几生大骆。大骆生非子。以造父之宠，皆蒙赵城姓赵氏。非子居犬丘，好马及畜，善养息之。犬丘人言之周孝王，孝王召使主马于汧、渭之间，马大蕃息。孝王欲以为大骆适嗣。申侯之女为大骆妻，生子成为适。申侯乃言孝王曰："昔我先郦山之女为戎胥轩妻，生中潏，以亲故归周，保西垂；西垂以其故和睦。今我复与大骆妻，生适子成。申、骆重婚，西戎皆服，所以为王。王其图之！"于是孝王曰："昔柏翳为舜主畜，畜多息，故有土，赐姓嬴。今其后世亦为朕息马，朕其分土为附庸，邑之秦，使复续嬴氏祀，号曰秦嬴。"亦不废申氏之子为骆适者以和西戎。

照这样说，秦为非子之后，赵为造父之后，而两系同出于蜚廉。试列表以明之：

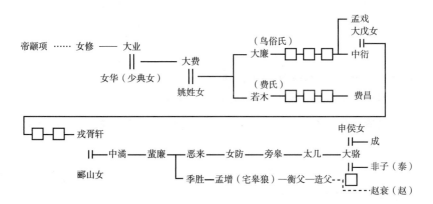

从这些材料看，可以提出两点：

（1）秦、赵是戎族：这看费昌的子孙"或在夷狄"；中潏"在西戎，保西垂"；其父名"戎胥轩"；申、骆重婚则"西戎皆服"；不废成为骆适则可"和西戎"等话可知。造父居的赵城在今山西西南，霍山之西。孟增住的皋狼在今山西离石县东北，近吕梁山。非子住的犬丘在今甘肃天水县西南。这些地方本是羌戎的区域。近来有人说秦为嬴姓，嬴姓如徐、江、葛、谷、黄都在江淮流域，因而说秦也是东方民族。然而东方民族可以西迁，西方民族又何尝不能东迁？申、吕、齐、许诸国本居陕西西部而陆续移至河南、山东，就是西方民族东迁的一证。又《后汉书·西羌传》说周宣王"征申戎，破之"，知申侯亦戎，故其女为大骆妻生子成，就要请孝王不废他嫡子的地位以和西戎；而后来幽王废了申后，申侯便联络了犬戎寇周，把幽王杀了。《国语·郑语》说："申、缯、西戎方强，王室方骚。"从这些地方看来，申无疑是戎族而接近诸夏的。秦、赵之族当和他们是一类。

（2）秦、赵祖先以畜牧及御车著名：这看大业"佐舜调驯鸟兽"；费昌"归商为汤御"；中衍为太戊御；造父为周穆王御；非子"好马及畜，善养息之"及为周孝王主马等事可见。这一族所以特善养马，善御马，为历代王室所喜用，实在就因为他们是戎族，有遗传和环境两方面的培育的缘故。例如现在中国最善于骑马的是马鬃山里的哈萨克族，就因为他们不曾接受华化，可以保存其驰骤旷野的能力，我们要养马时就该邀请他们来干了。秦、赵人既有御马和养马的能力，所以发生了八骏的传说，而归之于造父所御；造父是周穆王的御者，所以穆王就乘了八骏，大出风头，长驱直入西王母之邦了。这是穆王远游的传说的起因。

至于《穆天子传》这部书的出现，我以为在赵国。战国初，赵氏雄主襄子一继位，即向北开拓，吞并了代国，及三家分晋，赵氏所分到的又是北部之地，这正是《左传·昭公四年》所谓"冀之北土，马之所生"。相传有霍山的天使送给襄子一封天书，《赵世家》记其事道：

> 襄子齐三日，亲自剖竹，有朱书曰："赵毋恤！余，霍泰山山阳侯天使也。……余将赐女林胡之地。至于后世，且有伉王，赤黑，龙面而鸟噣。鬓麋髭髯，大膺大胸，脩下而冯，左衽界乘，奄有河宗，至于休溷诸貉，南伐晋别，北灭黑姑。"

这个预言后来竟实现在赵武灵王的身上。他胡服骑射，北略中山，西略胡地至榆中（今内蒙古河套东北岸地），开辟了代、雁门、云中三郡。因为他的疆域已到河套，所以这封天书说他"奄有河宗"。这"河宗"一名，除了这里和《穆天子传》外，它处从未见过，这是最可注意的一点。

其后他传位于王子何（惠文王），想自己带兵更向西北发展。《赵世家》道：

> 武灵王自号为主父。主父欲令子主治国，而身胡服将士大夫西北略胡地，而欲从云中、九原直南袭秦。于是诈自为使者入秦。秦昭王不知，已而怪其状甚伟。非人臣之度，使人逐之，而主父驰已脱关矣。审问之，乃主父也，秦人大惊。主父所以入秦者，欲自略地形，因观秦王之为人也。

这种来去飘忽的样子，很像驾了八骏驰驱天下的周穆王，而他主要的工作是"西北略胡地"。《赵世家》又说：

> 惠文王二年（公元前二七九）主父行新地，遂出代，西遇楼烦王于西河而致其兵。三年，灭中山，迁其王于肤施。起灵寿，北地方从，代道大通。还归，行赏，大赦。

他喜欢"行新地"，所以从常山（灵寿）起，西北的道路大通，这条干路称为"代道"。如果没有两子争立的事起了内乱，逼他死在沙丘宫，他一定可以像穆王一样，走尽了西北的地方。

他不辞旅行的辛苦，不厌地域的荒寒，要行新地，略胡地，在这种号召之下，造父御穆王的故事更活跃了，更有向西北推进的必要了。在那时，无论是《河图》或《河典》，或是《山海图》和《山海经》，就起了更大的效用，大家要依据它来说话了。这辈宣传的人们或者希望武灵王以穆王为轨范而走到西北的尽头，或者要把武灵王的工作理想化而托之于穆王，或者要使赵人谅解武灵王的举动而"托古改制"地表示穆王的前型，都未可知，反正在此种时代需要之下出了这部《穆天子传》。所以，我敢决然说：《穆天子传》的著作背景即是赵武灵王的西北略地。

再有很重要的两点可以从《穆传》本书上直接看出是后人假托的。第一，西周东都洛邑，西都镐京，《竹书纪年》又说："穆王元年，筑祇官于南郑。"（《穆传》郭《注》引）这三处无论从哪一处出发到西北去，总当沿着渭水或泾水走。何以到了《穆天子传》，他竟不经行陕西而偏走山西，会把他的旅行线定在太行和钘山？就说他去程为要先到犬戎国，顺着这线方便，那么回来时何以还走这条路？又旅行的终点在南郑，即今陕西华县，如由鸟鼠山东行，从甘肃还陕西，岂不省事，何以要这般远兜远转，而从山西还陕西？依我看来，这无非因为武灵王开辟了"代道"的缘故。这条代道从灵寿起，灵寿就在滹沱河的边上，所以穆王要"北循滹沱之阳"了。这条代道就是《穆传》里的"翟道"。《赵世家》说："翟犬者，代之先也。"可见"代"和"翟"是通称。这二字又双声，更容易通假。郭璞注《穆传》"翟道"说："翟道在陇西。"这是把汉朝的狄道县作解的。但《穆传》里的"径绝翟道，升于太行"，是癸酉一天的事，如为陇西的狄道，试问一天里能从狄道到太行吗？再说，他如到了狄道，即已近渭水源头了，何以不在那里翻过鸟鼠山，顺了渭水东行而至南郑？所以反覆推勘，郭注是绝对错误的。想来自从武灵王开辟了这条西北干线之后，在赵国人的心目中以为要到西北便非走此路不可，因而硬派穆王这般走去；至于陕西通西北的路线原不在赵国人的计议中呵！

第二，西周时称西都镐京为"宗周"，东都洛邑为"成周"，有很明白的分别。《诗经》里说："赫赫宗周，褒姒灭之。"（《小雅·正月》）又说："宗周既灭，靡所止戾。"（《小雅·雨无正》，今本作"周宗"，兹据《左传·昭公十六年》引。）这是西都称为宗周的确据。《春秋经》说："成周宣榭灾。"（宣十六年）又说："天王入于成周。"（昭二十六年）这是东都称为成周的确据。西都所以称为宗周，为的那边有周家的宗庙在。东都所以称为成周，为的是作为革命成功的纪念。自从犬戎灭了西周，周的宗庙迁到东都来了，成周也该称宗周才是，可是为它已经成了定名，没有改变。至于穆王之世，正是西周的全盛时代，周的宗庙好好的建在镐京，为什么《穆天子传》里竟称东都为"宗周"？司马迁作《周本纪赞》说："学者皆称周伐纣，居洛邑。综其实不然。武王营之，成王使召公卜居，居九鼎焉，而周复都丰镐。至犬戎败幽王，周乃东徙于洛邑。"这本是极普通的常识，然而汉朝的"学者"们已经弄不清楚了，说武王克商后即定都于洛邑的。看来《穆天子传》的作者也是这样的一位"学者"吧？

其他小地方的时代错误也多有，如"太王亶父"不是西周人的称谓，太王和公亶父合为一个人是战国时的事。又如"黄金五十镒"是战国时的货币。"阏氏胡氏"恐怕不是两个国名而是匈奴单于后的传讹。

赵国本有造父御穆王的故事，经了武灵王开雁门、云中、九原的刺戟，加以《山海经》中昆仑丘和西王母的神奇的鼓吹，于是赵国的学者们把事实、想像、神话结合在一块，替穆王做出了一部排日的游记来。——这是我对于《穆天子传》成书的时间和地点问题的结论。现在我再来审查里边的地理材料。

自从漳水直到河宗氏，都是赵国人直接的见闻，当然都有其实际性。河宗是武灵王势力所及，他能从九原直南入秦，当然到过那边；对于河宗及那边的上帝的祭祀，他也许行过这些典礼。那边都是畜牧的部落，见了赵王献上豹皮牛马，自是本色；其藏有

《河图》及记载出产的典册，亦极可能；其神道设教，更无足异。自从到了"积石南河"，作者就开始采用《山海经》的名词，加上自己的想像了。所谓"南河"，当为自今绥远临河县①以下直到甘肃皋兰县，傍着贺兰山南行的黄河。他把积石放在临河附近，移的太近了。自此以后，《山海经》里的大批名词——昆仑丘、舂山（钟山）、赤水、洋水、黑水、群玉山（玉山）、西王母、弇山（崦嵫山）、群鸟解羽、长沙山——就一一出现在这里。他必然以《山海经》为底本，而硬性地规定了路程和日期，以致许多地方和《山海经》合不拢来。他作得和《山海经》不同的一点，就是他不取神话，黄帝之宫虽到了而黄帝的神灵则没有见，西王母不是一个可怕的厉神而是一个富于文学修养的婉娈女子。（《西山经》郭《注》引《穆传》，西王母又为《天子吟》，中有一语曰"我惟帝女"，是为女性的确证。但此"女"字为今本《穆传》所脱）他把一切现实化了，把这一个神秘区域说作很平常的鸟兽荒原，这无疑是战国时代理性发达的结果。至于他说的特异的野兽飞禽以及沙漠里口渴的苦痛，亦必确有所闻。赵国的政治势力没有达到河套之西，那边的真实情形虽不易知，然而只要有商旅往来，总可以传到一些塞外风光。作者能注意搜罗这些，我们自该表示敬意。

这部书本来只作文人的词藻用的。自从清末中西交通大开，一八九四年，法国拉克柏里（Terrien de la Comperie）著了《支那太古文化西元论》（*Western Origin of the Early Chinese Civilization*）引起了我国某些人的错觉，错误地认为不但中国文化是西来，即中国人种也是越葱岭而来的，穆王西行是归视其故土，一意凭着这本《穆天子传》，考证他所到的地方，于是丁谦《穆天子传考证》说西王母之邦是亚西里亚（Assyria），顾实《穆天子西征今地考》及《西行讲疏》说在今波斯，拉着穆王走到张骞所不曾到的地方。刘师培《穆天子传补释》说昆仑丘即佛经上的须弥，又拉了穆王登喜马拉耶山的绝顶而南望印度。其实本书作者自己说，从宗周（洛阳）到阳纡（河套）三千四百里，从阳纡到西北的终点才七千里，算起来至多只有到新疆哈密呢！

《穆天子传》是赵国人作了流传到魏国去的。《竹书纪年》则是魏国的史官所作，它是一部编年的通史，可是，要做通史便不得不讲古史，而既讲古史则只得接受许多神话传说，所以其中好多处是可以和《山海经》、《楚辞》、《穆天子传》沟通的。如今只选钞其中和昆仑有关系的几条：

> 穆王北征，行流沙千里，积羽千里。（《大荒北经》郭《注》）
> 十三年，西征，至于青鸟之所憩。（《艺文类聚》九十一）

---

① 今内蒙古自治区巴彦淖尔市临河区。——校者注

十七年，西征昆仑丘，见西王母。西王母止之，曰："有鸟锊人。"（《穆天子传》郭《注》）

穆王五十七年，西王母来见，宾于昭宫。（《西次三经》郭《注》，《穆天子传》郭《注》）

穆王西征，还里天下，亿有九万里。（《穆天子传》郭《注》，又《开元占经·四》略同）

这都是穆王事，显见和《穆传》又有不同。《穆传》"各行兼数"才"三万有五千里"，而《纪年》则说"亿有九万里"，竟加上了五倍多。《穆传》自昆仑丘至西王母之邦三千三百里，分明不在一处，而《纪年》说"西征昆仑丘，见西王母"，似乎西王母就住在昆仑丘。《穆传》的西征只一次，而《纪年》却有十三年、十七年两次（一次但言"至于青鸟之所憩"，按《海内北经》，"三青鸟为西王母取食"，那么见青鸟即是见西王母）。这或者是由穆王"比及三年，将复而野"的践约吧？《穆传》只穆王西征，《纪年》又有西王母东征，是穆王一生见西王母凡三次。这种种异同，可以证明穆王西行的故事为了秦、赵人的宣传而传播太广了，所以会得生出许多参差的说法来。

昆仑是穆王游行故事的中心，也是古史里的最神秘的地域。现在读了这两部书，对于昆仑问题的解决仍没有得着什么益处。我们只能说：《穆传》作者把河宗放在今包头或五原；自从西向渡河之后到了积石，在他意想中，积石是河套西北角的一座山；从积石以下就是南河，他大概要穆王沿了贺兰山南行；穆王走了五十余天到了昆仑丘，昆仑分明在积石的西南，很像现在青海的巴颜喀喇山；从此以后往北往西，到了西王母之邦，这一条路似乎是顺着祁连山走的，祁连山出玉，所以有群玉山。这是最平常的讲法，为一般好奇者所不乐于接受的。但我们须知，这个最平常的讲法在作者的脑中还是一片模糊的印象。在他的印象中，有《山海经》和《图》的书本知识，有商队所目睹的事实和传闻的神话；虽然这些知识也必有从很远地方间接又间接地传过来的，但在他的脑中已经不能想得这么远，因为现在在我们所觉得不远的地方，在他看来已经是极遥远的了。

原载《文史哲》1951 年第 1 卷第 2 期

《庄子》和《楚辞》中昆仑和
蓬莱两个神话系统的融合

顾颉刚

中国古代留传下来的神话中，有两个很重要的大系统：一个是昆仑神话系统；一个是蓬莱神话系统。昆仑的神话发源于西部高原地区，它那神奇瑰丽的故事，流传到东方以后，又跟苍莽窈冥的大海这一自然条件结合起来，在燕、吴、齐、越沿海地区形成了蓬莱神话系统。此后，这两大神话系统各自在流传中发展，到了战国中后期，在新的历史条件下，又被人结合起来，形成一个新的统一的神话世界。这个神话世界的故事和人物，在它的流传过程中，有的又逐步转化为人的世界中的历史事件和人物。因此，探索昆仑与蓬莱这两个神话系统的流传与融合，对揭示层累地造成的古史系统，回复古史的原来面貌有极其重要的意义。

昆仑的神话什么时候开始流衍到中原虽不可知，但由于《尚书》的《禹贡》里已有了一点，而《左传》和《国语》里则逐渐增多了，因此可以说在两周时就已经零星地传了进来。至于有系统地介绍，怕须待至战国之世，否则在发抒情感的《诗经》里为什么找不出多大的证据（只有很少的一点，如"旱魃"），而一到战国诸子的诗文里就大规模地采用了呢？

昆仑的神话所以在战国时期大量地流传到中原，一是由于秦国向西拓地与羌、戎的接触日益密切，从而流传了进来；一是由于这时的楚国疆域，已发展到古代盛产黄金的四川丽水地区，和羌、戎的接触也很频繁，并在云南的楚雄、四川的荥经先后设置官吏，经管黄金的开采和东运，（据徐中舒同志的《试论岷山庄王与滇王庄跷的关系》，《思想战线》一九七七年第四期）。因而昆仑的神话也随着黄金的不断运往郢都而在楚国广泛传播。

在现存的中国古书里，最先有系统地记载这些神话的是《山海经》。在《山海经》

中，昆仑是一个有特殊地位的神话中心，很多古代的神话，如夸父逐日、共工触不周山及振滔洪水、禹杀相柳及布土、黄帝食玉投玉、稷与叔均作耕、魃除蚩尤、鼓与钦䲹杀葆江、烛龙烛九阴、建木与若木、恒山与有穷鬼、羿杀凿齿与窫窳、巫彭等活窫窳、西王母与三青鸟、姮娥窃药、黄帝娶嫘祖、窜三苗于三危等故事，都来源于昆仑。山上还有壮丽的宫阙，精美的园圃和各种奇花异木、珍禽怪兽。而保持长生不死，更是昆仑上最大的要求，他们采集神奇的草木，用了疏圃的池水和四大川的神泉，制成不死的药剂。凡是有不当死而死的人，就令群巫用药把他救活。这真是一个雄伟的、美丽的、生活上最能满足的所在，哪能不使人向往这一神话世界呢！

在战国时代里，《庄子》是最高的哲学表现（其正确性是另一问题，这里不谈），《楚辞》是最高的文学表现。这两部书中常常提到"昆仑"，《山海经》中的人名和地名收罗得很不少，可见《山海经》一类的书必然为当时的作家们所见到或熟读。中原人的思想本来非常平实。章炳麟说："国民常性，所察在政事日用，所务在工商耕稼，志尽于有生，语绝于无验。"（《驳建立孔教议》）我们从几部经书看来，很容易发生这样的感想。昆仑神话中的那种神奇俶诡的故事和那么美丽的远景闪烁映现在人们的眼前，骤然开辟了一个新天地，平添了许多有趣味的想象，这多么使人精神振奋！

同时，海洋的交通也萌芽了。《孟子·梁惠王下》云：

> 昔者齐景公问于晏子曰："吾欲观于转附、朝儛，遵海而南，放于琅邪，吾何修而可以比于先王观也？

"转附"，即之罘，今山东烟台市北的芝罘岛。"朝儛"，据清焦循《孟子正义》，即秦始皇所登的成山，今山东文登县东的召石山。"琅邪"，今山东日照县东北的琅玡台。齐景公在位是公元前五四七至四九零年，可知在前六世纪，齐国的海上交通已极畅利，所以齐君也不感觉波涛的危险而想绕山东半岛航行一周了。又《庄子·山木》云：

> 市南宜僚见鲁侯，鲁侯有忧色。……市南子曰：夫丰狐、文豹栖于山林，伏于岩穴，……然且不免于罔罗机辟之患。是何罪之有哉？其皮为之灾也。今鲁国独非君之皮邪！吾愿君刳形去皮，洒心去欲，而游于无人之野。南越有邑焉，名为"建德之国"，其民愚而朴，……吾愿君去国捐俗，与道相辅而行！……君其涉于江而浮于海，望之而不见其崖，愈往而愈不知其所穷，送君者皆自崖而反，君自此远矣！

这固然是一篇寓言，然而一定要有了海上交通，作者乃得这般地夸夸其谈。文中说"南越"，指今广东和越南一带；说"涉于江而浮于海"，可见当时由中原到南越的人是由长江入海的。为了那时南方的海道畅通，所以古书里说到南方的少数民族就常常提起"交趾"，或称为"南交"（《尚书·尧典》）。可见航线已扩展到南海的东京湾了。《海内经》提起"天毒"，即印度，可见更扩展到印度洋了。《庄子·逍遥游》里说"北冥"的鲲化而为鹏时：

> 鹏之背不知其几千里也，怒而飞，其翼若垂天之云。是鸟也，海运则将徙于南冥。南冥者，天池也。《齐谐》者，志怪者也，《谐》之言曰：鹏之徙于南冥也，水击三千里，抟扶摇而上者九万里，去以六月息者也。

这般阔大无边的想象，一定是亲历海洋生活的人在窈冥无极之中所寄托的玄想。燕、齐、吴、越等国由于沿着海岸，常有人到海里去做探寻新地的冒险工作；就是没做这工作的人也常常会看到样子特别的外国人，听到许多海洋景物的描述，于是有了《齐谐》一类的志怪之书；再加上巫师们传来的西方昆仑区的神奇故事和不死观念，于是激起了他们"海上三神山"的传说和求仙的欲望，而有了"方仙道"。《史记·封禅书》说：

> 宋毋忌、正伯侨、[充尚]（元谷）、羡门[子]高、[最后]（聚谷）皆燕人，为方仙道，形解销化，依于鬼神之事。

这些人都是燕国人常常称道的"仙人"。"充尚"，《汉书·郊祀志》作"元尚"，而《列仙传》中有"元俗"，所以沈涛说："'谷'，'俗'之淆。篆书'谷'字与'尚'字相近，讹而为'尚'"（《铜熨斗斋随笔》）。"最后"，王念孙以为即是《文选·高唐赋》里的"聚谷"，他说："'聚'与'最'古字通，'谷'有'縠'音，'縠'与'后'声相近。"（《读书杂志》三之二）。什么是"形解销化"呢？《集解》引：

> 服虔曰："尸解也。"张晏曰："人老如解去故骨则变化也。今山中有龙骨，世人谓之龙解骨化去。"

可知他们修炼的目的是要由人变而为仙，而变仙的方法则是把灵魂从躯体里解放出去。一经成了仙，就得着永生了。做了仙人该住在哪里呢？《封禅书》说：

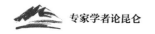

自威、宣、燕昭使人入海求蓬莱、方丈、瀛洲，此三神山者其传在勃海中，
去人不远。患且至，则船风引而去。盖尝有至者，诸仙人及不死之药皆在焉。
其物禽兽尽白，而黄金银为宫阙。未至，望之如云；及到，三神山反居水下；
临之，风辄引去，终莫能至云。世主莫不甘心焉。

这是说齐威王、齐宣王、燕昭王的时代已经派了许多探险家到海里去寻求"仙山"了。
依据今日的考定，威王在位为公元前三五七至三二零年，宣王为前三一九至三零一年，
昭王为前三一一至二七九年，这时代是前四世纪的前半至前三世纪的后半。蓬莱等三神
仙，传说是在渤海中，那边住着一批仙人，同昆仑一样，有壮丽的宫阙，珍异的禽兽，
还有最贵重的"不死之药"。但是没有脱胎换骨的凡人是去不了的，他们虽然已在船上
望见了灿烂如云的美景，可是到了那里，三神山就潜伏到海底去了，风又把船吹走了，
这岂不同昆仑一样地"可望而不可即"。不过凡人固然到不了，可是这"不死之药"的
引诱力实在太大，所以国王们还是派人去寻找。这寻找三神山的活动延续了二百余年，
直到秦始皇、汉武帝时还有更亟剧的进展。

我们在细细读了《山海经》之后再来看这些话，可以说西方的昆仑说传到了东方，
东方人就撷取了这中心意义，加上了自己的地理环境，创造出这一套说法。西方人说人
可成神，他们的神有黄帝、西王母、禹、羿、帝江等等，是住在昆仑等山的。东方人说
人可成仙，他们的仙有宋毋忌、正伯侨、羡门高等等，是住在蓬莱等岛的。西方人说神
之所以能长生久视，是由于"食玉膏、饮神泉"，另外还有不死树和不死之药；东方人
说仙之所以能永生，是由于"餐六气、饮沆瀣、漱正阳、含朝霞"，另外还有"形解销
化"，并藏着不死之药，所以"神"和"仙"的名词虽异，而他们的"长生不老"和
"自由自在"的两个中心观念则没有什么两样。所以这东方的仙岛本由西方的神国脱化
而出，及其各自发展之后，两种传说又被人结合起来，更活泼了战国人的脑筋，想在现
实世界之外更找一个神仙世界。庄周和屈原都是最敏感的人，庄周居于宋、偏近东方，
把这两种说法都接到了。屈原居于楚，在郢都可以听到大量关于昆仑的神话，所以他的
书里多说昆仑；至于东方的传说则因他受了地理环境的限制，没有海和岛可以接触，这
故事不易传入，就不提了。这是他们两人的作品中很不同的一点。

庄周的生卒年都不可考，只有一件事情约略可以决定他的时代。他和魏相惠施是好
朋友。依据《魏策》，魏惠王在马陵大败之后，屈节事齐，是出于惠施的主意；马陵之
战在魏惠王二十八年，即公元前三四三年，齐、魏会徐州互致王位在魏惠王后元年，即
公元前三三四年。惠施仕魏的时间定了，庄周的年代也就可推定，他是前四世纪的人。
屈原的事迹也很茫昧，清代人根据了《离骚》的"摄提贞于孟陬兮，惟庚寅吾以降"

这句话，考定他生于楚宣王二十七年，即公元前三四三年。又据《楚世家》，怀王十八年，屈原使于齐，回国时他劝怀王杀张仪，这是公元前三一一年。从这上面，可见他和庄周是同时代的，都是前四世纪前半叶的人。

这两部书里，少数是由他们亲自动笔的，多数则是些思想和文艺倾向差不多相同的人写了而夹杂在他们著作里的。我们现在极该做些分析作者的工作，可是一时还做不好。大概说来，这是前四世纪前半到前二世纪后半约莫二百年中的哲学和文学作品的汇合。在这时期中，"昆仑"和"蓬莱"的神话正风靡着一世。

《庄子》里最多说到黄帝，而黄帝不离乎昆仑。《外篇·至乐》说：

> 支离叔与滑介叔观于冥伯之丘、昆仑之虚，黄帝之所休。

唐时陆德明《经典释文》引晋时李颐《庄子集解》云：

> "支离"，忘形；"滑介"，忘智：言二子乃识化也。"冥伯之丘"，喻杳冥也。（卷二十七）

这条有三个人名而作者造了两个，有两个地名而造了一个，寓言的成分够重了，但是昆仑和黄帝是变不了的故事的核心，他不能杜造。又《内篇·大宗师》说：

> 夫道，有情有信，无为无形，……堪坏得之以袭昆仑，冯夷得之以游大川，肩吾得之以处大山，黄帝得之以登云天，颛顼得之以处玄宫，禺强得之立乎北极，西王母得之坐乎少广，莫知其始，莫知其终。

他把得道的人说了一大串，而这些人都是出于《山经》的"西山"和"北山"、《海经》的"西荒"和"北荒"的；换句话说，即都是些昆仑区的神人。陆氏《释文》引晋时司马彪的《庄子注》说：

> "堪坏"，神名，人面兽形。《淮南》作"钦负"。（卷二十六）

清时庄逵吉《淮南子校本》引钱坫说：

> 古"丕"与"负"通，故《尚书》"丕子之责"，《史记》作"负子"。丕与负

通，因之从丕之字亦与负通也。（《齐俗》）

"钦"与"堪"皆齿音，"丕"与"负"皆唇音，故得相通。这位堪坏即是《西次三经》钟山条中的钦䲹。因为钟山离昆仑不远，所以说他"以袭昆仑"。肩吾，即陆吾，司昆仑的神。郭璞《山海经注》：

（神陆吾司之）即肩吾也，庄周曰"肩吾得之以处大山"也。

西王母所居的"少广"，它书未见。《释文》云：

司马云："穴名。"崔（晋崔谯）云："山名。"或云："西方空界之名。"

究不知哪一处说得对头。按《海内经》云：

西南黑水之间，有"都广之野"，……盖天下之中，素女所出也。

这少广一名恐即是都广的分化。都广为素女所出，少广为西王母所居，同为女性，故有如此相似的地名，亦未可知。其余几位，则冯夷是河伯，见《海内北经》；颛顼是北方之帝，见《淮南·天文》和《礼记·月令》；禺强是北海之神，见《大荒北经》。
又《外篇·天地》说：

黄帝游乎赤水之北，登乎昆仑之丘而南望。还归，遗其玄珠。使"知"索之而不得，使"离朱"索之而不得，使"喫诟"索之而不得也，乃使"象罔"。象罔得之。黄帝曰："异哉，象罔乃可以得之乎！"

这是庄子的哲学。他作一个比喻，以为要想得到真的道（玄珠），知识（知）。是靠不住的，聪明（离朱）是靠不住的，力量（喫诟，司马彪曰："多力也。"）也是靠不住的；只有那不用心的人（象罔）才会得抓住。这即是《养生主》所说的"官知止而神欲行"，故能"依乎天理，因其固然"，什么事情都不是勉强可以做到的。"知"和"象罔"是庄子或其信徒们造出来的人名，象征它一有知，一无知。"离朱"，则是《山海经》上的动物，给庄子或其信徒借用了。《海外南经》云：

> 狄山，帝尧葬于阳，帝喾葬于阴。爰有熊罴、文虎、蜼豹、离朱、视肉、吁咽。

郭《注》释"离朱"道：

> 木名也，见《庄子》。今图作赤鸟。

他是看了图而作注的，图上的离朱分明是一头赤鸟，他为什么要解作木名？原来《海内西经》说昆仑虚时，有

> 开明北……有离朱木禾柏树。

一句话，他读作"离朱木"与"禾柏树"二物，"离朱"下既有"木"字，所以他解作木名。其实上文已有"木禾长五寻"的话，可知"离朱、木禾、柏树"是三件东西，离朱还应当从图而作赤鸟。在《海经》的许多动物里，离朱可说是最交运的一个。第一个说到它的是《孟子》：

> 离娄之明，公输子之巧，不以规矩，不能成方圆。（《离娄上》）

它在那时已由赤鸟而化为人了，所以汉赵岐注道：

> "离娄"，古之明目者，黄帝时人也。黄帝亡其玄珠，使离朱索之。"离朱"，即"离娄"也，能视于百步之外，见秋毫之末。

因为他是跟着黄帝从昆仑区来的，所以便称为"黄帝时人"。"朱"和"娄"都是舌音，故得相通。《大荒南经》和《北经》并作"离俞"，也是这个缘故。此外，《庄子·骈拇》也说：

> 是故骈于明者，乱五色，淫文章，青黄黼黻之煌煌非乎，而离朱是已。

《淮南·原道》也说：

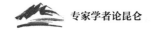

离朱之明，察箴（针）末于百步之外。

《列子·汤问》也说：

> 江、浦之间生么虫，其名为"焦螟"，群飞而集于蚊睫，弗相触也；栖宿去来，蚊弗觉也。离朱、子羽方昼拭眦，扬眉而望之，弗见其形。

有了这许多处的宣传，于是他真成了"黄帝臣，明目人"了。这明目的故事想来是原有的，因为鸟类的眼睛最明，也看得最远，一只鹰盘旋在高空里即能望见地上的一头小鸡而予以搏攫，想来离朱必有更超越的眼力。"喫诟"，疑即《山海经》里的"窫窳"。"喫"与"窫"，"诟"与"窳"，声并相近。如果这个猜测不错，那么，窫窳本是"龙首、食人"的动物，也被庄子拉作了最有力气的人了。

因为庄子造出一个名"知"的人，所以《外篇》里还有一篇《知北游》，说：

> "知"北游于玄水之上，登隐弅之丘而适遭"无为谓"焉。知谓无为谓曰："予欲有问乎若：何思何虑则知道？何处何服则安道？何从何道则得道？"三问而无为谓不答也；非不答，不知答也。知不得问，反于白水之南，登狐阕之上而睹狂屈焉。知以之言也问乎狂屈，狂屈曰："唉，予知之，将语若，中欲言而忘其所欲言！"知不得问，反于帝宫，见黄帝而问焉。黄帝曰："无思无虑始知道。无处无服始安道。无从无道始得道。"知问黄帝曰："我与若知之，彼与彼不知也，其孰是耶？"黄帝曰："彼无为谓真是也，狂屈似之；我与汝终不近也！"

这个寓言是《老子》"知者不言，言者不知"的演义。除了知外，这里又造出"无为谓"、"狂屈"两个人名和"隐弅之丘"、"狐阕"两个地名，使得寓言更具体化。但是昆仑背景依然可以看出。"玄水"，即黑水，不必说。至于"白水"，《离骚》说：

> 朝吾将济于白水兮，登阆风而绁马。

阆风是昆仑的一部分，所以白水也即在昆仑。《淮南》云：

> 白水出昆仑之原，饮之不死。（《御览·地部》卷二十四引，与今本异）

昆仑上面有黄、赤、黑、青、白五种水，所以《河图括地象》说：

> 昆仑山……出五色云气，五色流水。

五色的水，这篇提了两个，也是千变万化不离其宗的一个证据。在这个寓言里，黄帝不是神而是哲学家，正像在《穆天子传》里，西王母不是神而是好女子了。把神奇的故事人情化，这是战国时人的聪敏的改造。但无论如何改造，总洗不掉昆仑区的色彩，供我们批根发伏。

屈原是楚国的贵族，在怀王朝做大夫，忠心耿耿，想贡献他的全部力量给国家，把这祖国治理好好的。没奈何谗佞当道，总是说他的坏话；怀王是个庸主，耳朵根软，渐渐地对他疏远了。他气得发疯似的，欲留既不可，欲行又不忍，在十分苦闷之中写下了一篇《离骚》，成为世界上不朽的文学作品。在一部《楚辞》里，也只有这一篇我们可以确信是屈原作。

《离骚》篇中，说他得不到女嬃（传说是他的姊）的谅解和同情，被她骂了一顿之后，他为了要接受帝舜的指导，就济沅、湘而南征，到了苍梧，这是楚国人把它认作舜葬所在地，正同把洞庭湖中的君山认作舜二妃墓所在一样。《海内南经》说：

> 苍梧之山，帝舜葬于阳。

又《海内经》说：

> 南方苍梧之丘、苍梧之渊，其中有九嶷山，舜之所葬。

他到了舜的陵前，把满腹牢骚向舜倾诉了，在还没有得着舜的回答时，他自觉心中已洞豁，不待解说了，那时埃风忽起，他就乘龙驾凤，在天空里飞行起来：

> 朝发轫于苍梧兮，夕余至乎县圃，
> 欲少留此灵琐兮，日忽忽其将暮。
> 吾令羲和弭节兮，望崦嵫而勿迫，
> 路曼曼其修远兮，吾将上下而求索。
> 饮余马于咸池兮，总余辔乎扶桑，
> 折若木以拂日兮，聊逍遥以相羊。

> 前望舒使先驱兮，后飞廉使奔属，
> 鸾皇为余先戒兮，雷师告余以未具。
> 吾令凤鸟飞腾兮，继之以日夜，
> 飘风屯其相离兮，帅云霓而来御。
> 纷总总其离合兮，斑陆离其上下，
> 吾令帝阍开关兮，倚阊阖而望予。

天空中的游行多么痛快，早晨从苍梧动身，由西南向西北，傍晚便到了县圃，已是昆仑的中层了！他这次旅行的目的原是为找同心的朋友的，可是在这段漫长的行程里竟没有找着一个，而已迫近落日的崦嵫山了，所以他命令御车的羲和按住鞭子，慢慢地走着。"羲和"在《山海经》里是太阳的母亲。《大荒南经》道：

> 东南海之外，甘水之间，有羲和之国。有女子名曰羲和，方［日浴］（浴日）于甘渊。羲和者，帝俊之妻，生十日。（据《后汉书·王符传》李《注》改）

"帝俊"是上帝之一，所以他的妻羲和能生十日。为什么说"东南海之外"？因为太阳是每天从东南方出来的。为什么说"十日"？因为古人纪日用十干，那时的人认为"甲"日的太阳是一个，"乙"日的太阳又是一个，……因而产生出这个神话。为什么说"浴日"？因为太阳初升，从水里冒出来，好像洗了一个澡似的。《淮南·天文》云：

> 日出于［旸］（汤）谷，浴于咸池，拂于扶桑，是谓晨明。（据《〈史记·五帝本纪〉索隐》改）

即是说的这件事。又因太阳天天东升西落，所以发生了羲和为日御车之说，《离骚》所言即由此来。待至这个故事传进了儒家，羲和又变为尧、舜时的占候之官，而且一拆拆成了四位。《尧典》说：

> 乃命羲、和：钦若昊天，历象日、月、星辰，敬授民时。
> 分命羲仲：宅嵎夷，曰旸谷，寅宾出日，平秩东作；日中，星鸟，以殷仲春；厥民析，鸟兽孳尾。
> 申命羲叔：宅南交，平秩南讹，敬致；日永，星火，以正仲夏，厥民因，鸟兽

希革。

分命和仲：宅西，曰昧谷，寅饯纳日，平秩西成；宵中，星虚，以殷仲秋；厥民夷，鸟兽毛毨。

申命和叔：宅朔方，曰幽都，平在朔易；日短，星昴，以正仲冬；厥民隩，鸟兽氄毛。

帝曰："咨，汝羲暨和：期，三百有六旬有六日，以闰月定四时成岁；允厘百工，庶绩咸熙！"

帝尧因为耕稼之事是民生最基本的工作，知道必须定出一个正确的"农历"来才可使人民的生活有一定的轨道，所以他就按照东、南、西、北四方，把羲、和四弟兄派到极边，测候日影，定出二分、二至，正了四时，又以日和月的差数定出闰月，规定了一切工作的标准。从此羲、和脱离了《山海经》的神话生涯而成为研究太阳运行的天文历法家了！这一变真变得厉害。再说，《尧典》这段文字不但"羲和"一名来自《山海经》，即所谓"厥民析"等话也来自《山海经》。《大荒东经》道：

大荒之中，有山名曰鞠陵于天，……日月所出，（有神）名曰折丹。东方曰折，来风曰俊，处东极以出入风。（据郝懿行《山海经笺疏》改。"东方曰折"，郭《注》"单吁之"，吁通呼，谓神名"折丹"，以单字呼之则曰"折"）

这个"折"即是"厥民析"的"析"的异体，原来是东方的神名，管东极的风的，所以《尧典》里就把他变作了农业方式，放在东方羲仲那边，说是人民到了春天就该分散开来，从事耕种了。又《大荒南经》道：

南海渚中，……有神名曰因因乎。南方曰因乎，[夸]（来）风曰乎民，处南极以出入风。

南方的神名"因因乎"，他管南极的风，所以《尧典》里把"厥民因"交与南方羲叔，说是到了夏天，农事愈忙，老弱的人也该帮着壮年人一起工作；因者，就也，就是说老弱的人们跟了下田了。又《大荒西经》道：

有人名曰石夷，来风曰韦，处西北隅以司日月之长短。

西方的神名"石夷",他不但管西极的风,并且管日月的长短,这又是"日中"、"日永"、"宵中"、"日短"的由来。《尧典》里把"厥民夷"托给西方和仲,说秋天收成之后人民该安静了,夷者安也。又《大荒东经》道:

> 有"女和月母之国",有人名曰"鵷",北方曰鵷,来[之]风曰狻,是处东极隅以止日月,使无相间出没,司其短长。(据郝懿行《山海经订讹》引洪颐煊说改)

北方的神名鵷,他兼处东极司日月的短长,所以《尧典》里就改用了一个同声字而曰"厥民隩",吩咐北方和叔,说冬天来了,人民应当聚居室中,避免风寒;"隩"者,奥也,"奥"者,室中西南隅也。《尧典》中口口声声所说的"厥民",一考它的根源乃是《山海经》中的四方风神名,这叫人看了怎不奇怪。我们在这里可以知道:儒家利用了流行的神话,改造为民生日用的经典,他们改头换面的手段是这般使用的。这就是所谓"旧瓶装新酒",把新意义输入了旧名词。其后四方之风扩大为八方之风,就成了《吕氏春秋·有始览》及《淮南·地形》的一套,全用了理智的名词重新安排过。(把《山海经》的四方之风合于甲骨文及《尧典》的四方之风,见胡厚宣同志的《四方风名考》,收入齐鲁大学出版的《甲骨学商史论丛》。)

以上一段拉的远了,现在回过头来再看《离骚》。羲和替屈原驾了一天的车,终究没有给他找到一位同心的朋友,所以第二天的清早,屈原就在太阳出来的地方饮了马,折下一条"若木"当作鞭子,打着这辆太阳车又走了。他这回多带了两神,前导的是月御"望舒",后拥的是风伯"飞廉",不论白天晚上都走得。来迎迓的飘风和云霓,乍离乍合,忽高忽低,何等好看。可惜旅行虽顺利,而一到上帝的"阊阖"天门又碰上了阍人一个钉子,这人倚在门口爱理不理地把他挡住。屈原既不能排闼直入,就只得失望地离开了。在这段文字里,"县圃"、"阊阖"、"咸池"都是见于《淮南》的,"扶桑"、"若木"、"崦嵫"都是见于《山海经》的。不过把"扶桑"和"若木"放在一处却是他记错了,"扶桑"原是东极的大树,"若木"则是西极的大树。

他饱受了帝阍的冷落之后,转念一想:去找一个异性的伴侣吧!于是他先去追求"虑妃":

> 朝吾将济于白水兮,登阆风而绁马,
> 忽反顾以流涕兮,哀高丘之无女。

溘吾游此春宫兮，折琼枝以继佩，
及荣华之未落兮，相下女之可诒。
吾令丰隆乘云兮，求宓妃之所在，
解佩纕以结言兮，吾令蹇修以为理。
纷总总其离合兮，忽纬繣其远迁，
夕归次于穷石兮，朝濯发于洧盘。

他登上了昆仑的高丘，向远处一望，忽然流涕了：为什么这里没有好女子呢？他在黄帝宫里折下玉树一枝，结在带上，心里想着：趁这美丽的花朵还未落的时候把它送给下界的美女吧！他就命令雷师丰隆去寻求宓妃；解下带子，又叫蹇修去做媒人。说到这里，就得先讲宓妃的故事。《天问》说：

帝降夷羿，革孽夏民，胡射夫河伯而妻彼雒嫔？

汉王逸《注》：

"雒嫔"，水神，谓宓妃也。《传》曰："河伯化为白龙，游于水旁，羿见射之，眇其左目。……羿又梦与雒水神宓妃交接也。"

这里所谓"传"，现在还不知道是哪一部书。處（宓）妃为雒水之神，依《天问》说，她是羿的妻，依王逸说则羿不过梦中和她交接过。这就是曹植《洛神赋》的由来。（"洛"，本作"雒"，魏文帝改，见《〈三国志·文帝纪〉注》引《魏略》。）这个故事的详细情形现在已不可知了，但因为是羿的事，所以下文就说"夕归次于穷石"。《左氏·襄四年传》：

后羿自鉏迁于穷石，因夏民以代夏政。

此说穷石是羿的都城，所以称为"有穷后羿"。《淮南·地形》云：

弱水出自穷石。

既为弱水所出，这故事又该流衍自昆仑区了。"洧盘"，王逸《注》引《禹大传》云：

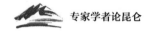

洧槃之水出崥巄山。

《禹大传》不知何书，是不是即《禹本纪》？古书亡佚太多，现在查不清了。屈原本想夺取羿妻，但他终因谗人的毁谤，被她拒绝了。于是他又想到有娀氏之女，可是有高辛在，也不方便；又想到有虞氏之二姚，但也有少康在。他不得已，到灵氛（巫名）那里去占卜。灵氛劝他还是快些到远处去走走才好，于是他又上车，作第三度的旅行：

> 为余驾飞龙兮，杂瑶象以为车，
> 何离心之可同兮，吾将远逝以自疏。
> 遭吾道夫昆仑兮，路修远以周流，
> 扬云霓之晻蔼兮，鸣玉鸾之啾啾。
> 朝发轫于天津兮，夕余至乎西极，
> 凤凰翼其承旂兮，高翱翔之翼翼。
> 忽吾行此流沙兮，遵赤水而容与，
> 麾蛟龙以梁津兮，诏西皇使涉予。
> 路修远以多艰兮，腾众车使径待，
> 路不周以左转兮，指西海以为期。
> 屯余车其千乘兮，齐玉轪而并驰，
> 驾八龙之蜿蜿兮，载云旗之委蛇。
> 抑志而弭节兮，神高驰之邈邈，
> 奏《九歌》而舞《韶》兮，聊假日以媮乐。

他这回更阔气了，八条龙拉了一架象牙车，从天河里起程，云旗飘飘，一转眼就到了昆仑，在流沙、赤水之间舒舒服服地行走；他叫随从的一千辆玉辂车先到西海旁等着，自己停了下来，奏着《九歌》，舞着《九韶》，且以忘忧。这《九歌》和《九韶》的典故也出在《山海经》上。《海外西经》道：

> 大乐之野，夏后启于此儛九代。

郭《注》：

"九代"，马名。"僸"，谓盘作之令舞也。

这一定是据图作解的。但郝懿行《笺疏》据《淮南·齐俗》说"夏后氏……其乐《夏籥九成》"，疑"九代"本作"九成"，以形近而讹变。又《大荒西经》云：

> 西南海之外，赤水之南，流沙之西，有人珥两青蛇，乘两龙，名曰夏后开。开上三嫔于天，得《九辩》与《九歌》以下。此大穆之野高二千仞，开焉得始歌《九招》。

郭《注》：

> "嫔"，妇也，言献美女于天帝。《九辩》、《九歌》，皆天帝乐名也，开登天而窃以下用之也。

他为什么说"窃以下"呢？因为《归藏》是这样讲的。郭《注》道：

> 《开筮》曰："昔彼九冥，是与帝《辩》。同宫之序，是为《九歌》。"又曰："不可窃《辩》与《九歌》以国于下。"义具见《归藏》也。

《归藏》已佚，这段文字颇不好懂，但其由偷窃而得则义甚明。夏后启汉人避景帝讳改"开"，献了三个美女给上帝，却从天上偷了《九辩》和《九歌》两大套乐谱下来，就在大穆之野里尽量享受，连骏马也训练得会跳舞了。《九招》，即《九韶》。这件事载在《海外》和《大荒》的《西经》，也该是昆仑区的故事。这一区的故事真收拾不尽呀！在战国，这故事成了当时盛传的音乐史上的大事。《墨子·非乐》道：

> 于《武观》曰："启乃淫溢康乐，野于饮食，［将将铭苋磬以力］（应作"锵锵锽锽，管磬以方"），湛浊于酒，渝食于野，《万》舞翼翼。章闻于［大］（天），天用弗武。"（据孙诒让《墨子间诂》说改）

《古本竹书纪年》道：

> 启登后九年，舞《九韶》。（《路史·后纪三十》引）

《离骚》在屈原告舜的话里也说：

> 启《九辩》与《九歌》兮，夏康娱以自纵，不顾难以图后兮，五子用［失乎家巷］（夫家哄）。（据《读书杂志·余编》王引之说改）

又《天问》说：

> 启［棘］（梦）宾［商］（天），《九辩》、《九歌》，何勤子屠母而死分竟地？（依朱熹《楚辞集注》说改）

可见这必定是两套极好听的乐曲，所以夏后启要从天上偷下来（"夏"通"下"，《公》、《穀》僖二年《春秋》"虞师、晋师灭夏阳"，《左氏》经作"下阳"，可证）之后就尽量地放纵娱乐，弄到他死后，儿子们会在家里闹起来，害得母亲一气成病（刘永济说："'屠'乃'瘏'之讹；瘏，病也。"），疆土也被人分割了。这真像是唐玄宗《霓裳羽衣曲》的前身！这时屈原虽然在"黄连树底下操琴"，苦中取了一回乐，然而他在昆仑高头望见了旧乡，他心中又空虚了，觉得享乐不是一个归宿，所以他结尾说：

> 已矣哉，国无人兮，莫我知兮，又何怀乎故都！
> 既莫足与为美政兮；吾将从彭、咸之所居！

他就决心离开了人间。"彭咸"，以前的注家都说是商的贤大夫，氏彭名咸，谏君不听而投水死的。其实不然，这就是《山海经》里的"巫彭、巫咸"，是孔丘、墨翟以前的圣人。

《离骚》说到的昆仑大略如此。其次再论《九歌》，它本是楚国祀神的乐曲，因为楚国的神灵大抵在南方，所以用不着把昆仑作为文章的背景。只有《河伯》一章说：

> 与女（汝）游兮九河，冲风起兮横波。
> 乘水车兮荷盖，驾两龙兮骖螭。
> 登昆仑兮四望，心飞扬兮浩荡。……

黄河发源昆仑而入海，将入海时分作九道，名为"九河"，所以作者穷源竟委，把这两个地名都写了进去。《海内北经》道：

> 从极之渊深三百仞，维冰夷恒都焉。冰夷，人面，乘两龙。

冰夷为河伯，也写作"冯夷"，他乘的是两龙，所以《九歌》里也就说他"驾两龙"。

《天问》是一首对故事发问的歌，一共提出了一百七十二个问题。因为它开始问的是天，所以称为《天问》。按近代民间歌谣里有一种叫做"对山歌"的，两人对唱，一问一答，看来《天问》该是这类体裁，所以柳宗元便根据它所提出的问题作了一篇《天对》。可惜古代的故事失传的太多，其中许多问题我们已无法懂得，柳氏也许答非所问。大体说来，这篇文字的前半问的是神话，后半问的是历史。这神话部分大都即是昆仑区的故事。文中先问洪水，说：

> 不任汩鸿，师何以尚之？
> 佥曰何忧，何不课而行之？

这几句即是《尚书·尧典》里说的：

> 帝曰："咨，四岳：汤汤洪水方割，荡荡怀山襄陵，浩浩滔天，下民其咨，有能俾乂？"佥曰："於，鲧哉！"帝曰："吁，咈哉，方命圮族！"岳曰："异哉，试可乃已！"帝曰："往钦哉！"九载，绩用弗成。

他问鲧既不能当治（汩）洪水（鸿）的大任，为什么许多人（师）把他推举（尚）出来？既经尧反对用鲧，而大家还说不妨让他试一试，尧为什么不先小试（课）他一下，竟把全部责任交给了他呢？次说：

> 鸱龟曳衔，鲧何听焉？顺欲成功，帝何刑焉？
> 永遏在羽山，夫何三年不施？伯禹腹鲧，夫何以变化？

鸱龟曳衔的故事现已没法弄清楚。刘永济《王逸〈楚辞章句〉识误》云：

> "听"乃"圣"之通假字。问意，盖谓鲧之治水有鸱龟曳衔相助之祥异，果何圣德所致邪？言外有反质鲧能致此祥异，何以卒被帝刑也。（武汉大学《文哲季

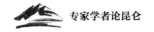

刊》二卷三号）

这是一个可能的想法。"顺欲成功"，似即指"窃帝之息壤以湮洪水"，这原是鲧得意的手笔，所以问道：他既已顺了自己的主意而成功了，何以上帝还要加刑于他呢？《尧典》中说舜"殛鲧于羽山"就是"永遏"。而又云"三年不施"，施是什么？看《左氏·昭十四年传》：

> 晋邢侯与雍子争鄐田。……叔鱼蔽罪邢侯。邢侯怒，杀叔鱼与雍子于朝。……叔向曰："三人同罪，施生戮死可也。……"乃施邢侯而尸雍子与叔鱼于市。

杜《注》以"施"为"行罪"，则此问似是说为什么三年不杀，与《海内经》所说的"帝令祝融杀鲧于羽郊"不同。至于"伯禹腹鲧"当是禹为鲧所腹。《诗·小雅·蓼莪》云：

> 父兮生我，母兮鞠我，……顾我复我，出入腹我。

"腹"是怀抱的意思。这问的是禹既是鲧子，父子间所行的治水方法本没有什么基本上的差别，何以成败竟会这样不同（变化）了呢？因此再问：

> 纂就前绪，遂成考功，何续初继业而厥谋不同？
> 洪泉极深，何以窴之？地方九则，何以坟之？
> 应龙何画？河海何历？
> 鲧何所营？禹何所成？
> 康回凭怒，地何故以东南倾？

这是问禹治水的事。禹继续父功，用的还是把息壤填洪水的老方法，所以说"洪泉极深，何以窴之"？"窴"，即填。《淮南·地形》说：

> 凡鸿水渊薮，自三仞以上，二亿三万三千五百五十九。禹乃以息土填洪水以为名山。

这就是对于《天问》这条的最适当的回答。因为息土是自生自长之土，长之不已，不但有了平地，而且还拥出了许多名山。他问："地方九则，何以坟之？""则"，区画也，"坟"，高起也，即是说九州里山陵和高原是怎样来的。"应龙"见《大荒东经》和《北经》，都说他杀蚩尤与夸父事，却无"画"字。王《注》云：

> "历"，过也，言河海所出至远，应龙过历游之而无所不穷也。或曰：禹治洪水时有神龙以尾画地，导水所径当决者，因而治之也。

洪兴祖《补注》道：

> 《山海经图》云：犁丘山有应龙者，龙之有翼也。……夏禹治水，有应龙以尾画地，即水泉流通。

这句话倘果出在《山海经图》里，大足补今本《山海经》的缺佚。"康回"一事即指共工。按《尧典》云：

> 帝曰："畴咨若予采！"驩兜曰："都，共工方鸠僝功！"帝曰："吁，静言庸违，象恭滔天！"

又《左氏·文十八年传》云：

> 少皞氏有不才子，毁信废忠，崇饰恶言，靖谮庸回，服谗搜慝，以诬盛德，天下之民谓之穷奇。

杜《注》谓"穷奇"即"共工"。按《尧典》的"静言庸违"当然是《左传》的"靖谮庸回"的异写，都是说他处静则造言生事，致用则回邪乱政。《天问》的"康回"又是"庸回"的讹文，这是把共工的品性解做了他的名号了；但也说不定先有了"庸回"一名，再意义化了而说他有"靖谮庸回"的品性。《天问》这事该列上文而却放在此地者，大约为了凑"成"和"倾"的韵脚。下又问：

> 化为黄熊，巫何活焉？
> 咸播秬黍，莆雚是营，何由并投而鲧疾修盈？

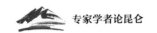

化为黄熊是鲧的故事。《左氏·昭七年传》：

> 郑子产聘于晋。……韩宣子逆客，私焉，曰："寡君寝疾，……梦黄熊入于寝门，其何厉鬼也？"对曰："……昔尧殛鲧于羽山，其神化为黄熊以入于羽渊，实为夏郊，三代祀之。……"韩子祀夏郊，晋侯有间。

"黄熊"一作"黄能"。《经典释文》云：

> "能"，如字；一音奴来反。亦作"熊"，音雄，兽名。能，三足鳖也。解者云："兽非入水之物，故是鳖也。"一曰："既为神，何妨是兽。"案《说文》及《字林》皆云："能，熊属，足似鹿。"然则能既熊属，又为鳖类，今本作"能"者胜也。东海人祭禹庙，不用熊白及鳖为膳，斯岂鲧化为二物乎？（卷十九）

照这里所说，这"熊"字可作三种读法：（1）熊；（2）熊属的能；（3）三足鳖的能。奴来反。前二种是陆栖，后一种是水栖。看"入于羽渊"的话，似乎后一说对。《天问》说"巫何活焉"，见得鲧死后给群巫救活，好像昆仑门外的窫窳一样。下句说鲧疾，因为这故事没有传下来，所以没法讲，只知道"莆藋"即是"萑苻"，是泽中的草。此事就文字看，似乎鲧当病时，把秬黍和莆藋一并吃了，使得他的病延长了下来。刘永济说：

> 盖叹尧欲遍种秬黍，乃惑于莆藋，何以屏弃鲧于遐方，致其功用不成，而反恶名长满，盖亦深惜之之词也。"秬黍"，"莆藋"，皆喻言，非实事。（《王逸〈楚辞章句〉识误》）

这也是可能的解释。刘氏说屈原对于鲧的婞直亡身最表同情，引以与自己的遭谗远放同样感慨，所以有这一说。

于是问到了昆仑的本身。文云：

> 昆仑、县圃，其尻安在？
> 增城九重，其高几里？
> 四方之门，其谁从焉？
> 西北辟启，何气通焉？

这些发问和《淮南·地形》文字是契合的。我们只须根据《地形》而回答，说：县圃在阆阖之中，增城高万一千里。至于"四方之门"，不知是指昆仑的四方呢，还是天下的四方？若是昆仑的四方，则《地形》说：

> 旁有四百四十门，门间四里；门九纯，纯丈五尺。

若是天下的四方，则《地形》说是：

> 八极：自东北方曰"方土之山"，曰"苍门"；东方曰"东极之山"，曰"开明之门"；东南方曰"波母之山"，曰"阳门"；南方曰"南极之山"，曰"暑门"；西南方曰"编驹之山"，曰"白门"；西方曰"西极之山"，曰"阊阖之门"；西北方曰"不周之山"，曰"幽都之门"；北方曰"北极之山"，曰"寒门"。凡八极之云，是雨天下；八门之风，是节寒暑。

这八门之风，《地形》也说：

> 东北曰"炎风"。东方曰"条风"。东南曰"景风"。南方曰"巨风"。西南曰"凉风"。西方曰"飂风"。西北曰"丽风"。北方曰"寒风"。

然而在昆仑里却只说了：

> 北门，开以内"不周之风"。

似乎八门八风可就远近而分成两套。可是在八极里，"西北方曰不周之山"，在昆仑里也是"北方开以内不周之风"，又似乎只是一事，这可以看出他们思想中的迷离惝恍的状态。然而《天问》所问的西北所通之气必为"不周之风"无疑。下面又说：

> 日安不到？烛龙何照？
> 羲和之未扬，若华何光？

"烛龙"见《大荒北经》，它是"烛九阴"的。郭《注》引《诗纬·含神雾》云：

天不足西北，无有阴阳消息，故有龙衔精以往，照天门中。

这可见日所不到的地方是西北隅。"若木"亦见《大荒北经》，云：

> 大荒之中，有衡石山、九阴山。灰野之山，上有赤树，青叶赤华，名曰"若木"。

《淮南·地形》又加以补充，说：

> "若木"在建木西，末有十日，其华照下地。

我们把《天问》的话看若木，知道在太阳未出时，是由若木的花所发出来的赤光照着下地。它的花何以会有赤光？乃因处于西极，为落日所止，那里既挂了十个太阳，所以树也照赤了，花也照赤了。这和烛龙的光同样可做太阳的辅助。若木附近有"九阴山"也和烛龙的"烛九阴"有关。又问：

> 黑水、玄趾、三危安在？
> 延年不死，寿何所止？

"玄趾"是"交趾"的误文。交趾即交脛，见《海外南经》。其西不死民，《经》谓"寿不死"。《海外西经》又有轩辕国，"不寿者八百岁"。不知作者问的是哪一处？黑水的发源地离三危不远，据《禹贡》说，它流入于南海，则是离交趾也不远，三个地方一起问，就为着这个缘故。

《天问》此下大抵顺了夏、商、周的历史故事设问，其提及羿的有下列诸句：

> 羿焉弹日？乌焉解羽？……
> 帝降夷羿革孽夏民，胡躬夫河伯而妻彼雒嫔？
> 冯珧利决，封豨是躬，何献蒸肉之膏而后帝不若？
> 浞娶纯狐，眩妻爰谋，何羿之躬革而交吞揆之？
> 阻穷西征，岩何越焉？……
> 安得夫良药，不能固臧？

羿的"彈日"和"射封豨"，俱见《淮南·本经》。传说日中有乌，故《淮南·精神》说：

> 日中有踆乌而月中有蟾蜍。

高《注》：

> "踆"，犹"蹲"也，谓三足乌。

《春秋纬·元命苞》也说：

> 阳数起于一，成于三，故日中有三足乌。（《〈文选·蜀都赋〉注》引）

他射下九个太阳，即是杀死九头乌，故问这些乌跌毙在哪里。羿以天神的身份为天下除害，故这里说他"革孽夏民"，"夏"通"下"，即是为下民革掉忧患。"献蒸肉膏"事不见他书，从这段文字看来，可以知道他后来失欢于上帝，所以虽献蒸肉之膏而上帝仍不乐意他。浞杀羿见《左氏·襄四年传》：

> 后羿……因夏民以代夏政，恃其射也，不修民事而淫于原兽。……寒浞，伯明氏之谗子弟也，……夷羿收之，信而使之，以为己相。浞行媚于内而施赂于外，……外内咸服。羿犹不悛，将归自田，家众杀而亨（烹）之。

这里说"浞娶纯狐，眩妻爰谋"，可见夺国的事是他们夫妻的合谋。"交吞揆之"，洪氏《补注》说：

> 羿之射艺如此，唯不恤国事，故其众交合而吞灭之，且揆度其必可取也。

"阻穷西征"，"阻"读为"徂"，往也。他到西方去，先到他的穷邑。看下文"安得良药不能固臧（藏）"，知即《淮南·览冥》所谓"羿请不死之药于西王母，姮娥窃以奔月"的事，则"阻穷西征"当即到西王母处请药。"岩何越焉"，即《海内西经》所谓"昆仑之虚……非仁羿莫能上冈之岩"，言羿越昆仑之岩以到西王母处。（本段参考童书业《〈天问〉"阻穷西征"解》，《古史辨》第七册下编。）

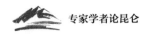

《天问》中和昆仑有关的话大略如此。在这些话里，可知《山海经》所记的昆仑的神话传说实在不够．须用《天问》作补充的正多。可惜《天问》的文辞太简，我们对于这些字句还不容易读懂咧！

一部《楚辞》，以《离骚》、《九歌》、《天问》三篇为最早；《九歌》和《天问》未必出于屈原，或尚在《离骚》之前。在这三篇里，我们可以看出：昆仑传说是早传到楚国了，楚国人的构思和作文已很自然地使用这传说了。可是处于燕、齐间的方仙道却还没有传去，所以这里没有一点儿仙人和蓬莱的成分存在。这是很重要的一点，使我们知道蓬莱传说的发生远在昆仑传说之后。

但屈原以后，这个分野就没有延长下去。从楚顷襄王二十一年（前二七八）秦白起拔郢，楚迁于陈之后，到考烈王二十二年（前二四一）又徙寿春，从此《楚辞》成为东方的正宗文学，当然接受了东方的神仙思想。试举《远游》为例。它说：

> 风伯为余先驱兮，氛埃辟而清凉，
> 凤凰翼其承旂兮，遇蓐收乎西皇。

好像也同屈原一样，上了昆仑。可是又说：

> 春秋忽其不淹兮，奚久留此故居！
> 轩辕不可攀援兮，吾将从王乔而娱戏。
> 餐六气而饮沆瀣兮，漱正阳而含朝霞。
> 保神明之清澄兮，精气入而粗秽除。
> 顺凯风以从游兮，至南巢而壹息，
> 见王子而宿之兮，审壹气之和德。

轩辕是西方的神人，王乔是东方的仙人，这位作者因为攀不到轩辕就想同王乔娱戏了。在昆仑区里希望不死，是要"食玉膏、饮神泉"的，可是在蓬莱区里却变成了"餐六气、饮沆瀣，漱正阳、含朝霞"了。这是一个极大的转变！什么叫做"六气"？王逸《注》引《陵阳子明经》道：

> 春食朝霞，朝霞者日始欲出赤黄气也。秋食沧阴，沧阴者日没以后赤黄气也。
> 冬饮沆瀣，沆瀣者北方夜半气也。夏食正阳，正阳者南方日中气也。并天地玄黄之

气，是为六气也。（文句依《楚辞补注》所录）

这是把季侯、朝晚和呼吸的空气作一个严密的分配。要能常呼吸这六种气，就可修到仙人的境界。《庄子·刻意》也说：

> 吹呴呼吸，吐故纳新，熊经鸟申，为寿而已矣，此道引之士、养形之人，彭祖寿考者之所好也。

他们要对着太阳光和云霞（沆阴）行深呼吸，又饮露水或水气（沆瀣）来"吐故纳新"，同时还做柔软体操，像熊的攀树引气（熊经）和鸟的嚬呻（鸟申）来帮助呼吸的运用，这就叫作"导引"，可以保持神明的清澄，可以延长人类的寿命。《庄子·大宗师》说：

> 真人之息以踵；众人之息以喉。

真人是得道的人，他们的呼吸是从脚跟上起的，可见其用力的深澈。又《逍遥游》说：

> 藐姑射之山有神人居焉，肌肤若冰雪，淖约若处子，不食五谷，吸风饮露，乘云气，御飞龙而游乎四海之外。

这位神人所以能永远保持着美少年的风度，就因为他"不食五谷"和"吸风饮露"。不食五谷是除粗秽；吸风饮露是入精气。这和昆仑山上还种着高大的"木禾"，意义恰好相反。《远游》作者心目中的标准人物是王乔，又称为王子，他大概是春秋时周灵王的太子名为晋的。这人早慧而不寿，有仙去的传说。《逸周书》里有一篇《太子晋》，说：

> 晋平公使叔誉于周，见太子晋而与之言，五称而三穷。……归告公曰："太子晋行年十五而臣弗能与言，请归声、就，复与田。……"平公将归之，师旷不可，曰："请使瞑臣往与之言！……"师旷见太子。……王子曰："……吾闻汝知人年之长短，告吾！"师旷对曰："汝声清汗，汝色赤白，火色不寿。"王子曰："然，吾后三年将上宾于帝所。汝慎无言，殃将及汝！"师旷归，未及三年，告死者至。

他只活了十七岁，而早知自己的死期，可见其具有神性。又因他的地位优越，所以被民众捧作了仙人。《列仙传》说：

> 王子乔者，周灵王太子晋也，好吹笙，作凤凰鸣。道士浮丘公接以上嵩山。后乔于山见桓良曰："告我家，七月七日待我于缑山头！"果乘白鹤驻山顶，望之不到，举手谢时人，数日而去。

这直是肉身成仙，白日飞升。比较上文，《逸周书》说他死去，岂不是唐突了他。然而《远游》是谁作的呢？按文中说：

> 奇傅说之托辰星兮，羡韩众之得一。

我们看《史记·秦始皇本纪》：

> 三十二年，始皇之碣石，使燕人卢生求羡门、高誓，……使韩终、侯公、石生求仙人不死之药。
> 三十五年，……侯生、卢生相与谋曰："始皇为人天性刚戾自用，……未可为求仙药！"于是乃亡去。始皇闻亡，乃大怒曰："吾……召文学方术士甚众，……方士欲练以求奇药。今闻韩众去不报；徐市等费以巨万计，终不得药。……卢生等吾尊赐之甚厚，今乃诽谤我！……"于是使御史悉案问诸生，……除犯禁者四百六十余人，皆阬之咸阳。

上文三十二年称"韩终"，三十五年称"韩众"，知道即是一名，因同音而异写。他是秦始皇时的方士，骗了始皇的钱，一去不还，后人就说他仙去了，结果却成了坑儒的原因之一。《远游》里羡慕韩众，分明作者已是秦以后人。又文中说：

> 朝发轫于太仪兮，夕始临乎於微闾。

"太仪"是天帝之庭，"於微闾"即医无闾山，在今辽宁省的阜新、北镇两县间。照这句话看来，恐怕还是出于燕国人的手笔呢。

从此《楚辞》家抒写情怀，总把昆仑、蓬莱两区的文化合并在腕下。例如庄忌的《哀时命》：

260

> 愿至昆仑之悬圃兮，采钟山之玉英，
> 擎瑶木之橝枝兮，望阆风之板桐。
> 弱水汩其为难兮，路中断而不通。

这是昆仑区的景物。下文云：

> 下垂钓于溪谷兮，上要求于仙者，
> 与赤松而结友兮，比王侨而为耦。……
> 浮云雾而入冥兮，骑白鹿而容与。（王逸本《楚辞》卷十四）

这却是蓬莱区的生活了。在那时替蓬莱区宣传的方士人数多，说话巧，讨人家的喜欢，而宣传昆仑区的巫师就渐渐地落了伍。喜新厌旧，人之常情，这有什么办法！试看司马相如的《大人赋》：

> 西望昆仑之轧沕洸忽兮，直径驰乎三危，
> 排阊阖而入帝宫兮，载美女而与之归。
> 舒阆风而摇集兮，亢乌腾而一止，
> 低回阴山翔以纡曲兮，吾乃今目睹西王母，
> 曤然白首载（戴）胜而穴处兮，亦幸有三足乌为之使。
> 必长生若此而不死兮，虽济万世不足以喜！
> 回车朅来兮绝道不周，会食幽都。
> 呼吸沆瀣，餐朝霞兮，噍咀芝英兮叽琼华。（《史记·司马相如列传》）

他到昆仑的帝宫里所要取得的只是玉女，供他这位色情狂的玩弄。当他看见了西王母的曤然白首和穴处就起了反感，笑她既无伴侣，又不美好，仅有三足乌供驱使也不舒服，心想：这样的长生算做什么，不是成了"老厌物"吗！于是他东归之后，只是呼吸沆瀣而餐朝霞，走蓬莱区里的路线了。（西王母所使的本是三青鸟，这里说了太阳里的三足乌，是相如记错了。）

在这样的情形下，昆仑的失势是命定的。那些巧妙的方士索性把黄帝和西王母也请来作了仙人，在蓬莱区里安置了他们的宫殿，昆仑区就更寂寞了。这是后话，暂且不提。

我们在这一章里所该知道的，昆仑区的故事传到了东方，东方的文学家无条件地接

受了，但哲学家不能这样，他们要加以理想化，使得这班神话人物作了先进的哲学家，实际则要他们做新哲学的宣扬者。尚有史学家和地理学家呢，他们也要把这些故事现实化了才肯接受。下面两章——《穆天子传》和《禹贡》——就是要看出他们怎样发挥自己的理性把昆仑区改造了而加入中国的历史和地理两部门之中。

原载《中华文史论丛》1979 年第 2 辑

读《山海经》札记

徐旭生

  《山海经》为先秦古书，太史公见之矣（《史记·大宛列传》），然错简甚多，脱误特甚，极不易读。自前中国西北科学考察团在汉居延塞一带发现大批木简，而古代简书之制以明。其为制，积简多根，以麻索联之，多则卷之，所谓卷也。简宽不过半寸，当每简记一事。木简如是，想竹简亦无大异。索颇易朽断，断后再系时即易错误。平常典籍，每节较长，各简相属，有意义可寻，故再系时讹误可较少。《山海经》则每节颇短，每简可书一节。散乱后即无从寻得其互相联属之意义，故错简特多。不惟每卷中前后讹误，且可此卷掺入彼卷。流沙、昆仑、大夏、月支诸地可入《海内东经》，即其显例。又数目字，书者稍一不慎，即易讹脱。误后又无法用意义改正。《山经》中道路数目，相加后尝与总数不合，此即其重要原因之一。又山名与总数不合，数字讹误，一因；脱简未能补，且亦无从发现，其二因也。《淮南子·地形训》所记"海外三十六国"，当本于《海外经》。其西方比《海外西经》多一夭民，当系经脱简。经内"此诸夭之野"上亦似有脱简，"诸夭之野"之人民即《地形训》所称之沃民；"夭""沃"古字通假。南方比《海外南经》多一裸国民，一豕喙民，当系经脱简。经贯匈国（即《地形训》之穿胸民）在交胫国（《地形训》作交股民）、不死民前，次序与《地形训》不合，亦当系经错简。因《地形训》仅罗列名目，可书于一简上，不致错误也。北方各国次序全不合，亦系经错简。至经有而《地形训》无者，则《地形训》之为书本不必备举也。

  《海内东经》除上所言错简者外，其"岷三江首"以后至篇末则系《水经》文（非桑钦之《水经》），阮元固已言之。想系经文脱落，后人乃从各方乱集强补。痕迹俨在，指出非难。

  《山海经》非一人一时所作，盖经多次附益而成，固不仅卷数与《汉书·艺文志》不符及"海外"、"海内"两经后有校录衔名可为证也。各经中多重复大同小异之交，

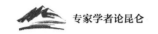

已足证其非一人所辑录者矣。

经中讹误较少部分，细案之，其次序亦自秩然。如《西山一经》，为今陕西、甘肃两省之渭水南岸各地，自东而西，大致不误。其讹误可考知者，如按《水经注》，符禺山在太华山东，则原简必在松果、太华两简间。今在太华、少华后者误。郦氏对古书可疑处多有指摘，而此文独无说，岂其时尚有未误本乎？"黄山"条下，郭璞本《汉书·地理志》注之曰："今始平槐里县有黄山，上故有宫，汉惠帝所起，疑非此，郭氏未悉简书之制，未敢臆测经内如此之多错简，故有此疑。"《西山一经》之最西："曰騩山，是錞于西海。"郝懿行笺疏云："西海谓之青海，或谓之仙海，见《地理志》金城郡临羌"是矣。乃信道未笃，又因"其中多采石"之文，乱引祥舸、益州、越巂各山，是均因不知经文本来之自秩然，掺乱乃后起之事，故牵杂附和，致无是处也。

此经掺乱既久，且山名水名，今多非古，欲还原书本来面目，且指实山水之何在，殊不可能。然董理之使较可读，实属吾人应作之事。因古书本自无多，此书为绝非伪作古书之一。后人所疑见汉时郡县名之问题，乃因过信其出于一手。今已知其多次补缀，即可无疑。且其中所保存未受系统化之古代传说甚多，至可宝贵。

董理之初，第一，须抛弃禹、益著书之观念，固不待言。

第二，须认清其由战国（或可至春秋）至西汉多次之增加附益。

第三，须抛弃《四库书目提要》诸人认此书为小说家言之谬见。

第四，须认清五《山经》为古代遗留下的相当可信之地理书。其内虽杂有传闻部分，如《西山三经》各条所载，而大部分仍属当日确实之见闻或迷信。吾人所偶然见及方向及距离之讹误，一部由于古人观察尚未精密，一部由于错简太多，致启疑窦。观念既正，即可进而整理。

第五，须知古今山名固多变单，而水名则沿袭尚多，且方向较确，可资考证。如读《西山二经》，观"东流注于河"，"南流注于渭"，"泾水出焉，而东流注于渭"之文，即可知此二经所言，均为陕、甘二省中渭北之山。其中如有可疑者，则或因古代小山小水同名甚多，并非讹误。如确能证明此山此水不在此区域中，即可推断其为错简，不须犹豫。又各《山经》中或由东西列，或由南北列，率多因川谷之方向。如陕、甘之水大致可称为东西流，故《西山经》之山，均自东向西数之。陕、晋之间，黄河南北流，故《北山经》之山，均从南向北数之。河水在冀、兖之间又东北流，故《北山经》亦有向东北，或向东数者。依此类推，更可证各经之条理秩然也。如此整理，即可寻出其条理，且可指出不少错简与讹误。

然尤重要者，则第六，万不可强不知以为知。盖古今距离过远，吾人对于古人之经过势未能全明。牵强附会殊属科学家之大忌耳。至"海外"、"海内"、"大荒"各经，则几尽来自传闻，故可以今日之地理证明者颇少。

惟第七，须知，如无错简，其方位却无讹误。如黄帝之传说与神话不及南方。祝融之传说与神话不达北方，均足证明。

第八，须知此各经中所保存者固多为较古之传说，然由后人时将异闻书于纸帛之端，时久掺入正文者亦所常有。如少昊系东方民族，古书多证明，绝无疑义，而《西山经》"长留之山"条下，却有"其神白帝，少昊居之"之文。此明为战国晚期以五帝配五方成立后之说法，即有由附注加入正文之嫌疑。否则即因写录人由各种不同之来源搜到，未加别择。此正属受过系统化之材料，其足信之程度，与经中大部分之材料，真未可同年而语。——此经经过如此不执成见、审慎谨严学者之整理，从史料观点来看，为我国有很高价值书之一，而有此等价值者，恐尚不及十部也。

龙首之山，郝氏笺疏引《三秦纪》"头入于渭，尾达樊川"之文，则似以为即今日长安附近之龙头冈。然此山下云："苕水出焉。"苕水今虽未知为何水，然下文云"东南流注于泾水"，则当为今陕西、甘肃交界处附近之水，龙首山远在泾、渭之北，何能接近渭南之长安？郝氏不审此经未误本之一定次序，见名称偶同者即牵强附会。"鹿台之山下"，郭璞注"今在上郡"，本自不误。盖此山虽未知当今何山，而离龙首山不远，则亦当在泾、渭之北，与上郡地望固相合。郝氏因《水经注·沁水》有鹿台山之文，即言"当为上党郡"。不知上党郡之山均在《北山经》，何缘忽窜入《西山经》？观郭注则经原不误，而郝氏之异说非也。

郭璞注"帝俊生黑齿"（《大荒东经》）之文云："诸言生者，多谓其苗裔，未必是亲所产。"其说极通。

《大荒西经·寿麻之国》，郭注引《吕氏春秋》："南服寿麻，北怀阉耳。"今本《吕氏春秋》任数作"西服寿靡，北怀儋耳"。郝氏笺疏及毕沅校《吕氏春秋》均以南为误字。然此条下文曰："南岳娶州山女，名曰女虔。女虔生季格，季格生寿麻。寿麻正立无景，疾呼无响，爰有大暑，不可以往。"其祖曰南岳，即与南有渊源。"正立无景"，与《淮南子·地形训》所记建木"日中无景"似均指南方近赤道下之情形。建木见于《海内南经》。又《地形训》称"建木在都广"，又曰："南方曰都广，曰反户。"均可为证。《海内经》曰："西南黑水之间，有都广之野。"是我国古代相传西南方有"日中无景"及"北反户"之地。列之于西南，似因国人知东南为海，无从观察，必西南始有陆地，始传此现象。下"爰有大暑，不可以往"之语，尤征其指南方，与西方无干。颇疑此"寿麻之国"条与下"夏耕之尸"及"吴回"两条，均《大荒南经》错简。郭注之"南服寿麻"，非误。今本《吕氏春秋》上有"南抚多鹦"之语，似足证此句之为西，非南，然其下文"北怀儋耳"之儋耳，明属讹误，则此南字，亦未必非误。

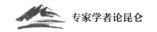

要之古书茫昧，未便强解。言郭注误或《吕氏春秋》误者，均不免武断耳。

《南山一经》有水四，均不知所在。所入一为海，二不知所在，一为淯，疑误字。即无误，亦非南阳新野各县之淯水（今名白河）。故不能据水定诸山所在。惟招摇山见《吕氏春秋·本味》篇，高诱注为在桂阳，未知有误否。如不误，则桂阳郡在今湖南南境，此经各山或指骑田、萌渚、大庾及赖、闽二省各山矣。《南山二经》之苕水，今名仍旧。勺水，据《水经注》"浙江水"条，亦可考知其在钱塘江南。又句余、浮玉、会稽各山均在今浙江北部。惜英水、洵水、滂水均未知所在，无由知山脉之起讫。然东段为浙东西各山，当无可疑。《南山三经》泿水为今义江。余三水虽未知所在，亦均南流入海。则此经所称各山，当为广西、广东北境各山。郝氏释鸡山在今云南，盖误。否则此条当在祷过之山前，始合地望。

《西山一经》内十余水，大部直接间接北入渭或入洛（此出陕西，入河南之洛，非渭北之洛）。余或南入汉。而松果、太华、小华、符禺、英山、竹山、浮山、㻬次、蟠冢各山均可考，地望最明。盖今之秦岭山脉，其西端当在甘肃南境。《西山二经》所称六水，或东入河，或南流、东流注泾渭，其地望在今渭北，亦无疑义。惟赤水不知今何水。然昆仑所出四水，除河水外，余赤水、洋水、黑水，似当时人亦由传说得之，故矛盾甚多。今人更无由知其为何水矣。山经中保存古代神话最多者，无过于《西山三经》。盖多由传说得之，且错简不少，故最难董理。然其山名并非子虚。唐兰先生曾告余，昆仑实指祁连。今细核之，其说甚近，然尚有小误。盖昆仑乃青海高原，祁连山似为经中槐江之山或恒山。祁连有水北流，而昆仑水绝无北流者，明其北尚有高山，水未能北流。《尔雅》云："三成为昆仑丘。"而"恒山四成"，则高于昆仑矣。恒山离槐江不远，后者之水北流，故余曰疑为经中槐江之山或恒山也。且丘或训"土高"，或训"四方而高"，均指高原。昆仑不曰山而曰丘，明非山也。郭注"积石山今在金城河门关西南羌中"，不误，郝氏据《括地志》两积石之说驳之，非是。盖"禹所积石之山"本不知何在，或近在山西、陕西境内，均未可知。因禹传说之扩大而渐移至甘肃西境。今此经叙于昆仑附近，当即指此。然在昆仑西，则因错简使然。后人又觉其有矛盾，故创为两积石之说，而将大积石置于盐泽东，然矛盾终未能免。郝氏将彼更移于西，矛盾似可免矣，然无奈与古书更为不合何。《西山四经》内十九山，除中曲一山外，皆有水，且源流颇明，故易知所在地。内西流注于洛（渭北之洛）者三水，东流注于河者六水，是诸山当在今郃阳、澄城之北，西北走，至白於之山，为洛水源；泾谷之山为泾水源；鸟鼠同穴之山为渭水源。是山群至陕西、宁夏境上后，折而南，至甘肃中部。惟刚山所出之刚水北流入渭，地望不合，北当系误字，否则此条当为《西山一经》之错简。最后崦嵫一山恐系神话中之山。即以其所称之"海"为今青海，亦不能知苕水为何水。疑原来即传闻讹误，未能确指矣。要之《西山经》各山均在今陕西、甘肃、青海境内，虽间有神话而尚历历可指。

《北山一经》所叙之山，颇难明辨其处所。中谯水、躅水、伊水、鱼水、泚水皆西入于河，则诸山当在河东，在今山西西北境，与《北山二经》所叙诸山相近。又雁门水及北岳山各条，均可证成此解。而杠水、匠韩水、郭嫚水均西入泑泽，栎水南入杠水。泑泽自汉以后均认为蒲昌海，即今之罗布淖尔，则似又远涉新疆！《北山一经》内山不相属，全书内无其例。余颇疑泑泽并非今之罗布淖尔，乃近在东方。《西山三经》"不周山"条下，"东望泑泽"。不周山未知在何处，然按经所述，尚在昆仑丘之东。昆仑为青海高原，则不周当为青海东境一山。泑泽尚在其东，则非远在西方之罗布淖尔明矣。余又疑致误之源，乃由于误会"河水所潜"的"潜"字之意。潜，伏也，藏也。然藏非必藏于地下。始著而中微，几如隐匿，亦可曰潜矣。河水至今日后套一带，地势平衍，水势散漫，大溜不见，或亦可言潜。杨钟健先生曾告余此一带为古代之一大湖，其所言当自有见。如泑泽近在后套，则一切问题均易解决。彼盖与昆仑、积石一例，由我民族文化之逐渐远播而随之外移。汉人误会"潜"字之意，解为伏于地下，遂不得不远移之至蒲昌海。实则罗布淖尔高度仅七百余米，而黄河源高度在四千五百米以上，绝非伏流而再出。沿误两千余年，欲廓清改正，绝非容易。古书材料贫乏，余之所言亦嫌臆测。然余深信其为一极近情理之假说，特敬谨提出以待治此学者之继续研究。

《北山二经》及《北山三经》则地望颇明显，无大困难。《北山二经》中之管涔山，今尚沿旧名。其酸水、晋水、碧胜水皆东入汾，则山在河东、汾西，已无疑议。湖灌水东入海，则当为今桑乾河之一源。修水东注雁门，地望亦合。虽邛泽（印泽当系一地，形近字误）未知确系何地，而地望当不难推知。《北山三经》中所记之山尚不少沿旧名，水亦不少可考者，即不可考，而入河、入虖沱、入洹、入滏、入沁，方向甚明，故地望不难考知。盖西自今吉县之孟门，东转为河滨之王屋、太行诸山，北转为神囷、发鸠诸山，最北至今北京北之各山。惟经中之方向与次序颇多舛讹，则错简使然。知全经之条理，即不难按方向改正。碣石之山，郭注据《水经》或谓"在辽西临渝县南水中"，或谓"在右北平骊城县，海边山"，则均在今之冀东。以经文及地势证之，殊不可能。山所出之绳水"东流注于河"，则山在河西。河故道自今天津入海。北至今昌黎乐亭入海之说，以地势验之，殊非可能。考《后汉书·郡国志》九门县有碣石山。九门在今叶城一带。

要言之，《北山经》内各山均在《禹贡》冀州境内。其远及今新疆境者，或系错简，或有误解也。

《东山经》所记之山及水，多不知其所在。在五山经中，最难董理。《东山一经》中有"东北流注于海""北流注于海"之文，则山当多在山东半岛之北部。内泰山在山东中部。环水东流注于汶（原作江。毕沅据《水经注》谓当作汶，甚是），则南抵汶水。《东山二经》现尚未能考知其处所。《东山三经》所载各山亦难考知。惟"无皋之山，南望幼海"，郭注"即少海也"，亦未能言其所在。余疑山东半岛之南，长江入海口之北，有海曲入，或即少海。《东山四经》亦难指明。惟"东北流注于海"之文再见。且出女烝山之石膏水西注于鬲水，鬲津为古九河之一，在山东、河北接界处。如鬲水为鬲津者，则此经所举之山，或即河北、山东一带离海未远之小丘阜乎？

《中山经》十二篇，地望均明。《中山一经》所载各山，皆在今山西南界、黄河北岸。郝氏考薄山、历儿之山、渠猪之山，皆雷首连麓之小山，当不误。惟谓霍山为今霍县西之霍太山，则似距离太远，此当仍指平陆、垣曲各县北离黄河不远之小山。

《中山二经》载九山，而发视之山所出之即鱼水西流注伊水，鲜山所出之鲜水北流注伊水，阳山所出之阳水北流注伊水，蒲山所出之蒲水北流注伊水，蔓渠之山为伊水发源之山，则各山均在伊水南岸，当今栾川、嵩各县境内，已无疑义。郝氏言辉诸之山在上党，未知所据。即使地名吻合，然仍不足为典要耳。

《中山三经》共载五山：敖岸之山"北望河林"，余四山皆有水北入河，而四水又均见于《水经注》，能确知其所在。盖西起今新安，东至今孟津，地域最为明晰。毕沅因音近疑敖岸为《左传》中"敖、鄗之间"之敖山，然敖山在今广武县（现已裁属荥阳）境内，东与新郑近，故晋伐郑，退师于此。至敖岸，据经次序，则当在今新安或渑池境内，故与敖山无关。潇潇水，《水经注》出河南垣县，赵一清因河南无垣县，改为河东，不知《山经》明言"北流注于河"，《水经注》亦明言"其水北流，分为二水：一水北入河；一水又东北流注于河"。如水出河北岸之垣县，何缘北流入河！误在垣县，不在河南明矣。

《中山四经》所载九山，六山有水：四北注洛，一南注伊，讙举之山为洛所发源，而鹿蹄、扶猪、釐、熊耳、讙举各山又均能指定，故地望亦甚明了，在今陕西上雒，河南卢氏、洛宁、嵩、宜阳各县境内。

《中山五经》载十六山，仅后五山有六水：三南注洛，二北注河，而阳虚之山"临丁玄扈之水"，而据《水经注》玄扈亦入洛水。似此则上十一山，或亦在陕西潼关，河南阌乡、灵宝各县境内。郝氏因河北岸有薄山、首山、历山诸山，即指为北岸山，毕氏并指槐山为今闻喜县稷山之误，皆未必然。

《中山六经》举十四山，由东向西数，仅前二山无水，而平逢之山有"南望尹洛"之语。余四皆出二水，南注洛，北注谷。再西三山所出水二南注洛，一北注谷，再西傅山为谷水所发源，亦有一水南注洛。再西三山所出之水，因北已无谷水中遮，故径入于河。再西阳华之山出三水，亦北入河，南入洛。故此节内各山所在，亦甚明了。盖东自孟津、洛阳之北邙，迤而西，在谷水之南，洛水之北，直西至陕西东境。

《中山七经》载十九山，而少室、泰室为最著。其中九山有水，除最西五山无水外，更东有三山所出之水，皆南或西入伊。以此推之，则前五山或在伊水发源处西，洛水之南，今卢氏、嵩各县境内。最东至敏山、大騩之山，为今密县境而山势尽。

《中山八经》载二十三山，惟五有水，而讙山与其所出之郁水均未知在何处。最西起首各山甚明，乃沮、漳各水之上游，西自今湖北房县，迤逦而东，过保康、南漳、荆门各县。再东各山虽未知确在何处，而抗日战争时敌我恶斗之大洪山脉想在其内。

《中山九经》载十六山，八山有水。除岷山为大江发源处，余七水皆东注大江，则此节所载当均在岷江西岸。

《中山十经》载九山，皆无水，故未知所在。郝氏以涿山为蜀山，未知是否。

《中山十一经》载四十八山，仅十三有水，而三又皆"潜于其下"，不知所入，故无从知其处。然此节内山均在吾乡附近，散布于南阳、镇平、南召、鲁山及附近各县，但未能全指定。郭注解衡山为南岳，郝氏驳之，极是。

《中山十二经》载十五山，而洞庭之山为最著。余山均未载水，故未能推知其处。惟柴桑之山在今庐山附近，然则此节所载或为大江南岸湖南、江西之各山乎？

由上所述，足知《西山经》、《北山经》、《中山经》所载诸山，吾人今日大致可知其所在，且可知书之条理，大致亦尚秩然。惟《南山经》与《东山经》所载，困难甚多。盖今古异名，未可详考。《南山经》所载僻在江南，名称不同，尚不足异。《东山经》所载皆近在齐鲁文化之区，而所能考知之山水已不多有，殊足令人诧异也。

《山海经》中之《山经》为我国最古地理书之一，并非如清代修《四库全书》诸臣所斥为小说家言，固无疑问。其"海内"、"海外"、"大荒"各经，亦保存古代传说甚多。其真正价值绝不在《禹贡》诸篇之下，亦毫无疑问。至顾颉刚先生诸人夸张《山海经》，疑《禹贡》为伪书，称前者"胚胎之期则断断高出数百年"，则又矫枉过正，"扶向东来又西倒"，非谛谊也。顾氏立说根据首为"《山经》作者确认四方有海"，"《禹贡》作者已知惟东方有海，故青、徐、扬各以海表州，其结尾曰东渐于海，舍南西北而不言"，为"地理学识上之大进步"。然"东渐于海"下，未远即曰"声教讫于四海"，果"舍南西北而不言"耶？《山经》中虽有西海之名，《北山经》"浑夕之山"条，嚻水亦有"西北流注于海"之说，而《东山经》、《南山经》诸水入海者甚多，西、北二经则极少，律以顾氏之义，其知识亦非不进步也。次为"山经流沙之名，原不专属于某方"，"《禹贡》作者既已打破旧观念，遂以流沙之名专归于沙漠，而属之西方"，

"海与流沙在《山经》本为四方公有之名，至《禹贡》而一归诸东，一归诸西，各为专名，勿复相溷"，亦为《禹贡》作者学识进步之征。按《山经》中南方无流沙，余三方有之。北方有流沙并无错误，东方海滨亦当有沙。《山经》作者知识并非落后。抑《禹贡》寥寥千余言，偶未言及东方、北方之流沙，使其作者知顾氏之过分褒扬，不将受宠若惊乎？四海本古义，不惟《山经》作者未能破除，即《禹贡》作者亦何能外此观念？

我国东方近海，西北两方不接，至晚至殷代即当熟知。至南方之亦滨海，则非战国不能知之。此则《山经》作者知之甚明，《禹贡》作者恐尚未知。复次，顾氏据《禹贡》不言赤水，称其"判别真伪之心"。但《山经》举水甚多，《禹贡》所举者不过十之一二。偶未见赤水之名，即属有意取舍，对于古书如此容易推断，不亦过迅速乎？

复次，顾氏因《禹贡》以衡阳表荆州之界，即臆断其知南岳之衡山为"楚拓南境之结果。当作《山经》时河、汉间人犹未尝闻其名"。此其论证余甚诧异，未知其所言云何。衡之为言横也，故山以衡名者非一。《山经》中《中次十一经》已有此名。郭注释之为南岳，郝氏驳之，谓为雄衡山，前已述及。荆州表界曰"衡阳"，山南曰阳，则当在衡山南，非在北矣。汉末衡山专以名今湖南衡阳县之山，然据《风俗通》，衡山一名霍山，则尚未专属今之南岳。郑玄不知其说，谓"荆州界自荆山南至衡山之南"，然则此所表界为南界乎？为北界乎？以表北界，是不指今之南岳；以表南界，则当曰衡阴，不当曰衡阳。以表南界，而又指其山之南，古书无此例也。此山果为鸡衡山否，固不可知。要为大江北岸之一山，以表荆州之北界，则可断言。至《禹贡》"岷山之阳，至于衡山，过九江，至于敷浅原"之文，似指江南一山，然汉九江郡全在大江北岸，固无缘指定《禹贡》九江必在南岸。九江在北岸，下不言"逾于江"，此一点不已足指明衡山在江北岸乎？《魏策·吴起》曰："三苗之居，左彭蠡之波，右有洞庭之水；文山在其南而衡山在其北。"彭蠡今鄱阳。鄱阳在东，洞庭在西，地势显然。使衡山为今南岳，则当云在南。今乃云在北，其地望不亦颇明著乎？抑《禹贡》中可指为江南岸山者，仅有此惝恍迷离之一衡山耳。《山经》叙大江南岸山何限？《中山经》中之十二经，或皆为大江南之山已如前述。即《南山经》中之山均不能在大江北岸。如浪水远在湖南、广西界上，非至战国末期不能知有此水也。顾氏盖亦自知其说不易通，乃曰："《山经》定形之期，或未必远早于《禹贡》，至其胚胎之期，则断断乎高出数百年也。"如此彼固可曰："浪水及其他各条，皆其定形时所附益，非原来所固有。"

《山经》去其《南山经》，又去其《中山经》之一篇，其胚胎之期原状果何似乎？且余不知其所谓"胚胎之期"，果何所指也。顾氏不尝云《禹贡》乃由三种互无关联、互相矛盾之说所合成乎？（此其说殊非是，余另有说）似此岂不可云《禹贡》亦有胚胎之期，其定形之期虽未必能早于《山经》，其胚胎之期可远过之乎？又其所言："至若《山经》体裁，自某山至某山，方向道里，井然不紊。《禹贡》一章之山脉观念，或即启发于此。"则其理由至足怪哂。父与子面貌，固当有相似处，然贸然指一相似处，又贸然指某为子，某为父，其不误者鲜矣。今且无论"道里方向井然不紊"，与山脉观念不甚相似，即谓其相似，而《禹贡》简，《山经》繁，进化程叙，由简而繁，非由繁而简。世系表之应如何排列，盖不待智者而后知。今且斩弃枝叶，言归正传。《禹贡》之为书，除梁州贡铁稍露破绽外，如依其文字推测，则不惟春秋可有此等作品，即在西周亦无不可能处。盖商周之际，去禹遥遥千载，故事因民众之讴歌称颂而渐涨大，既已形成。观《左传》所记辛甲"茫茫禹迹，画为九州"之箴，及刘文公"微禹吾其鱼乎"之叹，即知西周之初与春秋中叶人所想像之禹，与近代人所想像已无大异。虽或可疑当日之梁州声教尚未能通，而《尚书·牧誓》谓武王师中有庸、蜀、羌、髳、微、庐、彭、濮之人，则知西周时代已有知梁州情况之可能性。顾氏谓五服之说完全为后人理想之制度，固也，然《国语》所记祭公谋父所称五服，虽名词稍有不同，而意已暗合。在此前后而发生禹贡五服之说，已非不可能矣。幸世界之考古学者证明铁之使用晚于青铜，而我国之考古学者十数年之继续工作，亦证明在春秋以前，尚无铁之使用，与《左传》所记"赵鞅、荀寅赋晋国一鼓铁以铸刑鼎"之说大致相符，乃得确实断定《禹贡》不得为春秋以前之书。子墨子张大禹功，而未采《禹贡》之说，似当日书尚未大行。吾人乃因此可推知其著竹帛之约略时代。至《山经》之著竹帛，则不能早于战国晚期。其"海外"、"海内"、"大荒"各经，则写出更晚。惟其中保存有较近古之传说，可为今日治历史者之珍贵材料，则亦毫无疑义。要之，吾人今日如仍昔日盲目信仰之态度，奉一书为鸿宝，对于不同之一切完全抹杀，则不惟《禹贡》可引人入歧途，即《山海经》亦更能令人狂惑。如淬厉精神，慎择审取，则不惟《山海经》中保有珍贵之史料，即《禹贡》亦一较古之著录，其中所记，足引用者亦复不少。扬甲抑乙，与抑甲扬乙同属迷谬。近人多喜新奇，遂多矫枉过正，致对历史真相又发生故障，故不惜烦琐，辩之于此。

《山经》所载实至平易。惟古人体物多与近代人不同。如《经》好曰人面，亦谓其面有似人处，非谓其面果全如人。以用词不同，遂多令人误会。其所载有实用之动植物，实为后世《本草纲目》一类著作之先河。内又多当时人之迷信，亦为研究原始宗教者之重要材料。

"海内"、"海外"各经所记，虽多吊诡之谈，而渊源有自，并非古人之造谣欺人。如贯匈国之"人匈有窍"，今人全信其不能，而据郭注所引《异物志》之说："穿匈之国，去其衣无自然者，盖似效此贯匈人也。"已足说明讹传之由来。盖当东汉杨孚时，

尚有所称穿匈人之存在，以目验之，始知非是。彼以此等人为效真贯匈人，殊不知贯匈本由此而讹传，真贯匈人本不存在。其他三首、无肠之属，殆皆是类矣。

吾人由《南山经》所载各水可以推知《山经》之写定，不能早于战国后期及秦，"海外"及"海内"经写定期亦相差不远。《海外经》为《淮南子·地形训》所本，《海内东经》言："瓯居海中，闽在海中。"则似仍以瓯、闽皆在海岛与半岛上，然则其写定至晚亦当在汉武帝以前。盖此后则汉兵已到，地理已明，不致错误。陆侃如谓《海外经》本《地形训》而加详，故在后，此则因未知作书体例。《山海经》为地理专书，《淮南子》却非。专书详，常书略，其例然也。至《海内东经》中所叙各水，内多汉时地名，则系此本由一《水经》掺入，前已言之矣。

《大荒南经》末云："有小人名曰菌人。"《淮南子·地形训》："窫生海人，海人生若菌，若菌生圣人，圣人生庶人。凡窫者生于庶人。"其"若菌"之"菌"，当即此菌字。《地形训》此节，假想人类发生的程序，故所用者并非"菌"字之本义。

选自徐旭生《中国古史的传说时代》，

广西师范大学出版社，2003，第 341～355 页

三

河源昆仑与昆仑文化

昆仑和河源的实定

顾颉刚

在《山海经》和《淮南子》里，昆仑是一个神秘的区域；黄河的源头跟随着它，也成了不可捉摸的地方。《穆传》和《禹贡》的作者确然有意删汰神话，留存真实，然而这两个地方究在何处，还是谜一般的待人猜索。直等到汉武帝之世，方始为了他开发西疆而有实际的决定。

大月氏国本居敦煌、祁连间。当汉武初年，匈奴老上单于攻破了月支，把月氏王的头做了结盟时的酒杯。月氏人把匈奴怨得了不得，他们逃到葱岭以西，征服大夏，另建了一个国家。武帝想联合了他们夹击匈奴，招募出使的人，张骞仗着他的勇气和好奇心应募。他刚出国境，就被匈奴人截留。后来得间逃出，辗转到了月氏。但月氏人住在妫水（今阿姆河）流域肥饶的地方，生活安定，已失去了雪耻之心。张骞得不着要领，就想沿了南山（即今新疆南界的山），从羌中归国。不幸又给匈奴捉住，再住了一年多。适值匈奴内乱，他才得逃归。去时带了一百多人，回来时只剩两个人了。他留居西域一共经历十三年之久，到达了大宛、康居、月支、大夏诸国。在汉人里，向来没有走过这条路的，所以那时人称他的冒险工作为"凿空"。怎么叫作凿空呢？颜师古《注》：

> 空，孔也，犹言始凿其孔穴也。故此下言"当空道"，而《西域传》谓"孔道"也。（《汉书·张骞传》）

这是表示这条中西交通的路由他硬生生地凿开了的，真比得上哥伦布发现美洲的荣誉。自此以后，这条路就成为亚洲交通的大干线，而汉朝也设置管理西域的官，叫作都护，把国境西展到葱岭。

张骞未出使前本任郎职，是一个书生，《山海经》、《禹本纪》等书谅必读过，加上他自己是汉中人，接近西北，所以他必然注意到西北的地理问题。回国之后，他把这些

275

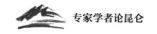

新知识报告给武帝。《史记·大宛列传》说：

> 具为天子言之，曰："……于阗之西，则水皆西流注西海；其东，水东流，注盐泽。盐泽潜行地下，其南则河源出焉，多玉石。河注中国。而楼兰、姑师邑有城郭，临盐泽。盐泽去长安可五千里。匈奴右方居盐泽以东，至陇西长城南接羌，鬲（隔）汉道焉。

这里所谓西海，当是指的里海和黑海；盐泽，就是现在新疆的罗布泊。他说：黄河的源不在青海而在新疆的于阗，因为于阗东边的水全东流到盐泽，到了盐泽之后潴蓄了起来，地面上没有一条河从盐泽流出的，只有地下的水潜流向南，流到了青海境再出现在地面。于阗的玉是最多的，这也合于《山经》和《穆传》上的昆仑的名产。我们看《山海经》，《北山经》原说：

> 敦薨之山，……敦薨之水出焉，而西流注于泑泽，出于昆仑之东北隅，实惟河原。

《西次三经》也说：

> 不周之山，……东望泑泽，河水所潜也，其原浑浑泡泡。

《山经》的文如不是经过后人的窜改，可见古代本自有这河源问题。他们说"原"，说"潜"，都有不满足于直接看见的现象而有别去找寻的欲求。张骞也许想："如果把盐泽定作泑泽，南山定作昆仑，加上大量产玉的条件，岂不是被我寻到了河的真源了呢！黄河从青海境内流出，而青海境内都是住的羌人，汉人是寻不到源头的，哪想得到，在我的冒险旅行之下竟亲眼看到了更远的河源！这真是一个绝大的发现！"但他心里接着又起了一个疑窦，怕昆仑还在西头，曾把这意思对武帝说：

> 条枝，在安息西数千里，临西海。……安息长老传闻条枝有弱水、西王母而未尝见。

照《山海经》说，弱水是环流在昆仑下面的，西王母是住在昆仑西边的，而传闻远在波斯湾的条支都有，条支西边就是黑海和地中海，这可见昆仑该在那边才是。所以河源问题他虽有了把握，而昆仑问题还是茫然。这西北地理上两个重要地方合不到一起，张骞的心中该够苦闷的。

武帝听了这种瀛海奇闻，当然特别高兴；但由于这条路上有强悍的匈奴障碍着，他也无法接近。到元狩元年（前 122 年），骠骑将军霍去病打破匈奴数万人，兵至祁连山。明年，浑邪王率众降汉。从此匈奴的右臂断了，而汉却张开了一条膀子，河西走廊既打通，直到盐泽再没有匈奴的阻隔。武帝于是大派使者到西域各国，送他们黄金币帛，联络情感。这些使者回来，又把经过情形报告天子。《大宛传》说：

> 汉使穷河源，河源出于寘。其山多玉石，采来。天子案古图书，名河所出山曰昆仑云。

张骞说于阗是河源，别的使者也这样说，河源是确定了。况且又多采来的玉石，足以证明《西次三经》的峚山、槐江山、玉山、騩山等的出玉为不误。于是武帝就不理会条支的弱水、西王母，不学张骞的迟疑，很爽快地实定于阗的南山为昆仑。他所案的古图书，无疑是《山海经》和《禹本纪》。他这一实定的影响是深远的，直到现在两千多年不曾变过，试看现在新疆和西藏分界的山脉，哪一张地图上不写上"昆仑山脉"！

却不料这一下子却激起了一个近臣的反对。太史令司马迁偷偷地在《史记·大宛列传》的末尾写上几句：

> 太史公曰：《禹本纪》言"河出昆仑；昆仑其高二千五百余里，日月所相隐避为光明也，其上有醴泉、瑶池"。今自张骞使大夏之后也，穷河源，恶睹《本纪》所谓昆仑者乎？故言九州山川，《尚书》近之矣。至《禹本纪》、《山海经》所有怪物，余不敢言之也！

想不到被人目为"好奇"的子长变得这样拘谨，久久相传的两部奇书竟给他用了《尚书》的大帽子一齐压倒！实在，世界上哪有高到二千五百余里的高山！现在，张骞亲自找到的河源，他不反对，可是于阗南山却够不上这高峻美丽的条件，那么汉武帝所实定的昆仑山就不是《禹本纪》的昆仑山，而离开了《禹本纪》和《山海经》却也无所谓昆仑，又何从实定！所以，他只愿接受《尚书》的指导。《尚书》上说"导河积石"，可见同黄河发生关系的山是积石，所以，我们只该问积石在哪里，不该问昆仑在哪里。这态度是何等的斩截！其后东汉末邓展作《汉书注》，便发挥司马迁的见解，道：

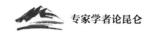

> 汉吕（巳）穷河原，于何见昆仑乎！《尚书》曰："导河积石。"是谓河源出于河原。积石在金城河关，不言出昆仑也。（《汉书·张骞传》颜《注》引）

这是极端摒弃昆仑的说法。但我们须知道，如果没有昆仑的说法，也就不会发生河源的问题了。

《汉书》是《史记》的延续和补正。《史记》本是一部通史，但秦、汉以前时代久了，材料缺乏，考证又没有达到精密的阶段，在司马迁的时代实在没法做好。自秦始皇到汉武帝，这一百五十年中，是中国史上的大时代，一切的政治、疆域、文化莫不有剧烈的改变而成为此后二千年的规矩法度；对于这个时代，司马迁和他的父亲谈却有极超越的整理和极优秀的写史的贡献。到了东汉之初，史学家班彪因为《史记》止于武帝太初之间，离当前的时代空着一段，他就采集史事，作成《后传》数十篇。到了他的儿子班固手里，又精思二十余年，继承他的工作，作成了《汉书》百篇，于是从秦末到西汉末二百余年中的事实悉得有适当的安排和正确的记载。

班固的胞弟班超留在西域三十一年，走遍了天山，越过了葱岭，对于那边的事情知道的太多了。班固虽没有到过西域，而由于他弟弟的关系，对于那边的知识也很丰富，所以《汉书》里便把《史记·大宛传》分做张骞、李广利两传，而另做一篇《西域传》，把那边的大小各国和他们的人口、物产、山川、道里一一记了。他承受张骞的河源说，且加以进一步的叙述，说：

> 西域……南北有大山，中央有河。……其南山东出金城，与汉南山属焉。其河有两原，一出葱岭山，一出于阗。于阗在南山下，其河北流，与葱岭河合，东注蒲昌海。蒲昌海一名盐泽者也，去玉门、阳关三百余里，广袤三百里。其水亭居，冬夏不增减，皆以为潜行地下，南出于积石为中国河云。

在这一段话里，我们可以看出他的西域的地理观念和张骞、司马迁的异同：

一、于阗南山他仍叫南山，绝口不提汉武帝的"昆仑"两字，这可见他完全接受司马迁的见解。

二、他说盐泽水潜行地下，南出于积石为中国河，当然接受了张骞的见解。但他和张骞有一点不同，张骞但言"河注中国"，而他说"南出于积石"，这大概是受的《禹贡》的影响，想避免昆仑问题的牵缠。

三、张骞说河源出盐泽之南，其他的汉使也但说河源出于阗，他则说河有两源，一出葱岭，一出于阗，这是很不同的一点。

第一、二点只是对于古书的信任问题，为了不信《禹本纪》所以不提昆仑，为了信任《禹贡》所以特提积石，这没有什么大关系。惟第三点说及实际的地理，关系殊大。何以西汉时只说于阗河为黄河的上游，而到东汉时便加上了一条葱岭河？这无疑是汉朝人在这二百年中对于西域的地理知识的进步。其实葱岭河不止一源。清代地理学家徐松流戍新疆，亲历许多山川，放归后作《汉书西域传补注》，他说：

> "河有两原"者，特据两地言之，其实河有三源也。河出葱岭者二：一曰葱岭南河，其河东源为听杂阿布河，西源为杂普勒善河，合为叶尔羌河。一曰葱岭北河，其河西源为雅璊雅尔河，东源为乌兰乌苏河，合为喀什噶尔河。河出于阗者一：于阗即今和阗，其河东源为玉陇哈什河，西源为哈喇哈什河，合流为和阗河。

和阗河东北流四百余里，到噶巴克阿克集地方，葱岭北河和南河都自西来会，叫作塔里木河。由此往东行一千四百余里，到罗布泊。这都是实际的水道，毫无疑问。

至于"南出于积石为中国河"一语则显有可商。班固在《汉书·地理志》里说：

> 金城郡河关：积石山在西南羌中。

《续汉书·郡国志》也说：

> 陇西郡河关：故属金城；积石山在西南，河水出。

汉河关县故城在今甘肃临夏县西。今永靖县（从临夏分出的）西有积石关，临积石山，峡中两岸石壁森立，相去其迫促，黄河经过那里好象在沟渎中行。如果《禹贡》和《汉书》所说的积石就是这个，那无异把上游二千公里的黄河截去不谈。所以《伪孔传》说：

> 施功发于积石。

《正义》疏通之云：

> 河源不始于此，记其施功处耳。

昆仑以下，积石以上的天然河流无碍于人，没有加功的必要，所以可以不提，这是很好的调停办法。但是唐魏王泰的《括地志》却说：

> 积石山今名小积石山，在河州枹罕县西七里。（《〈史记·夏本纪〉正义》引）

唐的枹罕即汉河关。从这上面，可以知道那时的积石是有大小之分的。张守节的《史记正义》也承着说：

> 黄河源……出大昆仑东北隅，东北流，经于阗，入盐泽；即东南潜行入吐谷浑界大积石山，又东北流；至小积石山，又东北流。（《夏本纪》"道黑水"下）

他们为什么把河关的积石降为小积石，而把吐谷浑界内的大雪山称为大积石（即今青海东南角的积石山，蒙古名阿尼马卿山）？这无非由于唐代的疆域开拓了，地理知识进步了，他们觉得导河在河关的积石未免太近，如果禹只到那里，显见得禹迹不广，说来寒伧，合不上伟人的身份，应当向西推远，使禹走近河的重源，于是就把河曲这座大山称做积石了。《左传》上说："新鬼大而故鬼小。"后起的常常压低了前任的固有地位，正是对于这个道理的绝好说明。

到了清朝，乾隆四十七年（1782年），清高宗命侍卫阿必达寻访河源，他回来报告道：

> 星宿海西南有水名阿勒坦郭勒。更西有巨石，高数丈，名阿勒坦噶达素齐老。蒙古语"阿勒坦"为黄金，"噶达素"为北极星，"郭勒"为河，"齐老"石也。崖壁黄金色；上有池，池中泉喷涌，酾为百道，皆黄金色。入阿勒坦郭勒，回旋三百余里，入星宿海，为黄河真源。（《清史稿》列传七十《阿必达传》）

这是一个新的发现。高宗大喜，就命四库馆诸臣编辑《河源记略》。可是当时君臣好古情深，在青海的真河源之上舍不得放弃新疆的"河源"，于是班固的"南出于积石为中国河"之说竟得了极适合的证明。丁谦《积石山考》云：

> 积石之山始见《禹贡》，以禹治巨大之水皆从发源处施功，导河自积石，犹……导淮自桐柏，导渭自鸟鼠同穴也。……《山海经》言积石者四，……其《海外北经》则言"禹所积石之山，河水所入"，《大荒北经》则言"其西有山，

名曰禹所积石"。夫山称积石，玩一"积"字已有人力所成之意；而《提纲》（齐召南《水道提纲》）记噶达苏齐老仅高四丈，正与人力所成情形相合。……意禹当时治水至此，特于小山之巅砌石成峰，以为导河经始之标识，犹今蒙古人积累巨石以分疆界，名曰"鄂博"是已。惟年代久远，土人不知古事，故以"落星石"呼之。然则噶达素齐老谓即《禹贡》积石，……殆无一不相合者。……（《穆天子传考证》）

有了这一篇文章，积石山便成了巴颜喀喇山的主峰噶达素齐老，河水重源显发就在于此，巨石高四丈更证明了人工的堆积，其地尚在星宿海之西，当然更在大积石山之西，所以有了此说之后，大积石和小积石两个山名都可一笔勾销了，《禹贡》所谓"导河积石"原是直从源头导起，无所谓"河源"与"施工"之异，古今来的聚讼也都不打而自倒了，这多么痛快！自从张骞到丁谦，逐渐的发明和考订，所得的结论是：真正的河源是葱岭的南河、北河和和阗河，东流到罗布泊，潜行地下，南到青海的噶达素齐老而伏流始出；那里有高峙的巨石，为禹治水时所堆积，作为导河经始的标识，无疑地该称为积石山。至于昆仑山呢，虽经汉武帝实定为于阗南山，但因史学权威司马迁、班固等接续的反对，实际也找不出一个伟大奇丽的山可以确指为昆仑的，所以历代地理学者对它颇为冷淡，它似乎和河源可以不发生必然的连带关系；只是已有武帝的定名在前，必要时姑且沿用而已。

原载《历史地理》1983 年第 3 期

河出昆仑说

丁　山

　　酝毓东亚文明之黄河，古名河水。《禹本纪》言"河出昆仑"（《史记·大宛传》引），此千古不论也。稽诸载籍，则不尽然：

　　（一）《禹贡》曰："黑水、西河惟雍州，浮于积石，至于龙门西河。"又曰："导河、积石，至于龙门。"《汉书·地理志》金城郡河关县解之曰："积石山在西南羌中，河水行塞外，东北入塞内。"此《淮南·地坠》所以有"河出积石"之说也。

　　（二）《新唐书·吐谷浑传》，"贞观九年（公元六三五年）击吐谷浑，积石道，任城王道宗曰：'柏海近河源，古未有至者'以一军趣南。……行空荒二千里。阅月，次星宿川，达柏海上，望积石山，观览河源。"《元史·地理志》河源附录："至元十七年（公元一二八〇年），命都实为招讨使，往求河源。是岁，至河州。西去愈高。阅四月，始抵河源。河源在吐蕃朵甘思西鄙，有泉百余泓，沮如散涣，弗可逼视。方可七八十里。履高山下瞰，灿若列星，以故名火敦脑儿，译言星宿海也。群流奔凑，五十里，汇二巨泽，名阿剌脑儿。自西而东，连属吞噬。……朵甘思东北有大雪山，其山最高，译言腾乞里塔，即昆仑也。"按：此昆仑，即今积石山；而火敦脑儿即札陵湖，阿剌脑儿即鄂陵湖，皆在青海境内，于唐为吐蕃，于汉为河关县之塞外，正西羌蕃息之地。此河出星宿海之说也，实创于唐代，而勘证于元初。

　　（三）《清一统志》，"按，元都实穷河源，至火敦脑儿而止。今考河源，实始于阿尔坦河，又在星宿海之西。自巴颜喀喇山东麓流出二泉，行数里，遂合为阿尔坦河。蒙古呼金为阿尔坦，言水色微黄而流急也。……阿尔坦河东北流三百余里为鄂敦他拉，元史所谓火敦脑儿也。火敦，鄂敦音之转耳。圣祖皇帝（即康熙）屡遗使臣，往穷河源，测量地度，绘入舆图，凡河源左右，一山一水，与黄河之形势曲折，道里远近，靡不悉载，较之元人所志，又加详焉。"（按康熙四三年（公元一七〇四年）命侍卫拉锡等往穷河源，但至星宿海而止。见乾隆命馆臣编辑《河源纪略》论）《皇朝通志》亦谓，

"乾隆四十七年（公元一七八二年），命吏告祭河神，务穷河源。始知河之重源在星宿海西三百余里，噶达素齐老之上，天池喷涌，水色浊黄，流为阿尔坦河，为黄河重发之明证。而昆仑则在回部极西，在今实为版图之内，故喀什噶尔叶尔羌之西。巨岭绵亘，千有余里，即古之葱岭。二源交发，所谓河出葱岭也。和阗即于阗，所谓一源出于阗也。葱岭及和阗南山，冈峦横接，实昆仑之支体，即《尔雅》所云，河出昆仑虚也。"是河出巴颜喀喇山噶达素齐老峰说，为清代所发现。

《元史》以积石为昆仑，清人尝辨其误矣。清人既穷河之真源在噶达素齐老峰，距昆仑支体尚千有余里，何以又谓出于昆仑虚？盖"河出昆仑，重源潜发，沦于蒲昌，出于海水"（《水经·河水注》云）。两千年来相沿之。"潜源重发"说，时犹未敢轻议其非。

考，"河出昆仑"说始《禹本纪》，征实于张骞之西征；所谓"潜发重发"者，《淮南·地形》虽发其蒙，而说之成立也，似亦肇于张骞。《史记·大宛传》言：

　　张骞归自西域也，具为天子言之曰，于阗之西，则水皆西流，注西海；其东水东流，注盐泽。盐泽潜行地下，其南则河源出焉。多玉石，河注中国。……而汉使穷河源，河源出于阗，其山多玉石，采来。天子案古图书，名河所出山曰昆仑云。

　　太史公曰，《禹本纪》言河出昆仑，昆仑其高二千五百余里，日月所相避隐为光明者也。其上有醴泉瑶池。今自张骞使大夏之后也，恶睹《本纪》所谓昆仑者乎？故言九州山川，《尚书》近之矣。至《禹本纪》《山海经》所有怪物，余不敢言之也。

《禹本纪》久不传。而《山海经·五藏山经》言河源者，有如下列：

　　昆仑之丘，河水出焉，而南流，东注于无达。（《西山经》）
　　不周之山，东望泑泽，河水之所潜也，其原浑浑。（《西山经》）
　　积石之山，其下有石门，河水冒以西流。（《西山经》）
　　敦薨之山，敦薨之水出焉，而西南流注于泑泽，出于昆仑之东北隅，实惟河源。（《北山经》）

至《海内西经》总为之说曰，"海内昆仑之虚，河水出东北隅，以行其北，西南又入渤海。又出海外，即西而北，入禹所导积石山。"验以《淮南·地形》云，"河水出昆仑东北陬，贯渤海，入禹所导积石山。"积石山，《地理志》谓在金城郡之西南羌中；则《海内西经》所谓"海外"实即《地理志》之"塞外"。《地理志》所谓"塞外"，实指今甘肃省西南之青海各地；故近世言地理者，皆以青海河曲西北之大雪山当《禹贡》之积石山。余考，《穆天子传》言"癸丑，天子大朝于燕然之山，河水之阿。己未，天子大朝于黄之山。乙丑，天子西济于河。丙寅，用申八骏之乘，以饮于枝涛之中，积石之南河。"由燕然山至于积石南河，不过十四日程。且枝涛、枝阳，名义相近。《地理志》金城郡有枝阳县，《清一统志》谓"枝阳故城在今凉州府平蕃县，南接兰州府皋兰县界。"《穆传》枝涛，似即今之庄浪河；其所谓积石，应即《元和志》云"在枹罕者为小积石"。小积石，羌人谓之唐述。《水经·河水注》，"河水又东北，会两川，右合二水。河北有层山，山甚灵秀，山峰之上，立石数百丈，亭亭桀竖，竞势争高，远望参参，若攒图之托霄上。其下层岩峭举，壁岸无阶，悬崖云中，多石室焉，室中若有积卷矣。而世士罕有津达者，因谓之积书岩。岩堂之内，每时见神人往还，俗人不悟，乃谓之神鬼。彼羌目鬼曰唐述，因复名之为唐述山。"此唐述山西五十里有积石关，唐置积石军于此，因谓之积石山，以别于吐蕃中大积石，或谓之小积石。《史记正义》谓，"禹发源河水小积石山，浮河东北，至于龙门。"蒋廷锡《尚书地理今释》亦谓，"禹所施功，即此积石。"而阎若璩（《古文尚书疏证》）、胡渭（《禹贡锥指》）皆力诋其妄。余谓唐人所谓小积石，当因积书岩为名；《水经注》所谓积书岩，实即积石之音讹。《穆传》所谓，"饮马积石之南河"，以穆王行程及枝涛地望测之，应在今临夏（即古河州）西北。顾祖禹《读史方舆纪要》所谓"河州卫西北七十里有积石山，两山如削，黄河中流，西临蕃界，俗谓之小积石山，一名唐述山"，是也。《禹贡》云，"导河积石"，应即唐人所谓小积石，《水经注》所谓积书岩亦即穆王饮马处之积石南河。此积石山，于汉为金城枹罕地，应劭《地理志注》云，"故罕羌侯邑也"。西南诸羌，西汉以前，鲜通上国，河水经流，自非六国前人士所得寻脉；《淮南子》所谓"河出积石"者，自是先秦人踪迹所穷、所假定之河源，非河水果出于积石也。

积石以西，《淮南·地形》又谓"河出昆仑山，贯渤海"，《西山经》《北山经》俱谓潜于渤泽。渤泽者，盐泽也。（郝懿行《山海经笺疏》谓"渤，盐声之转"是也。）《汉书·西域传》谓即蒲昌海云：

西域在匈奴之西，乌孙之南。南北有大山，中央有河。河有两原：一出葱岭山，一出于阗，于阗在南山下，其河北流。与葱岭河合，东注蒲昌海。蒲昌海一名盐泽者也。去玉门阳关三百余里，广袤三百余里。其水亭居，冬夏不增减，皆以为潜行地下，南出于积石，为中国河云。

蒲昌海正为渤海之对音，颇疑《淮南》所谓"河出昆仑，贯渤海"，与夫《海内西经》"入勃海"说，皆自张骞所谓"盐泽潜行地下，其南则河源出焉"，演绎而成。张骞所谓，"于阗之西，水皆西流"，即今印度河与恒河；所谓"其东，水东流"，即《汉书》所称葱岭河，今之塔里木河。塔里木河，汉使所穷，但知二源，《水经》，"河水又南入葱岭山，又从葱岭出而东北流；其一源出于阗国南山，北流与葱岭所出河合"。《注》则谓，"河水重源有三，非惟二也。一源西出捐毒之国，葱岭之上，河源潜发其岭，分为二水，一水西径休循、难兜、罽宾、月氏、安息诸国与蜺罗跂禘水同注雷翥海。一水东径无雷、依耐、蒲犁、皮山诸国，又东与于阗河合。南源导于阗南山，北流，注于河，即《经》所谓北注葱岭河也。按：郦氏所谓入雷翥海之西源，实即今之印度河；而所谓径无雷国东合于阗河之西源，实即今之乌兰乌苏河；乌兰乌苏河、于阗河之间，今有叶尔羌河，则郦《注》所未详。塔里木河重源有三，郦氏亦但知其二。塔里木河东注蒲昌海（即今罗布淖尔）。蒲昌海以东，如何潜行而出积石？张骞穷源，既未目验，后来载记，陈陈相因，不求实致。余以《水经》"昆仑，河水出其东北陬，屈从其东南，流入渤海，……又东入塞，过敦煌、酒泉、张掖郡南，又东过陇西河关县北，洮水从东南来流注之。"疑即谓河水潜行，发于疏勒河，再由疏勒河，流于积石矣。

疏勒河出于青海北大通山西北麓，西北流径玉门县西北，又西径安西县（即古瓜州）北，又西径敦煌县北，注于哈拉湖，此东源也。其西源则出于阿尔金山北麓，北流，注于某小湖，折而东流，径玉门关北，入哈拉湖。疏勒河之西源，在玉门关外，正古之塞外也。自某小湖西至罗布淖尔，相距不过二百余里，中有沙漠间之，《汉书·地理志》谓之白龙堆沙。《佛国记》云，"夏坐讫，进至敦煌，显等随使先发，得太守李浩供给，度沙河"，即此。此沙河中，有无河床以沟通哈拉湖与罗布淖尔？今不可知。要张骞所谓，"盐泽潜行地下，其南，则河源出焉"，必指此地。何以知其然耶？《大宛传》言骞出使，"出陇西，匈奴得之。……骞从月氏、大夏，留岁余，还。并南山，欲从羌中归，复为匈奴所得。"骞之还也，"并南山"，当即《汉书·西域传》所谓，"从鄯善，傍南山北波河，西行，至莎车，为南道。"南道所经之北波河，即今车而成河，出于阿尔金山而东北流，注蒲昌海。贾耽《方域道里记》云，"自蒲昌海南岸，西经七屯城，汉休循城也。又西八十里至石城镇，汉楼兰国也，亦名鄯善。在蒲昌海南三百里。"（《唐书·地理志》引）据斯文赫定博士实地探验，楼兰遗址，尚在蒲昌海之西（详《亚洲腹地旅行记》）。则骞之东归，果能沿北波河而至蒲昌海，再经蒲昌海，渡沙河而入玉门关，较从羌中归为径。而骞途不出此，欲逾南山（即今阿尔金山），从羌中归（即今柴达木盆地）。由当时国际形势论，似欲避匈奴之截路；另一方面观之，未始不可疑骞之欲探河水真源也。观于《西山经》云，"积石山下有石门，河水冒以西流。"《北山经》又云，"敦薨之水，西南流，注于渤泽，实惟河源。"积石以西，水之西流者，今惟疏勒河及其支流党河为然。余故谓"冒以西流"之河水，实谓疏勒河；张骞所谓"潜源"者，非如后儒云潜行柴达木盆地而出积石，盖谓盐泽潜行沙河而通疏勒河。疏勒河出于大通出西北，与浩亹河不过一山之隔。浩亹河出大通山东北陬，东南流注于湟水。湟水东流，注于河。浩亹河虽为河水支流，而其源则与疏勒河极近。当昔华戎隔绝，中土人士，无由实测，疏勒、浩亹自得疑其经流相通，而谓浩亹河即河水之古源，疏勒河即所谓"河水冒以西流"矣。

由是言之：《水经》所谓，"昆仑虚在西北，河水出其东北陬，屈从其东南流，入渤海。又出海外，南至积石山下，有石门，河水冒以西南流"者，以今地名释之，当曰，"河出葱岭东北流为塔里木河，注于罗布淖尔。罗布淖尔潜行地下，至哈拉湖为疏勒河。疏勒河东行，又东南行，为浩亹河。浩亹河东南流入湟，湟水至禹所导积石山，是为河水。"为便省览，可为《水经注》所谓河源系统表如是：

葱岭河
于阗河 }——盐泽……（哈拉河）——疏勒河……浩亹河——湟水——（积石山）——河水

由是言之：河水之源，远矣！而杜佑非之，曰：

按，《水经》所作，殊为诡诞。《水经》所云，河出昆仑山者，宜出于《禹本纪》《山海经》；所云南入葱岭及出于阗南山者，出于《汉书·西域传》。而郦道元都不详正，所注河之发源，亦引《禹纪》《山经》，释法明《游天竺记》、释氏《西域记》。所注南入葱岭一源出于阗南山，合流入蒲昌海，虽约《汉书》，亦不寻究。又，《水经》云，出海外，南至积石山，下有石门，然后南入葱岭。据此则积石当在葱岭之北。又云，入塞，过敦煌、酒泉、张掖郡南，并今郡地也。夫山水地形，固有定体，自葱岭、于阗之东，敦煌、张掖之间，华人往来非少，从后汉至大唐，图籍相承，注记不绝，大碛巨数千里，未闻有桑田碧海之变、陵迁谷移之谈，此处岂有河流？纂集者不详斯甚。

又案，禹导河积石者，尧时洪水，下民昏垫，禹所开决，本救人患。积石之西，砂卤之地，河流小，地势复高，不为人患，不恶疏凿，以此施功发迹，自积石

286

山而东，则今西平郡龙支县界山是也。固无禹理水之功。自葱岭之北，其《本纪》灼然荒唐，撰《经》者，取为准的。班固云，言九州山川者，《尚书》近之矣，诚为惬当。其后，《汉书·西域传》云，河水一源出葱岭，一源出于阗，合流东注蒲昌海，皆以潜行地下，南出积石，为中国河云，比《禹纪》《山经》，犹较附近，终是纰缪。案，此宜惟凭张骞使大夏，见两道水从葱岭、于阗合流入蒲昌海，所以《骞传》遂云，穷河源也。案古图书，名河所出曰昆仑山，疑所谓古图书，即《禹本纪》。穷究诸说，悉皆缪误。孟坚又云，《禹贡》云，导河自积石，遂疑潜流，从此方出。且汉时群羌，种类虽多，不相统一，未为强国，汉家或未尝遣使诣西南羌中或未知自有河也。宁有吐蕃中河从西南数千里向东北流，见与积石山下河相连，聘使涉历，无不言之？吐蕃自云，昆仑山在国中西南，则河之所出也。又案，《尚书》云，织皮昆仑析支渠叟西戎即叙。又，范氏《后汉书》云，西羌在汉金城郡之西南，滨于赐支。《续汉书》曰，河关西千余里河曲羌谓之赐之，盖析支也。然则，析支在积石之西，是河之上流明矣。昆仑在吐蕃中，当亦非缪，而不谓河之本源，乃引葱岭、于阗之河，谓从蒲昌海伏流数千里，至积石山方出，斯又班生之所未详也。（《通典》卷一七四）。

此据唐代实探河源在吐蕃星宿川，不出蒲昌海，以辨正张骞以来所渭"河出昆仑，重源潜发，沦于蒲昌，出于海水"（《水经·河水注》文）至为明晰。即胡渭、董祐诚，坚守《水经》，笃信郦学，亦不能不谓"汉世河关以西，皆为羌中地，河水所经，人莫能睹"。（《禹页锥指》云）羌中河水，汉既莫睹，则张骞以来所谓"潜源重出"者不难一语道破，全为想像之辞。盖张骞归自"南道"，所见葱岭河、北波河水皆东流，而北波河如何潜行羌中，出于积石？则身未亲历，但凭东流印象，遂疑河水与葱岭、北波两河潜源相通，故意为之说曰，"盐泽潜行，河源出焉"。

实则"河出积石"者，中国人陈说也；"河出昆仑"者，羌胡之语也。羌胡所谓昆仑当如杜祐云"在吐蕃中"，不在葱岭。葱岭之名昆仑，据《大宛传》言，"天子案古图书，名河所出山曰昆仑"，明为汉武帝所臆定，决非《穆天子传》《禹本纪》所谓昆仑。《禹纪》言"昆仑高二千五百余里，日月所相避隐为光明"，宜即《西次三经》所谓，"渤山，西望日之所入，其气员，神红光之所司也。"顾据《经文》，渤山在积石西千八百三十里，自积石东至昆仑，尚千有四百余里；谓渤山即汉武所名"河所出山"可也，谓即《穆传》《禹纪》之昆仑则非。《禹纪》言，"昆仑高二千五百余里"，考之《西山经》自西次三经之首崇吾山西北至昆仑正得二千一百余之数如：

崇吾之山，西北　370 里曰不周之山；

又西北　420 里曰崒山；

又西北　460 里曰钟山；

又西　180 里曰泰器之山；

又西　320 里曰槐江之山；

又西南　400 里曰昆仑之丘。

2150 里

《山海经》为书，刘歆《七略》尝谓禹作。兹以崇吾至昆仑里程测《禹纪》所传昆仑高度，约略相当；则《五藏山经》为书；虽非禹作，亦必以《禹纪》为质。所不能无疑者，《禹纪》谓昆仑为日月所避隐为光明，应在西极，近于《大荒西经》所谓日月山；而《西山经》反谓在积石东。积石之东，有五阮、隃关；《汉书·律历志》虽尝谓之昆仑（另详《论炎帝大岳与昆仑山》）；然而非河源也。兹欲定河所出之昆仑山；不能不先论"昆仑山有五色水"。

《穆天子传》，"戊午，天子已饮而行，遂宿于昆仑之阿，赤水之阳。"郭《注》，"昆仑山有五色水。赤水出东南隅，而东北流，皆见《山海经》"。按，今本《山海经·西山经》但有河、赤、洋、黑，无弱水；《海内西经》但有赤、河、洋、弱，无黑水；其于洋水下又出"黑水"，弱水下又出"青水"，则后人比勘《西山经》与《禹贡》而增窜也。证之《淮南·地形》云：

> 河水出昆仑东北陬，贯渤海，入禹所导积石山；
>
> 赤水出其东南陬，西南注南海，丹泽之东；
>
> 赤水之东，弱水，出自穷石，至于合黎，余波入于流沙。绝流沙，南至南海；
>
> 洋水出其西北陬，入于南海，羽民之南；
>
> 凡四水者，帝之神泉，以和百药，以润万物。

汉初所传，昆仑所出，亦只四水；则郭璞所引《山海经》，疑涉《河图》而误（《文选注》引《河图》云，昆仑有五色水）。昆仑出四水，不独《淮南》为然。《穆传》既言"戊午，宿昆仑之阿，赤水之阳"矣。逾昆仑，则"庚辰，济于洋水……甲申，至于黑水"；洋水、黑水确在昆仑附近。更益以"河出昆仑"说，则昆仑出四水，实为晚周人所传道。由晚周人所传《禹贡》《穆传》如何演而为《淮南》《山经》之四大水，可以下表明之：

水 名 书 名	《禹贡》及 《禹本纪》	《穆天 子传》	《淮南· 地形》	《西山经》	《海内西经》
弱水	导弱水至合黎、余波入于流沙。		赤水之东,弱水出自穷石,至于合黎,余波入于流沙,绝流沙,南至南海。		《大荒西经》,西海之南,流沙之滨,赤水之后,黑水之前,有大山,名曰昆仑之丘,其下有弱水之渊环之。弱水[青水]出 昆仑 西南隅,以东,又北,又西南,过毕方鸟东。
黑水	道黑水,至于三危,入于南海。	甲申,至于黑水,西膜人之所谓鸿鹭。		昆仑之丘 黑水出焉,而黑流注于大杅。	
河水	导河积石,至于龙门。…… 《禹本纪》,河出昆仑。	饮马于枝渚之中、积石之南。	河出积石。 河水出昆仑东北陬,贯渤海,入禹所导积石山。	积石山,其下有石门,河水冒以西流。 昆仑之丘,河水出焉。西南流,东注于无达。不周之山,东望渤泽,河水之所潜也,其原浑浑泡泡。《北山经》,敦薨之山,敦薨之水出焉,而西南流,注于渤泽,出于昆仑之东北隅,实惟河源。	河水出 昆仑 东北隅以行其北,西南,又入渤海。又出海外,即西而北,入禹所导积石山。
赤水		宿于昆仑之阿,赤水之阳。	赤水出其 昆仑 东南陬,西南注南海,丹泽之东。	昆仑之丘 赤水出焉,而东南流,注于氾天之水。《大荒西经》,氾天之山,赤水穷焉。	赤水出 昆仑 东南隅,以行其东北,西南流,注南海,厌火东。
洋水 (一名 清水)		济于洋水,入曹奴。	洋水出其 昆仑 西北陬,入南海,羽民之南。	昆仑之丘 洋水出焉。而西南流,注于丑涂之水。郭《注》,洋水或作清水。《大荒南经》,大荒之中有山名朽涂之山,青水穷焉。	洋水[黑水]出 昆仑 西北隅,以东,东行,又东北,南入海,羽民南。

观于此表,可知《西山经》所谓四大水与《穆传》同,盖皆晚周人遗说,《海内西经》所谓四大水,实沿袭《淮南·地形》;又未可指《海内西经》所云,即《西山经》之四大水也。

四大水中之洋水,郭璞注《山海经》但引《穆传》"济于洋水,曹奴人觞天子于洋水之上",而不详其地望。高诱注《淮南》则谓,"洋水经陇西氐道,东至武都为汉阳。或作养水。"养,《水经》又作漾,云,"漾水出陇西氐道县嶓冢山,东至武都沮县为汉水。"郦《注》亦引《穆传》为证。又引阚骃说,"汉或为漾。漾水出昆仑西北隅,至氐道，重源显发而为漾水。"按，《水经》所谓漾水，即西汉水，今曰白龙江。江水出西倾、岷山间亦寺，东行，又东南行，入嘉陵江。与《海内西经》所谓"洋水出昆仑西北隅，以东，东行，又东北，南入海"，经流约略相似。顾，洋水，《海内西经》又谓之黑水，郭璞又谓或作清水。更验之《穆传》云，"庚辰，济洋水；辛巳，入曹奴；壬午；天子北征，东还；甲申，至于黑水。"洋水距黑水不过三日程，且其经流尚在黑水西南。兹欲知洋水所在，必先论定黑水。

《禹贡》，"导黑水，至于三危。"郑玄注，"《地理志》，益州滇池，有黑水祠，而不记此山川所在。"近世言地理者，多谓益州黑水，即今怒江。《尚书正义》引郦道元《水经》则谓，"黑水出张掖鸡山，南流至敦煌，过三危山，南流入于南海。"《御览》引《张掖记》亦谓，"黑水出县界鸡山，亦名玄圃。昔有娀氏女简狄浴于玄丘之水，即黑水也。"鸡山，《说文》作屼山云，"或曰，溺水之所出。"溺字下又引桑钦说，"溺水，自张掖删丹，西至酒泉，合黎，余波入于流沙。"此即《地理志》张掖郡删丹县下所谓"桑钦以为导弱水自此，西至酒泉合黎也。据此，则黑水即弱水。

《禹贡》，"导弱水，至于合黎，余波入于流沙。"郑玄《注》，"弱水出张掖流沙，名居延泽，"此因《地理志》"居延泽，《古文》以为流沙"（见张掖居延县）为说也。又引《地记》云，"弱水西流，入合黎山，余波入于流沙，通于南海，"则大异《水经》所云矣。《水经》有弱水，今本亡佚，据赵一清《补弱水》云：

> 《禹贡锥指》曰，弱水，《经》不言所出。桑钦以为出张掖删丹县。郑康成曰，众水东流，此独西流。而《水经注》无之。其所经入，不可得而详也。一清按：《史记索隐》曰，《水经》曰，弱水出张掖删丹县，西北至酒泉会水县，入合黎山腹。是唐时尚有《弱水篇》。张守节《正义》亦云，合黎水出临松县东，而北流径张掖故城下，又北流，至县北二十三里，合弱水。弱水自合黎山折而北流，径沙碛之西，入居延泽，行千五百里。又《汉志》金城郡临羌县下云，有弱水。《说文》曰，弱水自张掖删丹西至酒泉，入于流沙。观此，则弱水之源委，约略可得矣。（《水经注释》卷四十）

弱水出于张掖删丹，今故谓之张掖河，或曰删丹河。《禹贡锥指》，"张掖河，即古羌谷水也。出山丹卫西吐谷浑界，北流径张掖县北，合弱水为张掖河。今俗谓之黑河，自下通兼弱水之目。"又据李禹门目验所得云，"张掖河，土人呼为黑河。其水远望之黝然而黑，掬之，实白水也。但与黑沙滚行，望之若黑水耳。"《清一统志》，"今黑河上源东北流二百里许，至府（按即甘州府）西北合弱水；其源比弱水差短，而流特盛，自汉以来皆主此水言，就《禹贡》言，则此亦弱水之源也。"弱水源出黑水，汉曰羌谷水。羌洋一声之转，《穆传》所谓洋水，余故疑即羌谷水。羌谷水土名黑河，黑河即黑水；故《海内西经》于洋水下又注云"黑水"。使从《海内西经》定说黑水即张掖河（丁文江编著《中国分省新图》名为甘州河），则《穆传》所谓洋水又应于张掖河西求之。考张掖河西，今有临水（一名北大河），会洪水，东北流注弱水，殆即汉之呼蚕水。《地理志》，"呼蚕水出南羌中，东北至会水，入羌谷。"由《水经注》互摄通称为例，呼蚕宜兼羌谷之名，得谓即《穆传》所谓洋水。由是言之：《穆传》所谓洋水，实即弱水之西源；所谓黑水，即弱水正源，今之张掖河矣。

若赤水，《穆传》明谓在昆仑之南。《庄子·天地》亦谓，"黄帝游乎赤水之北，登乎昆仑之丘，而南望还归，遗其玄珠。"董祐诚《水经注图说》据今金沙江发源于昆仑山脉，名曰乌兰木伦河，谓"蒙古谓赤色为乌兰，乌兰木伦，盖即赤水。"毕沅校《山海经》则疑即浩亹河。考之《离骚》云，"忽吾行此流沙兮，遵赤水而容与。"则赤水亦应在积石西北，流沙之中，或即弱水东源，所谓删丹河。删丹河得名于删丹山。《唐书·地理志》，"删丹山，即焉支山，语讹也。"《括地志》亦谓，"删丹山，一名焉支山。"《史记·匈奴传》"汉使骠骑将军去病将万骑，出陇西，过焉支山千余里击匈奴。"《索隐》引《西河旧事》云，"匈奴失祁连、焉支二山，乃歌曰"亡我祁连山，使我六畜不蕃息；亡我焉支山，使我妇女无颜色。"则焉支即今语胭脂，谓其色丹，故汉人谓之删丹。《大荒北经》，"有如州之国，有丹山。有大泽，方千里，群鸟所解。"郭《注》，"此山纯出丹朱也。《竹书》曰，和甲西征，得一丹山。"余谓丹山即删丹；所谓大泽，即弱水所注居延泽。丹之与赤，色相若也。则《穆传》所谓赤水，余故谓即删丹河。《括地志》，"兰门山，一名穷石，在删丹县西南七十里，弱水所出也。"此即《淮南》所谓，"弱水出自穷石"也。弱水，《海内西经》谓即青水。青水，《西山经》又作洋水。洋水入弱，既兼弱水之名；则删丹入弱，亦得兼名青水。若《淮南》云，弱水在赤水之东，盖因互摄通称，又误黑水为赤水。使以弱水干流当《离骚》所谓赤水，则删丹水正位赤水东南。余故谓赤水即弱水之东源。

据上所论，则由《穆传》所传递演而成昆仑四大水源，除河水外，余皆为弱水之别名。弱水东源为赤水，西源为洋水，正源为黑水；其名称演变，可列为简表如次：

如是，虽与《淮南》及《海内西经》未能契合；则与《穆天子传》所记里程毫无扞格。

以《穆传》里程及河流方位寻昆仑山，则汉武"名河所出山为昆仑"之前，凡先秦载记所谓昆仑山，余敢谓即祁连山。

祁连山位于柴达木盆地东北，西接阿尔金山，北临酒泉、张掖。《汉书·武帝纪》，"元狩二年（公元前一二一年），匈奴昆邪王杀休屠王，并将其众，合四万余人来降，以其地为武威、酒泉郡。元鼎六年（公元前一一一年），匈河将军赵破奴出令居，不见虏而还。乃分武威、酒泉地，置张掖、敦煌郡。"张掖者，应劭《地理风俗记》云，"言张国臂掖，以威羌狄。"（《水经·河水注》引）则《史记·匈奴传》谓，"汉西置酒泉郡以隔绝胡与羌通之路"是已。《汉书·地理志》谓，"张掖为匈奴昆邪王地"，实为休屠王之误。《史记·卫将军骠骑传》，"元狩二年春，以冠军侯去病为骠骑将军，出陇西，过焉支山千有余里，杀折兰王，斩卢胡王，执浑邪王子，收休屠王祭天金人。其夏，遂过小月氏，攻祁连山，得酋涂王。"酋涂王，《索隐》谓即单桓酋涂王之省文。余谓，即休屠王之异译。休屠王地在祁连山阴，又可于汉置酒泉、张掖郡故事证之，则祁连山当为匈奴语音译。

《史记·匈奴传》，"过令居，攻祁连山。"《索隐》曰，"祁连山，一名天山，亦曰白山。"此沿袭颜师古《汉书注》说也。《汉书·霍去病传》，"去病至祁连山，斩首虏甚多。"颜《注》云，"祁连山，即天山也。匈奴呼天为祁连。"又，《武帝纪》，"天汉二年（公元前九九年）贰师将军出酒泉与右贤王战于天山。"颜《注》云，"天山，即祁连山也。匈奴呼天为祁连，今鲜卑语尚然。"而"贰师将军出酒泉，战天山"，在《史记·李将军传》正谓"贰师将军将三万骑击匈奴右贤王于祁连天山。"是知祁连本匈奴语天山即其意译。祁连，今音 Ki-Lien，德人 P. Schmidt 所著 Den Lantwandal im Mandschu und Mongolischen 及日人白鸟库吉所著《蒙古民族之起源》均谓与东胡语 Kulun 同根。Kulun 今译为"库伦"（外蒙地名）实即 Pulau Kundur 之音转。Pudau Kundur 余于《论炎帝太岳及昆仑山》已说明即"陆浑"之初名；而 Kundur 马来土语或转为 Kun-non，六朝以来，中土载记，常译为昆仑。余故谓祁连（Ki-Lien）即昆仑（Kun-non）之对音；今蒙古语之"库伦"（Kunlun），亦天山之谓。天山者，天神所在之山。霍去病所获"休屠王祭天金人"应为攻祁连山所得。《史记·匈奴传》及《骠骑传》均次"得休屠王祭天金人"于"攻祁连山"之前，疑或传闻有误，其事实当为"攻祁连山，得休屠王祭天金人。"《传》云，"天子曰，骠骑将军逾居延，遂过小月氏，攻祁连山，得酋涂王"，酋涂王即休屠王，可为余说坚证。

《西山经》，"天山，有神焉，其状如黄囊，赤如丹火，六足四翼，浑敦无面目，是识歌舞，实惟帝江也。"帝江，文十八年《左传》作帝鸿云，"帝鸿氏有不才子，天下谓之浑敦。"浑敦，《庄子·应帝王》作浑沌，且尊以为"中央之帝"。帝者，天帝也。

《西山经》曰，"昆仑之丘，是实惟帝之下都。"《海内西经》亦曰，"海内昆仑之虚，在西北，帝之下都。"帝之下都者，郭璞《注》云，"天帝都邑之在下者也。"天帝，《穆天子传》则谓之黄帝云，"吉日辛酉，天子升于昆仑之丘，以观黄帝之宫，而封丰隆之葬。"黄帝，由《吕氏春秋·十二纪》说，正是中央之帝；而帝鸿，贾逵《左传注》亦谓即黄帝；则昆仑丘上黄帝之宫，即是中央帝浑沌所在。浑沌，余于《由鲧堙洪水论舜放四凶》中已说明即 Kundur 之对音，而 Kundur 又为"祁连"之音转；余故谓周穆王所升昆仑丘，即匈奴休屠王祭天之山，所谓祁连矣。《周语》，"穆王将征犬戎。祭公谋父谏曰，不可。吾闻夫犬戎树惇帅旧德而守终纯固，其有以御我矣。"犬戎即匈奴，无待辞费。若"树惇"，韦昭训为"立性惇朴"。兹由《穆天子传》所传昆仑丘即匈奴传所传休屠王祭天之山考之，则树惇宜即休屠对音，匈奴部族之蕃息于酒泉、张掖也久矣。

另一确证，足以说明先秦载记所传昆仑即祁连者，则惟《汉书·地理志》。《志》云，"金城郡临羌县，西北至塞外，有西王母石室，仙海、盐池。北则湟水所出东至允吾，入河。西有须抵池，有弱水、昆仑祠。"《水经》，"河水又东过金城允吾县北"《注》，"金城，郡治也。汉昭帝置，王莽之西海也。河水径其南，不在其北。南有湟水，出塞外，东径西王母石室石釜，西海盐池北，故阚骃曰，其西即湟水之源也。湟水又东南流，径龙夷城，故西零之地也；又东南径卑禾羌海北。有盐池。阚骃曰，县西有卑禾羌海者也。世谓之青海。"《方舆纪要》则谓"西海，亦曰零海，亦曰青海，亦曰卑禾羌海，亦曰鲜水、亦曰允吾谷盐池，西海则其总名。"西海，董祐诚《水经注图说》则谓即仙海云，"仙海，蒙古曰库克诺尔，谓青；盐池在其西南，蒙古曰达布逊诺尔，谓盐。今湟水出青海东北，有二源：东曰博罗冲克克必拉，西曰昆都仑必拉，合而东南流，下流曰西川河，皆青海东境也。"湟水西源曰昆都仑，简译即为昆仑；是《汉志》所谓昆仑祠，应在湟源附近。《海内西经》所谓"昆仑南渊"深三百仞，亦即今之青海。直青海北，古曰昆仑，今则惟大通、托赖、祁连诸山，统而言之，亦得谓之祁连山。祁连山，《汉志》又尝谓之南山。《十六国春秋·前凉录·张骏传》言，"酒泉太守马岌上言，酒泉南山，即昆仑之体。周穆王见西王母，乐而忘归，谓此山也。上有石室王母堂，珠玑镂饰，焕若神宫，《禹贡》昆仑在临羌之西，即此明矣。宜立西王母祠，以禆朝廷无疆之福。"证之《淮南·地形》云，"西王母在流沙之濒"，《括地志》云，"昆仑在今肃州酒泉县西南八十里。"有是历史传说，余知酒泉南祁连山，必为周穆主所升昆仑之山。

知古昆仑即今祁连也，则穆王"宿于昆仑之阿，赤水之阳"，应即弱水东源删丹河之上流；所谓"升于昆仑之丘，以观黄帝之宫"，应即酒泉南山；所谓"天子北征，舍于珠泽，珠泽之数，方三十里"，应即南山北麓之海子；所谓"济于洋水"，应即弱水西源，今之临水；所谓"至于黑水"应即弱水正源，今之张掖河。弱水东西二源环抱祁连，正《大荒西经》所谓，"西海之北，（北，今本通误为南，兹由昆仑南渊说，改为北），流沙之滨，赤水之后（即西），黑水之前（即东），有大山，名曰昆仑之丘，其下有弱水之渊环之"矣。

昆仑所出四大水，赤水出其东南，洋水出其西北，与祁连山所出之删丹河、临水方位适合，由是以论，"河水出昆仑东北陬"，若非浩亹河，即指湟水。

浩亹河，亦曰阁门河，亦曰大通河。《水道提纲》，"大通河，源出青海之西北境，阿木你厄枯山南，有池水，东南流，曰乌兰毋伦河。东百五十里，有哈尔昏河自北来注之。又东北，有满楚客河自西北来会，东径甘州府南边外番大山，南流八百里至西大通堡，入边，经堡西。又东南会湟水，至苦水堡西南，南入黄河。即古浩亹水地。"朱思本《河源记》则谓"浩亹河源自删丹县南删丹山下，东南流七百余里入湟水，而注于黄河。"（详《元史·地理志·河源附录》）《汉书·地理志》则谓，"浩亹水出西塞外，东至允吾入湟水（见金城郡浩亹县）。临羌，北则湟水所出，东至允吾入河"（见金城县临羌县）。《水经》，"河水又东过金城允吾县北。"《注》则详于湟水而略及浩亹；盖自汉武帝"度河湟，筑令居塞"（详《后汉书·西羌传》），赵充国"治湟？以西道桥七十所，令可至鲜水，以服群羌，"（详《汉书·赵充国传》）河、湟之间，遂与金张并重，湟水之名，乃显于浩亹。浩亹，阚骃谓，"浩读阁也，故亦曰阁门河。"（《水经·河水注》引）颜师古亦谓，"俗呼此水为阁门，盖疾言之浩为阁耳"。余谓浩湟阴阳对转，互摄通称，浩亹或即湟水异名。《水经·河水注》谓，"湟水出塞外东，径西王母石室石釜西海盐池北，"此糅合《汉志》临羌县所云为文也。朱思本《河源记》则谓，"湟水源自祁连山下正东流，千余里，注浩亹河，与黄河合。"黄湟同音，古常通用。《夏小正》"湟潦生萍"，《左传》则作"潢汙行潦之水。"（隐三年《传》）又《庄子·齐物论》，"是皇帝之所听荧也。"《释文》，"皇帝本又作黄帝。"则湟水又得谓即黄河之异名。

《尔雅·释水》，"河出昆仑虚，色白，所渠并千七百一，色黄，百里一小曲，千里一曲一直。"《水经·河水注》，"《物理论》曰，河色黄者，众川之流，盖浊之也。汉大司马张仲议曰，河水浊清，澄一石水六斗泥；是以黄河兼浊河之名矣。"证之成公子安《大河赋》云"览百川之宏壮，莫尚美于黄河，潜昆仑之峻极，出积石之嵯峨"，则河水之别名黄河，盖肇于汉代，而著于六朝。六朝以来，谓之黄河者，由《尔雅》及《物理论》言，为其水色黄也，实则泾清渭浊，滚滚长江，当夫夏洪汹涌，挟岸沙以下，流亦未尝不黄。余谓黄河为名，源自湟水。湟水之湟，得声于皇。皇之见于古籍者，或曰皇天，或曰皇帝，或曰皇天上帝（详顾颉刚《三皇考·二皇字的原义》节），皆谓天神，则所谓湟水者，亦天河或神水之谊。《诗·小雅·大东》，"维天有汉"，《传》云，"汉，天河也。"《正义》引《河图括地象》则谓"河精上为天汉。"《孝经援神契》亦曰"河者，水之伯，上应天汉。"（《水经·河水注》引）李白诗云，"黄河之水天上来，"自是两汉方士传统神话。观于《淮南子》云，"河、赤、弱、洋，凡四水者，帝之神泉，"可知河水之名黄河亦得名于天潢，与湟水得名于皇天，谊实同贯。有是因缘，乃知湟水即先秦人所传河水之正源；凡先秦载籍所谓"河出昆仑"者，即《河源记》所谓"湟水源自祁连出"。湟水源自祁连山，此华夷杂语也，若译以今语，即为"天水出自天山"，天水出自天山，若更转译为西域语言，即为"河出昆仑"。余故曰"河出昆仑"者，羌胡之语也；华言则为"河出积石"。

"河出积石"，由《穆传》"饮马积石之南河"，余已说明即唐人所谓小积石。此小积石，正当湟水入河之西隅，再西则为群羌之地，河水所经，周以前士大夫，未能实测，故《禹贡》但言"导河积石"。暨乎六国，华夷交通渐繁，羌胡所谓"河出天山"传入中土；于是中土载籍，又盛传"河出昆仑"说。但其时所谓昆仑山，即今祁连山；所谓河源，即今湟水；未尝涉及葱岭与巴颜喀喇山也。自张骞西征，归自南道，目睹葱岭、于阗、北波诸河，水皆东流，疑与盐泽东疏勒河潜源相通，而疏勒河源出祁连山，与浩亹河又不过一山之隔。不幸骞为匈奴所获，未及实探，仍创为"河水潜源重发"之说；于是河水之源，乃西伸至于葱岭。汉武帝不察，因案《禹本纪》《山海经》等传说，名"河所出山为昆仑"，《水经》及《注》，大申其说，故汉以来所谓昆仑，非先秦人传说之祁连山。吐谷浑之乱，唐太宗命任城王道宗追击之，至于星宿川，览观河源，不意河水真源，竟得于吐番。清圣祖更命侍卫锡拉穷探河源，乃知河之真源，犹在星宿海西，出于巴颜喀喇山之噶达素齐老峰；于是近世地理学家，又名巴颜略喇山为昆仑。故今日所谓昆仑，又非汉武帝所名之葱岭。

总之，"河出昆仑"，有先秦人解说，有汉魏六朝人解说，有唐元以来人解说；昆仑所在，常因历代所穷河源不同而异其地。若，不问地望，但寻其语源，则羌胡言"河出昆仑"，即华语"河出天山"。

一九三九年八月一日写于三台，
一九四〇年六月刊于《史董》第一册

"河出昆仑"神话地理发微

叶舒宪

"河出昆仑"是中国式的神话地理观的一个核心命题,它关系到华夏国家文化认同与大中华地理版图的形成,具有十分重要的文化价值和历史意义。近代以来,西方科学的地理学观念传播到中国,《禹贡》和《山海经》等古籍获得"早期地理学著作"的桂冠,而"河出昆仑"的观念却得到证伪①,黄河之源被改判为青海腹地的巴颜喀拉山北麓(元代的考察认为是在该地的星宿海),"河出昆仑"说遂遭到学界的一致批驳和讨伐,如今类似被废弃的旧物,只是在讨论历史上的错误认识时才被偶然提起。本文基于文化自觉的再启蒙意识,依据中国文化基因中科学和哲学等均为弱项,而神话信仰则是第一强项的事实,从"神话中国"视角重新审视"河出昆仑"说的观念由来,解释河出昆仑假象与白玉出昆仑的事实真相之相互关联,并在此基础上重新评估这一神话地理观的本土信仰基础和文化价值所在。

一 "神话中国"视角 VS 西方"科学"视角

西学东渐以来,西方文明引以为荣的"德先生"与"赛先生"进入中国,产生了具有统治力的思想效果。伴随着西方式大学教育制度的确立,一批批受过西方科学熏陶的新学子彻底取代了过去国学培育出的传统知识人。他们在打倒孔家店的圣人偶像之后,让科学的权威发挥出具有法律准则一般的作用。时至今日,科学话语成为让人顶礼膜拜的东西。

在这种西风东渐的时代风潮作用下,一位英国剑桥大学生物化学专业的毕业生李约瑟,由于从 1937 年始受到三位中国留学生的影响,开始思考"为什么中国人没有发展

---

① 钮仲勋:《黄河河源考察和认识的历史研究》,《中国历史地理论丛》1988 年第 4 辑,第 39~50 页。

出近代科学"的问题①，并且一发而不可收，写出多卷本《中国科学技术史》②，将西方学术分科的视角一一落实到中国传统学术的再认识之中，取得举世瞩目的成就。中国学界也以最高规格的礼遇，组织最强阵容的科学家和翻译家队伍，翻译出版整套的《中国科学技术史》。影响所及，中国学者按照西方视角撰写的分门别类的中国学术史如雨后春笋般涌现，诸如各种各样的《中国哲学史》、《中国思想史》、《中国地理学史》、《中国化学史》大行其道③，好像中国传统中自古就有这些学科名目似的。久而久之，其混淆文化特质、遮蔽本土文化原貌的副作用就随着制度传播的效果而日益显现出来。

中国文学人类学一派秉承人类学研究本土文化的"内部视角"原则，在 20 世纪 90 年代针对西方的"哲学"概念不完全适用于中国的情况，提出"中国神话哲学"的修正性命题；在 2004 年出版的《山海经的文化寻踪》④ 一书中，又针对西方"地理科学"概念，给《山海经》这部古书重新定性为"神话政治地理"。2009 年，再度针对西方"历史科学"观的误导效应，倡导"中国的神话历史"的跨学科研究范式，并同时提出重新认识中国文化特质的重要学术命题——"神话中国"。其首先要反驳的偏见就是德国学者雅思贝尔斯提出的世界历史之"轴心时代"说。我们认为只有西方文明在所谓轴心时代（公元前五世纪前后）完成科学和哲学的突破，发展出其自身的科学观乃至近代的"历史科学"观，世界上其他国度并未出现同类性质的思想变革，不可同日而语。中国自夏商周到清末的太平天国，一直也没有发生过科学革命，所以始终都笼罩在"天人合一"神话信仰的制约中。这样就不能催生出以探索自然为目标的自然科学体系，也不会有以形而上的理论思辨为特色的哲学学科。现代学人挪用外来的西方科学标准反观本土文化时，不加区分地采用非此即彼的两端论判断，致使许多富含文化特质的传统命题遭到"证伪"的厄运。类似情况就如同依据西医的解剖学或 X 光透视，去"证伪"和否认中医传统的经络穴位说一样。经历一个盲目崇拜西方的轮回之后，中国学界现在总算有了反思的自觉，回归到"中国有哲学吗"这样的起点问题。有关黄河源问题的探讨，需要同样的反思和回归：中国传统的地理学是怎样一种"神话地理"？为什么会这样？

① 李约瑟 1991 年 1 月 14 日为《李约瑟与中国》一书写的序，参见王国忠《李约瑟与中国》，上海科学普及出版社，1992，第 3 页。
② 李约瑟：《中国科学技术史》内部发行本，翻译组译，科学出版社，1975。李约瑟：《中国科学技术史》（第 1~6 卷），袁翰青、何兆武等译，科学出版社、上海古籍出版社，1990~2013。
③ 肖箑父、李锦全主编《中国哲学史》，人民出版社，1999。侯外庐主编《中国思想史纲》，中国青年出版社，1980。王庸：《中国地理学史》，商务印书馆，1956。郭宝章：《中国化学史》，江西教育出版社，2006。
④ 叶舒宪、萧兵等：《山海经的文化寻踪》，湖北人民出版社，2004，第 51 页。

1982 年问世的王成组著《中国地理学史》就是这样一个典型案例，其中凡是讲到河源的内容，都会摆出严肃批判的架势，以科学为标准，对古书中的相关记载给予否认性的评价：或否认其主观性想象，或扣上一顶"唯心主义"的帽子。如其对《山海经》的相关评述：

　　河（黄河）源潜流之说，和最下游的禹河稳定一说遥遥相对，同样是我国历史上发生过长期影响的主观思想。

　　……以上几点互相影证，足以表明《山经》夸大河源遥远，费尽心机，既用潜流，又用大泽，都是散布在冀州的西河以西。按《西次三经》，从东端的崇吾之山往西北六百七十里到不周之山，从此往西北八百四十里，折向西五百里，又转西南四百里到昆仑之丘。再往西二千一百里才到积石之山，距离临近西河的崇吾之山，共达四千九百七十里。这些中间所经过的其它好些山，这里一概从略。

　　《山经》的作者虽然一方面企图篡改《禹贡》的"导河积石"，一方面又不敢过于露骨。他一方面强调"出于昆仑之东北隅，实惟河源"，一面又说"积石之山，其下有石门，河水冒以西流"。积石既是在昆仑之丘以西二千一百里，河水说成从山下的石门冒出，就影射河源实际在昆仑之丘而潜流到积石。但是积石的河水竟然"冒以西流"，对于中国的河就风牛马不相及，这样就等于推翻"导河积石"，又不得不提到积石，造成前后矛盾①。

　　总之，《五藏山经》的大多数山名，都是作者臆想中的仙山琼阁，信手拈来，中间却穿插着荒凉到无水、无草木的程度。河水的潜流和走向，因此也难以捉摸。汉代的开拓，继战国时代之后，从黄河上游推展到西域，汉儒就企图把昆仑和潜流等现象都在地面上落实，于是更加扩大《山经》的幻想和客观实际的矛盾②。

　　由于《山海经》所体现的是古人的神话地理或神话政治地理，其文化功能在于权力叙事和国家版图与物产的掌控确认，它既不可能是完全客观的地理描述，也不是纯粹主观幻想的创作产物，而是依托现实地理山河物产的实际情况加以整合再造的体系③。如果《山海经》只有"幻想"而没有客观实际的内容，"费尽心机"或"信手拈来"

---

①　王成组：《中国地理学史》，商务印书馆，1982，第 23 ~ 24 页。
②　王成组：《中国地理学史》，商务印书馆，1982，第 23 ~ 24 页。
③　叶舒宪、萧兵等：《山海经的文化寻踪》，湖北人民出版社，2004，第 51 ~ 74 页。

去造假的话，恐怕非不能成为地理之书，反倒是能成为世界科幻文学的鼻祖了。很可惜，迄今为止也没有人出来论证《山海经》的科幻性质，反倒是越来越多的学人认识到这部奇书的本土知识价值，并尝试从各方面展开探讨。目前看来，较稳妥的探讨方式，还是从孕育《山海经》的上古人之世界观和文化观为出发点，而不是一味挪用本土文化所没有的外来标准。

《中国地理学史》写到秦汉时代的地理思想，对《汉书·西域列传》所表现的西域地理观做出如下评价："关于西域的水道，得到了进一步的了解。'其河有两源，一出葱岭山，一出于阗。于阗在南山下，其河北流与葱岭河合，东注蒲昌海。蒲昌海，一名盐泽者也，去玉门、阳关三百余里，广袤三百里。其水停居，冬夏不增减，皆以为潜行地下，南出于积石，为中国河云。'这次初记葱岭河和蒲昌海之名。以蒲昌海冬夏不增减立论，假定为潜行地下通中国河。明知蒲昌海又名盐泽，必然水咸，而河水不咸，显然相通之说是武断。河出昆仑和潜流通中国河的谬说，从此竟然流传得影响深远，把黄河河源问题，引入歧途。"① "河出昆仑"说来自远古华夏族群的坚定信仰，斥责其为"谬说"，就像对教堂里读《圣经》的信众说亚当、夏娃和伊甸园都是不存在的"谬说"一样，有同风车作战的嫌疑，这或许更是以今度古式的苛求于古人。对此更需要考虑的是，为什么会有一旧一新两种不同的"河出昆仑"说，为什么《汉书》要特意强调"潜行地下"说，以此来调节新旧昆仑地望之间的矛盾。② "河水潜行"说还有另一个名称，叫"河出伏流"。始见于《淮南子·地形训》"河出积石"一句，汉人高诱注："河源出昆仑，伏流地中方三千里，禹导而通之，故出积石。"③ 这就把《禹贡》的"导河积石"说④与《山海经》的"河出昆仑"说，前后衔接为一个整体。

如果说《中国地理学史》对《禹贡》和《山海经》的批判还比较客气的话，那么同书中对北魏地理学家郦道元《水经注》的批判则显得更加严厉，认为它完全被《山海经》所误导，对有关"河出昆仑"的唯心主义谬说做出最大的一次推波助澜。

　　对于较大水道的认识，发展到"穷源竟委"，必须经历沿线与各地居民的具体接触和交往。郦氏《水经注》的创作，抱有这一种雄心壮志，但是在十五个世纪

① 王成组：《中国地理学史》，商务印书馆，1982，第41。
② 姚聪喆：《黄河源与河出昆仑和积石山》，芈一之主编《黄河上游地区历史与文物》，重庆出版集团，2006，第219~225页。钮仲勋：《黄河河源考察和认识的历史研究》，《中国历史地理论丛》1988年第4辑，第39~50页。
③ 刘文典：《淮南鸿烈集解》，中华书局，1989，第150页。
④ （清）孙星衍：《尚书今古文注疏》，中华书局，1989、2004，第188页。

以前的各种社会条件下，资料的来源不完全可靠。由于他过分信赖《山海经》（尤其是其中的《五藏山经》和《海内西经》部分），以及《穆天子传》一类的书，在自己的著作中，许多水道的注文既是广泛引用这些书的资料，经文里面就突出"河出昆仑"等的谬论。以至在水道发源与潜流重发方面，《水经注》就成为唯心观念的大泛滥。

河水（黄河）干流五卷中卷一和卷二的开头部分，唯心观念最是严重。经文首先提出"昆仑墟在西北，去嵩高（嵩山）五万里，地之中也，其高万一千里"。这个昆仑墟远远不同于汉武帝的命名于阗南山为昆仑。"（河水）出其东北陬，屈从其东南流入渤海（这是幻想的海），又出海外，南至积石山，下有石门。"这个积石山影射《五藏山经》的积石，对于《禹贡》和汉儒的积石都不相关。以上在卷一。卷二前半又称："又南入葱岭山，又从葱岭出而东北流。其一源出于阗国南山，北流与葱岭所出河合，又东注蒲昌海。又东入塞过敦煌、酒泉、张掖郡南。又东过陇西河关县北，洮水从东南来，流注之。"

这些经文，前一半主要拼凑《山海经·海内西经》的有关各段；后一半修改汉儒的河出昆仑说，再加以制造出更多的错误。其一，分外夸大昆仑墟的距离与高度。其二，卷一以积石山收尾，而卷二以"又南入葱岭山"衔接，形成积石山位于葱岭之北，不同于汉儒所假定的部位。其三，蒲昌海以下，走向改为"入塞过敦煌、酒泉、张掖郡南"。避免明说潜流地下。下文讲到汇合洮水，才真正接触到河水的上游。全文除去蒲昌海的水系客观存在之外，都是出自主观想象。而蒲昌海水系实际上与河水无关。[1]

这种用科学地理观批驳神话地理观的做法，貌似公正合理，言之凿凿，其实不过是张冠李戴。因为"河出昆仑"是上古华夏的所信奉的神话教义，具有民族国家认同的标的意义。之所以如此，一个重要因素是此说和玉出昆仑的事实纠缠在一起，尤其是白玉出昆仑的客观事实。在周代以来逐渐形成的白玉崇拜的国家官方意识作用下，白玉的存在使得昆仑的神圣性和重要资源意义大大增强。[2]古老的神话信念不但是不能轻易改变的，而且一定受到华夏最高统治者的青睐。一旦西汉武帝的钦定性命名行为，将昆仑地望从甘青地区拓展到新疆南疆的于阗，这就必然在新旧观念之间催生出明显的矛盾，所有坚持信念的后人只能尽其所能去调和这些矛盾，如班固写《汉书·西域列传》时所

---

① 王成组：《中国地理学史》，商务印书馆，1982，第137~138页。
② 叶舒宪：《白玉崇拜及其神话历史》，《安徽大学学报》2015年第2期。

做的那样，而不是推翻"河出昆仑"说本身，否则就等于抹杀了数千年来玉石宗教崇拜说及其新权威观点。换言之，"河出昆仑"成为华夏神话地理观的第一条教义，在饮水思源的意义上成为所有生活在黄河流域的居民的共同信念。"黄河重源"说有效地将青海积石山下的实际黄河与被想象在西域的昆仑山河源串联起来，成为一个庞大水系的整体。罗布泊即古代的蒲昌海或盐泽，则被视为昆仑河水向东流注的产物，由此潜入地下成为暗流，这是先民根据沙漠戈壁地带的水流经常干涸（成为无定河、秃尾河，现代又称内陆河，即不流向大海的河）的日常经验，想象出来的黄河上游情况。郦道元自己也没有实地考察过河西地区的水系，他只有遵循和采纳民间的说法。即使在清代，乾隆皇帝在乾隆四十七年（1782 年）派遣侍卫阿必达前往青海寻找黄河真源，将河源由星宿海再度上溯到噶达素齐老峰。乾隆钦定的《河源纪略》一书，仍然维持旧说与新说的调和观点，坚决不放弃"潜流地下"的想象景观。

　　考自古谈河源者，或以为在西域，或以为在吐蕃。各持一说，纷如聚讼，莫能得所折衷。推索其由，大抵所记之真妄，由其地之能至不能至；所考之疏密，由其时之求详不求详。《山海经》称禹命竖亥，步自东极，至於西极，纪其亿选之数，其事不见于经传。见经传者，惟导河积石，灼为禹迹所至而已。故《禹本纪》诸书言河源弗详，儒者亦不以为信。汉通西域，张骞仅得其梗概，以三十六国不入版图故也。元世祖时，尝遣笃什穷探，乃仅至星宿海而止，不知有阿勒坦郭勒之黄水，又不知有盐泽之伏流。岂非以开国之初，倥偬草创，不能事事责其实，故虽能至其地，而考之终未审欤！我国家重熙累洽，荒憬咸归。圣祖仁皇帝平定西藏，黄图括地，已大扩版章。我皇上七德昭宣，天弧奢定。天山两道，拓地二万余里，西通濛汜，悉主悉臣；……与张骞之转徙绝域，潜行窃眺，略得仿佛者，其势迥殊。且自临御以来，无逸永年，恒久不已。乾行弥健，睿照无遗。所综核者，无一事不得其真；所任使者，亦无一人敢饰以伪。与笃什之探寻未竟，遽颠顿报命者，更复迥异。是以能沿溯真源，祛除谬说，亲加釐定，勒为一帙，以昭示无穷。[1]

　　由此可知，河源问题关系到华夏国家版图方面的意义，具有文化认同上的重要功能，地下潜流说能够在 18 至 19 世纪依然流行，这对于国家统治者而言，是宁肯信其有，不可信其无的。只有到西方科学话语在中国确立其绝对权威以后，本土的神话历史和神话地理观念才真正遭遇到被"驱魅"和放弃的命运。

---

① （清）永瑢等：《四库全书总目》，中华书局，1985，第 614 页。

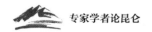

二 "河出昆仑"神话与华夏版图

"河出昆仑"说是古代中国的一个人文地理信念,如今看来属于神话地理观念,牵涉到中原国家对新疆的文化认同。可以说,其最大文化价值在于,它对中国文化的构成和国家版图的扩大,产生了决定性的观念引导作用。"河出昆仑"说起源很早,大约伴随上古华夏国家的夏商周三代而一脉相承下来。虽然迄今所知直接的文字记录见于战国时的《山海经》一书,但是间接的信息表明,至少在西周初年就流行这个神话地理观念了,因为周穆王西征昆仑是沿着黄河河套一线向西行进的。换言之,周穆王不是探索通往昆仑山之路的第一人,他走的是现成的路线。这一条路线大概始于史前时代,约相当于龙山文化和齐家文化时期。给周穆王的万里西行做出指引的,是在河套地区的河宗氏之邦用玉器祭祀黄河后,河神(河伯)显灵所给出的神秘启示。在《穆天子传》卷一叙述的"披图视典"是这样描述的:

> 河宗氏又号之帝曰:"穆满!示女春山之瑶,诏女昆仑□舍四,平泉七十,乃至于昆仑之丘。以观春山之瑶。赐语晦。"天子受命,南向再拜。
>
> 己未,天子大朝于黄之山。乃披图视典,周观天子之瑶器。(郭璞注:"省河所出礼图"。)①

没有河伯之神的亲自指示,昆仑的秘密宝贝是不为世人所知的。上古的这种神话信念一直延续到后世,依然为文人墨客所津津乐道。河伯又被改称为河灵。北周庾信《燕射歌辞·羽调曲四》云:"河灵于是让珪,山精所以奉璧。"倪璠注:"言山川之精灵出此珪璧宝物也。"② 唐司空图《故盐州防御使王纵追述碑》云:"早贻芳于闺范,宜应祷于河灵。"③ 都反映着类似的河神信仰。就此而言,对于华夏传统而言,黄河及其源头,不是纯粹的科学问题、地理学问题,而是与本土信仰相关的神话问题。从甲骨文中祭河的记录可知,这种地方性的信仰至少在汉字体系一出现的商代时就被记录下来。

从殷商到西周,河神崇拜是一脉相承的。河神赐予穆王的礼图具体是什么样子,如今已经不可详知。但是这样的图如果存在于西周初年,或许就是《山海经》文字所依

---

① (晋)郭璞注《山海经·穆天子传》,岳麓书社,1992,第203页。

② (北周)庾信撰,(清)倪璠注《庾子山集注》,许逸民校点,中华书局,1980,第501页。

③ 周绍良主编《全唐文新编》(卷八一〇),吉林文史出版社,2000,第9959页。

附的《山海图》一类珍稀秘笈。其制作者当有国家官方的知识背景，又与远古的神话信仰密切相关。河源与玉源是同一地点，这一条很重要，也是"河出昆仑"说的重要立论依据所在。玉源于昆仑的信仰有现实物产作为基础，这就使得"河出昆仑"说也随之顺理成章。因为道理很简单，上古的玉料是直接采集散落和沉淀在河床中的籽料，而不是到山上开采山料。河水被想象为来自上天，而晶莹剔透的美玉更被设想成天神恩赐人间的圣物。这背后有一整套"天人合一"神话信仰的体系在①，而不宜套用西方的学术分科范式，把昆仑玉山看成虚构的文学神话，或把"河出昆仑"视为谬误的地理学。

《穆天子传》接下来讲述穆王在河伯指示之下，"以极西土"的全过程，主要围绕祭祀昆仑之丘、观黄帝之宫和舂山之宝物（卷二），以及晋见西王母（卷三）之类事件。从《穆天子传》的整个叙事看，黄河、黄河之神河伯、西土、昆仑山、宝玉、黄帝、西王母等重要母题是聚焦在一起的。这就是"河出昆仑"神话地理观的间接呈现。空间上的寻找河源与时间上的寻根问祖是交织在一起叙述的。

现代学者试图考证《穆天子传》的真实地理路线，将其中的昆仑山和西王母所在地落实到实际地理版图中，或以为是中国境内，或以为是境外很远的地方，各家观点分歧之大，也是让人无所适从。这同样是陷入误区的表现，即把中国传统的神话地理考证为科学地理。以岑仲勉1957年发表的《穆天子传西征地理概测》为例，有关昆仑和西王母之邦的推测，该文综述的前人观点已有十种之多：喀什葛尔，酒泉南山，阿拉伯之示巴女王国，塔里木流域，天山南路，青海，亚西里亚（Assyria），欧洲大平原华沙附近，和田之东和里海、咸海之间②。

追究一下造成这种分歧的原因，主要是"昆仑"一名，在古汉语中有泛指和特指两种用法。"昆仑"的泛指用法流行于汉武帝之前，似乎在西部延绵不绝的大山都可以视为昆仑，由近及远的包括：祁连山、阿尔金山、天山、昆仑山和喀喇昆仑山。如果连接起来，从东边的祁连山到西边的喀喇昆仑山，这条横贯中国西部的巨大山脉有2500多公里，即5000华里的长度，多为终年积雪，山顶为白色覆盖，兼有冰川。古人以为地上最大的水流是黄河，其水源一定是西部高山。上古时期缺乏对世界屋脊喜马拉雅山的认识，"昆仑"一名就成为西部最大的山之代称。"河出昆仑"的观念就这样顺理成章地自古流传下来，而没有经过什么严格的实地探查和技术测量。如此看，昆仑作为西部大山，其范围既可以在河西走廊两侧的青海和甘肃一带，也可以在河西走廊以西的新

① 叶舒宪：《女娲补天和玉石为天神话观》，《民族艺术》2011年第1期。
② 岑仲勉：《穆天子传西征地理概测》，见岑仲勉《中外史地考证》上册，中华书局，2004，第29页。

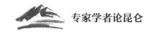

疆乃至中亚地区。

伴随着昆仑地望在西汉时代的西移，从泛指的众山到特指的一山，其所带来的直接效应是对西部关注范围的扩大，随后就成为国土之扩大。之所以会发生从泛指到特指的重要观念变革，是因为汉武帝根据张骞使团从西域带回的和田玉石，查验古书之后，特意将于阗南山命名为"昆仑"的结果。自此以后，"昆仑"就可以专指新疆南疆的这一座盛产美玉原料的山了！到《千字文》中被写成"玉出昆冈"，这就积淀为国学知识中的常识信条，尽人皆知。

那么在西汉武帝之前的泛指的昆仑，是怎样的情况呢？以《山海经》为例，该书十多处讲到昆仑，其中有三个标志可以留意，即同为西王母所在地、河源所在地、玉源所在地。三个标志中的西王母为神话人物，河源为神话地理，唯有玉源地这一点是有其现实基础的，虽然也被神话化的氛围所笼罩。

虽然没有更早的史料记述这条路于何时何地，如今已经很难做出精确的考索。不过这个神话地理观的重要历史变迁，还是有迹可循的。从新石器时代后期逐渐形成的中原中国观，到后来的大中国观，经历了漫长的演变过程。在这个过程中，玉石资源地的扩大，实际起到国土扩大的引领作用。如果我们从张骞"凿空"的时代顺延到唐代，翻看那时的中国地图，就会明白 1600 万平方公里的版图，西至咸海，北至贝加尔湖，都是在国境线以内的。[1]

三 和田玉：华夏对新疆的认识契机与过程

华夏认识新疆的契机，首先开始于对于阗国出产的优质透闪石玉的认识。那也就是现代人熟知的和田玉。要问究竟在何时中原人开始有对新疆和田玉的认识，应该说是自龙山时代至夏商周时代。比这更大胆的观点是认为在距今五六千年前的仰韶文化时期已经有和田玉进入中原[2]。对此，笔者不敢苟同。目前的考古发现表明，"新疆境内真正的新石器时代文化寥寥无几，可以说基本上还没有什么像样的发现。过去关于新疆新石器时代文化遗址或墓葬的报道和介绍，实际上多不是新石器时代文化，而是属于青铜时代甚至是铁器时代文化。"[3] 在这样的情况下认为五千年以前新疆与中原之间有了物资贸易和运输，显然证据不足。

① 可参见谭其骧主编《中国历史地图集》第五册，中国地图出版社，1982，第 32～33 页。
② 杨伯达：《巫玉之光》，上海古籍出版社，2005，第 199 页。
③ 陈戈：《关于新疆新石器时代文化的新认识》，中国社会科学院边疆考古研究中心编《新疆石器时代与青铜时代》，文物出版社，2008，第 25 页。

从华夏文明起源看，从仰韶文化庙底沟类型的时代起，形成以中原为中心的文化认同趋势，伴随着虞夏商周四代王权的展开，铸就一种华夏中原地域的民族国家认同，以四方的蛮夷戎狄之人为周边民族，区分种族的和文化的界限。这时对新疆的认识，当处于基本不知或完全模糊的状态，仅有个别的中土人士或许曾经亲自抵达新疆，如周代第五位王——周穆王。这样就可以带回一些山川地理和人种、物产方面的见闻传说。以西王母和群玉之山为符号标记的西域知识，显然在现实的记录中夹杂着中原人对西域的神话化想象。这就是《穆天子传》这部书长期被当成文学作品的主要原因。比这部书稍早的地理之书还有两部：《尚书》中的《禹贡》篇和《山海经》。这两书孰先孰后？顾颉刚认为先有《山海经》后有《禹贡》。谭其骧则认为先有《禹贡》后有《山海经》的《山经》，其论证的理由之一是，《禹贡》所述地理范围比较小，议黑水和流沙为西部边界。其认识范围还没有延伸到新疆。其中提到的昆仑、析支、渠搜西域三国，均在甘肃、青海一带。《山经》的情况有所扩大，不过对新疆的认识也还局限在南疆方面。谭氏写道："《山经》地域虽较《禹贡》九州范围大得多，但比我国现在的版图又少得多。东北辽、吉、黑三省全部不在内，内蒙古、河北东北部也不在内，西北新疆最多只有东南一小角，绝大部分不在内。"① 如今我们可以略补充一下谭其骧的观点：中原人认识新疆始源于南疆的原因是什么？那就是"玉教"信仰支配下的华夏古人对没有玉石资源的地方本没有多少探究的兴趣。对新疆的认识是从产玉之地的认识开始的，随后才逐渐波及其他地方，大体而言，是先南疆，后北疆，先若羌、和田，后叶城和龟兹，等等。《千字文》的"玉出昆冈"说②非常典型地代表这种资源依赖类型的新疆观之由来。对于中原文明而言，昆仑玉山瑶池西王母足以成为整个西域最早的神圣象征。

四　玉石资源区的西扩与白玉崇拜——从甘肃到新疆

东亚洲石器时代后期的美学思想引导当时的人们漫山遍野寻求美玉。当然，驱动这种玉美学的是崇拜玉石的史前期宗教信仰。在距今3000年前后，受到极度推崇的各色美玉让位于一种颜色的美玉，那就是来自遥远的西域之和田白玉。《山海经》的叙事模式往往把某大河的发源地视为白玉的特产地。如《西山经》讲到的鸟鼠山，就以出白玉而闻名，那里也是渭河源头。

---

① 谭其骧：《求索时空》，百花文艺出版社，2000，第167页。

② （梁）周兴嗣：《千字文》，南京大学出版社，2013，第2页。

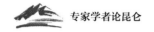

又西二百二十里，曰鸟鼠同穴之山，其上多白虎、白玉。渭水出焉，而东流注于河。①

此处所言之白虎，若不是现实中的基因变异之虎，就是儒家发明的神话动物——仁义之兽驺虞。黄河源的情况也被描述为在昆仑一带，那是瑶池和玉山同在的地方。甚至会有个别的山，居然能被说成是"有玉无石"的。为充分认识古文献中有关西部玉山的记录，2014～2016年，中国文学人类学研究会联合《丝绸之路》杂志组织十次玉帛之路田野考察，玉料采样范围覆盖西部七省区，大致摸清中国西部玉矿资源区的分布，和其向西不断扩张的基本年代顺序。在此基础上提示"移动的昆仑"概念，并依据近年来新发现的产玉之山，将下列的各山（自东向西排列），视为在古代足以冠名"昆仑"的产玉之山：马衔山（祁连山余脉）为昆仑、酒泉南山（祁连山）为昆仑、马鬃山（天山余脉）为昆仑、敦煌南山（阿尔金山）为昆仑、若羌南山为昆仑（昆仑山脉）、于阗南山为昆仑（昆仑山脉）、叶城南山为昆仑（昆仑—喀喇昆仑山脉）、喀什南山（喀喇昆仑山）为昆仑。以上这些产玉的山，其玉料多为透闪石，也有个别为蛇纹石，如酒泉南山盛产的祁连玉。但是大量出产优质透闪石白玉的地方，仍然集中在新疆和田一带（古代称于阗南山）。最近二十多年来新发现的青海格尔木白玉矿藏（图1），同属于昆仑山脉。

图1　青海格尔木昆仑山
2015年8月第八次玉帛之路考察，叶舒宪摄

据多次调研的玉石取样和排比，并同考古发掘的史前玉器情况对照，认为比以上所有这些玉种都要先登场的玉料，来自甘肃渭河上游的武山县鸳鸯山鸳鸯玉（图2），这

---

① 袁珂：《山海经校注》，上海古籍出版社，1980，第64页。

图2　武山蛇纹石鸳鸯玉籽料
2016 年 7 月第十次玉帛之路考察采样，叶舒宪摄

是一种典型的蛇纹石玉：直观其颜色为墨色，用光照射则会显露出深绿色。墨色与绿色的交错纹理，很像是蛇皮的花斑样外观。从目前已经发掘的文物看，这样的深色蛇纹石玉料早在五六千年以前的仰韶文化时期就被开采利用。如河南灵宝西坡仰韶文化大墓出土的十多件蛇纹石玉钺，皆为此类用料（图3）。陕西宝鸡福临堡仰韶文化后期遗址也出土过同样玉料加工的玉器。稍后一些的龙山文化和齐家文化玉器中，鸳鸯玉更是较为

图3　河南灵宝西坡出土仰韶文化蛇纹石玉钺
河南博物院，2013 年，叶舒宪摄

常见的玉种。如第十次玉帛之路考察团在武山县博物馆拍摄到的齐家文化玉琮一件（图4），馆长告诉我们这就是四千年前先民就地取材鸳鸯玉制作的玉礼器。据此推测，渭河上游一带的武山鸳鸯玉，是最早开启西玉东输运动的玉料种类，并大体上延续近两千年。随之而来的第二批西部玉料，就是以马衔山、马鬃山为代表的优质特产透闪石玉，其颜色以青玉和青黄玉为主，夹杂着褐色、绿色和糖色的玉料，成为齐家文化大量生产和使用的玉器之原材料供应源（图5）。①

图4　武山县博物馆齐家文化玉琮，取材为当地鸳鸯玉
2016年7月第十次玉帛之路考察，叶舒宪摄

图5　临洮马衔山透闪石玉矿，是齐家文化玉器的重要原料
2015年4月第四次玉帛之路考察，叶舒宪摄

　　从华夏用玉观念的历程看，先民前后花费了约数千年时间，才终于完成这场观念的革命，使得透闪石白玉的价值后来居上，压倒此前数千年的绿色和青色蛇纹石玉的崇拜

---

① 叶舒宪：《齐家文化玉器色谱浅说》，《丝绸之路》2013年第11期。叶舒宪：《找寻齐家文化玉器的"底牌"》，为收藏家马鸿儒《齐家玉魂》一书所作序言，甘肃人民出版社，2015，第1~10页。

传统。如果说这场玉石崇拜的种类变化有其前身的话，那一定是齐家文化的用玉传统。与中原地区仰韶文化的用玉情况有明显区别：仰韶文化以墨绿色（严格说是墨色中不均匀地透出暗绿色）蛇纹石为顶级玉材的情况，从灵宝西坡仰韶文化后期大墓出土玉斧，到蓝田新街仰韶文化晚期遗存中的玉料[1]，再到宝鸡福临堡仰韶晚期遗存中的玉器[2]（图6），其用玉的情况是一脉相承的传统，均在距离渭河或黄河岸边不远处，就近取得沿着渭水东流而运输得到的武山鸳鸯玉，或许还有关中地区的本地蓝田玉（也是蛇纹石）。

Ⅰ式玉饰　　　　　　　　　　　　　　　Ⅱ式玉饰

图6　陕西宝鸡福临堡仰韶晚期遗址出土蛇纹石玉器
陕西考古研究院张天恩供图

中国的白玉崇拜及其神话叙事，萌生期为商周两代，告成于西周至东周时期。按照文字之前的传统为大传统、文字书写传统为小传统的新划分标准，白玉崇拜的萌生和形成都属于小传统范畴内的新发明，其文化再编码意义：将史前期各种地方性的杂色玉石崇拜的大传统，引向一个前所未有的、一元性的昆仑山和田玉崇拜之小传统。自此以后，不论是赤峰的红山、辽宁建平的牛河梁山、江苏的小梅岭、浙江的瑶山、安徽的含山、甘肃武山的鸳鸯山，还是甘肃临洮、榆中交界处的马衔山，都只能是地方性的圣山、产玉之山，而不可能成为象征大一统国家性质的神山。唯有远在西部边地的一座昆仑山，独超众类地成为唯一具有中华国族性文化认同价值的神圣之山。不仅华夏第一位

①　杨亚长等：《陕西蓝田新街遗址发掘简报》，《考古与文物》2014年第2期。
②　张天恩：《陕西省宝鸡市福临堡遗址1985年发掘简报》，《考古》1992年第8期。

署名诗人屈原的楚辞里要歌颂"登昆仑兮食玉英"① 的人生理想，就连率先统一中国的
秦始皇修筑陵墓都要想方设法模拟昆仑山形状：

> 骊山封土外观，仿效昆仑三山。传说昆仑山上有三山：凉风之山，悬圃之山，樊
> 桐之山。若从昆仑山，登上了凉风之山，长生不死；若从凉风之山，登上了悬圃之山，
> 能使唤风雨；若从悬圃之山登上了樊桐之山，乃成神。
>
> （秦始皇陵）一级台阶，仿效昆仑之山；二级台阶，仿效凉风之山；三级台
> 阶，仿效悬圃之山；三级台阶顶部的平面及其上，就是天帝之居樊桐之山了。②

秦始皇希望死后通过人造的昆仑（骊山皇陵）而升天永生；汉武帝则通过张骞使团带
回的昆仑山玉石标本确认华夏最神圣之山，他的求仙事迹则在其身后演绎为一系列与西
王母有关的文学传奇，从《汉武帝内传》到《海内十洲记》。后者旧题西汉东方朔撰，
并号称是西王母传旨给汉武帝的。其中压轴描述的是昆仑，奠定此山成为中国万山之祖
的地位：

> 昆仑，号曰昆崚，在西海之戌地，北海之亥地，去岸十三万里。又有弱水周回
> 绕匝。山东南接积石圃，西北接北户之室。东北临大活之井，西南至承渊之谷。此
> 四角大山，实昆仑之支辅也。积石圃南头，是王母告周穆王云：咸阳去此四十六万
> 里，山高，平地三万六千里。上有三角，方广万里，形似偃盆，下狭上广，故名曰
> 昆仑。山三角。其一角正北，干辰之辉，名曰阆风巅；其一角正西，名曰玄圃堂；
> 其一角正东，名曰昆仑宫；其一角有积金，为天墉城，面方千里。城上安金台五
> 所，玉楼十二所。其北户山、承渊山，又有墉城。金台、玉楼，相鲜如流，精之阙
> 光，碧玉之堂，琼华之室，紫翠丹房，锦云烛日，朱霞九光，西王母之所治也，真
> 官仙灵之所宗。上通璇玑，元气流布，五常玉衡。理九天而调阴阳，品物群生，稀
> 奇特出，皆在于此。天人济济，不可具记。此乃天地之根纽，万度之纲柄矣。是以
> 太上名山鼎于五方，镇地理也；号天柱于珉城，象网辅也。诸百川极深，水灵居
> 之。其阴难到，故治无常处。非如丘陵而可得论尔。乃天地设位，物象之宜，上圣
> 观方，缘形而着尔。乃处玄风于西极，坐王母于坤乡。昆吾镇于流泽，扶桑植于碧
> 津。离合火生，而火兽生于炎野；坎总众阴，是以仙都宅于海岛。艮位名山，蓬山

① 屈原：《九章》之《涉江》，见（清）蒋骥《山带阁注楚辞》，上海古籍出版社，1958，第115页。
② 刘九生：《秦始皇帝陵与中国古代文明》，科学出版社，2014，第21~22页。

镇于寅丑；巽体元女，养巨木于长洲。高凤鼓于群龙之位，畅灵符于瑕丘。至妙玄深，幽神难尽，真人隐宅，灵陵所在。六合之内，岂唯数处而已哉！此盖举其标末尔。臣朔所见不博，未能宣通王母及上元夫人圣旨。①

从书面记录上古神话叙事看，和田白玉想象衍生出人格化的形象，其男性人格化形式表现为黄帝吃白玉膏并播种玉荣的叙事（《西山经》）；和田白玉想象的女性人格化形式则表现为昆仑玉山瑶池西王母的叙事（从《穆天子传》到《汉武帝内传》，再到《西游记》）及西王母向中原统治者献白玉（白环）的叙事。

从周穆王时代到 20 世纪末，和田玉当之无愧地主宰着中国的白玉市场。在 20 世纪 90 年代，几乎是同时发现青海格尔木产的白玉和俄罗斯贝加尔湖产的白玉，从此以后的白玉玉料市场，呈现为新疆玉、青海玉和俄罗斯玉三足鼎立的局面。在此以前，玉器市场的历史上始终没有出现过大批的"准和田白玉"供应的情况，所以人们一说到白玉自然就会联想到新疆和田的昆仑山，以及该山下的流淌不息的白玉河（玉龙喀什河）。

用四重证据法看白环传说，其产生之古老，比任何文化都早：陕西宝鸡关桃园遗址位于渭河河道上，出土前仰韶文化的白玉环（编号为 H183）（图 7），其年代达到距今

图 7　陕西宝鸡渭河泮关桃园前仰韶文化层出土白玉环②

---

① （汉）东方朔：《十洲记》，上海古籍出版社，1990，第 7~8 页。
② 陕西省考古研究院等编《宝鸡关桃园》，文物出版社，2006，第 93 页彩版一八。

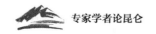

7000 年以上，是目前中国中原和西部地区发现最早的玉器，也是发现最早的白玉质玉器。然而，对此件早期玉器还没有做相应的物理检测，关于其玉料产地，暂时不得而知。笔者推测为一种地方玉料，对应的文献依据是《山海经》讲到 16 座山出产白玉。不过这些山所产的白玉信息，绝大部分在后代湮没无闻了。

五 西部玉矿开发的多米诺现象

从中国玉文化史的全景视野看，玉文化起源于距今八千年前内蒙古赤峰地区的兴隆洼文化，然后逐步向南传播，先后催生红山文化、凌家滩文化和良渚文化、石家河文化和齐家文化等。相对而言，中原和西部地区的玉礼器生产起步较晚，主要原因和玉料供应的限制有关。从武山玉、蓝田玉等蛇纹石玉的率先登场（仰韶文化、常山下层文化，距今约6000 ~ 4500 年），到马衔山、马鬃山的透闪石玉（龙山文化、齐家文化、先周文化，距今约 4500 ~ 3500 年），再到新疆昆仑山的透闪石玉（齐家文化至商周时期，距今约 4000 ~3000 年），大致经历了两三千年的持续演变过程。到《山海经》和《穆天子传》成书的战国时期，中原人对西部玉矿资源如数家珍一般的推崇和艳羡之情，在两书中表现得淋漓尽致。从史前到商周两代的用玉传统看，呈现为西部的优质透闪石玉取代蛇纹石玉的总趋势。到东周以下，昆山之玉源源不断输入中原，蛇纹石玉已经基本被主流玉礼器生产所淘汰出局。正所谓"青山遮不住，毕竟东流去"。在这方面，玉矿资源的物质条件变化和"玉教"神话观念的双驱动作用，是人文学科方面最值得探讨的生动本土案例。

玉石之路的形成，也就相当于丝绸之路中国段的初始和由来。采用《汉书·西域传》的本土说法，就叫"开玉门通西域"[1]。不过这条路在史前期并不是一条跨洲际的直接通道，而是先有局部的地域性的玉石之路，以渭河道为最早，引出后来的河西走廊道和更偏北方的草原玉石之路，黄河道和泾河道等，再引出通达于阗南山下的和田玉主产地的昆山玉路。换言之，仰韶文化时期雏形状态的玉石之路仅有数百公里到一千公里，完成时的玉石之路则扩展为四五千公里长，用《管子》的话，是"八千里"[2]，约四千公里，和今日国内最长的高速公路——连霍高速的长度相当。

西玉东输的"多米诺"过程，依次从甘肃天水地区延展到兰州地区，再延展到河西走廊和北方草原，最后才抵达新疆南疆。依据玉矿资源的不断发现过程，而形成复杂的路网状态。这和当代人想象的一条线式的"丝路"截然不同。

---

[1] （清）王先谦：《汉书补注》，中华书局，1983 年影印版，第 1643 页。

[2] （唐）房玄龄注《管子》，见上海古籍出版社编《二十二子》，上海古籍出版社，1986，第 187 页。

六 《山海经》的昆仑：中国话语的再认识

人是世界上唯一的话语动物。每个文化的成员都必然生活在本土特有的话语之中。"河出昆仑"神话作为强力话语，与华夏文明的多族群构成和多元一体格局密切相关。是玉出昆仑的现实，拉动中原与西域的物资互动，派生出玉帛交换的民间礼俗，建构出的华夏认同与中国式的社会理想——化干戈为玉帛。

要了解中国的山，需要从万山之祖昆仑入门。要了解中国的河，自然首先面对河源神话地理。黄河在古汉语中叫"河"，专名变成概称，才引申指一切河流。黄河被建构为大地上的万川所归，万川经由黄河流入东海。《山海经》所记"流注于河"的各支流河水，总计有54条，从浴水、汤水开始，到洛水、渭水为止。《水经注》也用前面五卷的篇幅记述黄河的情况。虽然河伯在文学家庄子那里已经是被讽刺的对象，但在春秋之前，则一直是被尊崇的对象，甲骨文敬称为"高祖河"。不只是华夏族人尊崇，也包括黄河中上游沿线的所有当地族群在内，都是尊崇的。看《穆天子传》中周穆王所在河套地区拜会的河宗氏，就可知矣。从地理位置上看，沿着河套一带，正是秦汉两代修筑长城抵御外来的游牧者文化之地，河宗氏的族属问题，应该联系胡汉之间对立与融合这一族际背景来认识。近年的考古发现在河套地区有朱开沟遗址和石峁遗址，表明早在草原游牧民族形成和崛起之前，这一地区的文化发展已经达到很高的水准，尤其是石峁石头城的面积达到四百多万平方米之大，号称中国史前最大的城市。而孕育城市产生的文化要素主要是人流和物流的高度集中，关系到物资运输和贸易活动。目前需要改变以往的中原中心观念，以重新学习的态度审视河套地区依托黄河水道展开物资贸易和文化传播的史前真相。在金属冶炼的规模性生产以前，似乎唯有玉石资源的远距离调配，最适合黄河水道及其支流的漕运功能。西玉东输，从渭河道拓展到黄河道，使得我们有理由建构中华文明起源的"黄河摇篮新说"：黄河上游到河套地区，是中原农业文化与西北方游牧文化互动融合的间性地带。不同族群之所以能够沿着黄河的走向而渐次融合，其连接的纽带就是共同的河神崇拜与相关的信仰、仪式行为。《穆天子传》讲述的周朝统治者与河宗氏共同举行祭拜河神的仪式，就是明证。争夺河神祭祀权的争斗，必然十分激烈，且富有深意。正是一条由西部屋脊的崇山峻岭流经整个黄土高原，再流淌到东部平原和东海之滨的万里大河，铸就华夏文明的人文地理基础。神话观念的话语建构功能就是确认河源为饮水思源的向往目标和朝圣目标：用神话想象将华夏祖先文化投射到昆仑——黄帝、西王母、羿、后稷等——和昆仑神话相互勾连起来，形成中国版的奥林匹斯山神谱体系。

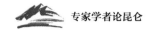

那些认为中国没有神话的汉学家们，只要熟悉了昆仑，就可以附带熟悉中国神话的体系及其核心观念。有关昆仑的描述，最集中地出现在《山海经》中，至少有三种不尽相同的记载：其一是《西山经·西次三经》的昆仑之丘，同时讲到的还有西王母、河源、玉源三个要素。

> 西南四百里，曰昆仑之丘，是实惟帝之下都，神陆吾司之。其神状虎身而九尾，人面而虎爪；是神也，司天之九部及帝之囿时。有兽焉，其状如羊而四角，名曰土蝼，是食人。有鸟焉，其状如蜂，大如鸳鸯，名曰钦原，蠚鸟兽则死，蠚木则枯。有鸟焉，其名曰鹑鸟，是司帝之百服。有木焉，其状如棠，黄华赤实，其味如李而无核，名曰沙棠，可以御水，食之使人不溺。有草焉，名曰薲草，其状如葵，其味如葱，食之已劳。河水出焉，而南流注于无达。赤水出焉，而东南流注于汜天之水。洋水出焉，而西南流注于丑涂之水。黑水出焉，而西流于大杅。是多怪鸟兽。①

这里同时讲到有四条水发源于昆仑山，洋水，郭璞注云"或作清"。果真如此，四条水中的三条皆以颜色为名：赤、清（青）、黑。唯独河水未点明其颜色，估计也是有色的，但不是中下游所见的黄色。河水流注的方向是"无达"，应该即是指一种无定河，或称内陆河。其水流最终消失在沙漠或沙漠中的湖泊。塔克拉玛干大沙漠中确有这样的湖泊，今称罗布泊。其古代的称谓有两个：一个叫蒲昌海，一个叫盐泽。《汉书·西域传上》："于阗在南山下。其河北流，与葱岭河合，东注蒲昌海。蒲昌海，一名盐泽者也。去玉门阳关三百余里。"② 距离昆仑之丘以西不远处，是西王母所在的玉山。

> 又西北三百五十里，曰玉山，是西王母所居也。西王母其状如人，豹尾虎齿而善啸，蓬发戴胜，是司天之厉及五残。有兽焉，其状如犬而豹文，其角如牛，其名曰狡，其音如吠犬，见则其国大穰。有鸟焉，其状如翟而赤，名曰胜遇，是食鱼，其音如录，见则其国大水。
>
> 又西四百八十里，曰轩辕之丘，无草木。洵水出焉，南流注于黑水，其中多丹粟，多青雄黄。

---

① 袁珂：《山海经校注》，上海古籍出版社，1980，第47~48页。
② （清）王先谦：《汉书补注》，中华书局，1983年影印版，第1605页。

又西三百里，曰积石之山，其下有石门，河水冒以西流，是山也，万物无不有焉。①

其二的记载是《山海经·北山经》的如下一段：

敦薨之山，……敦薨之水出焉，而西流注于泑泽。出于昆仑之东北隅，实惟河原。②

与此记载相关相近的是《汉书·西域传上·于阗国》的一个说法："于阗之西，水皆西流，注西海；其东，水东流，注盐泽，河原出焉，多玉石。"③ 仍是要强调河源即玉源。

《海内西经》又一次讲到昆仑和河源：

海内昆仑之虚，在西北，帝之下都。昆仑之虚，方八百里，高万仞。上有木禾，长五寻，大五围。面有九井，以玉为槛。面有九门，门有开明兽守之，百神之所在。在八隅之岩，赤水之际，非仁羿莫能上冈之岩。赤水出东南隅，以行其东北。河水出东北隅，以行其北，西南又入渤海，又出海外，即西而北，入禹所导积石山。

洋水、黑水出西北隅，以东，东行，又东北，南入海，羽民南。弱水、青水出西南隅，以东，又北，又西南，过毕方鸟东。

昆仑南渊深三百仞。开明兽身人类虎而九首，皆人面，东向立昆仑上。开明西有凤皇、鸾鸟，皆戴蛇践蛇，膺有赤蛇。开明北有视肉、珠树、文玉树、玗琪树、不死树。④

这一段有关昆仑的描写显得神话色彩异常浓厚，昆仑不仅高大无比，而且四水环出，并用珠玉代表不死的幻想。不过没有突出玉的颜色。《海内东经》也讲到昆仑和白玉山，一般认为应属于《海内西经》的文字错简放置在东经里的：

西胡白玉山在大夏东，苍梧在白玉山西南，皆在流沙西，昆仑墟东南。昆仑山在西胡西，皆在西北。⑤

---

① 袁珂：《山海经校注》，上海古籍出版社，1980，第50~51页。
② 袁珂：《山海经校注》，上海古籍出版社，1980，第75页。
③ （清）王先谦：《汉书补注》，中华书局，1983年影印版，第1612页。
④ 袁珂：《山海经校注》，上海古籍出版社，1980，第294~299页。
⑤ 袁珂：《山海经校注》，上海古籍出版社，1980，第328~329页。

郝懿行注云："《三国志》注引《魏略》云：'大秦西有海水，海水西有河水，河水西南北行有大山，西有赤水，赤水西有白玉山，白玉山西有西王母。'今案大山盖即昆仑也，白玉山、西王母皆国名。《艺文类聚》八十三卷引《十洲记》曰：'周穆王时，西胡献玉杯，是百玉之精，明夜照夕。'云云。然则白玉山盖以出美玉得名也。"① 要追问白玉山出产什么样的美玉，则非羊脂白玉莫属。直至今日，羊脂玉的价值还是在所有其他玉料之上的。

以上四处引文表明，《山海经》一书对昆仑的描述大同小异：从泛指的玉山和西王母之山，最后集中到特指的白玉山，也暗示着昆仑"从众山到一山"的聚焦现象。为什么会这样？其原因的揭示，应当就在"玉教"的"新教革命"方面：其结果是让华夏统治者从崇拜所有地方的地方玉，到只崇拜一种玉——和田玉尤其是和田白玉，体现为《礼记·玉藻》篇的"天子佩白玉"② 教义制度规定。

古代的现实情况是，只有于阗南山下有专产白玉的河——喀什玉龙河，俗称白玉河。如果按照"河出昆仑"的神话地理，则白玉河也是黄河发源之河。汉代纬书《河图玉版》的说法足以代表二千年前的国人对此的感觉。《山海经·西山经》记黄帝食玉膏，其原句郭璞注：

> 玉膏涌出之貌也。《河图玉版》曰："少室山，其上有白玉膏，一服即仙矣。"亦此类也。③

众所周知，求仙得道，追慕长生不死的境界，本为秦皇汉武的共同梦想。一旦确认白玉或白玉膏有这样的神奇作用，昆仑及其周围的山系也就自然被抬高为神山或仙山。

本文结论是，"河出昆仑"神话地理观不是向壁虚构的文学，也不是错误的地理科学，其发生的根源在于"玉教"崇拜的思想，特别是"玉教"的"新教革命"。新疆昆仑山的神圣性和神话化过程之所以发生，主因在于其特产的和田白玉。这在古代一直被国人奉为最有价值的物质。所谓"黄金有价玉无价"。三千年来，直到今日，中国人还习惯用"白璧无瑕"这样的成语来表达中国式的完美理想。

原载《民族艺术》2016 年第 6 期

---

① 袁珂：《山海经校注》，上海古籍出版社，1980，第 329 页。
② （清）阮元：《十三经注疏》，中华书局，1980，第 1482 页。
③ 袁珂：《山海经校注》，上海古籍出版社，1980，第 41～42 页。

昆仑山：在神话的光芒之下

刘宗迪

　　有人说：神话是人们借助于幻想企图征服自然的表现。而在中国人的神话世界里，昆仑又是个极其特别的所在，它是天帝在下界的都城，是诸神聚集之处，是中国的"奥林匹斯山"。如此秘境究竟在何处？对这一问题的探索持续了两千多年，直到今天，仍在继续……

张骞在西域找到了昆仑山

　　西汉元朔三年，亦即公元前 126 年，奉命出使西域的张骞终于回到长安。这一路风尘仆仆，九死一生，而他终究没能完成联络大月氏共同抗击匈奴的使命。不过，张骞此行并非全无收获，十三年里，他越流沙，过葱岭，西至康居，南下大夏，遍览西域山川形势、风土人情，回国后，他将沿途见闻详细禀报给当时的天子汉武帝刘彻，司马迁又据此写就《史记·大宛列传》，这是中国历史上第一篇详细记载西域的文献。

　　张骞在给汉武帝的报告中说，他曾经到达"河源"，即黄河之源。河源出自于阗国南面的高山，那山上盛产玉石，他还特意采了些玉石带了回来。汉武帝听罢，便根据古代图书的记载，将于阗这座河源之山命名为"昆仑"。"昆仑"的位置第一次在地理版图上确定下来。

　　《淮南子·地形训》说，昆仑山在中国的西北，是河水（即黄河）、丹水、弱水、洋水四条河流发源的地方。此山高一千余里，山上种着各种用珠玉珍宝装饰的树木，山顶有一座瑰丽无比的九重宫殿，宫殿四面开辟四百四十座城门，每座门相间四里，西北方的城门叫阊阖门，门内有倾宫、璇室、悬圃、凉风、樊桐等殿，这些宫殿都是众神居住的地方。尘世之人只要登上昆仑，喝了山上的丹水，或者吃了不死树的果实，就能变成神仙，长生不老。

《淮南子》是淮南王刘安集合其门下宾客所撰，刘安是汉武帝刘彻的叔父，书写成后，就被进呈给了刘彻，因此，对于《淮南子·地形训》篇中所描述的昆仑胜境，汉武帝肯定是耳熟能详的。

西汉时期神仙道教盛行，刘安、刘彻叔侄俩都热衷于求仙问道，做梦都想长生不死。刘安后来因为被控谋反，畏罪自杀，但坊间传说刘安并没有死，而是服了仙药变成神仙升天了，连家里的鸡狗鹅鸭也都吃了他剩下的药渣，跟他一道得仙，这就是"一人得道鸡犬升天"的故事。汉武帝也是一生都在孜孜不倦地寻访神山仙境，说不定张骞出使西域，除了外交使命，还有个寻访昆仑、求取仙药的秘密任务呢。因此，当张骞回到长安复命，报称自己找到了河水的源头，并带回了从河源之山采下的玉石，汉武帝就立刻相信，那就是长着不死药、流着长生水的仙山——昆仑。

下这个结论并不是汉武帝一时心血来潮。《淮南子》上写得很明白，黄河源自昆仑，因此，找到了黄河源，就找到了昆仑山。但汉武帝的依据必定不仅限于他叔父刘安的书，还有更古老更权威的书，这就是《山海经》。先秦古书中最早且最为详细地记载昆仑者，非它莫属。此书的《西山经》、《海内西经》、《大荒西经》等篇都有关于昆仑景观的详细描述，其中又以《海内西经》最富奇幻色彩，较之《淮南子》所记，别有一番风情。

那是一片高万仞、方圆八百里的所在，黄河、赤水、黑水、青水分别发源于它的四隅。昆仑上的宫殿，是天帝和众神在下界的都城，宫殿每一面有九座城门，门前各有一只守门神兽，它长着老虎身子和九个脑袋，每个脑袋上都有人一样的面孔，叫做"开明兽"。神兽西边，栖息着头上顶着蛇、脚下踩着蛇、胸前还挂着一条红色蛇的凤凰和鸾鸟；北边，有长满美玉的文玉树、玗琪树，能提炼出不死药的不死树和吃了它的果实就不老不死的珠树；南面，有六个脑袋的树鸟，有四只脚但身体和尾巴像蛇的蛟龙，还有一种随吃随长的名叫"视肉"的怪兽；东面，巫彭、巫抵、巫阳、巫履、巫凡和巫相这些巫师手捧着不死药，围在蛇身人面的天神窫窳的尸体周围，试图使他复活……

从这段文字来看，黄河之源、盛产玉石，似乎是昆仑的两大特征，而这恰恰与张骞涉足的于阗之山完全吻合。司马迁在《史记·大宛列传》中说，汉武帝"按古图书"，名此山为昆仑，他所"按"的古图书，很可能就是《山海经》，因为除了《山海经》，记录昆仑景观如此详细的古书，没有第二本。

然而，虽然张骞的报告跟书中关于昆仑的记载都能对上号，但他找到的却并非真正的昆仑。张骞错认了河源，汉武帝上了大当。

张骞到过的于阗国，位于今新疆和田，是西域的一个古国，著名的和田玉就产于此地。于阗确实是一条大河的发源地，但那条河并非黄河，而是塔里木河。塔里木河是新疆的内陆河，也是中国最大的内陆河，它主要有四个源头——阿克苏河、喀什噶尔河、叶尔羌河以及和田河。根据《汉书·西域传》的记载，在汉代，人们至少已经了解了其中的后两条，当时称为葱岭河和于阗河。于阗河发源的于阗南山，大致就是今天和田城南部的喀拉塔什山。我们知道，黄河发源于青海南部、巴颜喀拉山北麓，在今天的中国地图上，那里与喀拉塔什山相距三、四千里，可谓风马牛不相及。

这种南辕北辙的低级错误，虽说错得离谱，但放在两千多年前，也算情有可原。西汉时为经营西域，设立了西域都护府，东汉时又设西域长史府，长期用兵西域，与西域诸国交往密切，丝绸之路上的客商更是来往频繁，因此，汉人对于新疆的山川形势包括塔里木河的水道地理十分了解。相反，当时的黄河源地区处于西羌的控制范围之内，汉朝鞭长莫及，直到西汉末年，汉朝的势力范围才到达今天的青海西宁，加之黄河源地区山高谷深，非交通孔道所经，故而汉人对黄河源头地理的认识十分模糊。

塔里木河是一条内陆河，流到盆地东端的罗布泊就终止了，这一点，汉人是心知肚明的。《史记·大宛列传》和《汉书·西域传》都明确记载，于阗河最终流入盐泽（即罗布泊）。既然如此，它怎么又跟黄河拉上了关系？又如何能成为黄河的源头？司马迁在写《大宛列传》时就碰上了这一难题：于阗河源和昆仑山是当朝天子钦定的，天子一言九鼎，不可妄加非议，但于阗河又确确实实在盐泽就绝流了，与黄河搭不上边。既要实事求是，又不能悖逆圣意，为了调停这个矛盾，司马迁自有"高招"。他想象出一条"地下河道"：于阗水东流到盐泽后，潜于地下，继续向南流，然后在南方又从地下冒出来，继续东流，就是中国的黄河。太史公这别具一格的"潜流说"，既照应事实，又维护了天子的颜面。此说一出，昆仑在于阗的说法越发显得牢不可破了。

用今天科学的眼光看，"潜流说"自是不值一驳。且不提罗布泊距离黄河源头有千里之遥，就算河水能够潜行，也不可能一鼓作气在地下游走如此漫长的距离，除非当初大禹治水时，预先在罗布泊与黄河源之间铺设了一条巨大的地下管道。其实，即便铺了管道，罗布泊的水也不可能流到黄河源：黄河发源自海拔4600米的青藏高原，罗布泊地处塔里木盆地，海拔才780米，就算真有一条地下管道，也是黄河之水倒灌到罗布泊！

黄河源远流长，九曲十八弯，加之河源地区不在西汉版图之内，受交通和测绘条件的限制，人们要实地考察其真正的源头并不容易。人力难为时，只好相信书本和权威。"于阗昆仑说"和"盐泽潜流说"在当年既有汉武帝的钦定，又有先秦古书作为典据，因而古人一直对此说深信不疑，直到七百年后唐朝使者刘元鼎的吐蕃之行。

黄河源探险与青海昆仑的发现

汉代以后，经历了数百年的战乱，江河破碎的中原王朝根本无暇西顾，直至隋唐时期，天下重归一统，西域复入版图，才有了对河源和昆仑加深了解的可能性。公元 7 世纪，吐蕃势力在青藏高原崛起，与唐朝围绕青海和西域的控制权问题展开了旷日持久的角逐，双方时战时和，唐朝派往吐蕃会盟或和亲的使者，大多取道青海，因而大大增进了对黄河源地区山川形势和风土人情的认识。唐穆宗长庆元年（821 年）九月，吐蕃礼部尚书论讷罗到长安请和，唐朝皇帝命宰相及大臣凡十七人，与论讷罗在城西会盟，并遣大理寺卿、御史大夫刘元鼎为使节，前往逻些（今拉萨）会盟。

唐穆宗长庆元年的这个冬天，唐使刘元鼎在往返逻些的途中，也经过了黄河源。他一路凭吊战场故垒，观察山川形势，次年八月回到长安后，写下《使吐蕃经见纪略》一书，对河源的地理状况做了细致的描述。刘元鼎将青海境内的紫山视为黄河之所出，认为它就是古书中所说的昆仑山。紫山，即吐蕃人所说的闷摩黎山，也就是今天的巴颜喀拉山，这正是黄河正源的所在。

至元十七年（1280 年），元世祖忽必烈任命蒙古人都实为招讨使，带领探险队再次勘察黄河源。上一年春，他刚刚消灭南宋，统一全国，为加强对西部领土的控制，获得黄河上游的物产，并建立与西南地区互市的渠道，客观上就需要了解黄河上游包括黄河源地区在内的地理和交通情况。

于是，忽必烈命都实探河源的圣谕，言语之间流露出征服者的豪迈之情："黄河之入中国……汉唐所不能悉其源，今吾得此地，朕欲极其源之所生，营一城俾蕃贾互市，规置航传，凡贡物水行达京师，古无有也。朕为之，以永后来无穷利益。"

招讨使都实奉旨自河州（今甘肃临夏）宁河驿出发，翻越陇南的崇山峻岭，溯河而上，历时四个月，到达河源地区，并于同年冬天返回大都复命，将考察情况绘图上报。后来，元人潘昂霄根据都实之弟阔阔出的转述，写成《河源志》，详细记载了都实勘察黄河源的前因后果，以及黄河上游各条支流和沿线山峰的情况，这是有史以来第一篇河源探险报告。

都实将黄河的源头追溯到当地人称"鄂端诺尔"的地方，"鄂端"是"星宿"的意思，"诺尔"意为"海"，即"星宿海"。这是一片由上百泓泉水组成的湖沼，登上俯瞰，在阳光照耀下，水光闪耀如同璀璨群星。星宿海东北有一座常年积雪的大雪山，当地谓之亦耳麻不莫喇山，是周围群山中最高的一座。都实认为，那便是书中记载的河源所在——昆仑山。

亦耳麻不莫喇山，即现在地图上的阿尼玛卿山。它位于青海果洛州玛沁县西北部，海拔 6282 米，雪峰雄峙，冈峦磅礴，主峰玛卿岗日正处在黄河第一个大拐弯当央，虎踞龙盘，气势恢宏，与冈仁波齐、梅里雪山和尕朵觉沃并称藏传佛教四大神山。都实将阿尼玛卿山指定为昆仑山，无论是地理形势，还是文化意义，都能与古书中关于仙山昆仑的描述拉上关系，算是实至名归。

对昆仑山的探寻，至此似乎可以告一段落，关于昆仑的纷纭聚讼，也仿佛尘埃落定。然而，接下来发生的事却并没有这么简单。

清康熙四十三年（1704 年），皇帝为治理河务，又派侍卫拉锡等人探查河源。拉锡奉命对黄河源头的地理情况进行全面的考察，并绘成地图进呈给康熙。这次的实地勘查证明，星宿海的确为黄河真源，康熙为此还专门撰写《星宿海》一文，载于其所著的科学札记《几暇格物编》首篇。不过，对元人都实指认亦耳麻不莫喇山为昆仑山的观点，学者们却并不赞同。康熙年间初修的《大清一统志》认为，阿尼玛卿山在星宿海下游数百里，并非河源之所在，唐人刘元鼎见到的闷摩黎山（巴颜喀拉山）在星宿海上游，才是真正的昆仑。

《大清一统志》是清朝官修的地理总志，它进一步验证了唐、元时期的河源说，并且得到天子的首肯，按理应该成为定论，谁知，到了乾隆时期，河源和昆仑问题又横生波澜。

乾隆皇帝的新疆经略

乾隆四十七年（1782 年），黄河下游洪水泛滥，皇帝派大学士阿桂之子、乾清门侍卫阿弥达再次前往青海探察河源并祭祀河神。这一次，探险队较之拉锡走得更远了。阿弥达在星宿海西南边发现了一条河，河源处有一块巨石，高达数丈，石壁为黄赤色，石上有喷泉，化作瀑布百道泻下，其水皆呈黄金之色。当地蒙古人称此河为"阿勒坦郭勒"、称此石为"阿勒坦噶达素齐老"，翻译成汉语，就是"黄金河"、"北极岩"。

阿弥达的黄河源探险，再一次从地理学上证明了黄河源就在青海，与新疆的于阗河毫无关系。然而，接下来乾隆皇帝的做法却十分耐人寻味。乾隆一方面肯定了阿弥达的考察超迈前世，另一方面，却仍然死抱住河源"潜流说"的旧观念不放，固执地坚称于阗河才是黄河的最终源头，于阗南山才是真正的昆仑山，于阗河水在罗布泊潜于地下，伏流千余里之后涌出地面，于是就形成了阿弥达所发现的阿勒坦噶达素齐老喷泉。

乾隆对自己的发现颇为自得，不仅亲制《御制河源诗》以记其事，而且还下令四库馆臣纪昀、陆锡熊、孙士毅等人纂修《河源纪略》三十五卷，对于阗河从于阗南山

发源经罗布泊到青海河源的黄河上游山川形势、河流支脉详加考证，绘成详细地图，以求对河源和昆仑问题盖棺定论。康熙敕修的《大清一统志》原本认定巴颜喀拉山为昆仑山，这一点，在乾隆年间重修的《一统志》里也被推翻，认为前志之说"近似而未得其真"。

乾隆皇帝对于阗河源说何以如此执着？

清朝初年，新疆天山南北一度为蒙古准噶尔部所控制。康熙三十六年（1697年）清军击败准噶尔，18世纪初，乾隆又先后出兵平定准噶尔叛乱和"大小和卓"叛乱，天山南北、乃至西至巴尔喀什湖地区全归清朝版图。乾隆将之命名为"新疆"，即取"故土新归"之意，新疆由此正式成为清朝的一个行省。为巩固对新疆的控制，乾隆不仅派重兵镇守，而且大兴屯田以安抚百姓。可以说，新疆的统一与安宁，一直是乾隆最为关注的事。

英明圣武的乾隆皇帝罔置事实于不顾，一口咬定河源就在新疆，其实有着政治上的考量。在昆仑和河源问题上，他一反乃祖康熙的做法，重提张骞和汉武帝所认定的于阗昆仑，并竭力主张于阗河与黄河一脉相承。这么做的目的，是旨在为清朝对新疆的统治寻求地理依据。倘若能够证明黄河的源头不仅在青海，而且与新疆的塔里木河一脉相承，那么，塔里木河与黄河、新疆与内地，将成为一个不可分割的地理整体，而新疆自古就是禹贡九州、中华版图不可分割的一部分。

由此亦可看出，世人对自然山川的记述和呈现，总有着复杂的历史渊源和政治背景。山川的命名和勾画，体现了国家的意志和权力。在中国人的观念中，黄河是古代文明的源头，而作为河源之地的昆仑山，自古亦被赋予了深厚的文化内涵和象征意义。《山海经》说，它是天帝在下界的都城；《淮南子》说，它是通天的天梯；《水经注》说，它是大地的中心；古今堪舆家说，它是华夏风水的龙脉之首。因此，把昆仑山和黄河源安放在哪里，从来就不是一个单纯的科学和学术问题，而且还是一个政治和宗教问题。

昆仑山脉的"移山大法"

历史上被称为"昆仑"的山，除了新疆昆仑（于阗南山）和青海昆仑（巴颜喀拉山）外，还有好几座。有人说，昆仑山即是佛经中的须弥山。须弥山位于大地的中心，山上有用金银、水晶、琉璃筑成的宝殿，是长生不死的诸天众神居住的地方。日月星辰围绕须弥山运转。那里花果繁盛，香风缭绕，无数珍禽奇鸟栖息在用珠宝装饰的树上，婉啭相和。山上的阿耨达池，是四条河流发源的地方，河水分别流向山的四方，东方为恒伽河，南方为新头河，西方为婆叉河，北方为斯陀河，各自注于四方之海……佛经中的这些描述，与《山海经》、《淮南子》中提到的昆仑山几乎出自同一个模子，因此，佛教信徒很自然地就认为，中国的昆仑山原是印度须弥山在中国的翻版，印度的须弥山才是真正的昆仑山。问题是，须弥山又在哪儿呢？

《平定准噶尔方略前编》记载，康熙五十六年（1717 年），西藏喇嘛楚儿沁藏布喇木占巴来京晋见，声称冈底斯山就是昆仑山，由冈底斯山发源的四条河流，正与佛经记载相符。康熙皇帝闻言，特派理藩院主事胜住等人与喇嘛同归西藏。胜住到了藏区，一番探查后，认为冈底斯山确与书中描述的昆仑相合，于是便上报给了朝廷，康熙皇帝随即决定指定冈底斯山为昆仑。此时，青海的巴彦喀拉山已经是康熙钦定的昆仑山了，现在藏南又突然冒出一座昆仑来，岂非自相矛盾？

在处理边疆问题上，康熙与他的孙子乾隆可谓异曲同工。昆仑在哪里，康熙心中早有定数，指认冈底斯山为昆仑，只不过是清廷为迎合藏传佛教，加强西藏与中央的关系而有意为之。

清末的魏源也认为佛典之须弥山即汉籍之昆仑，但他主张新疆的葱岭（帕米尔高原）才是真正的昆仑。此外，甘肃酒泉的祁连山在历史上也曾被认作昆仑。《晋书·张轨传》上说，西晋永和元年（345 年），酒泉太守马岌上言凉州牧张轨，称酒泉南山即昆仑，当年周穆王西游拜见西王母即在此处，故建议张轨建庙供奉西王母。马岌所说的酒泉南山就是今天的祁连山，它与黄河源头相去甚远。作为凉州牧张轨的下级，马岌坚称仙山昆仑和西王母石室在酒泉，硬把昆仑搬到凉州，纯粹是为了拍张轨的马屁。

明清时期的《一统志》还记载了数座名为"昆仑"的山，"昆仑"几乎遍布九州各地，仅山东就有两座，一座在文登，一座在淄博。不过，这些昆仑山除见于地方志记载外，几乎名不见经传。

纵观昆仑的变迁史，历史上最著名的昆仑，非新疆昆仑和青海昆仑莫属。前者为汉武帝所命名，历史最悠久；后者为黄河真源，似乎证据确凿，因此二山各自都有不少的拥趸。但是，真正的昆仑山只能有一座。于是自清代以来，不断有学者著书立说，试图调和两说，把新疆和青海的两座昆仑合二为一。只不过，它们远隔千山万水，硬要扯上关系绝不是一件容易的事。学者们自然不会移山搬海，但他们有一招比移山大法还管用，那就是搬出"山脉"的概念。"山"只是一个孤零零的"点"，而"山脉"则可以是绵延数千里的"线"或者"面"，所以，如果不把古书中的昆仑理解为一座山，而是理解为一道山脉甚至是一片山系，东西两座昆仑之间这场打了千百年的官司，不就迎刃而解了吗？

随着清廷经略新疆的推进，人们对西北地区山川脉络的认识越来越清晰，横亘于塔

里木盆地和青藏高原之间的那片广袤的山系构造逐渐呈现出来：

这道山脉气势磅薄，逶迤连绵，从西部边疆的葱岭一直到青藏高原东端，一脉相连，恰好把处于山脉东、西两端的新疆昆仑和青海昆仑联系起来。在这种全新的地理认知格局下，两座昆仑山不再是毫不相干的孤立山峦，而成了同一山系的组成部分。而且西域的各大山系都经帕米尔高原连结在了一起。

一旦认识到山系之间存在着同条共贯的脉络，不仅新疆与青海的昆仑，其余那些被指定为昆仑的山，例如葱岭、冈底斯和祁连山，也都可以被纳入同一个昆仑山系之中。于是，"昆仑"成了一个无所不包的地理概念，绵延于新疆、西藏、青海之间的群山，在清代某些学者的笔下，昆仑山甚至包括今天地图上的帕米尔高原、昆仑山脉、巴颜喀拉山、天山山脉、祁连山脉。如此一来，地理学家们再也不必担心现实中的昆仑山无法满足古书中关于昆仑的记载了。黄河之源，出产玉石，山上有瑶池，周围有流沙、有弱水、黑水……任古书上把昆仑说得天花乱坠，在那一片绵延新、青、藏三地的崇山峻岭中，总有一座山能够满足这些条件中的某一条。

更有意思的是，清末新疆巡抚、陕甘总督陶模之子陶保廉，在两度游历西北数省后，甚至几乎把中亚的群山都装进了"昆仑"的口袋。他在《辛卯侍行记》中历数了各地的昆仑，最后得出这样的结论："今新疆之南，青海西南，西藏之西，印度之北，东抵星宿海，西至阿富汗，迤逦诸大山，皆昆仑也。"

尽管清代学者对于西部地理的知识日益丰富，对山系格局的认识日益清晰，但他们尚无现代地理学的山脉概念，真正将昆仑山脉的轮廓在现代地图上准确描绘出来的，是19世纪后半叶的西方探险家。清朝末年，西方列强用坚船利炮打开中国的大门，立即掀起了瓜分中国的狂潮。广袤的西部，西方人所谓的"中央亚洲"，因其重要的战略地位和丰富的资源，也成为西方列强觊觎的对象，尤其是致力于在中亚扩张势力的沙俄帝国，更是将中国西部尤其是新疆视为其对外扩张的目标。昆仑山脉的探险，与俄国探险家普尔热瓦尔斯基（1839～1888年）密不可分。普尔热瓦尔斯基于1870年、1876年、1879年、1883年先后四次进入中国西部探险，塔里木盆地、柴达木盆地、青藏高原、天山、祁连山、阿尔金山、昆仑山、黄河及长江上游都在他考察的范围。他数度穿越昆仑山，对昆仑山脉的范围、分支、走向进行了全面的勘察，纠正了西方旧地图中关于昆仑山脉的错误描述。

在普尔热瓦尔斯基看来，这一道巨大的山脉，从帕米尔高原发端，沿着塔里木盆地和青藏高原的交界，迤逦向东，形成横亘于新疆和西藏之间的弧形"山墙"，这道山墙延伸到在柴达木盆地的西缘，然后分为两支，一支沿柴达木盆地北缘向东北延伸，形成阿尔金山脉和祁连山脉，一支则沿柴达木盆地南缘向东南延伸，形成巴颜喀拉山脉等山系，一直延续到四川西部的岷山，这一系列山系构成了中国境内最为漫长的山脉，都属于昆仑山脉的范围。现代地图上所标注的昆仑山脉，正反映了当初由普氏所勾勒出来的基本轮廓。

昆仑山脉的轮廓尽管是由西方探险家在地图上画出来的，但是，西方探险家和地图制作者把西到帕米尔、东到江河源的茫茫群山用一系列山脉联系起来，并命名为昆仑山，这种地理学构想和命名的缘由，归根结底，仍是基于中国人古老神话和想象。传说中，昆仑是一座神山。正是恢弘瑰奇的昆仑神话，激发着世世代代的探险家到中国的西部去寻找昆仑山之所在，才有了新疆和青海的两座昆仑，双峰并峙，遥相呼应，现代地理学也才能把地图上联结起这东西两昆仑的山脉称为昆仑山脉。茫茫昆仑，被地理学家称为中国大地的群山之祖，被堪舆家视为华夏风水的龙脉之首，归本溯源，这道龙脉的源头，却在古老的神话之中。

原载《中华遗产》2014 年第 12 期

从文献看河源信仰的特征

米海萍

河源信仰植根于黄河文化，与古代水崇拜、河神信仰相关联；作为一种古老信仰，从上古"河出昆仑"观念中诞生，且与昆仑仙乡信仰错综交织，绵延不绝。河源信仰既是昆仑文化的有机组成部分，[①] 也是古代国家礼制及其祭祀文化的重要内容，更属中国传统文化的一部分。本文拟从文献记载，就河源信仰特点作一分析探讨。

1985年国务院批准黄河委员会考察意见，公布确认约古宗列曲为黄河正源，即黄河发源于巴颜喀拉山北麓约古宗列盆地西南隅的玛曲曲果，长久以来黄河河源的争论可谓尘埃落定。然而历史上探寻黄河源头，却是一场科学实证与精神信仰交织、帝王钦定与学者考证相为驳正的不寻常历程。历史文献中记载探寻河源行为与河源信仰史实连续而不曾中断，综括分析，河源信仰具有以下三方面的特征。

其一，河源信仰与昆仑信仰密不可分，"河出昆仑"之说影响广泛而深远

可以说，历代人们认知河源的过程，就是信仰昆仑圣山的过程。先秦人们较早认知河源的代表性文献，成为后人认识河源的理论依据。《尚书·禹贡》中有大禹"导河积石"一说。[②]《山海经》多处提到河源，其《海内西经》说："昆仑之丘，是实惟帝之下都。……河水出焉。"而在《北山经》又说："出于昆仑之东北隅，实惟河原。"《尔雅·释水》曰："河出昆仑墟，色白。"诸如此等，认为黄河上游及河源最多至黄河绕小积石山即"河曲"处，直到汉代，仍称河曲为"河首"。在如此推测和臆想中，人们

---

① 关于昆仑文化的内涵，赵宗福先生在《论昆仑神话与昆仑文化》一文有详细论述，在此不再赘述。
② 后人把《禹贡》的"积石"称为小积石山，在今青海循化境内，大积石山在其西面。

坚信黄河河源出自昆仑山，昆仑山在西部中国。

地理上的昆仑山全长约 2500 公里，西起帕米尔高原，横贯新疆、西藏，伸延至青海中部，平均海拔 5500 米，誉称亚洲支柱、万山之宗。神话中的昆仑山，是天下的中心、长生不老永生不死的诸神们在地上的仙乡乐园。古人限于条件无法亲身体验，只好驰骋思想之马，畅想昆仑的雄浑辽阔。诗人屈原在《九歌·河伯》中说河伯（黄河之神）带着他的女伴："登昆仑兮四望，心飞扬兮浩荡。"千年后的桐城派学者钱澄之解释："昆仑，河所出也；登之四望，而飞扬浩荡。"在浪漫情怀中得以精神慰藉与心理满足。居住于黄河流域的人们对现实生活中最大的河流充满敬意，为感恩母亲河，就有祭祀黄河之神的虔诚仪礼。饮水思源，黄河之所以汤汤不绝，是因为昆仑山作为源头，《淮南子》曰："河九折注于海而流不绝者，昆仑之输也"。① 神话中的"昆仑四水"，即河水、赤水、洋水及黑水，皆源于天帝之神泉，调和百药滋润万物，造福凡间芸芸众生。但存在于现实、滋养华夏文明的惟有黄河。由这种水崇拜而生发出黄河之水来自天之柱、地之脐的昆仑山，而昆仑仙山就在黄河源头的"河出昆仑"之说，是基于历史、地理及文化三方面而产生的。

在历史上，先秦以前西部地区的居民大多是羌人。秦厉公时无弋爰剑从秦国逃归三河间——湟水、黄河及上游赐支河后，由当地羌人拥戴为首领。其曾孙忍为首领时，"出赐支河曲西数千里，与众羌绝远"而居。② 应该说最早居住在河源、最早认识河源者当属世居于此的羌人，直到《后汉书·西羌传》才将西部羌人正式载入史册，黄河上游河曲段，被称为"赐支河"。而中原则是华夏与其他民族杂居之地，以华夏为本位的"五方民族观"形成后，华夏族将周边的异民族，按照方位列为北狄、西戎、东夷、南蛮。其中对西部羌戎地区，采取既排拒敌视、又拉拢联系的策略，即后来专制王朝惯用的"恩威并用"手段开疆拓土，将羌人聚居区逐渐纳入版图内。在殷商时，西部羌戎与中原交往频繁，甲骨文、《竹书纪年》等文献多有记载。后来先期进入黄河中游的羌人与周王室关系更为密切，在周革殷命的关键阶段，羌人助周而建新朝。为答谢羌人夺取政权的功劳，周王室在今河南禽山之南建立了许、申、吕等姜姓国家，同为姜姓四国之一的齐，是为了守护周族之一脉的鲁国而被封于山东。齐国太公姜尚，就是羌人。文献中所载"西羌"、"西戎"正是昆仑神话的发祥地。东向发展而来的羌人，把他们自己原有的圣山信仰、神水崇拜随着部族的迁徙而带到内地，诚如王孝廉所说："即便

---

① 《淮南子》卷六《览冥训》。
② 《后汉书》卷八七《西羌传》。

是东方以泰山为昆仑的仙乡信仰，也是与古代羌族有关。"①

在地理观念上，《禹贡》时代已知黄河发源于西部。随着丝绸之路的开通，人们的视野扩大到葱岭以西，但到过西域的人误把葱岭当昆仑山，误认塔里木河流入罗布泊为黄河上源。张骞出使西域回来的报告就是如此："汉使穷河源，其山多玉石，采来，天子案古图书，名河所出山曰昆仑云。"② 急于寻找昆仑仙山的汉武帝便钦定今新疆、西藏相连的高山为昆仑山。《史记》云："于寘之西，则水皆西流，注西海；其东水东流，注盐泽。盐泽潜行地下，其南则河源出焉。"③ 此种说法在《汉书》中得以发扬光大和明晰化："其河有两原：一出葱岭山，一出于阗。于阗在南山下，其河北流，与葱岭河合，东注蒲昌海。蒲昌海，一名盐泽者也，去玉门、阳关三百余里，广袤三四百里。其水停居，冬夏不增减，皆以为潜行地下，南出于积石，为中国河云。"④ 于是形成了黄河源于西域高山，河水从于阗东流注入盐泽（今罗布泊），然后从地下向南"潜流"，直到积石山流出地面，遂成黄河的"伏流重源"之说。《后汉书》亦最终将河源界定在帕米尔高原，云西域"南北有大山，中央有河。其南山东出金城，与汉南山属焉。其河有两源，一出葱岭东流，一出于阗南山下北流，与葱岭河合，东注蒲昌海。蒲昌海一名盐泽，去玉门三百余里"。⑤ 司马迁、班固和范晔所记三段史料明白描述出黄河河源之所在。

其实，源于西域大山之河是塔里木河，而不是黄河，它向东流时被高山所阻隔，断流于罗布泊沼泽，黄河河源不可能与塔里木河连接。但这种自然切断，没有阻挡住人们将它们连接在一起的努力。当塔里木河积聚于罗布泊时，也是一番"泾流之大，两涘渚崖之间不辩牛马"的恣肆汪洋，人们欲寻找一处"尾闾"来泄之，但四面环山皆不可；一"潜"字巧妙地就把塔里木河与黄河作了内在沟通并连在一起，即河水流至蒲昌海，以"潜行地下"的方式流至积石山后重新流出地面与黄河正流合一。河流潜行说一经问世便被世人认同，"河出昆仑"在理论上完全合理化了，原本在赐支河首的河源西向延伸到了帕米尔高原。郦道元在《水经注》中再次深信并认同"伏源重流"说。⑥

在文化观念上，人们由于笃信"河出昆仑"，对昆仑仙乡极为向往。传统仙乡有

---

① 王孝廉：《绝地通天——以苏雪林教授对昆仑神话主题解说为起点的一些相关考查》，《黄山高等专科学校学报》1999 年第 5 期。

② 《汉书》卷六三《张骞传》。

③ 《史记》卷一二三《大宛列传》。

④ 《汉书》卷九六《西域传》。

⑤ 《后汉书》卷八八《西域传》。

⑥ （北魏）郦道元：《水经注》卷一《河水》。

二："一个是由仙人、方士、蓬莱（海上仙山）、归墟所组成的东方仙乡；一个是由神、巫、昆仑（帝之下都）、黄河之源所组成的西方仙乡。"① 昆仑仙山生长有长生不老、永生不死的仙物，登上昆仑就可以与天地同寿，与日月齐光，但是，这对包括君王在内的世俗凡人却高不可攀阔不可越。正如民俗学家赵宗福先生所言，昆仑仙乡"使拥有世俗一切而唯独难以逃脱疾病和死亡的上层阶级十分向往。一旦找到了昆仑山，就可以得到长生的仙药仙方，就可以万寿无疆、高枕无忧地享用所有的幸福了。……但是昆仑山不仅遥不可及，而且飘渺不定。找到昆仑山，必须首先确定从脚下现实通往圣山的途径。几经衡量，反复汰选，只有上溯黄河才能到达源头才能找到昆仑。除此而外，别无它途。所以，才有了历代上层阶级不辞辛苦、苦苦寻觅河源的旅行"。② 另外，在某种意义上，向往昆仑亦是"慎终追远"情结下寻根问祖的精神回归之诉求。人们不忘"赫赫我祖，来自昆仑"精神圣地，举凡迁徙他乡，心灵深处仍铭记祖先来自昆仑山。中国传统文化中的人文之祖伏羲、创造人类的始祖女娲，是奉了上天旨意在昆仑山上完成他们的"神圣婚配"的。③ 今藏缅语系的的许多民族如彝族、纳西族、哈尼族、普米族、白马藏族等，都有先祖源于昆仑山的传说。黄河中游人们所认识的昆仑山，在九州之一的古雍州地界。周人始祖弃乃是羌人之女姜嫄所生，号后稷，姓姬氏。周人兴起，得到羌人等众多力量的帮助并建立政权，书写了中国文明新的篇章。周人东向发展历经了千百年，但积淀于文化血脉中的、与生俱来对西方故土的眷恋之情难以割舍，惟有故乡的山水才最值得深爱。因此，无论是战国时代的浪漫主义诗人屈原，还是梦想长生不死诸如汉武帝各色人等，在潜意识中都有着一种回归故土的意念，以验证自己、探究自己"从哪里来"的根本。追梦昆仑，神游西部，黄河恰好是一条连接中原与西部的纽带；认识河源，就是对自己生活故地的再认识、再体验，进而从文化观念上认同西部、认同祖先来自昆仑。

其二，历代人们在追寻河源昆仑、回归故土的精神长旅中，最终探明河源所出，显示出务实进取的理性光辉

对于汉武帝的钦定，太史公在《大宛列传》中持怀疑态度，坦言："《禹本纪》言河出昆仑。昆仑其高二千五百余里，日月所相隐避为光明者也。其上有醴泉、瑶池。今

---

① 王孝廉：《中国的神话世界》，作家出版社，1991，第68页。
② 赵宗福：《昆仑神话》，青海人民出版社，2005，第95页。
③ 赵宗福：《昆仑神话》，青海人民出版社，2005，第83页。

自张骞使大夏之后也，穷河源，恶睹《本纪》所谓昆仑者乎。"这一声音在当时"黄河首起昆仑山"、"伏源重流"盛说中很微弱，且与钦定昆仑之说相悖。晋代杜预说："河出西平西南二千里，从西平东北经金城、允吾、故北地、朔方、五原……入于海也。"①西平郡即今西宁，认识到黄河发源于青海，其方位大体和现在黄河源区相差不远。隋大业初，刘权征吐谷浑，置西海、河源、鄯善、且末等四郡，其中"河源郡置在古赤水城。有曼头城、积石山，河所出"，②明确将河源置于积石山以西地方。

唐代第一个到达河源区的是侯君集与李道宗。贞观九年（635年）唐军征讨吐谷浑，二人所率人马"转战过星宿川，至于柏海，频与虏遇，皆大克获。北望积石山，观河源之所出焉"。③另一路人马由李靖率领，亦"遂历于河源"④。贞观十五年（641年）文成公主下嫁吐蕃时，李道宗代表唐朝持节护送公主，吐蕃赞普松赞干布"率其部兵次柏海（今鄂陵湖与扎陵湖），亲迎于河源。见道宗，执子婿之礼甚恭"⑤。两《唐书》的相关篇章，以重复或相近的文字记载了唐军将士们历"河源"、"柏海"，吐蕃赞普在"柏海"迎娶汉家公主的史实。杜佑认为"河出昆仑"之说流传不绝，是因为人们"不详正"、"纂集者不详斯甚"之故⑥，所著《通典》中特意辨明河源出吐蕃即今青海境内，与于阗之昆仑毫无关系。长庆二年（822年），刘元鼎前往拉萨会盟沿唐蕃古道西行时足履河源区："河之上流，由洪济梁西南行二千里，水益狭，春可涉，秋夏乃胜舟。其南三百里三山，中高而四下，曰紫山，直大羊同国，古所谓昆仑者也，虏曰闷摩黎山，东距长安五千里，河源其间，流澄缓下，稍合众流，色赤，行益远，它水并注则浊，故世举谓西戎地曰河湟。"⑦指出黄河是从"紫山"（今巴颜喀拉山）流出，河源在渡河处南三百里。有学者说这是河源正源之一的卡日曲。⑧刘元鼎"河源其间"的描述似嫌模糊，但他的行程标志着认识河源进入了发源于巴颜喀拉山的实际阶段。有唐一代，将军观河源、学者论河源、使者过河源，河源被唐人确定青海境内，是地理认识与观念认识上的一次飞跃，撼动了许久以来河源潜流重出之说。

元代对河源的正确认识均来自于都实的考察报告。至元十七年（1280年），招讨使

① （西晋）杜预：《春秋释例》卷七《土地名》。
② 《隋书》卷三《炀帝纪》。
③ 《旧唐书》卷七三《侯君集传》。
④ 《旧唐书》卷一九八《西戎·吐谷浑传》。
⑤ 《旧唐书》卷一九六《吐蕃传》。
⑥ （唐）杜佑：《通典》卷一七四《州郡四·风俗》。
⑦ （唐）刘元鼎：《使吐蕃经见纪略》，载《全唐文》卷七一六。
⑧ 黄盛璋：《黄河上游的历史地理问题与测绘的地图新考》，载祁明荣主编《黄河源头考察文集》，青海人民出版社，1982，第23页。

都实一行专程勘察了黄河源头，这是由政府组织的一次大规模考察活动。《元史·地理志》云：

> 河源在土蕃朵甘思西鄙，有泉百余泓，沮洳散涣，弗可逼视，方可七八十里，履高山下瞰，灿若列星，以故名火敦脑儿。火敦，译言星宿也。群流奔辏，近五七里，汇二巨泽，名阿剌脑儿。……其流浸大，始名黄河。

都实考察将河源确定在黄河重要上源之一的星宿海，比较准确地探明了黄河源头。这一成果由潘昂霄撰成《河源志》。同时代的地理学家朱思本又从"八里吉思家得帝师所藏梵字图书，而以华文译之，与昂霄所志，互有详略"[1]，将实际勘察与"梵字图书"所载结合，坐实河源出星宿海之说，论断极为理性。

明代高僧宗泐求经印度时往返取道青藏高原，于洪武十五年（1382年）回国经过河源，当他夜宿巴颜喀拉山时，激情地写下《望河源》诗篇。这首诗并非是文学史上的佳作，但诗中第一次用诗化语言记录了河源风貌，其文献价值胜过了美学价值。诗前序文曰："河源出自抹必力赤巴山。番人呼黄河为抹处，氂牛河为必力处；赤巴者，分界也。其山西南所出之水，则流入氂牛河；东北之水，是为河源。……其源东抵昆仑可七八百里，今所涉处尚三百余里，下与昆仑之水合流。"[2] 序中所说"抹处"即今玛曲，氂牛河即通天河；"东北之水"正是黄河上源卡日曲。千年来循河探源的文化诉求、认祖追宗的精神长旅终得结果。

康熙四十三年（1704年），拉锡、舒兰一行探寻河源，康熙指示道："尔等务须直穷其源，明白察视其河流至何处入雪山边内，凡经流等处宜详阅之。"他们走过札陵湖和鄂陵湖后，称"星宿海之源，小泉亿万，不可胜数。周围群山，蒙古名为库尔滚，即昆仑也"，又说："山泉出自古尔班图勒哈者，为噶尔玛瑭；出自巴尔布哈者，为噶尔玛楚木朗；出自阿克塔齐勒者，为噶尔玛沁尼。三山之泉，溢为三支河，即古尔班索里玛勒也。三河东流入扎棱诺尔，扎棱一支入鄂棱诺尔，黄河自鄂棱出。其他山泉与平地水泉，渊沦萦绕，不可胜数，悉归黄河东下。"[3] 并绘制《星宿海河源图》。这比都实更进一步，探到黄河上源的三条河流，尽管没有说明哪一条为河之正源，但与现代的河源

---

① 朱思本曰："河源在中州西南，直四川马湖蛮部之正西三千余里，云南丽江宣抚司之西北一千五百余里，帝师撒思加地之西南二千余里。水从地涌出如井。其井百余，东北流百余里，汇为大泽，曰火敦脑儿。"

② （明）宗泐：《望河源并序》，见赵宗福《历代咏青诗选》，青海人民出版社，1986，第83页。

③ 《清史稿》卷二八三《舒兰传》。

地理环境考察基本一致。之后为编制《皇舆全览图》，康熙五十六年（1717 年）高僧楚尔沁藏布喇兰木占巴和理藩院主事胜住等"逾河源，涉万里"，测绘青海、西藏地图，再次确定河源所在。内府舆图于第二年全部告成，共 35 幅，其中第 9 号为河源图；这是两次考察河源的科学结果，颇具权威性。

乾隆四十七年（1782 年），阿弥达再次"探黄河真源"①。乾隆钦定"阿尔坦郭勒"即卡日曲为黄河源头。② 乾隆帝对探寻河源的热情胜过汉武帝，他个人研探河源昆仑的心得在《钦定河源纪略》、御旨《编辑〈河源纪略〉谕》等中都有明晰表述；肯定河源阿勒坦郭勒，却在解释上陷于"伏源重流"说："然此犹重源也。若其初源，则出葱岭……东南潜行沙碛千五百里，再出为阿勒坦河。伏流初见，辄作黄金色，蒙人谓金'阿勒坦'，因以名之。是为河之重源。东北会星宿海水，行二千七百里，至河州积石关入中国。"③ 吴省兰撰《河源图说》、范本礼撰《河源异同辨》等应声附和，后来地理权威魏源、曾亲自勘查西域水道的学者徐松，亦认同此说。

而汉儒学者的理性务实精神一脉相传。阎若璩《书经地理今释》、齐召南《水道提纲》、以及后来王先谦《汉书补注》、黄锡龄《水经要览》等，对河源的研究远远超过了朝廷的钦定。齐召南参与乾隆《一统志》编撰工作，明言河出今西番巴颜喀拉山东之阿尔坦河（即卡日曲）。王先谦赞同河源出自"阿尔坦郭勒"，从文化观念上对河源作了新的认识，对历来谬误原因解析颇深：

> 《汉书·地理志》："积石山在西南羌中，今在西宁府西南边外，五百三十余里即禹贡导河之地。"自古言河源者多不了，独此传综括详尽。盖孟坚迎北单于亲至私渠海，定远道长，西城本其家乘，以为国史，故所访地形与今若合符节，惟谓重源出于积石，仍因《山海经》之讹，而后儒异议，有指河州之小积石为《禹贡》之积石，转以班所言积石为妄，又谓载张骞穷河源事乃意度之，非实见，蒲昌海与积石通流，谬悠之论不足依据。④

齐召南的研究严肃理性，不流于凡俗；王先谦的考订论证，翔实有据，澄清了千百年来围绕昆仑探寻河源问题，形成了较为科学的论断。

---

① 《清史稿》卷三一八《阿桂传附子阿弥达传》。
② 阿弥达一行考察迎合乾隆帝的好胜心理，黄盛璋《黄河上游的历史地理问题与测绘的地图新考》一文作了批驳。
③ 《清史稿》卷一二六《地理志·河渠志·黄河》。
④ 《嘉庆重修一统志》卷五四六《青海厄鲁特·黄河》。

其三，河源信仰是一种"国家在场"的典型话语

有学者认为，"国家"既是一种无处不在、无所不有，又充满了遥远的、不可触摸的神秘感的力量，常常是政治、社会与文化"正统"的主要来源。[①] 在河源探寻中"国家在场"尤显突出。

一是通过"溥天之下，莫非王土"的一统观念体现"国家在场"。汉武帝根据张骞等人的见闻叙述，便"天子案古图书，名河所出山曰昆仑云"，实属一厢情愿。都实探寻的目的则昭昭然："黄河之入中国，夏后氏导之，知自积石矣，汉唐所不能悉其源。共为吾地，朕欲极其源之所出，营一城，浑番贾互市，规置航传。凡物贡水行达京师，古无有也，朕为之，以永后来无穷利益。"[②] 在统一的帝国疆域内行使其权力，即使在未探明的河源地方，也要和内地一样打算营城互市和置航。乾隆帝更是心态高傲："唐人始有柏海、星宿川之目，元人穷至星宿海，惟我圣朝疆理西极殊域一家，自昆仑以下既已尽载图经。"[③] 其中"殊域一家"不仅是地理疆域的连接，而且是国家一统观和"五方民族观"的政治大连接，《钦定河源纪略·河源全图说》进一步道：

> 盖自康熙间戡定西藏，圣祖仁皇帝谕为冈底斯为众山水之根，其地与回部和阗相接，则昆仑正脉先入版图。雍正间廓清西海河源重发之区，尽归列戌开屯之内。我皇上平定准噶尔回部疆里，西域一视侯甸。如实，由葱岭和阗伏罗布淖尔、重发阿勒坦郭勒大荒以外、潜见不常之灵迹，一一近在户闼。

这番言论宣扬农耕民族文化优越感和一统王朝的天下观、民族观。在整个河源探寻的历史过程中，"国家在场"始终介入，并渗入到文化传承乃至日常生活中，使国人真切感受到国家存在与国家权威。舒兰考察归来后康熙帝遍谕天下臣民："黄河源出西塞外库尔坤山之东，众泉涣散，灿如列星，蒙古谓之'鄂敦塔拉'，西番谓之'索里玛勒'，中华谓之'星宿海'，是为河源。"黄河源头地名用三种语言称呼，实为有趣。西番即藏族，亘古以来生息于此，称源头区为"炒青稞的锅"，把星宿海地貌形喻为"孔雀滩"，表达与自然的和睦相处。都实探源称星宿海为"火敦他拉"，将之打上了蒙古

---

① 陈春声：《乡村的故事与国家的历史——以樟林为例兼论传统乡村社会研究的方法问题》，《中国乡村研究》第 2 辑。

② （元）潘昂霄：《河源志》，载陶宗仪百卷本《说郛》卷三七。

③ 《钦定河源纪略》卷二《阿勒坦郭勒重源图说》，文源阁《四库全书》影印本。

族的历史印迹。蒙元军队曾经进军西藏时游牧或停留于此，明中叶起东蒙古的几支部落移牧环湖地区，开始了蒙藏在河源区的错杂游牧；西蒙古和硕特部住牧青海草原，雍正年间划归青海蒙古为 29 旗时，其中的前头旗就被划定在河源区游牧。① 专制王朝顺势而就，通过政令、撰写河源志书等手段，将国家意志透过探寻河源昆仑传达于各个民族中，以表达和强化国家一统与国家在场。

二是通过河源信仰与祭祀宣告"国家在场"。母亲河的慷慨泽惠与多次泛滥、决口所造成的巨大灾难，自古以来使人们既敬畏又恐惧。人们祭祀黄河安宁润泽，祈求风调雨顺和五谷丰登，带有明显的功利性。阿弥达探寻河源，就是因为年初河南青龙岗黄河漫口合拢未就，遂"前往青海，务穷河源，告祭河神"②。历代皆有封河神称号的传统，河神尊号在后世越封越大，越封越长，③ 这既是黄河在国家、地方礼制和护佑民众生产生活作用上的反映，又是河神信仰"国家在场"意志不断强化的体现。对河神的崇拜和高规格祭祀，是传统礼制的一部分，属五礼中的吉礼。历代皇帝都有祭河与封河的仪典，秦汉后河祀列于常制。祭祀河神，通常以牛、马、圭璧玉器作牺牲。《穆天子传》载："天子西征，至阳纡之山，河伯冯夷之所都居，是惟河宗氏，天子乃沉珪璧，礼焉。"在阴阳学说盛行的年代，人们深信玉是服之不死的仙药，又是生水的神物，故而用玉祭祀河神，以求得祥瑞或救灾。清代"高宗缵业，定星宿海、西域山川、伊犁阿布拉山诸神祀。……凡列祀典者，有司随时致虔，用羊一、猪一、果五盘、帛一、尊一、爵三，读祝叩拜如故事"④。随着河神信仰的普及，国家正祀日趋隆重，雍正八年（1730 年）在黄河源头建立河源庙以祭祀河神。《循化厅志》载录一篇雍正皇帝的敕谕曰：⑤

河源相近之处，向来未建专祠，以崇报享典礼，亟宜举行。查河源发于昆仑，地隔遥边，人稀境僻。其流入内地之始，则在秦省之西宁地方。朕意此地特建庙宇，专祭河源之神，敬奉烝尝，以达神贶。

黄河之神泽润邦国，福庇兆民，地方官员欣然承办此事，参与建庙的有驻军官兵、

---

① 《清史稿》卷七九《地理志五十四·青海》。
② 《清实录》卷一一六〇《高宗实录》乾隆四十七年秋七月巳酉条。
③ 唐封河神为灵源公，宋封河渎为"显圣灵源公"；元封河神为"灵源弘济王"；明时称"四渎大河之神"；顺治帝封河神为"显佑通济金龙四大王之神"，康熙帝封河神为"显佑通济昭灵效顺金龙四大王"，光绪时河神封号为"灵佑襄济显惠赞顺护国普利昭应孚泽绥靖普化宣仁保民诚感黄大王"。
④ 《清史稿》卷八三《礼志五十四·吉礼二》。
⑤ （清）龚景瀚：《循化厅志》卷六《祠庙》。

土千户韩炳及附近各族百姓。循化城外黄河南岸河源庙建成后,《御制建庙记》、《御制祭文》以纪其盛。太常寺卿王浟在致祭后的奏章中说:"窃臣赍旨往祭河神,一入甘省界,百姓扶老携幼,欢呼跪接。致祭之日,番族回目,四远毕至。清晨淡云微风,礼毕,丝雨缤纷。一时与祭官弁共庆圣主精诚,天人协应。臣询之乡老,皆言此间土燥风高,雨泽稀少,自建庙以来,屡岁丰收,家室殷实,皆圣德之昭格也。"① 阿谀讨好皇帝、颂扬盛世之情溢于言表。乾隆初年时河源庙香火旺盛,原住的青衣僧置换为黄衣僧,即由藏传佛教僧人替代汉传佛教僧人,口粮、衣单等所有开支由地方政府承担。自乾隆四十八年(1783 年)起,由西宁办事大臣亲自前往阿勒坦郭勒恭祭河源,"每季前往致祭"成为定制,② 直到嘉庆四年(1799 年),西宁办事大臣奎舒上书所有致祭河源改由和硕特西右后旗的札萨克台吉履行的建议得到同意后,地方官员致祭河源活动才宣告结束。无论是官方组织祭祀河源,还是地方官员与各族乡老的参与,还是番回各族民众的河神信仰,唯国家意识是从,"国家在场"无不体现。

综上所述,"河出昆仑"出自人们的臆想,围绕这一有趣而严肃的话题,人们苦苦探寻。笃信黄河之所以流淌不绝,是因为有昆仑山作为其源头,所以要寻找文化和地理的黄河源头,进而圆一个寻找到养育中华文明的最初源头,也就找到圣神昆仑山的精神长梦。如今,虽无具体祭祀河源和神灵崇拜的活动,然而作为自古以来为满足生存与发展需要,尤其是作为心理需求而创造出来的、自有其延续性和传承性的一种文化思维模式,其信仰依旧存在。

探寻河源的历史行为,典籍记载可谓丰厚。有先秦的《尚书》、《山海经》、《穆天子传》、《尔雅》等;有秦汉至魏晋的《淮南子》、《水经注》等;有明清以来的《清实录》、《大清一统志》、《水道提纲》、《青海事宜节略》等;有"二十六史"中的专门篇章;也有新中国以来的《黄河源头考查文集》、《长江黄河澜沧江源志》等;还有历代文人的诗文之作,如屈原的《离骚》、刘元鼎的《使吐蕃经见纪略》、邵晋涵的《题阿少司空奉使探河源图》、杨揆的《星宿海歌》等等。典籍涉及经书类、地理类、方志类、民俗类、历史类及文学类等,保留了聚讼纷纷、莫衷一是的原始记录。记载的时间从公元前 5 世纪至公元 21 世纪,延续了几千年;记录的文字或简略或翔实,既有激情奔放的文学语言,也有官样呆板的八股表述;内容上反映了对河源昆仑认识的不断深化过程、"国家力量"在场过程,真实体现了国人对于河源的虔诚崇拜与信仰心理,表达了人们生活思想的真实意愿。历代以来国人逐渐认识到中国地形"天倾西北"、"地不

---

① (清)龚景瀚:《循化厅志》卷六《祠庙》。
② (清)文孚:《青海事宜节略》,魏明章校注,青海人民出版社,1993,第 11 页。

满东南"的自然地理特征，使黄河之水从西而来的表象与"河出昆仑"思想合一，在空间认识上一再向西延伸，探寻河源话题持久热烈。随着科技进步和时代发展，河源之谜最终得到科学揭秘。但作为一种文化探寻和精神之旅，意在探究自我生存的哲学思辨，而非科学实证，探寻河源期间许多关于自然与生命学说、博物学说等，则是科学手段所不能包含和解决的。由此，大凡探寻河源昆仑的文献记载都应该是合理的。若将典籍记载加以系统汇集，亦会是一部洋洋数万言的具有文化意义的《河源昆仑探寻史》。

原载《青海社会科学》2010 年第 4 期

四

神话人物与昆仑文化

西王母神话的演化与解释[*]

茅　盾

现在文明民族的神话都是经过保存者的一次二次的修改，然后到我们手里。神话是原始信仰加上原始生活的结果，所以不合理的质素很多。例如埃及、巴比仑神话中的神多有作兽形（这和中国很相同），而希腊与北欧的神话也常说神们变形为兽或神们的血族结婚与离婚。此种不合理的质素，在我们（现代文明人）看来，是不合理的，但在原始人看来，却是合理的。原始人信仰精灵主义，当然会想到野兽有思想情绪能说话；并且因为原始人看来野兽们在有些地方（譬如爬树钻洞泅水）确比人类的能力大，当然又会想到这些野兽会变成了神。原始人中间的确行着血族结婚和离婚，甚至"滥交"的状态，所以在他们看来，神们也是如此。我们现在已经从人类学方面得到了解释这些不合理质素的宝钥，我们已经不很讨厌这些不合理的记载，并且觉得还是有用；但是我们的曾祖、高祖、高高祖们，没有近代科学的帮助，却很不喜欢那些怪诞粗鲁的东西。因而他们就动手修改了。他们一代一代的把神话传下来，就一代一代的加以修改。他们都照着自己的意思去修改。他们又照着自己的意思增加些枝叶上去。于是本来朴野的简短的故事，变成美丽曲折了；道德的教训，肤浅的哲理，也加进去了。原始人的神话经过了这样的"演化"，就成为一民族文学的泉源——当然只是最早的泉源。

在中国神话中，"演化"的段落是很明显的。例如西王母的神话，在《山海经》的《西山经》上不过是这么说：

> 又西三百五十里，曰玉山，是西王母所居也。西王母，其状如人，豹尾虎齿而善啸，蓬发戴胜，是司天之厉及五残。（郭注：主知灾厉五刑残杀之气也。）

---

* 题目由选编者所加。本篇选自玄珠《中国神话研究 ABC》一书，原为该书第三章"演化与解释"。

这描写得如何可怕！再看《海内北经》说：

> 西王母梯几而戴胜杖（《汉书》司马相如《大人赋》注引此无"杖"字），其南有三青鸟，为西王母取食，在昆仑北。

这里也仅仅加增了为西王母取食的三青鸟。再看《大荒西经》：

> 西海之南，流沙之滨，赤水之后，黑水之前，有大山，名曰昆仑之丘，有神，人面虎身，有文有尾，皆白处之谓有白点也。其下有弱水之渊环之，其外有炎火之山，投物辄然。有人戴胜，虎齿有豹尾，穴处，名曰西王母。此山万物尽有。

然而在《穆天子传》里的西王母就进步了许多了。《穆天子传》纪周穆王西征，相传是晋咸宁中从汲冢（战国魏王之墓，在汲县）里挖出来的（同时并得《竹书纪年》），自然也是伪作，但也许是战国时文人的手笔。据这《穆天子传》所说是：

> 吉日甲子，天子宾于西王母，执玄圭白璧以见西王母，献锦组百纯，□组三百纯。西王母再拜受之。乙丑，天子觞西王母于瑶池之上。西王母为天子谣曰："白云在天，山陵自出，道里悠远，山川间之，将子无死，尚能复来。"天子答之曰："予归东土，和治诸夏，万民平均，吾顾见汝，比及三年，将复而野。"天子遂驱升于弇山，乃纪其迹于弇山之石，而树之槐，眉曰西王母之山。（按郭璞注《西山经》引《穆天子传》，又有西王母再为天子吟曰："徂彼西土，爰居其所，虎豹为群，乌鹊与处，嘉命不迁，我为帝女，彼何世民，又将去子，吹笙鼓簧，中心翔翔，世民之子，惟天之望。"云云。）

这里的西王母已经不是"豹尾虎齿"那样的异相，而颇似一"人王"。此可视为西王母神话之第一次被修改，被增饰；亦正因其尚不与原始思想相差甚远，故我们得假定《穆天子传》虽是伪物，然尚是战国时人所作。我们再看托名班固所作的《汉武故事》的记载便大不同了；《汉武故事》内述西王母会见汉武帝的一段说：

> 七月七日，上于承华殿斋，日正中，忽见有青鸟从西方来。……是夜漏七刻，空中无云，隐如雷声，竟天紫气。有顷，王母至，乘紫车，玉女夹驭；戴七胜；青气如云；有二青鸟，夹侍母旁。下车，上迎拜，延母坐，请不死之药。母曰："帝滞

情不遣，愁心尚多，不死之药，未可致也。"因出桃七枚，母自啖二枚，与帝二枚。帝留核箸前，王母问曰："用此何为？"上曰："此桃美，欲种之。"母笑曰："此桃三千年一著子，非下土所植也。"留至五更，谈语世事而不肯言鬼神，肃然便去。

又同称为班固所撰的《汉武内传》中也有一段同样的记事，但文辞更为缛严，而且西王母简直成为"年可三十许"的丽人了。现在也抄在下面：

> 到七月七日，乃修除宫掖，设坐大殿，以紫罗荐地，燔百和之香，张云锦之帏，然九光之灯，列玉门之枣，酌蒲萄之醴，宫监香果，为天官之馔。帝乃盛服立于阶下，敕端门之内不得有妄窥者；内外寂谧，以候云驾。到夜二更之后，忽见西南如白云起，郁然直来，径趋宫庭。须臾转近，闻云中箫鼓之声，人马之响。半食顷，王母至也；悬投殿前，有似鸟集：或驾龙虎，或乘白麟，或乘白鹤，或乘轩车，或乘天马。群仙数千，光耀庭宇。既至，从官不复知所在，唯见王母乘紫云之辇，驾九色斑龙，别有五十天仙，侧近鸾舆，皆长丈余，同执彩旄之节，佩金刚灵玺，戴天真之冠，咸住殿下。王母惟扶二侍女上殿，侍女年可十六七，服青绫之褂，容眸流盼，神姿清发，真美人也！王母上殿东向坐，着黄金褡襡，文采鲜明，光仪淑穆，带灵飞大绶，腰佩分景之剑，头上太华髻，戴太真晨婴之冠，履元璃凤文之舄。视之可年三十许，修短得中，天姿掩蔼，容颜绝世，真灵人也！下车登床，帝跪拜问寒暄毕，立，因呼帝共坐。帝面南。王母自设天厨，真妙非常，丰珍上果，芳华百味，紫芝萎蕤，芬芳填樏，清香之酒，非地上所有，香气殊绝，帝不能名也。又命侍女更索桃果。须臾，以玉盘盛仙桃七颗，大如鸭卵，形圆青色，以呈王母。母以四颗与帝，三颗自食。桃味甘美，口有盈味，帝食辄收其核。王母问帝。帝曰："欲种之。"母曰："此桃三千年一生实，中夏地薄，种之不生。"帝乃止于坐上。酒觞数遍，王母乃命诸侍女，王子登弹八琅之璈，又命侍女董双成吹云和之笙，石公子击昆庭之金，许飞琼鼓震灵之簧，婉凌华拊五华之石，范成君击湘阴之磬，段安香作九天之钧，于是众声澈朗，灵音骇空；又命法婴歌元灵之曲。

《汉武内传》和《汉武故事》，不用说都是伪书；然就晋张华的《博物志》所载汉武会见西王母的故事正与《内传》符合一点而言，则《内传》作者大概是魏晋间人了。再就上引之两段文字而观，则《内传》云云显然又是更后代些的思想；在《故事》中，西王母的从者尚只二青鸟，和《山海经》相符合，但在《内传》中则有群仙数千，又"别有五十天仙，侧近鸾舆"，又侍女有王子登、董双成、石公子、许飞琼等，显然是

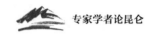

后世皇帝的排场，其增饰之迹，显然可见了。所以《故事》虽亦托名班固，然而著作时代必较《内传》为早，或者是后汉的作品，也未可知。

从上面这一点简单的叙述看来，西王母的神话之演化，是经过了三个时期的。在中国的原始神话中，西王母是半人半兽的神，"豹尾虎齿，蓬发戴胜"，"穴处"，"三青鸟为西王母取食"，是"司天之厉及五残"，即是一位凶神。到了战国，已经有些演化了，所以《淮南子》公然说"羿请不死之药于西王母"，而假定可算是战国时人所作的《穆天子传》也就不说西王母的异相而能与穆王歌谣和答了。我们从《淮南子》的一句"不死之药"，可以想见西王母的演化到汉初已是从凶神（司天之厉及五残）而变为"有不死之药"的吉神及仙人了。这可说是第一期的演化。汉武求神仙，招致方士的时候，西王母的演化便进入了第二期。于是从"不死之药"上化出"桃"来；据《汉武故事》的叙述，大概当时颇有以西王母的桃子代表了次等的不死之药的意义，所以说西王母拒绝了武帝请求不死之药，却给他"三千年一著子"的桃子。这可算是第二期的演化。及至魏晋间，就把西王母完全铺张成为群仙的领袖，并且是"年可三十许"的丽人，又在三青鸟之外，生出了董双成等一班侍女来。这是西王母神话的最后演化。西王母神话的修改增饰，至此已告完成，然而也就完全剥落了中国原始神话的气味而成为道教的传说了。后来的人已经不能从西王母身上再添枝叶，所以伪托东方朔撰的《神异经》（今本注者为张华，亦属伪托无疑；然《隋书·经籍志》上已有《神异经》著录，题为东方朔撰，张华注，则此书由来已久；《四库提要》断定为六朝人所作，大概是的。）只能新造出一个东王公来：

> 东荒山中，有大石室，东王公居焉。长一丈，头发皓白，人形鸟面而虎尾，戴一黑熊，左右顾望，恒与一玉女投壶，每投千二百矫，设有入不出者，天为之醫嘘（华注：叹也）。矫出而脱误不接者（言失之），天为之笑。（华注：言笑者，天口流火焯灼，今天下不雨，而有电光，是天笑也。）

这东王公未见于《山海经》各书，汉人著作亦未言及；所以虽然说是"人形鸟面而虎尾，戴一黑熊"，颇有似于原始思想，可是我们敢断定他是摹仿《山海经》的。东王公因是后起的文人作品，在民间传说上没有根据，所以就不能和西王母一般有了许多的增饰。

我们现有的神话，几乎没有一条不是经过修改而逐渐演化成的。除上述之西王母而外，还有昆仑的神话，月亮及牵牛织女的神话，都是很明显的例子。不过现在我们要暂时略过，留在另文中详细研究了。①

---

① 此句原刊作："不过现在我们要暂时略过，留在下面第四章及第六章内详细研究了。"——校者注。

为什么神话会"演化"呢？因为"文雅"的后代人不能满意于祖先的原始思想而又热爱此等流传于民间的故事，因而依着他们当时的流行信仰，剥落了原始的犷野的面目，给披上了绮丽的衣裳。这是"好奇"的古人干的玩意儿，目的在为那大部分的流传于民众口头的太古传说找一条他们好奇者所视为合理的出路。同时却又有些"守正"的人们努力要引导这些荒诞的古代传说归之于"正"，从另一方面消极的修改神话，使成为合理的故实：这便是所谓对于神话的"解释"。

神话的历史化的例子，在欧洲的希腊与北欧神话中就早已有了。纪元前三一六年顷的希腊学者欧赫梅鲁司（Euhemerus）曾经很简单的把神话解释成古代历史。他们说神话里的神们便是该民族古代的帝皇或英雄；神话只是小说化的——描写是夸张的，事实是扭曲的——古代的历史。时代比欧赫梅鲁司要早些的历史家希洛道忒司（Herodotus）所作的历史也是尽量采用神话的。不过将一切神话都有意地解释为古史，却始于欧赫梅鲁司。依他的自述，他曾航海到了一个荒岛，名为滂契埃（Panchoea），看见许多铜柱，上镌神话时代的事实，于是他始知一切神话实即古史。（见他所著的《圣史》中）这个自述，大概是他的伪托。依他的说法，希腊神话中众神之王宙斯实即克里特（Crete）的国王（据说克里特这个国是真有的，在希腊之前；当希腊有史时，此国灭亡已久，故其历史不传于世。近人麦根西著《克重特及希腊以前的欧洲神话》，则证明此岛国的文化——神话与美术——实为希腊文化之祖先），宙斯与扰乱世界的巨人铁丹族的战争实即克里特国王削平内乱之史事；又希腊神话中造人的伯罗米修士（本亦巨人族），负地而立的亚特拉斯（亦巨人族），实为希腊古代之善塑泥人的陶工和天文家。欧赫梅鲁司就用了这等肤浅的附会将全部希腊神话改造成古代史。

北欧虽然没有欧赫梅鲁司那样的人出而有意地将神话解释成古史，但是"历史化"的事实也是有的。例如北欧神话中众神之王奥定（相当于希腊神话的宙斯）就被说成为小亚细亚地方一个部落名亚息耳（Aesir）者的酋长，因为受了罗马人的压迫，乃向西北拓地，征服了现在俄罗斯、德意志、丹麦、脑威、瑞典等国的土地，每处立他自己的一个儿子为王；后知自己在世间的事已完，即剖腹自杀，上天成神。这一段话，不但把神话里的奥定附会作俄罗斯等五国的开辟之祖，并且把北欧神们的总名亚息耳也附会成一个部落的名儿了。后来冰岛的历史家斯奴罗·斯土莱松（Snorri-Sturlusonl，179~?）作《脑威诸王史》（Heimspring-la）也把北欧神话里的日光神佛利（Frey）作为古王，说是在半历史的奥定与涅尔特（海神）死了以后，即帝位于乌布萨拉的。因为他在位时政治修明，国内太平，所以百姓景仰之若神；百姓们对于他的崇拜是如此之烈，竟使朝臣们当佛利死时秘不敢发丧[①]，亦不敢遵例火

---

① 丧，原刊为"表"字。——校者注。

葬，却私埋于大丘中，告百姓说，主（佛利一字，在北欧，义为主）已经成神，走入大丘里去了。

但希腊和北欧的神话幸赖有古代的弦歌诗人及戏曲家保存了许多，尚有系统可寻，所以不为历史家的"守正"行为所掩没，并且我们反可以证明那些历史家的所谓古史实在是神话。中国便不同了。如前所述，中国的文学家开始采用神话的时候，大部分的神话早已完全历史化了。几千年来，黄帝、神农、尧、舜、禹、羿等人，早已成为真正的历史人物。战国以后，"好奇之士"偶而记载一些当时还活在人民口头的关于黄帝等人的"传说"，然而后代的"守正"的缙绅先生们早已斥为荒诞不经，努力的把这些断片的神话再加以历史的解释。例如许多有权威的古书（如《孟子》等）明明说羿是历史人物，但《山海经》内说成羿是一个天神，而《楚辞·天问》也说"羿焉彃日？乌焉解羽？"《淮南子·本经训》更明明白白的说："逮至尧之时，十日并出……尧乃使羿………上射十日。"这岂不是显然对于羿的历史人格挑战了么？于是就有洪兴祖的解释，以为"羿是善射之号"，罗长源及陈一中又更进一步解释"十日"，以为十日是扶桑君的十个儿子，九日为凶，号曰九婴，尧使羿所射者即此。这是对于已经历史化的神话人物而遇有与其历史性相牴牾的传说时的解释方法。至于尚未受到历史化的遗在草莱的神话，就被简捷地取来作为历史了。例如盘古的神话就被直捷地当作历史材料，徐整收入了他的记载"三王五帝"之事的《三五历纪》，胡宏更收进了《皇王大纪》了。然而究竟"好奇之士"太多，缙绅先生们欲一一加以历史的解释亦能力所不及，所以一切古代史的人物，从黄帝以至禹，每人都有些"不雅驯"的神话粘附着，而因此使我们有理由可以断言禹以前的历史简直就是历史化了的古代神话。黄帝和蚩尤的战争，也许就是中国神话上的神（黄帝）与巨人族（蚩尤）的战争。《通典》说："蚩尤即魑魅，战于涿鹿，黄帝吹角为龙吟御之。"《路史》谓"蚩尤兄弟七十二人"（这大概是根据了《述异记》）。《龙鱼河图》谓"蚩尤兄弟八十一人"（见吴任臣《山海经广注》十七所引）。所以蚩尤之为"非人"，是很可以相信的，那么，与蚩尤作战之黄帝之为"非人"也可以想见了[①]。希腊神话和北欧神话都说与神同时代者有巨人族，好作恶，为神所灭。可知中国神话而亦有巨人族一说，是很合情理的。既然说"蚩尤兄弟七十二人"或"八十一人"，又可以想见"蚩尤"是一个类名，相当于希腊神话巨人族之名"铁丹"或北欧神话巨人族之名为"伊密尔"了。可是《史记》直把蚩尤认为黄帝时的诸侯，完全把这一段神话历史化了。关于黄帝的神话的片断还有许多，我们现在无暇细说。再看《尚书》上说得很确实的尧、舜、禹，也是很可以令人怀疑的。尧的本身上

---

① 原刊中此外接有"（关于黄帝和蚩尤战争的神话，我在下面第五章还要评论）"句。——校者注。

无多大神话，然就上所引《淮南子·本经训》的一段而看，尧有一个"非人"的羿①，则尧之是否为真的人，也是颇可怀疑的。舜本身就有许多神话（如说象代他耕种之类），他的二妃又有许多神话，所以舜也不是真正的历史人物。夏禹算是最可靠的历史人物（据正史而言），然而《山海经》、《楚辞》、《淮南子》就有许多夏禹的神话。然则夏禹也是靠不住的。不但禹，便是禹之子启，据《楚辞》及《山海经》，也是神样的人物②。只要我们来搜剔，禹以上的历史都有疑窦，都可以说是历史化的神话。也就可以想见司马迁以前的史官曾经如何努力地加神话以历史的解释了。

西洋解释神话的一派名为文字学派者，说"神话是语言有病的结果，犹之珍珠是蚌有病的结果"。什么叫做"语言有病"呢？据文字学派的意见：原是古人一句平常的话语，但因口耳相传，发音上有了一点小错误，后人不知真义，反加曲解，又添了些注释——藻饰，于是一句平常简单的话竟变成一则故事了；这便叫做"因了语言有病，反产生神话"。希腊的悲剧家幼里披底（Euripides）以为希腊神话中说巴卡斯（酒神）缝在宙斯的肢上（Ò unpos），实是弄错了字的缘故；大概原来的话是说宙斯给一个誓（Öunpòs）。又柏拉图的"Cratylus"中亦载苏格拉底之言，谓神话中不合理的故事都因字讹。在中国，把古籍中的神话材料解释为"字讹"的，亦不乏其人。我们可以举一个最显明的例，便是朱熹对于羲和的解释。他分辩《楚辞》中所说日御羲和与《尧典》的日官而为之解释道："注（指王逸注《离骚》文）以为羲和为日御，补注（指洪兴祖补注）又引《山海经》云：'东南海外有羲和之国，有女子曰羲和，常浴日于甘渊。注云：羲和，始生日月者也，尧因立羲和之官，以掌天地四时。'此等虚诞之说，其始止因《尧典》'出日纳日'之文，口耳相传，失其本指，而好奇之人，耻其谬误，遂乃增饰傅会，必欲使之与经为一而后已。"（《楚辞辩证》上）从朱熹这话，我们何尝又不可反证《尧典》的羲和其实只是神话中的羲和，而"出日纳日"一语犹属神话中所谓"日御"的遗形。秦以前的一些守正之士大概很改动了古籍中的神话材料，而他们的所以然的原因大概是认定了那些不雅驯的记载是文字错误之故；只可惜我们现在找不到他们有意改动的议论，仅能在"异文"上看出他们改动的痕迹罢了。

原载玄珠《中国神话研究 ABC》一书，

上海世界书局 1929 年版。

---

① 原刊中此处接有"（关于羿，下文第七章也要详细讨论）"句。——校者注。
② 原刊中此处接有"（下文第七章都要讨论）"句。——校者注。

西王母的传说（西王母与昆仑山之一）

——西王母故事的衍变

吴　晗

　　西王母之名最早见于中国典籍中的，当为战国末期的作品——《山海经》中的《西山经》：

　　　　……又西三百里曰玉山，是西王母所居也。西王母其状如人，豹尾虎齿而善啸，蓬发戴胜，是司天之厉及五残。

郭璞注《穆天子传》即据此文：

　　　　西王母如人，虎齿蓬发，戴胜，善啸。

　　《海内北经》又据此文，另外替它加雇了三个厨役来服侍，在装饰方面，也加了"梯几"二字的形容词，肯定它的住所在昆仑墟北，而不言玉山。

　　　　西王母梯几而戴胜，其南有三青鸟，为西王母取食，在昆仑墟北。

《大荒西经》更详细了，连它的住址方向、周围事物、面貌、居处，都有肯定的纪述：

　　　　西海之南，流沙之滨，赤水之后，黑水之前，有大山名曰昆仑之丘。有神人面虎身有文，有尾皆白，处之。其下有弱水之渊环之。其外有炎火之山，投物辄燃，有人戴胜虎齿，有豹尾，穴处，名曰西王母。此山万物尽有。

从"其状如人"到"有人戴胜虎齿有豹尾"，由"似人的兽"到"似兽的人"，这是西王母在它的故事中的第一次衍变。由此而生出来若干扩到无穷大的故事。

接着，我们在汲冢所发现的《穆天子传》中，果然遇见了一位确是人类、极有礼仪、能应酬、能歌谣，雄长一方的西王母：

> 乃遂西征，癸亥至于西王母之邦。
>
> 吉日甲子，天子宾于西王母，乃执白圭玄璧以见西王母，好献锦组百纯，□组三百纯，西王母再拜受之，□乙丑天子觞西王母于瑶池之上，西王母为天子谣曰："白云在天，山陵自出，道里悠远，山川间之，将子无死，尚能复来。"天子答之曰："予归东土，和洽诸夏，万民平均，吾愿见汝，比及三年，将复而野。"天子遂驱升于弇山，乃纪其迹于弇山之石，而树之槐眉曰西王母之山，西王母之山还归丌口，世民作忧以吟曰："北徂西土，爰居其野，虎豹为群，乌鹊与处，嘉命不迁，我惟帝女，彼何世民，又将去子，吹笙鼓簧，中心翔翔，世民之子，唯天所望。"
>
> 自群玉之山以西至于西王母之邦三千里，□自西王母之邦北至于广原之野，飞鸟之所解其羽，千有九百里。

在《山海经》、《列子》诸书中，因循傅衍，都有类似的记载。（详见另文）从渺茫的似兽的人到真正的人，这是西王母的第二次衍变。

焦氏《易林》是汉代一部卜筮的书，所收容的筮词中，包含不少与西王母有关的故事，如《讼之第六·泰》：

> 弱水之西，有西王母，生不知死，与天相保。

西王母是一个长生不死的生物。《坤之第二·贲》：

> 稷为尧使，西见王母，拜请百福，赐我善子。

西王母成求子与求福的目标，并与尧、稷发生关系，《小畜之第九·大有》：

> 金牙铁齿，西王母子，无有患殆，减害道利。

《大壮之三十四·咸》：

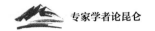

畜鸡养狗，长息有储，耕田有黍，王母喜舞。

《明夷之三十六·讼》：

> 穿鼻系株，为虎所拘，王母祝祷，祸不成灾，突然脱来。

西王母又成为社神及含有神秘性之巫祝。（详见另文）由真正的人衍变为长生不死、求子求福的目标，社神，巫祝，等等多方面的发展，并和传说中更古的人王发生关系，这是西王母的第三次衍变。

西王母在什么时候才变成女人的呢？这问题在《汉书》中予以一划时代的解答。《汉书》卷八十四《翟方进传》：

> 莽于是依《周书》作大诰曰："……太皇太后肇有元城沙鹿之右，阴精女主圣明之祥，配元生成，以兴我天下之符，遂获西王母之应①。神灵之征，以佑我帝室，以安我太宗，以绍我后嗣，以继我汉功。"

《太平御览·礼仪部》引卫宏《汉旧仪》云：

> 祭王母于石室，皆在所二千石令长奉祠。

卷九十八《元后传》：

> 莽乃下诏曰："……更命太皇太后为新室文母太皇太后，协于新室。故交代之际，信于汉氏，哀帝之代，世传行诏，为西王母共具之祥，当为历代为母，昭然著明。"

所谓祠祀、行诏，《汉书》卷二十六《天文志》：

> 哀帝建平四年，正月、二月、三月民相惊动，讙譁奔走，传行诏筹祠西王母。

---

① 孟康曰："民传祀西王母之应也。"

《五行志》下之上说得更详细：

> 哀帝建平四年正月，民惊走持稾或撷一枚，传相付与曰："行诏筹"。道中相
> 过逢，多至千数，或被发徒跣，或夜折关，或踰墙入，或乘车骑奔驰，以置驿传行
> 经郡国二十六至京师。其夏，京师郡国民聚会里巷阡陌，设祭，张博具，歌舞祠西
> 王母。
>
> 又传书曰："母告百姓，佩此书者不死，不信我言，视门枢下当有白发。"至
> 秋止。

这时候哀帝祖母傅太后用事，杜邺对策以为："西王母妇人之称，博奕男子之事。"
此种现象为外家用事之应。西王母从此便固定地变成女人，这是西王母故事的第四次衍
变。

汉自景、武以来，董仲舒始以阴阳五行之说敷合儒学，得时主信任，学风为之一
变，在这种思潮下产生的《吴越春秋》，自然也逃不脱它的影响，西王母是女人，属
阴，当得有一位属阳的来配她。于是由西想到东，由母想到公，东西、公母都是对待
的，因此就新造成一位东王公，东属木，故又称木公，西属金，故西王母也称金母。

> 种曰："一曰尊天事鬼以求其福……"越王曰："善！"乃行第一术，立东郊以
> 祭阳，名曰东王公，立西郊以祭阴，名曰西王母，祭陵山于会稽，祀水泽于江州，
> 事鬼神一年，国不被灾。（《勾践阴谋外传》）

从阴阳五行的相对，而产生出一位东王公，来配西王母，这是西王母故事的第五次
衍变。

西王母既然被指定为女人，又替她找出一位阳性来配衬。《易·系辞》下："天地
絪缊，万物化醇，男女构精，万物化生。""一阴一阳谓之道"，男女间的事，我们的古
人素来有些不顺口，可是对于过去的在传说中的古人替他们撮合一下，也还无伤大雅，
《神异经·中荒经》说：

> 昆仑之山有铜柱焉，其高入天，所谓天之柱也，周三千里，周围如削，下有回
> 屋，方百丈，仙人九府治之，上有大鸟，名曰希有，南向张左翼覆东王公，右翼覆
> 西王母，背上小处无羽一万九千里，西王母岁登翼上会东王公也。其柱铭曰："昆
> 仑铜柱，其高入天，圆周如削，肤体美焉。"其鸟铭曰："有鸟希有，碌赤煌煌，

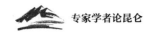

不鸣不食，左覆东王公，右覆西王母，王母既东，登之自通，阴阳相须，唯会益工。"

从一年一度在希有背上相会的喜剧，又衍变成另一系统的牛郎织女的故事。由东王公的产生到西王母的结婚，这是西王母故事的第六次衍变。

以上曾提及和西王母发生过关系的人王有周穆王、尧、稷……但是经过了若干年的渲染以后，西王母已不再是从前那样"豹尾虎齿"的怪状，或龙钟白发的老巫了，她的外表已经经过若干幻想家、文人所修饰，成为一位最漂亮的典型的女性：

王母唯扶二女侍上殿，侍女年可十六七，服青绫之袿，容眸流盼，神姿清发，真美人也！王母上殿东向坐，着黄金褡襦，文采鲜明，光仪淑穆，带灵飞大绶，腰佩分景之剑，头上太华髻，戴太真晨缨之冠，履元璃凤文之舄，视之年可三十许（《集仙录》作二十许，更年轻，详另文），修短得中，天姿掩霭，云颜绝世，真灵人也。（《道藏·洞真部·记传类》卷一〇七《海上》）

汉武帝在中国史上是一位杰出的人王，他虽穷兵黩武，希求长生，但在一般人的眼光中，却不致如秦始皇那样讨人厌。《史记·封禅书》中荒渺影约的叙述，使他被动地不得不和西王母发生关系，而成为西王母故事中最有精彩的一部分。

中国的古史是"层叠地造成"，譬如积薪，后来居上，中国的故事也是如此，汉武帝既已和西王母发生关系，为什么比他更早的反不能够？于是历史上有名的人王——燕昭王，舜，禹，黄帝……便连茅拔茹地都成为故事中的一个角色。这是西王母故事衍变的第七阶段。

神仙家的调制使西王母成为一位女仙，握有神秘的权力。古代有无男女平权的思想，文献不足，我们不能详知，不过"男女有别"是儒家的教条之一，同时也是社会的无形制裁。所以《博物志》所赋予王母的职责：

老子云："万民皆付西王母，唯王圣人真人道人之命，上属九天君耳。"（《博物志·杂说》上）

便不为人所满意，因为这不但地位太低，而且"男女无别"，大不是道理。他们便重来一下，把她改成唯一的女仙领袖，和东王公分性而治：

　　金母元君者，九灵太妙龟山金母也，一号太虚九光龟台金母元君，一号西王母，乃西华之至妙，洞阴之极尊，在昔道炁凝寂，湛体无为，将欲启迪玄功，化生万物；先以东华至精之气，化而生木公，木公生于碧海之上，芬灵之墟，以主阳和之气，理于东方，亦号曰东王公焉。又以西华至妙之气，化而生金母，金母生于神洲伊川，厥姓缑氏，生而飞翔，以主阴灵之气，理于西方，亦号西王母，皆质挺大无，毓神玄奥，于西方渺莽之中，分大道醇精之气，结气成形，与东王公共理二气，而养育天地，陶钧万物矣。体柔顺之本，为极阴之元，位配西方，母养群品，天上天下，三界十方，女子之登仙得道者咸所隶焉。[《说郛》卷一百十三《西王母传》（［汉］桓麟），《道藏·洞神部·谱箓类·墉城集仙录·金母元君》]

于是西王母又摇身一变，统辖同性的神仙，完成了在她的故事中的第八次衍变。

人生最难得的是永久的美貌，最不可求的是亘古的长生，最不易取得的是领袖的地位，现在西王母什么都有了，她还缺少一些什么呢？聪明的古人又替她想出："不孝有三，无后为大"，她既有丈夫，又年轻，应该有几个子女来完成她的圆满的生命过程，于是她的故事又走入了一个新的阶段，我们来看古人替她安排好的新家庭分子：

　　南极王夫人者，王母第四女也，名林，字容真，一号紫元夫人，或号南极元君，理太丹宫。（《三洞群仙录》，《墉城集仙录》）

　　云华夫人王母第二十三女。太真王夫人之妹也。名瑶姬。（《墉城集仙录》二）

　　紫微王夫人名清娥，字愈音，王母第二十女也。①

　　云林右英王夫人名媚兰，字申林，王母第十三女也，受书为云林宫右英夫人，治沧浪宫。（《墉城集仙录》，《太平御览》六七四引《南真》说）

　　太真夫人者王母之小女也，名婉罗，字勃，遂事玄都太真王，有子为三天太上官府都司直，主总纠天曹之违，比地上之卿佐。（《道藏·洞神部·谱箓类·墉城集仙录》卷二。《抱朴子》）

据以上所引的看，她至少有二十四个女儿，二十四个女婿，几百位外孙，佩玉铿锵，真极一时之盛！

但是，"名不正，则言不顺"，西王母的女儿都有名有字，她自己也应该有一个出生的根源和名字才对。于是《轩辕黄帝传》替她找出她的父系：

---

　　① 《许遇真人传》作"王母第二十七女"。

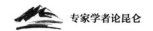

> 时有神人西王母者，太阴之精，天帝之女。

段成式替她找出她的姓名、字号、生卒：

> 西王母姓杨名回，治昆仑西北隅，以丁丑日死。一曰婉妗。（《酉阳杂俎》十
> 四《诺皋记》）

杜光庭又以为她姓缑：

> 金母生于神洲伊川，厥姓缑氏。（《墉城集仙录·金母元君》）

又有人以为她姓侯，姓焉：

> 西王母姓杨，一曰缑氏，一曰侯氏，一曰焉氏名回，一曰婉妗。（《少室山房
> 笔丛·壬部·玉壶遐览二》）

《续仙传》又替她找出后代的子孙：

> 缑仙姑者长沙人也。……他日又言西王母姓缑，乃姑之圣祖也。……河南缑氏
> 乃王母修道之处，故乡之山也。

　　西王母的本身的故事，到此已经完满到无以复加，再也不能加什么更新鲜的东西上
去了。以后的文人、幻想家，因为故事的本身已经凝固，他们也只能从表面上去加一点
髹漆，使它更美丽，更神秘，却不能从质的方面把它改动一下。
　　以上就纵的方面简单地说明西王母故事的几个衍变过程，现在我们再来看这故事横
的方面发展。
　　A. 道德家的西王母
　　据上文所引《汉书》中的记载，知道西汉建平以前，西王母已经很普遍地成为民
众所崇祀，国家也叫地方官按时致祀的神祇了。这样一位名人，当然值得援引来帮场
面，《庄子·大宗师篇》就不客气地实行拉夫主义：

> 夫道有情有信，无为无形，可传而不可受，可得而不可见……堪坏得之以袭昆

仑，冯夷得之以游大川，肩吾得之以处大山，黄帝得之以登云天，颛顼得之以处玄宫，禺强得之立乎北极，西王母得之坐于少广，莫知其始，莫知其终。

把西王母轻轻地放入黄帝、禺强、颛顼、冯夷一些古人堆中，自然西王母也成了一位道地的古代贤人了。这一牵引似乎太不自然一点，所以后人很少引用，"西王母坐于少广"的故实，仅被因袭于《轩辕黄帝传》：

> 时有神人西王母者，太阴之精，天帝之女，虎首豹尾，蓬头戴胜，颢然白首，善啸，石城金台而穴居，坐于少广山，有三青鸟，常取食。

B. 羿与嫦娥

《山海经》中的帝俊妻常仪，念的人一不留心便把她衍成常义，又衍成常我，再替她加上女字旁成为嫦娥，这正如清代对付外国人一样，老是替他们加上口字旁，成为唢咭唎、哦啰嘶。在《海内西经》有：

> 百神之所在，在八隅之岩，赤水之际，非仁羿莫能上冈之岩。

一段神话，《海内南经》又有：

> 羿与凿齿战于畴华之野，羿射杀之，在昆仑虚东。

一些功绩，不知是何因缘，两人便结合和西王母发生关系：

> 乞火不若取燧，寄汲不若凿井，譬若羿请不死之药于西王母，姮娥窃以奔月，怅然有丧，无以续之。何则？不知不死之药所由生也。（《淮南子·览冥训》）

张衡《灵宪》：

> 羿请不死之药于西王母，妻嫦娥窃以奔月，托身于月，是为蟾蜍。

郭璞《山海经图赞·不死树》：

353

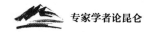

> 万物暂见，人生如寄，不死之树，寿蔽天地，请药西姥，焉得如羿？

C. 汉晋以来词人与西王母上寿

西王母到什么时候方成为一个美丽的女仙？这问题我们虽不能予以正式的划时代的解答，但从反面看，至少可以知道她在什么时期以前不是如此。从上文的引证，我们已知道西王母的衍成女性，是在西元前九十年到西元前三年这一时期中，现在我们再来考察一下她在什么时期以前不是一个如后人所描写那么美貌的一个女人。

汉晋间词人用西王母做点缀的作品很多，现在只摘录其有关容貌或外表的描写的于下。

在司马相如的《大人赋》中，西王母依然是"皬然白发戴胜而穴处"那样一个怪物，和《山海经》中所描写的没有什么走样：

> 西望昆仑之轧沕洸忽兮，直径驰乎三危。排阊阖而入帝宫兮，戴玉女而与之归，登阆风而遥集兮，亢乌腾而一止，低回阴山翔以纡曲兮，吾今日乃睹西王母。皬然白发戴胜而穴处兮，亦幸有三足乌为之使，必长生若此而不死兮，虽济万世不足以喜。

稍后的扬①雄《甘泉赋》中的西王母便已改头换面了：

> 风瀄瀄而扶辖兮，鸾凤纷其御蕤。梁弱水之潚潒兮，蹑不周之委蛇。想西王母欣然而上寿兮，屏玉女而却宓妃。玉女无所眺其清卢兮，宓妃曾不得施其娥眉。方揽道德之精刚兮，侔神明与之为资。

在他的描写中，我们得到两个要键，其一是西王母是个绝世的美人，因为玉女、宓妃都是向来传说中的美女，西王母一上来便"屏玉女而却宓妃"，使玉女"无所眺其清卢"，宓妃"不得施其娥眉"，其美可知！其二是王母上寿的故事，从"欣然而上寿"短短的五字便衍成后来若干有趣的瑶池庆寿的故事。

班彪《览海赋》也提及王母，把她和古仙人松乔并列：

> 朱紫翠烂，明珠夜光，松乔坐于东序，王母处于西箱。

---

① 扬，原刊作"杨"字。——校者注。

身处"朱紫"、"明珠"中，已不是从前"穴居野处"那样寒村了。张衡《思玄赋》更明白地指出她的美：

> 聘王母于银台兮，羞玉芝以疗饥。戴胜愁其既欢兮，又诮余之行迟。载太华之玉女兮，召洛浦之宓妃。咸姣丽以蛊媚兮，增嫮眼而蛾眉。舒纱婧之纤腰兮，扬错杂之袿徽。

经过这几番做作以后，西王母的美已成铁般的事实，不再有人怀疑了。试看：

> 玉佩连浮星，轻冠结朝霞。列坐王母堂，醴餐琼瑶华。湘妃咏涉江，汉女奏阳阿。（晋张华《游仙诗》）

潘尼《琉璃椀赋》：

> 济流沙之绝险，越葱岭之峻危。于是游四极，望大蒙，历钟山，窥烛龙，觐王母，访仙童。

陶潜《读山海经》：

> 玉台凌霞秀，王母怡妙颜。天地共俱生，不知几何年？灵化无穷已，馆宇非一山。高酣发新谣，宁效俗中言！

再看时代较后一点的：

> 鼎湖流水清且闲，轩辕去时有弓剑，古人传道留其间。汉宫婵娟多花颜，乘鸾飞烟亦不还，骑龙攀天造天关。造天关，闻天语，长云河车载玉女。载玉女，过紫皇，紫皇乃赐白兔所持之药方，后天而老凋三光。下视瑶池见王母，蛾眉萧飒如秋霜。（唐李白《飞龙引》）
>
> 蓬莱宫阙对南山，承露金茎霄汉间。西望瑶池降王母，东来紫气满函关。云移雉尾开宫扇，日绕龙鳞识圣颜。一卧沧江惊岁晚，几回青琐点朝班。（杜甫《秋兴》）

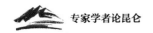

是"妙颜"是"娥眉",雍容华贵,仪态万方,假使我们拿《山海经》所描写的和这些比较,也许是一件极有趣味的事情,可注意的是《十洲记》、《汉武内传》、《汉武外传》、《汉武故事》、《博物志》、《洞冥记》、《尚书帝验期》、《列仙传》一些托名汉人的著作所描写的,把它和以上的引证一比较,立刻可以知道到底是谁先谁后和因袭放大的痕迹。

D. 西王母与西戎及其他

在《穆天子传》中告诉我们西王母是西方一家的酋长,这一事实的发现,立刻使西王母和西方各地发生各种不同的关系,第一是西王母,《荀子·大略篇》、《新序》都说:

禹学于西王国。(《路史·疏仡纪》作"西王悝")

或西王母国,《论衡·恢国篇》:

元始四年,金城塞外羌良桥、桥种、良愿等献其鱼盐之地,愿内属……西王母国在绝极之外而汉属之。

《太平御览·道部三》引《尚书帝验期》:

王母之国在西荒,凡得道授书者皆朝王母于昆仑之阙。

《艺文类聚》十一引《洛书灵准听》:

西王母授益地图。①

《外国图》:

西王母国前弱水中,有玉山白兔。

或西王母,《尔雅》:

_____

① 西王母,西方之国也。《路史·余论》卷九《西王母》:"西王母,西方昏荒之国也。"

孤竹、北户、西王母、日下，谓之四荒。

《史记·大宛列传》：

安息长老传言：条支有弱水、西王母，而未尝见。

《淮南子·地形训》：

西王母在流沙之濒。

第二是一方酋长的西王母，《竹书纪年》：

穆王十七年，西王母来宾。

《大戴礼》、《三朝记》、《世纪》、《世本》、《尚书帝验期》更提早千余年，抬出古史上有名的舜来：

昔，西王母献舜白玉琯及益地图。

《宋书》二十九《符瑞志》所记相同：

西王母舜时来献白环、白佩。

《礼斗威仪》则作：

献地图及玉玦。

《太平御览》六百九十二引《瑞应图》，又抬出一个更古的人王：

黄帝时，西王母乘白鹿来献白环。

第三是西王母山，《山海经·大荒西经》：

西有王母之山。

《太平御览》七百九十引《河图括地象》：

殷帝太戊使王孟采药于西王母。

《轩辕黄帝传》：

黄帝立台于沃人国西王母之山，名轩辕台。

《十六国春秋》：

甘松山东北有西王母樗蒲山，大有神验，江水出焉。

《沙州记》亦云：

羊鹘岭东北二百里有大山，遥视甚似东岳岱山，极高大险峻，嵯峨崔巍，颇有灵验，羌胡父老传云，是西王母樗蒲山。

第四是西王母石室，《汉书·地理志》：

西王母石室在金城临羌西北塞外。

《十六国春秋·前赵录》：

周穆王见西王母，乐而忘归，即住此山，山有石室王母堂，珠玑镂饰，焕若神宫。

《十洲记》：

赤水西有白玉山，山有西王母石室。

《列仙传》：

> 赤松子者，神农时雨师也，服水石以教神农，能入火不烧，至昆仑山上，常止
> 西王母石室中，随风雨上下。

E. 西王母与动、植、矿物

同样，西王母和它原来的本家，扁毛的禽，四足的兽，不识不知的植物、矿物，也
发生了关系。《抱朴子·登涉》：

> 山中卯日称大人者兔也，称东王父者麋也，称西王母者鹿也。

杜甫《玄都坛歌》有王母鸟：

> 屋前太古玄都坛，青石漠漠常风寒。子规夜啼山竹裂，王母昼下云旗翻。

邝露《赤雅》下：

> 王母若练雀，青色，尾最长，有钱如孔，猵中有裘织成钱文……

在植物中有西王母簪，《广志》：

> 龙须，一名西王母簪。

有西王母席，《古今注》及《苏氏演义》卷下：

> 至今有虎须草，江东人亦织以为席，号曰西王母席。

有西王母杖，《抱朴子·仙药》：

> 象柴，一名纯卢是也。或名仙人杖，或云西王母杖。

有西王母枣，《艺文类聚》八十七引《晋宫阁名》：

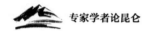

华林园枣六十二株，王母枣十四株。

《邺中记》：

石虎园中有西王母枣，冬夏有叶，九月生花，十二月乃熟，三子一尺。

《洛阳伽蓝记》：

景阳山有百果园，果别作一林，林各有一堂。有仙人枣，长五寸，把之两头俱出，核细如针，霜降乃熟，食之甚美。俗传云出昆仑山。一曰西王母枣。

《西京杂记》：

初修上林苑，群臣远方各献名果异树，亦有制为美名，以标奇丽……枣七，弱枝枣，玉门枣，棠枣，青华枣，樗枣、赤心枣。西王母枣，出昆仑山。

《太平御览》卷九五六引《广志》：

东郡谷城紫枣长二寸，西王母枣大如李核，三月熟，众果之先熟者也。种洛阳宫后园之内。

《广记》：

西王母枣大如李核，三月熟，在众果之先，出于洛阳宫后园。

有西王母桃，《洛阳伽蓝记》：

景阳山百果园有仙人桃，其色赤，表里照彻，得霜乃熟，亦出昆仑山，一曰西王母桃也。

《太平御览》九六七引《汉武故事》：

东郡献短人，帝呼东方朔，朔至，短人指朔谓上曰："王母种桃三千年结子，此儿不良，已三过偷之矣。"后西王母乃出桃七枚，母自啖二，以五枚与帝，帝留核著前。王母问曰："用此何为？"上曰："此桃美，欲种之。"母叹曰："此桃三千年一著子，非下土所植也。"后上杀诸道士妖妄者百余人，西王母遣使谓上曰："求仙信邪，欲见神人而杀戮，吾与帝绝矣。"又致三桃曰："食此可得极寿。"

《拾遗记》：

明帝阴贵人梦食瓜甚美，帝使求诸方国，时燉煌献瓜种，恒山献巨桃核。瓜名穹隆，长三尺而形屈曲，味美如饴。父老云："昔道士从蓬莱山得此瓜，云是崆峒灵瓜，四劫一实，西王母遗于此地，世代遐绝，其实颇在。"又说巨桃霜下结花，隆暑方熟，亦云仙人所食，帝使植于霜林园，园皆植寒果，精冰之节，百果方盛，俗谓之相陵，与霜林之音讹也。后曰："王母之桃，王公之瓜，可得而食，吾万岁矣！安可植乎？"后崩，侍者见镜奁中有瓜桃之核，视之涕零，疑非其类耳。

梁任昉有《池边桃诗》：

已谢王母苑，复揖绥山枝。聊逢赏者爱，栖趾傍莲池。开红春灼灼，结实夏离离。

宋伟辑之《园桃赋》：

嗟王母之奇果，特华实兮相副，既陶照之夏成，又凌寒而冬就。

唐李白有《庭前晚开花》诗：

西王母桃种我家，三千阳春始一花。结实苦迟为人笑，攀折唧唧长咨嗟！

西王母桃从此以后，便成为文人所喜用的掌故。又有西王母树，《太平御览》卷九五九引《邺中记》：

金华殿后有石虎皇皇浴室。种双长松树，世谓之西王母长生树。

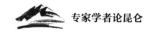

有王母珠,《苏氏演义》下:

> 苦藏,一名苦织子,有里,形如皮弁,长安儿童名为神珠,亦曰王母珠。

在矿物中有西王母白环,《旧唐书·肃宗本纪》:

> 楚州刺史崔侁献定国宝玉十三枚……四曰西王母白环二枚,白玉也,径六七寸。

《酉阳杂俎一》所载稍异:

> 楚州献定国宝一十二……四曰西王母白环二枚,所在处外国归伏。

F. 西王母使者

从《山海经》"有三青鸟为西王母取食"的记载,又衍成若干西王母使者的故事,由于原文"三青鸟"的限定,所以这一些故事中的使者也总离不了"鸟"。

三青鸟在司马相如《大人赋》中拧成三足乌:

> 吾今日乃睹西王母,皬然白发戴胜而穴处兮,亦幸有三足乌为之使。

《汉武故事》把它作个别的描写:

> 七月七日上于承华殿斋正中,忽有一青鸟从西方来集殿前。上问东方朔,朔曰:"此西王母欲来也。"有顷,王母至,有二青鸟如乌挟侍王母。

所以说"如乌",是因为司马相如先说成三足乌,又不敢撤去《山海经》的根据,只好取折衷办法,两面俱到,说成"二青鸟如乌"了。《续齐谐记》把使者摇身一变,成为黄雀,反正颜色虽改,到底还离不了"鸟"根。

> 宏农杨宝性慈爱,年九岁,至华阴山,见一黄雀为鸱枭所搏逐树下,伤瘢甚多,宛转后为蝼蚁所困。宝怀之以归,置诸梁上。夜闻啼声甚切,亲自照视,为蚊所齿。乃移置巾箱中,啖以黄花。逮十余日,毛羽成,飞翔朝去暮来,宿巾箱中,如此积

年，忽与群雀俱来，哀鸣绕堂，数日乃去。

是夕，宝乃更读书，有梦黄衣童子曰："我王母使者，昔使蓬莱，为鸱枭所搏，蒙君之仁爱见救，今当受赐南海。"别以四白玉环与之曰："令君子孙洁白，且从登三公，如此环矣。"

宝之孝大闻天下，名位日隆。子震，震生秉，秉生彪，四世名公。及震葬时，有大鸟降，人皆谓真孝报也。

《汉武帝内传》又把它人格化：

四月戊辰，帝闲居承华殿，东方朔、董仲舒在侧，忽见一女子著青衣，美丽非常。帝愕然问之，女对曰："我墉宫玉女王子登也，乃为王母所使，从昆仑山来。"……言讫，玉女忽不知所往。

帝问东方朔此何人？朔曰："是西王母紫兰宫玉女，常传使命，往来扶桑。出入灵州，交关常阳，传言元都阿母，昔出配北烛仙人，近又召还，使领命禄，真灵官也。"（《说郛》本）

这一故事也极为晋唐词人所爱好，常被引用在他们的作品中，陶潜《读山海经》：

翩翩三青鸟，毛色奇可怜。朝为王母使，暮归三危山。我欲因此鸟，具向王母言：在世无所须，惟酒与长年。

李贺《锦囊集外》：

昆仑使者无消息，茂陵烟树生愁色。金盘玉露自淋漓，元气茫茫收不得。麒麟背上石文裂，虬龙鳞下红肢折。何处偏伤万国心，中天夜久高明月。

李白《寓言》：

遥裔双彩凤，婉娈三青禽。往还瑶台里，鸣舞玉山岑。以欢秦娥意，复得王母心。驱驱精卫鸟，衔木空哀吟。

甚至在视为正经大事的对策文中也习用这一典故，骆宾王《对策文》：

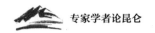

玉垒变苌弘之血，金阙化浮丘之灵。固能目睹桑田，来作西王之使；魂游蒿里，还为北帝之臣。

王母的另一使者是兽——白虎。在我们读了《山海经》以后，再读《汉武内传》或《十洲记》这一类的记载，这两者间外貌描写的悬殊，实在太使我们惊异不置。杜光庭先生看穿了这矛盾，很巧妙地用"偷梁换柱"的方法把它弥缝过去，他说：

《尔雅》云"王母擘发戴胜，虎齿善啸"者，此乃王母之使，金方白虎之神，非王母之真形也。

假使我们留心检讨一下，便不能不佩服他的高明主意，《国语·晋语二》：

虢公梦在庙，有神人面、白毛、虎爪，执钺立于西阿，公惧而走。神曰："无走！帝命曰：'使晋袭于虎门。'"公拜稽首，觉，召史嚚占之，对曰："如君之言，则蓐收也，天之刑神也，天事官成。"公使囚之，且使国人贺梦。

所谓"天之刑神"即是《山海经·西山经》"司天之厉及五残"。所谓"有神人面白毛虎爪执钺"和"如人豹尾虎齿戴胜"或"有神人尔身有文白虎"也没有多大的不同，因此他在后文就于不知不觉中插入：

又数年，王母遣使白虎之神，乘白虎集帝之庭，授以地图。［《说郛》一百十三《西王母传》（［汉］桓驎），《道藏·洞神部·谱箓类·墉城集仙录·金母元君》（［唐］杜光庭）］

这一段，把西王母的原来形象移交给她的使者，于是西王母的女性的美丽便轻轻地永远和《山海经》分家了。

G. 西王母的装饰

西王母的装饰品，也跟着她的性别和外貌的衍变而变迁，在《山海经》中她的装饰很简单粗陋，《西山经》说：

其状如人，豹尾虎齿而善啸，蓬发戴胜。

《海内北经》说是：

> 西王母梯几而戴胜。

《大荒西经》也说：

> 有人戴胜虎齿豹尾穴处，名曰西王母。

把上面的描写综合起来，是：

①戴胜；②蓬发；③豹尾；④虎齿；⑤梯几；⑥穴处。

关于③、④、⑤、⑥，以后另有专文讨论，此地所要说的是戴胜和蓬发。

在较早的作品中，司马相如《大人赋》：

> 皬然白首戴胜而穴处。

还保存着原来的意味，所不同的是使它年老化，"皬然白首"四字的形容。《帝王世纪》：

> 昆仑之北，玉山之神，人身虎面，豹尾蓬头。

把"如人"衍成"人身"，"虎齿"衍成"虎面"。《列仙传》：

> 王母者神人也，人面蓬头发，虎牙豹尾，善啸，穴居，名西王母。

王母又回复到"人面"了。《轩辕黄帝传》采《大人赋》之说：

> 虎首豹尾，蓬头戴胜，颢然白首，善啸，石城金台而穴居。

于是"人面"又变成"虎头"了。所谓"胜"到底是什么东西呢？胜即鷩，《礼记》：

> 季春之月，鸣鸠拂其羽，戴胜降于桑。

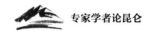

注谓织纴。之鸟案《尔雅》作"戴鵀"。陆机《诗疏》：

> 戴鵀，鵀即首上胜也，头上尾起，故曰戴胜。

胜是鸟头上的鵀，西王母戴胜，不过是头上长了一个鵀，一个介于兽和禽之间的生物而已。鵀在鸟头上是一件最美的装饰品，后人取其意以为簪。《后汉书·舆服志》：

> 簪以玳瑁为擿长一尺，端为华胜。

又有金胜，含有神秘的意义，《宋书·符瑞志》：

> 金胜国平盗贼，四夷宾服则出。
> 晋永和九年春，民得金胜一，长五寸，状如织胜。

有玉胜，《南史·齐高帝刘皇后传》：

> 后母桓氏梦吞玉胜生后。

也是女人的装饰品，刘孝威《赋得香出衣》诗：

> 香缨麝带缝金缕，琼花玉胜缀珠徽。

《艺文类聚》四引贾充《典戒》：

> 人日造华胜相遗，像瑞图金胜之形，又像西王母戴胜也。

《荆楚岁时记》据此直以为，"起华胜，起于晋贾充"。到了西王母的故事渗入了神仙家、方士家气味以后，西王母已女道士化，所以《真诰》就说：

> 女真已筓者亦戴冠，惟西王母首戴胜。

《太平御览》卷六七八引《集仙录》：

西王母居昆仑墉台，别治白玉龟山，青琳之宫，朱紫之房，首戴华胜，腰佩虎章，葆盖沓映，羽旌荫庭。

《道学传》的形容就较复杂了，他以为：

西王母结大华之髻，戴太真晨缨之冠，履元琼凤文之舄。

不但不蓬发，而且有鬓、有冠。不但没有豹尾，而且穿舄。《博物志·史补》别出心裁：

王母乘紫云车而至于殿西，南面东向，头上戴七种青气，郁郁如云。有三青鸟如乌大，使侍母旁。

新鲜是比较新鲜，可惜缺少根据，以致不为其他作家所采用。《尚书帝验期》写她：

王母……驾九色班龙，带天真之策，佩金刚灵玺，黄锦之服，金光奕奕，结飞云文绶，带太真晨缨之冠，蹑方琼凤文之履。

在冠履之外，又有策、玺、锦服、文绶，很配做一个女仙领袖了。《汉武帝内传》：

王母上殿东向坐，著黄金褡襡，文采鲜明，光仪淑穆，带灵飞大绶，腰佩分景之剑，头上泰华髻，戴太真晨缨之冠，履元璚凤文之舄。

又多上黄金褡襡、分景之剑。《说郛·西王母传》拉拉杂杂把一切东西都装了进去：

王母乘紫云之辇，驾九色斑麟，带天真之策，佩金刚灵玺，黄锦之服，文采鲜明，金光奕奕。腰分景之剑，结飞云大绶，头上大华髻，戴太真晨缨之冠，蹑方琼凤文之履。

西王母的装饰，这才算是到了尽善尽美的地步，永远不用再想空心思去替她打扮了。

《拾遗记》写西王母，却又另外有一种排场，专从起居、侍从、饮食上用功夫：

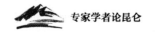

　　西王母乘翠凤之辇而来，前导以文虎、文豹，后列雕麟、紫麋，曳丹玉之履，敷碧蒲之席，黄莞之荐，共玉帐高会。

都太富丽堂皇了，如和唐人小说中所叙述的张丽华、杨贵妃一比较，除去非人间的事物和标题，我们可以担保决不能清楚地指明谁是张丽华，谁是杨贵妃，谁是西王母。

原载《清华周刊》第 37 卷第 1 期（1932 年 2 月 27 日）

论"虎齿豹尾"的西王母

赵宗福

今传本《山海经》三次写到西王母,其中两次都有虎齿豹尾的描绘(另外一次为"西有王母之山")。《西次三经》说:"西王母其状如人,豹尾虎齿而善啸,蓬发戴胜,是司天之厉及五残。"《大荒西经》说:"有人戴胜,虎齿,有豹尾,穴处,名曰西王母。"因此,西王母作为昆仑神话的主神之一,以"虎齿豹尾"的形象著名于世,腾播人口。近世以来,研究西王母的中外学者不少,结论五花八门,甚至相悖。本文拟从"虎齿豹尾"入手,结合民族史志材料,对西王母形象的文化内涵和西王母神话的起源问题作一新的探索。

一

首先应该指出,"虎齿豹尾"并非是人类的真实面目,而是一种图腾化的神的外表,是先民们从心灵上对部落首领的原始性装饰。在遥远的原始社会时期,由于西王母及其部族对其图腾的刻意摹仿,感情上力求与图腾神秘互渗,外形上极力图腾兽化,所以才出现了这种半人半兽的怪象。

"虎齿"是西王母形象中最具神威之所在。因为动物尤其是猛兽类以头部最有特征,头部又以獠牙巨口最富明显。在甲骨文中,凡表示野兽的字都被极力刻划头部的獠牙巨口,尤其以锋利的獠牙显得凶恶可怖。因而"齿"字与"凶"字相近,《说文》说:"齿,口断骨也,象口齿之形。"虎为百兽之王,"虎齿"更为凶残无比。西王母脸上其它部分未引起先民们的特别注意,只有"虎齿"让他们难以忘怀,以致在其神话流传很久后才记录下来的文献中再三提到其"虎齿"。可见其"虎齿"最为突出明显,由此也可知西王母其人(或神、或族、或国)崇拜的图腾是虎。

《古今图书集成》引《鸿苞轩辕黄帝纪》云:"于是有神人西王母者,太阴之精,天帝之女也。人身虎首，豹尾蓬头，戴胜颗然，白首长啸。""虎首"说明整个头部都是虎头式装饰。又《易林·小畜之大有》云："金牙铁齿，西王母子。"樊绰《蛮书》记载西南少数民族部落说："黑齿蛮以漆漆其齿，金齿蛮以金缕片裹其齿，银齿以银。有事出见人则以此为饰，寝食则去之。"西王母"虎齿"系后天人以金属等为之，而且多在正式场合出现的本相由此更得到旁证。虎齿是如此，虎首也当是如此。

至于"豹尾"，《庄子·大宗师》释文引《山海经》佚文说，西王母"状如人，狗尾"。说明既可以看作豹尾，也可以视为狗尾。《山海经》中还有"人身牛尾"之类的记述。其功能主要在于兽尾横扫的猛劲威力，而不在哪种走兽的尾巴。因此把"豹尾"看作"虎尾"也是无妨的吧！

从考古材料和文献史料看也是如此。甘肃秦安县大地湾出土的地画中，卧者不仅头有装饰，而且有"尾巴"；在青海煌源县大华发掘的卡约文化墓葬中，随葬品中就有动物尾巴。然而这类尾巴不是"豹尾"。青海大通县上孙家寨出土的五人舞蹈彩盆中的舞者也拖着长长的尾巴，只不过简单的线条难以确指何种野兽之尾。在西南少数民族中也大量存在尾饰风俗。《说文》云："古人或饰系尾，西南夷亦然。"《后汉书·西南夷列传》说，哀牢夷"种人皆刻画其身，象龙纹，衣著尾。"《太平御览》引《永昌郡传》："郡西千五百里，徼外有尾濮，尾著龟形；长三四寸。欲坐辄先穿地空，以安其尾。若邂逅折尾便死。"汉以来文献都没有指明"西南夷"系哪种动物之尾，与记述头脸装饰的文献相比，显然不够明细。在先民们看来，既然与某种动物有亲缘关系，就应摹仿其形，尾巴亦不能例外，但是最能显示动物的标志在头部，所以以着力刻画修饰其头脸，而尻后有条尾就行，头是什么动物的，尾巴也自然是什么动物的，所以对尾饰的特征不去过多地雕琢。可以说，《山海经》的西王母形象中，"虎齿"是确凿不移的，而"豹尾"的"豹"则有可能是想象修饰之辞。在神话流传中，人们从豹子尾巴的强劲有力进一步神化西王母的威力，但是在原始形象中不一定非豹尾不可。

在神话世界里，西王母为什么以这种怪状出场呢？《鸿苞轩辕黄帝纪》中"西王母者太阴之精，天帝之女也"一句是窥其奥秘的窗口之一。"天帝之女"也与《穆天子传》中西王母自称的"我惟帝女"一致，表明了西王母神圣不可替越的地位；"太阴之精"则暗示其性别。

在父系社会里，"天子"是最高的奴隶主和封建统治者，那么"帝女"（天帝之女）就是母系社会里最高的统治者，实际也就是部落酋长、国王之类。难怪乎在神话中，西王母"司天之厉及五残"；在《穆天子传》中，西王母与中原的穆天子以平等之礼相会，没有尊卑之别。至于有人以为西王母是穆天子之女，又有人以为西王母是穆天子之祖等强分上下的说法是没有根据的。"虎齿豹尾"正是西王母身为酋长的神圣地位的外在体现。虎图腾面具戴在头上，便是神和帝女的化身，就可以啸动山川，威镇域内了。

"西王母"不是某一代酋长的名号，而应当是世代相袭的，"虎齿豹尾"随同"西王母"在其部落酋长中代代相传，每代酋长都作如是状，所以在典籍中不同时代都会有西王母出现。早在殷代甲骨文中，就已有"西母"之词，陈梦家先生认为："西母是西王母的原始形态"①。而《山海经》中的西王母神话是战国时期才根据传闻写进去的，其间的年代何其久远！其后，西王母的怪状越来越少，直到消失，这是人类向文明社会前进、日益客观地认识社会历史的结果。

<h2 style="text-align:center">二</h2>

弗雷泽说过："在很多地区和民族中，巫术都曾声称它具有能为人们的利益控制大自然的伟力。假如确曾如此，那末巫术的旅行者必然会在对他的故弄玄虚深信不疑的社会中成为举足轻重的有影响的人物。他们当中的某些人，靠着他们所享有的声望和人们对他们的畏惧，攫取到最高权力，从而高踞于那些易于轻信的同胞之上，这是不足为怪的。事实上，巫师们似乎常常发展为酋长或国王。"② 西王母正是这样一位靠其巫术已经充当了酋长的大女巫，其身份是酋长兼大女巫。"西王母"既是她的名号，也是其部落（或国家）、其辖地的名号。

西王母居住的地方是中国神话中的奥林匹斯山昆仑之丘。昆仑是中国先民们心目中的天下的中心，也是从人间通往天界的天梯，"此山万物尽有"（《大荒西经》）。西王母身为昆仑山的女主神，支配着万物，掌握着不死之药。所以，"羿请不死之药于西王母，姮娥窃以奔月"③。拿到西王母赐予的不死之药，就等于拿到了进入天界的门票。西王母的这种权力令人想起西藏佛教领袖班禅大师的传说：香拔拉是藏族人民心目中的理想乐国，而历代班禅大师便是香拔拉的座主，因此凡是想去香拔拉的人必须先要到后藏扎什伦布寺领取"路引"，只有得到班禅大师亲自授予的"路引"，才会畅通无阻地来到香拔拉，否则连路口也找不到的。④ 班禅大师是藏传佛教两大领袖之一，他赐予的"路引"与西王母赐予的"不死之药"有相同的神奇功能，使人从凡间一举进入天界。这一事实说明西王母不仅仅是酋长之类，而且是宗教首领（尽管与人为宗教有别），政教大权集于一身。

---

① 陈梦家：《古文字中之商周祭祀》，《燕京学报》1936 年第 19 期。
② 〔英〕弗雷泽：《金枝》，中译本，中国民间文艺出版社，1987，第 128 页。
③ 《淮南子·览冥训》。
④ 参见廖东凡《雪域西藏风情录》，北京燕山出版社，1991，第 45~46 页。

正因为如此，西王母又"司天之厉及五残"，惩治着一切妨害正常秩序和部落利益的势力。也就是说，西王母掌握着最权威的黑白巫术，具有"控制大自然的伟力"。因而她以此成为昆仑神话中的女性主神！后来又演变为统领天下万民的女首领，"老子云：万民皆付西王母，唯王、圣人、真人、仙人、道人之命上属九天君耳。"① 男神东王公等崛起后才分去了一半权力，但她仍然是众女仙的总领班。这种有趣的演变可谓渊源有本。西王母的身份正如陈梦家先生所言："由巫而史而为王者的行政官吏，王者自己虽为政治领袖，同时仍为群巫之长。"②

西王母作为以部落酋长或国王身份出现的大巫，"虎齿"是其具有奇迹般功能的不可或缺的装饰，它不但标志着其图腾，而且标志着其超凡的巫术。张开的虎口、锋利的巨长獠牙把两个不同世界（如生与死、人世与天界）连接了起来。在中国青铜器中有不少诸如"人虎雕像""乳虎食人卣""龙虎尊"等兽形、兽纹器物，张光直先生认为："这几件器物所象的人很可能便是作法通天中的巫师，他与他熟用的动物在一起，动物张开大口，嘘气成气，帮助巫师上宾于天。"③ 更应注意到，"云从龙风从虎"（《易·乾》），风与虎历来被认为紧密相随，中国古典小说每写虎的出场必先写风，虎从风出，虎出生风。西王母施行巫术时以虎齿豹尾、巨口獠牙的虎貌出场，威风凛凛，啸声回环，从而便可以上达于天，下止于地，为其部落、国家"控制大自然"了。

从巫的历史看，人类早期社会以女巫为主。在原始人眼中，女性是生殖之本源，而且在生理上与天上月亮的圆缺周期神秘地相吻合，硕大的乳房如同日月一样神秘莫测，成熟的胴体令神灵喜说，因之女性作巫师，其法力远比男巫大得多。所以《说文》释"巫"说："巫，祝也，女能事无形以舞降神者，象人两袖舞形。"瞿蜕之先生说："自巫之本字观之，亦足证巫以女为主也。"④ 直到近现代，一些民族中仍然看重女巫。东北亚和堪察加地区的部分民族中，男萨满在主持宗教仪式时，身着女装，头顶女发，胸前挂乳房等饰物，言行举止模仿女性。近现代尚且如此，史前母系社会的情况更是不言自明。但是我认为，许慎解释"巫"字和近现代一些民族中男萨满的女装，在很大程度上是进入父系社会后，男性以女性娱乐神祇的观念的反映；而在母系社会，女巫并非是男性用以娱神的工具，而是女性主持政教的权力之一。西王母活跃于神话世界和历史舞台之时，西部氏羌正处在母系社会，甚至直到隋唐时期，青藏高原上的"女国"还很有势力，每每见载于史书。女王的地位和权力不是男性赐予的。

---

① 《博物志·杂说上》。
② 陈梦家：《商代的神话与巫术》，《燕京学报》1936年第20期。
③ 张光直：《中国青铜时代》，三联书店，1983，第333页。
④ 瞿蜕之：《释巫》，《燕京学报》1930年第7期。

以上所述证明：西王母的原型实际是远古时的一位部落女性酋长兼大巫师，"虎齿豹尾"是她在正式场合或者操作巫术时的面具。

三

很多学者以为西王母的虎（尤其是白虎）是汉民族按照朱雀玄武、青龙白虎的五方观念配上去的。但是只要考察一下古老的氐羌民族及其支系民族的图腾信仰，就会发现这种推测是站不住脚的。

西王母是原始社会时期西北部的一位尊神或酋长，对此不少学者是公认的。根据夏商周时分布于陕甘青新等地区的民族看，西北主要是包含有许多小氏族甚至种族的"氐羌"，西王母神话连同昆仑神话发源于氐羌游牧地区，那么西王母的"虎齿豹尾"形象应该说从氐羌先民那里而来。

泰勒在《原始文化》中说："神话的虚构也像人类思想的一切其它表现一样，是以经验为基础的"。[①] 西王母的"虎齿豹尾"形象自然也不是凭空产生，而是一个民族根据对自己氏族起源、信仰文化的心理体验而"虚构"出的。对这种虚构的经验基础加以探讨，是理清西王母神话源流的必要途径。然而首先遇到的困难是古典神话的不系统和其它文献的匮乏。

那么怎样克服这种困难呢？钟敬文先生在20世纪80年代初指出，在古典神话研究中，"我们必须求援于古文字学、考古学、民族史志及原始文化史等。在这些辅助科学中，我觉得民族志（神话、传说是构成它内容的一部分），必须给予应有的重视，充分发挥它在研究资料上的辅助作用。"[②] 钟先生的话为我们理清西王母的虎图腾源出氐羌民族这一事实指出了一条极其有效的路子。

在甘青新一带的羌人岩画中就已经有虎的形象，这些历经几千年风雨剥蚀而残存下来的古画至少表明了远古羌人对虎的关注。而根据《后汉书·西羌传》中的记载，秦厉公时，西羌的第一位著名酋长无弋爰剑从秦国西逃，秦兵追赶甚急时躲入一山洞，秦兵放火烧洞，只见洞口出现一虎形怪物，遮住火焰，秦兵惧退。无弋爰剑才得以逃到三河（黄河上游、湟水、大通河流域），诸羌以为有虎护佑、焚而不死是神人，遂推他为首领。自此以后，其子孙"世世为豪"[③]。这个早期传说被史家写进史传，说明它在西

---

① 〔英〕泰勒：《原始文化》，中译本，上海文艺出版社，1992，第273页。
② 钟敬文：《论民族志在古典神话研究上的作用》，《北京师范大学学报》1981年第2期。
③ 《后汉书》卷87《西羌传》，中华书局标点本。

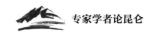

羌酋长的起源上很重要，而且在当时流传很广。由此进而说明羌人对虎是十分崇拜的。

《太平御览》引《庄子》佚文："羌人死，燔而扬其灰。"又《荀子·大略》中说羌人作战被俘后，不忧死而"忧其不焚"。这一奇特的丧葬信仰习俗原来正与虎图腾崇拜有关。唐代樊绰《蛮书》说，羌人有"披大虫皮"、"死后三日焚"的习俗，焚的目的就是为了转生为虎。李京《云南方志略·诸夷风俗》记载，罗罗（彝族）"酋长死，以虎皮裹尸而焚，其骨葬于山中。……年老（死）往往化为虎云"，彝族巫师的话更加有力地证明了虎为人祖、人死化虎的图腾观念："虎族是虎变的，如果不火葬，死者的灵魂就不能再转变为虎。"① 彝族源出氐羌，其强烈的虎图腾崇拜意识与羌人的丧葬信仰习俗一脉相承。由此窥彼，羌人的虎图腾崇拜昭然。

不仅彝族如此，凡与氐羌有血缘关系的民族都或多或少地保留着虎图腾信仰习俗。清江流域的土家族中传说，他们的祖先是化为白虎升天的"廪君"，所以他们是白虎的子孙。过去，土家族以人做牺牲祭祖，摆上人血供始祖饱饮。近世以来才以畜代人。直到新中国建立后，主祭者还须割破自己的头，将血滴在纸钱上作祭。家家都设坛祭神虎。每逢佳节或贵客临门，则摆上"血豆腐"以保持其虎的食性②。其实，土家族及其图腾源自巴人，《后汉书》上就说巴人始祖为廪君，"魂魄世为白虎，巴氏以虎饮人血，遂以人祠焉"③，而巴人又源出氐羌。

纳西族亦出自氐羌。其东巴神话中忍利恩成亲时的新装是：虎皮帽，虎皮衣，虎皮箭囊，座下是虎皮垫褥，"英雄变成了威武漂亮的'虎'，这一方面是狩猎时代的光荣象征，另一方面也有可能与象征力量、威武的虎图腾相联系着。"④ 还有普米族、拉祜族、哈尼族、白族、傈僳族、怒族、藏族、珞巴族等氐羌支系民族中，可以大量地采集到虎信仰的神话传说、节令仪式、地名人名、狩猎禁忌等方面的事例。

羌人是华夏族的前身之一，所以汉民族对虎的崇拜虽不及龙，但也很有势力。勿需赘列各个民族的虎信仰例子就可以看出，如此众多的与氐羌有血缘关系的民族都崇拜虎，一些民族还至今以虎为本民族图腾，这不是偶然的巧合。事实说明古代氐羌，（至少有相当一部分）是以虎为图腾的，西王母的"虎齿豹尾"正是氐羌古族虎崇拜的心理基础上"虚构"成的；从而也证明，伴随着西王母的虎乃至白虎是古代西部土著人的产物，而不仅仅是后来中原汉民族随意强加上去的。

---

① 见刘尧汉《羌戎、夏、彝同源小议》，《彝族社会历史调查研究文集》，民族出版社，1980，第212页。
② 详见刘孝瑜《土家族》，民族出版社，1989，第58~59页。
③ 《后汉书》卷86《巴郡南蛮传》，中华书局标点本。
④ 杨世光：《纳西族东巴神话的形象美》，《神话新探》，贵州人民出社，1986，第357页。

四

从氐羌的支系诸民族的虎信仰不仅可以洞悉氐羌以虎为氏族、部落的始祖神,而且还可窥知虎是开天辟地、创造万物、人类的创世者,"虎齿豹尾"的西王母在一定程度上有可能还是这样一位始祖神与创世神的化身。

在彝族传说中,虎就是天地万物的创造者。该族史诗《梅葛》中说,太古时人世间什么也没有,这时虎出现了,"虎头作天头,虎尾作地尾;虎鼻作天鼻,虎耳作天耳。左眼作太阳,右眼作月亮;虎须作阳光,虎牙作星星;虎油作云彩,虎气作雾气。虎心作天心,虎胆作地胆,虎肚作大海,虎血作海水,大肠作大江,小肠变作河;排骨作道路,虎皮作地皮,硬毛变树林,软毛变成草,细毛作秧苗……"[1] 这里,虎完全是又一个盘古!虎尸肢解化作万物的情节与盘古死后"骨节为山林,体为江海,血为淮渎,毛发为草木"基本一致[2]。所以一些人以为这是盘古神话的翻版或者称呼不同而已,在有的整理本上径自在"虎"下面注上"盘古"二字。但是,这位创造万物之神以虎的形象出现在氐羌系民族中,应当说与西王母的"虎齿豹尾"形象有着一定的关系。

在《山海经》中,围绕着昆仑山有许多"虎首"、"虎身""或"类虎"的怪兽怪神。《西山经》说:"昆仑之丘,实惟帝下之都,神陆吾司。其神状虎身而九尾;人面似虎爪,是神也,司天之九部及帝之囿时。"《海内西经》称守卫昆仑之门的怪兽开明兽"身大类虎而九首"。《大荒西经》在记述虎齿豹尾的西王母之前,称"有大山名昆仑之丘,有神,人面虎身,有文有尾皆白处之"。这些与西王母具有同样兽特征的怪兽怪神们居处在昆仑丘及其周围,不是主司九域之部界和天帝苑囿之时令,就是守卫着神圣的山门,与西王母和平共处,可见是一个虎图腾系统中的神。特别是《海外北经》中有这样的记载:"有青兽焉,状如虎,名曰罗罗。"就是说其图腾为青(黑)色的虎,这种"青兽"族自称为"罗罗"。古人早就发现,云南彝族也把虎叫"罗罗",并用以自称。明人陈继儒《虎荟》说:"罗罗,云南蛮人,呼虎为罗罗。"据民族史志记载,彝族崇拜的虎即是黑虎,与《山海经》中所说的"青兽"一致。其虎崇拜习俗的传承不言自喻,因此也使人不能不推测其虎开天地造万物的传说可能承袭自古老的氐羌。如果真是如此,那么,"虎齿豹尾"的西王母的原始形态也就是始祖神和创世神。

普米族与彝族在很大程度上属同源异流。普米族崇拜白额虎,以之为图腾。他们信

---

[1] 云南省民间文学楚雄调查队整理《梅葛》,云南人民出版社,1959,第12~13页。

[2] 《五运历年纪》,转引自袁珂编《中国神话资料萃编》,四川省社会科学院出版社,1985,第7页。

仰着一位女神，叫"巴丁拉木"，意思是"西番土地上的母虎神"①。据说这位女神的生活习俗是"穴居"，所以供奉在山野洞窟中。这位女神被称为白色母虎，主司着西番（普米族、藏族等）人的土地，是当地最高的女性保护神，所以香火极盛，不仅普米族，还有当地藏族、纳西族摩梭人等定期进行隆重祭祀。这位"巴丁拉木"的居住形式、母虎形象以及崇高的地位与西王母何其相似，简直是全盘移植！日本学者小南一郎先生也曾发现这一关系。她说："这个巴丁拉木女神与西王母之间有着直接的关系，被呼为西方女神。住洞穴；具有支配人间和牲畜的繁殖等女神性格。"②"巴丁拉木"神使我们确信，西王母还是一位虎形的始祖神乃至创世神，与彝族史诗中的创始神虎有直接的关系。

容我再举出羌人后裔羌族中至今流传而未曾引起学人们注意的关于西王母创世造人的神话传说。远古时，阿补曲格（羌语，即"天爷"）跟红满西（羌语，即王母娘娘）商量，要造天地，红满西打开黑鸡蛋，放出一个大鳖鱼，用鳖的四条腿撑住了作为天的青石板。天地造成后，阿补曲格又跟红满西商量如何造人，红满西说："用羊角花枝枝造人嘛！"九天后，地上有了很多人。红满西对人说："戊日这天，是造人的日子，千万不要动土，动了土就要伤人的生命。"所以羌族至今保留着"戊日不动土"的习俗。③

值得注意的是，这些传说是根据羌族巫师的古唱经翻译讲解出来的，可见是经过千百年而流传下来的古老传说，很可能源出羌人神话。虽然由于篇幅之限未能详述细节，同时也有一位与红满西同样高大的阿补曲格，但是红满西造大地、撑青天、创造人类的伟大功绩仍然令人敬仰。红满西与昆仑神话中的西王母、彝族史诗中的虎、普米族奉祀的巴丁拉木都有相同之处。尽管"虎"的形象在羌族的红满西身上不见踪迹，但她为创世神、始祖神的性质是可以确认的，尤其是她不叫女娲而叫王母娘娘的事实，令人相信她源出昆仑神话中的西王母，从而也令人确信西王母是氏羌先民们的始祖神和创世神。

五

上文运用民族志的材料论证了西王母是古氏羌部落酋长兼女巫。作为酋长，西王母是虎图腾的再现，也就是始祖神乃至创世神的化身；作为女巫，西王母又以虎作为操作

---

① 严汝娴、陈久金：《普米族》，民族出版社，1986，第73页。

② 〔日〕小南一郎：《西王母七夕传承》，东京平凡社，1991，第72页。

③ 详见《羌族故事集》上册，四川省阿坝藏族羌族自治州文化局1989年铅印本，第5~6、25页。

巫术、升天降神的辅助性神物。西王母神话就是在这样的基础上"虚构"出来的。

然而，商周及其之前的氐羌在中国西部分布甚广，也没有形成统一国家，尤其是氐与羌还不是一个民族。那么，西王母神话究竟起源于何族何处，有必要继续利用民族志以及民族史、考古学等方面的材料进行探讨。

"西王母与昆仑山原有不可分拆之关系，言西王母即言昆仑也。"①徐旭生、常征等先生考证昆仑之丘即青藏高原，此外还有祁连山说、岷山说、巴颜喀拉山说、和田南山说、喜玛拉雅山说等，大多在青藏高原周边。根据多方面的资料，我们说古人所谓的原始的昆仑山大体上在以青藏高原为中心的广大地区，而西王母神话就产生于这一中心地带，大致是不差的。

从民族史看，凡与氐羌有关的西南少数民族几乎都与青海高原有关。如毛佑全、李期博《哈尼族》说："哈尼族有悠悠的历史，与彝、纳西、拉祜等民族同源于古代的氐羌族群。据汉文史籍记载，氐羌族群游牧于青、甘、藏高原，……其中有一部分逐渐往南流迁，散布到川西南，滇西北、滇东北广大地区。"②《普米族简史》说："普米族先民起源于西北青藏高原的古羌人。"③诸如此类的民族史志材料，举不胜举。川西羌族则直接说青海是他们的故乡。正由于如此，这些民族都或多或少地保留着从氐羌那里继承来的虎图腾崇拜观念，其它丧葬等民俗中也残存着一些以西北高原为故乡的观念。而这些事实正说明了西王母神话有可能起源于青海高原。而当时居住在青海高原的是羌人，氐人至少在汉以前没有涉足青海。④所以，如果说西王母神话起源于青海高原，其族属当系羌人。而羌人正是以虎为图腾之一，这在上文已有论证。

再从汉文文献看更能确指西王母神话起源的具体地区。《庄子》释文引《山海经》佚文：西王母"状如人，狗尾、蓬发戴胜，善啸，居海水之涯"。这里点明西王母居处在"海"边，但这海绝不会是东边的大海，而是西部的一个大湖，很可能指的就是青海湖。从文献考察，秦汉到南北朝时期，几乎宇内皆知青海湖边有西王母遗迹西王母石室。《汉书·地理志》云："金城郡临羌西北至塞外，有西王母石室、仙海、盐池，北则湟水所出。"临羌即今青海湟中县多巴镇一带，西北行过日月山（塞），即为西王母石室、青海湖（仙海）、茶卡盐池，湟水发源于青海湖北边。西汉末年，王莽在青海湖边设西海郡。王充在《论衡·恢国篇》中说："汉遂得西王母石室，因为西海郡。……西王母国在绝极之外，而汉属之，德孰大？壤孰广？"王充不仅提到西王母石室，还称

---

① 苏雪林：《昆仑一词何时始见于中国记载》，《大陆杂志》1954年第9卷11期。

② 毛佑全、李期博：《哈尼族》，民族出版社，1989，第5页。

③ 严汝娴、石树五：《普米族简史》，云南人民出版社，1988，第26页。

④ 周新会：《青海上古部族及其与华夏族的亲密关系》，《江河源文化研究》1992年第2期。

其地为"西王母国",并称之为"宝地",可见当时人认为青海湖地区就是西王母的故乡。十六国时,北凉主沮渠蒙逊在征战之余,"遂循海而西至盐池,祀西王母寺"①。所谓西王母寺可能就是西王母石室。在郦道元的《水经注》中专门记载:"湟水出塞外,东径西王母石室、石釜、西海、盐池北。"汉文文献中一再提及西王母石室,说明当时影响甚大,有可能当时流传着一些传说。段国《沙州记》就提到,沙州(青海贵南县)东北青海湖一带有大山,"羌胡父老传云:是西王母樗蒲山。"以上资料证明,远古的西王母的确居牧在青海湖边草原,并留下了石室遗迹。

从藏族传说也可佐证这个结论。青海湖在藏语中读如"错温布",白鸟库吉曾经认为这个名称与"西王母"系一音之转,因为"王"字在古汉语中读"温"音。由此他认为西王母是远古时代游牧于青海湖边的一位女酋长。其实,藏文文献中更有与西王母极近似的传说,清代佑宁寺名僧松巴·益西班觉在其文集中记述道:青海湖在古代叫"赤秀洁莫",意思是万户消失的女神王。青海湖本来是一片美丽富饶的草原,有十万户帐房人家,后来海心山下的泉水涌出,淹没了草原和帐房,幸亏有神运来海心山压住泉眼,才使整个草原免于沉没。这个传说至今在藏族群众中流传,只不过有些变异。"赤秀洁莫"的含义正与西王母的名称相对应,不难想象,最初的传说中必有一位女神的形象。

据调查,在当地藏族信仰传说中,守护青海湖的神就是一位骑着神骡的女神。这位女神在性格上与西王母有不少共同之处,或许来自一个源头。至于不作虎齿豹尾之形,也不骑虎豹,而是骑着骡子巡游,这是可以理解的。神话传说在不同民族中会变异得不一样,更何况藏族(羌人是其前身之一)原始文化在佛教文化的冲击下变异得非常厉害。这位乘骡巡守的女神就很有点像藏传佛教寺院里的护法女神吉祥天母。虎豹是狮子一类的动物,只能作佛的坐骑,其它神祇只可骑乘马、牛、骡之类。

从青海高原少数民族的民间宗教风俗看,西王母虎齿豹尾的影子仍然残留着。在青海省同仁县一个叫年都乎的土族村子里,每年农历腊月要举行一种叫做"wūtú"的虎舞驱傩仪式。届时,七名男子赤身露体,脸和身上以锅底灰画为虎头形和斑纹,手举树枝(也许就是不死之药的象征吧)进村,两"虎"在村口敲锣鼓,五"虎"在村中走户穿巷,列队而舞。最后驱至村外河边洗尽锅灰,以示将邪鬼等尽付之东流,巫师焚纸诵经,祛邪求福。乔永福先生认为"wūtú"即楚语"於菟",这种古老的舞蹈是在明代由楚地传入青海土族中的。② 其实,"wūtú"、"於菟"都可能源于古老的羌语,土族虎舞

---

① 《晋书》卷 129《沮渠蒙逊载记》,中华书局标点本。
② 乔永福:《"於菟"为楚文化遗存之我见》,《青海日报》1989 年 12 月 23 日,第 2 版。

完全是远古羌人虎图腾崇拜在本土的遗存。[1]

  西王母"虎齿豹尾"的踪影在其故乡的考古文物中也可见到。青海湟源县大华乡出土的卡约文化墓中就有动物尾巴等随葬品,而卡约文化的族属是羌人,这已是公认的定论。大通县上孙家寨出土的五人舞蹈彩盆,系马家窑文化彩陶。盆内壁绘有三组五人连臂舞蹈图案,舞者头有装饰,尻有尾饰,整齐地踏舞着。学术界普遍认为该文化的主人也是羌人。既然为羌人彩陶,图案反映的必然是羌人的精神世界和物质生活。联系到西王母的"虎齿豹尾"和高原的"wūtú"虎舞,可以认定这件彩盆图案所反映的就是古老羌人的虎图腾崇拜舞。

  换言之,也就证明了西王母神话的故乡可能在青海高原。

  综上所述,作如下结论:西王母神话起源于环青海湖地区的远古羌人,其原型是崇拜虎图腾的部落女酋长兼大女巫。至于后来随着民族迁徙、文化传播,西王母向西则移到西亚乃至"大秦"(罗马),向东则遍布中原大地乃至沿海地区,这是西王母影响的自然放射了。

原载《北京师范大学学报》1993年访问学者专号

---

[1] 详见拙文《丝路羌人虎图腾舞小论》,《丝绸之路》1993年第2期。

西王母的五行属性与唐诗的月宫想象

施爱东

一 西王母作为月神的五行属性

在唐人笔下，作为月亮之神的"月精"，可以是嫦娥，也可以是蟾蜍，还可以是玉兔，而这三者的统一身份，都是西王母的麾下，而且都与西王母的灵药有关。

赵宗福从早期西王母既主刑杀又主长生的两种神格，以及生命循环不灭的观念出发，着重论述了西王母的月神神格："古人认为西王母是一位'月精'（即月神）。郭璞为《山海经》作图赞说：'昆仑月神……西姥之宇。'所谓'西姥'就是西王母。《鸿苞轩辕黄帝纪》也说：'于时有神人西王母者，太阴之精，天帝之女也。'而'太阴'也就是月亮。事实证明，西王母实在是产生和成长于本土的月神。也正是如此，在汉代砖画中西王母常常与月亮中的玉兔、蟾蜍、生命树（即后来的月桂树）在一起。而嫦娥吃了西王母的'不死药'便飞升到月宫里面，成为'月精'，可谓是西王母的替身。"[1]

虽然从唐人笔下我们已经看不到西王母作为"月精"或"月神"的直接表述，但是，诸如"汉殿月生王母来"（徐夤《夜》）、"万古太阴精，中秋海上生"（张祜《中秋夜杭州玩月》）之类的间接表述，却在唐诗中俯拾皆是。

唐人做诗，显然不是纯粹"美"的意象堆砌或实景的意象组合，而是蕴含着五行思想的内在和谐与统一。我们甚至可以说，唐人的月宫想象主要是基于西王母的神格及其五行属性而建构起来的。比如刘沧的《八月十五日夜玩月》："中秋朗月静天河，乌鹊南飞客恨多。寒色满窗明枕簟，清光凝露拂烟萝。桂枝斜汉流灵魄，蘋叶微风动细波。此夜空亭闻木落，兼葭霜碛雁初过。"诗中中秋、朗月、天河、乌鹊、寒色、清光、凝露、桂枝、灵魄、闻听、木落（金克木）诸意象，无不与西王母及其五行属性密切相关。

---

[1] 赵宗福：《西王母的神格功能》，《寻根》1999 年第 5 期。

作为"西华之至妙，洞阴之极尊"的西王母，在阴阳五行学说中，具有阴性主宰，以及西方主宰的属性①。

所谓阴性主宰，主要表现为"始祖母神"② 和"月神"的特征。在阴阳五行学说中，日月分属极阳与极阴，所谓"月者，阴之宗也"（《淮南子》），"日出于东，月出于西"（《礼记》），而阴极以及西方均以西王母为始祖母神，所以，唐诗中常以瑶池与月宫并举，表现两者同属于西王母的统一关系："瑶池宴罢归来醉，笑说君王在月宫。"（韦庄《贵公子》）"彤庭侍宴瑶池席，老兔春高桂宫白。"（陈陶《飞龙引》）"霁夕云初敛，栖娥月未亏。圆光生碧海，素色满瑶池。"（叶季良《赋得月照冰池》）"嫦娥曳霞帔，引我同攀跻。腾腾上天半，玉镜悬飞梯。瑶池何悄悄，鸾鹤烟中栖。"（韩翃《经月岩山》）"雪虬轻骏步如飞，一练腾光透月旗。应笑穆王抛万乘，踏风鞭露向瑶池。"（陆龟蒙《开元杂题七首·照夜白》）

所谓西方主宰，主要表现为五行之金属。

表1可见，由西王母五方西和五行金的属性所引申出来的，还有五时之秋、五色之白、五神之魄、五果之桃、五微之寒、五志之悲、五灵之虎、五事之听、五德之清、五音之商、五数之九、五社之门，等等。由于西王母是太阴之至尊、"无极瑶池大圣西王金母大天尊"，而月亮是太阴之精，从属于西王母，所以，唐诗中许多与月亮有关的意象，都是基于上述阴阳五行的和谐统一而生成的。

表1　五行对照

五方	东	南	中	西	北
五行	木	火	土	金	水
五时	春	夏	季夏	秋	冬
五色	青	赤	黄	白	黑
五神	魂	神	意	魄	志
五果	李	杏	枣	桃	栗
五微	燠	旸	风	寒	雨
五志	怒	喜	思	悲	恐
五灵	苍龙	朱雀	黄龙	白虎	玄武
五事	视	言	思	听	貌
五德	和	显	濡	清	寒
五音	角	徵	宫	商	羽

---

① 刘宗迪在《西王母信仰的本土文化背景和民俗渊源》（《杭州师范学院学报》2005 年第 3 期），以及《西王母神话地域渊源考》（《民俗研究》2005 年第 2 期）中提出了西王母信仰起于东部地区的假说。即使刘说成立，也不影响本文的立论基础，也即西王母具有东方人想象中的西方属性。

② 赵宗福：《西王母的始祖母神格考论》，《青海社会科学》2012 年第 6 期。

其一，五行之金。西王母又称金母元君，金属是其本属。金能生水，金波（金水）是一个比较固定的词语，所谓"西来水多愁太阴"（杜甫《滟滪》）就是一种比较稳定的意象，所以，唐诗中的月亮和瑶池，往往与"金波"组成一种相对稳定的搭配关系："玉露中秋夜，金波碧落开。"（徐放《奉和武相公中秋锦楼玩月得来字》）"海门双青暮烟歇，万顷金波涌明月。"（刘禹锡《和浙西李大夫霜夜对月听小童吹觱篥歌依本韵》）"映水金波动，衔山桂树生。"（张南史《和崔中丞中秋月》）这里的金波，并不是金色的波涛，而是五行属金的水波。如果我们不理解秋月之五行属性，就很难理解"金波涌明月"的独特意象。相反，由于火能克金，所以，唐诗中只要涉及明月，就很少出现属火的意象。

其二，五时之秋。王母、明月与秋季的搭配远多于与其他时节的搭配："下视瑶池见王母，蛾眉萧飒如秋霜。"（李白《飞龙引》）"莫将秋宴传王母，来比春华寿圣皇。"（李乂《杂曲歌辞·桃花行》）"阿母蟠桃香未齐，汉皇骨葬秋山碧。"（张碧《惜花》）"人道秋中明月好，欲邀同赏意如何。"（白居易《华阳观中八月十五日夜招友玩月》）"暮景中秋爽，阴灵既望圆。"（刘禹锡《奉和中书崔舍人八月十五日夜玩月二十韵》）"月月势皆圆，中秋朗最偏。"（许棠《中秋夜对月》）"寻常三五夜，不是不婵娟。及至中秋满，还胜别夜圆。"（栖白《八月十五夜玩月》）

其三，五色之白。明月与白色的搭配在唐诗中俯拾皆是："明月团圆临桂水，白云重叠起苍梧。"（齐己《送错公栖公南游》）"霞窗明月满，涧户白云飞。"（上官婉儿《游长宁公主流杯池》）"思飘明月浪花白，声入碧云枫叶秋。"（刘沧《江楼月夜闻笛》）西王母最常出手的礼物，除了蟠桃，就数白玉环，算是月轮的微缩模型："仿佛瞻王母，分明献玉环。"（丁泽《上元日梦王母献白玉环》）"高星粲金粟，落月沉玉环。"（白居易《和微之诗二十三首》）

其四，五神之魄。唐诗中的日魂、月魄，都是比较固定的搭配："河光正如剑，月魄方似玦。"（皮日休《寒夜联句》）"长刀悬月魄，快马骇星精。"（李商隐《送千牛李将军赴阙五十韵》）"海潮秋打罗刹石，月魄夜当彭蠡湖。"（刘商《姑苏怀古送秀才下第归江南》）"圆光亏中天，金魄遂沦没。"（李白《古风》）"捉得金晶固命基，日魂东畔月华西。"（吕岩《绝句》）

其五，五果之桃。桃和桂，是西王母最喜爱的两种生命树："姮娥月桂花先吐，王母仙桃子渐成。"（吕岩《七言》）"仙女群中名最高，曾看王母种仙桃。"（施肩吾《仙女词》）"仙娥桂树长自春，王母桃花未尝落。"（李康成《玉华仙子歌》）"西王母桃种我家，三千阳春始一花。"（李白《庭前晚花开》）"仙翁遗竹杖，王母留桃核。"（刘禹锡《游桃源一百韵》）"凭阑寂寂看明月，欲种桃花待阮郎。"（佚名《席上歌》）"岩边

桂树攀仍倚，洞口桃花落复开。"（徐铉《题紫阳观》）

其六，五灵之白虎。赵宗福曾经提出"月亮神话实际是月虎神话"①的命题。虎与西王母有着不可分割的关系，《山海经》称西王母"豹尾虎齿而善啸"，李商隐的《烧香曲》甚至直接用"金虎"来指代月亮："白天月泽寒未冰，金虎含秋向东吐。"以虎喻月更是常见："蟾宫虎穴两皆休，来凭危栏送远愁。"（罗隐《春日湘中题岳麓寺僧舍》）"白虎司秋金气清，高天寥落云峥嵘。月肃风凄古堂净，精芒切切如有声。"（韦应物《寇季膺古刀歌》）

其七，五事之听。"但听西王母，瑶池吟白云。"（李群玉《穆天子》）"肠断中秋正圆月，可堪闻唱异乡歌。"（张祜《题于越亭》）"西陵晓月中秋色，北固军鼙半夜声。"（方干《贻高逸》）"抱琴对弹别鹤声，不得知音声不切。"（李绅《赋月》）

其八，五德之清。"王母清歌玉琯悲，瑶台应有再来期。"（唐彦谦《穆天子传》）"风回水落三清月，漏苦霜传五夜钟。"（曹唐《汉武帝将候西王母下降》）"幸当中秋夕，复此无云天。月华更漏清，露叶光彩鲜。"（姚合《新居秋夕寄李廓》）"月魄侵簪冷，江光逼屦清。"（韩偓《赠吴颠尊师》）"洞庭湖上清秋月，月皎湖宽万顷霜。"（韩偓《洞庭玩月》）

其九，五音之商。"可怜月好风凉夜，一部清商伴老身。"（白居易《快活》）"真人居阆风，时奏清商音。听者即王母，泠泠和瑟琴。"（储光羲《升天行贻卢六健》）"玉箫金瑟发商声，桑叶枯干海水清。净扫蓬莱山下路，略邀王母话长生。"（曹唐《小游仙诗》）"商声五音随指发，水中龙应行云绝。曾将黄鹤楼上吹，一声占尽秋江月。"（刘禹锡《武昌老人说笛歌》）

其十，五数之九与五社之门。"头上复戴九星冠，总领玉童坐南面。"（李颀《王母歌》）"九天王母皱蛾眉，惆怅无言倚桂枝。"（曹唐《小游仙诗》）"曾读列仙王母传，九天未胜此中游。"（王建《上阳宫》）"白榆风飒九天秋，王母朝回宴玉楼。"（沈彬《忆仙谣》）"万里无云镜九州，最团圆夜是中秋。"（殷文圭《八月十五夜》）"中秋月满尽相寻，独入非烟宿禁林。曾恨人间千里隔，更堪天上九门深。"（吴融《八月十五夜禁直寄同僚》）

十二支的酉在五行中也是金属，所以，酉鸡也常常出现在与西王母有关的唐诗中："天鸡弄白羽，王母垂玄发。"（储光羲《题应圣观》）"夜开金殿看星河，宫女知更月明里。武皇得仙王母去，山鸡昼鸣宫中树。"（王建《温泉宫行》）

至于五微之寒、五志之悲及其与月亮的组合意象则更是多得不可胜数，本文不再枚

---

① 赵宗福：《中国月亮神话演化新解——以月虎为主题的考证》，《民间文学论坛》1995 年第 4 期。

举。还有许多以西王母为主题的唐诗，几乎通篇都是由金属意象所组成的，如曹唐《汉武帝于宫中宴西王母》："剑佩有声宫树静，星河无影禁花寒。秋风袅袅月朗朗，玉女清歌一夜阑。"诗中剑（金）、有声（听）、寒、秋、月、玉女、清歌，凡是能够嵌入的金属意象，几乎尽数嵌入了。又如李建勋的《登升元阁》："登高始觉太虚宽，白雪须知唱和难。云渡琐窗金榜湿，月移珠箔水精寒。九天星象帘前见，六代城池直下观。唯有上层人未到，金乌飞过拂阑干。"虽然不是直写月宫，但是作者用比喻的手法，写出了月宫中的诸多金属特征，如白雪、唱和、金榜、湿、水精、寒、九天、金乌等。

由于月宫主人西王母同时具有主刑杀和主长生两种神格，因此，唐人想象的中秋月光，还具有辟邪和祛魅的作用："中秋中夜月，世说慑妖精。顾兔云初蔽，长蛇谁与勋。"（孙纬《中秋夜思郑延美有作》）"万古太阴精，中秋海上生。鬼愁缘辟照，人爱为高明。"（张祜《中秋夜杭州玩月》）这种"照妖"功能或许跟月轮与铜镜的相似特征有关："谁有轩辕古铜片，为持相并照妖看。"（章孝标《览杨校书文卷》）"瑶池惭洞澈，金镜让澄明。气若朝霜动，形随夜月盈。"（卢纶《清如玉壶冰》）

二 唐玄宗所见之月宫景象

唐玄宗李隆基（685~762）是有唐一代在位时间最长的君主。唐玄宗游月宫的故事，最早出现于玄宗去世之后的《广德神异录》中，其"叶法善"条记载："法善又尝引上游于月宫，因聆其天乐。上自晓音律，默记其曲，而归传之，遂为《霓裳羽衣曲》。"[①]

这里虽然提及月宫，但是并没有关于月宫的具体描绘。稍后，在旧题柳宗元所撰的《龙城录》（据程毅中考证，此书应作于815年之后）"明皇梦游广寒宫"条中，详细描述了月宫的状况。

开元六年，上皇与申天师，道士鸿都客，八月望日夜，因天师作术，三人同在云上游月中。过一大门，在玉光中飞浮，宫殿往来无定，寒气逼人，露濡衣袖皆湿，顷见一大宫府榜曰广寒清虚之府，其守门兵卫甚严，白刃粲然，望之如凝雪。时三人皆止其下不得入，天师引上皇起跃，身如在烟雾中，下视王城崔峨，但闻清香霭郁，下若万里琉璃之田，其间见有仙人道人乘云驾鹤往来若游戏。少焉，步向前，觉翠色冷光，相射目眩，极寒不可进。下见有素娥十余人，皆皓衣乘白鸾往

---

① 佚名：《广德神异录》，收入李昉《太平广记》卷77"叶法善"，上海古籍出版社，1990，第392页。

来，舞笑于广陵大桂树之下。又听乐音嘈杂，亦甚清丽。上皇素解音律，熟览而意已传。项天师及欲归，三人下若旋风，忽悟若醉中梦回耳。次夜，上皇欲再求往，天师但笑谢而不允。上皇因想素娥风中飞舞袖被，编律成音，制《霓裳羽衣舞曲》。①

归纳这段文字，可知柳宗元笔下的月宫有如下几项基本特征（简称"柳七条"）：

（1）月宫全称为"广寒清虚之府"。

（2）月宫建在云上，宫殿飘浮不定。

（3）月宫周围寒气逼人；露水重，濡湿衣袖；翠色冷光，极寒不可亲近；云中有清香。

（4）月宫有大桂树，树下是群仙集会之地。

（5）八月十五夜，月宫中会举行小型 Party，参加者主要有仙人、道人，主要看点是十余位载歌载舞的仙女素娥。

（6）月宫音乐的主打曲目是《霓裳羽衣曲》。

（7）月宫以白色为主调，卫兵白刃，素娥更是穿着白衣，骑着白鸾。

有学者认为这段文字充满了道教意味，疑为道士眼中的月宫，但柳宗元并非道教中人，就算月宫形象出于道教，也只能说明由道士所构想的月宫形象，到晚唐时期已经深入人心，已经不再是单纯的道教观志了。

柳宗元之后，郑嵎曾经写了一首《津阳门诗》（诗作于 851 年之后）。

> 金沙洞口长生殿，玉蕊峰头王母祠……
> 蓬莱池上望秋月，无云万里悬清辉。
> 上皇夜半月中去，三十六宫愁不归。
> 月中秘乐天半闻，丁珰玉石和埙篪。
> 宸聪听览未终曲，却到人间迷是非。
>
> 诗注：叶法善引上入月宫，时秋已深，上苦凄冷，不能久留。归于天半，尚闻仙乐。及上归且记忆其半。遂于笛中写之。西凉都督杨敬述进婆罗门曲，与其声调相符。遂以月中所闻为之散序。用敬述所进曲作其腔，而名《霓裳羽衣法曲》。

郑诗所描绘的月宫，虽然简略，但与"柳七条"大致相同，月宫是个凄冷极寒

---

① 柳宗元：《龙城录》卷上，收入魏仲举集注《五百家注柳先生集》，《四库全书》第 1077 册，第 284 页。

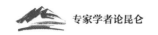

之地。

与郑嵎同为大中时期（847～860）的卢肇，写了部《逸史》，在《罗公远传》中也提到唐玄宗游月宫之事。这回引领游月宫的道士是罗公远。无论是叶法善、申泰芝，还是罗公远，文学故事中同一角色的具体执行者是可以随意更换的，这并不是我们关心的重点，我们关心的是月宫。

> 开元中中秋望夜，时玄宗于宫中玩月，公远奏曰："陛下莫要至月中看否？"乃取拄杖向空掷之，化为大桥，其色如银，请玄宗同登，约行数十里，精光夺目，寒色侵人。遂至大城阙，公远曰："此月宫也。"见仙女数百，皆素练霓衣，舞于广庭。玄宗问曰："此何曲也？"曰："霓裳羽衣也。"玄宗密记其声调遂回，却顾其桥，随步而灭。且召伶官依其声调作《霓裳羽衣曲》。①

《罗公远传》所传递的月宫信息与"柳七条"没有大的区别。月宫还是那么冷，主色依然是白色，只是白衣仙女由十余位增至数百位，歌舞队伍大"扩招"。

这些故事中反复提及的"霓裳羽衣曲"甚至"霓裳羽衣"，都成了唐人想象月宫、瑶池和西王母的标志性物事："开元天子万事足，唯惜当时光景促。三乡陌上望仙山，归作霓裳羽衣曲。仙心从此在瑶池，三清八景相追随。"（刘禹锡《三乡驿楼伏睹玄宗望女几山诗小臣斐然有感》）"织女分明银汉秋，桂枝梧叶共飕飗。月露满庭人寂寂，霓裳一曲在高楼。"（刘禹锡《秋夜安国观闻笙》）"玉树长飘云外曲，霓裳闲舞月中歌。"（张继《华清宫》）"怪得清风送异香，娉婷仙子曳霓裳。惟应错认偷桃客，曼倩曾为汉侍郎。"（崔澹《赠王福娘》）"想王乔之再睹，乘羽服以蹁跹；思王母之一至，拖霓裳以婵娟。"（吕令问《金茎赋》）白居易长诗《霓裳羽衣歌》"上元点鬟招萼绿，王母挥袂别飞琼"一句，也明确指出了"霓裳羽衣舞"与西王母及其下属上元夫人、萼绿华、许飞琼等女仙之间的直接关系。在裴铏《嵩岳嫁女》故事中，为了迎接西王母，群仙所奏乐曲即为《霓裳羽衣曲》②。

《霓裳羽衣曲》本来是唐明皇游月宫之后才有的曲目，但因为月宫与西王母的从属关系，而西王母又曾与汉武帝过从密切，于是，在明皇和武帝之间，就有了微妙的转换关系："武皇自送西王母，新换霓裳月色裙。"（王建《霓裳词》）"武皇含笑把金觥，更请霓裳一两声。"（曹唐《小游仙诗》）

---

① 卢肇：《逸史》，收入李昉《太平广记》卷22"罗公远"，第120页。
② 裴铏：《嵩岳嫁女》，收入李昉《太平广记》卷50"嵩岳嫁女"，第251页。

还有一个问题，天上月宫，离地到底有多高？距离人间有多远？《罗公远传》也给出了答案：罗公远引导玄宗攀桥登月，行数十里。考虑到这个"数十里"是大桥长度，如果以大桥坡度30°计算，月宫的高度就只有数十里的一半，取其大值，充其量也就40里，即20公里左右。

我们再看唐末著名道士杜光庭《仙传拾遗》中的《叶法善传》：

> 又尝因八月望夜，师与玄宗游月宫，聆月中天乐。问其曲名，曰《紫云曲》。玄宗素晓音律，默记其声，归传其音。名之曰《霓裳羽衣》。自月宫还，过潞州城上，俯视城郭悄然，而月光如昼。师因请玄宗以玉笛奏曲。时玉笛在寝殿中，师命人取，顷之而至。奏曲既，投金钱于城中而还。旬日，潞州奏八月望夜，有天乐临城，兼获金钱以进。①

所谓八月望夜，即八月十五。这里传递了一个重要信息，唐玄宗从月宫回来的时候，潞州城中，虽然月光如昼，但是"城郭悄然"，丝毫没有宋代以后"贵家结饰台榭，民间争占酒楼玩月"（孟元老《东京梦华录》）的热闹劲儿。这也从一个侧面说明了，直到唐代末年，中秋赏月玩月的风气还只限于贵族阶层以及文人墨客之中，尚未成为全民共享的节日习俗，至少可以认为"解衣市酒"的节日气氛尚未蔓延全国。

保存月宫信息最完整，且能反映民间文学对月宫想象的，是敦煌出土的文献《叶净能诗》。

> 八月十五日夜，皇帝与净能及随驾侍从，于高处既（玩）月，皇帝谓净能曰："月中之事，其可侧（测）焉？"净能奏曰："臣说亦恐无益，臣愿将陛下往至月宫游看可否？"皇帝曰："何以得往？"净能奏曰："陛下自行不得，与臣同往，其何难哉！"皇帝大悦龙颜。皇帝曰："可将侍从同行？"净能奏曰："剑南看灯，凡人之处；月宫上界，不同人间。缘陛下有仙分，其可暂往。"皇帝又问曰："着何色衣服？"净能奏曰："可着白锦绵衣。"皇帝曰："因何着白锦绵衣？"净能〔奏曰〕："缘彼是水晶楼殿，寒气凌人。"皇帝装束便行。
>
> 净能作法，须臾便到月宫内。观看楼殿台阁，与世人不同；门□〔□〕（户）牖，全珠（殊）异世。皇帝心看楼殿，及入重门，又见楼处宫阁，直到大殿，皆用水精琉璃玛瑙，莫侧（测）涯际。以水精为窗牖，以水精为楼台。又见数个美

---

① 杜光庭：《仙传拾遗》，收入李昉《太平广记》卷26"叶法善"，第141页。

人，身着三殊（铢）之衣，手中皆擎水精之盘，盘中有器，尽是水精七宝合成。皇帝见皆存礼度。净能引皇帝直至娑罗树边看树。皇帝见其树，高下莫恻（测）其涯，枝条直赴三千大千世界，其叶颜色，不异白银，花如同云色。

皇帝树下徐行之次，踦躇（踟蹰）暂立，冷气凌人，雪凝复（彻）骨。皇帝谓净能曰："寒气其（甚）冷，朕欲归宫。"净能奏曰："与陛下相随游戏，甚是仙□（华），不并下方，陛下不用□□（匆匆），且从容玩月观看，然乃却回，岂不善矣！"皇帝倚树，转觉凝寒，再问净能："朕今忍寒不得，愿且却归，若更须史，须恐将不可。"净能再问（闻）帝说，不觉哂然。便乃作法，须史却到长安。①

叶净能诗话对月宫的描述，与"柳七条"大致一样，唯一不同处，"柳七条"言"大桂树"，而净能诗话言"娑罗树"。娑罗树和菩提树一样，在佛教中很受尊崇，被视为神木，这大概是与敦煌地区人们崇尚佛教，以佛教神木取代道教仙木有关。

诗中反复提及月宫乃"水晶楼殿，寒气凌人"。所谓水精，也即水晶，"水之精灵"（《广雅》），"莹澈晶光，如水之精英"（《本草纲目》）。在西域高僧安世高翻译的阿那邸化《七子经》中，"金银珍宝、车磲马瑙、真珠琥珀、水精琉璃"被称为"四大宝藏"；在东汉僧人支娄迦谶所译的《佛说大乘无量寿庄严清净平等觉经》中，水精、琉璃、玛瑙均在七宝之列。佛家弟子确信，水精会闪射神奇的灵光，可普度众生，水晶石因此被尊崇为菩萨石。《本草纲目》解释菩萨石："其莹如水，其坚如玉，故名水玉，与水精同名。"

水性主寒，水精更是被认作"千年之冰所化"的奇寒之物。有唐一代，水精常常和月宫联系在一起："映物随颜色，含空无表里。持来向明月，的皪愁成水。"（韦应物《咏水精》）"映水色不别，向月光还度。倾在荷叶中，有时看是露。"（王建《水精》）

三　诗人想象之月宫要素

1. 嫦娥

说起月宫要素，嫦娥无疑是我们的第一联想。嫦娥奔月最早载于《淮南子·览冥训》："羿请不死之药于西王母，姮娥窃以奔月。"② 姮娥是嫦娥本名，为避汉文帝刘恒之讳，改姮为嫦。唐代不避姮讳，因此姮娥、嫦娥、素娥均可通用。

---

① 敦煌残卷 S.6836，收入王重民等编《敦煌变文集》上册，人民文学出版社，1957，第225页。
② 张双棣：《淮南子校释·览冥训》卷6，北京大学出版社，1997，第710页。

唐人不厚道，诗中屡屡提及嫦娥偷药之事，揶揄之情溢于言表："嫦娥窃药出人间，藏在蟾宫不放还。后羿遍寻无觅处，谁知天上却容奸。"（袁郊《月》）"嫦娥若不偷灵药，争得长生在月中。"（曹唐《小游仙诗》）"昔窃不死药，奔空有嫦娥。盈盈天上艳，孤洁栖金波。"（李群玉《感兴四首》）"嫦娥应悔偷灵药，碧海青天夜夜心。"（李商隐《嫦娥》）

李白《感遇》诗比较全面地回顾了嫦娥偷药及成仙的过程："昔余闻姮娥，窃药驻云发。不自娇玉颜，方希炼金骨。飞去身莫返，含笑坐明月。紫宫夸蛾眉，随手会凋歇。"李白是个乐天派，以为嫦娥到了月宫，应该会喜欢玉颜永驻地存在于天地之间的这种感觉，因此乐不思蜀，含笑坐明月。不过，当李白情绪低落的时候，也会感叹嫦娥的孤凄难耐："白兔捣药秋复春，嫦娥孤栖与谁邻。"（李白《把酒问月》）

从来没人指出嫦娥偷的是什么药，但从李白诗看来，很可能是玉璞："客从昆仑来，遗我双玉璞。云是古之得道者西王母食之余，食之可以凌太虚。"（李白《杂言用投丹阳知己兼奉宣慰判官》）嫦娥生活清苦，月宫除了仙药，没有其他美食，西王母就此曾有交待："吾之仙众，不饥不渴，岂欲造人间之馔乎？设欲供养神仙、上界星辰日月，但择吉日，筑坛场，设净席，布香灯花果而已。如无，用清水药苗代之，余皆不可。"（杜光庭《天坛王屋山圣迹序》）

描写嫦娥的孤凄生活，是唐代诗歌的常态："嫦娥断影霜轮冷，帝子无踪泪竹繁。"（吴融《春晚书怀》）"欲把伤心问明月，素娥无语泪娟娟。"（韦庄《夜景》）"风帘淅淅漏灯痕，一半秋光此夕分。天为素娥孀怨苦，并教西化起浮云。"（罗隐《中秋不见月》）有些诗人甚至还会感叹嫦娥没有夫妻生活："垄上流泉垄下分，断肠呜咽不堪闻。嫦娥一入月中去，巫峡千秋空白云。"（崔膺《别佳人》）花蕊夫人也曾自比嫦娥，哀叹不受宠幸："东宫花烛彩楼新，天上仙桥上锁春。偏出六宫歌舞奏，嫦娥初到月虚轮。"（花蕊夫人《宫词》）

关于嫦娥的相貌，李商隐《秋月》给予了较高评价："姮娥无粉黛，只是逞婵娟。"嫦娥不施粉黛，尚比婵娟更胜一筹，可见应该长得不错。可是，孤苦伶仃，长得不错又能给谁看呢？所以，嫦娥平时连眉毛都懒得一画，这在唐代仕女来说，是很不修边幅的行为了。"月里嫦娥不画眉，只将云雾作罗衣。不知梦逐青鸾去，犹把花枝盖面归。"（符载《甘州歌》）

我们前面说过，月宫为极阴之处，寒冷彻骨，因此也有诗人为嫦娥担忧："嫦娥衣薄不禁寒，蟾蜍夜艳秋河月。"（李商隐《河内诗》）"兔寒蟾冷桂花白，此夜姮娥应断肠。"（李商隐《月夕》）

描写嫦娥欢容的诗作在唐代中着实不多，终身未嫁的著名歌伎薛涛倒是不大在意嫦

娥的孤独："紫阳宫里赐红绡，仙雾朦胧隔海遥。霜兔毳寒冰茧净，嫦娥笑指织星桥。"（薛涛《试新服裁制初成三首》）

最让嫦娥难堪的，恐怕是有些诗人将其比作妓女："陵阳夜会使君筵，解语花枝出眼前。一从明月西沉海，不见嫦娥二十年。"（李涉《遇湖州妓宋态宜》）有些诗人将其比作亡姬："宝剑化龙归碧落，嫦娥随月下黄泉。一杯酒向青春晚，寂寞书窗恨独眠。"（韦检《检悼亡姬诗》）

不过，也有诗人认为，嫦娥偶尔会有机会搞些小型聚会，喝点小酒什么的。"拟登瑶殿参金母，回访瀛洲看日轮。恰值嫦娥排宴会，瑶浆新熟味氤氲。"（吕岩《七言》）聚会排宴的日期很可能就是中秋夜，刘淑柔诗："今夜素娥月，何年黄鹤楼。"（刘淑柔《中秋夜泊武昌》）有时还将月宫做客栈，偶尔供往来仙人小住："药成自固黄金骨，天地齐分身不没。日月宫中便是家，下视昆仑何突兀。"（杨嗣复《赠毛仙翁》）裴航的《嵩岳嫁女》故事发生在中秋节，群仙毕至，西王母问穆天子："何不拉取老轩辕来？"穆天子回答说："他今夕主张月宫之宴，非不勤请耳。"① 也就是说，黄帝认为这一天是中秋节，他认为在月宫举办宴会更加适宜。

毛文锡的《月宫春》大概是将嫦娥生活写得最美好的一首唐诗了："水晶宫里桂花开，神仙探几回。红芳金蕊绣重台，低倾玛瑙杯。玉兔银蟾争守护，姮娥姹女戏相偎。遥听钧天九奏，玉皇亲看来。"

千百年来，嫦娥除了为西王母看守月宫，主要就是跟玉兔一起轮班捣药："姮娥捣药无时已，玉女投壶未肯休。"（李商隐《寄远》）"孀居应寒冷，捣药青冥愁。兔子树下蹲，虾蟆池中游。"（陈陶《海昌望月》）最糟糕的是，嫦娥不仅要捣药，还要负责尝药："素娥尝药去，乌鹊绕枝惊。"（朱华《海上生明月》）

一年之中，嫦娥仅有的热闹就是张罗一次中秋晚会，接待偶尔驻足的神仙宾客，以及在七夕这天为天下女子赐巧："宝婺摇珠佩，嫦娥照玉轮。灵归天上匹，巧遗世间人。"（李商隐《七夕偶题》）。此外还有一点小乐趣，偶尔支使一下"追星族"为其效犬马之劳，有诗人吟道："不那此身偏爱月，等闲看月即更深。仙翁每被嫦娥使，一度逢圆一度吟。"（孙蜀《中秋夜戏酬顾道流》）

2. 月桂

桂树、桂花、桂子是唐诗中非常突出的一个意象。月中有桂，这个观念在唐代已经非常普及，出现了许多吟咏中秋月桂的诗歌："芬馥天边桂，扶疏在月中。能齐大椿长，不与小山同。皎皎舒华色，亭亭丽碧空。亏盈宁委露，摇落不关风。岁晚花应发，

---

① 裴航：《嵩岳嫁女》，收入李昉《太平广记》卷50"嵩岳嫁女"，第252页。

春余质诋丰。无因遂攀赏，徒欲望青葱。"（顾封人《月中桂树》）"与月转洪（鸿）蒙，扶疏万古同。根非生下土，叶不坠秋风。每以圆时足，还随缺处空。影高群木外，香满一轮中。"（张乔《试月中桂》）"桂生在青冥，万古烟雾隔。下荫玄兔窟，上映嫦娥魄。"（吴融《题画柏》）

咏桂诗多得不可胜数，那么，月宫中到底种了多少桂树呢？其实也不多，就一株："遥知天上桂花孤，试问嫦娥更要无。月宫幸有闲田地，何不中央种两株。"（白居易《东城桂》）

这株大桂树种在哪里呢？就种在月宫殿前。桂树低垂，枝条拂在栏杆上："仙娥玉宫秋夜明，桂枝拂槛参差琼。"（陈陶《殿前生桂树》）嫦娥在月宫中孤独无聊，常常倚着栏杆摘了桂子掷向人间，以此作为消遣："玉颗珊珊下月轮，殿前拾得露华新。至今不会天中事，应是嫦娥掷与人。"（皮日休《天竺寺八月十五日夜桂子》）

月中桂是从哪里来的呢？目前没有直接证据，但很可能是从西王母的瑶池移植而来，因为昆仑瑶池生命树，除了桃，就是桂，有诗为证："九天王母皱蛾眉，惆怅无言倚桂枝。悔不长留穆天子，任将妻妾住瑶池。"（曹唐《小游仙诗九十八首》）

在唐代诗人笔下，中秋似乎还没有"团圆"的意味，更多的是秋月的凄清。民间传说拥有"金口"的罗隐就曾指出，人间中秋，嫦娥却倚靠在月桂树上哭泣："嫦娥老大应惆怅，倚泣苍苍桂一轮。"（罗隐《咏中秋月》）

唐人习惯于将登科称作"折桂"："玉兔镝难穿，桂枝人共折。"（李绅《赋月》）诗人常常幻想攀上了桂树也就等于攀上了嫦娥："鹊桥初就咽银河，今夜仙郎自姓和。不是昔年攀桂树，岂能月里索姮娥。"（和凝《杨柳枝》）当然，能否攀上桂枝，关键还得看嫦娥的态度："断破重轮种者谁，银蟾何事便相随。莫言望夜无攀处，却是吟人有得时。孤影不凋清露滴，异香常在好风吹。几回目断云霄外，未必姮娥惜一枝。"（熊皎《月中桂》）

举子折桂登科，道士折桂成仙："未殖蟾宫里，宁移玉殿幽。枝生无限月，花满自然秋。侠客条为马，仙人叶作舟。愿君期道术，攀折可淹留。"（李峤《桂》）

桂子则主要用来捣药："不见姮娥影，清秋守月轮。月中闲杵臼，桂子捣成尘。"（李商隐《房君珊瑚散》）

3. 蟾蜍

蟾蜍性阴，五行属金，因此又名金蟾、银蟾。月宫与蟾蜍的关系确立得比较早，《淮南子·精神训》："日中有踆乌，而月中有蟾蜍。"唐诗中蟾蜍、金蟾、银蟾、玉蟾的出现频率，远高于玉兔、银兔、月兔，可见，以蟾蜍为月的观念，在唐人心目中是根深蒂固的。

唐诗提及月宫，常常以蟾蜍指代，直接认为发光体就是蟾蜍。这样的诗占了绝大多数，远比"月中蟾蜍"的表述更主流。"蟾蜍薄太清，蚀此瑶台月。圆光亏中天，金魄遂沦没。"（李白《古风》）"玉蟾离海上，白露湿花时。"（李白《初月》）"几回鸿雁来又去，肠断蟾蜍亏复圆。"（刘商《胡笳十八拍》）"宝瑟凄锵夜漏余，玉阶闲坐对蟾蜍。"（和凝《宫词百首》）"回首看云液，蟾蜍势正圆。"（张聿《圆灵水镜》）"凉霄烟霭外，三五玉蟾秋。"（方干《中秋月》）"蟾蜍影里清吟苦，舴艋舟中白发生。"（方干《赠钱塘湖上唐处士》）"熠耀游何处，蟾蜍食渐残。"（李群玉《中秋维舟君山看月二首》）"刁斗皆催晓，蟾蜍且自清。"（杜甫《八月十五夜月》）"鹍鹉鸣还歇，蟾蜍破又盈。"（白居易《江州赴忠州至江陵已来舟中示舍弟五十韵》）"蟾蜍夜作青冥镜，蟢蛛晴为碧落梯。"（祝元膺《梦仙谣》）"金膏洗拭鉎涩尽，黑云吐出新蟾蜍。"（薛逢《灵台家兄古镜歌》）"星斗离披烟霭收，玉蟾蜍耀海东头。"（褚载《句》）"蟋蟀切切风骚骚，芙蓉喷香蟾蜍高。"（贯休《夜夜曲》）"闽国扬帆去，蟾蜍亏复团。"（贾岛《忆江上吴处士》）"蟋蟀渐多秋不浅，蟾蜍已没夜应深。"（贾岛《夜坐》）"共看玉蟾三皎洁，独悬金锡一玲珑。"（唐求《送僧讲罢归山》）"风浩寒溪照胆明，小君山上玉蟾生。"（欧阳炯《渔父歌二首》）"霄汉此夜中秋，银蟾离海，浪卷千层雪。"（吕岩《酹江月》）"银蟾未出金乌在，更上层楼眺海涛。"（徐夤《寺中偶题》）"猧儿睡魇唤不醒，满窗扑落银蟾影。"（成彦雄《寒夜吟》）"暮蝉声尽落斜阳，银蟾影挂潇湘。"（毛文锡《临江仙》）

至于蟾蜍到底在月宫中干了些什么，则一概未见叙述，极少数的诗歌提及蟾蜍就在月中养老："只恐异时开雾后，玉轮依旧养蟾蜍。"（罗隐《中秋夜不见月》）或者提及蟾蜍也有一定的权限，并非全不理事："银蟾借与金波路，得入重轮伴羿妻。"（徐夤《上阳宫词》）只要银蟾愿意，它有权指给上阳宫女一条成仙的金光大道。

4. 玉兔

《淮南子》虽然只说到月中蟾蜍，没有提及玉兔，有些学者认为玉兔进入月宫系统的时间可能会稍晚。但如果追溯玉兔的来历，我们会发现这只兔子和蟾蜍一样，西汉时期都是西王母的跟班。

西汉时期，西王母曾经主要负责仙药的制作和发放。"在其身边聚集了专门制造长生不老仙药的玉兔、蟾蜍以及采集原料或传播仙药的青鸟等等"[1]，唐以后西王母升任"西华之至妙、洞阴之极尊"（杜光庭《墉城集仙录》）。所以将其旧部派驻月宫继续其独门生意也是顺理成章的事，至于到底先派了蟾蜍还是先派了玉兔，估计很难定论。仅

---

① 张从军：《画像石中的西王母》，《民俗研究》2004 年第 2 期。

以唐代的咏月诗而论，玉兔的出现频率是比不上蟾蜍的。

唐诗中也有直接以玉兔指代月亮或月宫的。"曲江东岸金乌飞，西岸清光玉兔辉。"（吕岩《谷神歌》）"月兔走入海，日乌飞出山。"（杜荀鹤《与友人话别》）或者认为玉兔只是月宫成员之一的："迅疾月边捎玉兔，迟回日里拂金鸡。"（贾岛《病鹘吟》）"玉兔轮中方是树，金鳌顶上别无山。"（黄滔《和同年赵先辈观文》）

还有些诗歌是直接将玉兔、蟾蜍同等对待的："玉兔银蟾争守护，姮娥姹女戏相偎。"（毛文锡《月宫春》）"玉兔银蟾似多意，乍临棠树影裴回。"（齐己《中秋十四日夜对月上南平主人》）

玉兔诗的数量虽然不足，但玉兔的功用却比蟾蜍多。首先，玉兔能发出吼叫："蟠挐对月吸深杯，月府清虚玉兔吼。"（唐彦谦《叙别》）其次，玉兔能捣药："月兔空捣药，扶桑已成薪。"（李白《拟古十二首》）再次，玉兔毛还可以用来制作高档毛笔："仙女群中名最高，曾看王母种仙桃。手题金简非凡笔，道是天边玉兔毛。"（施肩吾《仙女词》）

5. 水精和云母

月宫是用什么材质建成的？从前述"唐玄宗所见之月宫景象"中我们看到，月宫中到处都是水精。

有些诗人甚至直接将月宫想象成水精楼、水精宫殿或水精球："王母妆成镜未收，倚栏人在水精楼。"（成彦雄《中秋月》）"半夜四山钟磬尽，水精宫殿月玲珑。"（张祜《东山寺》）"溪上玉楼楼上月，清光合作水晶宫。"（杨汉公《明月楼》）"琼轮正辗丹霄去，银箭休催皓露凝。别有洞天三十六，水晶台殿冷层层。"（章碣《对月》）"银轮玉兔向东流，莹净三更正好游。一片黑云何处起，皂罗笼却水精球。"（姚合《对月》）"更忆瑶台逢此夜，水晶宫殿挹琼浆。"（韩偓《洞庭玩月》）

不仅如此，连宫女的用具也多是用水精制成的："月姊殷勤留不住，碧空遗下水精钗。"（司空图《游仙》）"秋吹动摇神女佩，月珠敲击水晶盘。"（李绅《悲善才》）"不假丹梯蹑霄汉，水晶盘冷桂花秋。"（曲龙山仙《玩月诗》）

唐诗提到最多的是与月宫相关的"水精帘"。"玉楼天半起笙歌，风送宫嫔笑语和。月殿影开闻夜漏，水精帘卷近银河。"（顾况《宫词》）唐人甚至将舒卷水精帘当成了闺阁拜月的常规动作："晚妆留拜月，卷上水精帘。"（司空图《偶书》）"玉阶生白露，夜久侵罗袜。却下水精帘，玲珑望秋月。"（李白《相和歌辞·玉阶怨》）"风动闲天清桂阴，水精帘箔冷沉沉。"（曹唐《小游仙诗》）"云渡琐窗金榜湿，月移珠箔水精寒。"（李建勋《登升元阁》）"绿鬟侍女手纤纤，新捧嫦娥出素蟾。卫玠官高难久立，莫辞双卷水精帘。"（黄滔《卷帘》）

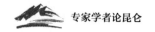

月宫建材除了水精之外，还有白色的云母："跪伸霜素剖琅玕，身堕瑶池魄暗寒。红锦晚开云母殿，白珠秋写水精盘。"（章孝标《览杨校书文卷》）

月宫云母家具也不少，主要是用作装饰类家具，最常出现的是云母帐："攀霄历金阙，弄影下瑶池。夕宿紫府云母帐，朝餐玄圃昆仑芝。"（李康成《玉华仙子歌》）"云母帐前初泛滥，水精帘外转透迤。"（宋之问《明河篇》）"水晶帘外金波下，云母窗前银汉回。"（沈佺期《古歌》）其次是云母屏："云母屏风烛影深，长河渐落晓星沈。"（李商隐《常娥》）"云母洒宫月，夜夜白于水。"（李商隐《宫中曲》）

6. 吴刚

大家都知道吴刚的传说也是起于唐代，但在唐诗中，吴刚一次也没出现过。因为这是一个极阴处所，理论上是不会有雄性生物长驻月宫的。

赵宗福认为："吴刚伐桂的月亮传说要晚得多。但仔细追溯，汉代却也已露端倪……《太平御览》卷四引虞喜《安天论》云：'俗传月中仙人桂树，今视其初生，见仙人之足渐已成形，桂树后生焉。'虞喜是晋代人，因此可知晋时月中又有了仙人，且与桂树发生关系，但仙人没有姓名，更无伐桂细节。"[1] 吴刚伐桂的说法始出于《酉阳杂俎·天咫》："旧言月中有桂，有蟾蜍，故异书言，月桂高五百丈，下有一人常斫之，树创随合。人姓吴，名刚，西河人，学仙有过，谪令伐树。"[2]

文中所说的"异书"，不知究竟何书，大概是当时的一种奇谈怪论，还没有成为人们的共同知识。西河大概是陕西西河，战国时期魏国名将吴起就曾镇守在这里，至于吴刚是不是吴起留下的后代，很难考证了。吴刚的传说很可能只是个地方传说，本来没有进入公众的视野，正是由于《酉阳杂俎》记录了这个小故事，才让吴刚这个不起眼的小人物永远留在了历史的印记中。

7. 月宫全貌

月宫可能是西王母的行宫之一，虽然日常由嫦娥打理，但这类行宫建制基本上都是按照昆仑瑶池"层城十二阙"的结构来建造的："偷桃窃药事难兼，十二城中锁彩蟾。应共三英同夜赏，玉楼仍是水精帘。"（李商隐《月夜重寄宋华阳姊妹》）"魏玉绮楼十二重，水精帘箔绣芙蓉。白玉阑干金作柱，楼上朝朝学歌舞。"（崔颢《杂曲歌辞·卢姬篇》）

可是唐人一直无法解决一个很直观的问题：我们看到的满月是圆的，那么，月宫十二城的规划是否也是圆形规划？为什么我们看到的月宫时圆时缺？圆为何圆，缺为何

---

① 赵宗福：《中国月亮神话演化新解——以月虎为主题的考证》，《民间文学论坛》1995 年第 4 期。

② 段成式：《酉阳杂俎》，中华书局，1981，第 9 页。

缺？圆缺机制是怎样的？

诗人们显然无法解决这个问题，于是，只能想象有一个巨大无比的玉盘，或者圆镜、水晶球，并对此做些表象描述："小时不识月，呼作白玉盘。又疑瑶台镜，飞在青云端。仙人垂两足，桂树作团团。白兔捣药成，问言与谁餐。蟾蜍蚀圆影，天明夜已残。"（李白《杂曲歌辞》）"中有月轮满，皎洁如圆圭。玉皇恣游览，到此神应迷。嫦娥曳霞帔，引我同攀跻。腾腾上天半，玉镜悬飞梯。瑶池何悄悄，鸾鹤烟中栖。回头望尘事，露下寒凄凄。"（韩翃《经月岩山》）"皎皎秋中月，团圆海上生。影开金镜满，轮抱玉壶清。"（朱华《海上生明月》）"银轮玉兔向东流，莹净三更正好游。一片黑云何处起，皂罗笼却水精球。"（姚合《对月》）

正因为回答不了这些问题，诗人们只好以"不可得"的"清辉"来含糊过去："人攀明月不可得，月行却与人相随。皎如飞镜临丹阙，绿烟灭尽清辉发。"（李白《把酒问月》）

原载《中国民俗学集刊》2014 年第 2 期

域外西王母神话新证

姚宝瑄

鲁迅先生在论及中国神话与传说时曾说:"其最为世间所知,常引为故实者,有昆仑山与西王母。"① 昆仑神山在中国神话中如希腊神话之奥林匹斯山、北欧神话之阿司加尔山一样地位显赫,至关重要。而西王母神话又乃昆仑神话的重要组成部分,整理中国神话的体系,需提纲挈领,以遍查昆仑神话源流为线索,上溯源头,下查行迹,方能完成此重任。西王母神话以她文字记载古老而驰名于神国,跃身为妇孺皆知的赫赫大神。为历代注释家、研究者所关注。然而探索西王母神话的视野,至今仍停留在域内各时期神话传说的考释评介这一水准线上,而未能登高远眺,查寻此神话向西、南、北流传之踪迹,不能不使人感到美中不足。

西王母神话有无向域外流传的可能呢?回答是肯定的。查中国神谱中西王母一款,可知她系四千年——五千年前的一位古代羌戎氏族中信仰的原始萨满教中之萨满,同时又系一母系氏族之酋长,祖母神,还是地处一方的羌戎的代名词。地理位置于昆仑山、帕米尔一带。随远古时期羌戎人的东西迁徙,其入中原为商代的"西母",闯中亚、西亚则成为手持不死之树的"女皇上帝"。② 为给中国神话研究提供一些线索,笔者不揣浅陋,沿远古民族迁徙之路线,查寻西王母流传域外之印迹,以望海内学者指正。

(一)

查古代殷商至周初,内地王朝不断发动大规模的攘戎与扩边战争,北击羌狄,西走羌戎。至商武丁曾三年攻羌,一次出动王旅万三千人之多。商武乙联合五族以伐羌。周

---

① 鲁迅《中国小说史略》:《神话与传说》。
② 此处西王母诸问题之成因,作者有另文专述。地理位置可参见拙作《昆仑神话入中原初探》,载《新疆民间文学论文集》。

康王二十五年，周人不败鬼方，俘其一万三千余人，以使中原王朝贵族的奴隶多羌人。以武力迫使羌戎西徙，① 为一。羌戎乃游牧部族，逐水草而居，迁徙而下帕米尔高原，西去寻找平坦丰茂的草原，为生活习性所至西徙，为二。公元前一千年左右，世界气候开始变冷，使其难得在雪山高原生活而无奈西徙，为三。由上述原因，使公元前十三世纪至公元前七世纪，中亚卡拉索克文化时期（中国殷商至周初），基本上活动的是人种体型为中国人的羌戎。该地出土的各种生活用具与兵器，和商代中原文化完全一致。② 文化史的发展，总是伴随着历史前进的脚步，民族迁徙之初便是文化传播之始。羌戎人在该地传播华夏文化，促进其经济发展，对中亚西亚文明作出了自己的贡献。更有甚者，战国时匈奴驱逐世居敦煌、祁连间之月氏羌于中亚，月氏羌人在中亚"西击大夏而臣之，都妫水北为王庭。"③ 继而建立威震中亚、西亚、南亚北部的强大帝国——贵霜王朝，史称月氏羌乃江淮三苗之后，居地系昆仑神话入主中原之咽喉要冲，举族西迁，昆仑神话也随之弥漫中亚。使公元前数百上千年前中亚已遍布羌人之足迹不足为怪了。由此可以推知，公元前四世纪古希腊亚里士多德描述中国丝织品之缘由岂不昭然若揭了。

二十年代于中亚发掘的巴雷克墓葬中出土的有一幅图案：一个"女皇上帝"，手执生命之树，接见一位远方骑士。中亚、西亚远古流传下来的神话中，极少见类同于中国不死之药的生命之树，而此仙物乃西王母镇神国之宝。中国神话传说中有神或仙人手擎不死之药或柳枝往来于昆仑神区上空实乃比比皆是。"骑士"西亚早在公元前八世纪左右已有之，而当初中国人尚未懂得乘马登程作战的技术。看来"女皇上帝"则是西王母。而骑士自西向东来叩见西王母之目的，有如中国神话中羿取不死之药于西王母之举相同，以取回其手中之不死之药为宗旨。何以见得如此？可举古文献作证。张骞出使西域，亲耳听到安息长老曰："传闻条支有弱水，西王母"。言语中均系中国神名、地名。当是向西传播安息为无误。史书大都记有大秦西有海水，赤水，白玉山，西王母。安息乃西亚古国，大秦系东罗马之汉译。上述可知西王母早张骞已在中亚、西亚广泛流传。可贵的是，中亚、西亚，西汉人均认为西王母出自西域，而中、西亚人连中国人称呼"西王母"的名称都未改变。

近人丁谦先生曾认为"西王母者，古加勒底国之月神也。轩辕黄帝传言，时有神人西王母，大阴之精，天帝之女，可为月神确证。考加勒底国都于吾耳，一名威耳，城

① 见《周易》。
② 王治来：《中亚史》，中国社会科学出版社。
③ （汉）班固，《汉书·西域传·六十六上》。

中有大月神宫殿。"① 此说指的是古巴比伦之月神。考古巴比伦月神名辛（sin），再考西王母因嫦娥窃药奔月才与月有一丝牵挂外，与巴比伦月神辛无有共同之处。但可供考释的还有三位神。一是司爱与繁殖女神易士塔（Ishtar），又译伊什塔尔。另两位系拿到不死之食而又丢弃的阿达帕，与得而复失不死之药的英雄吉尔伽美什。

易士塔与西王母惊人相同之处系各自表现之神性是自相矛盾的。同时兼有善恶二性。西王母最基本的神性是"司天之厉及王残。"其余记载均系她之外象与表现。她曾掌管瘟疾刑罚一职，为历代研究者所忽视。但舍弃这一点，西王母之研究是难以深入的。西王母初时除长相丑陋外，这一神职表现得更为阴森可惧。但她同时又系一个能使人起死回生，歌舞吟诗、容颜绝世的好女子。至汉代，民间崇拜西王母，抱敬而远之的态度，其主要愿望是求她不要降灾。一旦有灾难，众人击鼓持火加以驱赶②。

易士塔在巴比伦的颂歌中，是能力最大，最慈善，救人疾苦，赦人罪过的慈后，是司恋爱之女神。她能下地狱倍受凌辱搭救自己的情人塔穆斯，同时又是恶狠狠的战神。她的本名叫"沙班尼特"，意即"发光者"，天文上是金星，又是解梦与神谕的圣后，品性尤为复杂，一方面是慈爱的，智慧的，一方面又是暴戾严厉的；有时是一位爱情纯笃的好女子，同时又是一个爱情不专的荡妇。纵观巴比伦神话，除她以外均充满暴风雨般的豪放。唯有易士塔之传说，温馨绮丽，哀艳缠绵。读来使人犹如艰难跋涉在茫茫沙海之中却偶遇一泓清泉，饮之令人心旷神怡。难得可贵的是，她又是风月女神，这可能便是丁谦先生认为西王母是易士塔的化身东传的缘故吧！但事实恰恰相反，在刻载着易士塔这一神话的泥板埋在地下时，已是公元前七世纪左右的事了，此时已晚西王母神话传入中、西亚五百年之遥了。若不为何易士塔神话恰与巴比伦神话在创作风格上独具一番风采呢？再已知西王母乃古羌戎人原始宗教中之萨满，而："萨满者，其幼稚宗教之教师也，兼幻人、解梦人、卜人、星者、医者于一身。"③ 这又与易士塔为"发光者"、金星，解梦与神谕相同。更有易士塔舍命下地狱搭救之情人塔穆斯，是树的儿子，他的母亲与神人野合后变为树方生下他。崇拜树为母亲，乃萨满教之习俗。至今我国东北曾信仰过萨满教的民族还称柳树为柳妈妈可为证。再塔穆斯之诞生，与昆仑神话中古维吾尔先祖自树中出生相同，另有柯尔克孜史诗中英雄玛纳斯的诞生一说与树有密切关系。而羌族至今仍以崇拜树神为主，西南民族仍有《跳柳神》的祭祀舞蹈可为补证。

---

① 丁山引证丁谦著《穆天子传地理考》，转引朱天顺《中国古代宗教初探》。
② 《汉书》载建平四年关中一带的信仰。
③ 多桑：《蒙古史》。

巴比伦《咏阿达帕的史诗》中之阿达帕，系神与凡间女子野合后所生之子。与天神阿努发生争执，他据理力辩，并拒绝了对方赐与的长生不老的食物，因而失去了长生不死的机会。由于这个神话故事只留下一些片断，难以窥其全貌，但就其这一点而言，即对永生问题的探求，与中国羿之传说不谋而合，可为一例。

《吉尔伽美什》史诗写的是苏美尔文化时期的事，但成诗却要晚得多。诗中英雄吉尔伽美什在与天牛和恶神等搏斗取得胜利之后，由于自己最亲密的朋友恩奇都的去世，他悲愤不已，怀着探索人生奥秘的愿望到远方寻求长生不老之术。当他得知有一种仙草可以"将生命获取"时，就毫不犹豫地"跳进深渊。见到那棵草，他取了草，草把他的手扎破了。"他得到仙草，异常兴奋，他举着这棵长生不老仙草说："……这草是棵非凡的草，人们靠它可以长生不老，我要把它带回乌卢克城，让〔 〕能吃到这草……我也吃它，好重返少年，青春永葆"。（引文括号内系原刻在泥板上的史诗短缺之处，疑是"妻子"或"人民"之意。因为先祖乌特那庇什提牟告诉他：他们夫妇二人获得神籍的经过，并说明是神"把死和生命注定"的以后，他才下海摘取仙草。可见系"妻子"为确可能不会差得太多）。没想到他将仙草带了回去，放在一旁，前去洗澡时，"有条蛇被草的香气吸引"，将仙草叼跑了。这意外情况的发生使他不胜悲伤，情绪低沉，郁郁寡欢。可知以上所引均系刻在第十二块泥板上的，学者们均认为此块泥板系后人所加，时间当在公元前十世纪左右极有可能。史诗中在他取仙草时"跳进深渊"，当是此仙草最初应在山上，而后经流传与当地的地理环境海水相融合，才到了海中。这与昆仑神山之不死药经流传与中国东部苍茫出冥之大海这一自然环境结合后，出现的海外三仙山之说当属同源一处无疑。

以上阿达帕和吉尔伽美什与不死之药，均系得而复失，后者更乃拿到手却又被偷（叼）走，这与中国神话中"羿请不死之药于西王母，姮娥窃而奔月"之情节多么相似，这又与西王母不无联系，看来的确乃西王母神话在巴比伦与中国两地循神话发展演变之规律，同时演化出来的两个相同的传说。中亚出土的西王母接见西方骑士之图案，与此有无关系？吉尔伽美什是否便是那位纵马东来叩见西王母以求其不死之药的骑士呢？如此推断与事实的本身怕不至于失之千里吧！

（二）

当中国羌人于殷商之时越帕米尔进入中亚时，西域之塞种人中已夹杂有一些深目高鼻黄发的伊兰人种。并有来自蒙古高原的胡人。伊兰人种自西北方进入中亚，随之同时进入印度北部的也有古羌人与塞种人。公元前六至五世纪，中国的丝绸传到希腊以前，

伴随伊兰人南越兴都库什山进入北印度的路线，也或多或少地挤上了印度贵族服饰的行列。等张骞在伊朗见到中国四川经印度而达中亚的竹器时，中国已从云南出境与帕米尔南下两条路早就打通印度了。近代一些学者在论及中国古代文化时，总喜欢主观地根据佛教文化的输入中国而轻易断言受印度影响如何如何大，将一些理当属于中国古代文化的成就不负责任地在印度古代文化中拚命地求其族源，不能不使人深感遗憾。罗马共和时期的贵族，便从印度购买过自己喜欢的丝绸，而中国通阿拉伯海的"丝绸之路"，便有过帕米尔南下印度河后拐道阿拉伯海的一线，① 民族迁徙是文化的单向传播，而经济的往来势必造成文化艺术的相互对流。这是不可辩驳的自然法则。更有由中国敦煌、祁连间被匈奴驱逐到中亚的羌人月氏族建立的贵霜王朝，占据北印度之大部地区。昆仑神话也就随中国民族向西的大迁徙与早期"丝绸之路"的通达进入北印度之说，并非海外奇谈。

印度神话传说中有一女神，梵文写作 umā，《梵和大辞典》中作"乌摩"，并见于中国宋代《大方广菩萨经》，"乌摩"乃雪山神女，湿婆的妻子。她创造过刚和柔两种舞蹈，神职可称文艺女神，又被视为降魔的化身。她的形象有两种，许多别名，均具有奇妙的故事情节，名称概括起来有：神的妻子或女神、光明的，美的神、雪山的女儿（这乃她本名）、山所生的女儿、年青的圣母、年青莫过于她的女子，女胜利者，女富有者、湿婆的女使者，以上为其善名。再纵观她残忍形象之名称，有：难以接近的女人、黑暗或邪恶的女人、残忍凶恶的女人、可怕的女人、有十个胳膊的女人、骑着狮子的女人、披头散发的女人。查中国西王母善残二形象融于一身。二人均住在山上，西王母掌瘟疾刑罚，乌摩又因能降魔而使自己形象可惧，同时与原始宗教之巫者相近。二者于神性上可谓相同无误。

从语音上分析：西王母之西，乃方位词作定语，王母系本名，中原人又称西母。王母名见于中国史籍，系其另一名称。"王"字古韵雨方切，转写拉丁字母为 uang。"母"字古韵莫厚切，转写拉丁字母为 mou。uang 与 mou 连读为 umou。乌摩梵文写作 umā。中国古代译梵典的汉译家们一般都用 o/ou/an/的韵母音译梵文，以 a/ā 为尾音的音节，这样，umā 汉译语音便是 umou，即王母。宋代译 umā 为乌摩，应译为"乌母"更确切。与此相反，印度民间译汉语也从语音上着手。外人读中国音多摈弃原声调，如此可见二者相通，实乃一音之转。更有甚者，乌摩还有一个名称，专门表示其恶性并托言为她降魔的化身，名曰：时母。时母即西母。二者名称上略有不同是不同民族语言上的微小差误，可以说西母进入印度连名称都未改变。

---

① 〔美〕海斯·穆恩·韦兰：《世界史》。

从二者产生与书载年代上比较。西王母最早见于殷墟卜辞，曰"西母"。此时约公元前十四世纪左右。载入《山海经》为战国时代，即公元前五世纪以后。而与西王母相会于瑶池之上的周穆王则是公元前十一世纪——十世纪的历史人物，《穆天子传》所记虽不可全然置信，但穆天子西征确有此事，西王母之流传定然早于穆王则应当肯定，否则后世文人想不会将此全然莫须有之事强加于穆王的。乌摩（时母）最早见于印度史诗《摩诃婆罗多》第十九章《词利世系》。据目前学术界较统一的说法认为此史诗书载于公元前四世纪——公元四世纪。大史诗的萌芽可以追溯到公元前十世纪。此时古羌人已进入中亚与北印度、今阿富汗等地约三百年有余了。殷墟卜辞也载西母三几百年了。即使将西王母之流传最晚下限到穆王时代，也与乌摩（时母）萌芽时代相同。又二者书载之时西王母早于乌摩。从中亚出土的公元前十二世纪的西王母图案与《穆天子传》中记载之西王母在年代上相差无几，可见西王母早已脱去"司天之历及王残"等凶恶形象了，已演化为一名慈善的女神。而《山海经》的作者记载的是其最初随古羌人迁徙进中原楚国一带的形象。何况西王母的演化将从其诞生地开始，随当时当地人经济生活的发展与东西交通的开拓而起步，这是神话流传演变的一般规律。因此不能将其逐步演化为人王的功劳全然归于道家仙人。据顾颉刚先生研究，战国初年昆仑神话还未能大幅度拥进楚国。[①] 看来袁珂先生认为《山海经》一书的作者系楚国人当是言之有据，确属真知卓见。

从地望上讲，乌摩（时母）系印度北方的雪山女神，居地喜马拉雅山。先属地方山神，后归北方神区。喜马拉雅山、兴都库什山与昆仑山，起点均系结在帕米尔高原，以此为中心向南、东、西三方延伸。三大山脉走向不同，但源头系一处当属无疑。穆王与西王母相会于昆仑神山瑶池之上，乌摩原为湿婆死去的妻子的化身，自幼就想嫁给湿婆，终于在众天神帮助下与湿婆结婚在喜马拉雅山上。应是同源神话随时代演变为两个相近的分支当是不无根据的。如此同源说并非排斥不同民族共同进化说，查古印度神话女神颇多，从地望，语音，神性上分析，唯乌摩与众神不同，故认为印度神话中之乌摩（时母）即昆仑神话中之西王母流传演变的译名，乃是本节的结论。

（三）

上述西王母神话向中亚、西亚，印度流传的始发点与路线，无不牵扯到古代西域（西域乃汉代名称，后来因读者对这一名称较熟悉，所以用之。）这一中亚交通咽喉之

---

① 顾颉刚先生的观点与对该观点的考释见拙作《昆仑神话入中原初探》，载《新疆民间文学论文集》。

地，需要进一步在此地史料中查寻西王母的踪迹方能有力佐证上述之观点。

据中外一些学者研究，公元前四世纪远古突厥诸族就在天山一带建立过拥有四个城市的王朝。[①] 此说不可全然置信，但公元前远古突厥人的足迹已遍布中亚、西域与漠北等地确系无可置疑的。古代突厥文献中记载上界天堂之下，下界黑暗之国上面，有一光明之国。国中有一善神：突厥碑文中写作 D 卅 >。汉译可为乌玛衣。居住在有山有水的高山之巅，系恩赐子孙，造福人类的幸福之神。史料中在其居住之山水前冠有形容词 卞 duq，即"神圣"之意。可称神山神水之地。突厥文读、写法均自右向左，一个符号代表一个元音或一个辅音，有时一个辅音可以代表一个带有元音的音节。〉转写拉丁字母为 U，卅 为 M，也可以是 Ma，D 是 Y，或 Ya，写作 Umai，印度乌摩为 Umā，与汉语的王母音相近，三者确为一音之转可属无疑。乌玛衣据学者研究与萨满教之萨满有关，又与西王母同。西王母住在昆仑丘瑶池之上，乌摩住在雪山上，乌玛衣住在神圣而险峻并有水的山巅，三者相同无误。可认为的确系一神一词在突厥诸族与印度流传演化的结果。

更有今日新疆卫拉特蒙古神话传说中的创世神西王母（蒙古称麦德尔）娘娘，住在天山瑶池上可为证。卫拉特为古代蒙古三大部之一，中世纪随水草迁徙西去，久居欧洲，清乾隆年间因不堪沙皇欺压，杀死沙皇官吏，突出重围，举族东迁，以启明星为东方标志，重返祖国。他们的传说可以讲是较为古老可信的。另外，日本、朝鲜、越南也有关于玉皇大帝，王母娘娘，不死之药的传说，当属后世昆仑神话进中原后又向东，向南流传所至，不在本文探讨之例，不再赘述。

由上述可见，昆仑神话中之西王母，由于地处东西民族迁徙，交通往来之要冲，四方文化交流之中心地带，使她自诞生第一天起，就跟随历史巨人的脚步前进，陪伴华夏古代文化流传域外的足迹，跃身为一名国际神界中之显要人物，使古代中亚、西亚、印度的神话传说中，明显地跳动着华夏神话的脉搏，当是古代中国对世界文明作出的巨大贡献中表现在神话传说领域里的重要组成部分。

原载袁珂主编《中国神话》（第一集）

中国民间文艺出版社，1987，第 264～273 页

---

① 见刘义棠《维吾尔研究》。

神话昆仑与西王母原相

刘锡诚

在古代神话里，昆仑之丘，亦名昆仑之虚。昆仑之丘是古代诸神聚集之山。昆仑丘与西王母有着不解之缘。昆仑丘与西王母的神话，被历代百姓众生和文人学者千遍万遍地述说着，时间长达两千余年。经历过漫长的时代，在数不清的述说中，西王母从一个原相"豹尾虎齿"、人兽合体的西部山神，逐渐演变而成为一个具有神格的人王，最后成为一个代表仙乡乐园的全能之神。昆仑神话，也像滚雪球一样，穿越历史的风霜，逐渐演变成中国神话的一个庞大体系。

神话昆仑

昆仑是个千古之谜。近代学者顾实说："古来言昆仑者，纷如聚讼。"现代学者苏雪林说："中国古代历史与地理，本皆朦胧混杂，如隐一团迷雾之中。昆仑者，亦此迷雾中事物之一者。而昆仑问题，比之其他，尤不易董理。"[1]

神话学家们大多认为，在中国古代文献里，"昆仑"有两义：一是地理的昆仑，一是神话的昆仑。地理昆仑的地望究竟在哪里？这个问题困扰着一代代的学者，出现过许许多多的说法，至今也还是难有定论。凌纯声在《昆仑丘与西王母》一文中，拣其重要的论点，列举了丁山《论炎帝大岳与昆仑山》、卫聚贤《昆仑与陆浑》、苏雪林《昆仑之谜》、程发轫《昆仑之谜读后感》、杜而未《昆仑文化与不死观念》、徐高阮《昆仑丘和禹神话》六家之言，再加上他自己的昆仑即"坛墠"之说，就是七家[2]。何其纷纭！神话昆仑，虽然也有史实的影子，但更重要的，是一个奥林匹斯式的西部华夏神山的

---

① 苏雪林：《昆仑之谜·引言》，台北，1956。
② 凌纯声：《昆仑丘与西王母》，见《中国边疆民族与环太平洋文化》，联经出版事业公司，1979，第1569~1613页。

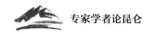

象征。笔者撰写本文，无意对昆仑作全面探讨，只局限在"神话昆仑"上，试图做一点小小的开掘。

（一）"帝之下都"，众神所集之山

已故史学家徐旭生在 20 世纪 40 年代写的《读山海经札记》里说，《山海经》在史料上是"我国有很高价值的"十部书之一，而"《西山经》各山均在今陕西、甘肃、青海境内，虽间有神话而尚历历可指"。① 《山海经》里提到的昆仑共有八处，或"昆仑之丘"，或"昆仑之虚"，虽直接间接地标注有地理坐标或特有物产和生物，但由于作者受当时流行的神话思维和巫风的深刻影响，在叙述时亦真亦幻，幻中有真，真中有幻，昆仑之丘的地理位置也便不免扑朔迷离。或如蔡元培先生所说："这部书固然以地理为主，而且有许多古代神话的材料，但就中很有民族学的记载，例如《山经》，每章末段，必记自某山以至某山，凡若干里，其神状怎样，其祠礼怎样；这都是记山间居民宗教状况。"② 古代神话与史实的混杂交织，使我们今人难于理清哪些因素是昆仑丘的史地事实，哪些因素是基于幻想的神话因素。在上面提到的八处经文中，至少有三处直接叙述了昆仑神话或神话昆仑。

其一：《西次三经》："西南四百里，曰昆仑之丘，是实惟帝之下都，神陆吾司之。其神状虎身而九尾，人面而虎爪；是神也，司天之九部及帝之囿时。有兽焉，其状如羊而四角，名曰土蝼，是食人。有鸟焉，其状如蠭，大如鸳鸯，名曰钦原，蠚鸟兽则死，蠚木则枯。有鸟焉，其名曰鹑鸟，是司帝之百服……"

"昆仑之丘"是神话中的"帝之下都"。这个"帝"指的是天帝。郭璞云："天帝都邑之在下者。"有学者指出，此"帝"指的就是黄帝，黄帝把自己比作天帝③。其根据是《穆天子传》卷二的下述文字："吉日辛酉，天子升于昆仑之丘，以观黄帝之宫。"笔者对这个看法，实不敢赞同。昆仑之丘的守护神是陆吾，他虎身而九尾，人面而虎爪，是人兽合体之神，其职责是看守九部（九域）和天帝的园林与祭坛（时，即時）。《庄子·大宗师》里的那个山神肩吾，就是陆吾的异名。此外，在昆仑丘上还有其他一些神兽，如："状如羊而四角"、"食人"的土蝼（有学者认为，土蝼属于幽冥恶兽④，蠚鸟兽致死的钦原，"司帝之百服"的鹑鸟。

---

① 徐旭生：《读〈山海经〉札记》（1943 年），见《中国古史的传说时代》（增订本），北京，文物出版社，1985，第 293 页，295 页。

② 蔡元培：《说民族学》，《一般杂志》1926 年第 12 期。

③ 袁珂：《山海经校注》，上海古籍出版社，1980，第 295 页。

④ 张劲松：《中国鬼信仰》，中国华侨出版公司，1991，第 65~66 页。

其二：《海内西经》："海内昆仑之虚，在西北，帝之下都。昆仑之虚，方八百里，高万仞。上有木禾，长五寻，大五围。面有九井，以玉为槛。面有九门，门有开明兽守之，百神之所在。在八隅之岩，赤水之际，非仁羿莫能上冈之岩。……昆仑南渊深三百仞。开明兽身大类虎而九首，皆人面，东响立昆仑上。开明北有视肉、珠树、文玉树、玗琪树、不死树。凤皇、鸾鸟皆戴盾。又有离朱、木禾、柏树、甘水、圣木、曼兑，一曰挺木牙交。开明东有巫彭、巫抵、巫阳、巫履、巫凡、巫相，夹窫窳之尸，皆操不死之药以距之。窫窳者，蛇身人面，贰负尸所杀也。"（图1：明代蒋应镐《山海经绘图全像》开明兽图）

图1

此经中的"昆仑之虚"与《西次三经》里的"昆仑之丘"同。《说文》云："虚，大丘也。"何以这个被称之为"帝之下都"的昆仑，称丘或虚，而不称山呢？因为昆仑山没有恒山高，所以称丘。《尔雅》说："三成为昆仑丘"，"恒山四成"。经文说：方八百里的昆仑丘，"面有九门"，由开明兽负责把守着。"九门"与"九井"，以及前引的"九部"的"九"字，是同义的。但"九"这个数目字，在这里究竟何解？是否是当作"天数"中的最大数？尚难作出定论。有学者用古汉语中语义通假的原理，把"九门"解释为"鬼门"，看来也没有多少道理。在被认为记录昆仑神话最为完整的《淮南子·地形训》里，"九门"就演变成了四百四十门。当然四百四十门做何解，也是一个悬案。有学者认为，开明兽，就是《西次三经》中的陆吾。笔者认为证据不足，陆吾应是司守昆仑的较高一级的大神，而开明兽的职责，不过只是管理看守九门而已，尽管昆仑丘的神兽们的形体大都是类虎。出身类虎或身具虎形，很可能说明他们是同属于一个以虎为图腾祖先的血族。这有待考证。

昆仑丘上的神很多，经文里说是"百神之所在"。除了《西次三经》里的土蝼、钦原、鹑鸟，《海内西经》中的开明兽、窫窳、贰负等外，还有凤皇、鸾鸟、众巫等。如此神灵众多、氤氲迷障、非仁羿莫能上的"冈岩"之地，昆仑之丘，如同古希腊神话里集中了众多神灵的奥林匹斯山一样，自然是座西方神山、灵山。羿，即那个"尝请不死之药于西王母"者，亦即那个"在昆仑虚东""与凿齿战于寿华之野，羿射杀之"（《海外南经》）的羿。

其三：《大荒西经》："西海之南，流沙之滨，赤水之后，黑水之前，有大山，名曰昆仑之丘。有神——人面虎身，有文有尾，皆白——处之。其下有弱水之渊环之，其外有炎火之山，投物辄然。有人，戴胜，虎齿，豹尾，穴处，名曰西王母。此山万物皆有。"

此经中"人面虎身，有文有尾，皆白"之神，应就是《西次三经》中那个主管昆仑之丘的陆吾。在这段经文里出现了西王母，而这里的西王母是人，但其形象却又是"戴胜、虎齿、豹尾"，即人兽共体，头上戴着玉质的饰物"胜"。关于西王母的话题，姑且先按下不说。《海内西经》说开明东有巫彭等十巫，他们"皆操不死之药"，又说开明北有珠树，《海外南经》说"三珠树生赤水上"。据《列子·汤问篇》："珠玕之树皆丛生，华实皆有滋味，食之不老不死。"这种珠树，就是巫彭等众巫所操之不死之药，或是后来传说中的不死不老之药的原形。在昆仑神话后来的发展演变中，不死之药的情节大为膨胀，操不死之药的西王母，成为昆仑神话中的大神，昆仑之丘也从原始的诸神之山，变成了被神话学家所说的西方的"仙乡"。[①] 在这段经文中，还有一句话不可忽略："此山万物皆有"。《十洲记》说此山"品物群生，希奇特出"。这就是说，昆仑之丘不仅是集诸神之山，而且有享用不竭的物产。"品物群生"也是"仙乡"的一个重要条件。

（二）天地之脐、天之中柱

《淮南子·地形训》："禹乃以息土填洪水以为名山，掘昆仑虚以为下地，中有增城

---

① 王孝廉：《绝地天通——以苏雪林教授对昆仑神话主题解说为起点的一些相关考察》，见《领云关雪——民族神话学论集》，学苑出版社，20001。又见《西南学院大学·国际文化论集》第14卷第2号，2000年2月，日本福冈。

九重，其高万一千里百一十四步二尺六寸。上有木禾，其许五寻，珠树、玉树、璇树、不死树在其西，沙棠、琅玕在其东，绛树在其南，碧树、瑶树在其北。旁有四百四十门，门间四里，里间九纯，纯丈五尺，旁有九井玉横，维其西北之隅，北门开以内（纳）不周之风。倾宫、旋室、县圃、凉风、樊桐在昆仑阊阖之中，是其疏圃。疏圃之池，浸之黄水，黄水三周复其原，是谓丹水，饮之不死。河水出昆仑东北陬，贯渤海，入禹所导积石山。赤水出其东南陬，西南注南海丹泽之东。赤水之东，弱水出自穷石，至于合黎，余波入于流沙，绝流沙南至南海。洋水出其西北陬，入于南海羽民之南。凡四水者，帝之神泉，以和百药，以润万物。昆仑之丘，或上倍之，是谓凉风之山，登之而不死。或上倍之，是谓悬圃，登之乃灵，能使风雨。或上倍之，乃维上天，登之乃神，是谓太帝之居。"

《论衡·道虚篇》："如天之门在西北，升天之人，宜从昆仑上。淮南之国，在地东南，如审升天，宜举家先从昆仑，乃得其阶。如鼓翼邪飞，趋西北之隅，是则淮南王有羽翼也。"

《山海经·大荒西经》："有灵山，巫咸、巫即、巫朌、巫彭、巫姑、巫真、巫礼、巫抵、巫谢、巫罗十巫，从此升降，百药爰在。有西王母之山、壑山、海山。有沃民之国，沃民是处。沃民之野，凤鸟之卵是食，甘露是饮。凡其所欲，其味尽存。爰有甘华、甘柤、白柳、视肉、三骓、璇瑰、瑶碧、白木、琅玕、白丹、青丹，多银铁。鸾凤自歌，凤鸟自舞，爰有百兽，相去是处，是谓沃民之野。"

《神异经》："昆仑有铜柱焉，其高入天，所谓天柱也。"

《河图括地象》："昆仑山为柱，气上通天。昆仑者，地之中也。地下有八柱，柱广十万里，有三千六百轴互相牵制，名山大川孔穴相通。天不足西北，地不足东南。西北为天门，东南为地户。天门无上，地户无下。"

《艺文类聚》："昆仑山，天中柱也。"

这些来自不同时代（从战国到汉唐）和不同作者的文字，包含了好几个各自独立、又互有联系的神话，其中以《淮南子·地形训》所述最为完整、广泛而细致，其他几段，当可与之互相补充参证。

这些关于神话昆仑的表述，其中心意思是：

（1）百神所居的昆仑之丘，乃是上接天下通地的天柱。灵异之人如巫咸等十巫者可援昆仑山天柱而升降，将人间之情况上达于天，再将上天的指令下达于地。他们的角色是充当人神两界的中介。

（2）昆仑地处神州之中心，故为中柱，即神话学上所说的"天地之脐"。而地下还有八根柱子支撑着。这个时代，昆仑天柱使天地宇宙处于一种稳定平衡的原始状态，群

巫可以沿着山体天柱自由上下，沟通信息。后来，"共工与颛顼争为帝，怒而触不周之山，天柱折，地维绝。天倾西北，故日月星辰移焉；地不满东南，故水潦尘埃归焉。"（《淮南子·天文训》）这被"折"的"天柱"，指的自然是"百神所居"的昆仑之丘，但这里所包含的文化象征意义，可能意味着昆仑之丘的至高无上的垄断地位，受到了新的挑战。总之，旧的宇宙秩序遭到了破坏。于是，才出现了"绝地天通"的神话。（图2，山东沂南汉画像石天柱昆仑图。）

图 2

天柱的意象，显示着一种古老瑰丽的幻想。按照《地形训》的叙述，自昆仑天柱而上，共有三层：第一层是凉风之山，登上此山者可不死；第二层是悬圃，登之乃灵，能使风雨；第三层才是上天（天庭），那里便是天帝的居所。《楚辞·天问》："昆仑悬圃，其尻安在？增城九重，其高几里？四方之门，其谁从焉？西北辟启，何气通焉？"凉风和悬圃，都是人们幻想中的空中神话乐园，但不是普通人，而只有那些异人、那些巫觋们，才能够登临和享受；而第三层，那是天帝——天神专有的居所，与人类之间有一条无法逾越的距离。

408

（三）幽都之山

魂归圣山的观念，大概是与神居圣山的观念同时产生的。作为"帝之下都"、"百神之所"的昆仑之丘，同时也是一座幽冥之山。《海内经》："北海之内，有山，名曰幽都之山，黑水出焉。其上有玄鸟、玄蛇、玄豹、玄狐蓬尾。有大玄之山。有玄丘之民。有大幽之国。有赤胫之民。"这"幽都之山"的地理坐标在哪里？可从黑水的发源地而得到一些消息。《大荒西经》说，昆仑之丘的位置，在"西海之南，流沙之滨，赤水之后，黑水之前"。一个是"黑水出焉"，一个是"黑水之前"，大致可以断定《海内经》所指的"幽都之山"，就在昆仑之丘的方圆800里的范围之内，或者这"幽都之山"就是指的昆仑之丘。

山神西王母

最早记载西王母而又流传至今的资料，当是成书于战国初年的《山海经》。陈梦家在《古文字中之商周祭祀》一文中说，殷甲骨卜辞中的"西母"二字，就是战国文献中的神话人物西王母[1]。但不少学者对"西母"就是西王母，表示了怀疑，因为在此孤证之外，尚没有更多的材料可资证实。《山海经》里写到西王母的地方有四处，这四处所写西王母，各有不同的内涵，也可以说，这些不同之处，昭示着西王母形象演变的不同时期。下面作一简略的分析和判断。

《西次三经》："又西三百五十里，曰玉山，是西王母所居也。西王母其状如人，豹尾虎齿而善啸，蓬发戴胜，是司天之厉及五残。"

《大荒西经》："西海之南，流沙之滨，赤水之后，黑水之前，有大山，名曰昆仑之丘。有神——人面虎身，有文有尾，皆白——处之。其下有弱水之渊环之，其外有炎火之山，投物辄然。有人，戴胜，虎齿，有豹尾，穴处，名曰西王母。此山万物尽有。"（图3 明代蒋应镐《山海经绘图全像》昆仑山神西王母图）

西王母的居住地是玉山。玉山是昆仑丘诸山中的一座山，或为昆仑丘的异名。朱芳圃说："《山海经·西山经》：'玉山为西王母所居。'又《海内北经》：'西王母在昆仑虚北。'《大荒西经》：'西王母穴处昆仑之丘。'考玉山为昆仑的异名，《淮南子·坠形训》：'西北方之美者，有昆仑之球琳琅玕焉。'高诱注：'球琳琅玕，皆美玉也。'因为

---

① 陈梦家：《古文字中之商周祭祀》，《燕京学报》1936年第19期，第131～133页。

图 3

山出美玉，所以又名玉山。"① 西王母其神容为半人半兽："状如人，豹尾虎齿，蓬发戴胜"。这个半人半兽、人兽共体的西王母，可能是最原始的西王母形象。日本京都大学教授小南一郎认为："属于《五藏山经》的《西山经》的记载在《山海经》中属古老层次，可推定所记载为上溯至战国初期的观念"。②

这个半人半兽的西王母，豹尾虎齿，善啸，样子像野兽；但她披散着头发，头上戴着饰物"胜"，"状如人"。"胜"是古人戴在头上的一种玉质饰物。据《尔雅翼》卷十六："胜者，女之器。"这说明：西王母的性别是女性。尽管"胜"的古代含义，我们今天已经不能完全了解，但玉器在古代作为王权的象征，在后世的考古发掘（如汉画像石）和文献记载中，其影子还依稀可辨。"虎齿"的西王母，与"虎身""虎爪"的陆吾——"司天之九部及帝之圃时"的昆仑之丘守护神，是同一血族，这一信息也向我们预示了：昆仑之丘的诸神，应是一个大的部族——虎族，一个以虎为图腾祖先的族群。而西王母占据的玉山，作为昆仑之丘众多山头中的一个，以产玉而闻名。西王母的"穴居"，也至少说明了两点：第一，西王母还没有完全脱离神话中的兽人时代；第二，穴居是昆仑之丘群山中原始人类的居住方式。

豹尾虎齿、蓬发戴胜的昆仑山神西王母，其职司是"司天之厉及五残"。通俗地

---

① 朱芳圃：《中国古代神话与史实》，中州书画社，1982，第 148 页。

② 〔日〕小南一郎：《中国的神话传说与古小说》，孙昌武译，中华书局，1993，.第 26 页。

说，就是主管刑杀与安全之神。"厉"和"五残"都是天上的星名。郝懿行《笺疏》云："按厉及五残，皆星名也。……《月令》云：'季春之月，命国傩。'郑注云：'此月之中，日行历昴，昴有大陵积尸之气，气佚则厉鬼随之出行。'是大陵主厉鬼，昴为西方宿，故西王母司之也。五残者，《史纪·天官书》云：'五残星出正东，东方之野，其星状类辰星，去地可六七丈。'《正义》云：'五残一名五峰，出则见五方毁败之征，大臣诛亡之象，'西王母主刑杀，故又司此也"，朱芳圃认为："古代四方之神——东勾芒，西蓐收，南祝融，北玄冥，为春秋以来天文学发达与五行学说相结合的产物。东方为春而主生，西方为秋而主杀，既已各有专司，又复以西王母司刑杀者，因为西王母位在西方，且与蓐收同为猛兽，一虎一豹，物类相连，所以也成为主刑杀的凶神。"①

《山海经》原本以木简刻成，每简刻一小节文字，被发现时，连接简册的绳索已朽烂，简册散乱。现在的《山海经》是后人编排组合，成书也并非同一时代，是陆续附益而成的。种种错乱的情况，已陆续有学者指出。《大荒西经》和《西次三经》多处写到西王母其人其事，现在的编排可能有错乱之处，但重要的是《大荒西经》可能要比年代最早的《西山经》晚出。《大荒西经》里写的西王母，其神容，虽然也还是"戴胜虎齿，有豹尾"，但《西次三经》里的"状如人"，在这里却变成了"有人"，而且增加了"穴处"的内容。"穴处"当然是指原始人类的居住方式。较之《西次三经》里作为原相的半人半兽、人兽合体的西王母，《大荒西经》里作为"人"的西王母，已经"人"化了。尽管她已"人"化，却也无法全部脱去原始山神的形态（豹尾、虎齿、蓬发、戴胜、善啸）和功能（司天之厉及五残）。对照《海内西经》中所说之"在八隅之岩，赤水之际，非仁羿莫能上冈之岩"神话，仁羿（应为夷羿）之所以"上冈之岩"，是为了向西王母讨不死之药。那么，这无疑说明，作为昆仑（身处"八隅之岩"）山神的西王母，此时在"司天之厉及五残"之外，已负有掌握不死之药的重任了。"不死之药"观念的出现，是人类希望延长生命的一种愿望，最初是有其积极意义的。后来，衍化出姮娥盗食得仙奔月的千古故事，在现实生活中，被黄老道徒与最高统治者们用以满足追求其长生不老的奢望。

统属关系顶端的西王母

神话中的西方山神的西王母，在适宜的社会条件下，即历史化、合理化的社会条件下，逐渐演变为神话统属关系顶端的、部落王者的西王母。

---

① 朱芳圃：《中国古代神话与史实》，中州书画社，1982，第160~161页。

《海内北经》："西王母梯几而戴胜，杖，其南有三青鸟，为西王母取食。在昆仑虚北。有人曰大行伯，把戈。"

《大荒西经》：大荒之中，有西王母之山、壑山、海山。……有三青鸟，赤首黑目，一名曰大鵹，一名少鵹，一名曰青鸟。（郭璞注：皆西王母所使也。）

与《西次三经》里的那个豹尾、虎齿和善啸的西王母不同，出现在《海内北经》里的西王母，是个"梯几戴胜，杖"的部落头领或王者，而且在她的身边，出现了供她使役的三青鸟和大行伯等一批役者。相比之下，这里所描写的西王母，不仅消失了原始神灵通常必具的动物形貌特征，而且拥有了为其取食的三青鸟和为其传递信息的行者大行伯这两个役者角色，显示出这个原始的神话，已形成了简单的神际统属关系，而不同层次的神祇之间的统属关系的出现，乃是原始神话向着体系神话演进的一个标志。

作为昆仑之丘的山神，西王母最初的活动地点，《西次三经》说是玉山。根据经文所述，其方位应在昆仑之丘以西的一千里左右，距流沙之滨不远。据《海内东经》："西胡白玉山在大夏东，苍梧在白玉山西南，皆在流沙西，昆仑虚东南。昆仑山在西胡西，皆在西北。"前引《大荒西经》的经文说是昆仑之丘，其方位在"西海之南，流沙之滨，赤水之后，黑水之前"。笔者认为，把这一条置于《大荒西经》里，可能是错置，因为它与我们在本节开头引用的《大荒西经》的另一条关于西王母之山的经文颇有差异。

如前所说，"梯几戴胜"、有三青鸟可供使役的西王母，与"豹尾、虎齿"的西王母，已不可同日而语。如果说"豹尾、虎齿"的西王母是昆仑山神的话，那么，"梯几戴胜"有三青鸟取食、有大行伯传递信息的西王母，已俨然是一个部落的女头领了。况且她已在群巫上下采药的"天梯"灵山不远处，建立了一个西王母之山；而在此西王母之山附近，是"鸾鸟自歌、凤鸟自舞、爰有百兽、相群是处"、物产丰饶的沃民之野。据《穆天子传》卷三云："天子逐驱升于弇山，乃寄名于弇山之石而树之槐，眉曰西王母之山。"

从社会学的立场来透视隐藏在《海内北经》和《大荒西经》这两段经文背后的社会景象，那么，我们看到的是，西王母是一个以西王母为名、以玉山和西王母之山多处地盘为根据地的原始部落的头领。据历史学家朱芳圃考证，《山海经》中所见之动物形体的"西王母为西方貘族所奉祀的图腾神像。"古之西膜（貘）族，亦即神话中所说的西王母。在《穆天子传》中描写的穆王西征昆仑所见之西王母，已不再是图腾神像，而是西膜族的君长。[1] 笔者并不赞成把动物形体的西王母看作是部落图腾神像这样一种

---

① 朱芳圃：《中国古代神话与史实》，中州书画社，1982，第 146~147 页。

观点，但如果说这种解释还有其合理性的话，那么，为西王母取食的三青鸟，即大鹜、少鹜、青鸟，为西王母传递消息的大行伯，当系被西王母所代表的膜族所兼并的小部落，以昆仑之丘的玉山和西王母之山为根据地的西王母部落或族群，也就成为一个以女性为首领的大的部落联盟了。

从上面的分析，大体可以认定，《山海经》不同的经文和其他古籍中的西王母形象，经历了一个从神话中的人兽合体的山神，到神话中的人神，再到部落大头领的漫长的演变过程。在后来的发展中，西王母从一个仅仅"司天之厉及五残"的西方山神，超越了受命守护"天之九部及帝之囿时"的大神陆吾的地位，成为昆仑神山众神之中具有显赫地位的神祇——一个高踞于昆仑神话所呈现的统属关系顶端的大神。

原载《西北民族研究》2002 年第 4 期

五

昆仑地望与昆仑文化

昆仑丘与西王母

凌纯声

一　引言

本文引用苏雪林氏所著《昆仑之谜》一书引论中的一段文字作为本文的引言，她说：

中国古代历史与地理，本皆朦胧混杂，如隐一团迷雾之中。昆仑者，亦此迷雾中事物之一也。而昆仑问题，比之其他，尤不易董理。盖以其真中有幻，幻中有真，甲乙互缠，中外交混，如空谷之传声，如明镜之互射，使人眩乱迷惑，莫知适从。故学者对此每有难于措手之感。而"海外别有昆仑"（晋郭璞语），"东海方丈亦有昆仑之称"（后魏郦道元语），"昆仑无定所"（元金履祥语），"古来言昆仑者，纷如聚讼"（近代顾实语），种种叹息，腾于论坛。又有所谓大昆仑，小昆仑焉；东昆仑，西昆仑焉；广义之昆仑，狭义昆仑焉。近代外国学者之讨论南洋民族及非洲黑人者，因中国古书有"古龙"及"昆仑奴"之说，遂亦堕入昆仑迷障，昆仑岂惟中国之大谜，亦世界之大谜哉！

由上一段文字中，可见古今中外学者，对于昆仑一名，大家都在猜疑，诚如先师顾实云"古来言昆仑者，纷如聚讼"。昆仑之谜，学者已猜了二千多年，时代愈晚，猜到谜底愈近，作者现亦加入猜谜大会，我所猜的谜底，自信虽不中亦不远矣。

二　昆仑字义的新解

《尔雅·释丘》有云：

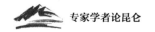

丘，一成为敦丘，再成为陶丘，再成锐上为融丘，三成为昆仑丘。

可见上录中的"昆仑"二字，一望即知非中文，而为外国文字的音译。但中国学者两千多年来以为昆仑是一座名山或仙山。因此有神话的昆仑和实际的昆仑，[①] 又分中国境内外之昆仑。[②] 多数的文字在探索昆仑之所在，至于昆仑字义何指，直至近代始有人寻求解释，兹一一叙述之。

（一）丁山在所著《论炎帝大岳与昆仑山》的结论里有云：

> 火山为岳，羌人谓之"昆仑"。昆仑古语为 Poulo Condire 或 Pulau Kundar。《左传》所谓"陆浑之戎"，《穆天子传》所谓"留昆之人"，即其译音。其谊，马来语谓之"南瓜岛"，故《左传》亦称陆浑为瓜州。瓜州，古音或读如 Kundur，即阮隃之对音。阮隃为古代山阜之通名，其音则古或转为先俞、西俞、三涂、西膜，与印度妙高山之音读 Sumeru 极相似。Sumeru 或译将须弥山王，而俞在《管子》正谓登山神；隃，在《五藏山经》亦谓华山之神，是知昆仑神话自须弥山王，蜕变而来。[③]

丁氏对于昆仑二字的解释，虽多新义，但转辗注释，使人有难于捉摸之感。

（二）卫聚贤在《昆仑与陆浑》一文有云：

> 昆仑在蒙古语中有横义，言新疆南及青海南北的东西大横山脉为昆仑山，是以有敦煌地、树敦城，陆浑人、王母与启母神，因为古今音读之不同，而有各种记载的歧异，是以分化成各种不同之事物与人物。[④]

卫氏以陆浑与昆仑音相近外，又《左传·僖二十二年》"秦、晋迁陆浑之戎于伊川"。《水经·伊水注》："伊水又东北迳伏流岭东，岭上有昆仑祠，民犹祈焉。"又云："潘潘之水，出陆浑县之西南王母涧，涧北山上有王母祠。七谷水出女几山之南七溪山，上有

① 苏雪林：《昆仑之谜》，台北，1956，第 40~54 页；杜而未：《昆仑文化与不死观念》，台北，1962，第 17~51 页。
② 苏雪林：《昆仑之谜》，台北，1956，第 26~39 页；《昆仑及南海古代航行考》，冯承钧译，台北：商务印书馆，1931，第 1~56 页。
③ 丁山：《论炎岳大帝与昆仑山》，《说文月刊》，1944，第 981 页。
④ 卫聚贤：《昆仑与陆浑》，《说文月刊》，1939，第 5~6 页。

西王母祠。"陆浑之地有昆仑祠和西王母祠可说是与昆仑有关系。至于敦煌地、树敦城、启母神，亦说与昆仑有关，实不能使人信服。

（三）苏雪林在《昆仑之谜》书中有云：

> 考巴比伦远古传说，即谓有一仙山曰 Khursag Kurkura，其义犹云："大地唯一之山"（Mountain of all lands）或曰世界之山（Mountain of the world）为诸神聚居之处，亦即诸神之诞生地（The birth place of the gods）。巴比伦若干庙宇与七星坛之建筑，皆此山之缩型。而中国之昆仑，希腊之奥林匹司，印度之苏迷卢，天方之天国，亦为此山之翻版①。

她又续说：

> 巴比伦王都及大庙宇七星坛等皆模拟想像中之"世界大山"而建筑，为昆仑之缩型。西洋巴比伦专家考其名曰 Zikkurat 其音近 Kausuna 或 Kurkura 亦即近于昆仑。《山海经·海内西经》第十一，言昆仑之城，有九井九门。门有开明兽守之。又言开明兽身大类虎，人面，东向立昆仑上。又言凤凰、鸾鸟皆载盾在开明北。《海外北经》第八，言共工之台，台为四方之形，有一蛇，虎色，首冲南方云云。使此类禽兽果皆有生命之物，则其所立所坐，胡以竟有固定之方向，故疑其所写非活物，盖石像也。余考《山海经》之开明兽，即司芬克斯（Sphinx）。Sphinx 义为智慧，故中国译之为开明，埃及、巴比伦皆有之。而巴比伦则用以守宫殿之门及庙门。屈原《天问》"昆仑之悬圃"及"增城九重"固可指神话境界，而亦可指巴比伦帝王所筑之模仿品。是以昆仑一词，不惟指山而已，亦可用以指两河流域之帝都焉。真幻杂糅，乃至于此，昆仑问题之难于董理，不亦宜哉。②

苏氏谓巴比伦王都及大庙宇七星坛等皆模拟想像中之"世界大山"而建筑，为昆仑之缩型。且其名曰 Zikkurat 亦即近于昆仑。苏氏猜昆仑之谜，虽不中可说亦不远矣！

（四）程发轫在《昆仑之谜读后感》文中有云：

> 昆仑一词，出于西戎，有崇高与玄黑二义。《尔雅·释丘》："一成为敦丘，再

---

① 苏雪林：《昆仑之谜》，台北，1956，第41页。
② 苏雪林：《昆仑之谜》，台北，1956，第54页。

成为陶丘，再成锐上为融丘，三成为昆仑丘。"丘既三成，山势必极高峻，此崇高之义也。昆仑之发音为 K，L 由喀喇（kara）一音之转，或作哈拉，蕃语黑也。凡崇高之山，自远瞭望，必呈青葱之色。即有万年积雪，其低窪部分，青葱之色，仍能浮出空际。今新疆境内，以喀喇名者，不可指数。如喀喇昆仑（大山），喀喇哈斯（墨玉），喀喇库里（玄湖）其最著者。《晋书》载：孝武文李太后身长而黑，初为宫人时，宫人皆谓之"昆仑"。唐宋时富贵之家，取马来人肤黑身高而有力者为奴，谓之"昆仑奴"。是昆仑具有高黑二义，不仅习于西域，即中原富贵之家，亦成惯语矣。①

程氏以喀喇昆仑的音译，义为黑色，是有问题的，例如上举的喀喇昆仑即不可解。又唐宋时的昆仑，《旧唐书·林邑》国传："自林邑以南，皆卷发身黑，号为昆仑。"《宋史》三佛齐条曰"昆仑奴踏曲为乐"。此南海的昆仑奴非马来人，为黑种或小黑人种，法人费瑯考南海的昆仑甚详。② 此与《尔雅》的"三成为昆仑丘"不同，不能相提并论。

（五）杜而未的《昆仑文化与不死观念》书中有云：

> 《山海经》的昆仑是月山，毫无疑义。现在为更清楚起见，再证明昆仑的字义原指月亮。昆仑一词是远远超出中国地面的。今先把诸民族关于月亮的名称列出，然后作一比较。

杜氏举出中国西南民族、台湾土著、印尼群岛、大洋洲及澳洲、印度、巴基斯坦、波斯、巴比伦甚至美洲的 Hoka 印第安人的月亮的名称，都与昆仑近似，例如巴比伦称月亮为 ur 或 uru，③ 波斯人称圆月 ghurrah。杜氏对昆仑字义，可说是另一新创的解释。

（六）徐高阮的《昆仑丘和禹神话》（未刊）文中有云：

> 中国古籍所载之昆仑丘（墟）应为古代两河流域各城通有之一种多层庙塔（Ziggurat，staged temple-tower）。惟此等古籍所着力称说形容者，乃巴比伦城之大塔，系奉献于巴比伦大神 Murduk，即巴比伦开辟神话中之主角者。虽现仅有公元

---

① 程发轫：《昆仑之谜读后感》，1956，第101页。
② 《昆仑及南海古代航行考》，冯承钧译，台北：商务印书馆，1931，第21～56页。
③ 杜而未：《昆仑文化与不死观念》，台北，1962，第6～13页。

前七世纪史料提及此塔，但塔之历史实甚古远。此塔亦即两河流域古宗教建筑中最伟大最著名一处。（昆仑山，依本篇意见，为后起观念）

徐氏以为中国古籍所载之昆仑丘（墟）应为古代两河流域各城通有之一种多层庙塔（Ziggurat），昆仑之谜，两千年来学者所猜之谜最近总算猜到了！

以上六位对于昆仑字义的新解，丁山猜到西膜（Sumer），杜而未提及巴比伦的 ur 或 uru，苏雪林说到 Khursag、Kurkura 及 Zikkurat，徐高阮揭开谜底，直接说昆仑就是 Ziggurat。但徐氏未说明昆仑与 Ziggurat 的关系。作者在《中国的封禅与两河流域的昆仑文化》文中有云：

> 本刊前期著者发表《秦汉时代之畤》一文，在该文中曾论及秦畤与燕祖及齐社都是封禅文化，不过因地域不同，而名称稍殊而已。又甘泉宫的通天台和《山海经》中祷百神或觞百神的帝台之台亦是同一文化。且祖（古音读姐），社，畤，台（古音读持）四者，作者怀疑都是两河流域的 Ziggurat 一字第一音节的缩译。① 英文 Ziggurat 法文为 sigurat，据 Dhorme 氏说 sigurat 为名词，动词则为 saqǎru 或 zaqǎru，其义为崇高（être haut, proéminent）。② 可能中国古代的社、墠（与坛通用）由于 sa 和 za，祖（姐）、畤、台（持）为 si 和 zi 的音译。又中国昆仑丘或墟的昆仑或为 sigurat 和 saqǎru 二字中的 gurat 和 qǎru 的第二三音节的译音。所以中国的封禅亦可称为昆仑文化。③

可见《尔雅·释丘》所云："三成为昆仑丘。"即丘自三成以上都可称"昆仑"（Ziggurat），在两河流域的昆仑有自三成而多至九成者。④ 昆仑二字为 Ziggurat 第二三两音节的译音，在中国语中又称坛，何休注《公羊传·庄公十三年》"庄公升坛"，有云："土基三尺，土阶三等，曰坛。"又坛与墠古代通用，则可能为 saqǎru 或 zaqǎru 二字第一音节的译音。⑤ 所以源于两河的昆仑，在中国则称坛墠，又可名曰封禅文化。⑥

---

① 凌纯声：《中国古代社之源流》，《民族学研究所集刊》，1964，第 135 页。
② Dhorme：*Les Religions de Babylonie et d'Assyrie*，Paris，1949，p. 170.
③ 凌纯声：《中国的封禅与两河流域的昆仑文化》，《民族学研究所集刊》，1965，第 1 页。
④ Parrot：*ziggurats et Tour de Babel*，Paris，1949，p. 39 – 51.
⑤ Dhorme：*Les Religions de Babylonie et d'Assyrie*，Paris，1949，p. 179.
⑥ 凌纯声：《北平的封禅文化》，《民族学研究所集刊》，1963，第 40 ~ 75 页。

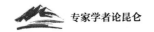

三 《山海经》中的昆仑

《山海经》一书的评价，自古有毁誉的两方面。先看刘歆《上山海经表》说：

> 禹别九州，任土作贡；而益等类物善恶，著《山海经》，皆圣贤之遗事，古文之著名者也。

在西汉之末很重视此书，到东汉时代认为《山海经》是山川舆地的真实记载，无怪乎此后王充《论衡》，赵晔《吴越春秋》，张华《博物志》，郦道元《水经注》都尊崇《山海经》；郑玄注《尚书》，服虔注《左氏春秋》也都引用此书，不仅是"可考祯详怪变之物，见远国异人之谣俗"之书。但是司马迁在《大宛列传》的赞中说："至《禹本纪》、《山海经》所有怪物，余不敢言之也。"因此对《山海经》产生毁的一方面，以后"世之览《山海经》者，皆以其闳诞迂夸，多奇怪俶傥之言，莫不怪焉"了。至杜佑《通典》则又大加攻击，认为伪书。宋代大儒朱熹说它是"缘《天问》而作"（见《楚辞辨证》）。明代胡应麟说它是"怪语之祖"（见《四部正讹》）。至若郭璞注，张僧繇画，张骏、郭璞图赞，杨慎、吴任臣广注，真是"或以新奇而玩之，或以怪诞而悦之，或矜其博，或阐其靡，非深知《山海经》者也"。到了清代开四库馆时，把它由《汉书·艺文志》中形法家抽出来，而置于小说内，这就表示《山海经》乃小说家为无稽之谈了。及至毕沅出，乃认《山海经》为一部可靠的典籍。他序《山海经新校》云：

> 《山海经》作于禹、益，述于周、秦，其学行于汉，明于晋，而知之者魏郦道元也。
>
> 《五藏山经》三十四篇，实是禹书，禹与伯益主名山川，定其秩祀，量其道里，类别草木鸟兽。

这是毕氏认定《山海经》尤其《五藏山经》为记实的典籍。法人拉古培里在所著《古代中国文明西源论》① 中对于《山海经》有下列几个新论：

> （一）此书系六种不同之文字顺次附加者。

---

① Lacouperie：*Western Origin of the Early Chinese Civilization*，London，1894，p. 19.

（二）《五藏山经》是比较纯古经文，为商代山岳之记事。

（三）《海外》、《海内》二经，系汉刘向就周时记述怪异地图之原有二书附加而成者。

（四）刘秀又将与《海内》、《海外》两经性质相同而更荒唐之《大荒经》加入。

（五）最后郭璞又将晋代记载河流之《水经》加入。

拉氏之考证是否可靠为另一问题，而《五藏山经》为纯古文字则似可信。[①]

至近代因科学进步，地理学与民族学的研究发达，《山海经》的新评价，自然也应运而兴。日人小川琢治所著《山海经篇目考》云：

> 中国《山海经》一书，中国人向视为荒唐无稽之谈，然其价值远比向认为金科玉律之地理书《禹贡》为可靠。其于中国历史及地理之研究为唯一重要的典籍。

可见小川氏对《山海经》推崇为最重要的古代地理书。

法人希勒格说："中国书籍中有《山海经》，世界中最古之旅行指南也。"又说："《山海经》一书，诟谤之者颇多，然传之愈久，真理愈明，特须加以拣择耳。"[②] 蔡子民先生推重《山海经》固然以地理为主，亦是一本最古的记录的民族学，他说：

> 记录的民族学，发端甚早。我国有《山海经》一书，相传为禹、益所作，当然不确；然为汉以前的书，是无可疑。这部书固然以地理为主，而且有许多古代神话的材料，但就中很有民族学的记载，例如《山经》，每章末段，必记自某山以至某山，凡若干里，其神状怎样，其祠礼怎样；这都是记山间居民宗教状况。[③]

此书记宗教的祀礼和仪节外，又记民族的体形、饮食、服饰、品性及姓氏，这真可以算是一部最古而材料较富的民族学书。

时代愈近，《山海经》的评价愈高，而对此书的新说亦愈多，徐炳昶氏推重《山海经》说："从史料观点来看，为我国有最高价值书之一，而有此等价值者，恐尚不及十

---

① 何观洲：《山海经在科学上之批判及作者之时代考》，《燕京学报》，1930，第1349页。

② 高去寻：《山海经的新评价》，《禹贡》，1934，第16～17页。

③ 何联奎：《蔡子民先生对于民族学之贡献》，《民族学研究所集刊》，1960，第19～20页。

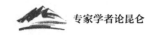

部也。"他又说：

　　《山海经》中之《山经》，为我国最古地理书之一，并非如清代修四库诸臣所斥为小说家言，固无疑问。其《海内》、《海外》、《大荒》各经，亦保有古代传说甚多。其真正价值绝不在《禹贡》诸篇之下，亦毫无疑问。①

至于对于《山海经》的新说，如苏雪林氏说②：

　　笔者（苏氏）则断定此书为阿拉伯半岛之地理书，古巴比伦人所作，而由战国时波斯学者，携来中国者。中、东、南、西、北五《山经》所记为半岛西北阿美尼亚高原及其四境之诸山，《海内》《海外》诸经则为黑海、里海、阿拉伯海、印度海、地中海之记载也。然已杂有不少神话。《大荒》诸经，则完全为神话地理。其中中国地理名词亦甚多，且形势间有与中国地理合者，则疑其曾与中国固有地理书混合，或当时译者以外国地名难译，遇中国地理之可附会者则附会之，真伪不分，中外糅杂，又加以秦汉人之附益，宜其难以探索。中国道教本出两河流域、印度混合之神话。则《道藏》收《山海经》，诚为适宜之举。神话本与小说同源。《四库》谓为古小说而归之小说类，亦未为唐突，特此书并非完全神话耳。

又蒙文通氏说：

　　总的来说，《山海经》十八篇虽是一部离奇神怪的书，但它绝不可能如《四库提要》所拟议的那样，是一部闭门臆造的小说。春秋战国时代，各国都有它所流传的代表它的传统文化的古籍，邹鲁有六艺，齐有五官技，楚有三坟、五典、八索、九丘，孔子之宋而得乾坤，之杞而得夏时，巴蜀之地也当有它自己的书，《山海经》就可能是巴蜀地域所流传的代表巴蜀文化的古籍。③

以上苏氏断定《山海经》为阿拉伯半岛之地理书，和蒙氏以为是代表巴蜀文化的古籍。两氏之推测过于武断，因《山海经》所述及的地区不限于阿拉伯半岛和巴蜀地区。又

①　徐炳昶：《读山海经札记》，《中国古史的传说时代》，1943，第356、365页。
②　苏雪林：《昆仑之谜》，台北，1956，第8～9页。
③　蒙文通：《略论山海经的写作时代及其产生地域》，《中华文化论丛》，1962，第62页。

何观洲以为《山海经》是驺衍所作，因《史记·孟子荀卿列传》有云：

> 其语宏大不经，必先验小物，推而大之，至于无垠。先序今以上至黄帝，学者所共术，大并世盛衰，因载其祥度制，推而远之，至天地未生，窈冥不可考而原也。

何氏以为这一段话，很像是替《山海经》作序文。再看驺衍的"推而远之"的方法，《史记》又说：

> 先列中国名山大川，通谷禽兽，水土所殖，物类所珍，因而推之，及海外人之所不能睹。

何氏因此认为《山海经》即算不完全出自驺衍之手，也得认为是驺派学者所作的。[①]

郑德坤氏反对何氏之说。他说我们看驺衍的地理学说，他很大胆地类推，如《孟荀列传》云：

> 儒者所谓"中国"者，于天下乃八十一分居其一分耳。中国名曰赤县神州。赤县神州内自有九州，禹之序九州是也，不得为州数。中国外如赤县神州者九，乃所谓"九州"也。于是裨海环之。人民禽兽，莫能相通者，如一区中乃为一州。如此者九，乃有大瀛海环其外，天地之际焉。

郑氏以为"《山海经》是地理志，假使是驺衍作的，他安肯舍自己的学说而不言乎？"他虽反对《山海经》是驺衍所作，但亦承认驺衍的学说有类似《山海经》的地方。[②]

> 我们对《山海经》略作以上的研究之后，《山海经》一书不似驺衍所说的世界地理，也不是苏雪林以为的阿拉伯半岛地志，更不是蒙文通主张的代表巴蜀文化的古籍。《山海经》乃是以中国为中心，东及太平洋，南至南海诸岛，西抵西南亚洲，北到西伯利亚的一本古代亚洲地志，记述古亚的地理、博物、民族、宗教许多

---

① 何观洲：《山海经在科学上之批判及作者之时代考》，《燕京学报》，1930，第 1358～1359 页。
② 郑德坤：《山海经在科学上之批判及作者之时代考书后》，《燕京学报》，1930，第 1379～1380 页。

丰富宝贵的资料。此书非出于一人之手，或一时代的作品，早为学界所公认。更不能说是骈衍作的，但我们得承认，骈衍的学说有类似《山海经》的地方。

苏雪林氏有言《山海经》一书，"实为昆仑问题之总汇"。此书乃一本古代亚洲地志，且包括西太平洋及南洋群岛在内，所以述及昆仑有八处之多，兹分述之。

（一）《西次三经》的昆仑之丘

《山海经》第二《西山经》云：

> 西南四百里曰昆仑之丘，是实惟帝之下都。神陆吾司之，其神状虎身而九尾，人面而虎爪，是神也，司天之九部，及帝之囿时（郭注：此囿时之时，疑读为時，《史记·封禅书》云或曰自古以雍州积高，神明之隩，故立時郊上帝是也。），有兽焉，其状如羊而四角，名曰土蝼，是食人。有鸟焉，其状如蜂，大如鸳鸯，名曰钦原，蠚鸟兽则死，蠚木则枯。有鸟焉，其名曰鹑鸟，是司帝之百服。有木焉，其状如棠，黄华赤实，其味如李而无核，名曰沙棠，可以御水，食之使人不溺。有草焉，名曰薲草，其状如葵，其味如葱，食之已劳。河水出焉，而南流，东注于无达。赤水出焉，而东南流，注于泛天之水。洋水出焉，而西南流，注于丑涂之水。黑水出焉，而西流注于大杅，是多怪鸟兽。

上录《西山经》的昆仑之丘，苏雪林[1]、杜而未[2]两氏认为《山海经》中的昆仑都是神话的昆仑，作者以为昆仑乃系宗教建筑的坛庙，不仅一地有之，如今之庙宇、教堂到处多有，但有大小之别而已。我们现在试考《西次三经》中的昆仑之丘的地望。徐炳昶说：

> 要之《西山经》各山，均在陕西、甘肃、青海境内，虽间有神话而历历可指。

郝懿行注上录"西南四百里"云：

> 自钟山至此九百里，《水经注》引此经云钟山西六百里有昆仑山，盖误。

---

① 苏雪林：《昆仑之谜》，台北，1956，第44~46页。
② 杜而未：《昆仑文化与不死观念》，台北，1962，第2~20页。

钟山亦有昆仑，《西次三经》云：

> 又西北四百二十里曰钟山，其子曰鼓，其状如人面而龙身，是与钦䲹，杀葆
> （郭注葆或作祖）江于昆仑之阳，帝乃戮之钟山之东曰嵱崖。

郝注钟山云：

> 《海外北经》云："钟山之神曰烛阴。"《淮南子》云："烛龙在雁门北，是知
> 钟山即雁门以北大山也。"《水经·河水注》："芒干水出塞外，南迳钟山，山即阴
> 山。"徐广注《史记》云："阴山在五原北是也。"

钟山即阴山，又西百八十里曰泰器之山，又西三百二十里曰槐江之山，西南四百曰昆仑
之丘，自钟山至此正九百里。又在槐江之山条下，亦提到昆仑：

> 槐江之山，丘时之水出焉，而北流注于泑水，其中多蠃母。其上多青雄黄，多
> 藏琅玕、黄金、玉。其阳多丹粟，其阴多采黄金银。实惟帝之平圃，神英招司之，
> 其状马身而人面，虎文而鸟翼，徇于四海，其音如榴。南望昆仑，其光熊熊，其气
> 魂魂。

上文"丘时之水"的时，作者也加上引郭注圃时，疑读为時。又"实惟帝之平圃"，郭
璞注平圃云：

> 即玄圃也。《穆天子传》曰："乃为铭迹于玄圃之上"，谓刊石纪功德，如秦皇
> 汉武之为者也。

所以在槐江之山，也有"丘時"及帝之悬圃等宗教建筑，故有"神英招司之"。至于
"南望昆仑"，盖自槐江之山南望四百里，可见昆仑之丘，"其光熊熊，其气魂魂"。

昆仑之丘自钟山（阴山）至此九百里，其地望约在陇东、秦中一带，我们不得不
怀疑雍州的武時、好時及甘泉台等古代的宗教圣地。《史记·封禅书》曰：

> 自未作鄜時也，而雍旁故有吴阳武時，雍东有好時，皆废无祠。或曰：自古以
> 雍州积高，神明之隩，故立時郊上帝，诸神祠皆聚云。盖黄帝时常用事，虽晚周亦

郊焉。

雍旁的武畤和雍东的好畤，黄帝时常用事。又《汉旧仪》云：

> 甘泉台去长安三百里，望见长安城，黄帝以来圆丘祭天处。

雍为今之陕西凤翔，好畤在今乾县，甘泉在今淳化县西北，以上三地中尤以甘泉最为重要，《封禅书》曰：

> 公孙卿曰：黄帝就青灵台十二日烧，黄帝乃治明廷，明廷甘泉也，方士多言古帝王有都甘泉者。

可能《西次三经》中的昆仑之丘，是淳化县古代的甘泉台，郝懿行注"帝之囿时"云：

> 囿时之时，疑读为畤。《史记·封禅书》云，或曰：自古以雍州积高，神明之隩，故立畤郊上帝是也。

由上可见郝氏亦怀疑昆仑之丘在雍州也。

（二）《海内西经》的昆仑之虚

《山海经》第十一《海内西经》云：

> 海内昆仑之虚（郭注：言海内者，明海外复有昆仑山），在西北，帝之下都。昆仑之虚，方八百里，高万仞。上有木禾，长五寻，大五围。面有九井，以玉为槛。面有九门，门有开明兽守之。百神之所在，在八隅之岩，赤水之际，非仁羿莫能上冈之岩。
>
> 赤水出东南隅，以行其东北。河水出东北隅，以行其北西，南又入渤海，又出海外，即西而北入禹所导积石山。洋水、黑水出西北隅，以东东行，又东北，南入海。羽民南。弱水、青水出西南隅，以东又北，又西南，过毕方鸟东。
>
> 昆仑南渊，深三百仞。开明兽身大类虎而九首，皆人面，东向，立昆仑上。开明西有凤凰鸾鸟，皆戴蛇践蛇，膺有赤蛇。开明北有视肉、珠树、文玉树、玗琪树、不死树，凤皇、鸾鸟皆戴瞂。又有离朱、木禾、柏树、甘水、圣木、曼兑，一

曰挺木牙交。开明东有巫彭、巫抵、巫阳、巫履、巫凡、巫相，夹窫窳之尸，皆操不死之药以距之。窫窳者，蛇身人面，贰负臣所杀也。服常树，其上有三头人，伺琅玕树。开明南有树、鸟六首、蛟、蝮蛇、蜼豹、鸟秩树。于表池树木，诵鸟、鶽、视肉。

《山海经》中叙述昆仑，以《海内西经》昆仑之虚最为详尽，《说文》云："虚，大丘也。"所以郝懿行以为昆仑丘即昆仑虚，他注海内昆仑云：

> 海内昆仑即《西次三经》昆仑之丘也。《禹贡》昆仑亦当指此。《海内东经》云：昆仑山在西胡西。盖别一昆仑也。又《水经·河水注》引此经，郭注云：此自别有小昆仑也。疑今本脱此句，又荒外之山，以昆仑名者盖多焉。故《水经》《禹本纪》并言昆仑去嵩高五万里，《水经注》又言晋去昆仑七万里，又引《十洲记》昆仑山在西海之戌地，北海之亥地，去岸十三万里，似皆别指一山，然则郭云：海外复有昆仑，岂不信哉。

郭璞以为海内海外多有昆仑，郝懿行"以昆仑名者，盖多焉"，两氏对于昆仑一名甚为困惑。郝氏且认为海内昆仑即《西次三经》的昆仑之丘。他注昆仑之丘云：

> 昆仑之丘即《海内西经》云：海内昆仑之虚在西北，帝之下都者也。《尔雅》云：三成为昆仑丘。《地理志》云：金城郡临羌西北至塞外有西王母石室，弱水昆仑山祠。又云敦煌郡广至有昆仑障。《史记正义》引《括地志》云昆仑山在肃州酒泉县南八十里。

依郝注昆仑在西宁、敦煌、酒泉三地，尤以酒泉、西宁均有西王母石室，《太平御览》引崔鸿《十六国春秋·前凉录》云：

> 酒泉太守马岌上言酒泉南山即昆仑之体也。周穆王见西王母，乐而忘归，即在此山。山有石室王母堂珠玑镂饰，焕若神宫。

明俞安期在所著《昆仑积石二山辨》文中说明酒泉的昆仑山和西王母祠的起源有云：

> 咸云昆仑是昉于凉张骏时马岌传会之言也。马岌为酒泉太守上言酒泉南山即昆

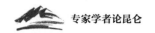

仑，周穆王见西王母谓在此山宜立西王母祠，以裨朝廷无疆之福。骏从之。西王母既祠，厥后范叶遂以昆仑载之临羌，而疏班固《地理志》者亦约炳书张大之，酒泉之南山非临羌之西北乎？

可见酒泉的昆仑和西王母祠起于第四世纪的东晋时，至于西宁的昆仑山和西王母祠，见于《汉书·地理志》：

> 金城都临羌西北至塞外，有西王母石室、仙海、盐池。北则湟水所出，东至允吾入河。西有抵须池，有弱水、昆仑山祠。

又王充《论衡·恢国篇》亦云：

> 孝平元始四年（公元四年），金城塞外羌：良桥桥、种良愿等，献其鱼盐之地，愿内属汉，遂得西王母石室，因为西海郡。周时戎狄攻王，至汉内属，献其宝地。西王母国在绝极之外，而汉属之，德孰大，怀孰广。

苏雪林有云：

> 西王母与昆仑原有析不开的关系，言西王母即言昆仑也。①

郑玄注《禹贡》之织皮昆仑，当亦指此；马融则谓昆仑在临羌西。徐炳昶信古之昆仑为今之祁连山，他说：

> 唐兰曾告余，昆仑实指祁连山，今细核之，其说甚近，然尚有小误。

祁连山为酒泉之南山，亦在临羌之西北，《海内西经》的昆仑之虚，可能在此区域之内。或在其他地区，迄今尚难确言。

（三）《大荒西经》的昆仑之丘

《山海经》第十六《大荒西经》云：

---

① 苏雪林：《昆仑之谜》，台北，1956，第6页。

西海之南，流沙之滨，赤水之后，黑水之前，有大山名曰昆仑之丘。有神人面虎身，有文有尾，皆白处之。其下有弱水之渊环之，其外有炎火之山，投物辄然。有人戴胜，虎齿，有豹尾，穴处，名曰西王母。此山万物尽有。

有人主张《大荒经》和《海内经》是释文，如毕沅在其《山海经新校正序》中称：

《大荒经》四篇释《海外经》，《海内经》一篇释《海内经》。

侯仁之亦赞同毕氏之说云：

（1）《海外经》《海内经》与《大荒西经》，内容大部相似。
（2）在内容相似的条件下，《大荒经》《海内经》的叙述，大部较之《海外经》《海内经》增加甚多。这当是毕沅的"释"字的意思。[1]

毕侯两氏以为《大荒经》四篇释《海外》四经，《海内经》一篇释《海内》四经，用之于昆仑丘则不适合，《大荒西经》的昆仑之丘远较《海外西经》的昆仑之虚和《西次三经》的昆仑之丘来得简略，不像是释文。现在我们试考《大荒西经》昆仑之丘的地望。上录中的西海之南，张华《博物志·志水》：

汉使张骞渡西海，至大秦。西海之滨，有小昆仑，高万仞，方八百里。

中国古书之所谓西海，可指里海，亦可指地中海。张骞未到大秦。又在"流沙之滨"可能系指两河流域，且在"赤水之后"，"黑水之前"，"其下有弱水之渊环之"，据苏雪林氏的考证，西亚的赤水为约但河，黑水为阿拉斯河，弱水乃幼发拉底斯河。[2]《大荒西经》"有大山名曰昆仑之丘"，又"有人戴胜，虎齿，有豹尾，穴处，名曰西王母"。苏氏曾说：

巴比伦王都及大庙宇七星坛等皆模拟想像中之"世界大山"而建筑，为昆仑之缩型。西洋巴比伦专家考其名曰 Zikkurat，其音近 Kausuna 或 Kurkura，亦即近于

① 侯仁之：《海外西经海内西经与大荒西经海内经之比较》，《禹贡》，1937，第324页。
② 苏雪林：《昆仑之谜》，台北，1956，第76页。

昆仑。……是以昆仑一词，不惟指山而已，亦可用以指两河流域之帝都焉。

我们可以假设《博物志》的"西海之滨，有小昆仑"。即苏氏所谓两河流域帝都的
Ziggurat，为昆仑大山的缩型。

由上考证，《西次三经》的昆仑之丘，《海内西经》的昆仑之虚和《大荒西经》的
昆仑之丘，多是 Ziggurat 的宗教建筑，源于两河流域向东传播至甘肃和青海的祁连山和
陕西的甘泉山，在远古的时候即已有之。如《封禅书》云："黄帝乃治明廷，明廷乃甘
泉也。"

（四）《海内北经》的昆仑

《山海经》第十二《海内北经》，海内西北隅以东者。亦有昆仑虚：

> 西王母梯几而戴胜杖，其南有三青鸟，为西王母取食，在昆仑虚北。
> 帝尧台、帝喾台、帝丹朱台、帝舜台，各二台，台四方，在昆仑东北。
> 蟜其为人虎文，胫有腎，在穷奇东，一曰状如人，昆仑虚北所有。
> 昆仑虚南所有，氾林方三百里。

《海内北经》亦有西王母和昆仑虚，盖为祀西王母的庙坛，昆仑虚即庙中大的
Ziggurat，又帝台盖为某帝的坟墓，在群墓之地，又建一祭坛。

（五）《海内东经》的昆仑

《山海经》第十三《海内东经》，海内东北陬以南者，有云：

> 西胡白玉山在大夏东，苍梧在白玉山西南，皆在流沙西，昆仑虚东南，昆仑山
> 在西胡西，皆在西北。

《海内东经》的昆仑虚和昆仑山，郭注引《地理志》："昆仑山在临羌西，又有西王母祠
也。"郝笺反对其说，谓"郭引《地理志》后以海内昆仑说之似非"。《海内东经》的
昆仑虚和山，"皆在西北"，此说不解。

（六）《海外南经》的昆仑虚

《山海经》第六《海外南经》有云：

昆仑虚在其东，虚四方。一曰在岐舌东，为虚四方。羿与凿齿战于寿华之野，羿射杀之，在昆仑虚东。羿持弓矢，凿齿持盾，一曰戈。

上录的"昆仑虚，虚四方"，郭注："虚山，下基也。"郝疏云：

毕氏曰："《尔雅》云：'三成为昆仑丘。'是昆仑者，高山皆得名之。此在东南方，当即方丈山也。《水经·河水注》云：'东海方丈，亦有昆仑之称。'"

在上文中的"昆仑虚，虚四方"，明为人工筑成的坛台 Ziggurat。郭郝两氏凡见昆仑，即以为山，故不能自圆其说。

（七）《海外北经》的昆仑

《山海经》第八《海外北经》，"海外自东北陬至西北陬者"有云：

共工之臣曰相柳氏，九首以食于九山，相柳之所，抵厥为泽溪，禹杀相柳，其血腥不可以树五谷种。禹厥之三仞三沮，乃以为众帝之台，在昆仑之北，柔利之东。相柳者，九首人面蛇身而青，不敢北射，畏共工之台。台在其东，台四方，隅有一蛇虎色，首冲南方。

郭注上文的昆仑谓"此昆仑山在海外者"。郝疏云：

《海内北经》云：台四方，在昆仑东北。是此昆仑亦在海内者，郭注恐非。

文中有"众帝之台，在昆仑之北"，明是一有坛台的宗教建筑，郭郝两氏之注均非。

（八）《大荒北经》的昆仑

《山海经》第十七《大荒北经》有云：

共工臣名曰相繇，九首蛇身自环，食于九土，其所歍所尼，即为源泽，不辛乃苦，百兽莫能处。禹湮洪水，杀相繇，其血腥臭不可生谷，其地多水不可居也。禹湮之三仞三沮，乃以为池。群帝是因以为台，在昆仑之北。

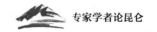

郭注相繇曰："相柳也，语声转耳。"此经内容同于《海外北经》所载，但较为详尽，颇似为前者之释文。

《山海经》中有八处昆仑，或称昆仑丘，或名昆仑虚，《海外南经》"谓昆仑，虚四方"。此四方之虚，明为人工建成的坛台，而多保留 Ziggurat 译音字样，名曰"昆仑"也。至于昆仑山，乃后起之名，不在本文范围之内，不再赘述。

四　其他古籍所载的昆仑

苏雪林氏上文曾言，《山海经》实为昆仑问题之总汇。本文上已详述，兹再略述其他古籍所载的昆仑。

（一）《禹贡》

> 织皮昆仑、析支、渠、搜，西戎即叙。

《禹贡》传为禹臣伯益作，故在中国学术界威权最高。上文所引昆仑一词，据郑玄注："衣皮之民，居此昆仑、析支、渠搜三山之野者，皆西戎也。"又谓："别有昆仑之山，非河所出者也。"孔颖达则谓渠与搜为二国，郑误一之。四国皆衣皮毛，故以织皮冠之。昆仑也，析支也，渠也，搜也，四国皆是戎狄，故末以西戎总之云云。蒋廷锡《尚书地理今释》云："昆仑、析支、渠搜皆本山名，而以为国号者也。"古今注释家，对于《禹贡》的昆仑有山名、国号和民族名不同解释。

（二）《尔雅》书中颇多昆仑的记载。《释地》有云：

> 西北之美者，有昆仑虚之璆琳琅玕焉。

《释丘》云：

> 丘，一成为敦丘，再成为陶丘，再成锐上者为融丘，三成为昆仑丘。

《释水·河曲》亦云：

> 河出昆仑虚，色白。所渠并千七百一川，色黄。百里一小曲，千里一曲一直。

《尔雅》相传为周公姬旦所作，故亦归入正统学派，而列为十三经之一，历来为学者所重视。《释丘》所谓一成、再成、再成锐上和三成之丘，说明各种人为丘的形制。《释地》和《释水》中的昆仑虚，盖指三成的昆仑大丘而言。

（三）《逸周书》《王会解》云：

> 正西昆仑、狗国、鬼亲、枳巳、闒耳、贯胸、雕题、离丘、漆齿。

《逸周书》为汲冢所出三书之一，上文所载的昆仑，诚如苏雪林所云："昆仑与贯胸、雕题、狗国、鬼亲相提并论，则亦如《禹贡》之国名或民族名耳。"《禹贡》西戎的昆仑和《王会解》的正西昆仑，都在西荒，其地多建昆仑丘，因而名其国，或称其民族。

（四）《竹书纪年》：

> 十七年，王西征昆仑，见西王母。

《纪年》有古本、今本两种。古本今已散佚，但古书引援其文，言昆仑王母者尚不止一条。如郭璞注《穆天子传》引《纪年》云："穆王十七年，西征西王母，其年来见，宾于始宫。"[①]

（五）《穆天子传》《穆传》专记穆王西征见西王母事，当然多处提到昆仑。今皆录出如次，卷之一：

> 何宗又号之曰穆满示女舂山之宝，诏女昆仑□舍四，平泉七十。乃至昆仑之丘，以观舂山之宝，赐女晦。

卷之二：

> 吉日辛酉，天子升于昆仑之丘，以观黄帝之宫，而封丰隆之葬……以裡□昆仑之丘。

同卷二：

[①] 苏雪林：《昆仑之谜》，台北，1956，第5页。

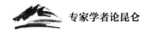

遂宿于昆仑之阿，赤水之阳。

同卷二：

天子□昆仑，以守黄帝之宫。南司赤水，而北守春山之宝。

同卷二：

以三十□人于昆仑丘。

卷之四：

自河首襄山川西南，至于春山、珠泽、昆仑之丘七百里。

古书中除《山海经》外，以《穆传》所载昆仑书中的昆仑、昆仑丘和昆仑之丘，所指多为人为的昆仑 *Ziggurat*。

（六）《楚辞》屈原作品亦多言昆仑。如《天问》：

昆仑悬圃，其尻安在？增城九重，其高几里？四方之门，其谁从焉？西北辟启，何气通焉？

《离骚》：

朝发轫于苍梧兮，夕余至悬圃。
遭吾道夫昆仑兮，路修远以周流。

《九歌·河伯》：

登昆仑兮四望，尹飞往浩荡。

《九章·涉江》

吾与重华游兮瑶之圃，登昆仑兮食玉英。与天地兮同寿，与日月兮齐光。

《楚辞》中的昆仑与悬圃，在前引的《中国的封禅与两河流域的昆仑文化》中曾说过，"昆仑"为 Ziggurat 的译音，悬圃盖即元前第六世纪所建的悬空花园（the hanging gardens of Babylon）。[1]

（七）《淮南子·地形训》：

> 掘昆仑虚以下地，中有增城九重，其高万一千里百一十四步二尺六寸。上有木禾，其修五寻，珠树、玉树、旋树、不死树在其西；沙棠、琅环在其东；绛树在其南；碧树、瑶树在其北。旁有四百四十门，门间四里，里间九纯，纯丈五尺。旁有九井，玉横维其西北隅。北门开以不周之风。倾宫、旋室、悬圃、凉风、樊桐在昆仑阊阖之中，是其疏圃。疏圃之池，浸之黄水，黄水三周复其原，是谓丹水，饮之不死。……昆仑之邱，或上倍之，是谓凉风之山，登之而不死；或上倍之，是谓悬圃，登之乃灵，能使风雨；或上倍之，乃维上天，登之乃神，是谓太帝之居。

徐高阮的《昆仑丘与禹神话》文稿中和苏梅的《屈原〈天问〉里的〈旧约·创世纪〉》都认为《地形训》的昆仑丘，是巴比伦大塔 Ziggurat，名为"天地之基"（Etemenanki），已详前文[2]研究，兹不赘述。

（八）其他

除上述诸书外，战国子书，尚有言及昆仑者，如《庄子·大宗师》：

> 堪坏得之，以袭昆仑。

同书《天地篇》：

> 黄帝游乎赤水之东，登乎昆仑之丘而南望，还归遗其玄珠。

《吕氏春秋·至味篇》：

---

① 凌纯声：《中国的封禅与两河流域的昆仑文化》，《民族学研究所集刊》，1965，第28页。
② 凌纯声：《中国的封禅与两河流域的昆仑文化》，《民族学研究所集刊》，1965，第28~30页。

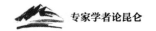

菜之美者，昆仑之蘋。

《列子·周穆王篇》：

> 穆王西征，宿昆仑之阿，观黄帝之宫，宾于西王母，觞于瑶池之上。

至于其他纬书如《河图·括地象》、《河图·始开图》、《十洲记》及《拾遗记》等书均述及昆仑，但均夸大其词，有神话色彩。

最后尚须一提《史记》的昆仑，司马迁在《大宛列传》中有言：

> 《禹本纪》言河出昆仑。昆仑其高二千五百余里，日月所相避隐为光明也；其上有醴泉瑶池。今自张骞使大夏之后也，穷河源，恶睹《本纪》所谓昆仑者乎！故言九州山川，《尚书》近之矣，至《禹本纪》、《山海经》所有怪物，全不敢言之也。

这是汉武帝以昆仑丘考定为昆仑山，所谓"天子按古图书，名河所出山曰昆仑"。昆仑为人为的三成之丘，武帝乃断定为山名。此程憬氏说司马迁不敢信昆仑的理由，因为难以案实。[①] 又法人费瑯著《昆仑及南海古代航行考》书中引证四十二条，其中有谓国名、王名、官名、种人名、民族名、语言名等名，费瑯有言：

> 昆仑一名，昔为中国西南多数大陆地方及岛屿之称，自十四世纪以后，据周达观、汪大渊、马观、费信等旅行家之游记，遂又为 Pulau Kundur 之号。惟汪大渊云："又名军屯。"军屯实为土著原名之译音。第昆仑为中国著名之名称，遂讹以为，此岛之别号。[②]

著者知中国南海有昆仑 Ziggurat 的建筑遗迹，然对此未曾深究，作进一步的讨论，只可俟诸异日。

五　昆仑丘与明堂

明堂之制，先儒纷如聚讼。汉蔡邕的《明堂论》，才集合诸古说，把明堂的作用做

---

①　程憬：《古代神话中的天地及昆仑》，《说文月刊》，1944，第 955 页。
②　《昆仑及南海古代航行考》，冯承钧译，台北：商务印书馆，1931，第 51 页。

个总说明。蔡中郎《集明堂月令论》云：

> 明堂者，天子太庙，所以崇祀其祖以配上帝。夏后氏曰世室，殷人曰重屋，周人曰明堂。……人君之位，莫正于此焉。……谨承天顺时之令，昭令德崇祀之礼，明前功百群之劳，起养老敬长之义，显教幼诲稺之学，朝诸侯、选造士于其中……

可见明堂的用途是多种的，近人王梦鸥氏根据蔡邕之说，将明堂的功用归为七数①：

> 一、为布政行令的机要处。
> 二、为供祀祖先及天神的庙。
> 三、为赏功赐爵的礼堂。
> 四、为天子赐宴的餐厅。
> 五、为幼稚园及小学校。
> 六、为接见外宾的接待室。
> 七、为高等考试的试场。

这种古代的明堂，其原始的形式，在民族学的术语上称之曰会所（assembly house），卫惠林曾说：

> 会所在民族志上所谓 men's house，或 tribal house，我们可以联想到古代的明堂、重屋、世室。明堂者明政教之所，凡祀上帝、祭祖先、朝诸侯、养老尊贤，皆在明堂。②

原始式的明堂，在今台湾土著中，如曹族（图版壹：A，B）、鲁凯、阿美等族中尚有存在。

现在我们不讨论古代明堂的功用，只研究其营造制度。自来古籍各家的记载都不一样。《吕氏春秋·召类篇》：

> 故明堂茅茨蒿柱，土阶三等，以见节俭。

《淮南子》卷八《本经训》：

---

① 王梦鸥：《邹衍遗说考》，台北：商务印书馆，1966，第89页。
② 卫惠林：1955，第196页。

是故古者明堂之制，下之润湿弗能及，上之雾露弗能入，四方之风弗能袭。土事不文，木工不斲。金器不镂，衣无隅差之削，冠无觚嬴之理。堂大足以周旋理文，静洁足以享上帝、礼鬼神，以示民知俭节。

同书卷九《主术训》：

明堂之制，有盖而无四方，风雨不能袭，寒暑不能伤。迁延而入之，养民以公。

《大戴记》第六十七：

明堂者，古有之也。凡九室，一室而有四户八牖——三十六户，七十二牖——以茅盖屋，上圆下方……白缀牖也。

明堂月令……堂高三尺，东西九筵，南北七筵，上圆下方，九室十二堂。室四户，户二牖。其宫方三百步，在近郊三十里。

或以为明堂者，文王之庙也。

周时德泽洽和，蒿茂大，以为宫柱，名蒿宫也。

《礼记外传》：

夏后氏一堂之上为五室，五室者象地载五行也。五行生於四时，故每室四达。一室八窗。周人有圆屋……或以明堂独为一室耳。

《周书·明堂》：

明堂方百一十二尺，阶广六尺三寸。室居中，方百尺；室中方六十尺，东应门、南库门、西皋门、北雉门。东方曰青阳，南方曰明堂，西方曰总章，北方曰玄堂，中央曰大庙，以左为左个，右为右个也。

《周礼·考工记·匠人》：

夏后氏世室，堂修二七，广四修，五室三四步，四三尺，九阶，四旁两夹窗，白盛，门堂三之二，室三之一。殷人重屋，堂修七寻，堂崇三尺，四阿重屋。周人明堂，度九尺之筵，东西九筵，南北七筵，堂崇一筵。五室，凡室二筵。

《考经·援神契》：

> 明堂之制，东西九筵，长九尺也。明堂东西八十一尺，南北六十三尺，故谓之太室。

以上诸说，虽是各说各的，不相一致。其中有的是出自先秦遗说，尤其是《吕览》的"叨堂茅茨蒿桂，土阶三等"，《淮南》的明堂之制："下之润湿弗能及……有盖而有无四方。"这是原始的明堂，今之台湾曹族的会所在一木枅上，以梯上升，有盖无四方的茅蓬（图版壹）。照《考工记》所载："夏后氏世堂，九阶；殷人重屋，堂崇三尺；周人明堂，堂崇一筵（九尺）。"可见明堂多筑在台阶上的。至於明堂分室问题，有的九室，有的五室，自聂崇义的三礼图（插图一），后经金鹗的《明堂考》（《求古录礼说》卷二），王国维的《明堂庙寝通考》（插图二《观堂集林》卷三），多数讨论室的分配和数目，日人三上顺氏在《明堂结构考》文中曾绘成二十三种图式（广岛大学《哲学》第十三辑），诚如王国维所谓"古制中之聚讼不决者，未有如明堂之甚者也"。对此不再作进一步的研讨。

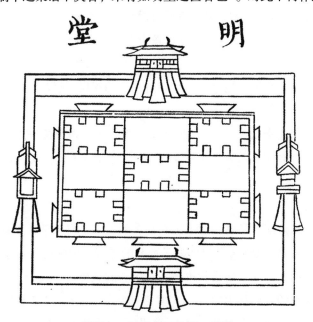

插图一　聂崇义三礼图　明堂

Fig. 1　Diagrm of Ming Tang（reproduced from Nieh, Tsung-yi's San Li Tu）.

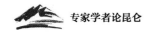
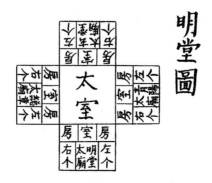

插图二　王国维　明堂庙寝通考　明堂图
Fig. 2　Diagram of Ming Tang（reproduced from Wang,
Kun-wei's Ming Tang Miao Ching Tung Kao）.

本文现拟讨论者，为明堂与昆仑问题。《史记·封禅书》云：

> 初天子登泰山，泰山东北阯，古时有明堂处，处险不敞，上欲治明堂奉高旁，未
> 晓其制度。济南人公玉带上黄帝时明堂图，明堂图有一殿，四面无壁，以茅盖，通水
> 圜宫垣，为复道，上有楼，从西南入，命曰昆仑，天子从之入，以拜祠上帝焉。于是
> 上令奉高作明堂汶上如带图。及五年修封则祠太一五帝于明堂上坐，令高皇帝祠坐对
> 之，祠后土于下房以二十太牢，天子从昆仑道入，始拜明堂如郊礼，礼毕，燎堂下。

上录中有明堂与昆仑，复道与昆仑道，须作进一步的探讨，《汉书补注》云：

> 吴仁杰曰明堂者坛也。《司仪职》曰：将会诸侯则命为坛三成。郑康成曰：成
> 犹重也；三重者自下差之为上等中等下等。《尔雅》：丘三成为昆仑，古之所谓昆
> 仑者盖如此。

照上解释：明堂即坛。坛即昆仑，对于昆仑命名的由来，自来学者未有解释，作者在前
面说过怀疑昆仑一名是 Ziggurat 第二、第三音节的译音，因为昆仑二字一见就可断定是
由外国语文的音译而来，这也还是我第一人对昆仑的试释。

　　至于复道，杜牧的《阿房宫赋》的'复道行空'，注云："架木为复道若空中行"，
Chavannes 将复道译作'覆径'（allée couvert）。[1] 复道即为昆仑道，《汉书补注》引有云：

----

① Chavannes：1898, p. 51.

> 沈钦韩曰：《唐志》贞观五年太子中允孔颖达以诸儒立议违古，上言曰：臣伏寻敕依礼部尚书刘伯庄等议以为从昆仑道上层祭天；又寻后敕云：为左右阁道登楼设祭。

上面的'从昆仑道上层'和'左右阁道登楼'，先儒或不得其解，作者以为昆仑既为Ziggurat的音译，则昆仑道中升坛的登道或斜阪（ramp），在两河流域在Chaldée地方有单斜阪和双斜阪的两种昆仑丘。① 不论其为单或双的昆仑道，从侧面观之，都是重复往来的登道，因此昆仑道用汉语译意称为"复道"。或有以为阿房宫的"复道"，如Chavanne所说的"覆经"，是与昆仑道的复道是不同的。又宫玉带图的"昆仑道从西南入"，可能单斜阪道；唐代的"左右阁道"乃是双斜阪道。

济南人宫玉带乃齐鲁学者或方士之流，他所上的明堂图，虽不能说此图传自黄帝时，但他必有所本，决非凭空臆造，如明堂曰昆仑，登堂之复道又名昆仑道。以上虽都是传说，亦可假定在黄帝时Ziggurat文化已传入中国，而见之于纪元前第二世纪的正史记载。

又泰山东北阯，有古时明堂出处，王梦鸥氏以为是齐宣王欲毁的明堂，他说：

> 但据《史记·封禅书》的记载，汉武帝时看见昆仑东北阯，确有个庙，为"古时明堂处，处险不敞。"如果鲁人的明堂曾建筑到泰山的东北阯，则其正式的太庙，美称为"明堂"，亦不过分了。这可能就是实际存在的"明堂"。但鲁国自景公之后，正当邹衍的时代，已成为附庸，齐宣王奄有其地，且欲毁之。《孟子·梁惠王篇》下：齐宣王问曰：人皆谓我毁明堂，毁诸已乎？孟子对曰：夫明堂者，王者之堂也，王欲行王政，则勿毁之矣。当时或因孟子的劝告，或因其他顾忌而没有毁去。赵岐注此云："明堂是文王之庙，齐侵鲁地而得之。"这话虽出于臆测，但盱衡史实，亦颇可信。

王氏之说，或有可信之处，汉武帝就在明堂旧址，重建明堂，但宫玉带的明堂图，是否为旧图复原，或是新图，则不可得而知。而带图的明堂，"命曰昆仑"，"从昆仑道入"，乃明堂为昆仑，昆仑为两河流域的Ziggurat，最初的型式为三成之丘曰昆仑，华语则称坛，如《司仪职》的"为坛三成"，昆仑与坛最普通的成数为三成，

---

① Parrot：*ziggurats et Tour de Babel*，Paris，1949，p. 180–183，Figs 124–125；凌纯声：《中国的封禅与两河流域的昆仑文化》，《民族学研究所集刊》，1965，第25~26页，图18~19。

多至五、七、九成以上而称通天台者。

上面我们研究过昆仑与明堂，至此尚须研讨昆仑与灵台的关系。《史记·封禅书》曰：

> 公孙卿曰：黄帝就青灵台十二日烧，黄帝乃治明廷，明廷甘泉也，方士多言古帝王有都甘泉者。

有言明廷即明堂，黄帝因烧了青灵台，乃盖了明廷，可以暗示后世的明堂与灵台的关系，清惠栋的《明堂大道录》六，有论《明堂灵台》云：

> 《史记·封禅书》曰：上欲治明堂，未晓其制度。济南人公玉带上黄帝时明堂图。明堂图中有一殿，四面无壁（所谓有盖自无四方），以茅盖（所谓清庙茅屋），通水圜宫垣（所谓明堂外水名曰辟雍），为复道，上有楼，从西南入，命曰昆仑。天子从之入，以拜上帝焉。案昆仑者，即所谓灵台望气者也。云天子从之入以拜上帝，此误解明堂图之义也。《尧典》舜受终于文祖，文祖为明堂，下云在旋玑玉衡即灵台也。其事相因，故僖七年《左传》云："公既视朔。"视朔在太庙，犹天子明堂，下云遂登观台以望，观台犹天子灵台，合之黄帝明堂图所谓事通文合者。又蔡邕载明堂之制云：通天台径九（十）尺，阴阳九六之变也。高八十一尺，黄钟九九之实也。《隋书》宇文恺《明堂议表》引《礼图》曰：于内室之上起通天之观，观八十一尺，得宫之数，然则通天观即灵台，犹黄帝之昆仑也。

按上录惠栋氏说，黄帝之昆仑，即为望气的灵台，至隋宇文恺的《明堂议表》，灵台又称通天观，高八十一尺。惠氏《明堂大道录》一，又云："明堂灵台同处。"注有云：

> 明堂之上为灵台，明堂四门之外为辟雍，又有灵囿，灵沼。

上引《大道录》谓"明堂之上为灵台"。英人苏慧廉（Soothill）云：

> 明堂之上层，用作观天象，黄帝时名曰昆仑或明台，夏曰清台，殷商曰神台，后世则称明堂。

Soothill 氏谓灵台又称通天屋（Skyward House）或时通天观（Skyward Look-out）。据《大

道录》灵台高八十一尺，径九十尺，倘所记正确或为周时的建筑，近似中国近代之塔①。

两河流域的昆仑 Ziggurat 的顶上亦有用作以观星象者②。苏慧廉谓近似中国之塔，塔之建筑来自印度，时代较晚，中国古代的明堂灵台，尚有昆仑遗迹可寻者，当推河南登封告成镇的周公测景台，董作宾《周公测景台调查报告》有云：

> 告成镇，在今河南省登封县城东南三十里，西北距洛阳县城一百六十里，北负嵩岳，南面箕山，颍水自西北来，经是镇之南门外，乃冈峦环抱中之一片原地也……以上所谓"县城故城"，"古城岭"，"古阳城池"，皆指今告成镇北之遗址而言。此古阳城之遗址，东西平坦，约五六里，由南而北渐高，作阶形，亦五六里，略成正方，在此区域内，残陶断瓦，俯拾即是，确为古城遗址。"周公测景台"在此遗址之正中偏南，"观星台"尤巍然耸立，数里可见。据老人传言，谓：周公在此测景，本欲建都，后以局势太小，乃改营洛邑，此地五行俱全，北有玄武顶，土色黑，东有青龙山，土色青；南有朱雀岸，土色赤，西有白虎岭，土色白；中有测景台，本是黄土生成，种五谷，立时可熟，后人乃易之以石云。③

在今登封县之告成镇，有周公在此测景，本欲建都，后以局势太小，乃改营洛邑的传说。现有周公庙，内有测景、观星二台，可说是古代灵台的遗制。刘敦桢《告成周公庙调查记》云：

> 访周公庙（插图三），庙南向，外为大门三间，牓书元圣庙。门内卡墙区隔南北，中为戟门三间，左右翼以旁门各一。门北甬道中央，有石台一座，上立石标柱，正面题"周公测景台"五字（图版贰A）。台后大殿三间，单檐硬山，规模甚陋，为进深以两卷相连，前为拜庭，后奉周公像，较戟门略为崇大耳。大殿西侧，建杂屋三间，自此绕至庙后，复有砖台与大殿同位于南北中线上。台高三丈余，阶砌盘回，形制奇伟，乡人称为观星台（图版贰B），然即《元史》所载之"圭表"台北石圭北指，另有蚕斯殿三间，位于圭北，式样结构，视大殿微小。
>
> 此庙木建筑，大都成于近代，因陋就简，无足记述，惟测景观星二台，关系我国天文沿革，至为重要，而尤以后者结构雄奇，为国内砖构物中极罕贵之遗物。

① Soothill: *The Hall of Light*, New York, 1952, p. 111.
② Parrot: *ziggurats et Tour de Babel*, Paris, 1949, p. 201.
③ 董作宾：《周公测景台调查报告》，《国立中央研究院专刊》，1939，第8页。

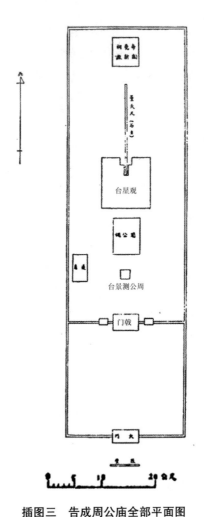

插图三　告成周公庙全部平面图
Fig. 3　Plan of the Temple of the Duke of Chow at Kao Cheng.

上录告成周公庙的调查记，"面尤以后者结构雄奇，为国内砖构物中极罕贵之遗物"。最使人值得注意的这是明堂灵台的遗制，有登台的昆仑道（ramps），恐在国内唯一遗留的古代建筑，兹不惮烦，详录于下，《告成周公庙调查记》云：

　　观星台，台之平面配置（插图四），可分为二部：一即台之本体；一为四面盘旋拥簇之踏道（插图五；图版叁：A，B）。据实测结果，此台连踏道于内，东西广16.88公尺。南北深16.70公尺，略与正方形相近。

　　台之北侧，设有踏道上口二处，东西相向，聚对称形式。自此折而向南，经台之东西二面，转至南侧相会（插图六）。在结构，此踏道具有拥壁（Retaining wall）

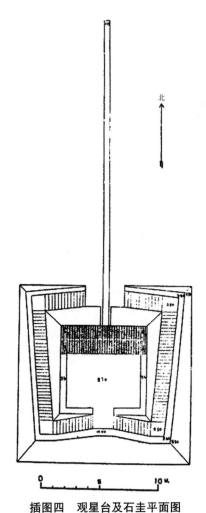

插图四　观星台及石圭平面图

Fig. 4　Plane view of the Kuan Hsing Tui and the stone Kuei.

同样之意义。而在外观上，尤能助长台之美观。

　　此台壁体，除此侧中央之直槽外，其余各处，皆具有比例较大之"收分"，为构成外观安稳之重要因素。按宋李明仲《营造法式》卷三所载宋代城壁之"收分"，为城高百分之二十四，而此台南面之壁，高一〇点四九公尺，上部收进二点六一公尺，约为壁高百分之二十四点八八。二者相较，相差极微，足窥台之年代，去宋不远。又墙面所用之砖，长三十六公分，宽十八公分，厚六公分，全体比例，薄而且长，亦不类明以后物。

　　台上面积，东西广八点一六公尺，南北深七点八二公尺，亦与正方形相近。其南面及东面二面之一部，均砌有砖栏，北部则依台之外缘，建卷棚式瓦屋三间，依

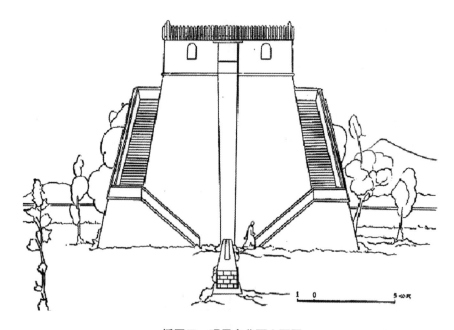

插图五　观星台北面立面图
Fig. 5　Vertical view of the north side of the Kuan Hsing Tai.

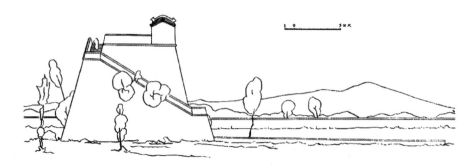

插图六　观星台东面立面图
Fig. 6　Vertical view of the east side of the Kuan Hsing Tai.

砖之形状尺寸观之，其年代显然较晚。（图版肆：A，B）。[1]

此观星台之建筑，可说是古代灵台的遗制，清景日眕《说嵩》有云："台浑朴坚緻，诚千百年物也。"[2] 此台与汉宫玉带的明堂图有相似之处，《封禅书》曰："为复道，上有

---

[1]　刘敦桢：《告成周公庙调查记》，《周公测景台调查报告》，1939，第87～88页。
[2]　董作宾：《周公测景台调查报告》，《国立中央研究院专刊》，1939，第44页引。

楼，从西南入，命曰昆仑。"又云："天子从昆仑道入，始拜明堂如郊礼。"宫玉带明堂图的"复道"和"昆仑道"，即刘敦桢氏所称观星台的踏道（图版三：A. B.），亦即两河流域，昆仑 Ziggurat 的斜阪（ramps），告成观星台乃系左右踏道而登台上，此不仅"为国内砖构物中极罕贵之遗物"，且与两河砖造 Ziggurat 为同一建筑的文化。又两河的昆仑，在上面曾提过，亦有用作观星象（pour observer les astres）。[1] 中国的标（Gnomon）和圭（Sundial），据 Lacouperie 氏之说，由黄帝时领导西方文明的百姓（Bak-sings）族带入中国，在周初（C. 119 B. C.）的都城即用表圭测景。[2] 从此亦可推测元前二十七世纪，昆仑与表圭文化同时传入中国。

六　西王母与昆仑丘

苏雪林氏有言曰：

> 西王母与昆仑有析不开之关系，言西王母即言昆仑也。

西王母之传说，较之昆仑尤古，其事载于古书甚多，丁谦《穆天子考证》卷二有云：

> 如《尔雅·释地》、《山海经》、《庄子》、《列子》、《洛书·灵准听》、《河图玉版》（见《列子》）、《淮南子》，鱼豢《魏略》、《晋书·地理》、《宋书·符瑞志》等皆是。其专纪西王母来献者，有《尚书·大传》《大戴礼记》《竹书纪年》《瑞应图》《世本》。而《轩辕黄帝传》言黄帝登昆仑，立台于沃人国北西王母之山。《抱朴子》引《内经》，言黄帝与西王母会于王屋。贾谊《新书》言帝尧西见王母。焦氏《易林》言稷为尧使，西见王母。《淮南子》言羿请不死药于西王母。可知中国与西王母邦，交通最久。

《新书修政语》上：

> 尧身涉流沙封独山，见西王母。

---

[1] Parrot：*Ziggurats et Tour de Babel*，Paris，1949，p. 201.

[2] Lacouperie：*Western Origin of the Early Chinese Civilization*，London，1894，p. 277.

《竹书纪年》又云：

> 舜九年，西王母来朝，献白环玉琯。

《论衡·别通篇》①：

> 禹、益见西王母。

《御览》卷七九〇引《括地图》云：

> 丈夫国，殷帝大戊使王孟（C. 1538B. C.）②采药于西王母，至此绝粮，食木实，衣木皮．终身无妻，而生二子从背间出，是为丈夫民，去玉门二万里。

由上所录可见西王母传说甚古，远自黄帝唐虞而至夏商周三代，西王母事载于古书者甚夥。檀萃《穆天子传注疏》卷三，附《西王母传》有云：

> 《纪年》述西王母云。……周穆王十七年，西征，见西王母。其年西王母来朝，宾于昭宫。而《列子·周穆王篇》云，宾于西王母，觞于瑶池，王母为王谣，王和之，其辞哀焉。时《汲冢传》未出也，而所纪骏名，与伯天、奔戎之属，无不与传符，而《庄子》亦云，王母得之，坐乎少广，可见四代而来，无不知有王母，见于各书必多，遭秦毁而无有，若非《汲传》一出，则将以《庄》《列》所述为寓言耳。

檀氏谓"可见四代而来，无不知有王母"，何止四代，盖自黄帝以来，代有西王母之传说。但学者对西王母究为神名，为国名，为王名，或为民族名，自来聚讼纷纭，莫衷一是，兹分别述之。

（一）神名 以西王母为神名者，首推《山海经》，《西山经》云：

> 又西三百五十里曰玉山，是西王母所居也。西王母其状如人，豹尾，虎齿，而

---

① 吕思勉：《西王母考》，《说文月刊》，1939，第3页引。
② Lacouperie, *Western Origin of the Early Chinese Civilization*, London, 1894, p. 265.

善啸，蓬发，戴胜。是司天之厉及五残。

《海内北经》曰：

> 西王母，梯几而戴胜杖（郝疏云：如淳注《汉书·司马相如·大人赋》了无"杖"字）。其南有三青鸟，为西王母取食，在昆仑虚北。

《大荒西经》云：

> 西海之南，流沙之滨，赤水之后，黑水之前，有大山，名曰昆仑之丘。有神人面虎身，有文，有尾，皆白。处之，其下有弱水之渊环之。其外有炎火之山，投物辄然。有人戴胜，虎齿，有豹尾，穴处，名曰西王母。此山万物尽有。

《大荒西经》又云：

> 西有王母之山。郝《疏》云："西有"当为"有西"，《太平御览》九百二十八引此经，作西王母山可证。

吕思勉氏以为《山海经》的西王母，"此皆以为神者也"。[①] 此言可信。丁谦《穆天子传考证》卷二亦云："至于蓬发、戴胜、豹尾、虎齿，似指偶像装饰言。"又《吴越春秋·越王阴谋外传》云：

> 立东郊以祭阳，名曰东皇公，立西郊以祭阴，名西王母。

此乃后世以西王母为月神之称。又丁谦亦以西王母为月神氏著《穆天子传考证》卷二有云：

> 窃谓西王母者，古加勒底国之月神也。《轩辕黄帝传》言：时有神西王母，太阴之精，天帝之女，可为月神确证。考加勒底建都于幼发拉的河西滨，名曰吾耳（一作威而）城，有大月神宫殿，穷极华美，为当时崇拜偶像之中心点（见《兴国

---

① 吕思勉：《西王母考》，《说文月刊》，1939，第3页。

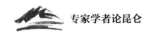

史谭》)。又其国合诸小邦而成，无统一之王，外入但称为月神国。以中国语意译之则曰西王母，即称其国为西王母国。嗣并移而名其国之王。而彼地史书，实无此神名，无此国名，无此王名也。自是国统虽易，中国人称之如故。

丁氏谓西王母者，古加勒底国之月神。建都吾耳（ur）城有大月神宫殿等语，所说颇有见地，但后又云："而彼地史书，实无此神名。"此言不确。古代苏膜和阿喀称月神曰sin，有时拼成 si-in 或 si-en'nu，尤其后者音很近"西王母"三字。[1] 又 Dhorme 谓一年之中，在夏至之月，以一月祭献月神，acadien 语称 rimanu，后又名 siwan。[2] 二字音则与"西王母"或"西王"之音更相近似。可见西王母三字是苏膜语月神 si-en-nu 音译而来。

（二）国名　有以西王母为国名或地名者，如《尔雅·释地》：

> 觚竹，北户，日下，西王母四荒。

《淮南·地形训》：

> 西王母在流沙之濒。

《穆天子传》卷四：

> 自群玉之山以西，至于西王母之邦三千里，□自王母之邦，北至于旷原之野，飞鸟之所解其羽，千有九百里。

上录《尔雅》以西王母为四荒之一，《淮南》仅言在流沙之濒，都不能确言其国或其地之所在。唯《穆传》言自群玉之山以西，至于西王母之邦三千里。有地望又有里数。刘师培的《穆天子传补释》卷四有云：

> 由今后藏西北行，沿印度河西北及阿母河上游（即赤乌所在），又东北以至帕米尔，即此文所谓至群玉之山，戴春山之北也。更西沿阿母河北行，经咸海而至波

---

① Dhorme：*Les Religions de Babylonie et d'Assyrie*，Paris，1949，p. 54.

② Dhorme：*Les Religions de Babylonie et d'Assyrie*，Paris，1949，p. 57.

斯东北，即西王母之邦也。嗣复北至里海附近（即大旷原所在），东沿阿母河北折而入今新疆北境，又东南入甘肃，又沿陕西边境入山西，以归河南周都，此穆王西征所行之道也。

刘氏的"更西沿阿母河北行，经咸海而至波斯东北，即西王母之邦也"似未言及两河流域，丁谦《穆传考证》卷二则云："在今波斯西境，故过此即西王母邦。"丁氏谓西王母乃月神国之称，在吾耳城有大月神宫殿。又谓穆王见西王母处，当即西西里亚国都尼尼微城，可见西王母邦之在两河流域也。

（三）王名　又有以西王母为王名或人名者。如上录《抱朴子》言黄帝与西王母会于王屋，《新书》言帝尧西见王母，《纪年》言舜九年西王母来朝，《荀子》言禹学于西王母，《论衡》言禹益见西王母，《括地图》言殷帝大戊使王孟采药于西王母。自黄帝以来，历唐虞夏商代有传说，丁谦谓"穆王之往见，并非创举"。《竹书纪年》且纪有年代的史事云：

> 十七年，王西征，至昆仑丘，见西王母。其年西王母来朝，宾于昭宫。

人征至于青鸟所解，西王母止之曰，有鸟餶人。

《穆天子传》卷三记载更详：

> 吉日甲子，天子宾于西王母，乃执白圭元璧，以见西王母。好献锦组白纯，囷组三白纯，西王母再拜受之。□乙丑，天子觞西王母于瑶池之上，西王母为天子谣曰："白云在天，山陵自出，道里悠远，山川间之，将子无死。"天子答之曰："予归东土，和治诸夏，万民均平，吾顾见女，比及三年，将复尔野。"天子遂驱，升于弇山，乃纪其迹于弇山之石，而树之槐，眉曰西王母之山。

可见周穆王（1001—946B.C.）在十七年（985 B.C.）所见的西王母是人而非神，而且是一国之王。又丁谦氏又云：

> 或谓西母即亚述所奉之女神。然穆王所见，明明是人非神，且何以处加勒底，巴比仑之不奉此神者。更有以亚述王后西米拉美为西王母者。考之《亚述史记》，此后时代，实在穆王后。

西王母为一女神，或一女王，中外记载多有此说。如《穆天子传》西王母自称"我惟帝女"。Forke 著 *Mu-wang und königin von Saba* 一书，杜而未说："这书的立论固然荒唐难信，但也称西王母为一妇人。"① 苏雪林认为西王母乃巴比伦最崇拜之女神 Ishtar。② 但多数中国古书都未明言西王母是一女性。③ 且苏末的月神是男性。④ 故西王母源自月神名 si－en－nu，自古以来有时以为西荒国名，同时亦代表此国君长之名。黄帝而后唐虞夏商周故咸称西王母。

（四）族名　或有以西王母为一民族名称，如 Eitel 氏云：

> 西王母为一民族（或部族 tribe）的名称，其君长（chief）用同一名称。⑤

刘师培《穆天子传补释》亦云：

> 西王母为极西古国，盖西膜转音为西王母．缓读之则中有助音。古人以中土字音迻写之则为西王母。……今波斯附近在西周时为阿西利亚所宅，此之西王母殆即古亚西利亚与瑶池，弇山，温山，滺水均在其地。

刘氏以西膜转音为西王母，且西膜为种族名称，在《补释》中又有云：

> 则葱岭东西，阿母河南北，均汉塞种所居，即周代西膜之人所居，西膜者，种名也。考之西籍谓古代亚洲西境，达于中亚以东，为塞迷种所居。西膜即塞迷之转音，塞又西膜之省音也。膜拜及卷四膜稷均由西膜得名非沙漠也。

上录有"西膜即塞迷之转音，塞又西膜之省音"，刘氏之误以为西膜（Sumer）和塞迷（Semite）为同一民族。丁谦的《考证》卷二反对此说有云：

> 或谓西为即西膜转音，然加勒底为思米尔人所建国，非西膜种，何唐虞以前西王母早见记载。

① 杜而未：《昆仑文化不不死观念》，台北，1962，第3页。
② 苏雪林：《昆仑之谜》，台北，1956，第7页。
③ Hirth：*The Ancient History of China*，New York，1923，p. 140.
④ Dhorme：*Les Religions de Babylonie et d'Assyrie*，Paris，1949，p. 58.
⑤ Hirth：*The Ancient History of China*，New York，1923，p. 149.

上述加勒底为思米尔（Semite）人所建之国，虽非西膜（Sumer）种，然承继西膜文化，故在唐虞以前的黄帝时代，西王母之传说早见记载也。

以上所述四种西王母的起源，可能是神名，国名，王名和民族名称，Eitel 氏有云：

> 西王母三字可能是多音节，非中国语。[①]

根据上面的研究，西王母三字是起于苏末人（Sumerians）和阿加第人（Accadians）的月神，名叫 sin，有时音节拼成 si – in 或 si – en – nu。又祭月神在夏至之月 sirnanu，亦叫 siwan。[②] 以上四个有关月神的名称，都与西王母三字音相同或很近似。中国古书黄帝时代即有"有神人西王母，太阴之精，天帝之女"的传说，此一神名，古代亦用之为国名或王名。又后世道书以西王母为仙者，[③] 如《老君中经》，《集仙传》，《书记洞铨》诸书云：

> 西王母，九灵太妙龟山金母也，姓缑氏名婉姈，一云姓杨名回。与东王公共理二气，乃西华之至妙，洞阴之极尊。

段成式《诺皋记》也说：

> 西王母姓杨名回，治昆仑西北隅。

此皆后世道家之言，与远古的西王母的来源不同。又西王母原在西亚两河流域，而其东迁之由，吕思勉有云：

> 弱水西王母等，则身苟有所未至，即无从遽断为子虚，而其地遂若长存于西极之表矣，循此以往，所谓西王母者，将愈推而愈西，而因有王莽之矫诬，乃又曳之而东．而致诸今青海之境。[④]

《论衡·恢国篇》曰：

① Hirth：*The Ancient History of China*，New York，1923，p. 149.
② Dhorme：*Les Religions de Babylonie et d'Assyrie*，Paris，1949，p. 54 – 57.
③ 杜而未：《昆仑文化不不死观念》，台北，1962，第 61 ~ 64 页。
④ 吕思勉：《西王母考》，《说文月刊》，1939，第 4 页。

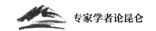

孝平元始四年．金城塞外羌献其鱼盐之地，愿内属，汉遂得西王母石室，因为西海郡。吕氏说明西王母东迁的史实，可说是一创举。

因为本文总题为《昆仑丘与西王母》，所以最后我们尚须略论西王母与昆仑丘的关系。上录《山海经》的《海内北经》谓"西王母在昆仑虚北"，又《大荒西经》谓"有大山名曰昆仑之丘，有人……名曰西王母。"《山海经》所载西王母都是神的偶像。上文说过西王母是两河流域吾耳城奉祀的月神，苏末语称月神谓 si－en－nu，音与"西王母"相近。至于"昆仑"乃两河流域古庙的庙塔名叫 Ziggurat 一字第二三音节的译音的通称。在著者《中国的封禅与两河的昆仑文化》文中插图十二至十六图，吾耳城月神之宫，多在昆仑 Ziggurat 之北或东北，与上文引的《海内北经》所谓"西王母在昆仑虚北"一语符合。这是著者对于西王母与昆仑丘二者关系新的解释。

原载（台北）《民族学研究所集刊》1966 年第 22 期

《山海经》昆仑校释

张春生

昆仑是《山海经》中最重要的一座大山，它是河水、黑水、弱水、青水和赤水的发源地。但昆仑在哪里？古今聚讼纷纭，莫衷一是。有说昆仑即于阗南山（今新疆昆仑山），或帕米尔高原；有说即酒泉南山（今甘肃祁连山），或四川岷山；有说即西藏的冈底斯山，等等。最近又有人说昆仑即今山东泰山，甚至还有人主张它应当在云南境内。可谓东南西北，无处不有昆仑。难怪有人干脆说，昆仑不过是个虚无缥缈的神山。这样，偌大一座昆仑顷刻之间又化为乌有，它的地望就成了千古之谜。

我们认为，要揭开昆仑之谜，就必须紧紧抓住河源。因为，古代传说和文献记载没有不说"河出昆仑"的。在不同的历史时期，人们对河源的认识虽然可以有远近，但黄河必有发源之山，那是绝对不容怀疑的。以上诸说的共同弱点恰恰在于：无视历史上河源的客观存在，低估了古代人们认识河源的能力。这类说法一多，反而给昆仑山罩上一层层迷雾。

谁都知道，黄河发源于青海高原巴颜喀拉山。某些学者如徐旭生、邓少琴也主张，它就是《山海经》中的昆仑。① 可惜至今赞同者不多，影响很小。原因是缺少充分的论证，有的还仅停留于假说。此外，今本《山海经》衍脱倒讹、篇目错乱、后人窜改，都很严重。而研究者却很少加以考订、校勘，因而也就无法从互相矛盾的记载中得出正确的结论。昆仑地望的考证，是《山海经》研究中的一个关键问题，其意义非同凡响。本文试从《山海经》校勘角度，对河源昆仑予以考释定位。

---

① 徐旭生：《中国古史的传说时代》附录三《读山海经札记》，文物出版社，1985 年新一版；邓少琴：《〈山海经〉昆仑之丘应即青藏高原巴颜喀拉山》，载中国《山海经》学术讨论会编辑《山海经新探》，四川省社会科学院出版社，1986，第 15～25 页。

一

有关昆仑方位的记载，《山海经》本身就有矛盾之处。今本《海内西经》说：

> 海内昆仑之虚，在西北，帝之下都。昆仑之虚方八百里，高万仞。……赤水出东南隅，以行其东北，西南流注南海，厌火（国）东。河水出东北隅，以行其北，西南又入渤海，又出海外，即西而北，入禹所导积石山。洋水、黑水出西北隅，以东，东行，又东北，南入海，羽民（国）南。弱水、青水出西南隅，以东，又北，又西南，过毕方鸟东。

《山海经》乃说图文字，所说昆仑虚似乎是画在海内西北方。但是，《海外南经》却说："昆仑虚在其（岐舌国）东，虚四方。"《海外北经》也说："相柳氏……在昆仑之北。"是昆仑本属海外，且其地在西方偏南，因为《海外南经》说图起自海外西南陬止于东南陬。可见《海内西经》此条经文原属《海外经》，今本入《海内》，实出于后人窜改。作为河源之山，图中昆仑只能有一个，东晋郭璞注《经》创海内外两昆仑之说，未免失之于校勘粗疏。今本《海内西经》此条经文"西北"应作"西南"，"海内"二字乃后人所增。

关于这一点，《大荒西经》也可以证明：

> 西海之南，流沙之滨，赤水之后，黑水之前，有大山名曰昆仑之丘。……其下有弱水之渊环之。

昆仑丘即昆仑虚，"西海之南"已指明它在西南荒外之地。惟此经不提河水。考《大荒北经》："大荒之中，河水之间，附禺之山。"又："夸父……饮河而不足也，将走大泽。"是荒外确有河水，其源实出于昆仑丘。而今本未提，如果不是传写脱简，那一定是被后人删削移动。昆仑一山虽然分别载于《海经》、《荒经》二经，其成书年代也可以有先后，但它们所解说的却是图中同一部位的内容。由此可见，河源昆仑原在海外或荒外"西南"之地，而不在"西北"。

然而，《五藏山经》中的《西次三经》也载此山：

> 西南四百里，曰昆仑之丘，是实惟帝之下都。……河水出焉，而南流东注于无

达。赤水出焉，而东南流注于氾天之水。洋水出焉，而西南流注于丑涂之水。黑水出焉，而西流于大杅。

这段文字是从《海经》《荒经》羼入的。因为，所谓《五藏山经》，实际上就是《海内经》。"藏"同"脏"，五脏六腑之意，是《五藏山经》不得包有海外昆仑。考《西次三经》自东而西凡二十二山，除昆仑外，其中崇吾山蛮蛮（比翼鸟）、不周山、钟山、泰器山观水所注之流沙、玉山、轩辕丘、积石山、长留山白帝少昊、章莪山毕方鸟、阴山天狗、三危山三青鸟、騩山神耆童、泑山神蓐收等十三山或所载事物，无不与《海经》、《荒经》二经重复，以此推之，其余八山也是从二经羼入的。因为作为此经东端首山的崇吾山蛮蛮，已列入《海外南经》。可见今本《西次三经》整篇文字都是后人从《海经》《荒经》羼入的，① 而不仅仅限于昆仑一山。观《西次三经》昆仑不载弱水，而《大荒西经》不载河水，也不提赤水、青水、黑水源出昆仑，如果以《海内西经》校之，可以看出二者相反相成，正好互为补充。从这一点来看，今本《西次三经》昆仑一段文字，很可能就是从《荒经》截取来的，而且经过了窜改补缀。

又如，《大荒南经》说："南海之中，有氾天之山，赤水穷焉。"《西次三经》说赤水"东南流注于氾天之水"，改山名为水名，惟所说赤水流向简古，当仍本《荒经》原文。反观今本《海内西经》赤水出昆仑东南隅，"以行其东北，西南流"云云，流向反常奇特，当系后人臆改。

《大荒南经》说："大荒之中，有山名歹塗之山，青水穷焉。"今本《西次三经》有洋水而无青水，据郭注"洋"或作"清"，是洋水、清水即青水，故云洋水"西南流注于丑塗之水"，也改山名为水名，歹、丑声近古通。反观今本《海内西经》青水"又东，又北；又西南"云云，流向几与赤水无异，当亦后人臆改；青水既即洋水，则所说"洋水、黑水出西北隅"之"洋水"二字系衍文，当是下文青水异文窜入经文。《荒经》有青水而无洋水，《西次三经》又取洋水之名而弃青水。按《淮南子·地形（训）》云"洋水出其西北隅，入于南海，羽民之南"，又以洋水当黑水，更是因讹传讹。

《大荒南经》说："大荒之中，有不姜之山，黑水穷焉。"《西次三经》说黑水"西流于大杅"，按不姜之山经处南荒，是不得云黑水"西流于大杅"。考《海内西经》黑水"以东，东行，又东北，南入海，羽民南"，羽民国亦列入《海外南经》及《大荒南经》，是《西次三经》黑水当作"东南流注于大杅"，今本作"西流于"，必有脱讹。而今本《海内西经》所说黑水流向显然也有窜改之迹。

《海内西经》说："河水……以行其（昆仑）北，西南又入渤海，又出海外，即西而北。"按河出昆仑东北隅，行于北荒之地，入禹所导积石山（今阿尼玛卿山），则其流向不得云"西南又入渤海"，今本"西南"二字，必为后人臆改。同样道理，《西次三经》说河水"南流东注于无达"，"南流"二字也是后人妄加。从河水北行被窜改为"南流"或"西南"流，可以得到一个重要启示：即窜改的目的，原来是为了求得适应被向北移动了的河源位置。因为，昆仑本在西南，而不在西北。明乎此，上述《海内西经》叙其他各水流向之所以叠床架屋，喋喋不休，也就不难迎刃而解了。对《山海经》原文作如此之多的臆改，无疑是整理者盲从汉武帝钦定于寘南山为昆仑的必然结果。

《海内西经》说："弱水、青水出（昆仑）西南隅，又东，又北，又西南，过毕方鸟东。"按毕方鸟已列入《海外南经》，弱水在青水西，青水（洋水）"西南流"，则弱水流向当作"东南流"。考《淮南子·地形（训）》说：弱水"南至南海"。经文不载弱水归宿，今本必有脱简。

总之，今本《山海经》已非古本面貌，要以经证经，考释昆仑地望，不得不先费一番校勘功夫。根据以上《山经》、《海经》、《荒经》互校的结果，去伪存真，古本《山海经》关于河源昆仑的经文原意，应该是：

> 海外昆仑之虚（一曰丘），在西南，帝之下都。昆仑之虚方八百里，高万仞。……赤水出东南隅，注南海（一曰穷于氾天之山，一曰东南流注于氾天之水），厌火东。河水出东北隅，以行其北，又入渤海，又出海外，即西而北，入禹所导积山石（一曰东注于无达）。黑水出西北隅，南入海（一曰穷于不姜之山，一曰东南流注于大杅），羽民南。弱水、青水（一曰洋水）出西南隅，过毕方鸟东（一曰弱水东南流注南海，一曰青水穷于歾涂之山，一曰洋水西南流注于丑涂之水）。

经意既明，以下即据此考订之文，探求昆仑地望。

二

历史地理考证如果不排斥以今证古，那么我们认为，《山海经》所说的海外西南方河源昆仑，应该就是青海高原的巴颜喀拉山，而不是指地处西北的新疆昆仑山或甘肃祁连山。

以地图考之，黄河发源于巴颜喀拉山北麓，聚于星宿海，东流经扎陵、鄂陵等湖，即经文说的"以行其北（一曰东注），又入渤海，又出海外"；又东至阿尼玛卿山折西北流，即经文说的"即西而北，入禹所导积石山"。《西次三经》说河水"东注于无达"，郭注谓"山名"。考同经又说赤水注汜天之水、洋水注丑塗之水，则无达也应当是水名，郭注不合经文体例。星宿海，蒙古语称鄂敦他拉，意为星星滩泽，因疑"无达"即"鄂敦他拉"（Oden Tala）音译。可见经文所说河水实际上是指黄河上游玛楚河，古今流向完全一致。以此可证：河源昆仑即今巴颜喀拉山，古代又称之为枯尔坤。按巴颜喀拉（Bajan Chara），蒙古语意为高贵的黑色之山，以形色而得名。昆仑丘（一曰虚）之"昆仑"二字，疑即"喀拉"（Chara）之对音，因而后代也称黑肤之人为"昆仑"（《晋书·后妃列传》）。考《尚书·禹贡》雍州章也载西戎昆仑国，是其地必有昆仑之山。导水章又说："导河积石。"不及昆仑，那是因为《禹贡》导水不一定都是指溯源的缘故。由此可见，古代人并不是不知道真正的河源所在。惟星宿海以西黄河有扎曲、玛曲（约古宗列渠）和卡日曲三源，其中只有卡日曲东北流注，与经文北流东注流向无异，且其地自古又当西宁入藏大路，则《山海经》河水是以南源卡日曲为正源。

沿卡日曲西南行，越黄河、长江分水岭，有水名通天河，也是入藏必经之路。通天河又称犛牛河，东南流经青海玉树直门达以下称金沙江，至云南丽江石鼓曲折东北流，于四川宜宾入长江。这就是经文说的黑水。所以石鼓以下一段金沙江，后代仍保留着泸江水的名称（《水经》），泸水意即黑水。又称丽江，或云即犁水之讹，犁（黎）水之意亦即黑水。《西次三经》说黑水"东南流注于大杅"，郭云"山名也"，以同经赤水、洋水所注例之，"大杅"也应当为水名。《大荒南经》又说黑水"穷于不姜之山"，历来注家无有解者。按"不姜"即"大杅"。不、丕古通，丕有大义，不姜即大姜；姜、江声转，江、杠同音，经文"杅"字必系"杠"、"江"之讹。大杠、大姜所指应该就是大江。宜宾江口两岸有大石，上镌"锁江"两字，古代建亭其上，当即经文说的不姜之山。这样的说法看似大胆，实乃符合读书理校之法。况且，《山海经》原文多经窜改，对它一些故弄玄虚的地名不可过分顶真。但经文明言黑水"南入海"，又当何解？试观《荒经》说它流极于"不姜之山"，《山经》又说它流注于"大杅"，三说所见不同，即可明白：图中黑水流注的"海"并不是真海。《尔雅·释地》说："九夷、八狄、七戎、六蛮，谓之四海。"四川古代属于西南夷、巴、蜀之地，故黑水入江处经文自可称"海"或"南海"。按《水经》云："桓水出蜀郡岷山，西南行羌中，入于南海。"桓水即今白龙江，白龙江流注于嘉陵江，而说它"入于南海"，亦用《尔雅》四海之义，可为此经佐证。由此可见，《山海经》黑水归宿与金沙江也是一致的。惟其下游一段随地异名，《汉书·地理志》又称绳水，下流会若水故《水经》又称若水，至马湖又名马湖江（《水经注》）。《荒经·海内经》也有浘水，出巴遂山，也就是《汉志》说的绳水。通天河有南北二源，但楚玛尔河和木鲁乌苏河源地远离巴颜喀拉山，以图考之，惟通天河支流曲麻莱河出巴颜喀拉山西北麓，与经文"黑水出（昆仑）西北隅"符合，是《山海经》黑水实际上是以曲麻莱河为正源。经文称之为黑水而不称江水，其源流观念正与《禹贡》以岷山岷江为大江正源相同。《禹贡》黑水、华山为雍梁二州界水界山，昆仑在雍州，梁州又在雍州南，黑水必定是自北而南的一条大水。历来说《禹贡》者多以甘肃额济纳河、疏勒河、青海大通河等当之，实不足凭信；或者又分雍、梁界水为两条黑水，而以西南澜沧江、怒江等当之，也无说服力。因为，他们都找错或抛弃了河源，而河源昆仑同时也是黑水源地。反之，若以《山海经》黑水释之则无遗憾。由此可见，古代人也并非不知道真正的江源所在，而黑水更不是什么假想中的一条水道。

按黑水出昆仑西北隅，弱水、青水出西南隅，赤水出东南隅，水皆南流，是弱、青二水在黑水东、赤水西。今本《海内经》说："黑水、青水之间……有窦窳。"《海内南经》说："窦窳……居弱水中。"是弱水又在青水西。如上所述黑水即金沙江，金沙江之东可当经文弱水的，惟有雅砻江。雅砻江上源杂楚河源出巴颜喀拉山南麓，东南流经青海称多、四川甘孜、新龙、雅江，到渡口市入于金沙江（即《荒经》浘水）。其流向与经文一曰"东南流"不异。据《海内经》："黑水、青水之间，有木名曰若木，若水出焉。"郭璞注《大荒北经》若木云："生昆仑西。"是若水源地亦近昆仑。古音若、弱双声旁转，若水实际上就是弱水。而《汉志》《水经》《水经注》也都以雅砻江为若水，由此可见《山海经》弱水、若水是一条水，指今金沙江支流雅砻江。《禹贡》说："导弱水至于合黎，余波入于流沙。"历来说者多以甘肃山丹河当弱水，但山丹河入额济纳河后北注居延泽，其流向与《淮南子·地形》所说弱水"至于合黎，……南至南海"不符。黎者黑也，今雅砻江（弱水）正合金沙江（黑水）而行，《禹贡》弱水"合黎"之义，非此莫辨。《山海经》弱水入黑水，而黑水又"南入海"，其弱水归宿正与《地形》说法一致。当然所谓入海，并非真海，上面已经说过。

据经文，弱水东南流，而青水西南流，可见二水源地不可能同在昆仑一隅。然经文合叙于一处，可知弱水、青水必互为干流与支流的关系。以图考之，雅砻江支流有鲜水、理塘、安宁等河，其中只有鲜水河上源出于巴颜喀拉山南麓，南流经四川炉霍、道孚到雅江与雅砻江合，又南至渡口市入金沙江（即《荒经》浘水）。这就是经文说的青水。经文一曰青水"穷于歹塗之山"，山当在渡口市东北三堆子附近，俗称鲊石。同时它也是弱水入黑水之处，也就是《海内西经》说的流沙西南入海的"黑水之山"。经文一曰洋水（即青水）"西南流注于丑塗之水"，则所谓"丑塗之水"无疑是黑水的花名了。

赤水在青水东,青水即雅砻江支流鲜水河,那么,赤水就只能是岷江支流大渡河了。大渡河上源麻尔柯河源出巴颜喀拉山东南麓,东南流经青海班玛、四川马尔康,到丹巴纳小金川后称大渡河,于乐山入岷江。其源地、流向皆与经文所说无异。大渡河入岷江与金沙江入大江,归宿之地相同,故经文也说赤水"注南海",所注并非真海。《禹贡》不载赤水,《淮南子·地形》说赤水"注南海",与此经相同。《汉志》又称渽水,《水经注》又称沫水。经文一曰赤水"穷于氾天之山",山当指今乐山县东五里之乌尤山,山在江中,正当大渡河、岷江汇合处。那么,经文一曰赤水"东南流注于氾天之水",就应当指岷江了。岷江源出岷山南麓,南流经松潘黄胜关,其流始大。黄胜关古称天彭阙,岷江得称"氾天之水",未知是否与之有关。

综上所述,经文河水、黑水、弱水、青水、赤水与今黄河、金沙江、雅砻江、鲜水河、大渡河,不论源地、流向及其归宿都是若合符节的。合五水以定一山,《山海经》说的河源昆仑即今青海高原巴颜喀拉山,应该是没有疑问的。

<h1 style="text-align:center">三</h1>

黑水、赤水等流注的海或南海本指南荒蛮夷之地,但是《山海经》中说的海,有时也指真海。因此,在这里还必须对上述结论加以验证。

《大荒南经》说:"有成山……有羽民之国,其民皆生毛羽。"据经文,"羽民南"正是黑水"南入海"之处,那么附近是否有海呢? 考《大荒南经》又说:

> 有荣山……黑水之南,有玄蛇,食麈。
> 大荒之中,有不庭之山……有人三身……北属黑水,南属大荒。
> 大荒之中,有不姜之山,黑水穷焉。又有贾山,汔水出焉。又有言山,又有登备之山。

按羽民国在黑水"入海"处之北,而三身国、玄蛇皆在黑水之南,贾山、言山、登备山在黑水归宿地不姜之山东面或东南,可见附近并没有什么"海",所谓"南入海",实与"大荒之中"同义。

《大荒南经》说:"大荒之中,有人名曰驩头,……人面鸟喙,有翼,食海中鱼。"据《海外南经》,驩头国在毕方鸟东南,毕方鸟在厌火国、赤水西,而赤水经文也明言"注南海",这样看来,赤水以西似乎有海。考《海外南经》说:

　　　　讙头在其（毕方鸟）南，其为人人面有翼，鸟喙，方捕鱼。

只说"捕鱼"，未言所捕之鱼出于"海"中，似乎赤水以西没有海。究竟哪一种说法正确呢？《大荒南经》说："有人名曰张弘，在海上捕鱼。海中有张弘之国，食鱼，使四鸟。"又明说有海。按张弘即长臂，《海外南经》说：

　　　　长臂国在其（周饶国）东，捕鱼水中，两手各操一鱼。一曰在焦侥东，捕鱼
　　　海中。

周饶国，《大荒南经》正作"焦侥之国"，则此校语"一曰捕鱼海中"似据《荒经》所见为说，而《海经》仍然只作"水中"。海荒二经说法完全不同，可见图中所画赤水周围、长臂国捕鱼之处并不是指真海。《荒经》所说"海中"，仍为南海水中之义。《大荒南经》说：

　　　　南海之中，有氾天之山，赤水穷焉。

所谓"南海之中"，亦与"大荒之中"同义。
　　《海外南经》之西南陬虽然提到青水、赤水，却不说有海；今本《海内南经》不说有青、赤二水，而其东南陬倒提到"瓯居海中"、"闽在海中"，这里的"海"，不妨把它看成是真海。然考《海外南经》所载方国大体在《海内南经》所载丹山（今巫山东）、巴人（今四川东部）、黑水（今金沙江）一线以北，其地自不得有真海。是今本《海经》划分海内、海外，实取《尔雅》四海之义。
　　今本《荒经》也分荒外与海内，其中，赤、青、若（弱）、黑（渑）四水也都提到。不同的是《海经》不提"南海"，而《荒经》则多次提到。例如，《大荒南经》自西南陬起说，"南海之外，赤水之西"有跋踢，"南海之中，有氾天之山"；今本《海内经》南方部分说，"南海之内，黑水青水之间"有若木，"南海之内"有衡山，"南方"有苍梧之丘。《大荒南经》、《海内经》有一部分所说内容与《海外南经》、《海内南经》重叠，如上所述，《海外南经》所说地域在今本《海内南经》之北，则《大荒南经》这部分地域也应当在今本《海内经》之北，其地也不能有真海。是《荒经》所说"南海之内"、"南海之外"、"南海之中"的"南海"，也是取《尔雅》四海之义。
　　然而，《荒经》所说的地域范围毕竟比《海经》大得多，它西有天毒之国（今印度），南有南极之山，以此推之，《荒经》所说图中南部地区应该有真海。试观《大荒

南经》说:

> 南海渚中,有神……曰不廷胡余。有神名曰因因乎……处南极以出入风。
> 大荒之中,有山名曰融天,海水南入焉。
> 大荒之中,有山名曰天台高山,海水入焉。

这些海,应该是说图者和绘图者心目中实实在在的海。可见,《山海经》所说的海或南海有两种不同的含义,一指南方的海,一指南荒蛮夷之地,必须具体分析,不能混淆起来。不过,《荒经》说的南方的海已处于“南极”,在大地的边缘,显然不可能是今日金沙江、大渡河所流注的海。因此,昆仑黑水、赤水所注的海只能是指南荒蛮夷之地。

这样,我们就在整个《山海经》范围内验证了昆仑即巴颜喀拉山论点的可靠性。

一旦有个确切的坐标,《山海经》中地物的方位就比较容易辨认了。

原载《历史文献研究》,
燕山出版社,1993

论古代昆仑神话的真实性

——古人为什么要探索昆仑的地理位置

陈连山

在中国上古神话中，昆仑山是一座神圣的山。在古代地理学中，昆仑也是一座非常著名的大山。关于这座山的真实性和具体位置，古代学术界争论了两千多年。按照清代万斯年的研究，当时已经有十几种关于昆仑地理位置的说法了。这种争论一直延续到现代。顾颉刚《昆仑传说和羌戎文化》说，昆仑在西北，青海、甘肃、新疆都很像；但是又都不能完全像①。他的学生谭其骧说，昆仑就是祁连山主峰。其他学者还有说昆仑山原本可能是山东泰山的②。这使人有些莫衷一是。因此，吕微认为从地理学来研究昆仑的位置，陷入了难以摆脱的"困境"③。的确，以现代科学的眼光看，想象的神话与真实的地理是风马牛不相及的。神话描述的昆仑完全是一种想象的神山，充满了超自然事物，与地理学的真实昆仑之间存在严重矛盾。

按照严格的自然科学的真实观念，神话中的昆仑山就是彻头彻尾的虚构。因此，汉武帝指定昆仑为新疆于阗（即现在的和田）的南山就成了千古笑柄。我当然承认这种观点在科学上有道理。但是，我想强调的是：这种观点在文化史上是错误的——它歪曲了古人探索昆仑山位置的意义，因而也破坏了我们理解古人追寻神话圣山昆仑山位置的途径。我打算从"神话对于古代信仰者是事实"这个神话学的基本观点出发，来观察古代昆仑神话和昆仑地理位置的相关问题，以求站在同情的立场去理解古人不断追寻昆仑踪迹的文化情怀。

---

① 顾颉刚：《古史辨自序·昆仑传说和羌戎文化》，河北教育出版社，2003。
② 刘宗迪：《失落的天书——〈山海经〉与古代华夏世界观》，商务印书馆，2006，第514页。
③ 吕微：《神话何为——神圣叙事的传承与阐释》，社会科学文献出版社，2001，第143页。

一 昆仑神话的超自然性和信仰真实性是一致的

关于这座神山的最早、最系统的记录出现在《山海经》中。按照《西次三经》、《海内西经》和《大荒西经》的说法（其他篇目中的昆仑空有其名，但无其实①），昆仑山位于遥远的西方，它是天帝在人间的都城。方圆八百里，高万仞。山上有各种奇珍异宝。木禾、沙棠、视肉、文玉树、不死树、凤凰、鸾鸟。山上还有吃人的四角怪羊土蝼，剧毒的怪鸟钦原。四面各有九座大门，各有九口井，井口用的都是玉石栏杆。各座大门都由开明兽把守，而总体负责看守的则是人面虎身的陆吾神。这里是"百神之所在"，就是众神居住的宫殿。还有鹑鸟专门为天帝掌管各种衣服。山下还有任何事物都无法漂过的弱水河环绕，弱水河之外还有能够烧掉一切的炎火之山。真是壁垒森严！如果从昆仑北面的槐江之山向南眺望，整座昆仑山"其光熊熊，其气魂魂"，笼罩在一种浓重的神秘气氛中。

从上述描写的内容和叙述语气，这座昆仑山当然是上古时代人们崇拜的圣山。那时的人们，相信天帝和众神，期待神灵保佑自己。为此，他们必然把神灵居住的地方赋予超自然性质。那里的庄稼是木本的"木禾"，肉是所谓随吃随长、永远吃不完的"视肉"，还有吃了以后可以长生不死的不死树等等。其他宝贝也都是人间可望不可即的东西。只有拥有这样的环境，才能证明神灵的力量，这些神灵才有能力来满足人们期待，才能赐福于人类。从信仰角度，这种超自然性完全符合人类在神灵和人类自身之间所做出的区隔，它正是昆仑神话真实性的一部分。假如神话昆仑的内容是完全写实的，那么这个环境将丧失信仰真实性，并丧失自己的信众。

站在确保信仰的角度看，只把昆仑塑造成超自然性质还不够，还要保证这种超自然性牢不可破。在世界其他宗教体系中，伊甸园一般都安排在天上，即所谓的天堂。凡人当然无法接近，只有死后才可能进人。因此，现实的人是无法对其真实性进行验证的。但是，中国古人大概是为了使天神更加亲近而设想了昆仑山这样的"帝之下都"——天帝在人间的都城。神话的昆仑被设想在上古中国人难以到达的遥远的西方，可能就是防止信徒接近它，并进而接近住在这里的天帝和百神。正如《圣经》所说伊甸园位于天上一样。但是，这种做法仍然无法完全阻止人类妄想接近它。这种宗教狂热对于宗教信仰本身构成一种危险，那就是可能导致宗教信仰被证伪，从而丧失真实性。

---

① 《山海经》中名为"昆仑"的山丘很多。但除了《西次三经》《海内西经》和《大荒西经》之外的其他所谓"昆仑"都不是神话中那座真正的圣山昆仑。

我特别注意到《山海经》的昆仑神话中，这座"万物皆有"的圣山只属于神灵——《海内西经》说："……非仁羿莫能上冈之岩。"它是人类除了"仁羿"（即射日英雄羿）之外，绝对无法接近的禁地。"仁羿"虽然登上此山，可他是射杀了九个太阳才获得登山权利的，所以他其实是一个具有神力的英雄。而按照《天问》的说法："帝降夷羿，革孽夏民。"说明羿原来就是天上的神灵，奉了帝俊的命令而下凡拯救百姓。这样看来，虽然羿登上了昆仑山，而普通人却仍然无法完成这样的伟大业绩。所以，在讲述神话的古人心目中普通人类还是无法登上昆仑山的。昆仑山上的开明兽、陆吾神、弱水、炎火山所起的作用都是阻拦人类接近这座圣山。这些令人恐怖的事物都是昆仑神话的创造者们为了保证信仰的牢固而设想的。因为按照神话的描述，昆仑山这样的人间天堂，当然是人人向往。这就难免有信徒会前往圣山去验证，或者去祈求神灵赐福。而这种行动的直接结果恐怕只能是一场空。于是，昆仑崇拜、连同天神崇拜都将面临幻灭的危险。为了防止出现这种信仰被"证伪"的巨大风险，昆仑神话的创造者必须在描述昆仑山的天堂般的美妙景象同时，为它设立种种障碍，以阻止人类接近圣山的妄想。此前，我一直不大理解为什么如此美丽的昆仑山上却存在危害人类的四角怪羊土蝼和剧毒的怪鸟钦原。《山海经·西次三经》云，在陆吾掌管的天帝的园囿里，"有兽焉，其状如羊而四角，名曰土蝼，是食人。有鸟焉，其状如蜂，大如鸳鸯，名曰钦原，蠚鸟兽则死，蠚木则枯。"它们其实也是为了防止人类上山的具有恫吓作用的工具。通过这些拒绝人类接近的防护措施，昆仑山在信仰上可以保证绝对无法被证伪。

对于那些崇拜昆仑山、不断讲述相关神话的信徒们来说，昆仑山的神圣性和不可接近是相辅相成的，不可接近丝毫不影响其真实性，它的存在至少也和现实一样真实。昆仑神话的超自然性和信仰真实性是一致的。

在今天的无神论者看来，这些内容当然都是超自然性质的，现实中的确不可能存在，因而属于虚构。但是，昆仑山是一座宗教神话的圣山，跟科学没有关系，因而也不能用科学对之加以评判。用无神论的科学眼光来判断宗教信仰的真假是科学的僭越——它超出了自然科学的合理的研究领域。我们不能用科学事实来否定这座山在上古时代人类心目中的真实性。

尽管昆仑信仰的创造者设计了种种阻碍，防止信徒接近昆仑；但是，对于一般信仰者来说，昆仑既然是真实的，那么在条件许可的时候去确定圣山的地理位置，就是完全合情合理的。历史上不断有人追寻神话昆仑的地理位置，希望确定这座圣山。当然，这种寻找注定是要失败的，以至于在古代学术界出现了十几种说法，不仅使古人，也使现代人莫衷一是。

但是，对于古人的这种失败，我们应该尊重。古人在当时十分有限的科学条件下，为了寻找这座圣山花费了大量心血。我们可以从现代地理学立场批评古人确定的昆仑山的具体地理位置有错误；但是，仅仅从科学立场去下判断，无法理解古人追寻昆仑山位置的精神意义——古人不仅是为了求得关于昆仑山的地理知识，更是为了追求昆仑山的真实信仰。

二　汉武帝命名于阗南山为昆仑是基于信仰和当时的考察事实

中国西北地区，并不是我们中华民族祖先们的主要活动区域，那里也不大适合发展我们祖先擅长的农业生产。上古时代那里是一个神秘的区域，一般人根本到不了。但是，在国力鼎盛时期，对昆仑的信仰总是引发人们不顾艰难险阻地追寻这座圣山地理位置的热情。周穆王、汉武帝寻找昆仑都是在这样的背景下展开的。

人们追寻昆仑，跟黄河有着密切的关系，因为古人认为黄河发源于昆仑山。《山海经·西次三经》云："西南四百里，曰昆仑之丘，是实惟帝之下都，神陆吾司之……河水（即黄河）出焉，而南流注于无达。"黄河是中国北方第一大河，上古时代，华夏民族主要生活在黄河两岸。所以，黄河本身具有十分神圣的地位，是人们崇拜的对象。其神灵河伯也成为中国所有河流之神中最著名的一个。从商朝开始一直有祭祀黄河的国家礼仪。既然黄河如此神圣，那么，对于当时的人们来说，弄清楚黄河的源头，就是一件值得努力的事。但是，上古时代的人们很难确定黄河的真正源头。谭其骧《论五藏山经的地域范围》说："古人不知河水真源，推想河为中原第一大水，则其发源处必为西方最高大的山岳，河出昆仑之说殆由此而起。"[1]假如此说可通，那么古人创造的位于大西北的神话昆仑就和推断黄河源头有着密切的关系。昆仑是古人从黄河为第一大河推想出来的位于西部的第一高山。因此，当古人设想"帝之下都"的时候，自然也就归于这座推理出来的第一高山了。有了这层关系，古人追寻昆仑的道路，常常是沿着身边的黄河向上游追溯。周穆王、汉武帝都是这么做的。

这里顺便说一句，我不同意那种"昆仑山原来是东方的泰山"的说法。这种观点认为，随着华夏势力强大，疆域不断扩大，于是人们就把昆仑从泰山西移到现在的大西北地区。这种说法存在一个严重缺陷。因为，假如原来的人们喜欢在家乡附近制造神话圣山，那么为什么后来一变而改在遥远的西方去寻找圣山了呢？退一步说，即使泰山曾经被称为"昆仑"，它也跟后世人们所想的"天神在人间的都城"的昆仑不同，因为

---

① 李国豪、张孟闻、曹天钦：《中国科技史探索》，上海古籍出版社，1982，第284页。

泰山距离我们太近，很容易被证明没有超自然属性。

作为黄河源头的昆仑山虽然是神话，但在古人眼里，它是具有地理学上的真实意义的。对于那时候的人类而言，地理性真实和信仰性真实是一致的。所以，人们在昆仑神话不断发展的过程中，一直寻找机会，接近这座圣山。

战国时代成书的《穆天子传》说，周穆王在西征途中，"天子授河宗璧，河宗伯夭受璧西向，沈璧于河，再拜稽首。祝沈牛马豕羊。"河宗号之："帝曰：'穆满，示女春山瑶（宝）……乃至于昆仑之丘，以观春山之瑶（宝）！赐语晦。'"① 后来，穆王按照河宗传达的天帝旨意，"遂宿于昆仑之阿，赤水之阳。吉日辛酉，天子升于昆仑之丘以观黄帝之宫，而封丰隆之葬以诏后世。癸亥，天子具蠲齐牲全以禋于昆仑之丘。"② 根据这段材料，穆王寻访昆仑山，是受到河宗的委托。因此，我认为，他寻访昆仑山在很大程度上是为了追寻黄河源头。这象征性地揭示了中国古人追寻昆仑是和祭祀黄河有着密切的关系。

按照《穆天子传》的说法，周穆王登上了昆仑，拜谒了山上的黄帝之宫，为丰隆（雷神）的坟墓封了土，并举行了祭祀昆仑山的仪式。这是历史事实，还是神话？史学界一般把《穆天子传》看作真假参半的古史传说。这种认识不能帮助我们解决上述内容究竟是事实，还是神话的问题。在这里，我提出一种假设推理以解决这个问题：假如这段描述是史实，那么，穆王所登的这座昆仑绝对不是《山海经》所描述的作为"帝之下都"的神秘昆仑。可是，细读文本，作者显然还是把它当作了神秘圣山——昆仑，即"帝之下都"的一个神话异文。所以，我们只能假设《穆天子传》这段描述是一个变异了的昆仑神话。至于这个昆仑何以变得跟《山海经》的昆仑差异较大，神秘性质大大淡化，则是因为战国时代的社会文化的宗教色彩已经大大降低。

那么，《穆天子传》这段神话为什么要假借周穆王这个历史人物，并采取历史事实的形态来描述呢？那是因为战国时代的昆仑山信仰者企图用周穆王这个历史人物再次证明此山的真实性。

如果说穆王登昆仑还是古史传说，那么汉武帝则正式把神圣的昆仑落实为真实的地理学意义的实际山峰了。

汉武帝在张骞打通西域之后，就派了后续的使者，前去探寻黄河源头。但是，这些使者找错了，回来报告汉武帝：黄河源头在新疆于阗一座不大的南山；而且十分巧合，此山出产玉石，与《山海经》所言的神话昆仑多玉相互一致。《史记·大宛列传》云：

---

① 张耘校注《山海经·穆天子传》，岳麓书社，2006，第203~204页。
② 张耘校注《山海经·穆天子传》，岳麓书社，2006，第211页。

"汉使穷河源，河源出于阗，其山多玉石，采来，天子案古图书，名河所出山曰昆仑云。"汉武帝命名昆仑这件事情，遭到司马迁嘲笑。司马迁说："今自张骞使大夏之后也，穷河源，恶睹《本纪》所谓昆仑者乎？故言九州山川，《尚书》近之矣。至于《禹本纪》、《山海经》所有怪物，余不敢言之也。"[①] 后来的学者往往根据司马迁的话，嘲笑汉武帝好大喜功。

我认为这个评价是很不妥当的。根据神话在古人心目中是事实的神话学基本理论，从古人信仰的真实性出发，我觉得汉武帝的做法是正确的。他是根据当时"最可靠"的实地考察报告而确定的昆仑山。尽管南山不大，而且并不存在神话昆仑所有的各种神奇事物（即司马迁根据《禹本纪》所叙述的那座超自然的神话昆仑），但是按照使者们的实地考察报告，它的确是黄河源头。于是，汉武帝尊重这个基本"事实"，命名了于阗南山为昆仑。这表现了汉武帝对昆仑信仰的真诚。汉武帝的做法，在方法论上，比后来学者只根据书本记载来推断昆仑山的位置要好得多。

昆仑山的第二次实定，是前凉王张骏。崔鸿《十六国春秋》云："魏昭成帝建国十年，凉张骏酒泉太守马岌上言：'酒泉南山即昆仑之体也。周穆王见西王母，乐而忘返，即为此山。山有石室王母堂，珠玑镂饰，焕若神宫。'"又云："删丹西河名曰弱水，《禹贡》昆仑在临羌之西，即此命矣。"马岌认为："宜立西王母祠，以禅国家无尽之福。"骏从之。但是，马岌判断酒泉南山为昆仑山的根据只有两个，即西王母堂与弱水。这些分别和《山海经》昆仑、《穆天子传》昆仑有所一致。但是，西王母在《山海经》中三个住处分别是昆仑山、玉山和西王母山。所以，有西王母堂的山，不一定就是《山海经》和《穆天子传》中的昆仑山。《山海经》的弱水完全是想象的河流，删丹西河虽有"弱水"之名，但恐怕不足以判断就是《山海经》的弱水，更不足以用来推论并判断昆仑。张骏定的这个昆仑影响了后来唐朝李泰作的《括地志》。但是，这个昆仑存在的最大问题是：它并非黄河源头（相比之下，汉武帝时候汉使毕竟还是依据黄河源头来判断于阗南山为昆仑的，尽管他们弄错了）。所以，张守节作《史记正义》就只承认酒泉南山是"小昆仑"，不认为它就是真正的昆仑。可见，昆仑必须跟黄河源头有关，否则就和古代神话中的昆仑不是一回事。

按照昆仑是黄河源头这个特征，它应该在中国西北部。现代地理学已经清楚指出黄河的真正源头在青海巴颜喀拉山，1948 年，顾颉刚也曾经非正式地说过："真正的昆仑当定为青海的巴颜喀喇山主峰噶达素齐老。"[②] 这才是古人心目仔那座作为黄河源头的

① 《史记·大宛列传》，中华书局，1982 年点校本。
② 顾颉刚：《古史辨自序·昆仑传说和羌戎文化》，河北教育出版社，2003，第 521 页。

神圣昆仑山的正确位置。但是，很遗憾，现代已经不是神话时代了，我们的神话学也不是神学，不可能替古人完成这个确定圣山的工作。

三　如何看待《山海经》中出现多个昆仑的问题

神话学界对于昆仑山神话的研究，存在很多争论。其中最重要的争论在于这座神话圣山究竟在什么地方。汉武帝定在新疆于阗的南山，张骏定在酒泉的南山。现代有几位学者认定在泰山。这些都跟最早记录昆仑的《山海经》关于昆仑有很多彼此矛盾的说法有关。清朝毕沅在其《山海经新校正》中说："昆仑者，高山皆得名之。"现代学者有不少人支持这种观点。有的学者还把这看作神话昆仑山不断移动的证据。

我相信古人对于神圣事物的态度一定是非常严肃的。由于地理学水平不够出现判断失误是一回事，而故意造假，则是另一回事。崇拜昆仑的古人恐怕不至于这样做。

那么，《山海经》为什么出现位于不同地区的多个昆仑？真的如毕氏所说"高山皆得名之"吗？我觉得，《山海经》各篇作者不一，他们判断黄河源头或昆仑山的方法可能不尽一致。因此，多数作者认为应该在西方，所以《西山经》《海内西经》和《大荒经》都判断昆仑在西部。但是，也有个别作者认为当在南方或者北方。《山海经》作者们对于神话昆仑的具体地理位置有不同认识，是正常的。

上古时代黄河和昆仑山的崇拜者们没有找到自己心目中的神圣昆仑山，我很遗憾。但是，从另一方面看，这又是一件好事。信徒没有找到黄河源头的昆仑，以及出现各种不同的昆仑，正好防止了人们随意接近这座圣山，从而保护了神话昆仑的神秘性和信仰真实性。

原载《广西师范学院学报（哲学社会科学版）》2011 年第 4 期

神话中之昆仑山考述

——昆仑山神话与萨满教宇宙观

汤惠生

　　昆仑山神话是中国神话的重要组成部分，也是神话学家们关注的一个课题。关于昆仑山神话的讨论，一般集中在两个方面，一是昆仑山的地理位置，二是神话中的神系系统及其文化象征和功能。对此，学者们有着各自不同的见解。例如关于昆仑山的地理位置，文献记载中就有诸多不同的说法：

　　（1）西北说："海内昆仑之虚，在西北，帝之下都。"

（《山海经·海内西经》）

　　（2）东南说："昆仑虚在其东，虚四方。一曰在反舌东，为虚四方。"

（《海内南经》）毕沅注云："此东海方丈山也。"①

　　（3）海外说："禹杀柳相，其血腥，不可以种五谷种，乃以为众帝之台，在昆仑之北。"郭璞注云："此昆仑山在海外者"。

（《海外北经》）

此外，正史和地方史资料中，称作昆仑山的亦不在少数，兹略举数端：

　　（1）祁连山为昆仑山。《后汉书·郡国志》："临羌有昆仑山。"《括地志》："昆仑山在肃州酒泉南八十里。"

　　（2）《方舆纪要》卷一百一十《广西·南宁府·昆仑山》载，今广西南宁东北境在唐代"有山名昆仑"。

　　（3）据《大明一统志》卷三十五《山·登州府》载，登州也有大、小昆仑山：

---

① 袁珂校译《山海经校译》，上海古籍出版社，1985，第185页。

"大昆仑山，在州东南四十里，其相连者为小昆仑。"

（4）滇西中缅边界的高黎贡山亦名"昆仑隅"。①

（5）东海方丈山，《水经注》河水条云："东海方丈亦有昆仑之称。"

近代以来，对于昆仑山地理位置的推论，更是众说纷纭，如《释氏西域记》以阿耨达山为昆仑，丁山以须弥山为昆仑；有的附会《穆天子传》，如顾实谓昆仑在波斯，丁谦、刘师培说昆仑在迦勒底；有据《禹贡》以定昆仑者，如洪亮吉定为天山，张穆定为冈底斯山②；有的则以昆仑山的地理地望与某山相验证或从神话人物特征等对昆仑山地理位置加以确定，如何幼琦③和何新先生④根据记载中昆仑山环以赤水、弱水、流沙等特征将其定为泰山；根据昆仑山西王母神话，李文实先生将其定在青海境内⑤；毕沅认为："《尔雅·释丘》云：'三成为昆仑丘'。是昆仑者，高山皆得名也。"袁珂先生也同意毕沅的看法⑥；而茅盾先生则由于古史资料中有关昆仑山既是帝之天堂，又为魔之冥狱这一相互"抵牾"的记载，认为昆仑山神话为后人所"伪造"⑦。

诸家之说相距如此之远，为明究竟，看来需要对昆仑山和昆仑山神话传说进行正本清源的检讨。而这种检讨，我认为应从对萨满教有关内容的考察开始。

这里，首先需要对萨满教的含义略作解释。我们知道，自本世纪 20 年代格莱纳（F. Graebner）⑧、史密特（W. Schmidt）⑨ 和库柏（W. Kopper）⑩ 诸人从文化人类学角度提出"北极萨满文化圈"理论后，萨满教研究便与人类学等学科联系起来了。随着研究的深入，人们对萨满教作了更为宽泛的理解，因而对它的分布也有了全新的看法。如我国学者提出萨满教"是一种世界性的原始宗教"⑪，从文化人类学的视野来看，它是

---

① 杨慎：《南诏野史》卷上《南诏大蒙国》，转引自刘小幸《母体崇拜》，云南人民出版社，1990，第 130 页。

② 参见何幼琦《海经新探》，《历史研究》1985 年第 2 期。

③ 参见何幼琦《海经新探》，《历史研究》1985 年第 2 期。

④ 何新：《诸神的起源》，北京三联书店，1986，第 80～105 页。

⑤ 李文实：《西王母通考》，《江河源文化研究》1995 年第 1 期。

⑥ 袁珂：《中国神话传说词典》，上海辞书出版社，1985，第 236 页。

⑦ 茅盾：《神话研究》，百花文艺出版社，1981，第 63～93 页。

⑧ F. Graebner 1924. Das Weltbild der Primitiven, Eine Untersuchung der Urformen Weltan-schaulichen Denkens bei Nalurvolkern. Munich.

⑨ W. Schmidt 1919 - 20. "Die Kulturhistorische Methode und die Rordamerikanische Ethnolo-gie", Anthropos （XIV - XV）: 546 - 63.

⑩ W. Koppers 1924. Unter Feuerland-Indianern. Eine Forschungsreise zu den Sùdlichsten Be-wohnern der Erde mit M. Gusinde, Stuttgart.

⑪ 王叔凯：《古代北方草原诸游牧民族与萨满教》，《世界宗教研究》1984 年第 2 期。

"世界性的原始文化现象"①。美籍罗马尼亚学者艾利亚德（M. Eliade）的萨满教研究名著《萨满教——古代迷狂术》就涉及到几乎世界各个土著部落宗教及其文化。德国学者劳梅尔（A. Lommel）等人甚至认为，整个世界的古代文明都是萨满式文明，萨满文化是曾经在世界范围普遍流行的和唯一的文化，萨满教亦然②。

就中国的古代文明而言，李约瑟博士认为，汉代的巫、觋、窰等均为萨满之属③，张光直教授则说，中国古代文明是"以萨满教式文明为特征的"。④ 正是基于这一认识，为了探明昆仑山神话中的昆仑山所指为何，本文拟从萨满教宇宙观中的宇宙山与昆仑山的比较入手进行讨论。

一

萨满教宇宙观认为整个宇宙分为天上、人间和地下三个世界。天上住着天帝和神灵，地狱居住的则是魔鬼。正如清人徐珂所辑《清稗类钞》所云："萨满教又立三界，上界曰巴尔兰由尔查，即天堂也；中界曰额尔土土伊都，即地面也；下界曰叶尔羌珠几牙几，即地狱也。上界为诸神所居，下界为恶魔所居，中界尝为净地，今则人类繁殖于此。"⑤ 三个世界由一根"中心轴"或"中心柱"联系在一起。中心轴或中心柱由于位于世界之中心，故又被称为"世界柱"、"宇宙柱"、"天柱"、"地钉"、"地脐"、"中心开口"、"中心孔"、"中心洞"等等。传说中的神灵、英雄以及萨满巫师都是通过这个"中心柱"或上天，或下凡，或入地。在许多游牧部落和渔猎民族中，天柱常常以帐篷前或村子中央竖立着的竿子来象征，如爱斯基摩人⑥，中亚的贝尔雅特人（Bury-at）和索约人（Soyot）⑦，我国东北的满族⑧以及北美的印第安人⑨，甚至非洲哈姆族的加拉人

① 参见富育光、孟慧英《满族萨满教研究》，北京大学出版社，1991，第 1 页；徐昌翰：《论萨满文化现象——"萨满教"非教刍议》，《学习与探索》1987 年第 2 期。

② 参见 A. Lommel, 1966, Prehistory and Primitive Man, pp. 3 – 124, London；J. Campbell, 1983, The Way of the Animal Powers, pp. 156 – 74, London。

③ 李约瑟：《中国古代科学思想史》，江西人民出版社，1990，第 160 页。

④ 张光直：《考古学专题六讲》，文物出版社，1986，第 4 页。

⑤ 转引自《满族萨满教研究》，第 179 页。

⑥ W. Thalbitzer, "Cultic Games and Festivals in Greenland", pp. 239f. Congrés International des Américanistes, pp. 236 – 55. 1924.

⑦ Harva, Die religio sen Vorstellungen, p. 46. Helsinki, 1922 – 1923.

⑧ 乌丙安：《神秘的萨满世界》，上海三联书店，1989，第 9 页。

⑨ W. Schmidt, "die Kullurhistorische Methode und die Rordamerikanische Ethnologie". An-thropos (XIV – XV)：546 – 63, 1919 – 20.

(Hamitic Galla) 和海地亚人（Hadia）① 等等。欧亚草原上的游牧部落甚至将他们所居住的帐篷也按照这种宇宙模式加以设想：帐篷顶部为天幕，支撑帐篷的中心柱被称为"天柱"，而帐篷顶部走烟的开口，被认为是"通天的中心孔"，奥斯蒂亚人（Ostyak）②、蒙古人、藏族人③等莫不如是。

不过在萨满教宇宙观中，联系天地的"宇宙中心"的最重要的意象是山。这在萨满教中被称为"宇宙山"或"世界山"。法国萨满教研究学者艾利亚德曾对萨满教的宇宙山或世界山作过详尽的分析④，根据他的分析，我们归纳出宇宙山所具有的特征如次：

（1）是天上、人间、地狱三界的联系之处，为方形。

（2）位于"宇宙之中心"。这个中心为一"洲地"。

（3）四面环水。

（4）其山顶正对着北极星，亦为日月出没之处。

（5）山顶上有一棵树（可分 3～13 层不等），为"世界树"或"宇宙树"。树顶上住着天帝（常以鹰或双头鸟等形象出现）；以下居住着各种神灵。越往下，住着的神灵的地位越低，甚至某些死人的灵魂也在树枝上像鸟一样栖息着，等待着萨满将他们带回人间转世。树下拴着马或其它动物，为神灵们的坐骑。由于该树位于"世界之中心"，故此树无影。该树根一直扎到宇宙山的底部魔鬼所居住的地狱。

（6）宇宙山上居住着天帝和各种神灵，为天堂（其形象特征为枝上有鸟的树，或两边各有一动物的树，或山上一树等）；山底为地狱（其形象特征为树下一蛇、山下一蛇等）。天堂可以分 3、7、9、13、17、33 层等，地狱亦复如是。

（7）宇宙山多产异兽、珍奇草木以及金银铜铁玉等。故有些民族萨满教中的宇宙山有"铁山"、"金山"之称。

（8）宇宙山高耸入云，与天连，故有时与"天"、"太阳"、"雷电"、"光明"、"踆火"等有诸多联系，或以其命名。

严格地讲，这里有"洲"、"山"和"树"三个概念。不过洲和山可以理解为一者，即此间的"洲"既可为"海中之山"，亦可为"四面环水中间为山的一块陆地。"关于"世界树"或"宇宙树"，我们后面再讨论。这里先来看看宇宙山。

---

① W. Schmidt, "Der Ursprung", Ⅶ, 53, 85, 165, 449ff. Anthropos, ⅩⅩⅩⅤ – ⅩⅩⅩⅥ, 1939 – 41.

② K. F. Karjalainen, Die Religion der Jugra – Vo lker, Ⅱ, 48ff. Folklore Fellows Communications（Ⅷ）：41；（ⅩⅠ）：44；（ⅩⅩ）：63, 1921 – 27, Helsinki.

③ R. A. Stein, Tibetan Civilization, p. 211, Stanferd Univesitv Press, California, 1972.

④ M. Eliade, Shamanism, pp. 259 – 287, Princeton University Press, 1972.

由于萨满教是在、或曾经在世界范围内普遍流行的一种宗教，所以有关"宇宙山"的记载和传说，普遍见之于世界各地。如阿尔泰地区的斯基泰人认为乌尔干山位于世界之中心，在一座金色的山上①。中亚地区许多民族都视其为宇宙山。不过乌尔干山在不同的民族中有着不同的名字，如阿巴坎（Abakan）地区的鞑靼人称其为"铁山"；蒙古人和贝尔雅特人则称其为须弥山（Sumer），这无疑是受印度迷卢山（Meru）的影响。蒙古人将其描绘成3~4层，西伯利亚鞑靼人将其形容为9层，而雅库特人则认为它是7层。其山上住着天帝和各种神灵，其顶上为北极星，此山为"天之脐"②。此外伊朗的Haraberaiti 山，古日耳曼的 Himingbjo rg 山，巴勒斯坦的 Gerizim 山和 Tabor 山等，均为萨满教中的宇宙山③。耶路撒冷的哥尔戈达山（Golgotha）是耶稣受难的地方，而该山被认为是"世界之中心"和"世界至高点"的宇宙山④。印度的"迷卢山"、"苏迷卢"（Sumeru）或"须弥山"是东方非常重要的一座宇宙山。它位于世界之中心，其上闪耀着北极星⑤。

苏迷卢山，唐代意译为"妙高山"。《大论》云："四宝所成，故曰妙，出过众山曰高。"⑥ 这已经具有宇宙山的部分特征了。《大唐西域记》云："苏迷卢山，四宝合成，在大海中，据金轮上，日月之所照□，诸天之所游舍，七山七海，环峙环列"⑦。《俱舍论》卷十一则谓苏迷卢山："四宝所成，东面白银，北面黄金，西面颇梨，南面有琉璃"。如同佛教一样，苏迷卢山在印度教中也有着非常重要的位置，而且对其描写也基本相同，只不过个别名称不同。印度教亦认为苏迷卢山位于赡部洲的中心，似一朵莲花的花萼，几个岛屿犹如几片莲花叶簇拥在它的周围。它宏迈高邈，天上的群星都围绕着它旋转。恒河从天上降到它的顶峰，并经由四条河流向周围世界。苏迷卢山全部由宝石和金子构成，山顶正对着北极星，住着梵天和苏摩的乾达婆诸神（佛教则认为山顶上住着帝释天）。苏迷卢山底即为地狱⑧。

藏族萨满教——苯教不仅被大量保存在喇嘛教中，而且至今仍作为"民间宗教"盛行于藏区。所以藏族有关宇宙山的资料可以说是比较系统和完备的。

苯教传统认为，苯教最初起源于一个叫作魏摩隆仁（'Ol-mo-lung-ring）的地方。据

① H. Holmberg, Der Baum des Lebens, pp. 41, 57, Helsinki, 1922–23.

② S. Nicholson（ed.），Shamanism, pp. 17–36, The Theosophical Publishing House, Wheaton, 1987.

③ M. Eliade, Cosmologie s, i alchimie babiloniană, pp. 34ff. Buchartst, 1937.

④ M. Eliade, Cosmologie s, i alchimie babiloniană, pp. 34ff. Buchartst, 1937.

⑤ W. Kirfel, Die Kosmographie der Inder, p. 15, Bonn and Leipzing, 1920.

⑥ 转引自丁福保《佛学大辞典》"须弥条"，北京文物出版社，1984，第1127页。

⑦ 玄奘辨机著，季羡林等校注《大唐西域记校注》，中华书局，1985，第35页。

⑧ 张保胜译《薄伽梵歌》，中国社会科学出版社，1989，第118页。

说那是大食的一部分，而学者们将其定在波斯或象雄①。据神话记载，魏摩隆仁占据整个世界三分之一大，呈八瓣莲花的形状；与之对应，天空也呈现出八幅轮形。魏摩隆仁的中央为九迭形雍仲山，为世界至高点。山顶呈一块水晶巨石的形状，山脚下四条河分别向四个方向流去。该圣山周围有四个中心，从而构成了魏摩隆仁的内地洲（nang-gling）。整个魏摩隆仁由著名的轮回海（Mu-khyud-bdal-ba í-rgya-mtsho）所环绕。山顶上居住着辛饶等苯教神灵，而山底居住着恶魔②。自从 14 世纪苯教著作《根本论日光明灯》（rTsa-rgyud-nyi-zer-sgron-me）将魏摩隆仁确定为冈底斯山以来，尽管许多学者也赞同此说，但事实上如同汉族的昆仑山讨论一样，对于魏摩隆仁的地理位置的确定，也有各种说法③。

很显然，魏摩隆仁的传说无疑受到佛教宇宙论的影响。魏摩隆仁如同佛教的赡部洲一样，即我们上面所谈到的宇宙山所在的"洲"；而九迭雍仲山则为宇宙山。

事实上除冈底斯山之外，藏区的许多山都是苯教宇宙观中的宇宙山，如念青唐古拉，阿尼玛卿山，雅拉香波山以及其它山峰。此外，反映这种与宇宙山相关的各种观念和传说也比比皆是。

据法国藏学家石泰安云，吐蕃赞普的王陵建造在被认为是赞普世系起源的地方，人们有时称之为"山"。这些山与天际相接，或视为天。在藏族人的观念中，山是连接天地的天梯、攀天绳或彩虹。吐蕃赞普都是天上的神灵，他们入主人间时，就是沿着这些天梯下凡的。所以庙宇（典型如布达拉宫者）和吐蕃赞普的王陵都是建在山麓，即通往天上的自然天梯中。这些圣山被认为是"当地的神仙"、"天柱"（gnam-gyi ka-ba）、"地钉"或"地脐"（sa-yi phur-bu）。有些王陵或庙宇前立有石柱，以象征"天柱"和"地脐"④。

在西藏处处可见的嘛呢石堆，其原型也为"宇宙山"，或直接称为"苏迷卢山"。嘛呢堆在神话传说中与创世有关。尽管现在演化成是对战神的祭祀，但最早是对天帝或神灵战无不胜之特性的颂扬。许多嘛呢堆上插有树枝，以象征宇宙树。正是因为嘛呢堆是宇宙山，象征着天上、人间、地下三界，所以石堆有时被认为是"三界石"或"境界石"。有些石堆由白（代表天）、红（人间）、黑（地狱）三种颜色的石头堆成。由于传说中的英雄、赞普都是天上的神灵，故其名字常有"天"、"山"、"高"等意味。如南日赞

---

① S. G. 噶尔梅：《概述苯教的历史意义》，载《国外藏学研究译文集》（第十一辑），西藏人民出版社，1994，第 61 ~ 130 页。

② R. A. Stein 前揭书，第 203、203 ~ 204 页及 S. G. 噶尔梅前揭书。

③ R. A. Stein 前揭书，第 203、203 ~ 204 页及 S. G. 噶尔梅前揭书。

④ R. A. Stein 前揭书，第 203 ~ 204 页。

普（Namri），意为"天"、"山"；拉脱脱日年赞普中的"脱"（tho），意为"境界石"、"高"①。

现在我们再来看萨满教宇宙观中另一个与"宇宙山"具有同样重要意义和地位的"世界中心"的意象，即"宇宙树"或"世界树"。萨满神话认为宇宙树长在宇宙山峰上，有些则认为长在"洲"的中心，代替了宇宙山。阿巴坎鞑靼人说白桦树（宇宙树）长在铁山（宇宙山）上；蒙古人认为赡部树（Zambu，即宇宙树）长在为四边形金字塔状的宇宙山上，神灵将他们的坐骑（马、鹿或其它动物）拴在宇宙树上②。宇宙树的根深深扎在宇宙山底，其树冠覆盖着整个山顶，以鹰或鹫为象征的天神以该树的果实为食，而以蛇为象征的恶魔则在山底妒忌地注视着③，并由此而常常发生战争。最著名的一则神话是：蒙古神 Ochirvani 变成哥鲁达鹰（Garuda），与原始海中蛇（Losun）争斗，绕着苏迷卢山将蛇打败三次，最后打碎了它的脑袋④。可能都是受印度佛教的影响，同样的说法在藏传佛教中亦可见到。藏族文献《作为尊贵国王（或胜利）的神的香》中，融入了大量的印度的神话传说，其中描述了山顶上的因陀罗（Indra）神和山下的阿修罗（Asura）之间的斗争，起因即阿修罗们对长在山峰上的树之果实垂涎三尺，想据为己有⑤。在藏族苯教神话中明确记载，在神话山的峰顶，有一棵垂直的树，位于世界之中心，树上有白色的海螺般的小鸟（即白色金翅鹰或鹫），是神的象征⑥。宇宙树由于在世界之中心，故无太阳的投影，如巴勒斯坦 Taber 宇宙山上的世界树便有此特征⑦。

在印度佛教和印度教中，这种世界树的观念更为发达。作为世界树的赡部树位于赡部洲的中心⑧。在印度教中，世界树被认为是横置的或倒着长的一棵树，被称为"阿湿婆陀"（Aśvattha），意为"马厩"。字源学们认为这是由于神话中太阳神的马在这棵树下歇足而得名。在《梨俱吠陀》中，世界树被称为"伐楼拿树"（Varunaurk·sa）或"妙绿树"（Supalā'sa – V·r k·sa）。这棵树的根朝上，树的枝条（光线）向下伸展。

① R. A. Stein 前揭书，第 203~204 页。
② 树上拴以马的构图形式在许多民族中都作为"天"或"天体"的象征，如贝尔雅特人把星星绘制成一群马的形象，而北极星（亦世界树或世界柱）则是一个拴着这群马的桩子（参见 H. Holmberg 前揭书，pp. 23ff.）。在齐鲁故城出土的瓦当上，许多构图都是中间一树，两边各一马（或其它动物）以表示世界山。
③ R. A. Stein 前揭书，第 203~204 页。
④ G. N. Potanin, Ocherki severo-zapadnoi Mongolii, IV, 228. St, Petersburg, 1981–83, 4 Vols.
⑤ R. A. Stein 前揭书，第 206 页。
⑥ R. A. Stein 前揭书，第 209 页。
⑦ E. Burrows, "Some Cosmological Patterns in Babylonian Religion", Journal of the Polyne-sian Society, XLIX (1940).
⑧ B. G. Tilak, Gītā-Rahasya, Vol. 2, pp. 1135–36, Poona, 1936.

焰摩（Yama）和祖先们在树下饮酒作乐，树上长满了甜美的浆果，树顶上栖息着金翅鸟（Su-parna）。在《阿闼婆吠陀》（Atharvauedasa m·hitā）中，梵天被描写为长生不死的阿湿婆陀树或宇宙树（jagad-vr·ks·a），其根朝上，而树干朝下①。

在我国少数民族至今流传的神话传说中，世界树的意象也每每可见。满族萨满教认为，在大地的肚脐上，宇宙之中心，耸立着一棵最高最大的枞树，树梢上住着天神。这种世界树也常常被画在萨满的神鼓鼓面上②。葫芦生人的神话在我国许多地方，尤其是在西南各民族中广为流传，这里至今仍盛行萨满教，而葫芦则是这个地区最为主要的世界树意象。布依族、壮族、瑶族等神话中明确提到葫芦与"须眉山"（应为"须弥山"）和昆仑山的关系③。葫芦是藤本植物，很可能因其瓜秧长而被认为是通天的天梯，从而成为世界树。《中国民间故事选》有一则相似的神话："九仙姑下凡经年，忽于天井种葫芦，遂缘葫芦藤上天为父祝寿"④。欧洲有一则很著名的神话故事叫《杰克和豆杆》，云主人公杰克在地上种了一颗豆子，后来豆子一直长入云霄，直达天堂。杰克便顺着豆杆爬上了天堂⑤。后面我们将说到，世界树不仅是宇宙之中心、天梯，而且与灵魂、生命、生殖、创世等文化观念有诸多联系。

不过关于世界树的资料保存最多的，应属我国古代文献如《山海经》《淮南子》以及甲骨文中的记载。《山海经》中所描述的山大多与宇宙山有关，而这些山上的树，当为宇宙树。《山海经》中宇宙树的名称繁多，诸如建木、扶桑、大木、寻木、珠树、扶木、青木、若木、木、木等等。我们将古史资料中典型的世界树记载抄录如次，以供比较研究：

建木在都广，众帝所自上下，日中无影，呼而无响，盖天地之中也。

（《淮南子·地形训》）

若木在建木西，未有十日，其华照下地。（同上）

不死树在（昆仑）西。（同上）

增城九重，珠树在其（昆仑）西。（同上）

汤谷上有扶桑，十日所浴，在黑齿北。居水中，有大木，九日居下枝，一日居上枝。（《山海经·海外东经》）

① 乌丙安前揭书，第63页。
② 闻一多：《闻一多全集》第1册，北京三联书店，1983，第60~61页。
③ 乌丙安前揭书，第63页。
④ 转引自袁珂《山海经校注》，上海古籍出版社，1980，第451页。
⑤ 参见赫胥黎《进化论与伦理学》，北京科学出版社，1971，第32页。

有不死之国，阿姓，甘木是食。郭璞注：甘木即不死树，食之不老。

（《大荒南经》）

大荒之中，有山名孽摇頵羝，上有扶木，柱三百里，其叶如芥。有谷曰温泉谷。汤谷上有扶木，一日方至，一日方出，皆载于乌。

（《大荒东经》）

有云雨之山，有木名曰。禹攻云雨，有赤石焉生，黄本，赤枝，青叶，群帝焉取药"。郭璞注："言树花实皆为神药。"

（《大荒南经》）

有盖犹之山者，其上有甘?，枝杆皆赤，黄叶，白华，黑实。东又有甘华，枝杆皆赤，黄叶。有青马，有赤马，名曰三骓。（袁珂案：吴任臣《广注》引《越南志》云："银山有女树，天明时皆生婴儿，日出能行，日没死，日出复然"。又引《事物绀珠》云："孩儿树出大食国，赤叶，枝生小儿，长六七寸，见人则笑"。）

（《大荒南经》）

西海之外，大荒之中，有方山者，上有青树，名曰柜格之松，日月所出入也。

（《大荒西经》）

南海之外，黑水青水之间有木曰若木，若水出焉。有禺中之国，有列襄之国，有灵山，有赤蛇在木上，曰雕蛇。

（《大荒北经》）

《山海经》中记载的与宇宙树可对应的树木很多，我们不可能在此一一列举。此外，有的学者从甲骨文"帝"字的结构考察，认为其原型为其顶部居住天帝的大树。意大利汉学家阿马萨里说，甲骨文的"帝"字"可以看出是由'蒂'字，即花的梗和根茎和'木'字组成，而字的上部'一'则表示天"[1]。所以《山海经》也提到被称作"帝休"和"帝屋"的宇宙树[2]。

其实，包含在世界树中的文化意义和象征远比世界山或宇宙山丰富。对此，艾利亚德曾有过很好的归纳：

在世界树的象征中，包含着几种宗教思想。首先，它一直代表着宇宙，代表着永不枯竭的宇宙生命之源和最为重要的神圣库（因象征神圣之天而为真正的"中心"）；

---

[1] A. 阿马萨里：《中国古代文明——从商朝甲骨刻辞看中国史前史》，社会科学文献出版社，1990，第15页。

[2] 袁珂前揭书，第146、148页。

从另一方面来讲，它象征着上天或天堂……此外，在有关世界树的许多古代传说中，由于它具有世界神圣性，繁殖力和四季长青的内涵特征，故其总与创造、生殖、造物、终极、绝对真实以及长生等观念相联系。所以世界树事实上也是生命树和不老树，它与女人、泉水、奶汁、动物、果实等意象相结合，从而象征着生命之源和命运之主①。

二

上面我们已经介绍了萨满教的宇宙山和宇宙树，以及世界其它地区和民族的相关资料，现在我们来讨论一下昆仑山以及相关的其它山脉。前面我们谈到中国古代文明是以"萨满式的文明为特征"的，所以有关萨满教宇宙山的资料也普遍见于文献记载。我认为，昆仑山是中国最主要的萨满教宇宙山，因而，应从萨满教的角度去理解昆仑山神话。如是，对于昆仑山及其神话的研究将意味一个新的天地。

萨满宇宙山的许多特征都可与昆仑山及相关山脉的文献描写"对号入座"。首先，萨满教认为宇宙山位于世界中心，是世界至高点，其顶端与天相连，上面是北斗星，故有"天柱"、"地脐"之称。下面是有关昆仑山的描述：

　　《河图括地志》曰："昆仑山为地首，上为握契，满为四渎，横为地轴，上为天镇，立为八柱"……《河图》曰："昆仑山，天中柱也。"

(转引自《太平御览》卷38)

　　(昆仑山) 上通璇玑……此乃天地之根纽万度之纲柄矣。是以太上名山，鼎于五方，镇地理也。号天柱……。

(《海内十洲记》)

　　昆仑……嶪然中峙，号曰天柱。(《山海经图赞》)

　　昆仑山有昆陵之地，其高处日月之上……昆仑山者，西方曰须弥山，对七星下，出碧海之中。

(《拾遗记》卷10)

　　地位之首，起形高大者，有昆仑山，广万里，高万一千里……其山应于天最居中，八十城市布绕之。

(《博物志·地理略》)

① M. Eliade 前揭书，第259～287页。

昆仑之山，有铜柱焉，其高入天，所谓天柱也，围三千里，周圆如削。

（《神异经·中荒经》）

昆仑之虚，地首也。（《搜神记》卷13）

宇宙山为方形，多产金银铜铁玉石，珍禽异兽，奇花异木等。《山海经》则对此有详尽的记述，且几乎所有的山都具有这一特征：

昆仑虚在其东，虚四方。一曰在反舌东，为虚四方。（《海内南经》）

会稽之山，四方，其上多金玉，其下多砆石。（《南山经》）

成山，四方而之坛，其上多金玉，其下多青雘。（《南山经》）

昆仑……方广万里，形似偃盆，下狭上广，故曰昆仑。（《海内十洲记》）

西海之外，大荒之中，有方山者，上有青树，名曰柜格之松，日月所出入也。（《海内西经》）

蹚阳之山，其阳多赤金，其阴多白金。有兽焉，其状如马而白首，其文如虎而赤尾，其音如谣，其名曰鹿马。（《南山经》）

符禺之山，其阳多铜，其阴多铁。其上有木焉，名曰文茎，其实如枣，可以已聋。其草多条，其状如葵，而赤华黄实，如婴儿舌，食之使人不惑。符禺之水出焉，而北流注于渭。其兽多葱聋，其状如羊而赤鬣。其鸟多𪃑，其状如翠，而赤喙，可以御火。（《西山经》）

中曲之山，其阳多玉，其阴多雄黄、白玉及金。有兽焉，其状如马而白身黑尾，一角，虎牙爪，音如鼓音，其名曰駮，是食虎豹，可以御兵。有木焉，其状如棠，而圆叶赤实，实大如木瓜，名曰杯木，食之多力。（《西山经》）

在这里我们可以发现，《山海经》（实乃反映萨满教宇宙论或地理观的书）所记述的关于萨满教宇宙山的特征更为全面，即宇宙山上的草木禽兽都具有神奇的特殊功能，或"已聋"，或"御兵"，或"使人不惑"等等。

宇宙山可以分为两个世界，山顶上为天堂，住着天帝和其他各种神灵；山底为地狱，住着魔鬼。天堂和地狱均可分为3、7、9、13、17层不等，甚至为33层、99层。正是具有宇宙山的特征，所以昆仑山有时被描绘为天帝所居住的天堂，有时则被描写成恶魔居住的冥狱。

作为天帝和神灵的天堂：

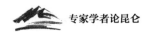

昆仑之虚……百神之所在。(《海内西经》)

三成曰昆仑丘。《昆仑记》曰：昆仑之山三级：下曰樊桐，一名板桐；二曰玄圃，一名阆风；上曰增城，一名为天庭，是为太帝之居。

(《水经注·河水》)

天下仙圣，治在柱州昆仑山上。

(《水经注·河水》引《遁甲开山图》)

昆仑山有昆陵之地，其高出日月之上。山有九层，每层相去万里，有云色从下望之如城阙之象；四面有风，群仙常驾龙乘鹤游戏其间。

(《拾遗记》卷10)

(昆仑山) 真宫仙灵之所宗……天人济济，不可具记。

(《海内十洲记》)

昆仑山……神物之所生，圣人仙人之所集也。

(《博物志·地理略》)

昆仑山……乃维上天，登之乃神，是谓太帝之居。

(《淮南子·地形训》)

作为地狱、冥界的昆仑山：

禹掘昆仑虚以下地，中有增城九重……旁有九井……是其蔬圃。蔬圃之池，浸浸黄水。黄水三回复其源泉。

(《淮南子·地形训》)

海内昆仑之虚，在西北，帝之下都。

(《海内西经》)

昆仑月精，水之灵府；惟帝下都，西老之宇。

(《山海经图赞》)

昆仑山北，地转。下三千六百里，有八玄幽都，方二十万里。

(《博物志·地理略》)

上面我们谈到萨满教中宇宙山底的地狱往往以蛇来象征，《山海经》中所记述的宇宙山，也往往以蛇来象征其地狱的特征：

南海之外……有灵山，有赤蛇在木上，曰雎蛇，木食。(《海内经》)

有章尾山。有神人面蛇身而赤……是烛九阴，是谓烛龙①。 （《大荒北经》）
（烛龙为司冥之神。——作者注）

昆仑西北有山，周回三万里，巨蛇绕之，得三周。蛇为长九万里。蛇居此山，饮食沧海。

（《古小说钩沉》辑《玄中记》）

穷山……其四方，四蛇相绕。（《海外西经》）

大咸之山……四方，不可以上。有蛇，名曰长蛇，其毛如豪，其音如鼓柝。

（《北山经》）

萨满教中的宇宙山为日月出入之处，且四面环水（或河、或湖、或海），山上有宇宙树：

大荒之中，有方山者，上有青树，名曰柜格之松，日月所出入也。

（《大荒西经》）

大荒之中，有山名曰丰沮玉门，日月所入。（《大荒西经》）

大荒之中，有山名日月山，天枢也。吴姬天门，日月所入。

（《大荒西经》）

大荒之中，有山名孽摇頵羝，上有扶木，柱三百里，其叶如芥。有谷曰温泉谷。汤谷上有扶木。一日方至，一日方出，皆载于乌。

（《大荒东经》）

河出昆仑。昆仑其高二千五百余里，日月所相避隐为光明也。

（《史记·大宛列传》引《禹本纪》）

昆仑……又有弱水，周回绕币……锦云烛日，朱霞九光。

（《海内十洲记》）

昆仑山有昆陵之地，其高出日月之上……九河分流。南有赤陂红波，千劫一竭，千劫水乃更生也。

（《拾遗记》卷10）

昆仑之丘，其下有弱水渊环之。（《大荒西经》）

---

① 《淮南子·地形训》云："烛龙，在雁门北，蔽于委羽之山，不见日。"高诱注："委羽，山名，在北极之阴，不见日也"。《楚辞·大招》云："魂乎无北，北有寒山，赹龙赧只，代水不可涉，深不可测只。天白皓皓，寒凝凝只。魂乎无往，盈北极只。"此间的"赹龙"，即烛龙。烛龙为司冥之神。——作者注。

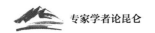

流沙之滨，赤水之后，黑水之前，有大山名曰昆仑之丘。

（《海内西经》）

宇宙山是天帝和日月出没的地方，所以在某些萨满神话中也与光明、雷电和火联系在一起，如美索不达米亚的宇宙山有"雷电之山"的称呼①，雅库特人把宇宙山称作"光明之母"②。念青唐古拉山意为"大光明天"，苏迷卢意译为妙高、妙光、安明诸义。同样，我国文献中的昆仑山和其它曾作为萨满教宇宙山者，亦与光明、火等有诸多联系：

昆仑之墟，地首也。是惟帝之下都，故其外绝以弱水之深，又环以炎火之山。

（《搜神记》卷13）

昆仑之丘，其下有弱水渊环之，其外有炎火之山，投物辄燃。

（《大荒西经》）

南望昆仑，其光熊熊，其气魂魂。（《西次三经》）

从训诂学角度来看，"昆仑"应是北方游牧民族的语言，意谓"天"。岑仲勉先生说："昆仑为胡语'喀喇'之转音，犹言黑也"。《晋书》也说："形长而色黑，宫人皆谓之昆仑"③。彝族人也谓黑曰"昆仑"④。何新先生据此进一步认为"昆仑"与浑沦、混沌或浑沦音义相同，可能指"云气"，故为"大"或"天"之谓⑤。这个结论可能是正确的，但其考证方法太过武断和草率。日本学者白鸟库吉说满族人至今谓天曰"kulun"（可音译为昆仑）。大夏赫连勃勃之"赫连"，原语为"Kulun"，亦天之谓⑥。所以《魏书》云："屈孑耻姓铁弗，遂改为赫连氏，自云徽赫与天连"⑦。此外，《汉书·霍去病传》说："祁连山即天山也，匈奴谓天为祁连，祁音士夷反。"古音"祁连"既可读为"šilen"，亦可读为"Kilen"。"昆"与"祁"古音均属泥母；"仑"与"连"为一声之转，故"昆仑"即为"祁连"，是匈奴语"天"的不同音译。

---

① S. Nicholson 前揭书，p. 22。
② M. Eliade 前揭书，pp. 230 – 231。
③ 转引自何新前揭书，第 94 页。
④ 刘小幸前揭书中刘尧汉先生所撰总序《英姿飒爽的"山野妙龄女郎"群》。
⑤ 转引自何新前揭书，第 94 页。
⑥ 〔日〕白鸟库吉：《匈奴民族考》，载《匈奴史论文选集（1919～1966）》，内蒙古语文历史研究室、历史研究室编，1976。
⑦ 《魏书》卷 95·列传第 83。

今宁夏贺兰山之"贺兰"亦属此例。"贺兰"与"赫连"不仅因两者地理上的一致性，也因其音同而可训为同义，即"天"之谓，同样也是萨满教之宇宙山。"贺兰"一词最早出现在唐代，《元和郡县图志》卷四载："山有树木青白，望如驳马，北人呼驳为贺兰"。尽管这一名称由来的解释不足为凭，但这条资料至少告诉我们贺兰山与驳有关。《山海经》中有两处提到驳：

> 北海内……有兽焉，其名曰驳，状如白马，锯牙，食虎豹。
>
> （《海外北经》）
>
> 中曲之山……有兽焉，其状如马，而白身黑尾，一角，虎牙爪，音如鼓，其名曰驳，是食虎豹，可以御兵。
>
> （《西山经》）

驳是萨满教宇宙山上的动物，而在史料记载中也曾提到贺兰山一带产驳。《逸周书·王会》提到宁夏义渠戎曾以驳献给周王："义渠以兹白。兹白者，若白马，锯牙，食虎豹。"注云："兹白，一名驳。"文献记载中只有"中曲之山"和贺兰山产驳，尽管我们不能把它们当作史料来看待，但我们可以通过驳把"中曲之山"和贺兰山联系在一起，或者说《山海经》中的"中曲之山"可能就是后来的贺兰山，因为只有这两个地方"产驳"，且两者均为"宇宙山"。

更能说明贺兰山是"天山"或"宇宙山"以及"宇宙山"居住着各种神灵这些萨满教观念的是贺兰山人面像岩画。贺兰山是我国人面像岩画数量最多、最为集中、制作最精致之处。这些人面像象征着居住在天堂或宇宙山上的天帝和各种神灵，是萨满教中神与魔、天堂与地狱的二元对立中对前者的崇尚的反映[1]。与人面像一起出现的有几种伴生符号：点状、圆圈状和斧的形象。点状和圆圈状应表现的是星云、天体，因为神灵住在天上；斧则是神的威严、权力、法力以及对魔的胜利的象征，即后来的权杖。吐番藏王墓前竖以石柱以象征"天柱"。赤德松赞墓碑的石柱上刻以圆圈（象征日或天）"卍"纹（亦象征太阳）和人面像[2]，而这些人面像无疑是神灵的象征。藏王墓前刻有人面像的石柱与镌以人面像岩画的贺兰山，其文化内涵和象征是一样的。

国外的人面像资料也为我们的分析提供了佐证。加拿大哥伦比亚地区库利海湾（Kulleet Bay）附近有一个叫"萨满池"（Shamans Pool）边的崖壁上，刻有许多人面

---

① 参见汤惠生《关于萨满教及其汉译名称的思考》，《青海社会科学》1996 年第 5 期。

② R. A. Stein 前揭书，p. 201。

像。"萨满池"是当地印第安人的一个圣地，是萨满作法上天入地的地方，同时也是神灵居住的地方①。美国加利福尼亚的楚玛氏（Chumash）印第安人在一个被称为"仪式洞"（Ritual Cave）中绘满了人面像。这些人面像是萨满在进入迷狂（ecstasy）状态后绘制的，表现的正是他们要去拜见的神灵，而该洞也正是通往上天的通道②。他们和洞在这里象征着宇宙"中心开口"或"中心孔"。

"祁连"、"昆仑"、"赫连"、"贺兰"都是古代匈奴语"天"之谓，所以祁连山、昆仑山、贺兰山均为"天山"，亦即萨满教中的宇宙山。信奉萨满教的民族部落都必须在自己居住区周围设立一处"宇宙中心"（或山、或柱、或树、或洞等）来联系天地，以供萨满作法时通天入地之用。如是，古代信奉萨满教的各民族部落都可以拥有自己的宇宙山；而这些民族中的一部分都可能将宇宙山称作"昆仑山"，如果考虑到文化传播特性的话。因此，对于汉代以前的"昆仑山"，我们不能视其为一个具体的地名，而是一个宗教或神话概念。大约是汉代以后，昆仑山才变成一座具体地理山脉的名称③。所以我们应该将汉代以前的昆仑山和汉代以后的昆仑山严格区别开来：前者是一个宗教神话的宇宙概念，即宇宙山，可以是萨满教地区的任何山峰；后者则是一个具体的地名。

如是，有关昆仑山的神话也应从萨满教的角度重新加以研究，即从萨满教二元对立的思维和观念出发，将神系分为天堂和地狱、神和魔、善和恶、光明和黑暗等两种对立象征，前者为肯定因素，后者为否定因素，二者之间存在着永无休止的对立和斗争。而昆仑神话便是围绕着这种争斗而展开的，所以昆仑神话反映的是萨满二元对立的思维形式④。另如颛顼和共工争帝，共工失败后，才"怒而触不周山，天维绝，地柱折"。不周山是"天柱"，是宇宙山，上面住着神灵（在这里颛顼代表肯定因素，共工代表否定因素），所以共工失败后要触不周山，否则便不好理解。这则神话不仅反映了萨满教中

---

① B. and R. Hill, Indian Petroglyphs of the Pacific Northwest, p. 94, BC（Hancock），1974.

② C. Grant, L'arte Rupestre degli Indiani nord-americani, p. 35, Jaca Book, Milano, 1983.

③ 《后汉书·地理志》云："西北至塞外，有弱水昆仑山祠"；《后汉书·郡国志》："临羌有昆仑山"；到了唐代，昆仑山的地理位置又被更加精确地加以界定，《括地志》云："昆仑山在肃州酒泉县南八十里"。不过此处的"昆仑山"指的是今之祁连山，因为汉代以后的祁连山已是一个确定的地理山名了。由此可见，"昆仑"和"祁连"二词是可以互用的。尽管许多学者都认为《后汉书》中所指的"昆仑山"即今之昆仑，但这仍有待进一步研究，因为正如我们上面所讨论的，即使是"西北至塞外"或"临羌"地区，都可能有许多"昆仑山"。"昆仑"、"祁连"、"贺兰"同音同义，却分指"西北至塞外"不同的山脉；此外，唐代广西南宁境内"有山名昆仑"，也是一个旁证。在古代文献中，义同音不同者，或者说不同名称的宇宙山，亦在不少数。仅以专门文献而论，除《山海经》外，东方朔的《海内十洲记》也是一本反映萨满教宇宙观的书。所记十洲，均可视为宇宙山，在此试举一例："瀛洲在东海内，地方四千里……上生神芝仙草。又有玉石，高千丈，出泉如酒……令人长生"。

④ 可参阅汤惠生前揭文。

的宇宙观，而且反映了萨满教的二元对立思维及其观念。

昆仑神话体系庞大，人物众多，而且后世附会其上的人物、事件及文化观念也很多。对昆仑神话的研究是一项艰巨的工作，需要更多的学者参加，也需要作长期的努力。本文若能起到抛砖引玉的作用，笔者将不胜欣喜。

原载《中国社会科学》1996 年第 3 期

六

中国古史与昆仑文化

论炎帝大岳与昆仑山

丁 山

一 论望与封，禅，非祭天地，但祭山神

齐桓公既霸，会诸侯于葵丘，而欲封禅。管仲曰："古者封泰山，禅梁父者，七十二家，而夷吾所记者，十有二焉。昔无怀氏封泰山，禅云云；伏羲氏封泰山，禅云云；神农封泰山，禅云云；炎帝封泰山，禅云云；黄帝封泰山，禅亭亭；颛顼封泰山，禅云云；帝喾封泰山，禅云云；尧封泰山，禅云云；舜封泰山，禅云云；禹封泰山，禅会稽；汤封泰山，禅云云；周成王封泰山禅社首；皆受命然后得封禅。"（《管子·封禅篇》《史记·封禅书》同）证之《墨之·兼爱》中云，"武王将事泰山隧。"又隐八年《春秋》云，"郑伯使宛来归祊"，《左传》云："郑伯请释泰山之祀而祀周公，以泰山之祊，易许田。三月，郑伯使宛来归祊，不祀泰山也。"泰山之祀也远矣！

《礼记·王制》，"天子祭天下名山大川，五岳视三公，四渎视诸侯；诸侯祭名山大川之在其地者"。"故晋人将有事于河，必先有事于恶池；齐人将有事于泰山，必先有事配林。"（均见《礼记·礼器》）《春秋》僖卅一年，"夏，四月，四卜郊，不从，乃免牲，犹三望。"《公羊传》曰，"鲁郊，非礼也。天子祭天，诸侯祭土。天子有方望之事，无所不通；诸侯山川有不在其封内者则不祭也。三望者者何？望祭也。然则曷祭？祭泰山河海。山川有能润于百里者，天子秩而祭之。触石而出，肤寸而合，不崇朝而遍雨乎天下者唯泰山尔。河海润于千里。"山兴云雨，河润桑田，食为民天，民为邦本。此农业时代，食土之君，所以必祀山川百神也。

埃及人尊尼罗河为"生命之水"，苏美尔人尊恩利尔（Enli）为"山家"（E-kur），若干民族之古代，因其所在环境不同，在山祀岳，傍水祀河，神格无常，时因祀之者境迁而异。在我国，则殷祀北海（详《玄冥考》），周享西山（见《周易·随上六》），沈，姒，蓐，黄，守汾洮之祀（见昭元年《左传》），任，宿，须句，守有济之

493

祀（见僖廿一年《左传》），崇山为杞鄐所郊（详《由鲧堙洪水论舜放四凶》篇），东蒙为颛臾所主（详《论语·季氏》），山川所在，民异宗神，国土无常，主终不易，传所谓诸侯祭其封内山川者，窃尝疑与民于宗祀有关。梁山崩，晋侯以传召伯宗。伯宗群重。重人曰，"山有朽坏而崩，可若何；国主山，川，故川竭山崩，君为之不举"（详成五年《左传》）。楚昭王有疾曰，"河为祟"。大夫请祭诸郊。王曰，"三代命祀，祭不越望，江淮睢章，楚之望也。"（详哀六年《左传》）楚望江淮，晋望梁山，方望之兴，殆自游牧时代始。是以无怀、伏羲、神农、炎帝不必有，封泰山禅梁父，其事则古来所不必无。《管子·形势》，"山高而不崩，则祈羊至矣"。又《侈靡》曰，"贤者敬而待之，爱而使之，若樊山神而祭之。"樊山神而事以祈羊，是初民宗祀之常。封禅也者，余敢谓即初民樊山神而事祈羊之遗迹。《尧典》言，"舜受终于文祖；岁二月，东巡守，至岱宗，柴望秩于山川；五月，南巡守，至于南岳，如岱礼；八月，西巡守，至于西岳，如初；十有一月，朔巡守，至于北岳，如西礼。"既云柴于四岳，复曰望于山川，说者以为柴天望地，封禅即祭天地，显与"天子祭天"复而与"天子祭天下名山大川"之说违。余谓祭山川，即祭山川之神。海神曰玄冥，河神曰凭夷，崇高之神曰鲧（另详《论社稷五祀》篇），华岳之神曰谕（见《五藏山经西山》篇），名山大川，各有专神，或祀或郊，各有专典。"禽子问天与地孰仁，墨子曰，翟以地为仁，太山之上，则封禅焉，培塿之侧，则生松柏"（《艺文类聚》引《墨子》佚文）。是封泰山，即祭地神，严格言之，当祀泰山之神，与上帝无与。其以天神居于高山，即以山神为上帝者，创说于巴比伦而大盛于印度，在中国古代则惟炎帝之神格近之。

二 论炎帝太岳、四岳、伯夷皆姜姓

秦穆公归女五人于晋文公，怀嬴与焉。文公欲辞。司空季子曰："昔少典娶于有蟜氏，生黄帝炎帝。黄帝以姬水成，炎帝以姜水成；成而异德，故黄帝为姬，炎帝为姜，二帝用师，以相济也。异德之故也。异姓则异德，异德则异类；异类虽近，男女相及，以生民也。同姓则同德，同德则同心，同心则同志；同志虽远，男女不相及，畏黩敬也。是故娶妻避其同姓"（详《国语·晋语四》），此言族外婚制，以姓为本，则中国之姓，实种族之初名，黄炎异姓，即非同种。为异种故，黄炎之世，即相水火。《吕览·荡兵》，"兵所自来者久矣！黄炎故用水火矣！"《淮南·兵略》申之曰："黄帝尝与炎帝战矣。炎帝为火灾，故黄帝禽之。"黄炎之战，在《大戴礼》言之尤详。其《五帝德》曰，"黄帝治五气，设五量，抚万民，度四方，教熊熊罴貔貅豹虎以与炎帝战于阪泉之野，三战然后得行其志。"炎帝，《周书》则又称为赤帝云，"昔天之初，诞作二后，命赤帝分正二卿，命蚩尤宇少昊。蚩尤乃逐帝，争于涿鹿之阿，九隅无遗。赤帝大慑！乃说于黄帝，执蚩尤，杀之于中冀。"此即司空季子所谓"二帝用师以相济也"。而《五帝德》《吕览》又谓黄炎故用水火者，疑至晚周别有蚩尤即炎帝传说（另详《蚩尤考》）。"晋赵鞅卜救郑，遇水适火。史龟曰，是谓沉阳，利以伐姜，不利子商，伐齐则可，敌宋不吉。史墨曰，炎帝为火师，姜姓其后也。水胜火，伐姜则可。"（详哀九年《左传》）是《吕览》"黄炎故用水火"观所本也。由史墨所谓"炎帝为火师，姜姓其后"，证司空季子所谓"炎帝以姜水成"，则吾人敢信炎帝确为姜姓之祖。

然而，庄廿二年《左传》言，"陈厉公生敬仲，筮之，遇观之否。周史曰，是谓观国之光，利用宾于王，此其代陈有国乎？不在此，其在异国。若在异国，必姜姓也。姜，大岳之后也。山岳则配天，物莫能两大，陈衰，此其昌乎！及陈之初亡也，陈桓子始大于齐；及后亡也，成子得政。"又隐十一年《传》言，"郑伯入许，使大夫百里奉许叔以居许东偏曰，许，大岳之胤也。天而既厌周德矣，吾其能与许争乎？"在春秋初叶，郑庄公及周史并谓齐许诸姜姓国，皆大岳之胤。

周灵王廿二年（即春秋鲁襄公二十三年），王欲雍谷洛，太子晋以为不可，云，"共工欲雍防百川，共工用灭。宗伯鲧称逐共工之过，尧用殛之于羽山。其后伯禹念前之非度，共之从孙四岳佐之，高高下下，疏川导滞，皇天嘉之，祚以天下，赐姓曰姒，氏曰有夏。祚四岳国，命曰侯伯，赐姓曰姜，氏曰有吕。此一王四伯，岂繄多宠，皆亡王之后。有夏虽衰，杞鄫犹在；申吕虽衰，齐许犹在。"（详《周语下》）又襄十四年《左传》言晋将执姜氏戎，范宣子亲数诸朝。戎子驹支对曰："昔秦人负恃其众，贪于土地，逐我诸戎。惠公蠲其大德，谓我诸戎，是四岳之裔胄也。"在春秋后期，周太子晋及戎子驹支则又谓齐吕申许诸姜姓国，并四岳之裔也。

不特此也。郑桓公将东迁，问于史伯。史伯曰，"姜，伯夷之后也。伯夷能礼于神，以佐尧者也。"（详《国语·郑语》考）；姜姓来源之传说，史伯异于太子晋，太子晋异于周史，周史又异于史墨所闻。崔述《考信录》则以《左传》犹为近古云，"按，《左传》原姜姓者二：一，以为炎帝后；一，以为太岳后。或太岳即出于炎帝欤？其说犹可通也。《国语》原姜姓者三：《晋语》谓炎帝姓姜；《周语》谓共工之从孙四岳赐姓姜；但炎帝既姓姜，则非至四岳而赐姓，共工承炎帝后而改制度；则非出于炎帝，明甚！二篇必有一误也。一，《郑语》谓姜为伯夷之后。伯夷与四岳比肩事舜，齐一国安得祖两人乎？大抵《国语》所述姓氏皆不足据。"（详《补上古考信录》卷下《炎帝篇》）余谓姓氏为种族之本，《尧典》为托古之作，据《尧典》以疑《国语》，则四岳伯夷未始不可指为一宗；若自神话遗迹考之，则疑四岳即太岳，太岳即炎帝，皆山岳之神也。

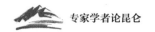

三 论炎帝即烈山氏，烈山氏即伯夷、伯益

炎帝所以为炎，据《管子·轻重戊》云："炎帝（今本误为黄帝）作钻燧生火，以熟荤臊，民食之无兹胃之病，而天下化之。"由于作火熟食，故《淮南·氾论》径云，"炎帝于火，而死为灶。"灶神，祝融也。《白虎通·五行》："夏之言大也，位在南方，其色赤，其帝炎帝，炎帝者太阳也，其神祝融……"是炎帝即火精日神，非祝融。史墨称："炎帝为火师"，郯子称："炎帝氏以火纪（官），故为火师而火名。"（详昭十七年《左传》），盖皆据火精为说，考火字见于卜辞者，有： （《前编》五，第十四页），（同上书，卷，页），（同上书，卷，页），（《龟甲兽骨文字》二，第廿一页），（同上书，卷十一页）诸形。他若炎，焌，焚，尧，诸字偏旁所从，亦莫不如是作。但在铜器铭识中，山父丁觚山字作，克鼎稷山合文亦作。且，"山龙华虫"，《皋陶谟》所谓古人之象也。而桓二年《左传》则谓"火龙黼黻昭其文"。以字形论，山火古文相似，炎帝为火师，得谓即山师。山师，在《春秋》谓之山人（见昭四年《左传》），在《周官》谓之山虞（见《地官》），在《皋陶谟》则谓之虞云，"帝曰：俞！咨！益！汝作朕虞。"《孟子·滕文公》则谓："舜使益掌火，益烈山泽而焚之，禽兽逃匿。"有是因缘，夫而后知火师即掌火，掌火即山虞。故《管子·立政》，省官，"修火宪，敬山泽，虞师之事也。"虞烈山泽，故炎帝又有烈山氏之号。昭廿九年《左传》"有烈山氏之子柱，为稷，自夏以上祀之"。《正义》引贾逵《注》云，"烈山氏，炎帝之号"。烈山氏，《礼记·祭法》作"厉山氏之有天下也。"郑玄《注》亦谓，"厉山氏，炎帝也。起于厉山。"由厉山氏有天下考之，谓即炎帝别号，诚无可疑。若由《左传》不称有天下测之，烈山氏又未始不可指为益之官名。益在《孟子》传说中，不过掌火而已。而《墨子·尚贤》则谓"禹举益阴方之中，授之政，九州成。"是益亦尝佐禹治水矣。佐禹治水者，据太子晋说为共之从孙四岳。余故疑益即四岳之本名。四岳为益之别号。益，《史记·秦本纪》又作伯翳，翳之言蔽也（《管子·小匡》，兵不解翳，注：翳，所以蔽兵。）。目有所蔽谓之翳（《韵集》，翳，目疾也）。《老子》则谓"视之不见名曰夷"，夷翳与益，皆一声之转，字得相通。余故疑能礼于神以佐尧之伯夷，即佐禹治水之伯益；佐禹治水之伯益，即为舜掌火之益；为舜掌火之益，即为火师之炎帝，亦即有天下之烈山氏。《吕刑》，吕王所作刑书也，首数"伯夷降典，折民惟刑"，疑即述祖德之辞。史伯所谓姜为伯夷之后，当即本此。盖传说之人，时地不同，所传说之人物名号，遂因时而异，因地而异，往往一人之名，衍为数字，一人故事，演

为各相，一部中国上古史所以冲突矛盾，不易理董者此也。为便省览，附炎帝名号演化表如次：

炎帝——火师——掌火——烈山氏——山虞——虞——益——伯翳——伯夷

若郯子云，炎帝以火纪官，疑即"炎帝为火师"传说之误。火师即山虞，故炎帝为火神，又为山神。

四　论火山为岳，岳即太岳，因岳用禘礼，遂又号炎帝

知山火古本一字也，则叠火为炎，炎即重山。重山于《说文》无征，但，常见卜辞云：

> 庚午，烄于⊗，又从，才雨。烄于⊗，亡从，才雨。
> 壬申贞，萃年于⊗。壬申贞萃年于河。（《卜辞通纂》二五九版）
> 贞之于·⊗。（《龟兽文字》二，第二十页）
> 贞勿烄于·⊗。（《后编下》四十页）
> 癸卯卜贞告·⊗。（《藏龟》二六七页）

·⊗⊗诸形，孙诒让谓即岳之古文云，"⊗下从山，上则象其高峻□峭，与丘形相迹，盖于山之上更为丘山，再成重累之形。许书古文作⊗，即此字变↑为几几者"（《原名》）。罗振玉则谓·⊗，从羊，从火，是羔字（《殷契考释》）。近世言卜辞者率依违两家之说，犹疑不决，余谓孙氏以⊗下⊔为山，诚失之间；罗氏以↑为羊，以未为得；二角为羊，↑非二角，由⊗上言，几几固象连峰层峦，实山字也。山下有火，燔柴于岳之象，孙氏释岳，信也。

岳之见于《尧典》者，固分岱宗及南岳、西岳、北岳；但，《诗·大雅》则谓，"嵩高维岳，峻极于天，维岳降神，生甫及申。"未尝有东西南北之分，惟指嵩高。嵩高，《汉书·地理志》作崈高，宋庠《国语补音》云"崈，古崇字。"《国语·周语》"昔夏之兴也，融降于崈山"。崇山当即诗之嵩高。融，韦昭注云："祝融也。"祝融本为灶神，在周代已传为火神之通名。火神，炎帝也，而降于嵩高。此炎帝所以有大岳之名欤。许，大岳之胤也，《地理志》谓其国在颍川，最近于嵩高，《史记·齐世家》："太公望吕尚者，其先祖尝为四岳，虞夏之际，封于吕；或封于申。"《索隐》曰："《地理志》，申在南阳宛县，吕亦在宛县之西。"南阳者，谓在外方山之南，《地理志》所谓

"古文以崧高为外方山"也。姜姓诸国，齐分自吕；而吕与申许，并在崧高附近，是知嵩高维岳，本申吕许国之望，以国望之山，为民族宗神，此一般古代人之自然习惯也。变民族宗神为生民先祖，亦古昔先民之常科。《诗》曰："维岳降神，生甫及申。"此岳神者，明为大岳；而春秋士大夫何又谓之炎帝？帝者，上帝也，天神也，天之苍苍，远无极也，而世人辄曰："终南太白，去天三尺"，《韩非·外储说右上》："秦昭王令工施钩梯而上华山，以松柏之心为博，箭长八尺，棋长八寸，而勒之曰，昭王尝与天神博于此。"是，先秦人诚有天神居于高山之说矣。则《尧典》言柴于四岳，亦以四岳积高，天神所宅，故特燔柴为祭。燔柴，殷人谓之烎。卜辞既数称"烎于岳"矣，又曰：

> 贞，帝令雨，弗其足年？帝令雨足年，贞，莘年于岳。（《前编》一，页五一）
> 丙辰卜，罔贞，帝于岳。（《卜辞通纂别录》二，田中二）

帝令雨，上帝令雨也；帝于岳者，以郊之礼祀山岳也。岳与上帝，神格不同，而殷人以禘天神之礼祠山岳，证诸嵩高云，"峻极于天"，史伯出："山岳则配天，"宜亦以山岳为天神上帝所宅。然则，烎下从火，象征燔柴祭天也；其上从山，实象层峦峻极。取谊层峦峻极，至高且大也，谓之太岳；取谊燔柴祭天，火之熊熊也，则为炎帝。炎帝之与太岳，因火山为岳，别为二名，"掌火"一名，"山虞"，固其的解，炎帝姜姓，固以姜姓诸侯，宠神其祖，山岳则配天矣。

五 论太岳之后，分为齐、吕、申、许四国，因讹太岳为四岳

《尧典》言舜巡守四方，柴四岳，无中岳。司马侯论九州之险，亦首称四岳，次言三涂、阳城、太室、荆山、中南，不言嵩高（详昭四年《左传》）。说者以为太室即中岳，且曰："《白虎通》云：岳者，粗也，粗功德也。言天子时巡至于方岳，粗考诸侯之功德，而行赏罚也。"然则方岳所在，必各视诸侯之便，俾不艰于行。东方诸侯会于岱，南方诸侯会于衡，西方诸侯会于华，北方诸侯会于恒；虽少有远近之殊，而要不甚相远，未有不便者也。此四岳之名，唐虞夏商周历代所不变也。至于中岳，非巡狩朝会之所，特为帝都之镇，以其在邦畿之中，谓之中岳，中岳之名，历代随帝都而移焉。尧都平阳，舜都蒲坂，禹都晋阳，皆在冀州之域，故并以霍太山为中岳，殷都西亳，在豫州之域，故以嵩高为中岳，周武王都镐，在雍州之域，故以山岳为中岳（详金鹗《求古录·礼说》）。此说足补《尧典》之阙，匡司马侯之谬；验以《禹贡》云："导壶

口雷首至于太岳。"太岳诚在唐虞邦畿之中。验以"嵩高维"之岳诗，则宗周之世，明有嵩岳，所谓"殷以嵩高为中岳"，显与经违。再以地理志言，恒山在代郡，春秋时犹陷戎狄；衡山在长沙国，春秋时犹属蛮夷；夏巡守至于衡山，冬巡守至于恒山，非宗周贤王所可梦见，况夏殷以前乎？夏后氏疆域不可知，其都邑大抵在崇高山附近；殷商疆域不可知，其都邑大抵沿渤海，经薄姑（即今山东临淄），经奄（即今曲阜）而入殷虚（今河南安阳县。另详《论三代都邑》）。《尔雅·释山》所谓五岳者，除嵩高岱宗外，余非夏殷踪迹之所及。不特五岳之说，有待辨证，即《封禅书》释《尧典》云"南岳，衡山也；西岳，华山也；北岳，恒山也"，亦非司马侯所谓四岳也。

司马侯所谓九州之险，中南在扶风武功，荆山在南郡临沮，距成周（即洛阳）稍远。余若大室、阳城、三涂均在颍川，密迩洛邑（此就汉《地理志》为说）。周武王克殷，升汾之阜，以望商邑，谓周公曰："我图夷兹殷，自洛汭延于伊汭，居阳无固，其有夏之居，我南望过于三涂，北望过于岳鄙，顾瞻过于河，宛瞻于伊洛，无远天室。"（详《周书·度邑》）天室即太室，阳即阳城，三涂之名同于司马侯所称九州之险；则司马侯所谓四岳者，可指为武王所望之岳鄙。岳鄙者，嵩高边鄙也，嵩高维岳，司马侯何以谓之四岳？考之《春秋》内外传，若太子晋、戎子驹支、司马侯皆生于成、襄以后，言四岳；庄、闵以前，若郑庄公及周史则言太岳；余故不能不疑太岳为嵩高本名，至春秋后期，士大夫习闻齐、吕、申、许四国为太岳后，因讹太岳为四岳矣。《尧典》成书于秦汉之际，儒者习闻四岳，既讹传舜巡四方，为粗诸侯功德于方岳之下；复因方属其名同于太岳化身之四岳，且四岳在太子晋口中已明白解为四伯；于是马融《汉书·百官公卿表》"四岳谓四方诸侯"，郑玄《尚书注》有"四岳，四时官，主方岳之事"（《史记集解》引）之说。其实太子晋所谓"四伯"，即"申吕难衰，齐许犹在"，宗周时所存姜姓四国也。齐太公名吕尚，齐之立国，明分自吕；若在殷商，姜姓部族，三伯而已。

有是因缘，故敢断言四岳演自太岳。太岳，嵩高山神也。

因夏殷以来，祷雨嵩高，乃有四岳佐禹治水神话（另详《禹平水土本事考》），若夫方岳之事，巡守之礼，则疑造说于战国末叶，而成事实于秦汉之际。春秋以前，文不足证。

六 论方岳之说演自昆仑山神话

殷人蔡年于岳，祈雨于岳，虽有岳祠，未尝言方。周起西土，王用享于西山（详《周易·隋上六》）或享歧山（详《周易·升六四》），逮周公依天室，营成周，始因殷岳为岳，而有嵩高维岳之说。康叔封卫，"取相土东都，以会王东蒐。"（详定四年《左传》）杜《注》以为"王东巡守，以祭泰山"。证之"郑伯请释泰山之祀而祀周公，以泰山之祊易许田"（详隐八年《左传》）；则《封禅书》谓"周成王封泰山，禅社首"，其事甚确！然而泰山自泰山，未尝称东岳。即在鲁僖公，作《閟宫》，亦但曰："泰山岩岩，鲁邦所瞻"，不称泰岳或岱宗；是知泰山为岳，谅不著于春秋。春秋以前，周之疆宇，南不过巴、濮、楚、邓，北不过肃慎、燕亳（详昭九年《左传》），北恒南衡，俱在夷狄，泰山岐山，纵与嵩高并岳，亦难言五；是知"五岳"之说，决非春秋时代所宜有。《吕览》有始称天下大山者九，曰：会稽、太山、王屋、首山、太华、岐山、太行、羊肠、孟门，亦阙衡恒。惟《史记·楚世家》云："秦席卷常山（即恒山，汉避文帝讳，改名），必折天下之脊。"《赵世家》云："从常山上□代，代可取也。"恒山之显，明由赵代。若衡山，秦始皇廿八年尝一临之。但，《本纪》谓"过彭城，乃西南渡淮水，之衡山"，然后言"浮江，至湘山祠。"是始皇所临衡山，在淮南，非江南之衡，实即《尔雅·释山》所谓"霍山为南岳"。南岳则见于《楚辞·天问》云："吴获迄古，南岳是止，孰期去斯，得两男子？"王逸《章句》谓咏吴太伯让位王季事。按，《吴世家》，太伯仲雍奔于荆蛮。荆蛮者，荆山之蛮也。则《天问》所谓南岳，实指荆山，不在南嶷，又异于《尔雅》所传之五岳矣。然据此南岳，以论方岳，方岳故事，当不能成说于六国之后。

六国之时，天下纷争，《尚书大传》所谓五岳者，岱山在齐，霍山在楚，华山在秦，恒山在赵，惟嵩高近于周室。时，周室陵夷，不亡者仅，纵有方岳之说，莫修巡守之典。"及秦并天下，令祠官常奉名山大川，自崤以东，名山五，曰太室、恒山、泰山、会稽、湘山。自华以西，名山七，曰华山、薄山、岳山、岐山、吴岳、鸿冢、渎山；而四大冢，鸿、岐、吴、岳，皆有尝禾。"（详《封禅书》）冢之见于《五藏山经》者十五，《西经》曰："华山，冢也。"《中经之首》曰："历儿，冢也。"《中次七经》曰："苦山、少室、太室，皆冢也。"《中次九经》曰"文山句栏，风雨魃之山，是皆冢也。"《中次十经》曰："堵山，冢也。"《中次十一经》曰："玉山，冢也。"《中次十二经》曰："夫夫之山，即公之山，尧山，阳帝之山，皆冢也。"冢者，《小雅·十月》"山冢崒崩"，《传》："山顶曰冢。"山顶众矣，而秦特尊鸿岐、吴岳者，为其近咸阳也。若，《山经》之冢，夫夫属湘山，玉属荆山，堵属首阳，文山属岷，太室属嵩，历儿属霍，太华属华，尽天下名山而为冢，失近帝都之意。吾知《山经》为书，颇杂秦制矣。《山经》于《西次三经》"槐江之山"云："东望恒山"，《北山经》忽变言北岳之山。又，《中次六经》之末曰"凡缟羝山之首，自平逢之山至于阳华之山，岳在其中，以六月祭之，如诸岳之祠法。"诸岳维何？恒为北岳以外，《山经》未有明文；即"岳在其中"，亦不知所指。如谓阳华，则与华冢复；如谓密山，则与太室复；叙次名山，每无伦纪，此《山经》之常也。然其为书，南会稽而西太华，北太行而东泰山，列荆山于《中经》，虽有似于楚人之作，而颇不同《楚辞·远游》。且始皇所分华西七山，若薄山、汶山（即岷山，亦即渎山）赫然列于《中经》；而《中经》之洞庭，即始皇所亲临之湘山；有此因缘，吾故又疑《五藏山经》杂集周秦列国图籍为书，而托名于禹益，故其为文，不主方岳，而寓方岳于"五藏"之中。《山经》体例，余尝谓其摹拟印度大史颂之《罗摩衍那》；则方岳之说，余又不能不疑为须弥山之变相。须弥山；即昆仑矣。

七　论昆仑山为帝之下都·演自印度三十三天宫

昆仑一名，见于先秦载记者，旧说涵有二义：《禹贡》，"织皮，昆仑，析支，渠搜，西戎即叙"此西戎部族之名也。《庄子·大宗师》云："堪坏得道以袭昆仑"，《九歌·山鬼》云："登昆仑兮四望，心飞扬兮浩荡"；昆仑即《战国·赵策》所谓"昆山之玉"之昆山，昆山何在？据屈原《离骚》云："遭吾道夫昆仑兮，路修远以周远"；又，《天问》云："昆仑悬圃，其居安在？"似极荒远神秘，人迹鲜至。而《禹本纪》言"河出昆仑，昆仑，其高二于五百余里，日月所相避隐为光明者也，其上有醴泉瑶池。"（《史记·大宛传》引）《汉书·地理志》则谓金城郡临羌西北塞外有昆仑山祠。"如以昆仑山祠定昆仑所在，则《水经·伊水注》云："伊水又东北径伏流岭东，岭上有昆仑祠，民犹祈焉。"昆仑或在中州矣。不宁惟是。

《山海经》言昆仑者不暇十数，大抵列于《西山》，而《海外南经》忽云："岐舌国，昆仑虚在其东，虚四方。羿与凿齿战于寿华之野，羿射杀之，在昆仑虚东。羿持弓矢，凿齿持盾。"《水经·温水注》亦谓"元嘉元年，交州刺史阮弥之征林邑，纵横昆仑。"则南越境内，亦有昆仑。不宁惟是。

《海内北经》云："西王母梯几□戴胜杖。其南有三青鸟，为西王母取食。在昆仑虚北。"又云："昆仑虚，南有氾林，方三百里。"此氾林也，近从极之渊。渊在经文明言"冰夷恒都。"冰夷，郭注谓"冯夷也，即河伯"。《穆天子传》："天子西征，鹜行至于阳纡之山，河伯无夷之所居，是惟河宗氏。"无夷即冯夷。是阳纡附近，古亦有昆仑之虚矣。穆王至河宗氏，河宗号之帝曰："穆满，示汝春山之瑶。诏汝昆仑□舍四，平泉七十，乃至于昆仑之邱，以观春山之瑶。"

赐汝晦（详《穆传》）。穆王受命，复西征。

戊午，天子已饮而行，遂宿于昆仑之阿，赤水之阳，爰有桂鱼鹉鸟之山。天子

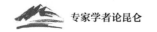
三日舍于鹊鸟之山。

吉日辛酉，天子升于昆仑之邱。以观黄帝之宫，而封丰隆之葬，以诏后世。癸亥，天子具蠲牲全，以禋□昆仑之邱。

甲子，天子北征，舍于珠泽，以钓于流水。珠泽之人乃献白玉石。……天子□昆仑，以守黄帝之宫，南司赤水而北守舂山之瑶。……天子与之黄牛二六，以三十口人于昆仑丘。

季夏丁卯，天子北升于舂山之上，以望四野，曰：舂山，是唯天下之高山也。藂木华不畏雪。天子于是取藂木华之实，持归种之，曰：舂山之泽，清水出泉，温和无风，飞鸟百兽之所饮食，先王之所谓悬圃。天子于是得玉荣枝斯之英曰：舂山，百兽之所聚也，飞鸟之所栖也。爰有□兽食虎豹，如麋而载骨。盘□始如□，小头大鼻。爰有赤豹白虎，熊黑豺狼，野马野牛，山羊野豕。爰有白青雕，执犬羊，食鹿豕。曰：天予五日观于舂山之上，乃为铭迹于悬圃之上，以诏后世。（《穆天子传》卷二）

昆仑之邱，有黄帝之宫；舂山之上，有不凋之华，枝斯之玉，食虎之兽，执犬之雕；其上更有先王所谓悬圃；穆王所见之昆仑悬圃，大略如是。证之《庄子·天地》云："黄帝游乎赤水之北，登乎昆仑之邱，而南望还归，遗其玄珠。"昆仑之邱，诚为黄帝登临之所，宜有黄帝之宫。愿在《山海经》则谓昆仑为帝之下都，云：

槐江之山西南四百里，曰昆仑之邱，是为帝之下都。神陆吾司之。其神状，虎身而九尾，人面而虎爪。是神也，司天之九部，乃帝之圃时。有兽焉，其状如羊而四角，名曰土蝼，是食人，有鸟焉，其状如蜂，大如鸳鸯，名曰钦原，蠚鸟兽则死，蠚木则枯。有鸟焉，其名曰鹑鸟，是司帝之百服。有木焉，其状如棠，华黄，赤实，其味如李而无核，名棠沙棠，可以御水，食之使人不溺。有草焉，名曰蘋草，其状如葵，其味如葱，食之已劳。河水出焉，而南流，东注于无达。赤水出焉，而东流，注于汜天之水。洋水出焉，而西南流注于丑涂之水。黑水出焉，而西流于大杅。是多怪鸟兽。（《五藏山经·西三经》）

海内昆仑之虚在西北，帝之下都。方八百里，高万仞，上有木禾，长五寻，大五围。面有九井，以玉为槛。面有九门，门有开明兽守之。百神之所在，在八隅之岩，赤水之际，非仁羿莫能上冈之岩。赤水出东南，以行其东北，西南流，注南海厌火东。河水出东北隅，以行其北，西南，又入勃海。又出海外，即西而北，入禹所导积石山。洋水、黑水出北西隅以东，东行，又东北，南入海羽民南。弱水、青水出西南隅以东，又北，又西南过毕方鸟东。昆仑南渊，深三百仞。开明兽，身大，类虎，而九首，皆人面东向，立昆仑上。（《海内西经》）

帝之下都者，郭注云："天帝都邑之在下者也。"既曰天帝，何以山居？故毕沅《新校正》据《穆传》及《庄子》仍谓"帝者黄帝"。黄帝者，皇天上帝之别名也（另详《明堂五帝论》）。在苏美尔人谓之暴风雨之主（Enlil），在印度则谓之三十三天，正居须弥山顶。余故疑昆仑之邱，黄帝之宫，即印度传说，须弥山顶之三十三天宫；战国时代所盛传之昆仑，全由印度须弥山神话演来。

八 论须弥山四大天王即秦畤四帝所本

须弥山原名 sumeru，《大唐西域记》译为苏迷卢云："唐言妙高，旧曰须弥，又曰须弥楼，皆讹。"其为山也，《世记经阎浮提品》则尊为须弥山王云：

> 须弥山王入海水中八万四千由旬；出海水上，高八万四千由旬；下根连地，多固地分。其山直上，无有阿曲，生种种树，树出众香，香遍山林。多诸圣贤，大神妙天之所居止。
> 其四埵高四万二千由旬，四大天王所居宫殿，有七重宝城，栏楯七重，罗网七重，行树七重，诸宝铃乃至无数。众鸟相和而鸣，亦复如是……
> 须弥山北有天下，名郁单曰，其土正方，纵广一万由旬；人面亦方，像彼地形。须弥山东有天下，名弗于逮，其土正圆，纵广九千由旬；人面亦圆，像彼地形。须弥山西有天下，名俱耶尼，其土形如半月，纵广八千由旬；人面亦尔，像彼地形。须弥山南有天下，名阎浮提，其土南狭北广，纵广七千由旬；人面亦尔，像彼地形。
> 须弥山北面，天金所成，光照北方；须弥山东面，天银所成，光照东方；须弥山西面，天水精所成，光照西方；须弥山南面，天琉璃所成，光照南方。（《长阿含经》卷十八引）

所谓大神妙天，其他经典，或曰三十三天。三十三天居须弥山顶，四大天王居于山之四埵，《楼炭经》及《大智度论》俱如是云。《正法念处经》则言之尤详，且次须弥山王于四大部洲之西方云：

复次，见六万金山，须弥山王，住在其中，持诸罴天，楼迦足天，三荃筷天，四天王天，住此山上。于此山上，有如意树，随天所念，皆从树生。一切禽兽，身皆金色，多有众花，曼陀罗花，拘赊耶花。于山四埵，有四大林：一，名欢喜林；二，名杂殿林；三，名鲜明林；四，名波利耶多林。欢喜园中，有大树王，名波利耶多，于此树下，夏四月时，受五欲乐，游戏自娱。四天王天，于欢喜园，游戏受乐，故名欢喜园……

须弥山王向阎浮提一方之面，毗琉璃宝，以毗琉璃光照力故，令阎浮提仰观虚空，皆作青色。须弥山王向瞿陀尼一方之面，真金所成，令瞿陀尼仰观虚空，皆作赤色。须弥山王向弗婆提一方之面，白银所成，令弗婆提仰观虚空，皆作白色。须弥山王向郁单越一方之面，颇梨所成，令郁单越见空清净，白光明色。

复次，见须弥山王，有三十三天，住在山顶，所受行乐，不可具说。城名善见。纵广十千由旬，七宝庄严，因陀青宝、金刚、车菜（或为阵蹂，编者按）、赤莲花宝、柔软大宝，以为庄严。有善法堂，广五百由旬，毗琉璃珠，以为栏楯，真金为壁，一切门户，亦复如是，以切庄严，严饰殿堂，释迦天王，住善法堂，以善业力，受相似乐……

须弥西面，名曰没山。日至此山，阎浮提人谓之日没，故名没山。

此日没山，即《西域记》所谓"据金轮上，日月之所回泊。"亦即《禹本纪》所谓"日月所相避隐为光明"者也。由须弥山王所向方面，颜色不同演为四大天王："东方天王曰提头赖吒，城号上贤；南方天王曰毗娄勒，城号善见；西方天王毗娄博义，城号周罗；北方天王，名毗娑门，凡住三城，一号畏，二名天敬，二名众归。四天王承先世善，得生天上。"（详长阿含经》卷二十，《楼炭经》略同）。《立世阿毗昙论》亦云："四天王有四种色，有绀，有赤，有黄，有白，一切欲界诸天，皆亦如是。"（《法苑珠林》卷三引）此四大天王者，拟以中国五帝神话，则南方毗娄勒，青色（即绀色），青帝也；西方毗娄，博义，赤色，赤帝也；东方提头赖吒，白色，白帝也。北方毗娑门又为白色，未始不可以秦時黄帝当之。故余尝疑：

秦襄公居西埵，自以为主少皞之神，作西畤，祠白帝。文公梦黄蛇自天下属地，其口止于鄜衍，作鄜畤，郊祭白帝，其后秦宜公作密畤于渭南，祭青帝。秦宁公作吴阳上畤，祭黄帝；作下畤，祭炎帝（详《史记·封禅书》）。

秦时之白青黄炎四帝，渐自印度四大天王变来（另详《明堂五帝论》），不独昆仑山黄帝之宫演自须弥山大神妙天而已也。

九　论须弥山与昆仑山神格风物多相同

《正法念处经》次须弥山王于四大部之西，《山海经》亦多列昆仑山于西山；《念处经》叙三十三天之前，先详四天王天，《山海经》虽无四大天王明文，但《五藏山经》记"昆仑为帝之下都"前亦有如是之记载，云：

> 槐江之山，邱时之水出焉，而北流注于泑水。其中多蠃母，其上多青雄黄，多藏琅玕黄金玉。其阳多丹粟，其阴多采黄金银。实惟帝之平圃。神英招司之。其状马身而人面，虎文而鸟翼，徇于四海，其音如榴。南望昆仑，其光熊熊，其气魂魂。西望大泽，后稷之所潜也；其中多玉，其阴多摇。北望诸毗，槐鬼离仑居之，鹰鹯之所宅也。东望恒山四成，有穷鬼居之，各在一搏，爰有淫水，其清洛洛。有天神焉，其状如牛而八足，二首，马尾，其音如勃皇，见则其邑有兵。（《西山经》）

以牛为天神，说始巴比伦（巴比伦赞歌中常称恩利尔为可喜壮牛），《梨俱吠陀》尝称雷神因陀罗之母云为牝牛，《山经》言天神状如牛，非传自巴比伦，必来自印度。尤可注意者，北方槐神（即槐鬼）名离仑，音正近于毗娄勒（Virudhaka）。毗娄勒在《大史颂》及《楼炭经》中为南方天王，在《念处经》中则列于北方洲白银山中。《山经》所谓"诸毗，槐鬼离仑居之"，颇疑为北望"诸□，槐神毗离仑居之"传说之误？毗离仑音更近毗娄勒矣。由离仑音同毗娄勒论槐江之山四望，当可谓东望，即须弥山王向东方之面；南望，即须弥山王向南方之面；西望、北望，即须弥山王向西向北之面；所谓槐江之山实同《念处经》之六万金山，六万金山有四大园林，为四天王天欢娱游戏之所，正《山经》所谓"槐江之山，实惟帝之平圃"矣。平圃，《穆传》谓之悬圃，《天问》亦谓悬圃云："昆仑悬圃，其居安在？增城九重，其高几里？"《水经·河水》篇曰："昆仑虚高万一千里。"《淮南·地形》亦曰：

> 禹以息土壤洪水，以为名山，掘昆仑虚以下地，中有增城九重，其高万一千里百一十四步二尺六寸。上有木禾，其修五寻。珠树、玉树、璇树、不死树在其西；沙棠、琅玕在其东，绛树在其南，碧树、瑶树在其北。旁有四百四十门，门间九纯，纯丈五尺。旁有九井。玉横维其西北之隅。北门开以纳不周之风。顷宫、旋

室、悬圃、凉风、樊桐，在昆仑阊阖之中，是其疏圃……昆仑之邱，或上倍之，是谓凉风之山，登之而不死。或上倍之，是谓悬圃，登之乃灵，能使风雨。或上倍之，乃维上天，登之乃神，是谓太帝之居。

如《淮南》说，增城万一千余里，上倍为凉风，再上倍为悬圃；再上倍为太帝之居，太帝之居，高约八万八千余里，与《世记经》所谓"须弥山王出海水面，高八万四千由旬"数字约略相当。有此因缘，余故敢言昆仑山神话，完全蜕变于须弥山。

为便省览，兹将须弥山与昆仑山之神格风物相似者作简明比较表如次：

须弥山	昆仑山
(1)《念处经》次于四大部洲之西。	《五藏山经》次于《西山经》。
(2)高八万四千由旬。	太帝之居，高八万八千里。
(3)三十三天(即大师妙天)住在山岭。	升昆仑之邱以观黄帝之宫。
(4)山之四埵，有大四园林。	槐江之山，实惟帝之平圃。
(5)四大天王变自须弥山王四方之面。	槐江之山可以四望，有穷鬼各在一搏。
(6)四天王天居四埵。	虚四方。
(7)北方天王名毗娄勒。	北望诸毗，槐鬼离仑居之。
(8)西面名曰没山。	日月所相避隐为光明。
(9)多诸贤圣。	百神之所在。
(10)四大天王所居宫殿有七重宝城，栏楯七重。	增城九重，旁有九井，以玉为槛。
(11)善见城纵广十千由旬。	虚方八百里。
(12)因陀青宝，金刚砗磲赤莲花宝以为庄严。	珠树在西，沙棠在东，绛树在南，碧树在北。
(13)一切禽兽，身皆金色。	百兽之所聚也，飞鸟之所栖也。
(14)多有众花，曼陀罗花，拘赊耶花。	孽木华，不畏雪。

犹有说者：须弥山在印度人想像中日月回旋其周围，世界以此为分疆，正中国所谓宇宙之中心。《水经》则曰"昆仑虚，去嵩高五万里，地之中也"。《河图》则曰"昆仑，天中柱也。"此昆仑须弥根本相同之点也。若《海内南经》所谓"昆仑虚南有汜林"，尤近《念处经》"于山四埵有四大林"之说。汜林也者，窃疑即梵（Brahman）之音译矣。

十　论昆仑一名西俞，西俞即须弥之对音，故知山神名□即是须弥山王

何谓昆仑？

《尔雅·释丘》"丘，一成为敦丘，再成为陶丘，再成锐上为融丘，三成为昆仑

丘。"郭注："昆仑山，三重，故以为名。"三重者，《水经·河水注》引《昆仑说》云："昆仑之山三级：下曰樊桐，一名板桐，二曰悬圃，一名阆风；上曰层城，一名天庭，是为大帝之居。"此其说，实出《淮南·地形》，而异于东方朔《十洲记》。记曰："昆仑山，在西海之戌地，北海之亥地。东南接积石圃，西北接北户之室，东临大阔之井，西南接承渊之谷，此四角大山，实昆仑之支辅也。山高平地三万六千里。上有三角，面方广万里。形如偃盆，下狭上广。其一角正北，干辰星之辉，名曰阆风岭。其一角正西，名曰玄海台。其一角正东，名曰昆仑宫，其处有积金为天墉城，面方千里，天帝之所居也。"（《水经·河水注》引）如东方朔说，三成即三角，考之神仙家言蓬莱方丈瀛洲，似矣！验以《穆传》《山经》，则未尝有三角之说，亦无三级之分。昆仑悬圃，二成面已。是知"三成"之邱，决非昆仑本谊。

首疑昆仑为阿耨达太山者，释氏《西域记》也。记曰："阿耨达太山，其上有大渊水，宫殿楼观甚大焉。山即昆仑山也。《穆天子传》曰，天子升于昆仑，观黄帝之宫，而封丰隆之葬。丰隆，雷公也。黄帝宫，即阿耨达宫也。其山出六大水。"（《水经注》引）《康泰扶南传》曰："恒水之源，乃极西北出昆仑山中，有五大源，诸水分流皆由此五大源。"郦道元注《水经》因谓"《泰传》亦知阿耨达山即昆仑山"，而辨之曰："阿耨达六水，葱岭于阗，二水之限。与经史诸书，全相乖异。"余按：烈维《正法念处经》校勘云："释藏中北方四大河皆从阿耨达地流出：一，为殑伽，即恒河也。一，为辛头，即印度河也。一，为缚刍，即古之斯陀，今之阿穆河也。哇特斯（Watters）注大慈恩寺《玄奘法师传》谓此河即塔里木（Tarim）河。塔里木河，中国注家谓即黄河之上流。"据《禹本纪》《山海经》河出昆山，则《西域记》谓阿耨达即昆仑山，准之地望，实无不合。特阿耨达梵名为 Anavatapta，与昆仑声类远隔，殊难考信。

考，《汉书·律历志》："黄帝使伶伦自大夏之西，昆仑之阴，取竹之解谷。"昆仑之阴，《吕览·古乐》作阮隃之阴。毕沅《山海经新校正》谓"阮即代郡五阮关，隃即西隃雁门。"西隃，不其簋铭作西俞，云"验方严允，广伐西俞，王命我羞追于西"。王国维考释云：

> 西俞，谓宗周以西山地。《尔雅·释地》："北陵、西隃，雁门是也。"郭注，"即雁门山也。"《穆天子传》："天子西征，乃绝隃之关磴。"郭注，"隃，雁门山也。"以《穆传》所纪地望准之，郭说颇合。然雁门即名隃，不得复名西隃。疑《尔雅》"雁门是也"四字，乃汉人旁注之字误入正文者。然《说文》所引固已然矣。余意《说文·阜部》隃阮诸字皆古代山阜之通名。隃者，逾也，凡山地之须逾越而过者皆可谓之隃，亦谓之阮。《吕氏春秋·古乐篇》：阮隃，《汉志》《说苑》

《风俗通》皆作昆仑。徐锴本《说文》阮字注下有"读若昆"之字；是昆仑亦名阮隃。又在大夏西，则阮隃非雁门也。《史记·赵世家》："秦及晋分先俞于赵。"《集解》引《尔雅》西隃释之。《正义》亦云："西先声相近。"然此时秦赵之界不得东至雁门，则先俞非雁门也。秦九原郡之地，古称榆中，隃亦俞之假借。其地，在秦为九原郡，在汉为五原郡，而《广韵》作五阮郡，则原又阮字假借。《说文》阮字下云："代郡，五阮关也。"则代郡又有五阮。又《淮南·地形》：九塞之中有荆阮。高注："荆阮在楚"。则古时凡山地之当通路者皆名之曰隃曰阮，实公名而非专名。故西北地名之以俞若榆名者，不可胜计。泉曰俞泉，次曰榆次，溪曰榆溪，山曰俞山，谷曰榆谷，实皆以山地得名……（《金文考释五种》）

如王氏说，昆仑亦古代山阜之通名。昆仑何由音转为阮隃、西俞、先俞？王氏未详。余则疑西俞、先俞皆苏迷卢之对音；昆仑者，西北某一民族语之火山矣。

苏迷卢，唐言妙高，与《穆传》所谓"舂山，是为天下之高山"，《尔雅》所谓"山三成为昆仑邱"，其谊大同。昆仑，或作西俞，或作先俞；俞模古音相近，西俞例得转为西膜，《穆天子传》："黑水，西膜之所谓鸿鹭"。又曰："苦山，西膜之所谓茂苑。"又曰："觞天子于文山，西膜之人乃献食马三百，中羊二千。"西膜明为西北游牧民族。但，郭璞注则谓："西膜，沙漠之乡，以言外域人名物，与中华不同。"刘师培《补释》则谓："西膜即白色民族塞米的（Semitic）之译音"。余谓西膜即苏迷卢之对音。《庄子·让王》："务光乃负石而自沉于卢水。"卢水，《吕览·离俗》作募水。苏迷卢，梵文作（Sumeru），省其语尾 ru 即成须弥。须弥、西膜，声纽全同，西俞、先俞固皆苏迷卢之声转。《海内北经》所谓昆仑虚者疑即"秦分先俞于赵"之先俞。先俞之俞，既为古代山阜之通名，则汉之五阮郡内阴山，未始不可指即《海内北经》之昆仑虚。若夫代郡五阮关，以"阮读若昆"昆古通为浑例之，当在今浑源附近。浑源，因郊浑水得名。《水经·漯水注》："如浑水出凉城旋鸿县，南与武州川水会。武州川东历故亭北，右合火山西溪水。水导源火山，山上有火井，南北六七十步，广减尺许，源深不见底。炎势上升，常若微雷发响，以草囊之，则烟腾火发。……其山以火从地中出，故亦名荧台。"荧台何在？今虽莫指，然今浑源之南，有东台、西台、南台、北台、中台五山，俗谓之五台山。五台谊近须弥山与其四埵，而名近于五阮。五阮，《穆传》谓之隃关：以是知隃关之隃，亦有四隅五方之义，形近于须弥山王。余故曰：先俞、西俞者，Sumeru 之初译也。须弥山为大神妙天之居，一名须弥山王，山王者，山神也。《管子·小问》："桓公北伐孤竹，未至卑耳之溪，十里，见人长尺，而人物具焉，冠，右祛衣，走马前，疾。公曰：事其不济乎？管仲对曰：臣闻登山之神，有俞儿者。霸王之君兴，而登山神见。"登山神俞儿，《五藏·西山经》谓之瀚。瀚之名义当因先俞、西俞而得。以西俞为山神正同于须弥山王之在须弥山，然则，《山经》言："瀚，山神也"，亦自须弥山王神话演来。故论须弥瀚与西俞名义之关系，可以为中心，列表如次：

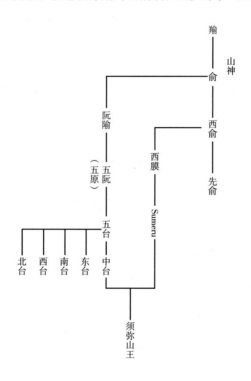

十一 论昆仑得名于火山，华夏谓之岳

何以言昆仑为西北某一民族语言之火山？

《水经·㶟水注》言如浑水上游有火山，山有火井，故名荧台。荧台，余在上文，尝谓即五台，五台即五阮，五阮即五昆，所谓如浑水者，疑因昆仑为名；所谓荧台者，不妨指为昆仑之邱。又，考《大荒西经》云：

> 西海之南，流沙之滨，赤水之后，黑水之前，有大山名曰昆仑之邱。其下有弱水之渊环之。其外有炎火之山，投物辄然。有人戴胜，虎齿，有豹尾，穴处，名曰：西王母，此山万物尽有。

此山外有炎火，投物辄然，与《水经注》所叙荧台景物不谋而合，与《西出经》所谓"南望昆仑，其光熊熊，其气魂魂"尤相符契。熊熊、魂魂，郭璞谓："皆光气炎盛相焜燿之貌"。余故曰：昆仑者，火山也。以昆仑名火山，又不独《山海经》《水经注》为然。东方朔《神异传》："南方有火山焉，长四十里，广四五里，其中皆生不烬之木，昼夜火然，得雨狂风不灭。火中有鼠，重百斤，毛长二尺余，细如丝，色白，时时外出，以水逐而沃之，则死。取其毛，绩以为布，谓之火浣布。"《水经·漯水注》此出火浣布之火山，在《搜神记》正谓之昆仑。《册府元龟》亦谓："昆仑之中，有一火出。人至此山，取木皮，绩为火浣布。"（卷九六○）据费琅（Gabriel Ferrand）《昆仑及南海古代航行考》云："华人名火山或为自然火洲，见《梁书》，或为火山。马来人亦称之为 Gunon Berani，华言自燃山也。或 Gunn Api，华言火山也。班达（Banda）海中，东经一百二于五度附近，有一著名火山，即以 Gunn Api 为名。Gunn 一字，马来语及其他马来群岛语皆用以名单独之山，或即中国书中所指之昆仑火山欤？"（见冯承钧译本廿一页。）余谓此昆仑火山，即《海外南经》所谓"岐舌国昆仑虚在其东虚"之昆仑虚。

昆仑为火山之通名，谊正同于华言火山为岳。《白虎通·巡狩》："岳之为言粗也"。《风俗通·山泽》："岳者，粗考功德也。"岳在汉儒声训，常读若角。角昆声类复相近，岳与昆仑，其声既近，其涵谊实则全同；是不能不疑岳为华夏旧名，昆仑为异族之号。其初或同语根矣。异族为谁？若非汉代乌孙，即春秋时陆浑之戎。

十二 论《禹贡》所见昆仑即汉代
乌孙王号之昆弥

《禹贡》所见之昆仑，据马融《尚书注》云："在临羌西。"（《释文》引）郑玄注谓："居昆仑山之野者。"（《尚书正义》引）种姓维何？旧鲜征说。伯希和（Paul Pelllot）教授作《交广印度两道考》谓："七八世纪之中国载籍，数见昆仑国及昆仑语之记载。愿在今日 Poulo Condore（即《新唐书》卷二二二下之军徒弄山）一名既经中国人译作昆仑山，世人几尽以此岛之名与昆仑语有一种语源之关系。余以为说误也。按：昆仑为中国地志之一著名名称，相传为纪元前十世纪时周穆王会西王母之所。自是以后，曾将昆仑位置于各地；则音之相类，以此名译写恒河以东之民族，与夫后来用作 Poulo Conldore 之名，皆无足异矣。"（见冯承钧译本六十六页）又曰："据竺芝《扶南记》云，顿迁国，属扶南，国王名昆仑；《新唐书》云，挟南王姓古龙，《通考》云，槃槃国大臣之名前三名首二字皆曰昆仑；似国王及大臣以昆仑为名者，即为昆仑之国。"（冯译本七二页）费琅《昆仑南海古代航行考》因谓昆仑即吉蔑之 Kurur，暹罗之 Krun，占婆之 Kiun（详冯译本四二页）。复据阿剌伯作家之说，古有 Komr 民族，与中国人为兄弟，居其地之东方。后因不和，迁徙于海岛（越南半岛及马来群岛），其国王号 Kamrun。遂作结论云："昆仑民族，约当纪元前一千年初，由亚洲高原，遵伊拉瓦底江（Iraouaddy）、潞江（Salouen），湄南江 Menan），澜沧江（Mekong）等流域徙居恒河以东各地。"且为系统表如次：

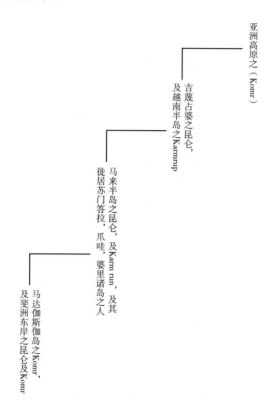

（详冯译本一二七页至一三三页）

由费琅结论，吾人可知南海之昆仑，本自亚洲高原徙去。亚洲高原之昆仑，其初名为 Komr，其后音讹为 Kamrun。

使费琅考证为不谬，则阿剌伯著作家所传古代 Komr 民族。非汉之乌孙莫属。《史记·大宛传》："骞既失侯，因言曰：臣居匈奴中，闻乌孙王号昆莫，控弦数万……诚以此时而厚币赂乌孙，招以益东，居故浑邪之地，与汉结昆弟，则是断匈奴右臂也。"《汉书·西域传》则谓："骞言乌孙强大，可妻以公主，与为昆弟云。"又云："昆莫，王号也。名猎骄靡，后书昆弥云"。余谓昆弥与昆莫，不过语尾有缓急之差，译音有精粗之别，非有褒贬之意寓乎其中，所谓昆弥当即 Komr 之对音，省其语尾之 r，即为昆莫。昆莫为乌孙王号，乌孙与汉结为昆弟，即阿剌伯著作家所谓 "Komr 民族与中国人为兄弟" 矣。阿剌伯作家以王号昆弥为乌孙民族之号，中国史籍别其王号与国号为二名，此中西史家记载不同处。然自 Komr 音或转为 Kamrun，为昆仑考之，则《禹贡》所见西戎之昆仑，吾人可以论定即汉之西域乌孙。

乌孙地望，据桑原骘藏《张骞西征考》云："在西汉初年，以甘肃之河西地方为根据，后获匈奴之援，击败月氏，遂代月氏而占领伊黎地方。"（详杨炼译本一六页至二卅页）其折而东归，更遵伊拉瓦底江与潞江，湄南江、澜沧江南下徙居恒河以东各地，确始何时？决不能早于西历纪元之前。费琅误会伯希和 "相传昆仑山为纪元前十世纪时周穆王见西王母处" 一语，为昆仑民族南迁之始年，则为无可辩正之谬误。故特于此，予以修正。然由伯希和与费琅之说，使吾人得以推测《禹贡》所见昆仑之种姓，即汉之乌孙，是亦非常可喜之事也。

十三　论瓜州、九州即 Kundur 之对音，陆浑与流昆即 Pulaw Kundur 之简译

犹有说者：Kam run 本阿剌伯与波斯地理学者所记之地名也。在吉蔑语谓之 Kurun，其土名则谓之 Kon-non 或 Connon，在《新唐书》则谓之军徒弄山。军徒弄山，伯希和教授谓即 Poulo Condore（详冯译《交广印度两道考》六五页）。费琅谓 Poulo Condore 又为马来语 Pulow Kundur 之转，义犹言南瓜岛也（详冯译《昆仑古代航海考》五十二页）。此南瓜岛，马来人谓之 Pulaw Kundure，与瓜州之戎一名陆浑者正相仿佛。

春秋僖二十二年《左传》："秦晋迁陆浑之戎于伊川。" 伊川即阴地：故昭九年《左传》又谓之阴戎。然而，向之会，晋将执戎子驹支，范宣子亲数诸朝曰："来！姜氏戎！昔秦人追逐乃祖吾离于瓜州，我先君惠公有不腆之田，与女剖分而食之。"（详襄十四年左传）又晋梁丙率阴戎伐颍，王使詹桓伯辞于晋曰："先王居梼杌于四裔，故允姓之奸，居于瓜州。伯父惠公归自秦，而诱以来，戎有中国，谁之咎也！"（详昭九年《左传》）是陆浑之戎，或曰姜氏戎，以其旧居瓜州，或谓之瓜州之戎。又，昭二十二年《左传》，"晋籍谈帅九州之戎纳王于王城。" 在注，"九州，陆浑戎。" 陆浑戎何以又称九州？旧鲜解说。余谓九州即瓜州之声转，州即陆浑之简称，陆浑即马来语 PulauKundur 之节译。《穆天子传》"天子休于濩泽，留昆归玉百枝。" 郭注，"留昆国，见《纪年》"，余谓流昆即陆浑。盖省 Pulaw 之前音 pu 与 Kundur 后之 Dur 音，而成 Iaw-Kun 即陆浑与流留之对音，若省 Pulaw 而单言 Kundur，则为瓜州。

Kundur，吉蔑语作 Kurun。Kurun 即杜佑《通典》一八八卷"扶南"条所谓"诸国多姓古龙"之古龙。古瓜同在见纽，古韵又同在麻部。古昆阴阳对转，而以昆为声之混字，古代又常与浑通用，如《孟子》云："原泉混混"，《荀子·富国》作"浑浑如泉源"，《吕览·大乐》："浑浑沌沌"，枚乘《七发》作"混混庉庉"，则是浑瓜亦阴阳声转。州，今音知纽，古或转为舌上，读端纽，正得 dur 音。余故曰：瓜州者，Kundur 之对音。费琅谓 Pulaw Kunbur 犹言南瓜岛，余谓瓜州即陆浑范译。

但，Kundur，南海土人或谓之 kon-non，在中国史籍中则或谓之军徒弄，或谓之昆仑。南海之昆仑，余在上文曾据费琅及伯希和考证，定为乌孙种类；若由《左传》全文考之，即指为陆浑之戎，亦无不可。

十四　论陆浑即昆仑，三涂即须弥，
　　伊川附近昆仑祠即陆浑遗迹

《水经》"伊水又东北过陆浑县南"，《注》："伊水历崖口，北流，即古三涂山也。《周书》武王问太公（?）曰：吾将因有夏之居，南望过于三涂，北瞻望于有河。《春秋》昭公四年，司马侯曰：四岳三涂，阳城、太室、荆山、终南，九州之险也。服虔曰：三涂，太行轩辕，堉渑，非南望也。京相璠著《春秋土地名》亦云，山名也。准《周书》南望之文，或言宜为轩辕、太行、伊阙，皆非也。春秋晋伐陆浑，请有事于三涂，知是山明矣。有七谷水注之。水西出女儿山之南七溪山，上有西王母祠，东南流注于伊水。伊水又东北径伏流岭东。岭上有昆仑祠，民犹祈焉。"论陆浑县命名之由，《水经注》又谓："秦晋迁陆浑之戎于伊川，故县氏之也。"因陆浑之戎迁居于此而名其地为陆浑。陆浑，余在上文中尝谓即 Pulaw Kundur 之简译，则所谓伏流岭者，明为 Pulau 或 Poula 之对音。岭上之昆仑祠，明为陆浑氏遗迹。晋伐陆浑，请有事于三涂。《吕览·精谕》则谓："扬子将卒十二万，涉自棘津，袭聊，阮梁蛮氏，灭三国。"阮梁、昆仑，声类相同。余故疑陆浑之戎即《禹贡》所谓昆仑矣。

与伏流岭上昆仑祠同一重要而足以征实陆浑即昆仑者，则惟三涂山。三涂，服虔《左传注》谓："大行、轩辕、滑函为三处道。"郦道元已勘其误，无待申论。考：涂字声母为余，与俞声相近。俞，《广韵》在虞部，音"羊朱切"又云"耻救切"，在去声宥部重出俞字云，汉姓，有司徒掾俞连，丑救切。"是俞，古音或读端纽，故以俞为声之字，若偷、输、媮，《广韵》皆音"托侯切"；若俞、腧、喻、瘉、窬、歈等字又音"度侯切"。"托侯切"、"度侯切"，与涂声纽又相近，以是知三涂即西俞之声转。西俞，即须弥之对音；而三涂音尤近于 Surmeruo。三涂山，后世亦曰陆浑山。陆浑山，《元和

郡县图志》谓"即方山"。方山为名，义尤正近须弥山之四埵。然则三涂、须弥，不特语根相同，形势亦复相似，有此因缘，余不得不疑三涂非即须弥之对音。三涂之名，见于《周书·度邑》，虽不待陆浑之戎而具；然申吕诸国旧地，并与三涂密迩，未始不可云传自申吕。

十五　论申，本西戎，吕即 Kwru 之对音，申吕与陆浑同为西羌，故皆姜姓

《周语》"齐、吕、申、许由大姜"。此言姜姓诸国，由王季之母太王之妃而封也。然《后汉书·西羌传》则谓姜姓之别为西羌，章炳麟《序种姓》亦谓姜姓本羌种（详《检论》卷一）。《商颂·殷武》："昔有成汤，自彼氐羌，莫敢不来享，莫敢不来王。"氐羌向化中国，所从来者久矣！然而周幽王废申后，将杀太子也，史伯谓郑桓公曰："申缯西戎方强，王室方骚。王欲杀太子以成伯服，必求之申。申人弗畀，必伐之。若伐申，而缯与西戎会以伐周。周不守矣。缯与西戎，方将德申，申吕方强，其隩爱太子，亦必可知。"（详《郑语》）此申国，旧注谓在南国，即召伯所营之谢邑也。考之《秦本纪》言："非子居，犬邱，周孝王欲以为大骆适嗣。申侯乃言于孝王曰：昔我先郦山之女，为戎胥轩妻，生中潏，以亲故，归周，保西垂，西垂以其故和睦，西戎皆服。"是申在宣王封谢以前，本居西垂，与西戎为伍，确羌之种类也。吕，据太子晋说，以四岳佐禹之功，皇天嘉之，封于有吕。《齐世家》则谓封于虞夏之际，明已视神话为史实矣。吕之旧地，就楚县申吕之事实（见成七年《左传》）考之，宜如徐广《史记注》说："在南阳宛县西。"若据《大雅·緜》诗云："古公亶父，来朝走马，率西水浒，至于岐下，爰及姜女，聿来胥宇。"则姜在周开国前，当与戎狄为邻，或在岐山附近。《禹贡》"治梁及岐"，梁山，《吕览·爱类》谓之吕梁云："龙门未开，吕梁未发，河出孟门。"《庄子·达生》亦有"孔子观于吕梁，县水三十级，流沫四十里"之说。是梁山为山，或与吕国有关。又，吕刑，《今文尚书》通作甫刑。甫挈乳为辅。宣十五年《左传》："晋魏颗败秦师于辅氏。"此辅氏地，近于临秦，后改名为临晋，正在沫河以西，吕梁以南，大姜母国，吕氏旧地，疑当在是。

吕之为吕，太子晋云："四岳能为禹股肱心膂以养物丰民人者也。"（详《周语》）《说文解字》因谓："昔大岳为禹心吕之臣，故封吕侯。"余谓古代方国，或取名于山川，或取名于故地，或取名于种姓之宗神，决无命以功烈者。吕之为吕，若非 Sumeru 或 Meru 之简译，当为居慮之声转。《穆天子传》："畴□之人居慮，献酒百□于天子"。居慮，郭注谓人名；而其音实近印度四大部洲中北方洲名 Uttarakuru 之尾音。据烈维

《大孔崔经舆地考》云："kuru 即今 Delhi 扩大之以为北方洲名"（详冯译一本一二页）。印度所谓郁单越洲，实指雪山（即喜马拉亚山）以北西藏、新疆各地，即支那亦在其中（详《念处经校勘录》）。则《穆传》之居虑，未始不可解以印度种姓 Kuru 之名（详《摩诃婆罗多》诗篇）。虑吕古音相同。余故疑太于晋所谓"氏曰有吕"者，"有吕"即 Kuru 之对音。知吕为异域之名，则其种姓，与谓姜氏，毋宁谓即羌族。申、吕俱来自西戎，而祖四岳，陆浑之戎来自瓜州，而亦自称四岳胄胤，号为姜氏戎，于此，吾人可信陆浑之与申吕，必同血族；《周书》所见之三涂，虽非陆浑内迁之故，必由吕氏传自西域，然则，戎有中国，又不自秦晋迁陆浑之戎始。

昭十七年《左传》："晋侯使屠蒯如周，请有事雒与三涂，苌弘谓刘子曰，客容猛，非祭也。其伐戎乎？陆浑氏甚睦于楚，必是故也。晋荀吴帅师，涉自棘津。使祭史先用牲于雒。陆浑人弗知，师从之，遂灭陆浑。数之，以其贰于楚也，陆浑子奔楚，其众奔甘鹿。"奔甘鹿者，为周所获（详《左传》）；未奔者为晋所俘，即昭廿二年《传》晋人纳王时所率九州之戎。陆浑子既奔楚，楚于陆浑之众不容无获。楚获陆浑，或置方城，或迁江南。虽不可考，然在春秋，楚因西南交通，其文化已深蒙婆罗门之影响（另详《吴回考》）；此陆浑子遗，或即为晋压迫，"济沅湘以南征"，度庾岭而王南越矣。马来语谓南瓜岛为 Pulaw Kundur，音既近于陆浑，义更契于瓜州，余故疑南海昆仑之来源，与谓传自乌孙王号之昆莫，似不如指为陆浑胄裔尤为亲切也。

十六 论方岳学说因方望故事附会
五阮与须弥四垛而成

因有吕氏经吕梁辅氏而入南国，南国乃先有须弥化身之三涂。因秦人迫逐陆浑之戎于瓜州、伊川之南，复有伏流岭与昆仑祠。因晋灭陆浑，陆浑子奔楚，更由楚南征，印度支那半岛乃有昆仑山与古龙氏。由是言之：雁门附近之先俞与五阮荧台，当亦姜戎之遗迹。凡姜姓所至，必有类似须弥山王神话之昆仑山，是则敢言昆仑神话，必由陆浑之戎——西羌传自西域。更验以"维岳降神，生甫（即吕）及申"之诗，则吾人尤敢言山岳之神本姜姓民族之宗祀。姜者羌也。陆浑亦羌之种类，故得自称为四岳胄裔。

四岳本太岳之别名，但在春秋后期，已讹为四伯矣。四伯名义，既近四大天王；而四岳尤于须弥山四垛之名义为近。合须弥山王与其四垛，即成五山，合太岳与四岳，即成五岳。五岳之中央，据《封禅书》及《尔雅·释地》等皆谓嵩高。《白虎通·巡狩》："中央之岳，独为嵩高字者何？中央居四方之中而高，故曰嵩高"。《元和郡县图志》：

"嵩高山在登封县北八里，告成县西北三十三里，高二十里，周一百三十里"。又曰："告成县测景台，在县城内西北隅，高一丈。开元十年，诏太史监南宫说立石表焉。"此测景台，俗传为周公测定地中之台；而告成县则为汉之颍川阳城地。《周官·地官》："以土圭之法，测土深，正日景，以求地中。……日至之景，尺有五寸，谓之地中，天地之所合也。"郑司农注："土圭之长，尺有五寸，以夏至之日，立八尺之表，其景适与土圭等，谓之地中。今颍川阳城地为然。"晋太康《地记》亦曰："河南阳城县，是为土中。夏至景尺有五寸，所以为候也"。阳城，嵩高之所在也。汉晋学者，以阳城为地中，即以嵩高为地中。谓嵩高为天地之合，世界之中，虽变自召诰"自服于土中"与《周书·作雒》谓"乃作大邑成周于土中"；而与昆仑为地之中，须弥山为宇宙之中，谊实同贯。须弥山为四大部山，在荆州；西华山，在雍州；北恒山，在冀州。豫州为天下之中，嵩高亦九州之中。嵩高居九州之中，说既同于四大部洲之须弥山；则东岱南衡西华北恒，晚周以来所谓方岳者，又不能不疑非须弥山四说之演申。

方岳说之另一成因，或变自方望故事。

《春秋》言鲁"不郊，犹三望。"《公羊传》谓"天子有方望之事，无所不通"。按：昭七年《左传》言："晋侯有疾，并走群望"。又，十三年《传》言："楚共王大有事于群望。"又廿六年《传》云："诸侯莫不并走其望"；是方望之礼，遍于诸候，不独天子之事也。望者何？《尧典》言"望于山川"。《尔雅》谓梁山为晋望。《公羊》亦谓鲁望泰山河海。大丰敦铭：

乙亥，王又大丰。王凡三方。王祀于天室。降天，亡尤。

王衣祀于王不显考文王，事喜上帝。

此纪周公（或武王）尊祀文王于明堂以配上帝事也。而首言"王凡三方"。三方，旧说有谓当为四方即四国者。余谓凡望声类相同，凡三方，即《春秋》所谓三望，望祭畿内山川之神也。《墨子·迎敌祠》则演为四望云："祝史乃告于四望山川社稷，先于戎，乃退"。《周官·大宗伯》因之曰："国有大故，则旅上帝及四望"。注："郑司农云：四望：日、月、星、海。玄谓四望，五岳、四镇、四渎"。验以"望于山川"说，后郑之言是也。顾，四望何以异于三望？后郑未详，不敢逆臆。若由三望古作三方例之，四望，未始不可浑言四方之山川，即《王制》所谓"天子祭天下名山大川"矣。但，宗周初叶，封域未广，四镇四渎，或在蛮夷；即所谓五岳者，亦惟岱华嵩高确在方域之中。颇疑敦铭之"凡三方"，即望祭岱华嵩岳。洎乎战国，因荆楚之望衡山而有南岳，因赵代之望于恒山而有北岳。是故方岳学说之成立不能早于六国，其立说之本，盖因方望之事，会以五阮与须弥四垛，遂组合太岳四岳为五岳。其实四岳即太岳。《尧典》方岳，不数嵩高，固较《封禅书》说，犹为近古。何休《公羊解诂》欲据《封禅书》以补《尧典》云："还至嵩，如初礼"，非也。

十七　论方岳与封禅皆造说于燕齐方士

按往旧方望之事，造说方岳，以托始虞舜者，殆出于邹子之徒，燕齐方士，即《管子》所传历代封禅掌故，疑亦出于方士之伪托。

《封禅书》言："苌弘以方事周灵王，设射狸首。依物怪欲以致诸侯，周人之言方怪者自苌弘。"又曰："自齐威宣之时，邹子之徒，论著终始五德之运。及秦帝，而齐人奏之。最后皆燕人，为方仙道，形解销化，依于鬼神之事。邹衍以阴阳主运，显于诸侯；而燕齐海上之方士，传其术，不能通。然怪迂阿谀苟合之徒自此兴。"如太史公言，方士之方，创自苌弘，显于邹衍，而盛传于燕齐海滨，邹衍终始五德之运，余既说明演自印度四大种子说（详《论社稷五祀》及《五行考》）；又其大九州说，余已详疏其演自印度四大部洲（详《九州通考》）；则邹子之徒，方士之方颇与婆罗门（Brahman）音似矣。婆罗门教宇宙之中心在弥庐山（即须弥山简称），而燕齐方士所传蓬莱、方丈、瀛洲三神山，在渤海中，诸仙人及不死之药皆在焉，终莫能至。秦始皇乃上自泰山阳，至巅，立石颂功德，明其得封焉。从阴道下，禅于梁父。汉武帝亦上泰山，祭后土，封禅祠，其夜若有光，昼有白云起封中（详《封禅书》）。皆以封禅泰山，求合不死。公孙卿所谓"封禅七十二王，唯黄帝得上泰山封"。申公所谓"上封，则能仙，登天"（俱《封禅书》引），是已。若《白虎通·封禅》云：

> 王者易姓而起，必升封泰山何？教告之义也。始受命之时，改制应天，天下太平，功成封禅，以告太平也。所以必于泰山何？万物所交代之处也。必于其上何？因高告高，顺其类也。故升封者，增高也，下禅梁甫之山，基广厚也。……天以高为尊，地以厚为德；故增泰山之高以仿天，附梁甫之基以报地。……或曰：封者，金泥银绳，或曰石泥金绳，封以印玺。故孔子曰：升泰山，观易姓之王，可得而数者七十有余。封者，广也。言禅者，明以成功相传也。

以王者易姓、告天成功为封禅之本义，证诸《尧典》"舜受终于文祖，遂东巡狩，至于岱宗，柴"；及秦《泰山刻石》云："登兹泰山，周览东极，从臣思迹，本原事业，祗诵功德。"其说是也。然而，《尧典》，儒家伪托之圣典也。泰山刻石出于李斯，斯本荀卿弟

子，亦儒家嫡传也。就儒家传统思想考之，封禅诚为新朝大事。顾所谓孔子升泰山，观易姓而王，可得而数者七十有余，说始传于《韩诗外传》。《论语》无征焉。《论语·八佾》："季氏旅于泰山。子曰：曾谓泰山不如林放乎？"但称季氏旅于泰山，无封禅之名。又《韩诗》谓易姓而王七十有余，明袭《管子》"封泰山，禅梁父七十二家"为文。而《管子》所记十二家之首无怀氏，则见于《庄子》及《六韬》。《庄子》《六韬》（即太公之《兵书》）与《管子》书同属《汉书·艺文志》所谓"道家者流"。"道家方士，其本一宗。"方士所以侈言封禅者，盖求海上神山，终莫能至；而泰山高与天齐，以婆罗门传说大神妙天居于弥庐山神话推之，泰山之巅，应为神仙所宅，能上封者，当可登仙不死。此封禅历史，所以必为邹子之徒，燕齐方士所伪托，非必管仲之言矣。

《白虎通》言易姓之王，必于受命之始，升封泰山，以告成功，改制应天。此其说实本董仲舒。《春秋繁露》云："王者必受命而后王。王者必改正朔，易服色，制礼乐，统于天下，所以明易姓。非继仁。"（详《三代质文改制》）董生所谓"王者受命，必改正朔，易服色"其本在邹子五德从所不胜说。《吕览·应同》曰："黄帝时，土气胜，色尚黄；禹之时，木气胜，色尚青；汤之时，金气胜，色尚白；文王时火气胜，色尚赤；代火者必将水，水气胜，故其色尚黑"。及秦并天下，"始皇推终始五德之传，以为周得火德，秦代周德从所不胜，方今水德之始，改年始，朝贺自十月朔，衣服旄旌节旗皆尚黑。更名河曰德水，以为水德之始。"（详始皇本纪》）由是言之：《吕览》所谓五行相代，确如顾颉刚言即邹子五德然始之传。邹子所谓文王代汤，汤代禹，禹代黄帝，正符岱宗名义。然则泰山之名岱宗，实因五行相代，受命之君，必升封泰山。《封禅书》言"今天子初即位（按即武帝）……天下乂安，缙绅之属？皆望天子封禅，改正度。"

"封禅改正度"之基本原理，在邹子五行相代。余故疑舜柴岱宗，非儒家本事，亦邹子之徒，燕齐方士，因方望故事，附会弥庐四垛神话而造说方岳以神封禅符应。太史公曰："自古受命帝王，易尝不封禅！盖有无其应而用享者矣。未有睹符瑞见而不臻乎泰山者也。"（《封禅书》云）符瑞见，即邹子所谓："黄帝时见大螾，禹时见草木秋冬不杀，汤时见金刃生于水，文王时见火赤鸟衔丹书巢于周社。"（详《吕览·应同》）大抵燕齐方士所擅言。方士所传海上神山虽不可即汉武帝治大液池，则置蓬莱、方丈、瀛洲、壶梁，以象神山。（详《封禅书》）壶梁，《道经》中或谓之壶岭。壶岭音则复近于昆仑，此余所以疑方士之方，即梵（Brahman）之初译矣。

十八　结论

基上论证，吾人对于太岳与昆仑之关系，可作如是之结论：

（一）火山为岳，羌人谓之昆仑。昆仑古语为 Poulo condore 或 Pulau kundur，《左传》所谓陆浑之戎，《穆天子传》所谓留昆之人，即其译音。其谊，马来语谓之南瓜岛，故《左传》亦称陆浑为瓜州。瓜州，古音或读奶 Kander，即阮隃之对音。阮隃为古代山阜之通名，其音则古或转为先俞、西俞、三涂、西膜，与印度妙高山之音读 Sumeru 极相似。Sumeru 或译将须弥山王，而前在《管子》正谓登山神；翰，在《五藏山经》亦谓华山之神，是知昆仑神话多自须弥山脱变而来。

（二）陆浑之戎，一名姜氏戎，而自称为四岳冑胤。四岳即太岳，太岳即崇高山神。《诗》言崇岳降神，生吕（今本作甫）及申。申在周宣王营谢以前，本居西垂。有吕，则或印度种姓 Kuru 对音，亦起自西域，在周开国之初，始迁南阳。故申吕诸姜，初与陆浑同为羌之族类。申吕祖崇岳，即祖昆仑；陆浑别号昆仑，故得亦祖太岳。太岳，姜姓，盖变自羌人以山岳为民族宗神之神话；凡羌人所至，北至雁门五原，南至马来半岛，内至中原伊洛之南，必有昆仑神话。是故伏流岭上昆仑祠，吾人敢确指为陆浑遗迹；伏流岭，吾人更得指即 Pulau 之对音，不独嵩高维岳，岳之本谊近于昆仑而已也。

（三）火山之火，周代已多误为山字。炎帝为火师，即为山师。山师，古或谓之山虞，简言之则虞。舜命伯益为虞，而《孟子》称益为舜掌火。故炎帝为火神，即为山神。伯益，一作伯翳，一作伯夷，《吕刑》称"伯夷降典"，即吕王述祖德之辞也。伯夷音或沈为冯夷，故得有佐禹治水神话。太子晋所谓共之从孙四岳佐禹治水者，当直接演自冯夷，间接演益烈山泽。为益有烈山泽之事也，故或谓之烈山氏。《左传》称烈山氏有天下，故又转为炎帝国号。其实炎帝即太岳，山岳配天，有姜之后，遂上尊号，比之于上帝。总之，炎帝即太岳，太岳即四岳，四岳即伯益伯翳、伯夷，皆姜氏所宗山岳之神也。

（四）山岳之祀，始于初民游牧时代，殷人禜年于岳，祷雨于岳，即其遗迹。至周则变为方望之事。六国之世，方士蜂起，始因方望之事，牵附四岳神话，造说方岳。方岳之初，但如《尧典》所传岱宗、南岳、西岳、北岳，犹须弥山之四埵也。会以"嵩高维岳"，是为五岳。五岳以嵩高为中者，又颇似印度传说之须弥山王；而五行之谊，实寓于五岳之中。五行相代于泰山，帝王相代，亦必告太平于泰山，故知岱宗之名，传自燕齐方，自无怀氏至于周成王封泰山禅梁父之历史，亦邹子之徒燕齐方士为伪托也。方士之方，音近于焚（Brahman）。所谓封禅求合不死之说，疑袭取婆罗门教。婆罗门以弥庐山为梵天所在，方士以岱宗为神仙窟宅，此其根本相似之处。但后世道教，由岱宗扩大至于五岳，总称之为五藏山，又与之三十三天、四天王天说意同一贯。由是言之：方士也，道教也，吾人当探本于婆罗门，不独昆仑神话，

当寻源于须弥山王而已也。为便省览，特以山岳为本，作太岳与昆仑之名称演化表为本文之殿：

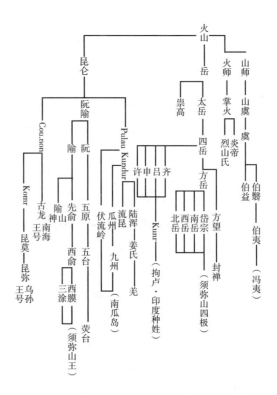

一九三九年四月十五日写于三台

原刊于《说文月刊》第四卷合刊本

炎黄以前古史系统考[*]

徐旭生

无论何民族，从它有口耳相传的故事的时候起到把历史写在简策上面的时候止，中间所经历的时间总是很长的。在这很长的时间中间，各氏族间以至于各部族间常常有若干的融合，社会的内涵常常有颇大的变化。可是这些融合和变化平常变动得很慢以至于令人不注意的地步。我们的先民即使当时曾注意到这些事情，也一定会觉得这是很天然的。它对于他们那些朴素的心灵刺激很浅，所以时过境迁就完全忘掉了。使他们起深切的印象，传播久远还不容易忘掉的不过是寥寥几件突然的大变化，尤其是能使他们的生活起一种严重变化的事件。比方说：剧烈的斗争、气象方面巨大的改变等类。等到他们有了文字，迟之又久，又想把他们所接受的传说全写在简策上面，所写上去的也不过是这寥寥的几件大事。并且在那个时候他们对于时间的观念也还没有发达。在他们三五百年以前的事情和一千八百年以前的事情，由他们看来是没有很大分别的。他们当时的记载，设想我们能发现它，是太可宝贵的材料了。

但是，据我们揣想，在那里面一定没有清楚的年月记载，我们所能分辨的不过是今与古的两大类。更进一步，我们或者可以从首领的继承方面理出来些事变相当的先后，但是也不过如此。从这个有简策可以帮助记忆的时候起，首领的继承对于他们总算是一个重要的事件，必须记录；他们在位的年数也要附带地记上，这样就使先民对于时间的观念得到初步的练习。又经过了很长久的年月，已经积累相当丰富的记载，他们又可以遇着社会嬗变的时期。在这样时期的人民是要遭受些困难和苦痛的。此时我们的圣贤看见了这些，总不免感觉到恻然心伤，想从古代的记载里面看看我们是否会经历过同样的或相类的灾难；如果也经历过，就要看看古人对于这些灾难有什么对付的办法。这样困

---

[*] 本文题目为编者所加，为徐著一部分，原题为《中国古史的传说时代·第六章"所谓炎黄以前古史系统考"》。

难的时代因此就成了人类知识迅速进步的时代、文化发达的时代。他们比较的结果，时间观念和求知欲望全得了很好的练习。他们越搜求，越比较，就会越感觉到材料的不足，于是到各处访问，把他们所听到的、所看见的完全记录下来以便于将来的研究和探讨。材料积累多了以后，又加以他们很勤奋地工作，就会感觉到在这些材料中间有许多不对头的地方。人类知识发达到这一步是不会中途停止下的，他们一定要进一步作整理和综合的工作。可是这些工作在他们是开创的，没有前例的，任何成功或失败的经验也没有的。他们很勇敢地用着当日全部的知识去工作，把那不对头的地方设法配合起来，弥补起来。

他们的工作我们现在还可以看到一部分，用现在合乎科学规律的标准去衡量它，可以说：因为他们当日的社会情形同古代还有一部分相似，所以也有一部分的成功，但是，另外一部分已经变化到痕迹也不容易找出的地步，所以失实的地方也很不少。失实的重要原因可分两方面看：

一、在远古的时候社会组织的范围是很小的，氏族林立，交通不便。虽说偶然有一个特别的氏族在某一定期间对于周围的各氏族得着一种压倒的优势，但是各氏族中间还不能有一种带恒久性的组织。"人亡政息"，还不能融化成一个强大的部族，也无法组织成一个强固的国家。社会发展到这一个阶段的时候，文化进展还是很缓慢的。文化进展迅速通常总是在王国衰落、社会将嬗变的时候。因为王国形成以后，政治有固定的组织，社会分工越细，才能更容易地积累知识，为他日人类知识进步作更好的准备。盛极转衰，贤士哲人的精神受了一种深切的刺激，而材料已经积累丰富，便于作探讨工作，然后人类的精神才能得到重要的开放，文化才能有迅速的推进。可是这样的时代离氏族林立的时代相去太久了，他们所见到的、所听说的是庞大的社会组织，近于统一的现象（在我国的春秋战国时代是特别地如是）。他们所依据以推测古代情形的，以弥补历史缺陷的就是这样很实在却与时代不合的知识。推想也是历史工作人所不能完全避免的精神活动，但是在这样推想的根基上面建立起来的历史，很容易看出来它同古代确实经历的情形不相符合了。

二、当人类知识发展到这一个阶段的时候，探讨的人对于时间的确定性有一种迫切的要求，可是在古代的记载里面有很多的重要事变偏偏没有确定时期的指明。遇见这一类的情形，用种种适用的方法去推测它那发生的略近时期是古代的历史学者和近代的历史学者所公同用的办法。所不同的是近代的人由于饱尝了失败的经验，才深切地明白所用的方法的自身也很有问题，必须特别地注意它，研究它，时时改进它，然后用它来推测，才有可能得到相对正确的结果。并且由推测找出的有成立希望的年月，如果我们判断太快，就认为真实，所得的结果还是很难确。想建立一种精密的科学规律，必须严格遵守"知之为知之，不知为不知"的宝训才可以得到成功。可是，尽管严正的科学工作者对于这个宝训三令五申地说，今日初作科学工作的新手和不少缺乏忍耐性的科学家还常常情不自禁地作些误认可能性为必要性的判断，又何怪于古代经验缺乏的历史工作人对于欠缺的年月作一种太大胆的补足呢？并且由于他们很错误地认古代的社会为近于一统的组织，所以只要见着一个著名氏族的名号，就认为一个"有天下者"的名号。另外一方面，他们由于对历史深思或由于对自然界观察的结果，又很正确地知道在人类的历史中间具确实年月的部分远不及没有确实年月的部分长，在这种情形之下，他们把同时的各氏族名号堆起来成了一种朝代系统的宝塔，又有什么奇怪呢？并且人类还有一种精神趣向，就是觉得历史越长，名誉越高。再碰上几位具若干历象知识的综合工作者，他们由于观察天象看出来些具周期性的行动，就可以大胆地把这些周期应用在人事上面！这样一来，人类写著简策的历史就可以延长到几十万年或几百万年！公元前3世纪巴比伦的历史学者伯娄苏斯说大洪水以前有十王，共御世四十三万二千年！洪水以后也有三万五六千年！大约就是用这一类的方法。我们中国的《春秋命历序》《春秋元命苞》和《乾凿度》所记的十纪、二百几十万年的时间，也是用这样的方法所得到的（后详）。我们现在在他们所记录的书籍中，除了经过他们整理的材料以外，所保存的零金碎玉的古代的真正传说，虽不能说完全没有，却是极少。现在承认它的史料价值，固然是可笑已甚。因为那里面绝大部分是靠不住的，并且那延长数百万年的部分可以说从来也没有一个像样的历史学者真正相信过。但是，如果找不出他们的错误症结，就一笔抹杀，说他们是造谣骗人，这一班辛勤的综合工作人，如果地下有知，或者不能心服吧！

我国研究古代历史的人大致可分为两大派：第一派可以用儒家为代表。他们的注意力通常是偏重于人事方面，态度相当谨慎，尽量找他们所相信为真实的才肯述说。他们受时代的限制，不免有若干的错误，那是一定的。——将来看现在恐怕还要像现在看古昔！——但是他们的著作里面所保存的材料是经过一番审慎的选择的。他们并不冒险去作大胆的推断。大致说起，可以说他们的态度同现代真正历史家的态度还是相近的。不过他们所处的时代和我们不同，工作环境还没有我们好。试想司马迁用他的"一手一足之烈"——或者用很少的人手——把记载古事的竹简或木简堆了几间屋子，辛勤地比较，排列，书写，应该有什么样的困难！并且他们由于对周围他们那些浅化民族的情形不够明了，也就缺乏了可资比较的材料。那末他们比我们现在的工作环境相差得太远了。因为这些，他们的成绩很受限制，我们对于他们所记载的事件还得用严格的科学方法，就是说用马克思列宁主义的方法仔细地检查一番，才敢使用。孔子、墨子、孟子、荀子、韩非子、太史公、刘歆，以及此后的谯周、刘恕、金履祥等全可以说是属于此派的。

第二派可以用方士为代表。他们对于自然界现象的知识通常比第一派较为丰富。他们喜欢高瞻远瞩，就很正确地感觉到人类的真正经过历史要比所谓历史记录绵长得多，世界的范围要比确凿知道的中国境域广大得多。因此他们对于传说或记录勤于搜求，可是另外一方面他们在主观方面的想象力又很丰高，胆子又很大，于是就不难把所搜罗到的可靠的或不很可靠的材料，糅杂些他们自己的想象，创造出来些伟大系统。说他们故意骗人，的确有点冤枉，但是他们所记载的却是大部分不可靠，所创造出来的系统是完全错误的。邹衍、《春秋命历序》的作者、《丹壶书》的作者，以及邵雍、罗泌等全属此派。因为我国人不喜欢架空，所以正统派总属于第一派；第二派不过成一种别派，但也有相当的势力。

自汉唐以后，代表第一派古史系统的以从《周易·系辞》引出的伏羲、神农及黄帝以后各帝系统为最受人信仰。我们如果能把这一个系统的来源和代表第二派的《春秋命历序》系统的来源分析清楚，找出来古代历史学者的工作程序，对于我国古史的研究可以有很大的贡献。但是这样的工作几乎是不可能实现的。虽然如此，由于古史的综合工作（或可以叫作古史的创造工作）在汉唐以后还有进行的事实和我国人类学者的搜求和探讨，我们从这些材料还可以窥见和揣测古代历史学者作综合工作的过程。用这样观点去研究，对于古代历史的研究也可以有当帮助。炎帝、黄帝、蚩尤、少皞以后的传说比较可靠，我们在第二章中已经予以分析考证。我们现在先把古代烜赫的帝王有巢、燧人、伏羲、女娲、神农的传说加以探讨，然后把《春秋命历序》所述的各纪及各纪中帝王姓氏的来源加以整理，古代历史创造的过程可以比较明白，对于古史的扫除障碍方面不无小补。

一　有巢、燧人、伏羲、女娲、神农各氏的来源

自从西汉，《周易》升高到经书的首坐，《十翼》又被认为孔子的著作[①]，此后《系辞》下传中所述伏羲、神农、黄帝、尧、舜的系统，在儒者中间成了一种压倒的形势。但是伏羲、神农诸名的来源不明。太史公行遍天下，作实地考察以后，知道各地方

---

① 《周易》的《文言》和《系辞》常用"子曰"二字，引用孔子的话，这就可以证明作者并没有骗我们，说这些是孔子自己的著作。并且他们所引的离"子曰"以后不远的话（因为从前人写文章没有引号，不知道他们所引的话到什么地方为止。孔子的话通常很短，可是后人常常把并不是引用的话混作引用的话），注意人事，与《论语》所记大致相类，可以相信他忠实地引用孔子的话，所以作者本人并没有造谣或托古的嫌疑，把《十翼》当作孔子的著作是由于西汉人的误会。

的"长老"也仅仅"各往往称黄帝、尧、舜之处",这就是说各地方的老人们所传说的顶远也超不过黄帝、尧、舜;再往前溯,连传说也没有。所以他虽处在三皇五帝说法盛行的时候,可是他只敢写一篇《五帝本纪》,对于伏羲、神农一个字也没有提,良史这样审慎的态度真可使人五体投地地佩服。能使古史界受到它应该受的影响。大家此后或者尊他们为三皇。可是他这种审慎精神却没有之二,继续着相信他们两位为首出御世的首长。另外相信《左传》所载郯子的话为颠倒追溯,黄帝前为炎帝,炎帝前为太皞,那么炎帝当为神农,太皞当为伏羲,这样的附和此后遂成了定论。但就我们今日探讨的结果,知道炎帝、黄帝属于西北方的华夏集团,太皞、少皞属于东方的东夷集团,伏羲、女娲属于南方的苗蛮集团,来源不是一个,不应该牵强附会。先秦书中谈太皞、炎帝的不谈伏羲、神农;反过来说仍是一样。伏羲、神农的来源应到别方面去找,不应该遵循靠不住的综合材料而人云亦云。就在所能得到的材料去研讨,我们可以推断神农与有巢、燧人为同类,是战国时的思想家从社会进步的阶段而想出来的指示时代的名词。至于伏羲、女娲却同太皞、蚩尤为一类,是另一集团的传说中的英雄,他们的真实人格也许可以存在,也许并不存在。有巢、燧人在我国古史的系统里面,由于特别有大功,或者更可以说由于他们的功业更容易被人了解,所以除了《系辞》所述的古帝以外他们特别占着一种优胜的地位。现在我把上列的五个名字分为两组来谈:

1. 有巢、燧人、神农

叙有巢氏及燧人氏的功业以《韩非子·五蠹》篇为最详。它说:

> 上古之时,人民少而禽兽众,人民不胜禽、兽、虫、蛇。有圣人作,构木为巢以避群害而民悦之,使王天下,号之曰有巢氏。民食果、蓏、蚌、蛤①,腥臊恶臭而伤害腹胃,民多疾病。有圣人作,钻燧取火以化腥臊而民说(悦)之,使王天下,号之曰燧人氏。

这里面除了"使王天下"一语是受了当日"大一统"观念的影响以外,其余所说是出于他们的推想,或是他们得自传说,都未可知,但对于人类知识进化的情形全很符合。并且这两位巢及燧的发明者,如果他们的发明在氏族社会组织已经形成以后,他们发明的功绩,一定可以成为一氏族或多氏族的首长。那么如果我们对于"使王天下"

---

① 蓏音裸。《说文解字》"蓏"字下说:"在木曰果,在草曰蓏。"马融、郑玄说:"果,桃李属;蓏,瓜瓠属。"此外还有些大同小异的解释,可参考《说文解字》"蓏"字下的段注。蚌与蚌同。《说文解字》解"蚌"说:"蜃属"。音棒。蛤音鸽。《国语注》说:"小曰蛤,大曰蜃。"

四字不太拘泥字面，也可以说这一说并无错误。大约古代有巢居时代的观念在战国时相当地广布，所以孟子谈洪水事，也曾说："下者为巢，上者为营窟。"① 《庄子》内的《盗跖》篇虽说一定不出于庄周自己的手笔，但是那里面所陈述的思想同战国后期人的思想并无不合。它说：

> 古者禽兽多而民少，于是民皆巢居以避之；昼拾橡、栗，暮栖木上，故命之曰有巢氏之民。古者民不知衣服，夏多积薪，冬则炀之，故命之曰知生之民。神农之世，卧则居居，起则于于②；民知其母，不知其父；与麋鹿共处；耕而食，织而衣，无有相害之心：此至德之隆也。然而黄帝不能致德……

这一段很显明地指示黄帝以前有这三个时期。"夏多积薪，冬则炀之"，炀就是俗话的烧，这一说也与火有关，可是它并不把这个时代叫作燧人氏之民，却把它叫作"知生之民"，足以证明当日的学术界承认有这三个阶段，可是还没有确定的名词。《礼记·礼运》篇也说：

> 昔者先王未有宫室，冬则居营窟，夏则居橧巢。未有火化，食草木之实，鸟兽之肉；饮其血，茹其毛。未有麻丝，衣其羽皮。后圣有作，然后修火之利；范金、合土，以为台榭、宫室、牖户；以炮、以燔、以亨、以炙；以为醴酪；治其麻丝以为布帛。以养生送死，以事鬼神上帝，皆从其朔③。

这一段很清楚地把古人的住、食、衣的情形指陈出来，又把化的推动力归之于"修火之利"，这就是说整理火的用处。它对于火的功用可谓认识得很明白。这里面虽说没有有巢、燧人、知生、神农诸名词，可是同前两书内的思想并无背谬。并且不强分时代，尤与真相相近。孔颖达《礼记疏》把这些进化业绩分属于燧人、伏羲、神农各时代，与著书人的本意并不符合。

从以上所引各节可以看出来在战国、秦、西汉人的思想里面对于人类衣食住原始状

---

① 《孟子·文公》下。
② "居居，安静之容；于于，自得之貌。"
③ 营窟，正义解为："营累其土面为窟，地高则穴于地；地下则窟于地上，谓于地上累土而为窟。"橧音增，正义解为："橧聚其薪以为巢"。茹是吃的意思。正义解："虽食鸟兽之肉，若不能饱者，则茹食其毛以助也。"炮，郑注："裹烧之也。"燔，注："加于火上，"亨同烹，注："煮之镬也"。炙，注："贯之火上"。醴近似现在带糟的甜酒，酪大约就是现在的醋。朔，注："亦初也"。

态的观念异常地清楚。从衣和食方面，他们没有幻想出来"王天下者"的名号或时代名词，大约是由于食除了用火一点就太原始了，不需要谁来作发明；至于衣，那相传的胡曹及伯余①不够烜赫，或者时代也相当地近，所以也没有成为一个特别的时代。他们对于巢和燧的发明有时候注重它们的发明人，就把他们叫作有巢氏、燧人氏，推戴他们上到"王天下"的尊位；有时候仅只注意到它们的进化阶段，这两个名称也可以不存在。这一点在古书里面相当清楚，并无疑问。

至于神农一名却介于时代名词与氏族名词之间。看《史记·封禅书》内所说"神农封泰山，禅云云；炎帝封泰山，禅云云"，那太史公所传闻的材料既没有把此二名合为一人或一氏族，另外一方面，也似乎没有把神农看作一个时代的名词。在其他古书里面，可以说指事迹的都说炎帝，比方说《山海经》；颂扬至德的都说神农，比方说《庄子》。在周、秦诸子中，庄子是最好谈神农氏的一部书。它一方面说"婀荷甘与神农同学于老龙吉"②，说"神农、黄帝"③，似乎把神农看成一个人的名字；可是另外一方面，它又说"燧人、神农"，把"神农之世"列于"有巢氏之民"、"知生之民"的后面，又像是把它当作介乎氏族与时代二者之间的名词。到战国末期及西汉初期，像《吕氏春秋》及《淮南子》诸书，就炎帝、神农两个名字全见于书中，可是我还不能确定地说这两个名字所指的是一个观念或者是两个各不相干的观念。

《吕氏春秋》以太皞、炎帝、黄帝、少皞、颛顼为五帝，可是《执一》篇内却说"五帝以昭，神农以鸿"，神农与五帝并列，那神农应该不是炎帝。高诱解释这两句说"昭，明；鸿，盛也"，固然不错，可是他解五帝不用《吕氏春秋》本说，却用《大戴礼记·五帝德》篇说，又说："神农，炎帝；三皇之一也。"我疑惑这是由于神农和炎帝早已合户，高氏看出来这两句话与合户说有矛盾，却不敢对合户说法怀疑，只好这样牵强迁就地解释。他没有注意到秦人所主张五帝说本与东人不同。并且秦人同齐鲁人作综合工作的时间前后相差不多，秦人还不知道东方的五帝说也很可能。那末，炎帝既为五帝之一，如果神农一名即指炎帝，那为什么五帝之外又列神农？高氏不用本书解释本书，却用漠不相干的说法解释本书，殊属不合。《吕氏春秋·季夏纪》又说：

> 无发今而干时以妨神农之事。水潦盛昌，命神农将巡功；举大事则有天殃。

---

① 《吕氏春秋·勿躬》篇；《淮南子·泛论训》及《修务训》。

② 《庄子·知北游》篇。

③ 《庄子·刻意》篇。

《礼记·月令》篇季夏之月下大致相同，只"干时"二字换成一"待"字；"事"字下有一"也"字；"命神农将巡功"作"神农将持功"。"也"字有无，毫无关系。"干时"是说与时令不合。"待"，正义解为"时未顺而豫动召，以待后时乃使也"。这就是现在所说不到时候就召集民工，窝工不用。这意思也相近，无大关系。

过里所说的"神农"，高诱注说："昔炎帝神农能殖嘉谷，神而化之，号为神农，后世因名其官为神农。"郑玄注《礼记》说："土神称曰神农者，以其主于稼穑。"他们这两说相同的是全把"神农"当作神，相异的是高氏又把它当作官名。我觉得在农业开始发展的时候把土神叫作神农也许是此词最初的意思，此后才用它表明时代，或把农业特别发达的氏族叫作神农氏。高氏说它在某一时期为农官的名称，也许简单因为它前面有一个"命"字，以为神怎么能受人的命令，所以就这样解释。其实这倒不必拘泥，这个"命"字也许指皇天上帝的命令，也许指宗教主的命令，后代皇帝不也偶尔命令某小神做某种事么？《礼记·月令)》对《十二纪》改易很少，可是对此句特别改为"神农将持功"，也许是作者感觉到神难受人的命令，才这样改易吧。主要的是这个名词所指的绝非炎帝。否则夏季三月"其帝"全是炎帝，不管是"巡功"或"持功"，在这三月中似乎不应该一日缺勤，何以必到季夏才"巡功"或"持功"呢？这又是二名不指同一的神或人的一个确凿证明，无怀疑的余地。《淮南子》也好谈神农，但《天文训》《泛论训》中也谈及炎帝，《时则训》中叫他作赤帝。赤帝就是炎帝，《天文训》《时则训》的说法全出于《吕氏春秋》，均无问题。《泛论训》在一篇里面，既说过"昔者神农无制令而民从"，又说"夫神农、伏羲不施赏罚而民不为非"，可是后面又说"故炎帝作（今本作"于"，依《读书杂志》卷十四改）火，死而为灶"。前面两条仍是颂扬至德，后面一条仍是指事迹，这似乎可以证明两名所指仍非同一的人或神。比《淮南子》较前的《世说新语》内《道基》篇中说：

　　民人食肉、饮血、衣皮毛，至于神农以为行虫走兽难以民养民，乃求可食之物，尝百草之实，察酸苦之味，教民食五谷。

这一段所述关于神农的功绩，看不出它同炎帝有什么关系。《新书》内《益壤》篇中说：

　　故黄帝者，炎帝之兄也。炎帝无道，黄帝伐之涿鹿之野，血流漂杵，诛炎帝而兼其地，天下乃治。

这一段所述一定是炎帝的事迹，也看不出他同神农有什么可以相混的地方。从以上所说可以推断神农与炎帝在公元前 2 世纪时大约还没有合户。合户工作大约进行于公元前 1 世纪时。可是到三国时谯周仍以神农与炎帝为二人。《礼记·曲礼》篇"太上贵德"节正义引谯周的话说："女娲之后，五十姓至神农；神农至炎帝，一百三十三姓。是不当身相接。谯周以神农、炎帝为别人……"按谯氏的史识优于他的同时人皇甫谧。他在 3 世纪时仍能主张神农、炎帝非一人，在当时可谓特识。至于神农一名是指时代或指氏族的问题，那《吕氏春秋·慎势》篇内说："神农十七世有天下。"这一句话也可以解释为此氏族强盛十七世，但也未尝不可以解释为此时代绵延十七世。文字本身并不能决定问题的谁是谁非。只有《战国·秦策》一有"神农伐补燧"的说法，却无法不解释为指氏族或个人。

总以上所说，神农一名可以有五个不同的解释：据《吕氏春秋·季夏纪》的说法，它不过是主稼穑的神祇或为主农事的官员；据《庄子·盗跖》篇的说法，它可以为指时代的称号；据《战国策·秦策》及他书的说法，它可解释为氏族的名称；据庄子受学于老龙吉的说法，它又必须为个人的名字。除个人名字仅属庄子寓言，农官称号或由于高诱的误会，可以不计外，神祇的说法当属古义，但不久就为后两种说法所代替。时代与氏族的争论，骤然看来，似以氏族说为占优势，但颂扬至德的文字全属空话，解为指示时代也没有什么不可。就是说他"教民食五谷"，那也是当日托古的风气，一谈及农事不托于神农，就托于后稷，一定解释为指示氏族，也仍不免过于拘泥。大约战国时的学术界普遍相信在黄帝以前农业已经发展，成了一个特别的时代。此时人民素朴，和平相处，直到炎帝、黄帝与蚩尤相争斗，才打破了这个和平空气。"神农"一词就是要指黄帝以前这一个时代。可是他们有时候注意到当日的氏族，就叫它为神农氏。但是此处所指出的氏族，还不像炎帝、黄帝等氏族所指的固定。至于说成个人，除上面所引师老龙吉的说法，还有《吕氏春秋·尊师》篇"神农师悉诸"的记载。不过这些似乎全是受了托古的影响，为晚出的说法。另外在黄帝（指阪泉、涿鹿战斗英雄的个人）时代以前，炎帝氏族散居黄河两岸，为中原的重镇。公元前 1 世纪的学者大约由于此二名全指黄帝以前的主要氏族或时代，就把它们综合起来，认为它们是指同一的对象。如果我们能详细比较和分析，这个名词意义蜕变的痕迹似乎还不难指出来。

对于炎帝氏族的世系还有些传说的留遗，我可以附带着说一说。炎帝的妻，《山海经·海内经》未作"赤水之子听訞"；《周易·系辞》下传第二章正义引《帝王世纪》作"纳奔水氏女曰听谈"（毛本："谈"作"䜭"）；司马贞《三皇本纪》说同《帝王世纪》作"听䜭"；刘恕《通鉴外纪》也作听"谈"，却为"莽水女"。訞、䜭、谈三字是从一个字讹误变出来，赤、奔、莽也是从一个字讹误变出来，都不成问题。哪个是对

的，哪个是错的，我们也许永远没有法子去判别它们；并且这些传说在历史上的价值很有限，我们也用不着费巨大的工力去考证它。炎帝的后裔据《海内经》说：

> 炎帝之妻，赤水之子听訞生炎居，炎居生节并，节并生戏器，戏器生祝融。祝融降处于江水，生共工，共工生术器……共工生后土，后土生噎鸣，噎鸣生岁十有二。

《周易·系辞》下篇正义所引的《帝王世纪》却同《山海经》所记大不相同，它说：

> 炎帝神农氏……生帝临魁，次帝承，次帝明，次帝直，次帝釐，次帝哀，次帝榆罔：凡八代，及轩辕氏也。

《太平御览》七十八也引《帝王世纪》，可是小有不同：按着这段引文，帝承在帝临前，"临"下无"魁"字。"釐"作"来"；"榆"作"揄"。"釐"、"来"古音相同，"榆"、"揄"形近讹误，"临"下脱"魁"，都无大关系。只有帝临、帝承的次序与正义互相颠倒，不知道哪一说为《帝王世纪》原文。

《三皇本纪》文，据司马贞自注说是出于《帝王世纪》及《古史考》，它说：

> 神农……生帝魁，魁生帝承，承生帝明，明生帝直，直生帝釐，釐生帝哀，哀生帝克，克生帝榆罔：凡八代，五百三十年而轩辕氏兴焉[①]。

司马贞与孔颖达差不多同时，所见的《帝王世纪》的本子不会有大不同，可是帝哀下又多帝克一代，并且"克"字与其他的帝名没有相类的，很使人费解。

《通鉴外纪》大致与正义相同，可是它于帝釐下注："一曰克"。它这样注，似乎有意相对《三皇本纪》说加以调停。

但是这些还并不要紧，顶有趣的是罗泌的工作。原来正义、《三皇本纪》、《太平御览》、《通鉴外纪》的说法虽有些不同，可是全出于《帝王世纪》。《帝王世纪》的说法不知道本于何书，但是与《山海经》的说法和《吕氏春秋·慎势》篇对于神农的说法来自三个不相混淆的源头，是毫无疑问的。可是南宋的罗泌对于这些并不满意，也还要作一次综合。搜求的能力也实在可惊。他看见《尸子》内有"神农七十世有天下"的说法（此说《太平御览》七十八也引过），并且据他所引的《吕氏春秋》，也是七十世，

---

① 此据《史记会考证》本。通行本脱"生帝魁……生帝釐，釐"二十字。

并不是十七世（我们现在并没有法子判定哪个对，哪个错），他就尽他的力去寻找他们的名字。从他这一次努力，炎帝的世系已经不复是八世，却变为十五六世，居然增加了一半！据他所考可列表如下（内"—"表示相承继，"…"表示不相承继）：

神农—柱…庆甲…临—承…魁—明—直（帝值）—鳌（帝来）克—居—节

茎—⎧克
⎩戏——⎧器
　　　⎩小帝（参卢，榆罔）

他这样地考订并不是向壁虚造的。他把他所用史料的来源在注里面完全告诉我们，我们现在不难从这些材料判定它那推断的正确或错误。

在春秋时代的传说里面并没有见到神农；虽有炎帝，却与播百谷无干。另外却传说有一个烈山氏。《国语·鲁语》上记着展禽的话，说：

> 昔烈山氏之有天下也，其子曰柱，能殖百谷百蔬。夏之兴也，周弃继之，故祀以为稷。

《左传·昭公二十九年》中把此二人分别开，说得更清楚：

> 有烈山氏之子曰柱，为稷，自夏以上祀之；周弃亦为稷，自商以来祀之。

这两段说法可以互相补足，大约是很古的传说。此后《礼记·祭法》篇承用《鲁语》的一段，但烈山变为厉山，这是由于古音相同假借，无大关系；"夏之兴"变为"夏之衰"，这或者由于《祭法》篇所见的《国语》是同我们现在所见的一个不同本子。其实"兴""衰"二字古人用时也颇随便：夏兴未必就是指禹与启的时代；夏衰也不一定就是指桀的时代。从这几段我们可以推定：

其一，古代所传发明农业的人是一位很具体的人，属于烈山氏族，名叫作柱的人，并不像神农那样一位有神祇嫌疑的人，也不像炎帝那样，为完全另外一个氏族的名字。他是什么时候的人却于古无征，看他在夏代以前就被祀为稷神，大约是相当早的吧。

其二，可以看出在夏以前所传说的后稷，这就是说管理稼穑的神，是指的这位柱，并不是指周朝的祖先名叫弃的。后人看见一个后稷的名字，就觉得是指周弃，至少说，里面总有一部分是不正确的。

其三，可以想像：等到战国的时候神农说起，"能殖百谷百蔬"的柱的荣光几乎完全被他遮掩，但是关于他的传说总不会完全消灭掉。在这样矛盾情形之下，必须把他们拉到一块，才可以两面全不受伤。《礼记·祭法》篇郑玄注、《鲁语》上韦昭注所说："厉（或烈）山氏，炎帝也"，《帝王世纪》所说"神农……本起烈山，或时称之"①，《三皇本纪》所说"神农本起烈山，故左氏称烈山氏之子曰柱，亦曰厉山氏"，全是这样调和的说法。神农既成了烈山氏，那罗泌再进一步说"炎帝柱，神农子也"，也是不足为怪的了。

庆甲一代出于齐、梁间陶宏景所著的《真诰》，在今本卷十五《阐幽微》第一里面。它的原文如下：

> 炎庆甲者，古之炎帝也。今为北太帝君，天下鬼神之主也。

在南北朝时代道教徒正在日日伪造书籍以与佛教徒相对抗，《真诰》正是这一类的书，怎么能在那里面寻找古史资料？像上面所引荒唐的语言，一望就可以断定它毫不足信。可是罗泌珍重地把这一个名字补到炎帝世系的中间，并且说明他是"帝柱之仙"（仙与胄同，是后裔的意思），所以我们对于罗氏搜罗的广博实在还有点佩服，并且证明他加此一代绝非臆造，可是对于他那史识的贫乏又不能不感觉震惊！

《系辞正义》引《帝王世纪》，帝临魁在帝承前，《太平御览》引《帝王世纪》，帝临在帝承后。《帝王世纪》说的史料价值如何的问题姑且不谈，二书所引一定一正一误，是无疑同的。可是罗泌兼用两说，分临与魁为二，把它们分置于帝承的前和后！既可调和两说使皆无所伤，炎帝世系中又可以多得一代。巧果然很巧了，可是这样工作是否有点可笑呢？看孔颖达所引《帝王世纪》所说的"八代"明明是包神农自身在内。《三皇本纪》多出帝克一代，却仍说"八代"，那似乎仅从帝魁算起。罗泌也说："帝魁之后五帝八世而为榆冈"（与"罔"互讹，不知孰正孰误），似乎同《五帝本纪》的说法没有分别，可是他既把魁列在承后，那"八世"还是不够。他就又移花接木，帝釐后面并不接帝哀，却接帝居，这就从《帝王世纪》系统暗暗转入《山海经》系统。但按经说炎居后为节并，可是《路史》却作节茎。"并"、"茎"二字形近互讹，无关宏旨。《山海经》节并后为戏器，《路史》却把二字分开，说他们是父子二人！《山海经》内后面还有祝融后四代，《路史》倒没有把他们列到诸帝系统里面。他又把祝融改为祝庸，说他是黄帝的司徒（此说《路史注》未注出来源，疑惑他是臆造）。共工一代移在

---

① 引见《太平御览》卷七十八。

后面。后面的术器变为术器，应当也是形近互讹。后土的下一代却有垂，他却为尧共工，这有《尧典》文的来源，但与《山海经》的次序颠倒。此下列噎鸣、岁十二，与《山海经》同，但以噎鸣为伯夷，恐怕又是由于声音相近，就强往一块拉！他虽列入器一代，却并没有说他登帝位。登帝位的是他的弟弟榆冈。节茎的儿子又有帝克，那又掺入《三皇本纪》系统。不过他并没有列帝哀一代，却说"哀"为"克"的讹误，合二为一，似乎比《三皇本纪》的说法更与《帝王世纪》相近一点。炎帝世系最后为榆冈，仍本《世纪》的说法。他又名参卢，大约本于《史记·五帝本纪》"神农氏世衰"句下索隐所说"即班固所谓参卢，皇甫谧所云帝榆冈是也"的说法。

此外据《礼记·祭法》篇正义、《路史后纪》卷三引《春秋命历序》："炎帝八世，五百二十年"，《路史》后面又说是"八世，五百四十年"，《三皇本纪》却作"五百三十年"。这个数目来源不明。并且真正的历法的制定，当在帝颛顼以后，此前尚无历法，怎样能有精确的年月？这个数目本身就不足靠，小小差异又何必去管它？罗泌也不相信它，可是原因却是由于他嫌它太短促。他说："神农七十世，以炎、黄之在位观之，不下数百千年，而《春秋命历序》等类以为八世、五百四十年，此所以致传记之纷纷……知其难据。"又《春秋命历序》不过说神农世系为五百余年，并未指出八世各帝每帝各有几处。《路史》注说《帝王世纪》说本于《春秋命历序》，应当靠得住。看《周易》正义所引《帝王世纪》说，八世包括神农在内，那五百余年也应当包括神农在位年数，毫无疑同。可是在唐以后，各帝又都有在位年数，加起来也是四百几十年，可是又不包括神农的一百二十年（《路史注》说"或云百四十"，《路史》则为百四十五）。此说此后古史书大约承用。在这里可以看出后代治古史的人有两个倾向：一个是去古代越远，知道的事情越多；另一个是时代越靠后，他所叙述的古代年数越长。要之全不足信。

罗泌这样考出的新世系虽说牵强支离，但从另外一方面看，也可以说它几乎无一字无来历。并且有时候他也算能传疑，不勉强附会，有时候他还能作实地调查（他曾到湖南茶陵，拜炎帝的陵基），也颇具历史家的风度！我个人最感兴趣的是他作综合工作的历程。我并且疑惑这不仅是他个人工作的历程，实在它对于以前作综合工作的人有代表性：他们所用的方法同罗泌的大约也差不多。所以罗氏所考出来的新世系我们虽然无法遵从，但是我们却感谢他，因为他把作综合工作的方法约略地显示给我们。

2. 伏羲、女娲

在战国以后伏羲靠着《周易·系辞》的势力成了圣人，可是在春秋时代和以前，他的踪迹一点也没有见着。此后同他合成一人的太皞，我们的研究，知道他是东夷集团的首长，看不出来他同伏羲有什么关系。早期的书，如《论语》《墨子》《孟子》等书

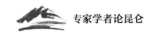
中没有提到伏羲一字。他最早的出现大约在战国的中叶。称述他的第一部书，据我所见当为《庄子》。《庄子·人间世》篇说：

> 是万物之化也，禹、舜之所纽也，伏羲、几蘧之所行终，而况散焉者乎。

王先谦解释说："此禹、舜应物之纲纽，上古帝王之所行止，而况凡散之人有不为所化乎。"成玄英说："几蘧，三皇以前无文字之君。"①《庄子·大宗师》篇说：

> 豨韦氏得之以挈天地；伏戏氏得之以袭气母；维斗得之，终古不忒；日月得之，终古不息；堪坏得之以袭昆仑；冯夷得之以游大川；肩吾得之以处大山；黄帝得之以登云天；颛顼得之以处玄宫；禺强得之，立乎北极；西王母得之，坐乎少广，莫知其始，莫知其终；彭祖得之，上及有虞，下及五伯；傅说得之以相武丁，奄有天下，乘东维，骑箕尾而比于列星。②

这一节前面是说的"道"及对于道体的形容，此节就指出得"道"的就有这样的好处。

《庄子》的《内篇》各篇虽然或者也不免有后人加入的话，可是上面所引的两段却不像后期的文字，大致可以相信是出于庄周自己的手笔。不过这两段措词深隐，并不能使我们了解许多。看《大宗师》篇中，各句首所罗列的一大批名词，里面有斗、日、月的自然现象，有堪坏、冯夷等的神话人物，有彭祖、傅说人格确实而被神化的人物，有黄帝、颛顼的古帝，可是豨韦氏与伏戏氏排到最先。他们不惟排列在古帝的前面，并且在维斗、日、月的前面。"袭气母"三字的意思不易明白，天地二字的意思人人皆知。成玄英说："挈又作契，言能混同万物，符合二仪"。这样以"契合"解释"挈"字，未必合原来的意思。说文以"系持"解"挈"，又以"挈"解"提"，《淮南子·俶真训》内也说过"提挈天地"。如果用"提挈"的意思，那"挈天地"、"袭气母"

---

① 王说见他所著的（《庄子集解》；成说《庄子集释》引。
② 堪坏，《山海经·西山经·次三经》"钟山"下作钦𥍉。毕沅《新校正》本条下注说"钦亦作堪，音同。𥍉当作坏，或为负，或借䰟。𥍉字俗写也。《庄子？云：'堪坏袭昆仑。'《淮南子》作钦负。又钦负，今俗本作钳且。"《山海经·西山经》说："钦𥍉化为大鹗，其状如雕，而黑文白首，赤喙而虎爪，其音如晨鹄。"冯夷，《庄子集释》引疏说他"服八石，得水仙。……天帝锡冯夷为河伯"。肩吾，集释引疏说："肩吾，神名也。得道，故处东岳为太山之神。"禺强，《山海经·海外北经》作禺疆，说："北方禺疆，人面鸟身，珥两青蛇，践两青蛇。"西王母，《山海经·西山经·次三经》"玉山"条下说："西王母，其状如人，豹尾，虎齿而善啸，蓬发，戴胜，是司天之厉及五残。"

二词所属的人物或者是指天地开辟时候整理天地的纯粹神话的人物吧。此外《庄子·胠箧》篇列举"至德之世"的十二氏，伏戏、神农二氏却处最末。《庄子·膳性》篇内说："逮德下衰，及燧人、伏羲始为天下，是故顺而不一；德又下衰，及神农、黄帝始为天下，是故安而不顺"。在这里伏羲的时代确实地放在燧人氏后，神农，黄帝前。《庄子·田子方》篇内说："古之真人……伏戏、黄帝不得友"。这里只举两个人，但他也在黄帝前。从这三段文字可以看出伏羲的时代和古帝的地位已经相当确定了。不过这几篇写作的比较晚，或许晚到西汉的时候也很难说。括总说起，《庄子》书是一部最好谈伏羲的古书了。

在庄子以后称述他的的还是不多。虽《商君书》（商鞅人在庄周前，可是书的写著却应该在《庄子》后）、《管子》（管仲，《管子》书大部分为战国人所写，小部分更在后）、《荀子》、《战国策》也间或提及他，但全无关重要，我们从这些材料里面什么也推测不出。《韩非子》《吕氏春秋》两书特别好称引杂事，可是对于他老先生一个字也没有谈到。它们每次谈到远古，也不过追溯到神农、黄帝。伏羲变成首出庶物的大圣人的原因是靠着《周易·系辞》的力量。至于后期谈他最多的却要推《淮南子》。《系辞》下篇内说：

> 古者庖牺氏之王天下也，仰则观象于天；俯则观法于地。观鸟兽之文与地之宜。近取诸身；远取诸物。于是始作八卦，以通神明之德，以类万物之情。作结绳而为纲罟，以佃以渔，盖取诸离。庖牺氏没，神农氏作……神农氏没，黄帝、尧、舜氏作……①

它在本节里面并没有列举很多古帝，仅仅谈到顶烜赫的神农、黄帝、尧、舜，可是在他们前面却拿他老先生来开场。所谈及的事迹里面又毫不含神话。虽有"以通神明之德"一句话，可是遍读古代哲人的传记几乎没有一个人不同神有或多或少的关系，这又不是他一个人的特点。他能仰观俯察，又能"制器尚象"。如果这些叙述完全确实，他真是一位了不起的大哲学家，与希腊的达来斯、亚纳柯西曼德尔、亚纳柯西默奈斯一类人相较，也算出色！只要我们继续相信《系辞》的说法，他老先生"首出庶物"的大圣人的宝位是安若磐石的。

前人尊重《系辞》的权威是由于说它是孔子的著作，而孔子却是绝不会错误的。

---

① 今本作包牺氏。阮元《校勘记》说："《释文》，包本又作"庖"。旭生按《太平御览》卷七十八引《系辞》也作庖。作"庖"与下文的"以佃以渔"似有关系，所以从《经典释文》写作庖。佃为畋的假借字，"取兽曰畋"。

现在据我们看，不要说孔子也会有错误，并且《系辞》的著者也绝没有告诉我们说《系辞》为孔子所著作。我们现在并不疑惑《系辞》作者的作伪骗人，可是在我们瞻仰这位大圣人以后，不禁要想问问：他这样的宝位是怎样上去的？

在周、秦及西汉初期的著作里面谈到伏羲同八卦的关系的，除了上述的《系辞》，大约只有《淮南子》了。《淮南子·要略》篇内说：

> 今易之乾坤足以穷道通意也，八卦可以识吉凶，知祸福矣。然而伏羲之六十四变，周室增以六爻，所以原测淑清之道而捃逐万物之祖也①。

它没有说伏羲作八卦，却说"伏羲为之六十四变"，骤看似乎同《系辞》的说法不完全相同，但是，第一，它肯定伏羲同《周易》的密切关系；第二，《系辞》下文说"盖取诸益"、"盖取诸噬嗑"等类，然则《系辞》的作者的意思同主张"伏羲为之六十四变"的人的意思并不冲突。因为《淮南子》比较浩博，并且它也喜欢谈伏羲，我们从那里去探讨，或者更容易发现伏羲的真相。

《淮南子》第一篇《原道训》就提到"泰古二皇"，高诱注说："二皇，伏羲、神农也"。我觉得二皇之一指伏羲，大致不成问题，可是另外一位是否指神农，却还须费考虑。《主术训》内虽有"故不言之令，不视之见，此伏牺、神农之所以为师也"的文字，《泛论训》内虽有"夫神农、伏羲不施赏罚而民不为非"的文字，可是《览冥训》内也曾说："伏戏、女娲不设法度而以至德遗于后世；《俶真训》内也曾说："乃至神农、黄帝剖判大宗，窃领天下……"② 但《俶真训》不惟上面也谈到伏羲，可以证明"二皇"非指神农、黄帝，并且它接续上段引文就说："于此万民睢睢盱盱然，莫不竦身而载视听，是故治而不能和下"③。这几句话或者已经足以取消神农列于"二皇"的资格。固然，上面叙伏羲氏之世，后面却说"而知乃始昧昧昧昧（王念孙说："今本昧昧当作棽棽，昧昧棽棽，一声之转。"很是。高诱注："昧昧，欲明而未也。"棽棽义当相近），"皆欲离其童蒙之心，而觉视于天地之间，是故其德烦而不能一"，也表示一些

---

① 捃，又作攟，作攗，音君，拾也，取也。"捃逐万物之祖"是要说取万物不同的现象，追溯到它们发生的原因。
② 高诱注："窃，通也；领，理也。""剖判大宗，窃领天地"，这是由于前边曾说"至德之世……浑浑苍苍，纯朴未散"。"至伏羲氏……皆欲离其童蒙之心"，可是当时不过有这样的倾向，纯朴仍没有大散。"大宗"就是指从前的纯朴未散的情形，《淮南子》作者的意思是说经过此次"剖判"，一切全明晰显著，可是从前的纯朴完全消失。"窃领天地"是说把天地间现象整理起来，使各就条理。
③ 高诱注："睢睢盱盱，听视之意也。"载有重的意思。这是说当时的人不得不视，不得不听，尽力以视听。

不足的意思。但是，《淮南子》此节以"纯朴未散"为"至德之世"，到伏羲氏的时候人民"昧昧棥棥"，想要明白，却还没有明白，按着它的说法，纯朴还是未散，离"至德之世"，没有比它再近的，从至德说，应当没有比他再高的。当为"二皇"之一，毫无疑问。至于其他一皇恐怕是女娲。女娲在古书中更为稀见，仅在《楚辞·天问》篇、《山海经·大荒西经》、《礼记·明堂位》篇内偶然遇到她的名字。① 可是她到《淮南子》里面却极烜赫，并且同伏羲氏好像有不能分离的关系。《览冥训》内说：

> 昔者黄帝治天下……然犹未及虑戏氏之道也。往古之时，四极废，九州裂；天不兼覆，地不周载；火爁焱而不灭，水浩洋而不息；猛兽食颛民，鸷鸟攫老弱。于是女娲炼五色石以补苍天；断鳌足以立四极；杀黑龙以济冀州；积芦灰以止淫水。苍天补，四极正。淫水涸，冀州平。狡虫死，颛民生。背方州，抱圆天。和春，阳夏，杀秋，约冬。枕方，寝绳。阴阳之所壅沈不通窍理之；逆气戾物、伤民、厚积者绝止之。当此之时……侗然皆得其和，莫知所由生。浮游不知所求，魍魉不知所往。当此之时，禽兽蝮蛇无不匿其爪牙，藏其螫毒，无有攫噬之心。考其功烈，上际九天，下契黄垆。名声被后世，光辉重万物……道鬼神，登九天，朝帝于灵门，宓穆休于太祖之下。然而不彰其功，不扬其声，隐真人之道以从天地之固然。何则？道德上通而智故消灭也②。

---

① 《天问》篇内说："女娲有体，孰制匠之？"《山海经·大荒西经》内说："有神十人，名曰女娲之肠（郭璞注：或作女属之腹），化为神，处栗广之野。"《礼记·明堂位》篇内说："女娲之笙簧。"

② 爁音滥，《广韵》："火貌。""烂炎"，"浩洋"，《读书杂志》卷十三内说："焱当作焱，字之误也。《说文》：'炎火华也。'《玉篇》：'弋赡切'。《广韵》：'爁，力验切，爁焱，烻也。'《太平御览·皇王部》三，引此作烂焱，与《广韵》合。洋当为漾，亦字之误也，《玉篇》：'漾，弋沼切。'……《御览·地部》二十四，引此作浩漾，《皇王部》三，引此作'皓漾'。'爁焱'、'浩漾'皆叠韵，'浩洋'则不叠韵。盖后人多见'炎'、'洋'，少见'焱'、'漾'，故'焱'误为'炎'，'漾'误为'洋'矣。""颛"，高诱注："善也。"《说文》颛字下说："谨貌。"《汉书·贾捐之传》："颛顼独处一海之中。注："犹区区也。"大约颛民是指谨慎独处的人。"寝绳"，高诱注："直身而卧也。""阴阳之所壅沈不通者"，《读书杂志》卷十三内说："阴阳之所壅沉不通者"，当依《文子精诚》篇作"'阴阳所拥'（'拥'、'壅'古字通）沈滞不通者。'今本'所'上衍'之'字，'沈'下脱'滞'字，则句法参差，且与下文不对（若以'壅沉'二字连读，则文不成义）。""蝮蛇"，《读书杂志》同卷内说："'蝮蛇'本作'虫蛇'，此后人妄改之也。'禽兽'、'虫蛇'，相对为文，所包者甚广。改'虫蛇'为'蝮蛇'，则举一漏百…《文子精诚》篇正作：'禽兽虫蛇'。《韩非子·五蠹》篇亦云：'人民不胜禽兽虫蛇。'""黄垆"，高诱注："黄泉下有垆土也。"《尚书·禹贡》篇豫州"下土坟垆"条下正义说："垆音卢。《说文》：'黑刚土也。'""重万物"，《读书杂志》同卷内说："'重'字义不可通。《尔雅·释鱼》疏引此作'光辉熏万物'，是也"。熏，犹熏炙也。谓光辉熏炙万物。故高注曰：'使万物有辉光也。'""宓穆休于太祖之下"，高诱注："宓，宁；穆，和；休，息也。太祖，道之太宗也。"

里面的虑戏就是伏羲，也就是《系辞》中的庖牺，古音相同通假。上面说"未及虑戏氏之道"，语意含蓄未尽，下面就接着说女娲的功绩，那女娲同虑戏氏有很密切的关系可以想像出来。从前读书的人总是忽略过这一句接笋的话，以为下面是专叙女娲。其实下面必须也与虑戏有关系，才需要这样一句接笋的话，否则这句话毫无着落。女娲不是创造天地的神，却是整理天地的神。天地没有经她老人家整理以前，天也缺块，地也缺角；火灾不息，水患不停；猛兽吃壮年，惊鸟捉老弱：如果那样可怕的情形继续下去，人类是否还能生存也真成问题了，一经她老人家的工作，一切全都就序：水火息灭，四时调和；狡虫死去，人复壮健；阴阳逆气不通而伤民的均得窍理通畅；浮游（即蜉蝣，一种甲虫）魍魉、禽兽、虫蛇虽还存在，却全不能为害。她这样的功烈，说它"上际九天，下契黄垆；名声被后世，光辉薰万物"，真是一点不愧。可是她还是"不彰其功，不扬其声，隐真人之道以从天地之固然"，至德如此，如果她还不能被推为泰古的一皇，还有什么人能被推呢？并且"氏"就指氏族，虑戏下加一氏字，那所指的就不是个人，却是氏族的全体。女娲下不加这一氏字，那她或为虑戏氏族中的一员。此后各书中女娲后多加氏字，是因为它们已经不明白他们同氏族的关系，遂致随便滥用。

并且《淮南子》作者的思想是一贯的。《精神训》中说："古未有天地之时，惟像无形……有二神混生……"这混生的二神同泰古的二皇也有同条共贯的关系。所说"经天营地"也就同二皇的"能天运地滞，轮转而无废"很相近①，所说"孔乎莫知其所终极，滔乎莫知其所止息"②，同二皇的"钧旋毂转，周而复匝"也是相类的表现。可是二神表现为"刚柔"，为"阴阳"。阴阳在人，就成了男女。二皇同它相应，那就必不能为伏羲与神农，只可能为伏羲与女娲，也可以算有旁证了。

按三皇的名字，宋均谯周虽有燧人、伏牺、神农的主张，《白虎通义》又有伏羲、神农、祝融的记载，可是郑玄注《尚书中侯·勅省图》，引《春秋运斗枢》，《文选》班固《东都赋》注引《春秋元命苞》皆以伏牺、女娲、神农为三皇③。《风俗通义》也曾引《春秋运斗枢》的说法。《春秋运斗枢》《春秋元命苞》系纬书。纬虽晚出，但不得晚于西汉，早也可能在秦汉之际。这就足以证明女娲为皇实属古说。又自《汉书·古今人表》以后各书全说女娲紧接着伏羲，《帝王世纪》说庖牺氏"继天而生，首德在木"④，可是《三皇本纪》）说："女娲亦木德王。"五德轮流，可是伏羲、女娲全"以

① 高注："运，行也；滞，止也；废，休也。"
② 高注："孔，深貌；滔，大貌。"
③ 《礼记·曲礼》篇"太上贵德"节下正义引。
④ 《太平御览》卷七十八引。

538

木德王"，就足以证二人本出于同氏族，不能分开。

从《淮南子》及上列其他各书所说已经足以证明伏羲、女娲二名有极密切、不容易分离的关系，可是他们的传说从那个集团里面发生出来仍是毫无所知。

清初陆次云的《峒谿织志》里面曾说："苗人腊祭曰报草。祭用巫，设女娲、伏羲位。"现代的人类学者实地考察，才得到些苗族传说。按他们的传说，苗族全出于伏羲与女娲。他们本为兄妹（或姐弟）。遭遇洪水，人烟断绝，仅存此二人。他们配为夫妇，绵延人类。有一部分传说，说这个男子叫作 Bu–i，女子叫作 Ku–eh。Bu–i 就是"伏羲"的古音，Ku–eh 同"娲"字的古音也极相近。Bu 字的原义为祖先，i 是"一"或第一的意思；Bu–i 就是指最早的祖先。照这样说，苗人所说最早的祖先就是伏羲、女娲。

关心这个问题的人可看前历史语言研究所编辑的《人类学集刊》内的芮逸夫著的《苗族洪水故事与伏羲、女娲的传说》，不再费述。所要说的是这两个名字同汉族书中所载的同名万不会是偶合。如果不是苗族受汉族的影响，就是汉族受苗族的影响（三代及以前以华夏与苗蛮分）。春秋时代所留下的文献还算不少，可是没有看见伏羲和女娲的只字。战国前期仍未见到；中期若明若昧。大显最早在战国末期，晚也当在西汉初期。像这样的情形，说这种传说出于华夏集团，似乎不近情理。更重要的是此传说中的兄妹结为夫妇与儒家传统的道德观念不合。后代载籍中关于此二人普通的讲述里面也并没有这些。可是传说并不是没有，就是不很显著。这一故事又可分为两点：一点是他们两个为兄妹，另一点是他们结为夫妇。据芮氏文所搜罗，关于第一点的有《风俗通义》的逸文、《广韵》、《通志三皇考》、《路史后纪》、《开辟衍绎》、近人著的《上古神话演义》等书。关于后一点的记载较少，但也有汉武梁祠画像、唐卢仝《与马异结交》诗、《伪三坟书》、元杜道坚《玄经原旨》发挥里面均有证明。卢仝诗："女娲本是伏羲妇。"《全唐诗》下注："一作'女娲伏羲妹。'"我疑感这并不出于后来两个不同的本子，却是卢仝原来就有两个稿子，他原写作一种，以后又自己改作他种。如果这个猜测不错，那卢仝是知道这个完全故事的，所以兼说到两点。因为传说同儒家的传统观念不合，所以受尽压抑，可是它所遗留的蛛丝马迹，在各代的著作里面还都可以找出来。如果说这种传说不是从南方传播到北方，那上述的情况全要成了无法解释的谜底。如果反过来说，那就很容易解释。那末，何去何从，我们似乎不难抉择了。

看芮氏所搜集的苗族传说材料，伏羲、女娲由兄妹而成夫妇，大多数的材料都说是由女方主动，男方被迫，可也不是没有相反的说法。我个人相信由女方主动是母系社会中原型的传说，相反的说去是社会制度变革后的改造。再看《淮南子·览冥训》的叙述，上面说过"未及虑戏氏之道"，下面叙述的却全是女娲的业绩，未及伏羲一字。再看《风俗通义》所记："俗说天地开辟，未有人民。女娲抟黄土作人，剧务力不暇供，乃引绳于絙泥中，举以为人。故富贵者，黄土人也；贫贱凡庸者絙人也。"① 像创造人类这样重要的事业却完全出于女娲，与伏羲无干。这一切全可以使我们推测这个传说起源很早，发生于母系制度时代。等到以后父系代替母系，伏羲的人格才渐渐重要起来，最后他几乎遮掩了女娲。女方主动的事迹也逐渐变成男方主动的事迹。

苗人说他们最初出于伏羲及女娲；《览冥训》的说法同他们相近；《周易·系辞》虽没有谈到女娲，并且也没有谈及人类出生的问题，但庖牺为最古的帝，同苗族传说的意思也可以说是相近：这是三方面相类的地方。

另外，苗族传说的中心点集中于人类起源方面；《览冥训》的中心点注重于整理世界方面；《系辞》注重于仰观俯察，制器尚象：这是三方面不相类的地方。我觉得当战国中叶，楚国的势力深入湖南，苗族传说逐渐输入华夏以后，首先受它的影响的是庄子一派人。庄周，蒙人（今河南商丘县北境），虽不是南方人，可是宋地绾毂南北，交通便利，固有受各方影响的可能性。并且庄周游心远古，话说得越远越好，这样正投到他的嗜好。女娲一名女希②，那《庄子·大宗师》篇内的豨韦，是否同她有点关系也很难说。《楚辞·天问》篇的作者属于南系，所以也受它的影响，谈到女娲。最初祖先的原义或者当日的中国人还晓得，所以此后的《系辞》作者就把他列于古帝的首坐。《系辞》的作者不知是谁，但总是一位战国后期或西汉初期的儒者。他的思想很发达。《系辞》里面包有一种比《淮南子》简略而较精深的宇宙论，那么他个人就是一位仰观俯察的名手。八卦代表天、地、雷、风、水、火、泽、山的说法此时大约早已成立。谁也不知道它的确切来源，但相传出于远古。作者既相信伏羲为古帝的首坐，说八卦或六十四卦为他的创造品，也很可以理解。又在作者的思想里面，八卦是表现自然界中最显著的八种现象的记号。伏羲既能在自然界里面找出来这八种最显著的现象，"以类万物之情"，这就是说他把纷然淆杂的万物分成八类，他怎样能不是一位仰观俯察的大圣人呢？

在北方华夏集团里面古代所称"比类百则"的是大禹③，在其他集团的，"以类万物之情"就会是另外的一个人。来源不同，人物自然也不能相同。"近取诸身，远取诸物"，是儒家的一贯思想，也由作者送给这位首出庶物的圣人。不但如是，《世经》内

---

① 《太平御览》卷七十八引。絙，《说文解字》说："缓也。"在句中无意义，可疑。
② 《太平平览》卷七十八引《帝王世纪》。
③ 《国语·周语》下。

说："作罔（纲）罟以田（佃）渔取牺牲，故天下号曰炮牺氏。"① 说法出于《系辞》。皇甫谧也说："取牺牲以供包厨，故号曰庖牺氏。"② 司马贞兼取两说，分别解释，说："结罔罟以教佃渔，故曰宓牺氏；养牺牲以庖厨，故曰庖牺。"③ 据《路史》所引，还有由于服牛乘马而号伏牺的说法，罗泌对以上诸说均斥责为"鄙妄"，独采用《礼纬·含文嘉》"伏者，别也；义者，献也"的说法。今按《含文嘉》及司马贞的解释全是望文生义，无遵从的价值。并且《系辞》作者接收南系最初祖先的神话，又用自己的理想加上一种缘饰，我们今日只能承认伏羲为神帝和神皇，不能拿他同原出氏族名称、实属人帝的太皞和少皞同等看待。但《系辞》《世经》《帝王世纪》的说法也还有它真实的一方面，未便一笔抹杀。《系辞》中的包牺氏，《经典释文》就作庖牺氏。作者特别于神农以前提出"以佃以渔"的现象，他或者也是有意地不用伏羲、宓羲及其他同音字，却特用庖牺两个有意义的字，他确切地认识社会进化在农业阶段以前还有渔猎阶段的存在：他所说的神农氏实在是指这一农业阶段，庖牺氏是指渔猎阶段。最初祖先的专指名词到他的思想里面又变成代表时代的泛指名词。他所用的方法我们不能承认，但是他对于社会进化的分段观念却不错误。此后《淮南子》的作者同南方的关系较深，对于伏羲和女娲的关系知道得更清楚，并且由于这样的说法同他们那阴阳二气的二元论的哲学观点相合，所以称述得更详尽。可是洪水时期情状的描写却仍是汉朝人的看法。这也可以证明无论什么传说，经过一次移地，全要受重要的变化了。

括总说起，我国古代三部族集团以华夏集团为主干。它同东夷集团接触得很早，并且后者的文化并不比前者低——现时有些人说后者比前者更高，但是没有充分的证据——所以虽说暂时有些冲突，却是很快地就能合作，并且达到颇完善的地步。《尧典》内说："黎民於变时雍"（於读同乌。"时，是也；雍，和也"④）。这就是说东夷集团中九黎的遗民变化了，和睦了。这还是两集团开始同化时候的情形。看《左传·僖公二十一年》末所记邾人灭须句事及《论语·季氏》篇首章所记，就可以看出"崇祀皞、济"的属于东夷集团的须句、颛臾诸国与鲁国的密切关系，已经达到融合无间，近于不分彼此的程度。太皞、少皞、皋陶、伯益等东夷贤豪很早就加入了我国古代圣君贤相的大系统内，并无足异。华夏不久又同苗蛮集团接触，由于后者文化较低，所以华夏开始用武力，继续长期地用宗教和文化把它征服。因为主要地不是武力征服，所以除初期外，并无激烈的冲突，归结也走到同化。可是因为到底是征服，所以我们在早期知

---

① 《汉书·律历志》末。
② 《太平御览》卷七十八引《帝王世纪》。
③ 《三皇本纪》。
④ 《尚书古今文注疏》本条下。

道的仅是些梼杌、驩兜、三苗等失败英雄或氏族的名字。一直到战国中叶，北方文化深入到湘水及沅水的流域，而后此集团的古老传说才能为华夏集团所接受和同化。等到汉朝，又与今日的畲和瑶相遇，虽说这一次是大帝国征服小民族，可是这时候的文化交流比早期密切得多，所以盘古开辟天地的神话传说不久又为我们所接受和同化①。虽说古史茫昧，今日还有不少可疑的地方，需要作进一步的研究，可是用现代的科学方法整理比较可靠的材料，它的痕迹总还可以看得出，不至于有大错误。战国至西汉作综合工作的历史学者一方面广搜博采，另外一方面又给它一种华夏的色彩，在第三方面又给它一种哲理上的根据，比方说：巢和燧的发明，渔猎和农业的分期。因为他们的工作顾到的方面颇多，所以承用数千年，无人怀疑，也不是偶然的事情。用现代的眼光来看，他们把伏羲和太皞，神农和炎帝来自不同源的传说强捏在一块，应该为我们所不满。但是从另外一方面看，炎帝和神农的传说虽说来源不同，可是我前面曾经说过：炎帝氏族开始的地方在今陕西宝鸡、岐山一带。我们在斗鸡台的发掘，于史前遗址中在陶罐里面见到霉黑的谷（小米）粒，使我们猜测到炎帝氏族进入农业阶段比黄帝氏族为早。

周祖弃兴起农业，此后被尊为后稷，他的母亲姜嫄明明出于炎帝氏族。周弃兴起农业或者就是从他外祖家学到的技术。如果这个猜测不误，就又是炎帝氏族早入农业阶段的一个证明。那末综合工作人把他们两个说成一人，也不能说他完全无理由。太皞并非伏羲，但是他的时代似乎相当地早，与南方集团的渔猎阶段也未必不同时。或者更进一步拿代表渔猎时代的庖牺包括这两个集团的最古时期，也还可以说得通。这样来看，这些历史学者所作综合工作的结果，虽说还谈不上合于精确的科学，可是在当时也还有存在的理由。盘古加入古史系统的时间最晚，并且欠缺哲理上的根据，所以在清朝末年夏曾佑诸人已经看出他的马脚。自此以后他在学术界中可以说已经推下宝座。可是我国古史上所有圣帝、明王、贤相的大系统，那里面所包括的人名也不是全出于华夏族。这个系统的成功同此后盘古加入的性质完全相同。但是由于大系统于春秋、战国时代已经成立，所以从前大多数的学者还不敢轻于疑惑它，一部分大胆的学者却倾向着要一笔勾销它。究竟这两个极端似乎都不是真理之所在。从纷乱的史料中细心爬梳，找出来传说中主要人物的个别来源，剥出来它里面所包含的历史事件的核心，却有待于此后人的耐心钻研。

二 《春秋命历序》的古史系统及其补充的来源

到西汉中叶以后渐渐有纬书的出现。《春秋纬》中有一种叫作《春秋命历序》。它

---

① 徐整：《三五历纪》；《太平御览》卷二引。

的本书早已亡逸。它不满于五帝，也不满于有巢、燧人、伏羲、女娲、神农等传说，却创造出来一种伟大的系统，引见于《广雅》《金楼子》《礼记正义》《三皇本纪》《通鉴外纪》《路史》各书里面。它把古史分为十纪：一为九头纪；二为五龙纪（《通鉴外纪》及《路史》都说一作五姓纪）；三为摄提纪（《金楼子》作括提，《通鉴外纪》说："或云七十二姓纪……或曰括提"，《路史》说："是谓五十九姓纪"）；四为合雒纪（《礼记正义》及《通鉴外纪》都作合洛，《通鉴外纪》及《路史》都说或作三姓纪）；五为连通纪（《通鉴外纪》及《路史》都说或作六姓纪）；六为序命纪（《路史》作叙命，《通鉴外纪》及《路史》都有四姓纪的说法）；七为循蜚纪（《金楼子》作脩飞，《三皇本纪》作修飞，《通鉴外纪》作循飞。《路史》说："是谓二十一姓纪"）；八为因提纪（《金楼子》作因穆，《三皇本纪》作回提）；九为禅通纪（《路史》说："是谓十有八姓纪"）；十为疏讫纪（《三皇本纪》及《通鉴外纪》都作流讫，《路史》作疏仡）。上引《广雅》据王念孙《疏证》本。但《疏证》说："各本，'摄'讹为'挺'；'雒'讹为'雄'；'连'讹为'建'；'循蜚'讹为'修辈'；'疏讫'讹为'流记'。"是《疏证》也是据各本校改的。除"雒"、"洛"，"序"、"叙"，"蜚"、"飞"同字异写可以不计外，其他全不知道哪个是正字。十纪名目的来源如何，我们现在完全无从知道。但是从后面所述《丹壶书》对于后四纪的补充也大略可以窥见在它们那样典型下面的工作方式。至于十纪的时间却绵长得惊人。据《广雅》《礼记正义》《通鉴外纪》等书，从天地开辟到鲁哀公十四年西狩猎麟，《春秋》绝笔的时候为二百七十六万岁！"大率一纪二十七万六千年。"《通鉴外纪》又说："或曰二十六万七千年。"《礼记·礼运》篇正义也与《通鉴外纪》的或说相同。《三皇本纪》引作三百二十七万六千岁，《路史》引作二百二十七万六千岁。来源相同，数目却有出入。旭生按：《通鉴外纪》所称的或说"六"、"七"二字误倒；《路史》所引由于衍一"二"字闹出错误；《三皇本纪》所引既多衍一"二"字，"二百"又误作三百。二百七十六万这个数目在历算上有根据。《汉书·律历志》上卷的末尾说：

> 二象"十有八变而成卦"，"四营而成易"为七十二，参三统，两四时相乘之数也。参之则得乾之策；两之则得坤之策。以阳九九之为六百四十八，以阴六六之为四百三十二，凡一千八十，阴阳各一卦之微算策也。八之为八千六百四十而"八卦小成，引而信之"。又八之为六万九千一百二十。天地再之为十三万八千二百四十，然后大成，五星会终，"触类而长之"，以乘章岁为二百六十二万六千五百六十而与日月会。

这一个二百六十二万六千五百六十数目很重要，必须找出这目的来历，才可以找出《春秋命历序》中二百七十六万的根源，它的原文有点不容易懂，并且掺杂些神秘的气息。不过经过清儒的整理解释，大致已经明白。"二象十有八变而成卦"，除了"二象"二字外是抄录《系辞》上传第八章内的文字。李锐解释说："二九一十八。""四营而成易为七十二"，前五字也是《系辞》同章内的文字。钱大昕解释说："四乘十八之数。""参三统，两四时相乘之数也"，钱氏解："三三而九，二四而八，八九七十二。""参之则得乾之策，两之则得坤之策。"《系辞》同章内说："乾之策二百一十有六，坤之策百四十有四"；李氏解："三乘七十二得二百一十六；二乘七十二得一百四十四。""以阳九九之至阴阳各一卦之微算策也"，李氏解："九乘七十二得六百四十八，六乘七十二得百三十二，并之得一千八十。""八之为八千六百四十而八卦小成，引而信之"，"八卦"至句末八字也是引《系辞》同章内的文字。这是又用八乘一千八十得八千六百四十。"信"是"伸"的假借，《系辞》正作伸。"又八之"至"五星会终"，这是又用八乘，再用二乘，数目很清楚，无须细释①。"五星会终"，后面再谈。"触类而长之"至"而与日月会"，前五字也是引用《系辞》同章内的文字。志下卷首说："闰法十九，因为章岁。""以乘章岁"，就是以十三万八千二百四十乘十九。以上数目用算式表示就是：

$$\{[(2\times9)\times4\times9]+[(2\times9)\times4\times6]\}\times8\times8\times2\times19$$

$$=[(72\times9)+(72\times6)]\times8\times8\times2\times19$$

$$=(648+432)\times8\times8\times2\times19$$

$$=1080\times8\times8\times2\times19$$

$$=8640\times8\times2\times19$$

$$=69120\times2\times19$$

$$=138240\times19$$

$$=2626560$$

这些数目，除了章岁的十九为古人由于实测知道每过十九年就应该有七个闰月，与三统历的岁实三百六十五日又一千五百三十九分之三百八十五相乘["日法八十一"，与章岁十九相乘，得一千五百三十九；以此数除周天（就是十九年的日分）五十六万两千一百二十，除数为三百八十五]，绝无奇零，遂以十九岁为一章，我们可以明白，而其余的"十有八变而成卦"、"四营而成易"、"阳九"、"阴六"等数目披上一层神秘的外套，使大家完全无法明白。如果说穿，那全是他们的假托。他们有一个大假定，是预先设想当天地开辟的时候，日月星辰不会是乱七八糟，却是排列得很有次序。除了恒

---

① 《汉书补注》卷二十一上引。

星它们相互间有一定的距离，永不变化，他们无法设想外，日、月、五星，当我们看见它们的时候它们相互的距离远近参差不齐，但是据我们长期的观测，可以知道它们的行度各不相同。经过更长期的观测，可以得到它们每个行度的规律。知道此种规律以后我们就不难推算出来在某一定的时候它们是排列得很整齐的。这样的排列就是他们所说的"日月如合璧，五星如联珠"。这就是说在那一年的冬至朔旦的时候，日月并列着，五星在天上的一方，列在一条线上，并且它们中间相互的距离也几乎相等。这个时候就是天地开辟的时候，天地开始行动的时候。他们把这个时候叫作上元，也叫作历元。历代的历法推算历元，总算是一件大事。直到 13 世纪郭守敬所定的授时历才坚决地废去历元。此后历法才不使用历元，可是还有不少的学者对于郭守敬此举非常不满，足以证明旧传统势力的巨大。他们这样推算出来的天地开辟的时期，我们借着现代的科学，知道它一定不对，可是他们这样的推测不是也可以理么？他们的推算是先由实测知道每一百三十五月有日月相交二十三次。但是这个不到十一年（加闰算）的周期还有奇零的数目。必须积到四十七个周期，六千三百四十五个月，五百十三年，恰好为二十七章，四十七会，为章月（二百三十五）与朔望之会（一百三十五）的最小公倍数，数无奇零。"于是交食复在朔旦冬至，循环一周。"他们又由实测，知道木星大约十二年一周天；他们把天上近赤道的二十八宿，分为十二宫，又用它们配合岁阴的十二名，用它纪年（东汉后改用地支）。木星十二年一周天，就与岁阴相合，所以他们叫木星作岁星。但是他们又知道木星每年实在不只行一宫，所以就定为一百四十四年超一宫，这就是说每遇到这一年就超过一宫来计算。——祖冲之、一行全已经知道过八十四年就应该超一宫，三统历中一百四十四的数目不够精密——志中说："木金相乘为十二（李锐解：'天以三生木，地以四生金，三四一十二'），是为岁星小周。小周乘坤策，为一千七百二十八，是谓岁星岁数。"岁数也叫作大周。他们又用相类的方法得到金星的小周为十六，乘乾策得大周，为三千四百五十六；土星的小周为三十，乘策得大周，为四千三百二十；火星的小周为六十四，乘乾策得大周，为一万三千八百二十四；水星的小周也是六十四，乘策得大周，为九千二百一十六。他们对于五以内数目的乘数有一种特别的爱好，比方说：$12 = 3 \times 2^2$；$16 = 2^4$；$30 = 5 \times 2 \times 3$；$64 = 2^6$；$144 = 2^4 \times 3^2$；$216 = 2^3 \times 3^3$。大约五星的小周的数目虽然也用五行的说法来缘饰，不过这只是缘饰，基本上还是出于实测，至于大周的数目，只看它仅仅限于用二百一十六与一百四十四两个数目来乘，就可以断定它一定不会与实测相合。他们又求五大周数的最小公倍数得十三万八千二百四十，为五星全复原位的年数。这个时候五星可以如联珠了，但是日月还不能如合璧，所以又同五百一十三年求最小公倍数，遂得此二百六十二万六千五百六十年的数目。按着他们的说法，就是经过这样多的年数，日、月、五星全回到原处，又"如合璧"、"如联珠"了。《汉书·律历志》中的《世经》说："四分上元［这是古四分历，并非东汉元和年（84～86）所用的四分历］至伐桀十三万二千一百一十三岁。"又"据三统历说，伐桀至（鲁）僖（公）五年（前655）积千九十六岁，而僖五年至太初元年（前104）积五百五十一岁，则伐桀至太初元年积一千六百四十七岁。加入此四分上元至伐桀，为十三万三千七百六十岁"。他们以太初元年的实测冬至朔旦为出发点，推算到以前的十三万三千七百六十年，日、月、五星应该"如合璧"、"如联珠"，就把这一年叫作四分上元。但是他们觉得天地开辟离当时只有这个数目还是太少，所以又加上一大会数二百六十二万六千五百二十年，得二百七十六万三百二十年。这一年叫作太极上元，纬书叫它作天元，这才真是天地开辟的一年。这个数目与命历序所说开辟以来至获麟的数目多三百二十年。鲁哀公十四年西狩获麟，《春秋》辍笔的一年为公元前四百八十一年。再加上三百二十年，得前一百六十一年，为汉文帝的后三年，与太初元年的前一百零四年相差五十七年，合三章的数目。

《后汉书·补律历志》二记载顺帝汉安二年（143）太史令虞恭等议："四分历仲纪之元起于孝文皇帝后元三年，岁在庚辰。上四十五岁，岁在乙未，则汉兴元年也。又上二百七十五岁，岁在庚申则孔子获麟，二百七十六万岁矣。"他不说太初，却说文帝后三年，像是想对于这相差的五十七年加以补正。但是这个相差总是存在的，我们今天绝不应该把它隐蔽起来①。可是从另一方面看，《春秋命历序》所说开辟以来至获麟年的数目是从这样一个方法推算出来，似乎不能成为疑问。他们既是这样找出天地开辟的年月，并且觉得开辟以后不久就有了人。用现代的科学来判断它，推断人类发生有二百多万年，比今日的人类学者所说人类最早的出现不能超过距现在百万年的固嫌太大，但比地质学者所说地球开始距现在约二十亿年又太渺小。并且宇宙是永恒的，更无所谓开辟。自然科学应该从确实的经验起首，用辩证唯物的观点去研究，用内籀归纳法求得近似数目。他们却从一个理想的、绝靠不住的理想点出发，用外籀演绎法去求，结果错误，固不待言。但是他们能注意到人类历史的悠久，比局促于数千年中文字历史的儒家不能不算作一种进步。又据《礼记》首释名下正义、《通鉴外纪》卷一及《路史前纪》卷二末注所引郑玄《六艺论》说："遂（燧）皇之后历六纪、九十一代至伏羲，始作十二（阮元（校勘纪）引《左传·定公四年》正义引作"十言"，说此"二"字误）言之教"，那十纪起自燧人氏。《广雅》却说："人皇以来。"正义同节又引《六艺论》说："人皇，即遂皇也。"由此可以证明他们设想有人即能用火；证以周口店下层猿人

---

① 朱文鑫：《历法通志》，54页。参考上书七、八两篇。我原稿说"他们用他们的方法推算这个时候应该在汉文帝后三年庚辰（前161）以前十三万三千七百六十年"，是错误的。

已经有用火的痕迹，那末，他们这样地推断是正确的。

据《路史》及陈桱《通签续编》第一卷所引，《易乾凿度》及《春秋元命苞》皆有这一段文字（现在《春秋元命苞》本书已经亡逸，据《玉函山房辑铁书》所辑，仅引《路史》注内所引二百七十六万岁的文字，没有十纪的名字。但据陈书，《春秋元命苞》中十纪名字及世数全很详备。易纬《乾凿度》及《乾坤凿度》现在还存在，但是里面并无此文，大约是因为二书都是自《水乐大典》中辑出，里面有亡逸），可以证明这种说法在当日为学术界所共同承认。此后谈古史的人就不能撇过这个系统。但是严谨的儒家学者对它都抱怀疑的态度。比方说，谯周就没有谈到；刘恕虽说把它载入《通鉴外纪》的开始，可是他记完一切以后，总结说："诸儒各称上古名号年代，世远书亡。其存者参差乖背，且复烦而无用，今并略之。粗举一二，可以见古今众说诞妄不同。"可见他载这些异说不过要存诞妄的例子罢了。可是以方士为代表的学者仍以为不足，又加之以补充！这些补充在《路史前纪》里面记载得很详细，罗泌并把它的来源详细地告诉我们，卷三内说：

> 予既得丹壶、名山之记，又得吕梁碑，获逆帝王之世，乃知天未丧斯文也。《丹壶书》云："皇次四世，蜀山、傂傀六世，浑敦七世，东户十七世，皇覃七世，启统三世，吉夷四世，九渠一世，豨韦四世，大巢二世，遂皇三世，庸成八世：凡六十有八世（旭生按：仅六十有七世），是为因提之纪。仓颉一世，栢皇二十世，中央四世，大庭五世，粟陆五世，丽连十一世，轩辕三世，赫胥一世，葛天四世，宗卢五世，祝融二世，昊英九世，有巢七世，朱襄三世，阴康二世，无怀六世：凡八十有八世，是为禅通之纪。"可谓备矣。而又有钜灵氏、句强氏，自句强而下，次谯明氏，次涿光氏，以次至次民氏。如下所叙，总曰循蜚纪，有号而无世。自此以上，亦有九皇氏、地皇氏、天皇氏。又上而乃有盘古氏基之浑沌之说。其言浑沌之初，"上无复色，下无复渊"，为说甚繁，非足贻训，故绌焉。自无怀降，所叙与名山纪大同。此予之史篇所取巘（后来用"谳"字，罗氏用为定案的意思）者也。

从他在这一节所说，可以知道《路史》所叙是以《丹壶书》为骨干，间或引名山纪来证明它。他说："自无怀（以）降，所叙与名山纪大同。"然则里边总有些不同的地方。名山纪或是多篇的总名词，未必为一专书。现道藏中也并没有《丹壶书》一书，它大约已经亡逸。《抱朴子·遐览》篇所举神仙家书目中有《丹壶经》的字，也无从知道与此《丹壶书》是一是二。罗泌照着它的次序，又搜集和增加了许多材料。他述循蜚纪后，却说："丹壶之书其不缪（谬）欤？"可见他也未尝无若干的怀疑。现在照着

他的次序列于后，再看它的来源是否可以检出。能检出的写在后面，现在还检不出的就暂时缺着。

上面的引文对于循蜚纪没有开出详细的单子。它的完全的名字如下所列：

钜灵氏，句强氏，谯明氏，涿光氏，钩阵氏，黄神氏，钜神氏，犁灵氏，大騩氏，鬼騩氏，弇兹氏，泰逢氏，冉相氏，盖盈氏，大敦氏，云阳氏，巫常氏，泰壹氏，空桑氏，神民氏，倚帝氏，次民氏。

钜灵也作巨灵。罗氏引书有《遁甲开山图》《广韵》《九域志》，李淳风《小卷》，《水经注》诸书。现《适遁甲开山图》已经亡逸。《广韵》中无罗氏所引文，但"脂部""脽"字下说："汾脽，巨灵所坐也。"现行元丰《九域志》版本均不载古迹，所以不见罗氏所引文字，《小卷》，我现在没有检寻出来，不知道还存在否。独《水经注》"河水"条下详载巨灵神事，说它出于左丘明《国语》。朱谋玮说："事在薛综《西京赋注》引古语（在《文选》卷二）云云。"疑"国"为"古"字的讹误。但"国语"前有"左邱明"三字，《路史注》也说：今《国语》亦无此文。"那"国"字像是并不误，或者是由于郦道元的误记，也很难说。

句强氏下，罗氏无解释，或是他也没有考出来源。但是《山海经·海外北经》末说北方神叫作禺疆。"句"、"禺"古音同在侯部。疆本作畺，疆字就从畺得声，古音在阳部。句强当即禺疆。又《吕氏春秋·十二月纪》中说：东方神为句芒，南方神为祝融，西方神为蓐收，北方神为玄冥。《山海经》四《海外经》末所记四方神，除禺疆外，余与《吕氏春秋》完全相同。神名的第一字：句、祝、蓐、玄。全应该是地名或氏族名。如果这个句强及下文的钩阵原为人名，那就应该与句芒同族。

谯明及涿光二名，罗氏已经指明出于《山海经》的《北山一经》。但是《北山经》说它们是山名，并非氏族名。

钩阵氏，罗氏也没有解释。但钩阵或作句陈，星名，六星，在北方，近极星。"陈"古"阵"字，钩阵氏的名应当从句陈出。

黄神氏，罗氏所引有《春秋命历序》《鹖冠子》《归藏》《本起经》诸书。但《本起经》（今《道藏》中无此经名）所指"与此异"，《归藏》所指明为黄帝，罗氏自己已经指出。所引《鹖冠子》在《泰鸿》篇，据引本文作"皇神"，但今本（《四部丛刊》影印明翻宋本）却作"神皇"，更不像是人名或氏族名。

钜神氏，罗氏说出《春秋命历序》。但他说："人皇氏没，钜神次之"。他在九头纪下说是泰皇氏纪，在注中考证泰皇就是人皇。钜神如果与人皇相接，次序不应该次于黄神氏。

犁灵氏，《山海经·大荒东经》说："有神，人面兽身，名曰犁魗之尸。"郝懿行笺疏说："《玉篇》云：霊同灵，又作灵，或作靈。《广韵》引此经作"靈"，说"或作霊"，与《玉篇》同。罗氏指出犂灵氏出于此经，应当不误。

《山海经·中山次七经》中有大騩之山，在今河南密县。《庄子·徐无鬼》篇说："黄帝将见大隗乎具茨之山。"《经典释文》引司马彪说："在蒙阳密县东，今名泰隗山。"《水经注》"颍水"条下说"大隗即具茨山。"大騩氏的名应当是从此出。在《山海经》中，山用騩为名的很多，《丹壶书》于大騩氏以外又列一个鬼騩氏，或许就是因为这个缘故。"鬼"、"騩"原来应当是一个字，我疑惑古人曾经用"騩"字或"隗"字注"鬼"，后来掺入正文，《丹壶书》遂承用此误。

弇兹氏，罗氏也没有解释。但是这个名字与崦嵫同音。崦嵫为日落时所进入的山，从古代就很有名。《离骚》及《山海经·西山次四经》内均说到这个山。弇兹氏的名字应该出于此山。

《山海经·中山次三经》内说："和山……实惟河之九都……吉神泰逢司之。"和山在今河南孟津县境内。罗氏指明泰逢氏的名字出于此神。

《庄子·则阳》篇内说："冉相氏得其环中以随成（郭象注说：'居空以物而物自成。'因为环中心处空，所以郭氏以室解环中）；与物无终，无始，无几，无时；日（王先谦《庄子集解》说"日字当属上读"，作"无时日"）与物化者一不化者也（郭注说："与物化故常无我，常无我故常不化也"）。罗氏就引此段书。

《山海经·海内经》内有孟盈之丘，郝懿行笺疏说："或作盖盈，"《路史注》引《海内朝鲜记》中九丘，所举的名字大致与《海内经》相同，但"孟盈"就作"盖盈"。罗氏说："盖盈之丘，盖盈氏之虚也。""丘"、"虚"二字古虽通用，但丘本义为四周高、中低的高处，与解作废弃人居的高处的"虚"字意义到底有差别。解"盖盈之丘"为"盖盈氏之虚"，如果没有他证，还嫌是出于臆断。

大敦氏，罗氏也没有解说，我也没有检出它的来源。

云阳，本地名，罗氏所引有湖南茶陵、陕西甘泉、江苏丹徒、山西绛北四说，可是他又说："云丹徒、绛北者非也。"是他仅信前一说。但最显著的只有陕西的云阳。《史记·秦始皇本纪》内说："除道道九原，抵云阳。"云阳秦县，县境内有甘泉山。《史记·封禅书》内说："黄帝接万灵谷口，谷口者，甘泉也。"此县旧地在今淳化、三原二县中间，今地图中还有此名。云阳氏的名字当出于此。

巫常氏，罗氏没有解释，我也没有检出它的来源。

泰壹就是太一。可参考顾颉刚先生《三皇考》中所论太一的演变。《周易·系辞》内的"太极"也就是太一。

空桑，古地名，也作穷桑。一在山东曲阜县，一在"赵、代中间"（山西北部），

一在"莘、虢中间"（河南西部）。又河南陈留县，古代也有空桑的名字。空桑氏的名字当出于此。

罗氏引《潜夫论·卜列》篇的"天地开辟有神民"以证神民氏。但汪继培《潜夫论笺》引《国语》中观射父的话解释此语，驳罗氏认为帝者名氏的说法为错误，他的驳论很是。罗氏又引《春秋命历序》及《山海经·海内经》的"神民之丘"。但据罗氏所引，《春秋命历序》作神皇氏，不作神民氏。神民之丘，郝氏笺疏引郭璞注及《文选·游天台山赋》注，订正"民"字当为"人"字，也很是。然则神民氏的名字于古无证。

《山海经·中山次十一经》内有倚帝之山，在今河南镇平、南召二县境内。罗氏就引用这一条以说明倚帝氏的名字。

罗氏引《洛害摘亡辟》及《春秋命历序》的"次是民"以证次民氏，但无法证明它不错误。

此纪中的二十二氏，除大敦、巫常二氏未知所出以外，其余的都可以说有来历。但是，这些本是要用来补充《春秋命历序》的不足，可是同它有关系的仅有四氏，三个可疑，剩下一个次序不合。又内有七八条仅为地名，四五条仅为神名，用来勉强填凑。在古书中稍有根据，可以称为氏族名或个人名的，仅有大騩、冉相两条！这也可以说是尽拼凑支离的大成了。

至于其他两纪的补充还不至于到这步田地。

因提纪：辰放氏，蜀山氏，豗傀氏，浑沌氏，东户氏，皇覃氏，启统氏，吉夷氏，几蓬氏，狶韦氏，有巢氏，遂人氏，庸成氏。

辰放氏，罗氏引《春秋命历序》及《太平广记》二书[①]。又引宋均《命历序注》。说他又叫作皇次屈。在《丹壶书》中叫作皇次。

蜀山氏，罗氏引《世本》、扬雄《蜀纪》、《华阳志本》、《蜀论》、《益州记》等书。《华阳志本》大约就是《华阳国志》。《大戴礼记·帝系》篇已经有"昌意娶于蜀山氏，蜀山氏之子谓之昌濮氏，产颛顼"的说法，《华阳国志》卷三首也用此说，然则蜀山在先秦已经相传为一氏族名了。

豗傀氏，罗氏引《丹壶书》作"傀傀"，"豗"、"傀"当属一个字两种写法。罗氏仅引《元和姓纂》"有豗氏，傀氏"的说法。并说后世因为他"不（显）著"，把他同神农相混。

浑沌氏，《庄子·应帝王》篇内说："中央之帝为浑沌。"《天地》内篇说："彼假修浑沌氏之术者也。"然则《庄子》书已认浑沌为一神名（古代神与人不很分）或一氏

族名。

东户氏，《准南子·缪称训》内说："昔东户季子之世，道路不拾遗；耒耜余粮宿诸晦（亩）首：使君子小人各得其宜也。"罗氏说《子思子》内也有此文（《子思子》现在已经亡逸）。

皇覃氏，罗氏说他又叫作离光氏。注中引《春秋命历序》说："次民没，离光次之，号曰皇谈。"然则《丹壶书》及《路史》的次序与《春秋命历序》也不相合。

启统氏，罗氏说他"别无考。独起居舍人章衡《运绍纪》若《通载》有之，而乃序之尊卢氏之后。观衡自言'历观四部图录'，其亦有所取矣"。是罗氏承认章氏书中的次序与《丹壶书》不合。他也不敢决定谁是谁非。

吉夷氏，罗氏仅引《姓谱》说"后有吉氏"，是罗氏也未能找出他的史料来源。

儿蓬氏，《丹壶书》作"九渠"。《庄子·人间世》篇说到伏羲、儿蓬，前面已经引过。罗氏又把知生之民给他附和上去。

豨韦氏，《庄子·大宗师》篇说到他，前面已经引过。《庄子·知北游》篇也说到"豨韦氏之囿"。

有巢和燧人二氏前面已经说过。遂人就是燧人。

庸成氏大约就是容成氏。罗氏虽说不应该用容字，可是他所引的《穆天子传》《准南子·本经训》全写作"容成"，没有作"庸成"的。罗氏又因为有容成氏守先王册府的说法，遂又把古代相传结绳的说法来附和他。其实结绳的时代有什么册呢？

这一纪的十三氏，除豗傀、启统、吉夷的来源不明外，余下的全见于古书中。比前一纪的勉强杂凑要好些了。

但这一纪的名字还不免是由各书中搜集、连缀才能成功，至于接着的禅通纪中的十八氏，前十六氏却有一个古代相传的间架，不过稍加变化。这个间架我所见到最古的就算《庄子·胠箧》篇。它里面有这几句话：

> 子独不知至德之世乎？昔者容成氏、大庭氏、伯皇氏、中央氏、栗陆氏、骊畜氏、轩辕氏、赫胥氏、尊卢氏、祝融氏、伏羲氏、神农氏，当是时也，民结绳而用之；甘其食，美其服，乐其俗，安其居；邻国相望，鸡狗之音相闻，民至老死而不相往来：若此之时，则至治已。

此篇的作者——大约不是庄周，是比他较晚的人——理想着一种"至德之世"；他很明白地知道这样的好时候晚近未尝有过，又很正确地听说古代有大同时代，这就是说有无剥削、无压迫的原始共产社会时代，但是他所不知道的是有剥削、压迫的阶级社会的存在却是由于生产力有巨大进展，劳动人民生产的成果超出了他们所需要的生活资料，有剩余价值可供剥削才能开始；所以阶级社会的形成虽然又产生出来很多的罪恶，但从社会发展的意义来观察，却不能不承认它开始的时候是进步的。春秋战国的学者知道从前有无阶级社会的存在，对于它的消失发生出惋恋的情感——尤其是道家此种情感特别浓厚——我们对于他们这一类精神动态是可以了解的，并不能一概斥为错误。虽然如此，他们不晓得自己对于古今生产力的巨大差异的认识是完全不符合于实际情形的。因为他们不很知道这一点，幻想远古人的生产力同他们当日的也差不多，所以就有"甘其食，美其服"的说法，把古代的社会完全理想化了。由于他们有返回到原始共产社会的幻想，所以就要尽力搜罗远古氏族的名字及可以附和他们观点的事迹以求证明他们理论的正确。这一张十二个氏族的单子也许就是作者所能搜罗到的总和。他这样的排列也未必有次序时间的意思，可是此后的人就觉得它有一定的次序，常是或多或少地跟随着它。

到《遁甲开山图》就删去四位，加上七位，另成一个系统。它的次序如后：

> 女娲氏没，大庭氏王有天下，五凤异色。次有柏皇氏、中央氏、栗陆氏、骊连氏、赫胥氏、尊卢氏、祝融氏、混沌氏、昊英氏、有巢氏、葛天氏、阴康氏、朱襄氏、无怀氏：凡十五代，皆袭庖牺之号。自无怀氏以上，经史不载，莫知都之所在①。

内"骊连"就是"骊畜"的异文。所删去的有容成、轩辕、伏羲、神农四氏。后三氏的被删不难理解！大约伏羲的传说传到北方以后，不久就得了很特殊的地位，成了"开天立极"的元首，女娲辅佐他并继承他。这些氏族既然在女娲的后面，伏羲不能在他们的后面，用不着说。轩辕已经成了黄帝的别号，黄帝比较晚近；神农又已成了炎帝的别号，炎帝与黄帝相接，然则神农、轩辕都在此各氏的后面，所以不能列到这里。独容成氏不知道为什么被删去。混沌至无怀七氏都是古代著名的氏族。

《汉书·古今人表》大约也根据此说，叙此诸氏于帝宓羲氏后。次序为：

> 女娲氏、共工氏、容成氏、大庭氏、柏皇氏、中央氏、栗陆氏、骊连氏、赫胥氏、尊卢氏、沌浑氏、昊英氏、有巢氏、朱襄氏、葛天氏、阴康氏、亡怀氏、东扈氏、帝鸿氏。

---

① 《太平御览》卷七十八"女娲氏"条下引。

此表比《遁甲开山图》所增加的有共工、东扈、帝鸿三氏。仍载容成氏与《肱箧》篇相同。祝融氏不知道为什么被删。剩余的与《遁甲开山图》仅有次序上的小异。只有混沌氏作沌浑氏。按各书中没有作沌浑氏的，疑惑它是书写颠倒，可是看颜师古的注又似乎并非误倒。或者是唐初本已经误倒，师古因承此误么？

《帝王世纪》所记如下（据《周易·系辞》正义，《礼记》书首正义相同，但用字小有歧异）："包牺氏没，女娲氏代立为女皇（《礼记》正义无此五字），亦风姓也。女娲氏没，次有大庭氏、柏黄氏（《礼记》正义作柏皇氏）、中央氏、栗陆氏、骊连氏、赫胥氏、尊卢氏、混（《礼记》正义作浑）沌氏、皞（《礼记》正义作昊）英氏、有巢氏、朱襄氏、葛天氏、阴康氏、无（《礼记》正义作無）怀氏：凡十五世（《礼记》正义作代），皆袭包牺氏之号也。"

在这里面女娲后无共工、容成，最后无东扈、帝鸿，与《遁通甲开山图》相同。但祝融氏也被删掉，朱襄次序在葛天、阴康前，却与《古今人表》相同。

《金楼子·典王》篇所载也大致相同：

> ……十日疏讫。容成氏、大庭氏、柏皇氏、中央氏、栗陆氏、骊连氏、赫胥氏、宗卢氏、祝和氏、浑沌氏、昊英氏、有巢氏、朱襄氏、葛天氏、阴康氏、无怀氏。

它里面的赫胥、宗卢，写法与别书小有异同，不过是同音异字，无关弘旨。但祝融作祝和，音稍相远。又它把这些氏族叙于"十日疏讫""的后面，或者认为它们当疏讫纪时，也很难说。

《三皇本纪》由于"图、纬所载，不可尽弃"，遂列此为"一说"。次序如后：

> 自人皇已（以）后有五龙氏、燧人氏、大庭氏、柏皇氏、中央氏、卷须氏、栗陆氏、骊连氏、赫胥氏、尊卢氏、浑沌氏、昊英氏、有巢氏、朱襄氏、葛天氏、阴康氏、无怀氏：斯盖三皇以来有天下者之号，但载籍不纪，莫知姓氏、年代、所都之处。

它把这些氏列在"人皇已后"，似与《遁通甲开山图》《古今人表》《帝王世纪》《金楼子》的说法全不合。但《尚书大传》说伏羲就是人皇，用此说，就又与《遁甲开山图》及《帝王世纪》说无大分别，可是这样说，与《六艺论》的说法又不合。它里面多出五龙、燧人、卷须三氏。五龙、燧人二氏下司马贞自己均有解释，大约是因为他自己所加，所以需要解释。看五龙氏下的解释，它是出于五龙纪，当无疑问。独卷须氏

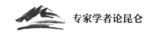

不知所出。

《通鉴外纪》全载《帝王世纪》说。

看以上所述说就可以证明由《庄子》开始，由《遁甲开山图》或《古今人表》所改正或补足的系统势力的伟大。但是要注意的是除《庄子·胠箧》篇只指"至德之世"外，余书几乎全体一致认为这些氏在伏羲氏以后，与禅通纪毫无关系。

《丹壶书》把这一套完全搬来算作禅通纪。次序前面已经引过。所增加的仅有仓颉一氏，其余不过次序小有同异。它增加仓颉，大约是相信结绳终于因提纪末，文字始于禅通纪初。大庭不知为何降后；葛天不知为何升前。轩辕、祝融还仍用《遁甲开山图》的旧说。混沌因为已经列入因提纪中，遂被删去。

《路史》所用的名字与《丹壶书》又小有同异，他把仓颉改作史皇，中央作中皇以迁就道家的《中皇经》及《中黄子》（今《道藏》中无此目），骊连作昆连、赫胥作赫苏、宗卢作尊卢、祝融作祝诵。除尊卢一名从多数外，余皆罗氏臆改，并无什么理由。

现在把各家的异同列表。（见下页）

仓颉在先秦及西汉诸子中颇为烜赫。如《荀子·解蔽》篇、《吕氏春秋·君守》篇、《准南子·精神训》及《修务训》、《鹖冠子·近迭》篇及《王铁》篇中都说到他作书的事迹。至于《随巢子》① 及《准南子·修务训》所说的"产而能书"的史皇，不知道它们是否要指同一的人。

柏皇氏，除《庄子》外，也见于《春秋命历序》《风俗通》②《干宝晋武革命论》③诸书中。

"大庭氏之库"见于《左传·鲁昭公十八年》。

栗陆氏，除《庄子》外，又见于《邓析子·转辞》篇。

赫胥氏，除《庄子·胠箧》篇外，又见于《马蹄》篇。

昊英氏，见于《商君书·画策》篇。

朱襄氏、葛天氏、阴康氏都见于《吕氏春秋·古乐》篇。阴康，今本误作陶唐。孙诒让说："陶唐乃阴康之误。颜师古注《汉书·司马相如传》：'《古今人表》有葛天氏、阴康氏……诱不观《古今人表》，妄改吕氏本文。'案李善注《文选》，竟沿其误。惟章怀注《后汉书·马融传》引作阴康。"④

① 《北堂书钞》卷七。
② 今本此文已逸，引见《通志·氏族略》及《路史》等书。
③ 《文选》卷四十九。
④ 《四部备要》本《吕氏春秋》本条下引。

书名																							
《庄子·胠箧》				容成氏	大庭氏	伯皇式	中央式		栗陆氏	骊畜氏	轩辕式	赫胥氏	尊卢氏	祝融氏	伏羲氏	神农氏							
《古吕氏春秋乐》																			朱襄氏	葛天氏	阴康氏			
《遁甲开山图》		女娲氏			大庭氏	柏皇氏	中央氏		栗陆氏	骊连氏		赫胥氏	尊卢氏	祝融式		混沌式	昊英氏	有巢氏	15朱襄氏	13葛天氏	14阴康氏	无怀氏		
《古今人表》	帝宓羲氏	女娲氏	共工氏	容成氏	大庭氏	柏皇氏	中央氏		栗陆氏	骊连氏		赫胥氏	尊卢氏			沌浑氏	昊英氏	有巢氏	朱襄氏	葛天氏	阴康氏	亡怀氏	东扈氏	帝鸿氏
《帝王世纪》	包(伏)牺氏	女娲氏			大庭氏	柏黄(皇)氏	中央氏		栗陆氏	骊连氏		赫胥氏	尊卢氏			混(浑)沌氏	皞(昊)英氏	有巢氏	朱襄氏	葛天氏	阴康氏	无(無)怀氏		
《金楼子》				容成氏	大庭氏	柏皇氏	中央氏		栗陆氏	骊连氏		林胥氏	宗卢氏	祝和氏		浑沌氏	昊英氏	有巢氏	朱襄氏	葛天氏	阴康氏	无怀氏		
《三皇本纪》		人皇	五龙氏	燧人氏	大庭氏	柏皇氏	中央氏	卷须氏	栗陆氏	骊连氏		赫胥氏	尊卢氏			浑沌氏	昊英氏	有巢氏	朱襄氏	葛天氏	阴康氏	无怀氏		
《通鉴外纪》	全载《帝王世纪》说																							
《丹壶书》				仓颉	4大庭	2柏皇	3中央		栗陆	骊连	轩辕	林胥	宗卢	10祝融	11		12昊英	13有巢	14朱襄	9葛天	阴康	无怀		
《路史》				史皇氏	4大庭氏	2柏皇氏	3中皇氏		栗陆氏	昆连氏	轩辕氏	赫苏氏	尊卢氏	10祝诵氏	11		12昊英氏	13有巢氏	14朱襄氏	9葛天氏	阴康氏	无怀氏		

附注：这张比较表所列十书的名单，除了《庄子》《吕氏春秋》《古今人表》它们自身不见得有次序时间的意思，《通鉴外纪》抄录《帝王世纪》无关紧要外，余下的六书总都有次序时间的意思，所以前后次第为重要。我为便于阅览及比较起见，不得不把相同的或字异实同的氏名字列于一竖行中。有次序不合的就由右上角的小数目字表示它实在的序。数目所表为它在横行中所应该占有的位置。例如在最下两格中大庭、柏皇、中央右上角的数字，就是表示在《丹壶书》及《路史》里面，大庭氏的次序应该在柏皇、中央二氏的后面。其余类推。

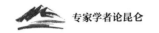

无怀氏见于《史记·封禅书》。

罗氏把太昊伏戏氏、炎帝神农氏列于禅通纪的最后（女皇氏即女娲，附于《太昊纪》中）。

看以上所述说可以证明以上诸氏在当日的学术界中全很有声名，但或跟随《古今人表》《帝王世纪》把他们列于伏羲的后面，或跟随《路史》列于伏羲的前面，此后念书的人见仁见智，因人而不同。前已引郑玄《六艺论》说："遂皇之后历六纪、九十代至伏羲。"郑氏这样说法应该是按着《春秋命历序》的原文。按《通鉴外纪》引方叔机《六艺论注》说："九头纪一，五龙纪五，摄提纪七十二，合雒纪三，连通纪六，序命纪四：凡九十一代。"然则，按着《春秋命历序》，伏羲一定是循蜚纪的第一代。《通鉴外纪》又说："一云：'伏牺前六纪，后三纪，疏讫纪自黄帝始。'"也与《六艺论》说相合。那末，《春秋命历序》中原来如何叙述虽未可知，可是始于燧人，伏羲差不多在十纪的中间，及至黄帝出世，已经到十纪中的最末一纪。这一切是毫无问题的。然则《丹壶书》及《路史》所记不但不足信据，就是对于《春秋命历序》等古书也是率臆私改，绝不忠实。

所谓炎、黄以前的古史系统的来源及变化大致就像以上所说。

括总说起，自汉、魏以后，念书人对于《周易·系辞》中的系统没有人不信仰的。本来去了庖牺的来源，专取他及神农社会发展的意义，它并没有错误。大家对于《大戴礼记》及《史记》内的五帝系统也相当地信仰，因为这些叙述近于历史，并且合于们好古的理想。不过对于少昊是否受命的问题，还是有些争论，对于伏羲后的各氏及炎帝后的诸帝则疑信参半。伏羲以前的有巢、燧人二氏，由于说法与理性相合，也得到相当地信仰。十纪及它的补充，除罗泌以外，恐怕相信的并没有几个人。至于盘古及天皇、地皇、人皇的说法，传布倒是很广，信仰却无几人。人人知道，人人谈说，虽不否定，却也不肯定。然则从前的念书人也并不是盲目地信仰。他们的承借不如我们，他们的工作成绩还需要我们用严密的科学方法努力整理，当然是一定不可易的办法。但现在有些念书人对于古书还没有翻阅过，探讨过，就漫骂古人的盲从，殊属不当。又近日的学术界中多误信对古史的创造工作在汉、晋以后已经绝迹，也并不对。我个人从幼小十一二岁时，读宋荦刻的《通鉴纲目》，就看见陈桱的《通鉴续编》有一卷冠于金履祥《通鉴前编》的前头，也就看见他所引的《春秋元命苞》中十纪的名字及它的补充。当日只惊叹它所说年数的奇长及专名的浩博，对于它的真伪还没有能力去辨析。并且当日也不知道这一卷是陈桱的原本（说原本是因为宋荦所刻里面又有些后人所增加的部分，不尽为陈氏的原本），很多年中总是误认为金履祥书的首卷。此后对史事经过稍有所知，能辨析金、陈的不同，也知道了《春秋元命苞》及《春秋命历序》的名字，开始对它们所说的怀疑，可是对于十纪及它的补充还未能辨别，误信这许多氏族的名字全属《存秋命历序》所说。现在能把它的来源和去流分辨清楚，四十年的积疑一旦豁然，也可以算作一件快事了！

摘自徐旭生著《中国古史的传说时代》
广西师范大学出版社，2003，第 253 ~ 305 页

西王母与西戎

——西王母与昆仑山之一

吴 晗

一 中国说与大九州说

中国古代的关于地理上的知识，也和其他的古代国家一样，异常贫乏得可怜。这原因大部分可说是受了天然的限制，次要原因为中国人根本上就是一个守成的民族，或者可以说是天所赋予他们的太过分了，使他们不再想向外发展。

在这样的环境之下，渐渐地就养成了一种偏隘的自大的地理观念，自以为在地球（天下）上的国家只有中国一国，中国适于天下之中，而其余环绕者被称为中国的若干部落，就被不客气地加上东夷、西戎、南蛮、北狄的称号。

约在纪元前十二世纪的时候，中国发生了一次朝代更迭的大战事，周民族把商民族克服，夺取过政权，成为若干部落中的大酋长，——宗主国 Suzerian——同时更形成了许多强大的新藩属 Vassals，内中异姓的齐和同姓的鲁都被从大平原气候的西北迁徙至滨海的山东一带。

齐鲁渐渐同化了他周围的莱淮诸夷，几个历史上著名的君长和政治家如齐桓公、管仲（685~643B. C.）又极力鼓励工商业的发展，所谓"山东鱼盐之国"，就自然的富源加以经营，这在经济上固然使家增加大量的财富，同时于中国以外的地理知识，也给予很大的贡献。

到下齐威王宣王的时候（378~343，342~324B. C.）稷下成为诸侯游士的居留所，齐人航海所得的地理知识就被普遍地传播于全中国。内中宣传得最努力最有系统的是驺衍。——他不但尽情地攻击以前隘陋的世界观念之谬误，并且感情地放大了他从航海家所得的启示，以为"中国不过天下八十一分之一，天下分为州者九，中国居其一州——赤县神州，神州内自有九州，不得为州数"。

以上所叙述的两派，恰好立于相对的地位，两者互相非难，论战，其实前者失之隘，后者失之泛。驺衍派之所以能在中国地理学史上占一地位，也就只在他放大了中国人的眼光而已。

稍后，崛起西戎的秦始皇统一了以前四分五裂的局面（221B. C.）同文书，一道路，北攘南征，形成了一个空前的大帝国，疆域一经扩大，以前两派的理论便都不能适用，这样，便产生出一种两派折衷的新理论，来适合当前的环境。

这新理论具有无限的伸缩性，因为事实上的证明，他接受了部分的驺衍派的世界观念，然而决不是全部的，因为他们嗫嚅地只敢消极的宣称世界的领域决不止以前所幻像或虚拟的。

不能确实地有所推论。在另一方面，他们依然把以前的旧观念保留，不过在地域的分配上把它伸长，把以前所被称的西戎的秦拉成本家，所遗下的西戎空位就叫秦以西的部落挨补而已。

以下我们试拿西王母在地域上的衍变的故事，具体地说明作这一新理论的假设的左证。

二　西王母与西戎

西王母的由末和本质，已在另文中详细说明，本文所冀图说明的是西王母在中国古籍中尤其是在地理学的范畴中的位置和衍变的过程。

在大九州的观念（驺衍派）未产生以前，中国人所命为西戎的只是限于现代山西陕西甘肃河南一带，《史记》卷一百十匈奴列传第五十：

公刘失其稷官，变于西戎。（1800B. C?）

周武王放逐戎狄泾洛之北。（1130B. C?）

周穆王伐犬戎，荒服不至。（990B. C）

犬戎人居泾渭之间。（771B. C）

戎狄至洛邑，或居于洛邑，东至于卫。（637B. C）

攘戎运动的著名领袖，在这时期有晋文公和秦穆公。

晋文公兴师伐逐戎翟，攘居于河内关洛之间，号曰赤翟白翟。（635B. C）

秦穆公得由余，西戎八国服于秦，遂霸西戎。（623B. C）（《秦本纪》作益国十二）

西戎的种类自陇以西有绵诸绳戎翟獂之戎。岐梁山泾漆之北有义渠大荔朐衍之戎，晋北有林胡楼烦之戎。

从纪元前三千年至纪元前五百年，在这时期中所命为西戎的不出陕甘以西，在这一

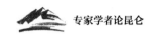
带，地理家又另名之为西荒，为西王母，《尔雅》说：

东至泰远，西至邠国，南至濮铅，北至祝栗，谓之四极。孤竹北户西王母日下谓之四荒。九夷八狄七戎六蛮，调之四海。

谯周《古史考》：以为西王母得名之由来，是由于日所入处。余尝闻之，代俗以东西阴阳所出入，宗其神谓之王父母。

《尚书帝验期》（《御览》道部三引）：

王母之国在西荒。

《河图括地象》（《御览》卷七百九十引）：

殷帝太戊使王孟采药于西王母。［注］西王母《竹书纪年》作西戎：［太戊二十六年西戎来宾，王使王孟聘西戎］

《穆天子传》三：

吉日甲子，天子宾于西王母。乃执白圭玄璧以见西王母，好献绵组百纯□组三百纯。西王母再拜受之，□乙丑天子觞西王母于瑶池之上。

把这一段和史记所说的印证，知西王母即犬戎别名（［注］犬戎孔丛子陈士义引作西戎），至少也是和犬戎邻近的部落，再据本书后文"癸亥，天子觞重絫之人觚碮"，"己巳至于文山，西谟之所谓□，觞天子于文山"，"犬戎胡觞天子于雷水之阿"。西王母和重絫之人觚碮犬戎同一地位，则西王母又被衍变成西王母国的酋长或君主了。

由于周穆王至西王母国和西王母酬酢的故事，虽然在实际上一个较大的君主和另一国王的晤面是极平常的一件事。可是因为先有了《山海经》上关于西王母的描写和原来的对于生殖器崇拜的迷信，就不得不生出以下的传说：

一、西王母的神化

二、西王母的地理化和君主化

关于第一点不在本章叙说的范围，暂置不论，关于第二点我们发现由周穆王牵涉到古代的一串人王和地理上的沿革。

（1）《荀子·大略》篇：禹学于西王国。

（2）《新序·五杂事》：禹学于西王国。

（3）《路史·疏仡记夏后氏》：禹学于西王悝。

（4）《竹书纪年》：穆王十七年，王西征起昆仑丘，见西王母，其年西王母来朝，宾于朝宫。

（5）《新书·修政语上》：尧封独山，西见王母。

（6）《焦氏易林·坤之第二贲》：稷为尧使，西见王母。

（7）《论衡·无形》篇：禹益见西王母，不言有毛羽不死之民。

（8）《世本》：舜时西王母献白环及珮。

（9）《大戴礼·少间》：昔虞舜以天德嗣尧，布功散德，制礼朔方，幽都来服，南抚交阯，出入日月，莫不率俾，西王母来献其白琯，粒食之民，昭然明视。

（10）《中论爵禄》：舜受终于文祖，则西王母来献白环，周公残明堂之阼，则越裳氏来献白雉。

（11）《瑞应图》：黄帝时西王母乘白鹿来献白环。①

就以上约略征引的几条看，最少有两个确证被我们所把握着，第一是西王母和古代人王朝会和发生关系的次第是：（1）周穆王、（2）禹、（3）舜、（4）尧、（5）黄帝。恰是一个倒溯的历史阶段。第二西王母和地理发生关系的次第是：（1）代俗呼日入处为西王母，（2）故西荒被称为西王母，（3）西王母衍成西王母国，（4）西王母国衍生西王母国王或酋长。

次之就以上所举的观察其地理上的歧异，则很奇怪的只有《竹书纪年》和《穆天子传》标明西王母的所在地，其余一些似乎都已习惯地把西王母用当西戎的异名，最明显的是《大戴礼记》和《中论》把西王母和幽都交阯和越裳氏并列，其余三个都不曾标明所在地，当然西王母也不能因之独异了。《竹书纪年》纪穆王以十七年西征昆仑丘，见西王母，其年西王母来朝，宾于昭宫。则是穆王一去，西王母一来，均在十七年一年内，古代交通不变，从成周至昆仑丘能于一年内打一来回，则相去决不甚远，如依现代新疆青海代表赴平途中须走三四月之速率计之，则《竹书纪年》所指之西王母国地域仍不出帕米尔高原以东，现在再看《穆天子传》的行程：

自宗周瀍水以西，北至于河宗之邦阳纡之山三千有四百里。自阳纡西至于西夏氏二千又五百里。自西夏至于珠余氏及河首千又五百里。自河首襄山以西，南至于春山珠泽昆仑之丘七百里。自春山以西至于赤乌氏春山三百里。东北还至于群玉之山。截春山以北，自群玉之山以西至子西王母之邦三千里。……

从宗周出发至西西母之邦，途中所费的时日按干支顺序列于下：

戊寅北征绝漳水	庚辰距前二日
癸未　距前三日，绝钘山之队，循溥沱之阳	乙酉　距前二日，北升于口山
庚寅　距前五日，以雨雪天寒休息	甲子　距前三十四日，西征，绝渝之关磴

己亥 距前三十六日至于焉居禺知之平

辛丑 距前二日，西征至于剸人

癸酉 距前三十二日，舍漆泽，西钓于河

甲辰 距前三十一日，猜于渗泽

丙子 距前三十二日。饮于河水之阿

戊寅 距前二日骛行至于阳纡之山

癸丑 距前三十五日，大朝于燕然之日

戊午 距前五日，至于河宗

己未 距前一日，大朝于黄之山

乙丑 距前六日，西济于河源

丙寅距前一日，饮八骏于积石之南河。

　　共二百二十九日

丁巳距前五十一日

戊午距前一日

辛酉 距前三日，升昆仑观黄帝之宫

癸亥 距前二日，禋于昆仑之丘

甲子 距前一日，北舍于珠泽

季夏丁卯 距前三日，北升于舂山

壬申距前五日，西征

甲戌距前二日，至于赤乌

己卯距前二日，北征

庚辰距前一日，济洋水

辛巳 距前一日，入于曹奴之人戏

壬午距前一日，北征东还

甲申距前二日，至于黑水

辛卯距前七日，北征东还

癸巳 距前二日，至于群玉之山

孟秋丁酉距前四日，北征

戊戌距前一日，西征

辛丑 距前三日，至于剞闾氏

壬寅距前一日，登铁山

丙午 距前四日，至于鹦韩氏

丁未 距前一日，大朝于平衍之中

己酉 距前二日，大享平衍之中

庚戌 距前一日，西征至于玄池

癸丑距前三日，西征

562

丙辰距前三日，至于苦山　　　　丁巳距前一日，西征

巳未　距前二日，宿于黄鼠　　　癸亥　距前四日，至于西王
　　山　　　　　　　　　　　　　　　母之邦

共一百十七日　由春山至西王母之邦五十六日
　　　　　　　由群玉山至西王母之邦三十日

以上可得一统计，自宗周至西王母之邦一万一千四百里，除去途中纡曲旁出，除去半数亦得六七千里。途中所费时日为三百四十六日，至现代和阗（Khotan）南之昆仑山（Karakolum）。此与《竹书纪年》所云之往返均在一年内者不合。

从局守陕甘豫晋为西戎极边之说，过渡到以处昆仑山附近的西王母之邦为西陲止境，过此便是大旷原，为飞鸟之所解羽，一千九百里。骤然地把西戎的驻地移西数千里，这是古代中国地理观念之第一次的放大。

三　西王母国之远徙及其还原

从历史的事实方面去求出所以放大的原因，因为秦汉之际的兵事和西汉初期的闭关政策的影响，几乎成为一件狠困难的事情。不过这是受了秦代武力西渐的影响，却无可致疑。如《史记·秦本纪》：纪元年三六一："秦西斩戎貎王"，《后汉书》卷一一七《西羌传》，纪元前三四二之秦孝公使太子驷率戎狄九十二国朝周显王于逢泽。《匈奴列传》所记之义渠，亦为西戎一大强国（前百年已被秦零星蚕食，至惠王取其二十五城，秦昭王伐残义渠，始有陇西北地上上郡。三郡不属于先被夺之二十五城，其大可知！）。其他如荡氏彭戏氏邦冀戎第洋戎蜀丹犁都次第被秦蓊灭。当时秦国兵威，或且深入现代之俾路支，阿富汗斯坦或波斯，亦非不可能之事，所惜一经易代，文献无征，咸阳又经项羽一炬，汉初廷臣又多屠狗贩缯，否则亦均丰沛儿郎，无谙西事者。高帝后的几位皇帝，索性抱著息事宁人的宗旨，不去理会。由此刚预备进入世界枢纽的中国地理观念，又被阻碍生机而逐渐萎瘁。

但是另一民族的迫胁——匈奴 Huns，和当国者的好奇心的冲动——汉武帝（140～867B. C）终于重新燃起这颗在衰颓的心。《汉书》卷六十一张骞、李广利传：

匈奴降者言奴破月氏王，以其头为饮器，月氏遁而怨匈奴，无与共击之，汉使骞使月氏，经匈奴，为所留。居十余岁，与其属亡乡月氏，至大宛，为发译道抵康居，康居传致大月氏……骞从月氏至大夏，竟不能得月氏要领。留岁途还……骞身所至大

宛大月氏大夏康居而传闻其旁大国五六……

天子拜骞为中朗将，将三百人，马各二匹，牛羊以万数，资金币帛直数千钜万，多持节副使，道可便，遣之旁国，骞至乌孙，分遣副使使大宛康居月氏大夏，乌孙，发译道送骞还……骞卒后岁余；共所遣使通大夏之属者，皆颇与其人俱来，于是西北国始通于汉。

《史记·大宛列传》所记的西北国名有大宛、康居、乌孙、月氏、大夏、奄蔡、安息，远至黎轩 Rome 条枝，都已为中国人所知，同时在政治上文化上尤其是商业上已发生显著的关系。

在这时期中国人的世界已经大扩充为东至高丽，南至滇骠，西则达林河流域 Tarim Basin 以至富汗那 Ferghana。中西交通则由长安可出玉门关经 Yarkand 沿昆仑山经 Kashgar 至 Bokhara 南行沿印度河至 Tatta，由水道赴埃及 Egypt。或由 Bokhara 经 Bactria 而直达里海 Caspian sea。

由于中西交通频繁之结果，西方的事物遂渐为抱残守缺的中国人所知，同时中国的领域一经扩大，跟着照例地把向来惯用的夷蛮戎狄的头衔加上新发现的民族头上去。我们在以前所常见的西王母在这时也从西藏 Tibetan Platecw 被搬家到较远的条支 Tajik——阿剌伯去了。

《史记·大宛列传》说：

安息长老传闻条枝有弱水西王母而来尝见。

到了纪元一六六年罗马皇帝安敦 Marcus Aurelius Antoninus，遣使聘问中国后，西王母国的位置又发生变化。《汉书》卷九十六《西域传》上说：

自条友乘水西行，可百余日，近日所入云。

《后汉书》卷一百十八《西域传》则云：

大秦国一名犁轩，以在海西，亦云海西国。……至桓帝延光九年（116A. D）大秦王安敦遣使自日南檄外，献象牙，犀角，瑇瑁，始乃一通焉。……或云其国西有弱水流沙，近西王母所居处，几于日所入也。

西王母又被从条支迁至大秦以西，条友行百余日近日入处，也被伸张成大秦西西王母所处近日入处。于此又使我们回想到谯周所指示的："代俗以东西阴阳出入，宗其神谓之王文母"一段话来。从这一点上可以说明西王母之被引用为地名，是由于日所入处这一关键。正如日所出处之为扶桑，同一意义。由扶桑衍生东王公，由日入处衍生西王母，扶桑被引用为日出处的地名，同样西王母也被用以指称在第一时期视为日入处的西戎，第二时期的和阗一带，第三时期的阿剌伯半岛和第四时期的海西国。

在其他的著作中，也包含有关于西王母国的材料。

（一）《海内十洲记》：武帝天汉三年（98B.C）帝幸北海，祠恒山，四月，西国王使至，献此（续弦）膏四两，吉光毛裘，武帝受以付外库，不知胶裘二物之妙用也。以为西国虽远，而贡者不奇，稽留使者未遣。又时，武帝幸华林射虎，而弩弦断，使者时从驾，又上胶一分，使口濡以续弩弦。帝惊曰："异物也！"乃使武上数人，共对掣引之，终日不脱，如未续时也，胶色青如碧玉。吉光毛裘，黄色，盖神马之类也。裘入水数日不沉，入火不燋。帝于是乃悟。厚谢使者而遣去。

（二）《西京杂记》一：武帝时西域献吉光裘，入水不濡，上时服此以听朝。

（三）《十洲记》：汉王莽时西戎献吉光裘，入水数口不濡，入火不焦。

（四）《博物志·外国》：汉武帝时西海国有献膏五两者，帝以付外库……名曰续弦胶。

以上四则很显明地所言的都属于同一故事。所谓西国西域戎海西国都是大秦或拂菻或黎轩的异称。证之《仙传拾遗》王母使者条所言：

> 汉武帝天汉三年帝巡东海，祠恒山，王母遣使者献灵胶四两，吉光毛裘。武帝以付外库，不知胶裘二物之妙也。以为西国虽远，而贡者不奇……

文全录《海内十洲记》，仅西国与王母微异。则西国西戎西域西国王母实由一名分化可知。《外国图说》：

> 西王母国前弱水中，有玉山白兔。

《淮南子·地形训》：

> 三珠树在其东北方，有玉树在赤水之上，昆仑华丘在其东南方，西王母在流沙之濒。

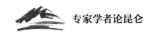

按《魏略》云:"弱水在大秦西。"与《山海经·大荒西经》所言不同。《艺文类聚》十一引《雒书灵准听》:

西王母授益地图①。

西王母,昏荒之国也。

都一致承认西王母是西方的一国,却不能说明所在,现在我们试再寻出在一比较指明地域的西王母国来。

《论衡·恢国》篇说:

> 元始四年(4A.D),金城塞外羌良桥桥种良愿等,献其鱼盐之地,愿内属汉,遂得西王母石室,因为西海郡。同时戎狄攻王,至汉内属,献其宝地,西王母国在绝徼之外,而汉属之。

其实所谓西戎内属,不过是王莽玩的一件滑稽事,据《汉书》卷九《王莽传》说:

> 元始五年秋,遣中郎将平宪等多持金帛,诱塞外羌使献地愿内属。宪等奏言,"羌豪良愿等种人口可万二千人,愿为内臣,献鲜水海允谷盐池,平地美草,皆予汉民,自居险阻处为藩蔽。"莽奏受之,以为西海郡。

按汉金城在今甘肃旧兰州西宁二府地,治允吾。故城在今皋兰县西北黄河北岸。《汉书·地理志》金城郡临羌注:"西北至塞外有西王母石室,仙海盐池,北则湟水所出,东至允吾入河,西有须抵池有弱水昆仑山祠。莽曰盐羌。师古曰:'阚骃云:西有卑和羌,即献王莽地为西海郡者也。'《十六国春秋》;'周穆王见西王母,乐而忘归,即住此山。山有西王母石室,珠玑镂饰,焕若神宫。'"由以上的叙述,临羌西——甘肃——的西王国的由来,是由西王母石室的推演。同样,由西王母石室,又衍成西王母樗蒲山。

《沙洲记》:羊鹊岑东北二百里有大山,遍望甚似东岱山。极高,大险境,嵯峨崔巍,颇有灵验,羌胡父老传云是西王母樗蒲山。

《十六国春秋》:甘松山东北有西王母樗蒲山,大有神验,江水出焉。

但是,在以上我们曾经按照时代的顺序,说明西王由陕甘晋豫一带扩伸至西藏高原,至阿剌伯半岛,最后被远移至罗马以西的四个阶段,现在为什么在一世纪的开始,

---

① 西王母,西方之国,在西方得此益地之图来献。《路史余论》卷九,西王母。

又被移回原来的甘肃呢？

这原因在《汉书》《昭帝纪赞》和《西域传赞》解答得很请楚：

> 昭帝承孝武奢侈余敝师旅之后，海内虚耗，户口减半，霍光知时务之要，轻徭薄赋，与民休息。
>
> 武帝穷奢侈极，肆兵黩武"因之以凶年，寇盗并起，道不道……是以末年遂弃轮台之地，而下哀痛之诏……故自建武之来，西域思汉威德，咸乐内属，唯其小邑，鄯善车师，界迫匈奴，尚为所拘。而其大国莎于阗之属，数遣使置质于汉，愿诸属都获。圣上远览古今，因事之宜，羁縻不绝，辞而未许。"
>
> ……

汉代前期的攘戎和拓边运动，以武帝始，亦从武帝终。以后的百余年中，几乎又回复到以前文景时的闭关政策，专事休养，不务外略。渐渐地将武帝时曾付了绝大代价所易得的地理知识归于淡漠而湮忘，中西交通时途经亦因汉室放弃和西域诸国的吞并运动而阻塞。截至王莽时中国的西方边疆，仍复缩回至甘肃一带，甚至以临羌西为绝域了。

于是，西方的头衔，仍复递回金城塞外羌的头上，虽然这头衔在前已很广义地普遍地给予更西的若干民族。

原载《清华周刊》第三十六卷第四、五期（一九三一年十二月）

古西王母国考

黄文弼

西王母是见于中古传说中的一个部落或人物，《山海经》《竹书纪年》等均有记载。《山海经》所记辞异，文附举外，今列《竹书纪年》所记如下：

> 帝舜有氏九年，西王母采朝，献白环玉块。
>
> 周穆王十七年，王西征昆仑丘，见西王母。其年西王母来朝。

按现行本《竹书纪年》，虽然为宋、元以后人伪造。然关于前一条，《大戴礼记·少间》《风俗通义·声音》《尚书大传》《焦氏易林》《晋书·律历志》及《宋书·符瑞志》均有类似之记载。可见西王母朝献帝舜之传说，由来已久。但以记文简略，欲以之考证西王母国的地理位置实不足据。关于后一条有汲冢出现之《穆天子传》，记周穆王西巡见西王母事稍详。虽古文艰深，记述错落，然欲研究西王母事，《穆天子传》实为重要资料。故本节仍以《穆天子传》为基础，参以《山海经》诸书为说。先我而研究者，有丁谦、顾实及张星烺氏，或比拟不伦，或辞涉浮夸，或文义不足，不足为据。如丁氏云：西王母者，古迦靳底国之月神也。并引《轩辕黄帝传》作依据。按该书为汉后之方士所依托，决不可据。而丁谦比附西方古国迦勒底，可谓比拟不伦矣。顾实氏作《穆天子传疏证》，以西王母国在今波斯之第希兰附近，又以西王母解作西方之王母，即周穆王之女。蹐驳离奇之状，不可究诘。张星烺在其所著《中西交通史料汇编》诠释《穆天子传》，对于丁、顾之说均加以否定，并提出新解，以为西王母之邦当在今俄领撒马尔罕附近。又引《集仙录》以为在兴都库什山之西那，其言曰：

> 《太平广记》引《集仙录》西王母曰，西王母者九灵太妙龟山金母也。所居宫阙在龟山、春山、西那之都，昆仑之圃，阆风之苑也。……所谓龟山，余意即葱岭

稍西之印度库斯山。西那为 Shina 之译音。印度库斯山麓古国也。今其地仍有该民族遗裔居住之。唐段成式《酉阳杂俎·诺皋记》载西王母治昆仑西北隅，可见其国必在于阗西北也。(《中西交通史料汇编》第一册)

按张氏之说，较丁、顾二氏则稍翔实矣。惟前云在撒马尔罕，后又云在兴都库斯山附近，实自相矛盾。但以西那为西王母国，虽缺乏详细论证，犹不失为新颖之提示。我认为欲研究《穆天子传》中之西王母国当根据传中西土之数一节，本之以测度其远近方位，或可凭信。如云：

> 自宗周缠水以西，北至于河宗之邦，阳纡之山，三千有四百里。自阳纡西至于西夏氏，二千又五百百里。自西夏氏至于珠余氏及河首，千又五百里。自河首襄山以西南，至于舂山、珠泽、昆仑之丘七百里。自舂山以西，至于赤乌氏舂山，三百里。东北还至于群玉之山，截舂山以北，自群玉之山以西，至于西王母之邦三千里。自西王母之邦，北至于旷原之野……千有九百里。自宗周至于西北大旷原，万四千里，乃还。

按以上诸地名，各家解释不一，为一般人所公认者，惟《穆天子传》中群玉之山即叶尔羌西南之密尔岱山，黑水即叶尔羌河。丁、顾、张均同。如由叶尔羌西行三千里即为西王母之邦，则可能至葱岭以西。故张星烺氏比之于撒马尔罕，丁、顾且远推之于波斯。但撒马尔罕在北，为出疏勒之孔道。穆天子如由莎车西行，则适当巴克特里亚，即大夏也。但考穆天子旅程，东北还至于群玉之山，至西王母之邦三千里。是包括由赤乌北行，及由曹奴东北行，至黑水，至群玉之山之里数为三千里。当自赤乌、舂山起数，不当自叶尔羌起数也。且昆仑山出玉石，非仅一处。以今地考之，群玉山当指和阗南之穆斯塔格，以和阗之玉为金山之冠也。故曰琼玉之山。群玉当为琼玉之讹。黑水即哈拉哈什河。如此说不误，则由群玉之山至西王母之邦，不及二千里。且周之计里或大或小，漫无标准，不必与现时计算法相符。苟吾人以现时里数推周时里数。必周时里程小，而近世里程大。由汉、唐里程与现时之比，可以知也。据此，言三千里者，实不足三千里。因此，求西王母之邦的地位，则不能不在大夏以东，莎车以西求之。在公元前百年间，皮土来麻斯氏《地理志》根据马基顿商人从巴克特里亚越过葱岭往塞种地区之报告，所制之地图有喀西亚山脉，在其山脉之西，有略西亚国。利希脱荷芬氏以喀西亚山脉即绵亘于新疆南部之昆仑山脉。突厥语、蒙古语谓玉石为喀什，昆仑山脉全部均产玉石，尤其和阗以南均产玉，故皮土来麻斯氏以喀西亚山脉呼之。但利希脱荷芬对于喀西亚山脉西边邻接之喀西亚国方位尚未有若何叙述。荷鲁氏说喀西亚国位于莎年与塔什库尔干之间。日人白鸟库吉氏根据古大夏至中国交通路线，以喀西亚即希罗多德书中之加斯皮，即今之塔什库尔干（见《塞民族考》卷上）。我对于利希脱荷芬氏之以喀西亚山脉为昆仑山表示赞同。但喀西亚王国亦必因喀西亚山而得名。则喀西亚与昆仑山相距必不甚远，或在其西或西北。白鸟氏以喀西亚为今之塔什库尔干。然在此一带或在西南则为可能。若此则西王母国亦可得其仿佛也。

按西王母国《竹书纪年》亦作西王国。古籍译西域国名每多节译，可能则西王或西王母与喀西亚必为一音之别。故我疑西王母国即皮土来麻斯氏地图中之喀西亚国。其理由为古籍记载每记西王母来献，必记玉石，如献玉琯、玉环、玉玦。西王母国产玉，故以其土产来献。其次，《山海经》云："西南四百里曰昆仑之丘，河水出焉。又西三百七十里，曰乐游之山，是多白玉。又西北行四百里，曰流沙。二百里至于赢母之山，其上多玉，其下多青石。西三百五十里，曰玉山，是西王母所居也。"（《西山经》）据此，是西王母居昆仑山之西。今假定以昆仑当和阗南山，是西王母国在和阗之西一千三百二十里也。如此推论不误，而《山海经》计里可据，则西王母国或即在塔什库尔干西南克什米尔。若此，则山海经中之西王母国正与皮土来麻斯氏之喀西亚国地位相当。均在昆仑山之西，与《山海经》及《酉阳杂俎》所记西王母之方位亦均相合。又《汉书·西域传》乌托国山居田石间，有白草累石为室，民接手饮。又按《山海经》所述西王母之状，如《大荒西经》云，昆仑之丘，有人戴胜虎齿，有豹尾，穴处，名曰西王母。是西王母人以窟穴为居也。《汉书·地理志》临羌西有西王母石室，必传说自古。《庄子·大宗师》篇云："西王母坐乎少广。"《释文》引司马彪云："少广穴名"，可证也。又《海内北经》云："西王母梯几而戴胜，其南有三青鸟，为西王母取食，在昆仑墟北。"按此语由西王母与鸟兽共处而来。神仙家遂讹传为仙迹。《穆天子传》西王母为天子吟曰："比徂西土，长居其野；比豹为群，于鹊与处。"盖道其实也。据此，是西王母国与汉时乌托国情形相合。乌托国在蒲犁西南巴达克山一带。《汉书·西域传》皮山国西南至乌托国，千三百四十里。东通于阗三百八十里。是于阗至乌托一千七百二十里。虽较《山海经》尚多四百里，但《山海经》本以山中路线计算较直。据此，是乌托与西王母国所处之地位亦相差不远也。又《大唐西域记》载揭盘陀国之传说，亦可借以考证《穆天子传》中之西王母。如云：

> 揭盘陀国自言是至那提婆瞿呾罗（唐言汉日天种）。昔波剌斯国王王娶妇汉土，迎归至此。兵乱东西路绝，遂以王女置于孤峰。峰极危峻，梯崖而上，时经三月，寇乱方静，欲趋归路，女已有娠。使臣惶惧。时彼侍儿谓使臣曰："每日正中，

有一丈夫从日轮中出，乘马会此。"使臣日；"若然，归必见诛，留亦来讨。"于是即石峰上筑宫起馆，周三百余步，环宫筑城，立女为主。建宫垂宪，至期产男，容貌妍丽。母摄政事，子称尊号。控驭风云，威德遐被，其王寿终，葬大山崖石室中，今犹不坏。

　　以其先祖之出，母则汉土之人，父乃天日之种，放自称汉日天种。然其王貌同中国，首饰方冠，身衣胡服。后嗣凌夷，见迫强国。无忧王命世、即其宫建窣堵波。……中速草堵。……"（卷十二）

按无忧王与秦始皇同时，则波斯娶妇事当在秦以前。张星烺氏以为即《穆天子传》中太王亶父嫁元女于赤乌人事。按《穆天子传》西王母为天子吟曰："徂彼西土，爰居其野。嘉命不迁，我惟帝女。"玩其辞句，西王母似为东方帝室之女。而下嫁于西方君王者，词旨悲伤，追恋故土，与揭盘陀国之古代传说颇为暗合。然《大唐西域记》又称揭盘陀国人性既犷暴，力亦骁勇，容貌丑陋，衣服毡毯。而《山海经》所述西王母之容貌，亦近类似。盖虎齿豹尾，状其丑也。又梯几戴胜，则又东土之冠饰。与揭盘陀首饰方冠，身衣胡服情貌相同。又穆天子见西王母之仪式全为东方化，亦可为证。揭盘陀，日人白鸟库吉及德人郝尔满均指今葱岭与昆仑之间塔什库尔干一带。若此，则穆天子传中之西王主母之邦，即《唐书》之揭盘陀国。揭盘陀领域甚大，乌锻国亦为其役属。据《大唐西域记》称乌锻多出杂玉，则有白玉、黛玉、青玉，与喀西亚国亦相合。故西王母尝来朝献白玉者以此也。

　　根据以上论证，则《穆天子传》中之西王母国，即在昆仑山之西，兴度库斯山之北，即汉之乌托，唐之揭盘陀，皮土来麻斯氏之喀西亚国地也。

　　图土地位既定，则西王母自何时始与中国交通，次当论及。据先秦记载均记当尧舜时西王母来献，显然此类传说为后人所依托不足为据。《逸周书·王会篇》成周之会，无王母之国。伊尹《四方献令》亦不载。言其为周穆王时事，所据乃为《穆天子传》，丁、顾等均以《穆天子传》为穆天子时事。若然，则中国与西王母国交通在周初，即公元前九世纪时事也。法国沙畹（Chavannes）氏谓往朝西王母者非周穆王，实为秦穆公也（注：往西王母国记程）。但我未读沙氏之原作，仅在《中西交通史汇编》中得其结论，如何立论不得而知。今由揭盘陀传说中词可推知一二；传中称波剌斯国娶妇汉土当系事实。下接述无忧王事，则娶妇当在秦前。波斯据伊朗高原约在公元前550年。波斯王居流士攻取亚述，公元前538年击破吕底亚，占巴比伦旧都，势力向东方扩展，至公元前521年大流士继立，已奄有小亚细亚叙利亚全部，及高加索与里海一带，且远至印度之印河，近东之民族，除阿剌伯外，莫不纳贡于波斯之总督。按是时秦的势力亦向西扩展，《史记·秦本纪》称秦穆公三十七年秦用由余谋伐戎王，益国十二，开地千里，遂霸西戎。时周襄王二十八年（公元前624年）也。后秦孝公元年灭狄、獂戎。秦孝公二年使太子驷率戎狄九十二朝周显王，时周显王二十七年（公元前342年）也。其戎狄之名虽不可知，但秦之势力向西扩展则是无疑的。秦的势力西向，与波斯势力东来，中西之间进行接触的可能性是存在的。使此缔结婚姻也不能视为无稽之谈。波斯特诗人费杜西（Firdnsi）记古代波斯与中国交涉事甚多。有一节记其名王哲姆锡特（Jamshid）娶马秦国（Ma-Cbin）王马韩之女为妻。生二女，名贝吐尔及胡玛云（此事见于《中西交通史料汇编》引亨利玉尔《古代中国见闻求》）。说者谓玛秦即中国，其义犹云大秦也。马韩即穆王之转音。按西域古称中国为秦人，见于载记者，如《汉书·西域传》称大宛新得秦人，知穿井法。又《刘平国治关城颂》所称秦人亦系指中国人。西方称中国人为秦人，必因秦人势力先达西方而起。若此论不误，则西史所称波斯娶妇马秦国王马韩之女，可能就是指秦与波斯之交涉而言。如此，则《穆天子传》所记见西王母事，乃战国时人追述秦穆公时，或以后时事，而依托于周穆王也。

原载黄文弼著《西北史地论丛》
上海人民出版社1981年版

后 记

　　"赫赫我祖，来自昆仑"是千百年来中国人文化记忆中难以抹去的印痕，在国人心目中昆仑山是"万山之祖"，是"龙祖之脉"。以昆仑山为核心的昆仑神话是中国古典神话的主体，亦是民族文化的源头，文明古国的象征。昆仑神话作为中国远古文化的神圣话语和中华文明的早期曙光，在中华文化发展史上产生了深远而持久的影响。"河出昆仑"则是国人固有的观念，并反复记载于古代典籍文献中，且有千百年来人们不断的实际探访。自 20 世纪起，众多学者运用人类学、民族学、历史学及民俗学的理论，结合中国传统的文字学、音韵学、训诂学以及田野调查法，还有近年来倡导的"四重证据法"等，进行了孜孜以求的研究。早期学者如蒋智由、鲁迅、茅盾、闻一多、吴晗、朱芳圃、丁山、苏雪林、凌纯声、顾颉刚、袁珂、杜尔未等前辈先贤，对昆仑神话做了启蒙性、开拓性研究，为以后昆仑神话与文化的深入研究奠定了坚实的学术基础。进入 21 世纪以来，刘魁立、叶舒宪、萧兵、刘宗迪、陈连山、汤惠生、赵宗福、杨利慧、王孝廉、高莉芬、刘惠萍等知名学者高屋建瓴，对昆仑神话的研究颇有建树，众学者就昆仑文化概念、内涵及精神实质多有共识。虽然研究昆仑神话与昆仑文化并不拘囿于现今某一行政区划范围内，但因昆仑山主脉在青海、黄河源头在青海，加之历史上对青海昆仑西王母的笃信，青海学界对昆仑神话和昆仑文化尤为关注，"昆仑文化"成为青海省地域文化的标志性文化。其中赵宗福教授的《昆仑神话》一书，运用神话学、民俗学和文化人类学的理论方法，结合古文字学、考古学、民族志等资料，第一次对昆仑神话做了系统梳理和科学评价，勾勒出一个比较完整的昆仑神话体系和学术构架。他提出昆仑神话是中国古典神话的主体，并就神话昆仑山的整体风貌、主要人物及传说故事与文化意象、西王母信仰的历史流变、昆仑神话与青海文化的关系、昆仑神话的流播等有诸多新颖可信的见解诠释，被学术文化界普遍认可和采纳。故此，正值格尔木市昆仑文化研究院成立一周年之际，将百余年来研究昆仑神话与昆仑文化代表性研究成果精选汇集一册，与学界同行共享学术资源，仍是一件有意义的事。在体例与内容上，具体分为"昆仑神话与昆仑文化"、"文献典籍与昆仑文化"、"河源昆仑与昆仑文化"、"神话人物与昆仑文化"、"昆仑地望与昆仑文化"和"中国古史与昆仑文化"六个板块，集中展现 20 世纪以来昆仑神话与昆仑文化研究方面的优秀成果和最新成果，以此进一步推动昆仑文化的学术研究，更期盼昆仑文化学科建设更上一层楼。

因为种种因素限制，所选入本集的个别作者没有取得联系，如果专家看到了自己的文章被选入本书，就请与编者主动联系，付予报酬。

2018 年 6 月 20 日编者谨识

图书在版编目（CIP）数据

专家学者论昆仑／米海萍选编. －－北京：社会科
学文献出版社，2018.8
　（昆仑文化研究丛书）
　ISBN 978 - 7 - 5201 - 3149 - 0

　Ⅰ.①专…　Ⅱ.①米…　Ⅲ.①昆仑山 - 文化研究 - 文
集　Ⅳ.①K928.3 - 53

　中国版本图书馆 CIP 数据核字（2018）第 166447 号

·昆仑文化研究丛书·

专家学者论昆仑

选　　编／米海萍

出 版 人／谢寿光
项目统筹／任文武　王玉霞
责任编辑／王玉霞　李艳芳　黄　丹

出　　版／社会科学文献出版社·区域发展出版中心（010）59367143
　　　　　地址：北京市北三环中路甲 29 号院华龙大厦　邮编：100029
　　　　　网址：www. ssap. com. cn
发　　行／市场营销中心（010）59367081　59367018
印　　装／三河市东方印刷有限公司

规　　格／开　本：787mm × 1092mm　1/16
　　　　　印　张：36.5　字　数：728 千字
版　　次／2018 年 8 月第 1 版　2018 年 8 月第 1 次印刷
书　　号／ISBN 978 - 7 - 5201 - 3149 - 0
定　　价／128.00 元